# Toscana

Nana Claudia Nenzel

DUMONT
Reise-Handbuch

# Inhalt

## Wissenswertes über die Toscana

## Wissenswertes für die Reise

# Unterwegs in der Toscana

## Kapitel 1 Florenz und Umgebung



## Kapitel 2 Zwischen Florenz und dem Meer

# Inhalt

## Kapitel 3 Die toscanische Küste



## Kapitel 4 Siena und das Umland

## Kapitel 5 Die Crete und der Südosten

## Kapitel 6 Arezzo, Casentino und Oberes Tibertal

# Inhalt

## Themen

# Alle Karten auf einen Blick

► Dieses Symbol im Buch verweist auf die Extra-Reisekarte Toscana

Auf einem Tuffhügel errichtet: die mittelalterliche Stadt Sorano im Süden der Toscana

# Wissenswertes über die Toscana

# Kulturlandschaft und Sehnsuchtsland

**Die Toscana gilt als das Sehnsuchtsland schlechthin, kaum jemand, der nicht schon einmal hierher gereist wäre, kaum einer, der danach nicht immer wieder kommt, um seine ganz persönliche Toscana zu entdecken. Diese Region ist eine Kulturlandschaft im doppelten Sinne: eine Fundgrube für Kunstinteressierte, die hier vor allem die Anfänge der Renaissance und des Humanismus bestaunen, aber auch eine stark von Menschenhand geformte Landschaft.**

Beinahe alles, was jährlich Millionen Reisende sowohl aus Italien selbst als auch aus aller Welt in die Toscana zieht, wurde im Laufe der Jahrhunderte von seinen Bewohnern gestaltet: die Baudenkmäler und Kunstwerke von bildenden Künstlern, Architekten und Städteplanern, die typische Landschaft etwa des Chianti mit ihrer geometrischen Strenge und Klarheit von Bauern und Winzern. Dennoch gilt ein Großteil der Toscana als naturbelassenes, nicht bebautes oder beackertes Land. Selbst die klassische Toscana-Landschaft, das so stark durch Weinberge und Ölbaumpflanzungen strukturierte Gebiet des Chianti Classico zwischen Florenz und Siena, ist zur Hälfte mit Wald bedeckt. Nicht zu vergessen der fast raue Norden im Tosco-Emilianischen Apennin, die seit Jahrhunderten für Kunst und Architektur genutzten Marmorberge von Carrara, die wunderschöne, kastanienreiche Garfagnana, das ähnliche Casentino und schließlich die dicht bewaldete Maremma im Südwesten und Teile des Monte Amiata im Südosten.

Die sprichwörtliche Toscana-Sehnsucht mag jedoch gerade aus der Mischung von städtischer Kultur und lieblicher Landschaft resultieren. Die Toscana ist eine Region, die vielerorts weltläufige Urbanität, aber auch Unberührtheit verspricht und doch beides nie so ganz erfüllt. Sogar die Metropole Florenz besitzt ihre ganz dörflichen Seiten und das kleine Dorf Montalcino seine städtischen. Stadt und Land sind vielleicht nirgendwo so stark ineinander verwoben wie hier.

Die Toscana, das ist ein Land, das zu mehr einlädt als nur zu einer Kulturreise. Und kaum jemand dürfte es schaffen, dieses Gebiet mit allen seinen Nuancen und Facetten in seinem Reiseleben zu bewältigen. Die fünftgrößte Region Italiens besteht ja nicht allein aus den großen Kunstzentren – Florenz, Siena, Lucca, Pisa – und dem sanft gewellten, harmonischen Hügelland des Chianti. Das Land ist weitaus vielfältiger, sogar in geografischer Hinsicht. Da mögen manche Reisende, die das Zentrum der Toscana verlassen, überrascht sein:

Dem bis zu 1738 m hohen Monte-Amiata-Massiv im Südosten kann man eine gewisse Monumentalität nicht absprechen, und ganz im Norden, an der Grenze zur Emilia-Romagna, steigt der Tosco-Emilianische Apennin auf mehr als 2000 m an – und bildet ein beliebtes Skigebiet etwa um Abetone herum. Die toscanische Küste bietet im Norden schöne breite, von Pinien beschattete Sandstrände, im Süden dagegen Strände im Wechsel mit felsigen Buchten an steilen Küstenabschnitten, die herrliches Badevergnügen versprechen.

Die Apuanischen Alpen im Nordwesten errangen bereits in der Antike Weltruhm: Carrara – kein Marmor der Welt soll weißer sein!

Hier ließen schon die Römer Marmor brechen, um daraus Skulpturen zum Schmuck ihrer Tempel und Paläste herzustellen. Im Mittelalter wohnte Michelangelo zeitweise in Carrara, um selbst den *statuario*, den weißesten, tadellosesten Stein für seinen »David« zu bestimmen. Auch in späteren Zeiten kamen viele Künstler (etwa Henry Moore), die alle das Rohmaterial für ihre Werke an Ort und Stelle auswählen wollten. Noch heute tun es ihnen meist junge Talente nach, viele Amerikaner und Japaner, die damit auch für die Internationalität der Marmorküste sorgen.

Mittelalterliche Städte und kleine, um trutzige Burgen entstandene Dörfer, oft in romantischer Hügellage, prägen das Land. Weiterhin bedeutend sind die Paläste und Villen der Medici und anderer Familien, die in der Renaissance Städte und Land beherrschten und sich sogar ein ganzes Städtchen im reinsten Renaissancestil leisten konnten, wie Papst Pius II. sein Pienza.

Die Toscana der Renaissance war es auch, die ganz Europa so reich beschenken sollte: mit dem Sinn für das Maßvolle und Rationale, für die Schönheit der einfachen Formen. Weiter gilt die Toscana als Ursprungsland, als Heimat der Seele des modernen Menschen und damit des Humanismus eines Petrarca. Die Keimzelle dieser Ideen war Florenz, das dem Land auch seine klassische Sprache, genauer: die Sprache Dantes gab. Bis heute gilt das Toscanische als das Hochitalienisch, was bei manchen Italienern einen starken Unwillen hervorruft. Florenz wusste sich eben schon immer durchzusetzen.

Auch heute ist die Stadt am Arno das kulturelle, wirtschaftliche und politische Zentrum der Toscana, mit der bedeutendsten und größten Universität der Region. Ebenso zahlreich sind die Kunstakademien, Sprach- und Malschulen, sowohl in Florenz als auch in den kleineren Städten und auf dem Land, verstreut auf die schönsten Punkte. Zahlreich sind auch die Kulturfestivals in der Toscana, ob internationale wie in Montepulciano oder eher lokale wie in Monticchiello.

Wen einmal die Toscana-Sehnsucht gepackt hat, den lässt sie nicht mehr los. Und – das beweisen Statistiken – reicht es wegen knapper Reisekasse nicht mehr zum Vier-Wochen-Ferienhaus-Urlaub, werden eben zwei oder drei Wochen daraus, aber ganz darauf verzichten möchte niemand.

**Beim Blick über die Hügel der Crete das Sehnsuchtsland Toscana entdecken**

# Steckbrief Toscana

## Daten und Fakten

**Name:** Toscana

**Fläche:** 22 992 $km^2$
**Hauptstadt:** Florenz, ital. Firenze
**Amtssprache:** Italienisch; besondere toscanische Aussprache (h- für k-Laute)

**Einwohner:** ca. 3,6 Mio.
**Bevölkerungswachstum:** ca. 0,1 %
**Lebenserwartung:** ca. 79 Jahre
**Analphabetenrate:** Männer 1 %, Frauen 2 %
**Zeitzone:** MEZ

**Währung:** Euro
**Maßeinheiten:** generell metrisch, für jeweils 100 g gibt es die Bezeichnung *un etto.*
**Landesvorwahl:** 0039
**Internet-Kennung:** .it

**Landesflagge:** Die italienische Fahne, die *tricolore,* ist von links nach rechts grün, weiß, rot gestreift. Die toscanische Regionalflagge zeigt ein rotes geflügeltes Pferd (Pegasus) auf weißem Feld, oben und unten von roten Streifen begrenzt; im Zweiten Weltkrieg das Symbol der toscanischen Widerstandsbewegung.

## Geografie

Die mittelitalienische Region Toscana zwischen der Emilia-Romagna im Norden, Umbrien im Osten, Latium im Südosten und Ligurien im Nordwesten bedeckt zusammen mit ihrem Archipel eine Fläche von insgesamt 22 992 $km^2$ (7,6 % der gesamtitalienischen Fläche). Sie ist damit die fünftgrößte Region Italiens.

Der höchste Gipfel innerhalb der Toscana erhebt sich ganz im Süden, der 1738 m hohe Monte Amiata. Von Nord (Tosco-Emilianischer Apennin) nach Süd (Grenze zu Latium) erstreckt sich die Region über eine Länge von 215 km, von Ost (Grenze zu Umbrien) nach West (Mittelmeer) über 235 km. Aufgrund der ›Schräglage‹ und der unruhigen Küstenlinie am Tyrrhenischen Meer beträgt die gesamte Küstenlänge 328 km, zuammen mit den Inseln Elba, Pianosa, Montecristo, Gíglio, Capráia und Giannutri besitzt die Toscana sogar 580 km Küstenlinie.

## Geschichte

Die Toscana gilt als Kernland der Etrusker, deren Hinterlassenschaft nicht nur Grabstätten verschiedenster Art sind (besonders schön im Golf von Barátti/Populónia, in Vetulónia und Roselle, bei Chiusi oder im Dreieck Satúrnia/Sovana/Pitigliano), sondern auch zahlreiche Kunstgegenstände, Grabbeigaben, Kultgegenstände und Alltagsware. Sie befinden sich u. a. in den Archäologischen Museen von Florenz und Volterra, aber bereichern auch kleinere Sammlungen (z. B. von Chianciano Terme). Manche meinen, das Etruskische habe sich im Wesen der Toscaner bis heute erhalten …

Als Zweites gilt die Toscana, speziell Florenz, als Wiege des Humanismus und damit auch der Renaissance, die untrennbar miteinander verbunden sind. Ihre Blütezeit geht einher mit dem Zenit der Macht eines der bedeutendsten Fürstenhäuser Italiens, den Medici, die mit ihrem Reichtum nicht nur für die Verschönerung ihrer Stadt Florenz sorgten, sondern auch politisch die Fäden zogen (z. B. als Papstfinanziers).

## Staat und Politik

In der komplizierten italienischen Politiklandschaft erweist sich die Toscana in großen Teilen als relativ stabil mit vielen Wählern aus dem Mitte-Links-Bündnis. Auch bei den letzten Parlamentswahlen hat die Toscana mit rund 60 % wieder Mitte-Links gewählt.

Die Toscana mit der Regionalhauptstadt Florenz ist eine der 20 Regionen Italiens und in zehn Provinzen eingeteilt. Sie tragen wie in Italien üblich die Namen ihrer Hauptstädte: Arezzo und Florenz, Grosseto und Livorno, Lucca, Massa-Carrara und Pisa, Pistóia, Prato und Siena. Die Provinzen ihrerseits sind in Kommunen eingeteilt.

## Wirtschaft und Tourismus

Der Anteil der Erwerbspersonen beträgt knapp 60 % der Gesamtbevölkerung. Etwa ein Drittel aller Arbeitnehmer der Region sind selbstständig, die Arbeitslosenquote liegt dank forcierter Selbstständigkeit mit Kleinbetrieben und Agriturismo unter 5 % (Italien gesamt 7–8 %). Allerdings sind noch immer 15 % der Jugendlichen (15–24 Jahre) arbeitslos (Italien gesamt über 27 %).

Der Tourismus in der Statistik: jährlich etwa 42 Mio. Übernachtungen, ca. 10 % Bundesdeutsche, die zu 50 % in Ferienhäusern und -wohnungen auf dem Lande ihr Urlaubsquartier aufschlagen, allerdings wegen der relativ hohen Preise seit Jahren Tendenz fallend. Ferner spielen in der Toscana folgende Industriezweige eine bedeutende Rolle: Keramik und Präzisionsmechanik sowie Mode in Florenz; Glasherstellung in Émpoli; Eisenverarbeitung in Piómbino; in Scarlino chemische Industrie; in Livorno Raffinerien, Werften und Glas; in Rosignano Natron (Soda); Möbel in Cascina und Ponsacco; Nuklearforschung in Pisa – und Wein (ein wichtiger Exportartikel!) vor allem im Chianti-Gebiet, aber auch in der südlichen Toscana.

Wo Weingärten gedeihen, da findet man sehr häufig auch Ölbäume, aus deren Früchten hervorragendes Olivenöl produziert und meist sehr teuer verkauft wird. Denn der Wein und das Olivenöl aus der Toscana sind weltweit so etwas wie ein Statussymbol geworden.

## Bevölkerung und Religion

Die Region Toscana ist im inneritalienischen Vergleich sehr dicht besiedelt: Gesamtbevölkerung 3,6 Mio., das sind im Durchschnitt 157 Einwohner je Quadratkilometer, auf das reine Kulturland bezogen ca. 600. Der größte Teil der toscanischen Bevölkerung lebt in Städten. Die Lebenserwartung liegt bei durchschnittlich 79 Jahren, das jährliche Bevölkerungswachstum bei 0,1 % und tendiert seit Jahren gegen Null. Die Mehrheit der Toscaner ist römisch-katholisch, ohne dass man bei ihnen von besonders großer Religiosität sprechen kann. Kirchenbesuche dienen eher dem Kunstgenuss und als festlicher Rahmen für Feste, Hochzeiten, Taufen und andere Höhepunkte im Familienleben.

Die Toscaner pflegen das reinste Schriftitalienisch, allerdings mit zum Teil gewöhnungsbedürftiger Aussprache, weil sie unter sich keine k-Laute sprechen. So wird z. B. *casa* (Haus) *hasa* ausgesprochen, *cotto* (Backstein) *hotto*.

# Natur und Umwelt

**Von Nord nach Süd zwischen dem Tosco-Emilianischen Apennin und dem Monte Amiata kurz vor der Region Latium, von West nach Ost zwischen dem Tyrrhenischen Meer und der Region Umbrien erstreckt sich die Toscana. Mittendrin gibt es liebliche Weinhügel, dichte Steineichen- oder Kastanienwälder sowie einladende, meist trutzig auf ihren Hügeln thronende historische Städtchen.**

Die Toscana gilt als das Land der sanft gewellten Hügel. Wohl weil viele sie mit dem – nicht durchgängig – lieblichen Chianti gleichsetzen. Doch zur Toscana gehören auch die schroffen Bergketten des Tosco-Emilianischen Apennin (im Norden), der entlang der Regionsgrenze einige Zweitausender aufweist. Gar nicht weit von Florenz entfernt, wenige Kilometer nördlich von Fiésole, erhebt sich der Montebello mit 934 m Höhe, südöstlich, bei der Sommerfrische Vallombrosa, der 1592 m hohe Pratomagno. Im Süden der Toscana ist der 1738 m hohe Monte Amiata nicht nur landschaftsbestimmend für den gesamten Südosten der Region, sondern sogar ein beliebtes Wintersportgebiet, manchmal schneebedeckt bis ins Frühjahr hinein.

Neben den von vielen als untoscanisch empfundenen Gipfeln prägen auch zahlreiche Flüsse und Bäche das Landschaftsbild der Toscana: der Arno, dank groß angelegter Sanierungsmaßnahmen fast schon befreit von Schlamm und Industrieabfällen. Doch reizvoller bleiben sein Zufluss Chiana, der im Chiusi-See seinen Lauf beginnt, und der Ombrone, der dem Land südlich von Siena bis über Grosseto hinaus in schlangenförmigem Lauf seinen Stempel aufdrückt. Nicht zu vergessen der Tiber, der auf seinem Weg nach Rom nicht nur die Region Umbrien gestaltend durchfließt, sondern in seinem Oberlauf auch den Nordosten der Toscana prägt und damit das zu Unrecht noch wenig bekannte Casentino.

## Vielfalt der Landschaftsformationen

### Vom Tosco-Emilianischen Apennin zum Arno

Der Apennin bildet die Nordgrenze der Toscana zur Nachbarregion Emilia-Romagna hin, zu seinen Füßen erstrecken sich im Süden von West nach Ost die Lunigiana, die weißen Marmorberge der Apuanischen Alpen und die waldgrüne, kastanienreiche Garfagnana. Weiter östlich bzw. im Norden von Florenz breitet sich dem Lauf des Flusses Sieve folgend das Mugello aus, dessen Städtchen und Dörfer beliebte Sommerfrischen und Wochenendausflugsziele der Florentiner sind.

Südöstlich des Mugello schließt sich das Casentino an, das sich bis kurz vor Arezzo erstreckt, mit zum Teil fantastischen Felsformationen und alten hohen Mischwäldern, in denen, beispielsweise in La Verna und Camáldoli, bedeutende Einsiedeleien entstanden – auch dies beliebte Ausflugsziele vor allem in den hochsommerlichen Wochen und an hohen Feiertagen.

Westlich dieser meist waldschattigen, mittelgebirgigen Landschaften nimmt das Arnotal einen breiten Streifen der Region ein, hier liegen fast alle wichtigen Städte, wird das Umland intensiv landwirtschaftlich genutzt, in der Gegend um Pistóia, genauer bei Péscia, etwa für die Blumenzucht. Im Sommer ist das Gebiet eine unerträglich schwül-heiße Zone, wer kann, flieht die Städte! Und im Winter kann es hier recht lange und intensiv regnen.

## Das Chianti

Südlich des Arnotals wellt sich das Land wieder, es beginnen die Hügellandschaften, wieder von West nach Ost die Pisaner Hügel, der Montalbano und das wohl bekannteste von ihnen, das Chianti. Doch entgegen der Erwartung vieler Toscana-Neulinge sind die Chianti-Hügel nicht übersät von Weingärten, sondern etwa zur Hälfte mit dichter Macchia oder gar Wald bedeckt. 35 000 ha des 70 000 ha großen Gebietes des Chianti Classico bestehen noch immer – und sollen es per Gesetz auch bleiben – aus Wald.

Und doch gilt das Chianti als die ›toscanische‹ Toscana, eine Landschaft, noch heute fast wie in der Frührenaissance, der absoluten Hochphase der toscanischen Kunst und Kultur. Im sanft gewellten Hügelland mit den strenge Akzente setzenden Zypressen erstreckt es sich zwischen Florenz und Siena, das berühmte und viel besungene Chianti, der Inbegriff einer Weinlandschaft. Was andererseits auch bedeutet: Mehr formen, mehr verändern lässt sich eine Landschaft kaum!

## Crete und Balze

Harmlos und doch landschaftsbestimmend sind die Crete südöstlich von Siena. Der fast durchweg lehmige Boden ist nicht etwa gerodet worden, sondern hat noch nie eine richtige Bepflanzung erlebt, weil er dafür einfach nicht geeignet ist. Als Einziges gedeihen Gräser und Wildblumen gut, weshalb die Crete zum Inbegriff der toscanischen Schafweiden wurden. Seit Jahren bemüht man sich hier um innovative Anpflanzungen (z. B. von Hirse), die helfen sollen, den Boden fruchtbarer zu machen – und mit mäßigem Erfolg betreibt man sogar etwas Weinanbau.

Weit schlimmer als die Crete sind die Balze, die beispielsweise das schöne und interessante Volterra bedrohen, tief eingeschnittene Grate und Abbrüche, vom starken Wind und Regen ausgewaschen. Nach jedem Regenguss drohen sie erneut ein Stück des Bodens zu verschlingen, auf dem die Stadt erbaut wurde. So rissen sie in Volterra bereits wertvolle Zeugnisse aus der Villanova- und der Etruskerkultur in den Abgrund. Fast nichts kann inmitten dieses kargen, zerfurchten Hügelgebietes mehr Halt finden, kaum etwas wachsen.

## Die Maremma

Auch wenn der Name der südwestlichen toscanischen Landschaft gerne von *amare* (bitter) abgeleitet wird, er kommt vom *maríttimo* (meernah). Tatsächlich bestimmt das Meeresklima den Charakter der mit unendlich weiten Steineichen- bzw. Macchiawäldern bedeckten Maremma. Im Hinterland gab es schon immer ein weitaus gesünderes Klima, weshalb sich nicht nur die Etrusker gerne auf den Tuffhügeln niederließen, sondern im Mittelalter auch die Bischöfe ihren Sitz, weitab vom malariaverseuchten Küstenstreifen, in die höher gelegene Maremma verlegten.

Vor Malaria braucht sich heute hier niemand mehr zu fürchten, sie wurde bereits in der Mitte des 19. Jh. besiegt, aber von besonderem landschaftlichem Reiz sind die von Kanälen durchzogenen Landstriche Richtung Meer. Es kann allerdings sein, dass man lange Strecken fahren muss, um zur nächsten Brücke über einen künstlichen oder auch über einen natürlichen Wasserlauf wie den Ombrone zu gelangen.

## Rund um den Monte Amiata

Obwohl der – abgesehen von den Zweitausendern des Tosco-Emilianischen Apennins im Norden – höchste Gipfel der Toscana (1738 m) geografisch betrachtet am Rand der Region liegt, ist er für die gesamte südöstliche Toscana landschaftsbestimmend, von überall zu erkennen als wunderbar gleichmäßiger Vulkankegel. Ja, er ist vulkanischen Ursprungs, schon lange allerdings erloschen und vollkommen harmlos. Aufmerksame Reisende werden zwischendurch vielleicht sogenannte Vulkanbomben entdecken, eierförmig große, meist glatte, helle Steine mit einem kleinen Fortsatz, der sie teilweise wie versteinerte Fische aussehen lässt: Es sind Auswürfe des Vulkans, die sich immer wieder aus der Tiefe hinaufarbeiten bzw. im Zuge der Bewirtschaftung durch Ackergeräte hervorgeholt werden. Die Bauern in der südöstlichen Toscana benutzen sie gerne als Schmuck im Garten, legen sie rund um Bäume oder Beete.

Der Monte Amiata ist nicht nur eine begehrte Sommerfrische, sondern auch – in günstigen Jahren – ein beliebtes Skigebiet, sogar mit Aufstiegshilfen! Wenn dies auch eher etwas für die lokale, durch alpine Skigebiete nicht verwöhnte Bevölkerung ist.

## Die Inseln

Der toscanische Archipel besitzt insgesamt sechs bzw. sieben Inseln (Monte Argentario ist mit dem Festland verbunden) im Tyrrhenischen Meer, von denen zwei einen besonderen touristischen Magnet bilden: Elba und Gíglio, beide abwechselnd mit schönen Felsenbuchten und feinsandigen Stränden, ein Dorado für Taucher, Schnorchler, Schwimmer und Wassersportler. Letztere dürfen die streng geschützten Gewässer der kleineren Inseln allerdings nicht stören – der ganze Archipel mit den Inseln Elba und Gíglio, Pianosa und Capráia, Montecristo und Giannutri steht unter mehr oder weniger strengem Naturschutz. Außer Pianosa steigen die Inseln recht hoch auf, Elba überspringt sogar die 1000-m-Marke. Die Flora des Archipels ist besonders reich; viele endemische Pflanzen gedeihen auf den Inseln.

**Die Crete: Schön, sanft gewellt, aber nur mit großen Mühen zu bewirtschaften**

# Flora und Fauna

## Wälder und Macchia

Außer den wichtigen Kulturpflanzen Weinstock und Ölbaum, aber auch Mandel- und Feigenbaum gedeihen im Tosco-Emilianischen Apennin sowie im Gebiet von Vallombrosa und im Süden um den Monte Amiata herum ausgedehnte Eichen- und Buchenwälder. Im Casentino wie in der Garfagnana sind es tiefgrüne Kastanienwälder.

Im Unterholz wachsen große, als kostbar gehandelte Steinpilze, weiter im Süden findet man die noch kostbareren Trüffel, etwa rund um San Miniato al Tedesco. Besonders dicht ist der Sekundärwald, die berühmte mediterrane Macchia mit ihren immergrünen Steineichen, Lorbeer und Erdbeerbäumen, Salbei und Oregano, Zistrosen und Ginster, Wacholder und Mastix. Sie bedeckt große Teile der Maremma, der Colline Metallífere und die Ausläufer des Monte Amiata ebenso wie die toscanischen Inseln.

Besondere Akzente setzen breitschirmige Pinien und schlanke Zypressen, gerne auch im Wechsel zusammen als Allee zu den Burgen hinauf gepflanzt.

## Nutzpflanzen

Blumen, vor allem Nelken, werden rund um die Blumenstadt Péscia angebaut, an Obst und Gemüse gedeiht praktisch alles, was man für die auf frisches Gemüse gestützte toscanische Küche benötigt: grüner Spargel und Artischocken, Tomaten und Zucchini, Auberginen und Kartoffeln, grüne und vor allem weiße Bohnen, Getreide, speziell der wiederentdeckte und sehr beliebte Dinkel. Und natürlich Wildkräuter!

Der Umweltschutz hat sich hier sozusagen heimlich eingeschlichen: Um die Produkte des Landes rein, ohne chemische Behandlung (Pestizide, Düngemittel) anbieten zu können, hat man sich umgestellt. Alternativer Anbau ist ›in‹, ebenso die Neuanpflanzung alter Getreidesorten, etwa des Dinkels, italienisch *farro.*

Auch der Erhalt der Landschaften mit Zypressen, Öl- und Mandelbäumen oder Weinhängen wird forciert. Früher als in anderen Regionen Italiens hat man hier erkannt, dass der Naturschutz neben dem Denkmalschutz das wichtigste Kapital für den Fremdenverkehr ist. Dass damit die Erhaltung der eigenen Heimat einhergeht, ist den Toscanern, die sehr heimatverbunden sind, natürlich willkommen.

## Tierwelt

In den Wäldern lebt reichlich Wild: Kaninchen und Wildschwein, Fasane, Rebhühner und Schnepfen. Doch wird das Wild auch gezüchtet, beispielsweise die begehrten Wildschweine. Zu den Nutztieren zählen Hühner und Perlhühner, vor allem aber die weißen

# Umweltfreundlich: Energie aus Larderello

Thema

**Die Toscana besitzt eine der interessantesten Energiequellen Europas, das geothermische Feld von Larderello. Mitten in den Colline Metallífere wird hier ganz ohne Umweltbelastung aus der Tiefe zwar nicht einfach, aber effizient, die Stromversorgung für das gesamte Bahnnetz Mittelitaliens gewonnen. Aus Dampf.**

Die ›metallreichen Hügel‹ ziehen sich, von dichter Macchia bedeckt, südlich von Volterra Richtung Küste bis zur Pisaner Maremma. Ungefähr in der Mitte dieser Hügelkette befindet sich ein 200 km² großes geothermisches Feld mit dem Zentrum Larderello, das womöglich zum Inbegriff umweltschonender Energiegewinnung werden wird. Die Landschaft sieht hier merkwürdig aus, dicke silberfarbene Röhren durchziehen das Land und überwinden Straßen, indem sie wie riesige Schlangen einen Bogen über sie schlagen und auf der anderen Seite wieder im Gebüsch verschwinden. Überall dampft es aus hohen dicken Schornsteinen, wer es nicht weiß, könnte hier die Folgen schlimmer Umweltsünden vermuten; Dante soll hier zu seinem »Höllengesang« inspiriert worden sein! Doch es ist reiner Wasserdampf! Aus ihm werden im Jahr etwa 650 Megawatt Strom erzeugt, u. a. für die Versorgung des Eisenbahnnetzes von Mittelitalien.

Dass es hier heiße Schwefeldämpfe gibt, wussten bereits die Etrusker, wie er entstanden ist, bekommen heute Neugierige im aufwendig von der ENEL, dem halbstaatlichen italienischen Energieunternehmen, installierten Museo della Geotermia anschaulich erklärt. Es ist ein sehr interessantes Museum mit Modellen, Abbildungen und historischen Bohrelementen inmitten der Stromzentrale (s. S. 361).

Alles beginnt mit Regenwasser, das rund 30 bis 40 Jahre benötigt, um an die heißen Magmakammern zu gelangen, sich dort zu erhitzen und dabei außerdem Borsalz aus dem Gestein zu lösen. Auch ohne über entsprechende wissenschaftliche Sachkenntnisse zu verfügen, nutzten die Etrusker das an den Rändern des Sees abgelagerte Salz als Antiseptikum und zur Herstellung von Email! Ihren Nachfolgern, den Römern, diente der Platz als Thermalbad, und das Mittelalter gewann an dieser Stelle Schwefel, Borsalz und Alaun, mit dem sich gute Geschäfte machen ließen.

1818 ließ der französische Ingenieur François Larderel eine Fabrik errichten, genau über dem Lagone Coperto, um aus dem stinkenden und blubbernden Bedeckten See Energie zu gewinnen. Die industrielle Gewinnung von Borsäure durch Verdampfung nahm ihren Anfang. Zuvor hatte man Borsäure aus Nepal einführen müssen. Die Substanz ist wichtig für die Pharmaindustrie und andere Industriezweige: Man nutzt sie nicht anders als die Etrusker als Antiseptikum, zur Emaillierung von Keramik, zum Schweißen von Metall, bei der Glasherstellung sowie bei der Konservierung von Lebensmitteln. Inzwischen hat die Sättigung des Wassers mit Bor nachgelassen, weshalb es als Bormineral eingeführt wird. Heute ist der Wasserdampf von größerer Bedeutung: Er drückt sich mit ca. 20 bar und 300 °C aus den bis zu 5000 m tiefen Bohrungen und treibt die Turbinen an, die zzt. ca. 2,5 % des in Italien benötigten Stromes produzieren.

Rinder des Chianatales *(chianine)* und nicht zuletzt Schafe, aus deren Milch der wegen seines herausragenden Geschmacks berühmte toscanische Hartkäse Pecorino hergestellt wird.

In den Flussmündungen findet man die kleinen Aale, im Tyrrhenischen Meer, vor allem rund um die Inseln, sind die Fischgründe zwar noch gut, reichen aber zur Touristensaison nicht aus, weshalb Fisch importiert (und gezüchtet) werden muss. Im Maremma-Naturpark dürfen rassige Pferde in freier Wildbahn leben, und man findet dort auch die großen weißen Rinder, die *maremmane.*

Eidechsen huschen überall herum, sobald die ersten warmen Sonnenstrahlen sie aus ihrem Winterquartier locken, unter Naturschutz wachsen goldbepunktete Schildkröten auf, bis zu einem Meter lange, aber ungiftige Schlangen kriechen im Sommer über den Asphalt, überqueren eilig die ländlichen Straßen.

## Naturschutzgebiete

Die Toscana ist reich an naturgeschützten Gebieten verschiedener Kategorien, die also mehr oder weniger durch bereits vorhandene Bebauung bzw. Landwirtschaft geprägt sind. Von Nord nach Süd sind folgende Parks interessant:

**Parco Naturale Alpi Apuane:** Naturpark zwischen Lucca und Carrara, erst 1992 entstanden (nach einem Volksbegehren 1985!): Der Italienische Alpenverein CAI (Club Alpino Italiano) hat hier mehr als 100 km Wanderwege durch ein herrliches Wandergebiet ausgeschildert.

**Parco dell'Orecchiella:** Naturpark in der Garfagnana nördlich von Lucca; im Zentrum liegt der Ort Castelnuovo di Garfagnana. In diesem Naturschutzgebiet leben wieder Fischotter, Wölfe und – wenn auch nur wenige – Königsadler. Auch hier findet man mehr als 100 km Wanderwege, die vom italienischen Alpenverein CAI markiert wurden, außerdem gibt es zwischen den Apuanischen Alpen und dem Apennin einige Hütten. Auf der Strecke Lucca – Aulla dürfen Reisende in diesem Gebiet auch ohne Platzreservierung normalerweise Fahrräder mit in die Bahn nehmen.

**Parco Nazionale Foreste Casentinesi:** In den Wäldern von Vallombrosa nördlich von Arezzo, die vom Kartäuserkloster der Vallombroser verwaltet werden, wurden zahlreiche CAI-Wanderwege und Rastplätze des CT (Casentino Trekking) ausgewiesen. Hier kann man außerdem im Winter Ski und im Sommer auf verschiedenen Wildwassern Kanu fahren.

**Montagna Pistoiese:** Geschütztes Gebiet zwischen Pistóia und Abetone/Apennin. Außer Reiten und Wandern bestehen auch Möglichkeiten zum Skilauf, Free Climbing, Segelflug und Paragleiten.

**Parco Nazionale dell'Arcipelago Toscano:** Gegen den Willen vieler Bewohner des Toscanischen Archipels wurden große Teile Elbas und der kleineren Inseln zum Naturschutzgebiet erklärt – die Gegner weigerten sich, den strengen Auflagen zu folgen, waren nicht bereit, wie sie sagten, Freiheiten einzubüßen. Strengstes Naturreservat ist die Insel Montecristo, die nur mit Einschränkungen besucht werden kann (Ausflugsprogramme).

**Parco Migliarino, San Rossore, Massaciúccoli:** Sie bilden seit 1979 kleine Naturschutzgebiete im nördlichen Mündungsbereich des Arno mit ausgedehnten, meernahen *pinete* (Pinienwäldern) und dem Lago di Massaciúccoli, einem See, der durch Puccini berühmt wurde.

**Parco Naturale della Maremma:** Er besteht aus dem Parco dell'Uccellina und den beiden WWF-Vogel-Naturschutzparks in der Lagune von Orbetello und in Capálbio nahe dem Lago di Burano (an der Küste von Grosseto). Dieser wunderbare, strengstens geschützte Park ist nur an bestimmten Wochentagen zu festgelegten Zeiten und gegen Gebühr zugänglich (s. S. 302).

**Monte Amiata:** Das abwechslungsreiche Naturschutzgebiet um den 1738 m hohen erloschenen Vulkan herum besitzt nicht nur mehrere kleine Thermalorte, sondern auch einen hochinteressanten Wildpark (u. a. mit einem Wolfsgehege; s. S. 413).

# Wirtschaft, Soziales und aktuelle Politik

**Die Toscana steht wirtschaftlich im italienischen Vergleich gut da, weil sie sich auf viele Gebiete spezialisiert hat. Dennoch ist sie immer mehr vom Tourismus abhängig, von dem viele andere Wirtschaftszweige profitieren wie z. B. die Landwirtschaft – u. a. Viehzucht, Ackerbau sowie Wein- und Olivenanbau –, das Bauwesen und das Kunsthandwerk.**

In den letzten Jahren hat die Toscana eine interessante und positive Entwicklung durchgemacht: Während es die Landbevölkerung in den 1950er-Jahren in die größeren Städte zog, begeben sich junge Familien heute wieder aufs Land, in die stadtnahen Dörfer. Sie entfliehen dem Smog der Städte, die trotz großflächiger Fußgängerzonen noch immer den Erstickungstod zu sterben drohen, sie kapitulieren vor der unerträglichen Sommerschwüle in den großen Ebenen, in denen sich die wichtigsten Ansiedlungen befinden, und ziehen auf die Hügel der kleinen Ortschaften, die meistens aus trutzigen *castelli* gewachsen sind. Diese wurden und werden noch immer saniert und liebevoll restauriert. Es sind wahre Kleinode der Architektur, und darüber hinaus verfügen sie über gute, saubere Luft, herrliche Aussichtspunkte und eine noch immer funktionierende oder wiederbelebte Infrastruktur: mit Bäcker und Metzger und mindestens einer Bar als Treffpunkt für alte und neue Bewohner. Die ›Neuen‹, das sind zum Glück noch viele, zu deren Familienbesitz die lange vor sich hin verfallenden Häuser im Dorfkonglomerat gehörten. Natürlich haben sich auch hier Fremde eingekauft, doch deren Anzahl ist für das Gefühl der Zusammengehörigkeit normalerweise verschwindend gering. Vielen Fremden ist es zudem zu mühsam, sich in eine Dorfgemeinschaft einzugliedern. Sie ziehen lieber, wie schon seit Jahrzehnten, aufs flache Land, kaufen überteuerte Grundmauern und Baurecht und bleiben in ihren proper restaurierten Häusern unter sich. Auch sie haben allerdings wie die Ferienhaus-Vermieter, die noch immer einen wahren Boom erleben, dazu beigetragen, dass man in der Toscana statt Ruinen wieder viele schmucke Bauernhäuser sieht.

Überhaupt hat der Tourismus, der in den Städten zu Chaos, Lärm und Distanz zu Fremden geführt hat, dem Lande eher gut getan – und damit auch der Landwirtschaft, die einen erneuten Aufschwung erlebte: Die Nachfrage nach toscanischen Weinen steigt, dasselbe gilt inzwischen auch für das gute Olivenöl und für feine Backwaren, in Olivenöl eingelegtes Gemüse oder andere hausgemachte Spezialitäten.

Die Arbeitslosenrate liegt italienweit zwischen 7 und 8 %, in der Toscana unter 5 %. Dennoch bleibt: Ein echt italienisches Problem, mit dem sich inzwischen aber auch andere EU-Länder, etwa die Bundesrepublik, befassen müssen, ist die Schattenwirtschaft, die Schwarzarbeit. Und nirgendwo lässt sie sich besser betreiben als in der Landwirtschaft und im Tourismus – den beiden Säulen der toscanischen Wirtschaft.

## Landwirtschaft und Tourismus

Generell kann man behaupten, dass die Toscana an der Nahtstelle zwischen Nord- und Süditalien wirtschaftlich recht gut dasteht.

Auch wenn man hier von einem gewissen Nord-Süd-Gefälle sprechen kann: Im Norden befinden sich die großen Städte mit meist florierender Wirtschaft, allen voran die Regionalhauptstadt Florenz. Im Chianti dürfte es den meisten Toscanern wirtschaftlich gut bis hervorragend gehen, auf jeden Fall denen, die eigenen Wein oder eigenes Olivenöl anbauen oder anderweitig landwirtschaftlich oder im Tourismus tätig sind; beides geht sehr oft miteinander einher, weil sehr viele Betriebe neben der Landwirtschaft auch Agriturismo betreiben, also Zimmer vermieten und/oder ihre Produkte direkt vermarkten.

Weiter südlich bestimmt ebenfalls die Landwirtschaft die Wirtschaft, aber auch zunehmend der Tourismus, dem sich eine zum Teil noch wenig bekannte, großartige Landschaft mit interessanten Städtchen und bedeutender etruskischen Hinterlassenschaft erschließt.

In Italien gibt es – noch – keine Kernkraftwerke, und dies gilt auch für die Toscana. Bei der Einfahrt vieler Städte, vor allem kleiner Ortschaften auf dem Land, liest man oft die stolze Angabe *Zona denuclearizzata* (atomkraftfreie Zone); inzwischen wird z. T. auch darauf hingewiesen, ebenfalls frei von genmanipuliertem Anbau zu sein. Die Energie bezieht Italien aus seinen Wasserkraftwerken und aus importiertem Erdgas, das bis in die kleinsten Gemeinden geleitet wird.

Erst allmählich wird erneuerbare Energie zum Thema, schließlich ist es doch kein Problem, in diesem sonnenreichen Land Sonnenkollektoren auf die Hausdächer zu montieren oder anderweitig die solare Kraft zu nutzen. Oder Windräder aufzustellen. Aber das alles steckt noch in den Anfängen.

Die Toscana besitzt allerdings eine andere Energiequelle: die geothermische Energie aus der Tiefe um Larderello, die weite Gebiete mit saubertster Energie versorgt (s. S. 18).

## Regionale Wirtschaft

Florenz hat sich zur italienischen Modemetropole gemausert vor Mailand und Rom – schließlich sitzt die wichtigste Zulieferindus-

**Die Landwirtschaft ist nach wie vor eine wichtige Säule der toscanischen Wirtschaft**

trie, die der Wollstoffe, im benachbarten Prato und die der Seide in Lucca. In Florenz findet man nicht nur die Mode großer Designer, sondern auch Seiden- und Wollstoffe und Florentiner Spitzen. Wichtig bzw. den Trend bestimmend sind die diversen Modemessen (Pitti Donna, Pitti Uomo, Pitti Bimbo etc.) in Florenz.

In Péscia wiederum werden Blumen für ganz Europa verpackt, die man in der gesamten Provinz Pistóia züchtet – im Freiland oder in Treibhäusern, zwar keine Zierde für die Landschaft, aber ein wichtiger Wirtschaftsfaktor. Große Bedeutung hat der Marmor in Carrara. Nicht nur durch seinen Abbau in den berühmten Bergwerken, sondern inzwischen sogar mehr durch die Verarbeitung von importierten Steinen, weil man weltweit dieses Know-how schätzt.

Während auf der Erzinsel Elba durch EU-Zwang kein Eisen mehr gewonnen wird, und im Gebiet der Provinz Grosseto Eisenpyrit, Magnesium, Blei und Zink ein ähnliches Schicksal droht, wird in Volterra nach wie vor Alabaster abgebaut und im Gebiet des Monte Amiata Quecksilber verarbeitet.

Der Fischfang hat niemals aufgehört, die Fischer zu ernähren, doch reicht ihr Fang schon lange nicht mehr für den großen Bedarf der Region, weshalb mit Zucht- und Importfischen aufgefüllt wird. Die wichtigsten Häfen (nicht allein für die Fischerei) sind Livorno, Marina di Carrara (vor allem für Marmor), Piómbino, Viaréggio und Porto Santo Stéfano sowie Portoferráio auf Elba.

Das Kunsthandwerk besitzt in der Toscana bis heute eine große Bedeutung. Sehr geschmackvoller Gold- und Silberschmuck wird in Florenz und Siena hergestellt, in Florenz beherrschen einige wenige Modehäuser noch die traditionelle Herstellung von feinsten Strohhüten, den sogenannten Florentinern, außerdem die Lederverarbeitung (Schuhe, Taschen, Kleidung, Gürtel), die es freilich auch schon als preiswertere Massenware gibt.

Keine Frage, dass das toscanische Kunsthandwerk durch den Tourismus einen enormen Aufschwung erlebt hat. Denn praktisch alles, was Kunsthandwerker schaffen, kann zum Souvenir werden, beispielsweise Alabastergegenstände aus Volterra, Keramik aus Impruneta und Montelupo Fiorentino, Korbwaren und Schmiedeeisenarbeiten aus Impruneta, Glas aus Empoli und Poggibonsi. Dann natürlich Möbel und Antiquitäten, die man eigentlich in allen größeren Städten und auf den großen Flohmärkten der Region kaufen kann, speziell in Arezzo und Cortona und überhaupt im Chianatal bzw. bei den Versteigerungen in den Nobelkurorten Montecatini oder Chianciano Terme.

## Aktuelle Politik

Dringend notwendig sind Reformen im Steuer- und im Rentensystem. Doch die Italiener wehren sich dagegen, wenn z. B. die Altersruhegrenze heraufgesetzt werden soll: auf 65 Jahre für Männer und auf 60 Jahre für Frauen. Silvio Berlusconi, der Medienmogul Italiens und wohl reichster Mann des Landes, wurde nach dem ersten kurzen Gastspiel als Ministerpräsident im Jahre 1994 mit Hilfe seines Mitte-Rechts-Bündnisses aus Forza Italia, Lega Nord und Alleanza Nazionale bei den Parlamentswahlen 2001 als 59. Regierungschef nach dem Zweiten Weltkrieg wiedergewählt.

Im Frühjahr 2006 wurde er von der Mitte-Links-Regierung abgelöst, was in der eher links gerichteten Toscana ein hörbares Aufatmen auslöste. Regierungschef wurde der frühere EU-Kommissar Romano Prodi, in Italien gerne »il professore« genannt, der Professor, was er im ›richtigen Leben‹ ja ist. Trotz aller Bemühungen, aber erschwert durch Streitigkeiten mit den linken Splitterparteien, musste Prodi nach knapp zwei Jahren an der Regierung kapitulieren, im April 2008 wurde Italien wieder zu den Urnen gerufen. Und trotz der höheren Ergebnisse des Mitte-Links-Bündnisses durch den von Walter Veltroni gegründeten Partito Democratico (PD) vor allem in der Toscana (s. S. 23) wurde Silvio Berlusconi zum dritten Mal zum Regierungschef gewählt.

# Die Toscana bleibt politisch links gerichtet

Thema

**Mit den Parlamentswahlen im April 2006 hatte Italien den Wechsel von Mitte-Rechts nach Mitte-Links vollzogen, der, wie die Toscaner meinten, nicht zuletzt durch ihre politische Einstellung erst möglich geworden sei. Nach den Neuwahlen im April 2008 gab es einen erneuten Rechtsruck, aber nicht in der Toscana. Und schon gar nicht bei den Regionalwahlen 2010.**

»Con la Toscana cambia l'Italia« war während der Parlamentswahlen im April 2006 fast überall in der Toscana zu lesen. Tatsächlich wählt die Region ebenso wie ihre nördliche Nachbarin, die Emilia-Romagna, traditionell Mitte-Links, wenn nicht gar Rot, wie etwa im kleinen Lamporecchio bei Vinci. Das gilt übrigens für die Kommunal- und Regionalwahlen noch mehr als für die überregionalen.

Romano Prodi, der mit knappster Mehrheit gewählte Ministerpräsident der Mitte-Links-Regierung, hatte es nicht gerade leicht, die großen wirtschaftlichen, aber auch die sozialen Probleme in Angriff zu nehmen. Nicht nur deshalb, weil der Medienmogul und reichste Mann des Landes, Silvio Berlusconi, ein schweres Erbe hinterlassen hatte. Zwar gelang es Prodi, die drei höchsten Ämter des Staates – Präsident der Abgeordnetenkammer, des Senats und Staatspräsident – mit eigenen Leuten zu besetzen. Doch mit Blick auf das politische Tagesgeschäft wurde bald klar, dass Italien keinen normalen demokratischen Regierungswechsel vollziehen konnte.

Noch nie hatte es hier eine so klare ›persönliche‹ Wahl mit so vielen Ressentiments gegeben: Viele Italiener, schließlich aber doch nur etwas mehr als die Hälfte, hatten Berlusconi nie mehr an der Spitze ihres Staates sehen wollen. In Rom z. B. waren ganze Straßenzüge und Plätze zugepflastert mit Plakaten, die mit einem kurzen Slogan Stimmung machten: »Via Berlusconi!« – »Weg mit Berlusconi!«

Romano Prodi stand im Gegensatz zu Berlusconi in den Augen vieler für Sachlichkeit und Seriosität: keine Effekthascherei, dafür Sachverstand, das Versprechen, den Staatshaushalt zu sanieren und zu moralischen Grundsätzen in der Politik zurückzukehren. Zu den Aufgaben, die sich Mitte-Links gestellt hatte, gehörten die Kampagnen gegen Steuerhinterziehung und Korruption, die Haushaltssanierung und die erneute Anerkennung in der EU, die Berlusconi mehrfach brüskiert hatte. Doch Prodi musste scheitern, da er bei wichtigen politischen Entscheidungen von linken Splitterparteien als Zünglein an der Waage abhängig war: Italien hat sich bis heute nicht für eine 5 %-Hürde entscheiden können. Und eines aber hat auch Prodis Regierung von vornherein nicht in Angriff genommen: ein Gleichgewicht zwischen Männern und Frauen an den politischen Schalthebeln Italiens zu schaffen.

Das hat sich im April 2008 zum Entsetzen der meisten Toscaner, die sich für Mitte-Links entschieden haben, mit dem zum dritten Mal gewählten Berlusconi kaum geändert. Aber bei den Regionalwahlen Ende März 2010 konnte sich in der Toscana der linke Block mit 59,7 % der Wählerstimmen klar behaupten. Und die Stimmung in der Region ist ziemlich optimistisch, dass es so weiter geht, dank hoher Wahlbeteiligung der Toscaner.

# Zeittafel

| | |
|---|---|
| **Um 1000 v. Chr.** | Die Etrusker dringen, wohl vom Osten her, in das Gebiet der heutigen Toscana ein und hinterlassen dort erste Spuren. |
| **4. Jh. bis 265 v. Chr.** | Die Römer erobern Etruria, das Land der Etrusker. |
| **3. Jh. v. Chr. – 1. Jh. v. Chr.** | Die Etrusker verbünden sich mit Rom. 200 Jahre später gründen sie Fiésole, Lucca, Pisa und Pistóia. |
| **89 v. Chr.** | Etruria erhält das römische Bürgerrecht. |
| **im 4. Jh.** | Die römische Provinz Tuscia et Umbria wird christianisiert. |
| **476** | Das Ende des Weströmischen Reiches ist besiegelt. |
| **493** | Die Ostgoten fallen in das Gebiet der heutigen Toscana ein. |
| **568/591** | Die Herrschaft der Langobarden beginnt, Tuszien wird zum Herzogtum erhoben. |
| **Ab 774** | Die fränkische Herrschaft beginnt. |
| **ab dem 9. Jh.** | Die Markgrafschaft Tuszien wird gegründet, womit der kulturelle und wirtschaftliche Aufschwung sowie der Handel der Städte beginnen. |
| **1055** | Kaiser Heinrich III. erhebt Florenz zur Reichsstadt. |
| **1139–1266** | Unter staufischer Reichsverwaltung entstehen die Stadtstaaten Pisa, Florenz, Lucca und Siena. |
| **13. u. 14. Jh.** | Während bis 1248 das ghibellinische (kaisertreue) Pisa (reich und mächtig durch seinen Seehandel) beherrschend ist, nimmt ab 1302 das guelfische (papsttreue) Florenz die Vormachtstellung ein. |
| **1260** | Siena besiegt das verhasste Florenz bei Montaperti. |
| **1284** | Genua (heute zu Ligurien gehörend) vernichtet die Pisaner Flotte und zerschlägt damit dessen Seeherrschaft. |
| **1406** | Florenz kann durch die Unterwerfung Pisas zur Seemacht avancieren; größte Rivalin ist wieder Siena. |

| | |
|---|---|
| Die Medici übernehmen die Macht in Florenz. | **1434–1494** |
| Die mediceische Toscana wird ein Herzogtum. | **1531** |
| Auch Siena wird florentinisch. | **1559** |
| Mit dem Medici-Fürsten Cosimo I wird die gesamte Toscana durch Papst Pius IV. zum Großherzogtum erhoben. | **1569** |
| Der letzte Medici (Gian Gastone) stirbt, das Großherzogtum Toscana geht an das Haus Habsburg-Lothringen über: Franz von Lothringen, der Gemahl der österreichischen Herrscherin Maria Theresia, wird Großherzog der Toscana – und 1741 Kaiser Franz I. | **1737** |
| Die erste italienische Verfassung wird verabschiedet. | **1848** |
| Die erste Republik Italien wird ausgerufen. | **1849** |
| Die Toscana wird an Piemont-Sardinien angeschlossen und damit an das Königreich Italien. | **1860/61** |
| Florenz wird zur Hauptstadt des geeinten Italien und ändert städtebaulich sein Zentrum (z. B. entsteht die Piazza della Repúbblica). | **1865–1871** |
| Die zweite Republik Italien wird am 2. Juni ausgerufen. | **1946** |
| Es wird beschlossen, Regionen zu bilden, aber erst 1970 werden die meisten und mit ihnen die Region Toscana etabliert. | **1948** |
| Arno-Überschwemmung zerstört viele Kunstwerke teils irreparabel. | **4. 11. 1966** |
| Florenz wird europäische Kulturmetropole. | **1986** |
| Bei den Parlamentsneuwahlen im April gewinnt die Mitte-Links-Koalition unter Romano Prodi. | **2006** |
| Walter Veltroni gründet die Demokratische Partei PD, die liberal-katholische Margherita und postkommunistische Linksdemokraten eint. | **2007** |
| Bei den Regionalwahlen gewinnt der Mitte-Links-Block in der Toscana deutlich mit knapp 60% der Wählerstimmen. | **2010** |

# Gesellschaft und Alltagskultur

**Zwar gelten die Toscaner als gebildet und etwas überheblich, man lebt gerne abgeschottet in seinem Stadtteil, seiner Stadt, seiner Provinz und erst zuletzt in seiner Region und für sie. Doch man diskutiert gern, und man ist stolz darauf, dass hier die Kommunistische Partei Italiens gegründet wurde und die erste Bewegung gegen den Faschismus entstand.**

Wenn möglich, kümmert sich der Toscaner traditionell am liebsten nur um seinen eigenen Stadtteil, was besonders ausgeprägt in Siena hinsichtlich der *contrade* zu beobachten ist (s. S. 27). Dann kann sich sein Interesse auf die ganze Stadt, danach auf die dazugehörige Provinz, zuletzt auf die Region und schlussendlich auf die italienische Republik als Ganzes richten. Man sieht nicht nur am Wahlverhalten der Toscaner, dass sie regional anders denken und fühlen als national.

Dass sie als arrogant und gebildet gelten, was oft in einem Atemzug genannt wird, stört die Toscaner wenig, ja, es freut die meisten von ihnen, da sie es als eine Auszeichnung betrachten. Dabei sind sie eben wegen dieser Haltung im übrigen Italien nicht gerade beliebt. Am allermeisten hält man ihnen vor, die italienische Sprache bestimmt zu haben: Was man als Hochitalienisch kennt, ist das reine Toscanische ganz im Sinne Dantes, wobei die Toscaner selbst eine für die anderen Italiener fremde Aussprache pflegen, und zwar konsequent! Sie sprechen alle k-Laute wie ein -h- aus.

## Plätze als Schauplatz der Kommunikation

Wie im Mittelalter, zu Beginn der kommunalen Entwicklung, sind noch immer die Plätze der Ort der Kommunikation, Schauplatz politischen und sozialen Lebens. Hier treffen sich alle, die ihre Meinung kundtun wollen, Intellektuelle mit den Bauern aus der Umgebung oder die Handwerker aus dem Stadtteil. Hier wird eine Durchmischung der sozialen Schichten gelebt, was in der Toscana ohnehin zum Alltag gehört. Es gibt wenig Standesdünkel, und so ist es z. B. für eine promovierte Juristin kein Problem, mit einem Elektriker verheiratet zu sein. Jeder ist sich stolz bewusst, mit seinem Beruf, seinem Können etwas zu leisten.

Kein Wunder daher, dass schon das Mittelalter einen sozial so gravierenden Aufstand wie den der Wollweber, der *ciompi*, sah. Kein Wunder auch, dass 1921 beim 17. Parteitag der Sozialisten in Livorno die Kommunistische Partei Italiens (PCI) gegründet wurde – bis heute hat die Partei in der Toscana viele Anhänger, weswegen es hier niemanden irritiert oder womöglich verärgert, wenn er einen überzeugten Kommunisten trifft (ausgenommen vielleicht in Lucca und seiner Provinz, das traditionell rechts gerichtet ist).

Die meisten toscanischen Kommunisten leben nicht in den Städten, entstammen also nicht dem Arbeiterproletariat, sondern eher auf dem Land: im Chianti etwa, rund um Siena und im Aretinischen. Zu erklären ist das mit der früheren *mezzadria*, der Halbpacht (s. auch Buonconvento, Museo della Mezzadria Senese S. 387): Die Landarbeiter der großen Güter des Adels (= Großgrundbesitzer) mussten um die Agrarreform kämpfen und ihren sozialen Stand sichern.

# Feste und Traditionen

An den Vorbereitungen ihrer Feste engagieren sich die Toscaner in großer Zahl mit Inbrunst. So sehr, dass Feste das Zusammenleben vieler Toscaner zu bestimmen scheinen. Hier dürfte es mindestens so viele Vereine wie nördlich der Alpen geben, die sich fast ausschließlich um die Ausrichtung der mehr oder weniger feierlichen Ereignisse kümmern.

Vor allem für die Herstellung der historischen Kostüme, meist nach Vorbildern aus der Renaissance, wird in der Toscana Jahr für Jahr viel Zeit und Geld investiert. Spenden für die Kunst, das bedeutet auch Spenden für immer wieder notwendige Reparaturen an den kostbaren Kostümen oder gar ihre vollständige Erneuerung. Banken wie Monte dei Paschi di Siena, von Anbeginn eine große Förderin der Kunst, sind stolz darauf, die neuen Renaissancekostüme für den Sieneser Palio finanziert zu haben. Andere sehen in der äußert aufwendigen und kostspieligen Restaurierung und Rettung von Kunstwerken einen Zugewinn von Prestige.

Für fast alle großen Feste der Toscana kann man sich bei rechtzeitiger Anmeldung Zuschauerkarten reservieren. Auskunft erteilen die örtlichen Verkehrsbüros oder die zuständigen Vereine, die in diesem Reiseführer unter den einzelnen Orten aufgeführt werden. Das gilt z. B. für Tribünenkarten für Sienas Palio oder den *calcio storico* in Florenz.

## Sienas Palio

Geradezu ein Musterbeispiel für den Zusammenhalt der Stadtteile, Vereine u. Ä. sind die historisch gewachsenen *contrade* Sienas. Sie regeln das Zusammenleben der Menschen in den einzelnen Stadtteilen, helfen Notleidenden, Kindern und Greisen, sorgen aber z. B. auch für einen neuen Arbeitsplatz innerhalb der eingeschworenen Gruppe. Und sie richten zweimal im Jahr Sienas wichtigstes Fest aus: den Palio. Das gilt natürlich nicht nur für Siena, doch hier bekommt der Reisende einen besonders guten Einblick in die Traditionen und Bräuche eines Stadtteils (s. S. 332).

## *Giostra del saracino* und *gioco del ponte*

Zu den auch bei Touristen beliebtesten Festen gehören das historische Lanzenstechen *(giostra del saracino)* in Arezzo (s. S. 441) oder das *gioco del ponte* in Pisa, der Wettkampf der beiden Stadtteile beiderseits des Arno auf dem Ponte del Mezzo, der Brücke zwischen ihnen (s. S. 218).

## *Calcio storico* und *scoppio del carro*

Das historische Fußballspiel der Florentiner, der *calcio storico,* kann zwar angesichts der rauen Sitten auf dem Spielfeld vor der schönen Kulisse von Santa Croce nicht gerade als feierlich bezeichnet werden. Aber die Umzüge am letzten Tag des *calcio,* am Johannestag (24. Juni), lassen jedes Fotografenherz höher schlagen, so farbenprächtig kostümiert ziehen die Teilnehmer durch die Altstadt (s. S. 120).

Fast noch prächtiger und um ein Vielfaches ernster ist die wundervolle Prozession vor dem Florentiner *scoppio del carro* in Florenz, bei dem am Ostersonntag durch Vertreter der Stadt der aufwendig geschnitzte historische Holzwagen zwischen Dom und Baptisterium entzündet wird: für die Taube, die den Heiligen Geist symbolisiert (s. S. 120).

## *Volto santo* und *sacro cingolo*

Die meisten religiösen Feste sind von würdevollem Ernst. Das gilt vor allem für den Umzug des *volto santo* am 13. September durch die eindrucksvoll von Fackeln beleuchteten

### Gesetzliche Feiertage

**1. Januar:** Neujahr
**5./6. Januar:** *Epifana* (Hl. Drei Könige)
**Ostermontag:** *Pasquetta*
**25. April:** Tag der Befreiung
**1. Mai:** Tag der Arbeit
**2. Juni:** Italienischer Nationalfeiertag
**15. August:** Mariä Himmelfahrt
**1. November:** Allerheiligen
**25. und 26. Dezember:** Weihnachten
**31. Dezember:** Silvester

Altstadtgassen Luccas. All dies leistet man für die im Dom verehrte frühmittelalterliche Christusfigur (s. S. 190). In Prato, der Hauptstadt der gleichnamigen Provinz, wird gleich dreimal im Jahr (1. Mai, 15. August, 8. September) der angebliche Gürtel Marias in einem feierlichen Rahmen der Bevölkerung präsentiert, der *sacro cingolo* (s. S. 143).

## Sagre

Die religiösen Feste wetteifern um die Gunst der Teilnehmer und Zuschauer mit den vielen

profanen Veranstaltungen, den *sagre:* Diese haben oftmals eine kulinarische Spezialität zum Thema wie etwa im Herbst die *sagra del cinghiale* (des Wildschweins, in mehreren Orten), die *sagra del castagno* (der Edelkastanie, vor allem in den Orten der Garfagnana und im Casentino) oder die *sagra del tartufo* (der Trüffel, in San Miniato al Tedesco), bei denen auch ausgiebig Wein getrunken und noch spät zum Tanz aufgespielt wird.

Das Chianatal, berühmt für das hervorragende Fleisch der weißen Chianina-Rinder, ein Muss für die *bistecca fiorentina,* feiert an diversen Orten *bistecca*-Feste oder andere kulinarische Veranstaltungen, die mit dem saftigen und wohlschmeckenden Fleisch zusammenhängen, manchmal sogar mit freien Kostproben.

## Festspiele

Der Sommer gehört in der Toscana den zahlreichen Festivals. Das bekannteste Musikfestival hat der deutsche Komponist Hans Werner Henze im Renaissancestädtchen Montepulciano ins Leben gerufen, das *cantiere internazionale d'arte;* es ist *der* Magnet für alle musikinteressierten Toscana-Reisenden (s. Thema S. 405).

Das hübsche Weinstädtchen Montalcino dagegen verwandelt sich in eine einzige Bühne während des *festival della Val d'Orcia,* dicht gefolgt vom zauberhaft-kleinen Monticchiello mit seinem *teatro povero*, bei dem nur Dorfbewohner agieren. Am Lago di Massaciúccoli findet zu Ehren Puccinis das *festival pucciniano* statt, und an der Versilia-Küste das Theater- und Tanzfestival *la versiliana*. Florenz lockt bereits im Frühjahr mit dem *maggio musicale,* das benachbarte Fiésole erst später mit dem Kultursommer *estate fiesolana* und die gesamte Provinz Pisa mit *pisa estate.*

Man könnte die Liste endlos fortsetzen, interessierte Reisende schauen am besten im Internet unter ihrem auserwählten Urlaubsort nach, beispielsweise unter www.comune.pisa.it oder bei kleineren Orten unter Hinzuziehung des Provinzkürzels wie etwa bei www.comune.fiesole.fi.it (s. auch Angaben im Reiseteil, ab S. 80).

**Alljährlich im September feiert Arezzo das historische Lanzenstechen**

# Architektur, Kunst und Kultur

**Die Toscana zählt zu den Regionen Italiens mit den bedeutendsten Kunstwerken der Welt. Mit Zeugnissen der Etrusker und Römer, Werken großer Renaissancekünstler wie Michelangelo und Brunelleschi, Piero della Francesca und Vasari. Mit herausragenden Dichtern wie Dante besitzt sie außerdem eine Vorreiterfunktion in Sprache und Literatur.**

Zwei Epochen haben das Gesicht der Toscana geprägt: die etruskische und die Renaissance. Dazwischen aber sind auch die von den Römern geförderte Bautätigkeit und Skulptur ebenso wie die Stadtentwicklung während des Mittelalters bedeutsam gewesen – allerdings weniger prägend wie die beiden Erstgenannten.

## Die Etrusker

Von den ersten Bewohnern der Toscana, den Menschen der sogenannten Villanova-Kultur (ca. 950–450 v. Chr.), weiß man nicht sehr viel. Von den Etruskern, deren Kernland später die Region Toscana bilden sollte, ist schon mehr bekannt, denn sie hinterließen zahlreiche Nekropolen. Und aus den wichtigsten Ansiedlungen der Etrusker, die sie normalerweise auf Hügeln anlegten, um vor feindlichen Angriffen sowie Überschwemmungen und dem Sumpffieber geschützt zu sein, entwickelten sich zahlreiche Städte: Arezzo und Cortona (mit sehr interessanten Begräbnisstätten), Chiusi (mit berühmten Felsgräbern) und Fiésole als die Mutter von Florenz.

Ausnahmsweise an der Küste entstand Populónia, wo das Eisenerz von der vorgelagerten Insel Elba verarbeitet wurde und sich heute eine der schönsten Nekropolen der Toscana ausdehnt. In Sovana und Umgebung findet man verschiedenartige etruskische Grabformen, in Vetulónia und vor allem in Roselle außerdem wundervolle zyklopische Mauern, in Ansedónia die *tagliata etrusca,* einen raffinierten Kanal, mit dem die Etrusker ihren Hafen vor der Versandung schützten.

Über Einzelpersönlichkeiten der Etrusker gibt es ebenso wie über ihre Sprache (nicht die Schrift) und Religion kaum Zeugnisse. Sicher aber ist, dass sie regen Handel trieben und gute Seefahrer sowie kunsthandwerklich und technisch sehr begabt waren. Ihr Zwölferbund, ein Zusammenschluss von zwölf Stadtstaaten, jeder für sich unabhängig, beherrschte eine Region, die ins heutige Latium und nach Umbrien hinein reichte. Auf toscanischem Gebiet gehörten folgende Städte dazu: Arretium (Arezzo), Curtuns (Cortona), Chamars (Chiusi), Faesulae (Fiésole), Rusellae (Roselle), Vatluna (Vetulónia) und Velathri (Volterra).

Noch immer geben ihre Herkunft und ihre Sprache den Forschern Rätsel auf, man nimmt aber immer mehr an, dass sich die Etrusker sozusagen autochthon in diesem Gebiet der heutigen Toscana und Latiums entwickelt haben. Des Weiteren wird vermutet, dass sie eine Mischung aus vorderasiatischen Einwanderern mit italienischen Stämmen bildeten und offen waren für alles, was sie unterwegs kennen lernten, und damit ihre eigene Kultur zu bereichern wussten.

### Kaufleute und Kunsthandwerker

Dass die Etrusker unternehmungslustige Kaufleute und Seefahrer (wohl Piraten) waren, belegen u. a. ihre Beziehungen zu Karthago, außerdem müssen sie technisch hochbegabt gewesen sein, haben sie doch den Erzabbau intensiv betrieben, den Hafen von Cosa durch die *tagliata etrusca* vor der Versandung gerettet. Auch ihre Kunst ist bemerkenswert, obwohl man den etruskischen Künstlern zuweilen vorwirft, sehr vieles vervielfältigt zu haben, wie anhand ihrer Tonsarkophage zu erkennen sei; doch einige Grabfresken und Sarkophagfiguren spiegeln eine genießerische Lebensfreude, die in künstlerisch großartiger Weise zum Ausdruck kommt.

Gut belegt ist ihre Jenseitsvorstellung, die sich im Grabkult manifestiert, und ihre Religion, die sich u. a. auf eine uns heute eher befremdende Deutung von Eingeweiden stützt. Auch Blitze und Wunderzeichen waren Bestandteil ihrer Religion, ähnlich den Kulten in Vorderasien, was für ihre Abstammung von dort spricht.

Die Schrift der Etrusker, die man nur als kurze Inschriften auf Gräbern und Gefäßen (als Besitzinschriften) kennt, zeigt eine nicht-indogermanische Sprache mit Schriftzeichen, denen das westgriechische Alphabet zugrunde liegt, aber den eigenen Ansprüchen angepasst wurde. Geschrieben wurde von rechts nach links.

## Kunsthandwerklich begabt

Das Kunsthandwerk war trotz mancher Unkenrufe der bloßen Vervielfältigung hoch entwickelt. Für ihre Goldschmiedekunst stellten die Etrusker feinste Granulate her und fertigten filigrane, wunderschöne Stücke. Auch die Bronzeverarbeitung befand sich auf hohem Niveau, wie Becken, Kandelaber, Spiegel und Deckelfiguren zeigen. Zudem gehörten Elfenbeinschnitzerei und Keramik zu dem von ihnen gepflegten Handwerk. Auch wenn sie dabei auf künstlerische Anregungen oder Vorbilder aus dem Orient und aus Griechenland zurückgriffen, zeigt die Ausführung ihrer Arbeiten Meisterhand!

Die Wandmalereien sind wohl eigenständig entstanden, doch in der Vasenkunst zeigt sich eindeutig die Vorliebe der Etrusker für die griechische Mythologie, deren Themen die Etrusker in der Bemalung aufgriffen. Man spricht allerdings auch davon, dass die Griechen speziell für Etrurien Vasen hergestellt haben sollen, die diese bevorzugten.

**Die Nekropole in Populónia – eines der bedeutendsten Zeugnisse der Etrusker**

## Römer, Langobarden und Franken

Ab dem 4. Jh. v. Chr. drangen die Römer nach Norden vor und schufen ab dem 3. Jh. n. Chr. durch die Ausbreitung des Christentums und der Stadtkultur die geistige Basis für die weitere kulturelle Entwicklung der Region. Sie gründeten zahlreiche Städte (oder bauten sie aus) wie Florenz, Lucca und Pisa, deren schachbrettartige Bebauungsstruktur noch heute das römische Stadtbild erkennen lässt. Die Städte erhielten Theater (Fiésole, Lucca, Roselle, Volterra), Tempel und Thermen und wurden durch wichtige Verkehrsadern miteinander verbunden (Via Aurelia, Via Cassia).

Nach dem Niedergang des Römischen Reiches 476 fielen in der Zeit der Völkerwanderung immer wieder germanische Stämme aus dem Norden in das Land ein. Von 568 bis 774 übernahmen die Langobarden die Macht. Sie machten Lucca zu ihrer Hauptstadt und Pisa – damals noch am Meer gelegen – zu einer bedeutenden Hafenstadt.

Um 800 eroberte Karl der Große das Langobarden-Reich und gründete dort die Markgrafschaft Tuszien. Die Franken legten die – noch heute bestehende – Frankenstraße als Verbindung zwischen dem Norden und Rom im Süden an und schufen neue Klöster und Bischofssitze. Fränkische Adlige herrschten über die wirtschaftlichen und künstlerischen Zentren. Leider sind nur wenige Zeugnisse dieser Zeit erhalten (z. B. die Kapitelle der Abtei Sant'Antimo).

## Romanik und Gotik

Die Toscaner waren von jeher offen für Neuerungen, so konnten sich in ihrem Gebiet auch neue Kunstformen relativ unproblematisch durchsetzen.

### Architektur und Bildhauerei

Eine echt toscanische Form der Fassadenausschmückung hat sich bereits in der Romanik entwickelt: der Inkrustationsstil. Der meist aus Backstein gemauerten Wand wird vom 11. bis ins 13. Jh. und dann wieder in der Renaissance eine farbige Marmorfassade vorgesetzt (bestes frühes Beispiel: San Miniato al Monte in Florenz).

Auch in der Bildhauerei zeigen sich die toscanischen Künstler bereits in der Romanik fortschrittlich: Sie verlassen die byzantinisch strengen Formen schon 1180 mit der Bronzetür des Bonanno Pisano am Pisaner Dom. Als erste große Künstlerpersönlichkeit des Mittelalters gilt jedoch Nicola Pisano (1225–1278). Er benutzt antike Vorbilder und versteht es meisterlich, die romanische Skulptur zum vollendeten Kunstwerk zu entwickeln (Marmorkanzeln im Sieneser Dom und im Pisaner Baptisterium).

### Malerei

Das Vorbild Byzanz galt in der Malerei noch etwas länger als in der Bildhauerei, erst Ende des 13. Jh. löst sich Giovanni Cimabue (eigentlich Cenni di Pepo, um 1240/45–1302) in seinen monumentalen Kruzifixen (Santa Maria Novella und Santa Croce in Florenz, San Domenico in Arezzo) und in seiner »Thronenden Madonna mit Engeln« (Uffizien) von der strengen, steifen Überlieferung.

Duccio di Buoninsegna (um 1225–1319) ist allerdings schon ein rein gotischer Maler, dessen Bilder – vor allem seine »Maestà« für den Dom von Siena (im Dombaumuseum) – stellvertretend für die gotische Malerei der Toscana stehen. Nach Simone Martini (1284–1344), den Brüdern Pietro (um 1280–ca. 1348) und Ambrogio (unsicher, nachweisbar 1319–1348), Lorenzetti mit ihren zartfarbenen Altarbildern (u. a. im Camposanto von Pisa) folgt schließlich Giotto di Bondone (ca. 1267–1337), der Erste, der in der Malerei die byzantinische Steifheit endgültig ablegt und mit seinen wirklichkeitsnahen Darstellungen (vorrangig Heiligenlegenden) bezaubert. Nach Vasari ist Giotto »nur bei der Natur und niemand sonst in die Lehre gegangen«. Moderne Kunsthistoriker bescheinigen ihm den gleichen Rang als Begründer der italienischen Malerei wie Dante in Sprache und Literatur.

# Die Bedeutung der Zünfte Thema

**Ohne die bereits im Mittelalter etablierten Zünfte wäre Florenz, wäre die gesamte Toscana nicht, was sie heute ist; sie haben das Leben und die Arbeit geordnet. Durch ihr Handwerk reich geworden, haben manche von ihnen sehr viel zur künstlerischen Ausschmückung ihrer Stadt beigetragen, so etwa die Zunft der Wollweber von Florenz.**

Bereits im 12. Jh. besaßen die Handwerker einen großen Einfluss auf die Politik der Gemeinden; das zeigte sich vor allem in Florenz, wo sich bald Zünfte *(arti)* mit festen Statuten herausbildeten, die im 13. Jh. praktisch die Stadtregierung kontrollierten. 21 Hauptzünfte gab es, aufgeteilt in höhere *(arti maggiori)* und niedere Zünfte *(arti minori)*. Ausschlaggebend für den Rang einer Zunft war ihre Bedeutung für die Wirtschaft der Stadt.

Zu den sieben *arti maggiori* gehörten die Richter und Notare, die Bankiers und Geldwechsler, Großkaufleute, die Fellgerber bzw. Kürschner, die Wollweber und -händler, die Seidenweber und -händler sowie die Apotheker und Ärzte. Zu den 14 *arti minori* gehörten die Bäcker, Metzger, Öl- und Weinhändler sowie die Wirte, die Maurer, Waffen- und Panzerschmiede, Schlosser, Goldschmiede, einfache Schmiede, Steinmetzen und Zimmermänner, Leder- und Fellhändler, die Färber, Leinenweber und die Altwarenhändler.

Die Zünfte sorgten dafür, dass keine ruinöse Konkurrenz aufkam, bestimmten Betriebsgröße und -zulassungen und erlaubten keinen Zusammenschluss unterschiedlicher Handwerke. Auch achteten sie darauf, dass alle Betriebe in der Stadt blieben – eine Verlegung aufs Land hätte bedeutet, sich in den Einflussbereich der feindlichen Ghibellinen (s. S. 87) zu begeben. Die Zünfte richteten zudem eine Art Sozialkasse für Witwen und Waisen ein, kümmerten sich um das Gesundheitswesen und besaßen sogar eigene Krankenhäuser.

Bis ins 15. Jh. hinein kannte man keinen Unterschied zwischen Künstlern und Handwerkern; eigentlich galten sie alle im besten Sinne als Kunsthandwerker. Die Künstler waren verschiedenen Unterabteilungen der Zünfte zugeordnet: Die Maler gehörten zur hohen Zunft der Apotheker, weil sie die Farben mischten, die Bildhauer und Architekten zur niederen Zunft der Maurer. Die Goldschmiede allerdings bildeten bereits eine eigene, wenn auch niedere Zunft, ebenso wie die Steinmetzen und einfachen Schmiede.

Da die Zünfte der Handwerker und Künstler über ein beträchtliches Einkommen verfügten, konnten sie sich auch kulturell engagieren, Feste veranstalten sowie Kirchen und Paläste erbauen oder ausschmücken. Das schönste architektonische Beispiel dürfte die Kirche Orsanmichele gegenüber dem ebenfalls eindrucksvollen Zunftgebäude der Wollweber in Florenz sein.

Heute ist an den Namen mancher Straßenzüge noch immer zu erkennen, welche Zünfte dort wirkten: in Florenz z. B. am Corso dei Tintori (zwischen Arno und Santa Croce), also der Straße der Färber, natürlich mit Durchgang zum Fluss, den sie zum Waschen der gefärbten Wolle benötigten; oder an der Via dell'Arte della Lana, der Straße der Wollweberzunft – mitsamt der schönen Kirche Orsanmichele, an der sich gleich mehrere Zünfte verdient machten.

# Die Renaissance

Hand in Hand mit dem Humanismus, dessen Grundpfeiler die Wiederaufnahme und Umsetzung antiken Gedankengutes waren, entwickelte sich in der darstellenden Kunst, in der Architektur, in der Musik, ja, als Spiegelbild der Zeit, in der höfischen Kleidung die Renaissance, die Wiedergeburt der Antike in neuem Gewand. Eine Art Klassik in Architektur, Malerei und Skulptur, die sich auch im Denken gegen die eher religiös bestimmte Haltung der Gotik wiederfindet.

## Architektur und Bildhauerei

Runde Formen lösten in Anlehnung an die Antike die emporstrebenden schmalen auf, Architekten wurden zu Meisterleistungen, man möchte meinen, zur Überwindung der Schwerkraft aufgerufen, betrachtet man die geniale Konstruktion der Domkuppel von Florenz. Filippo Brunelleschi (1377–1446), ihr Baumeister, gilt zu Recht als Bahnbrecher der Architektur in der Frührenaissance. Er war auch der Erste, der sein Werk auf Papier plante und sich nicht auf die Erfahrungen seiner Vorgänger verließ. Zum Hauptmeister der Frührenaissance haben Kunsthistoriker aber Donato de' Bardi, genannt Donatello (ca. 1384–1466) auserkoren. Eines seiner Hauptwerke ist der zauberhaft jugendliche, bronzene »David« (im Bargello zu bewundern) und die vielleicht erste frei stehende Figurengruppe der Neuzeit, »Judith und Holofernes« (auf der Piazza della Signoria).

Unzählige Architekten bauten in dieser Zeit für die Medici, auch zum eigenen Ruhm: Michelozzo di Bartolomeo Michelozzi (1396/97–1472), Baumeister und Bildhauer, zeichnete verantwortlich für den Palazzo Medici in Florenz und durfte das Kloster San Marco umgestalten, aber auch in Volterra, Montepulciano und Pistóia arbeiten. Den Palazzo Strozzi mit seinen mächtigen Buckelquadern plante Benedetto da Maiano (1442–1497), der auch die wundervollen plastischen Reliefs an der Marmorkanzel von Santa Croce schuf. León Battista Alberti (1404–1472) entwarf den Palazzo Rucellai und die zart inkrustierte Fassade von Santa Maria Novella. Bernardo Rosselino (1409–1464) durfte sich gar einen Architektentraum erfüllen, indem er für den von Ruhm besessenen Papst Pius II. aus der Piccolomini-Familie auf dem Reißbrett eine Idealstadt der Renaissance entwarf: Pienza, die Stadt des Pius.

Majolikaplastiken von sonniger Farbigkeit schufen die Familienmitglieder Della Robbia, sozusagen eine Erfindung des Frührenaissancekünstlers Luca della Robbia (1399–1482), der die glasierte Terrakottatechnik auf die Großplastik übertrug.

## Malerei

In der Malerei gilt der jung verstorbene Masaccio, eigentlich Tommaso di Simone Guidi (1401–1428), als Vorreiter der Frührenaissance, weil seine religiösen Freskenbilder eine weltliche Nuance erhielten. Übersteigert mit durchscheinenden Engelgestalten sind die Fresken von Fra Angelico (Fra Giovanni da Fiésole, 1387–1455) im Kloster San Marco. Sein Schüler Benozzo Gozzoli (ca. 1420–1497) hatte wohl große Freude am Verzieren, auch am Erzählen von Geschichten, wie man in der Kapelle des Palazzo Medici-Riccardi sehr schön erkennen kann (»Zug der Könige«, in prachtvollen Kostümen und mit den Gesichtszügen einiger Medici seiner Zeit, s. Abb. S. 37).

Das Stadium des reinen Experimentierens mit der Perspektive beendete Piero della Francesca (ca. 1420–1492) aus Sansepolcro bei Arezzo. Seinen Madonnen verlieh er klare, weltliche Gesichtszüge und wagte es sogar, eine schwangere Madonna (»Madonna del Parto«, s. Abb. S. 455) darzustellen, eines der schönsten Freskenbilder seiner Zeit. Sie soll die jungen Züge seiner Mutter tragen. Wegen seiner meisterhaften Ausmalung des Chores von San Francesco in Arezzo (»Kreuzeslegende«, s. Abb. S. 434) erhielt Piero erst später den Beinamen della Francesca.

Von mythologischer Melancholie sind die Mädchengestalten des Florentiners Sandro Botticelli (1444–1510), wie etwa in den beiden weltberühmten Bildern »Der Frühling« und »Die Geburt der Venus« in den Uffizien.

**Ghibertis einzigartige Reliefkunst an der »Paradiestür« des Baptisteriums in Florenz**

Der Karmelitermönch Fra Filippo Lippi (1406–1469) dagegen verlieh seinen religiösen Bildern recht weltliche, anmutige Züge (»Muttergottes mit Kind und Engeln« sowie »Marienkrönung« in den Uffizien).

Der Erfindung des Kopfputzes Florentiner Mädchen, behauptet der Chronist Vasari, verdanke Domenico di Tommaso (1449–1494) seinen Künstlernamen Ghirlandaio, der Girlandenmaler, nachzuvollziehen etwa im Chiostro Verde von Santa Maria Novella in Florenz.

## Michelangelo und Leonardo

Bei so vielen Künstlerpersönlichkeiten in der Frührenaissance kommen die Hochrenaissancekünstler, zumindest an ihrer Anzahl gemessen, relativ schlecht weg. Aber dafür sind die Namen groß: allen voran der in Caprese geborene Michelangelo Buonarroti (1475–1564), der sich zu einem der größten Universalgenies seiner Zeit entwickeln sollte, als Maler, Architekt und Bildhauer, aber auch als Dichter von Sonetten. Er wirkte hauptsächlich in Florenz und Rom. Rom verdankt ihm die »Pietà« und das Grabmal von Papst Julius II., an dem er mit Unterbrechungen vier Jahrzehnte arbeitete, die unaussprechlich schönen Fresken der Sixtinischen Kapelle und die kraftvolle Gestalt des Moses aus weißem Marmor. 1547 übernahm Michelangelo schließlich die Bauleitung für die frei tragende Kuppel des Petersdoms. In Florenz hatte er bereits 1520 den Bau der Medici-Kapelle in San Lorenzo begonnen und 1523 die Biblioteca Laurenziana.

Ein weiteres Genie dieser Zeit war Leonardo da Vinci (1452–1519), nicht nur Maler (»Mona Lisa«, heute im Louvre, das »Abendmahl« im Refektorium des Klosters Santa Maria delle Grazie in Mailand) und Baumeister (Hafen von Cesenatico an der Adriaküste), sondern auch begabter Forscher, speziell auf dem Gebiet der Naturwissenschaften: Er gilt als Wegbereiter der medizinischen Sezierkunst – von der Neugierde getrieben, herauszufinden, wie der menschliche Körper gebaut ist, um ihn präzise darstellen zu können ...

# Fürsten, Bankiers und Mäzene

**Kein anderes Geschlecht hat die politischen und wirtschaftlichen Geschicke einer Region so sehr bestimmt wie die Medici, eigentlich römische Bankiers und erst seit 1397 in Florenz zu Hause. Doch sie haben auch kulturell die Blütezeit eingeläutet, die Renaissance.**

### Der Banker: Giovanni

Nachdem **Giovanni de' Medici** die Geldgeschäfte des Papstes verwalten durfte und dabei sehr reich geworden war, eröffnete er sein erstes Bankhaus in der Stadt am Arno. Als Angehöriger der Stadtregierung *(signoria)* übernahm er 1421 deren Vorsitz als Bannerträger des Rechts *(gonfaloniere di giustizia)* und hinterließ seinem Sohn Cosimo (1389–1464) nach heutigen Maßstäben ein Millionenvermögen.

### Der Mäzen: Cosimo

Zum Glück war Cosimo (1389–1464), später *Il Vecchio,* der Alte, genannt, ein gebildeter Mann, der sein Geld auch zur Förderung der Künste und der Wissenschaften einsetzte und damit den Ruhm der Medici als Mäzene von Florenz begründete. Einige von Cosimos Stiftungen existieren noch heute, so die Biblioteca Laurenziana und die Platonische Akademie, seinerzeit Zentrum der bedeutendsten Humanisten (im Sommersitz Cosimos, der Villa Careggi). 30 Jahre lang (bis zu seinem Tod) lagen die Geschicke von Florenz in Cosimos Händen. Seine finanziellen Möglichkeiten und damit seine Macht war für die Stadt geradezu unbezahlbar. Er war ein reicher Kaufmann, der Sinn für das Schöne besaß, verbunden mit einer geradezu unglaublichen Sicherheit im Urteil über Kunstwerke. Diese Eigenschaft sollte er unter anderem seinen Nachfahren vererben. Florenz wurde mit ihm die Medici-Stadt.

Sein Sohn **Piero** (1416–1469) überlebte ihn nur um fünf Jahre, errang jedoch uneingeschränkte menschliche und politische Anerkennung durch den französischen König Ludwig XI., der ihm 1465 erlaubte, in seinem Wappen auf der obersten der sechs Kugeln die französische Lilie zu führen.

### Der Prachtliebende: Lorenzo

Pieros Sohn **Lorenzo** (1449–1492) wiederum, an dessen Seite der jüngere **Giuliano** (1453–1478) durch Schönheit und Liebenswürdigkeit glänzte, war ein ausgesprochen hässlicher Mann. Sein Beiname *Il Magnifico* kann der Prächtige oder auch der Prachtliebende heißen, was im Falle Lorenzo nicht falsch gedeutet wäre. Er verstand es schon in jungen Jahren, seine Autorität und eine demokratische Regierungsform zu verbinden, wie sie in Florenz verlangt wurde: Mit 16 Jahren half Lorenzo bereits seinem kranken Vater bei den politischen Geschäften, mit 20 übernahm er die volle Macht und Verantwortung.

Lorenzos Vorliebe für Pracht kam auch der Allgemeinheit zugute: Er veranlasste Turniere und Konzerte für das Volk, Fackelzüge und Feuerwerke. Für kaufmännische Details zeigte er wenig Sinn, der allgemeine wirtschaftliche Rückgang tat ein Übriges: Der Abstieg der Medici-Bank begann. Als musische Menschen und Mäzene aber blieben die Medici groß. Lorenzos Begabung lag im Lyrischen, aber auch im Philosophischen, daher die Förderung der Platonischen Akademie.

Thema

Als Mäzen schuf Lorenzo die Mediceischen Gärten bei San Marco in Florenz, ein Freilichtmuseum antiker Statuen, die Bildhauern seiner Zeit zur Vervollkommnung ihrer Anschauung von der Schönheit des Figürlichen dienten. Michelangelo war unter ihnen, dessen »David« zur ersten Monumentalstatue der Hochrenaissance werden sollte, heroische Größe im Geist der Antike – für Florenz ein Symbol der Freiheit des Bürgertums.

Durch zahlreiche Aufträge förderte Lorenzo drei weitere hervorragende Künstler seiner Zeit: Der Bildhauer Andrea del Verrocchio schuf für ihn die Brunnenfigur des Knaben mit dem Delfin, der für die Villa di Caréggi zwar gedacht war, von Großherzog Cosimo I de' Medici allerdings in den Palazzo Vecchio gebracht wurde, wo er noch heute zur Freude zahlreicher Besucher zu bewundern ist. Der Maler Domenico Ghirlandaio schuf sechs große Fresken für die Kirche Santa Trinità mit Porträts von Lorenzo, dessen Söhnen und Freunden. Weitere Medici verewigte er in dem Fresko »Vornehme Florentinerinnen beim Wochenbesuch« in Santa Maria Novella, die Damen Lucrezia und Clarissa de' Medici.

Auch der vielleicht zartfühlendste Maler der Renaissance, nämlich Sandro Botticelli, stand

**Benozzo Gozzolis großartige Darstellung von Lorenzo, dem Prächtigen: Il Magnifico**

unter den Fittichen des großen Förderers Lorenzo. Er war mit ihm sogar persönlich befreundet. Wer kennt nicht die beiden 1477 entstandenen Werke »Der Frühling« und »Die Geburt der Venus«? Zählen sie doch zu den Hauptwerken der Uffizien. Gemalt wurden sie für die mediceische Villa in Castello. Botticellis Venus zeigt die Züge der damals »schönsten und liebreizendsten Frau von Florenz«, der nur 16-jährigen Simonetta Vespucci, die zwei Jahre später an Schwindsucht sterben sollte. Sie und der nur 25 Jahre alt gewordene Giuliano (der bei einem vom Papst veranlassten Attentat auf beide Medici-Brüder ums Leben kam) kehren in so manchen allegorischen Darstellungen Botticellis wieder. Von den beiden mit natürlicher Schönheit so reich beschenkten, vom Schicksal aber so wenig verwöhnten jungen Menschen sprach man in Florenz wie von einem klassischen Paar.

Noch bevor Lorenzo erst 43-jährig 1492 starb, wuchs in Florenz der Dominikanermönch Savonarola zu einem gefährlichen Feind heran. Lorenzo, ein immer weitblickender Politiker, versuchte noch auf dem Totenbett sich mit ihm zu versöhnen. Nicht aus Überzeugung, wie es heißt, sondern eben aus staatspolitischer Klugheit. Sein Sohn Piero de' Medici hat zwei Jahre lang vergeblich versucht, die Stadt zu beherrschen, dann musste er im November 1494 aus Florenz fliehen. 1503 starb er im Exil, erst 1512 konnten die Medici mit spanischer Hilfe nach Florenz zurückkehren – wieder als Herren. Sie wurden sogar zu Herzögen erhoben.

### Der Glücklose: Piero

Doch der Verfall der Medici war unaufhaltsam, wenn er auch nur stufenweise vor sich ging. Es kam zu Spaltungen in der großen Familie durch die Söhne Lorenzos, denn ausgerechnet derjenige, den er selbst »töricht« nannte, **Piero,** sein Ältester, war an die Macht gekommen. Man nannte ihn, was wohl alles sagen dürfte, *lo sfortunato,* den Glücklosen. Er war in jeder Hinsicht, wirtschaftlich und politisch, ein aufbrausendes Temperament, ganz ung gar undiplomatisch. Als er, wegen seines diplomatischen Unvermögens, vor dem französischen König Karl VIII. kapitulieren musste, empfingen ihn die Florentiner mit Schimpf und Schande, sie stürmten und plünderten seinen Palast, die unermesslichen Schätze des Palazzo Medici wurden in alle Winde zerstreut. Alle, die die Freiheit der Bürger von Florenz bedrohten, sollten zur Warnung auf die Statue »Judith und Holofernes« blicken, die das Volk damals aus dem Palazzo Medici vor den Palazzo della Signoria brachte … Die nachfolgenden Generationen der Medici benötigten Jahrzehnte und horrende Summen, um wenigstens einen Teil der Schätze für den Familienbesitz zurückzugewinnen.

### Der spätere Papst: Giovanni

Der zweite Sohn Lorenzos, **Giovanni,** ging später als Papst Leo X. in die Geschichte ein. An dem Blutbad, das die Spanier in seinem Gefolge 1512 im zurückeroberten Prato anrichteten, soll Giovanni nicht beteiligt gewesen sein; aber die Florentiner hatten Furcht und öffneten dem jungen Medici die Tore. Die *palle,* die sechs Kugeln im Wappen der Medici, von den Gegnern überall abgeschlagen, wurden wieder Symbol für die Macht der Florentiner Familie. Als Giovanni 1513 zum Papst gewählt wurde, sahen es die Florentiner als eine ihnen selbst erwiesene Ehre an. Doch er hatte es verstanden, alles zu vergeuden, was ihm seine Ahnen hinterlassen hatten. Aus seiner roten Samtschatulle sollen die

Goldmünzen nur so herausgerollt sein ... Papst Leo starb im November 1521 an einer Lungenentzündung, die er sich bei einem rauschenden Fest geholt hatte. In Rom wurde der Tod Leos von niemandem beweint, Florenz hatte er zu einer Diktatur unter mediceischer Herrschaft gemacht. Um seine Schatulle zu füllen, ersann er dafür die erste Zahlenlotterie. Ihm folgte nach komplizierten Intrigen Giulio, den der Papst großgezogen hatte, als Papst Clemens VII., eine der unheilvollsten Gestalten der kirchlichen Geschichte.

**Der Stratege: Cosimo I**

Noch einmal sollten sich die Medici aufbäumen und zu Bedeutung und Macht gelangen: mit **Cosimo I** (1519–1574) aus der jüngeren Linie der Familie. Nach Lorenzo dem Prächtigen wird er als der wichtigste Regent mit dem Namen Medici angesehen. Ein genialer, wenn auch zwielichtiger Mann, dessen zahlreiche Erfolge durch düstere Tragik beendet wurden. Unter seiner Herrschaft konnte Siena erobert und damit ein toscanischer Staat geschaffen werden. Cosimo I strebte nach der Königswürde, die er nicht erreichen sollte, aber immerhin wurde er 1569 vom Papst zum Großherzog der Toscana ernannt.

Sein klares, politisch perfektes Konzept imponierte, auch wenn es ein diktatorisches war. Bevor er seine Fähigkeiten als großartiger Verwaltungsmann entfalten konnte, setzte er alle ab, die ihm unbequem werden konnten. Das Land, das durch die lange Misswirtschaft vor ihm verödet war, brachte er wieder zur vollen Blüte, er legte Sümpfe trocken und Obstplantagen an; Straßen, Häfen und Kanalisationen wurden neu geschaffen, Silberbergwerke und Marmorbrüche erschlossen. Das Gebiet der Toscana, inzwischen ein Musterstaat, verdoppelte er, es war etwa so groß wie die heutige Region Toscana. Im Gegensatz zu seinen Vorgängern brach er mit Frankreich und zeigte ergebenste Kaisertreue.

Cosimo I hielt Kunst für nützlich, weil Kunst politisches Prestige brachte. Er ist es, der im Palazzo Pitti in Florenz bereits die großartige Galerie einrichten ließ, es gelang ihm, einen großen Teil der mediceischen Kunstwerke wiederzufinden und zu erwerben. Auch die etruskischen Sammlungen hat Florenz ihm zu verdanken. Cosimo ließ die Uffizien von Giorgio Vasari erbauen. Hier wollte er die vielen Ämter der Stadt und des Großherzogtums vereinen, Florenz damit zur wirklichen Verwaltungshauptstadt der Toscana und zugleich zum kulturellen Zentrum machen.

Er sollte diesen Wunsch nicht voll in Erfüllung gehen sehen, denn er musste bereits Jahre vor seinem Tod auf die eigentlichen Staatsgeschäfte zugunsten seines Sohnes **Francesco** verzichten, von schwerer Krankheit gezeichnet und nicht mehr ganz bei Verstand. Aber Francesco baute bis 1580 an den Uffizien, den Ostflügel bestimmte er zur Unterbringung der großherzoglichen Kunstsammlung. Aus ihr wird später die berühmteste aller Gemäldegalerien der Welt, eben die Uffizien. Aber auch die Antiken- und Skulpturensammlungen des Archäologischen Museums, die heute im zauberhaften Bargello untergebracht sind, gehen auf die Sammlung der Medici zurück.

Die letzte Medici, **Anna Maria Ludovica** (1667–1743), vermachte die Kunstschätze der größten Mäzenatenfamilie der Geschichte der Stadt Florenz. Nach ihrem Tode fiel der gesamte Medici-Schatz der Stadt in den Schoß, aus deren Blut und Geist er zeitweise gezogen worden war.

**Montecatinis Badehausarchitektur präsentiert sich in ausladendem Jugendstil**

## Manierismus

1569 wurde das Zeitalter des Großherzogtums eingeläutet, doch die Region hatte bereits begonnen, kulturell zu verfallen. Spätrenaissance und Barock fanden in der Toscana kaum eigene Künstler, dafür aber der Manierismus. Fleißigster Vertreter war das Multitalent Giorgio Vasari (1511–1574) aus Arezzo: in der Malerei ein echter Manierist (Fresken und Altarbilder im Palazzo Vecchio) – als Architekt aber noch der klassischen Renaissance verpflichtet (Uffizien, Vasari-Gang zwischen Palazzo Vecchio und Palazzo Pitti über den Ponte Vecchio in Florenz hinweg; Loggia del Vasari in Arezzo). Vor allem aber ist er Chronist der Künstler vor ihm und zu seiner Zeit (»Lebensbeschreibungen der vortrefflichsten Baumeister, Bildhauer und Maler«), weshalb er oft als der Vater der Kunstgeschichte bezeichnet wird.

Als echte Manieristen, perfekt in der Darstellung bildhafter Übersteigerung, die den höfischen Geschmack ihrer Zeit genau trafen, gelten Giambologna (Jean Boulogne, 1529–1608), der den »Raub der Sabinerinnen« mit ihren typischen Verrenkungen einer *figura serpentinata* (Loggia dei Lanzi, Florenz) schuf, und der eigentliche Wegbereiter des Florentiner Manierismus, Jacopo Carrucci (1494–1557) aus Empoli (Passionsfresken im Hof der Certosa di Firenze).

## Jugendstil

Der Jugendstil hatte architektonisch wenig Chancen in einer so stark urbanisierten Landschaft wie der Toscana. Dennoch entstanden in diesem Stil etwa die Thermen von Montecatini sowie die Bade- und Caféhäuser von Viaréggio. In der Malerei tun sich die Macchiaioli hervor, die sich dem Lichtfleck (*macchia* = Fleck) verpflichtet fühlen, vor allem Freiluftmaler, die das Meer, die Gärten und Felder der Toscana in ihren lichtdurchfluteten Bildern festhalten. Unübersehbar ist ihre Verwandtschaft mit den französischen Impressionisten. Vertreter der toscanischen Macchiaioli sind u. a. Giovanni Fattori (1825–1908), Silvestro Lega (1825–1895) und Telemaco Signorini (1834–1901) mit seinen eher realistischen, sozialkritischen Bildern. Eine Künstlerfamilie tut sich vor allem in der Innenarchitektur hervor: die Chini aus Borgo San Lorenzo im Mugello.

## Malerei des 20. Jh.

Die toscanischen Maler des 20. Jh. hatten ihrer Heimat fast ohne Ausnahme den Rücken gekehrt und arbeiteten hauptsächlich in Paris und später vorwiegend in Rom, Mailand oder wiederum im Ausland. Zwei der profiliertesten Vertreter sind Modigliani und Marini.

Amedeo Modigliani (1884–1920) gilt als einer der bedeutendsten Vertreter der École de Paris. Der gebürtige Livornese kam 1906 nach Paris und ließ sich stark von den dortigen Künstlern beeinflussen. Die stärkste Wirkung auf sein Werk hatte jedoch der rumänische Bildhauer Brancusi, der ihn auch an die afrikanische Plastik führte. Die Plastik ließ ihn erst los, als er, durch den Marmorstaub an den Lungen erkrankt, diese aufgeben musste. So begann er mit seinen flächenhaften, überlangen weiblichen Akten mit den schlanken Hälsen, die zu seinem Markenzeichen werden sollten. Er starb, arm und alkoholkrank, bereits mit 35 Jahren in Paris.

Auch den Maler, Bildhauer und Grafiker Marino Marini (1901–1980) zog es nach seinen Studien in Florenz mehrmals nach Paris. Seine figürlichen Skulpturen beschränken sich auf wenige Themen wie Tänzerinnen und Akrobaten, Reiter und Porträts.

## Dichter und Gelehrte

Wer toscanische Dichter sagt, meint in der Hauptsache die drei wichtigsten Vertreter der italienischen Literatur überhaupt, drei Autoren aus dem 13./14. Jh., die bis heute zur Weltliteratur zählen.

### Dante Alighieri

Im 23. Kapitel des »Inferno« sagt Dante (1265–1321) zwei genussfreudigen Lebebrüdern, die seine Sprache als das Toscanische erkannten und ihn nach seiner Herkunft fragten: »Ich ward geboren und bin aufgewachsen / am schönen Arno in der großen Stadt ...« Und im 33. Kapitel wird er noch deutlicher, als er sich von Graf Ugolino bestätigen lässt: »Ich weiß nicht, wer du bist und nicht, / wie du hierher kommst, aber Florentiner, / hör ich dich sprechen, scheinst du mir zu sein.«

Seine Taufkirche San Giovanni, eine der schönsten Italiens, pries der Dichter gleich mehrmals. Was er sich jedoch sehnsüchtig wünschte, nämlich in dieser seiner Taufkirche den Dichterkranz zu empfangen, blieb ihm verwehrt. Nicht einmal seine Gebeine ruhen in Florenz; sein Grabmal in Santa Croce, das 1829 errichtet wurde, ist nur ein Scheingrab, ein Monument verspäteter Wiedergutmachung für den 1321 im Exil in Ravenna verstorbenen Sohn der Stadt Florenz, die ihn fortjagte im Zuge der ewigen Brüderstreitigkeiten zwischen Ghibellinen und Guelfen.

Dass er 1265 geboren wurde, lässt uns Dante in seiner »Commedia«, die erst im Jahr 1355 durch Giovanni Boccaccio den Zusatz »Divina« erhielt, errechnen. Wo genau sein Geburtshaus in Florenz stand, vermutet man nur, denn es wurde bereits 1302 zerstört – jedenfalls sicher im mittelalterlichen Stadtviertel San Martino (heute auch Dante-Viertel genannt), in dem die 1911 wieder aufgebaute Casa di Dante (Museum) steht. In diesem

Viertel soll der Dichter übrigens auch seiner Muse, der viel besungenen Beatrice, begegnet sein.

Dantes Schilderungen von seiner Wanderung durch die drei Reiche des Jenseits, durch Hölle, Fegefeuer und Paradies, sind so handfest und realistisch, dass man sich bei genauer Kenntnis des epischen Gedichtes, etwas salopp ausgedrückt, wie auf einem Osterspaziergang fühlen mag, an dem man statt seinen Nachbarn den Seelen verstorbener Berühmtheiten aus Dantes Zeit begegnet. Fast 600 Personen nennt der Dichter beim Namen, und mit den meisten ihrer Träger geht er ganz und gar nicht sanft um. Die Brille, durch die er seine Zeitgenossen sieht, ist stark ghibellinisch gefärbt, also kaisertreu. Denn aus dem früheren guelfischen Ritter von Campaldino war allmählich ein ›Weißer‹, ein Abtrünniger geworden, und er wurde deswegen von seiner Heimatstadt Florenz an die oberitalienischen Höfe verbannt. Dort entstand in den beiden letzten Jahrzehnten seines Lebens (1307–1321) die »Commedia«.

Dantes Werk, das am Anfang der italienischen Literatur steht, blieb auch ihr Hauptwerk über die Jahrhunderte hinweg. Die Kraft und Schönheit des dichterischen Ausdrucks, die Würde und Tiefe seiner Gedanken machten aus diesem Epos ein zeitloses Beispiel abendländischer Dichtkunst.

Während man in Deutschland die »Göttliche Komödie« erst zu Beginn des 19. Jh. wiederentdeckte, befasste man sich in Italien in zahllosen bildlichen Darstellungen ständig mit dem Dichter und seinem Werk. Botticelli etwa verewigte sich und Dante u. a. in seinen zauberhaften zarten Zeichnungen, auch Raffael tat dies in seinen Bildern. Und natürlich Giotto, der Dante in seinen Fresken von San Francesco in Assisi festhielt. Außer der Literatur und der bildenden Kunst hat Dante die italienische Sprache insgesamt geprägt. Aus seiner Sprache, der Volkssprache der Toscana, bildete sich die Hochsprache Italiens.

## Petrarca

Ein großer Verehrer Dantes war Francesco Petrarca (1304–1374). An Giovanni Boccaccio schrieb er: »Ihn genug zu bewundern und zu preisen, fehlt mir fast die Kraft – diesen Mann, den weder die Ungerechtigkeit noch die Stachel persönlicher Feindschaften, noch Liebe zur Gattin, noch die väterliche Fürsorge für seine Kinder von der Bahn losreißen konnten, die er sich einmal bestimmt hatte, wo doch viele gerade dann, wenn sie hohen Geistes sind, so zart veranlagt zu sein pflegen, dass leichtes Murmeln schon sie von ihrem innigsten Vorsatz abbringen kann … Ich bin vom Stil und vom Ingenium dieses Mannes entzückt, und nie habe ich anders als mit großen Worten von ihm gesprochen …«

Petrarca, einer der größten Söhne von Arezzo, hat Humanismusgeschichte geschrieben. Als leidenschaftlicher Sammler antiker Handschriften entdeckte er Ciceros Briefe an Atticus wieder und sorgte durch seine Abschriften für deren Verbreitung. Gleichzeitig schuf Petrarca die Grundlage zur philologischen Erforschung der Antike, weshalb er gerne als der erste Humanist überhaupt bezeichnet wird. Viele kennen und schätzen ihn aber hauptsächlich als den ersten inbrünstigen Liebesdichter italienischer Sprache. Seine Sonette und Canzoni richteten sich an die ideale Geliebte Laura und prägten die gesamte Liebeslyrik der nachfolgenden Jahrhunderte. Die Geschichtsschreibung bezeichnet Petrarca auch gerne als den »ersten modernen Menschen«. Er scheute sich nicht, über das Erlebnis seiner eigenen Einmaligkeit zu schreiben.

## Boccaccio

Dritter im Bunde der großen toscanischen Dichter, deren Werke die italienische Sprache und Literatur so stark formen sollten, ist Giovanni Boccaccio (1313–1375). Der Verfasser eines mythologischen Handbuches war allerdings mehr Gelehrter denn Dichter. Der Nachwelt vermachte er aber in der Hauptsache den »Decamerone« (1348–1353), eine Sammlung burlesker Novellen über die vielfältigen menschlichen Beziehungen, in ihrer Brisanz Dantes »Commedia« nicht unähnlich, auch sie vielfach von bildenden Künstlern dargestellt und damit immer aktuell gehalten.

# Essen und Trinken

**Die toscanische Küche gilt als eine einfache, rustikale, allerdings mit immer frischem Gemüse, Salat oder weißen Bohnen, die zu Lamm, Kaninchen, Zicklein sowie zur berühmten *bistecca fiorentina* gereicht werden. An der Küste herrschen Fisch und Meeresfrüchte vor. Aus dem ungesalzenen Brot, aus Wein und Olivenöl wird geradezu ein Kult gemacht.**

## Cucina toscana

### *Bistecca* und *trippa*

Die *bistecca fiorentina*, ein zartes Beefsteak am Knochen (bzw. ein T-Bone-Steak), darf nur von einem weißen Chianina-Rind stammen, wenn es echt sein soll. Diese besondere Spezialität sollte über der sanften Glut eines Holzkohlenfeuers blutig bis rosa gegrillt, dann mit etwas jungfräulichem Olivenöl beträufelt und nach Geschmack mit Salz und frisch geschrotetem Pfeffer gewürzt werden. Die Regel ist, zuerst das Filetstück zu essen, und dann erst den Rest, so viel der Magen fasst. Ohnehin sollte das Fleischstück mindestens 800, besser noch 1200 g schwer sein. Weil es alleine meistens nicht zu schaffen ist, bestellt man am besten zu zweit eine *bistecca*. Dazu gibt es gekochte, kleine weiße Bohnen, die sich die Toscaner selbst mit reichlich – bestem toscanischen – Olivenöl beträufeln und mit Salz und Pfeffer würzen.

Florenz bietet noch eine zweite Spezialität, die freilich nicht jedermanns Geschmack trifft: *trippa alla fiorentina* bzw. *lampredotto,* Kalbskutteln bzw. -magen (dunkleres und schmackhafteres Fleisch). Wenn es original sein soll, dann nur im Stehen auf einer kleinen Piazza mitten in Florenz, in ein Brötchen gedrückt und mit Salz und Pfeffer gewürzt. Manche nehmen inzwischen auch eine Kräutersoße *(salsa verde)* oder etwas Scharfes dazu. Im ländlichen Restaurant gibt es *trippa* stilgerecht aus einem glühend heißen Tontöpfchen, aus dem Kenner anschließend die noch heiße Soße mit dem weißen toscanischen Brot bis zur Neige auftunken …

### Ohne Brot geht nichts

Brot gehört in der Toscana immer auf den Tisch, das ungesalzene, mit herzhaft-knuspriger Kruste und nicht zu weichem Inneren. Es wird nicht nur reichlich zu den Vor- und Hauptgängen gegessen, sondern bildet auch für sich oder in Kombination mit Gemüse eigene Gerichte. Ein Stück Brot abbrechen, leicht salzen und in Olivenöl getaucht – ein Genuss! Oder die *bruschetta*, in manchen Teilen der Toscana *fettunta* genannt: eine auf Holzkohlenglut geröstete, mit Knoblauch eingeriebene und mit Olivenöl reichlich beträufelte, dicke Scheibe Brot. Oder *crostini*, dünne geröstete Brotscheiben (auch frisch werden sie serviert) als *antipasto*: *neri* sind die schwarz belegten, mit einem Leber- und Milzaufstrich, *bianchi* die weiß belegten mit einer Art hausgemachter Mayonnaise. Dann gibt es natürlich Varianten mit Tomaten, Trüffeln oder Kaviar … Altbackenes Brot wird nicht weggeworfen, sondern zu einer der leckersten und traditionellsten Suppen der Toscana verarbeitet: *ribollita*, die ›mehrfach Gekochte‹, aus frischem Gemüse; über altbackenes Brot gegossen, ist sie eigentlich eine ganze Mahlzeit, was sie früher für die Bauern auch war. Heute machen sich nur noch wenige traditionelle, meist ländliche Restaurants die Mühe, eine echte *ribollita* zu kochen.

**Die toscanische Küche: Einfach-rustikal, aber immer aus frischen Zutaten**

## Unentbehrliches Olivenöl

Sehr wichtig für die toscanische Küche ist das kalt gepresste Olivenöl *(olio extra vergine),* das neben dem umbrischen als das beste der Welt gilt. Je nachdem, ob es aus den Hügeln von Lucca oder des Chianti, von der Maremma, aus Vinci oder der nördlichen Valdinievole kommt, besitzt das Öl einen anderen, für Experten unverkennbaren Geschmack (s. Thema S. 46).

## Gemüse gegen Pasta

In kaum einer anderen italienischen Region wird traditionell auf eine solche Vielfalt bei den Antipasti Wert gelegt. Man kann sich daran satt essen und satt sehen: an den jahreszeitlich unterschiedlichen, frischen, meist gerösteten Gemüsesorten, an den in Olivenöl oder *all'agro* (sauer) eingelegten Köstlichkeiten aus Zucchini und Tomaten, Artischocken und Lauch, weißen und grünen Bohnen, an den Salaten, an den Schinken, vornehmlich aus dem Casentino, und an den Wurstwaren vom Schwein, etwa mit Wildfenchelsamen *(finocchiona)* oder ganzen Pfefferkörnern (einfach *salame toscano*) gewürzt, oder an den kleinen, würzigen Wildschweinwürstchen *(salsiccie di cinghiale)*.

Die Pasta aus dem Süden des Landes hat in der traditionsbewussten Toscana eigentlich ebenso wenig Chancen wie der Risotto aus dem Norden, obwohl beide natürlich in den Restaurants angeboten werden. Die Toscaner bevorzugen Speisen aus der großen Vielfalt an Gemüsen und Salaten, die der Markt oder der eigene Garten frisch bieten. Eine frische Gemüsesuppe – sowie die berühmte *ribollita* (s. S. 43) – zieht hier fast jeder einer Pasta vor, so sie nicht hausgemacht sind.

## Braten und *girarrosto*

Auch Schweinebraten, Wild und Lamm mögen die Toscaner, Kaninchen und Huhn nach Jägerinnenart *(alla cacciatora)*. In der Maremma wird das *peposo,* ein stark gepfeffertes Gulasch aus verschiedenen Teilen des Jungrindes heiß geliebt. Am liebsten essen sie – meist sonn- und feiertags in ländlichen Lokalen – Geröstetes vom rotierenden Bratspieß *(girarrosto)* oder gemischtes Fleisch aus dem Backofen *(arrosto misto).*

### Fisch und Meeresfrüchte

An der Küste und auf den Inseln wird Fisch bevorzugt: *triglie alla livornese* (Seebarben in einer Tomaten- und Olivenölsoße mit feinen Kräutern), gegrillter Fisch und natürlich der berühmte *cacciucco*, die Fischsuppe, die eine ganze Mahlzeit ersetzt und traditionell am besten in Livorno und auf Elba zubereitet wird. Je nach Saison gibt es eine reiche Auswahl an Meeresfrüchten und Fischen. An den Seen und in den Flüssen werden Forellen, Hechte etc. geangelt. Und im Frühjahr fängt man mit speziellen, feinmaschigen Netzen die jungen, zarten Aale *(anguille)*, die zu den teuren Delikatessen zählen.

### Pecorino & Co.

Vielfältig sind die Geschmacksrichtungen beim toscanischen *pecorino*, dem Schafskäse, ob rein aus Schafsmilch oder mit Kuhmilch vermischt – am teuersten aus Pienza und Umgebung. Jedenfalls mit Sicherheit von sardischen Spezialisten produziert, die schon vor Jahrzehnten als billige Arbeitskräfte in die Maremma kamen, sich ihrer Kenntnisse über die Herstellung des *pecorino* erinnerten und später das gute Weideland der südtoscanischen Hügel für ihre Schafe entdeckten (s. auch Tipp S. 406).

### Schwere Nachspeisen

Zum Nachtisch oder zwischendurch sollte man *panforte* bestellen, eine Art Pfefferkuchen. Sie gibt es in vielen Variationen mit reichlich Mandeln und kandierten Früchten, eine Spezialität aus Siena und ursprünglich ein Weihnachtsgebäck. Oder zum Eintunken in *Vinsanto* das Mandelgebäck, das mal *cantucci (di Prato)*, mal *biscotti* genannt wird. Zur Kastanienzeit im Herbst wird der Kastanienkuchen *(castagnaccio)* angeboten, er ist so lecker, aber auch so schwer, dass man vorher wenig gegessen haben sollte. Das gilt auch für die diversen Mandel- und Walnusskuchen.

## Wann gibt es was?

In den Ferienhotels an der Küste und in den Kurorten hat man die Essenszeiten an den mitteleuropäischen Standard angelehnt, es wird also relativ früh gegessen (auf den entsprechenden Anschlag im Hotel achten). Nicht so in den typisch toscanisch bzw. italienisch gebliebenen Hotels und Restaurants:

Frühstück *(piccola colazione)* gibt es dort kaum bzw. nur auf besonderen Wunsch, ist meist extra zu zahlen und ungerechtfertigt teuer. Die Italiener gehen nämlich um die Ecke in die nächste Bar, trinken einen Espresso, also *caffè*, oder *cappuccino* und essen dazu höchstens ein süßes Gebäck, das sie sich oft selbst von der Theke holen.

Mittagessen (*colazione* oder *pranzo*) wird in den Restaurants zwischen 13 und 15 Uhr serviert. Üblich ist ein Vorspeisenbuffet *(antipasti)* mit *crostini* oder *bruschette*, danach als *primo piatto* eine Gemüsesuppe *(minestra)* oder Pasta (eigentlich nicht typisch toscanisch, aber internationalisiert), gefolgt vom *secondo*, dem Hauptgang aus Fisch oder Fleisch, die Beilage *(contorno)* dazu ist normalerweise gesondert zu bestellen. *Formaggio* (Käse) und *frutta* (Obst) und/oder *dolci* (Süßspeisen) folgen darauf. Zum Abschluss wird ein *caffè* getrunken, nach Geschmack mit einem Digestivo wie Grappa veredelt *(caffè corretto).*

Das Abendessen *(cena)* unterscheidet sich kaum vom Mittagessen, es fällt vielleicht noch opulenter aus. – Wichtig für die Restaurants abends: die Tischreservierung!

## Kleiner Restaurantführer

Generell gilt in der Toscana: Die einfachen Restaurants können die besten sein, meistens liegen sie irgendwo abseits in der Stadt

# Das Olivenöl der Toscana

Thema

**Kaum ein anderes Olivenöl ist so begehrt wie das toscanische. Doch im Ausland ist es oft nur in Italien bzw. der Toscana abgefüllt und stammt aus Süditalien oder Nordafrika, wo es billiger hergestellt wird. Wer in der Toscana vor Ort einkauft, wird kaum das falsche Öl erwischen. Aber dennoch: auf DOP oder IGP achten!**

Das beste Olivenöl ist immer ein *extra vergine* (extra nativ), also kalt gepresst, und mit einem Säuregehalt von höchstens 1 %. Doch die toscanischen Olivenölproduzenten haben sich selbst auferlegt, ihr Olivenöl mit höchstens 0,5 % Säuregehalt auf den Markt zu bringen. Steht nur *vergine* auf dem Etikett, hat das Öl bis zu 2 % Säure, ist also minderwertiger, aber immer noch schmackhaft. Restaurants in der Toscana, die auf hohe Qualität achten, stellen hochwertiges Olivenöl exponiert auf den Tisch, und die Ober erklären gerne seinen Charakter. So eignet sich das grüne, kräftig schmeckende Öl vom schweren Boden der Maremma nicht für Fischgerichte, jedoch sehr gut für Fleisch und Gemüse. Olivenöl aus Lucca ist fruchtig und dickflüssig, das aus dem Chianti unaufdringlich würzig, beide sind vielseitig einzusetzen. Durch seinen hohen Rauchpunkt (190 °C) ist es auch zum Braten und Frittieren geeignet.

Nicht immer kommt es auf die Farbtöne eines Olivenöls an, denn sie können von dunkelgrün bis goldgelb variieren, sie beeinflussen die Qualität nicht. Im ungefilterten Zustand – was Kenner bevorzugen – kann es auch trüb sein. Die Färbung wird durch die in den Oliven enthaltenen Substanzen bestimmt. Bei grünem Olivenöl herrscht das Chlorophyll vor, beim goldgelben das Karotin. Kaltgepresstes Olivenöl ist ein reines Naturprodukt. Seine Fettsäurezusammensetzung gilt als gesundheitsförderlich: Kalt gepresstes Olivenöl setzt sich aus 77 % einfach ungesättigten, 9 % mehrfach ungesättigten und 14 % gesättigten Fettsäuren zusammen. Es wirkt nachweislich positiv auf den Kreislauf, Verdauungsapparat, Knochenbau und die Haut.

**Einkaufstipp:** Nur zwei Prozent des italienischen Olivenöls kommen aus der Toscana, doch angeboten wird weltweit ein Vielfaches – also Vorsicht beim Einkauf außerhalb der Region. Das größte Vergnügen bereitet es ohnehin, auf der Reise beim Produzenten direkt das Olivenöl zu kosten, bevor man es sich als Vorrat anlegt. Unbedingt darauf achten, dass das Olivenöl *extra vergine* wirklich vom Produzenten vor Ort stammt. Vielfach findet man die Bezeichnung Toscanisches Olivenöl oder Ortsnamen, die Toscana suggerieren, aber nichts damit zu tun haben. Immer wichtiger werden die von der EU bereits 1992 festgelegten Bezeichnungen DOP (Dominazione di Origine Protetta) und IGP (Indicazione Geografica Protetta). Am besten ist beides zugleich, dann ist man sicher, ein echtes toscanisches Produkt aus der angegebenen Gegend zu erhalten! Bereits offiziell anerkannt ist das Olivenöl extra vergine Chianti Classico DOP, Lucca DOP, Terre di Siena DOP sowie Toscana IGP. Außerdem das Olivenöl extra vergine Colli Aretini IGP, Colline di Firenze IGP. In der Anerkennungsphase befinden sich noch Colline di Pisa DOP und Seggiano DOP. Also: Auf die Prüfplakette achten; kleine Produzenten nummerieren sogar ihre Flaschen!

oder gar in den Bergen, auf dem flachen Land etc. Man verlässt sich am besten auf Empfehlungen: Fast jeder Toscaner ist ein Feinschmecker, und wenn man ihm klar machen kann, was man besonders mag, dürfte eigentlich nichts schief gehen.

**Ristorante** ist ein richtiges Restaurant im mitteleuropäischen Sinne.

**Trattoria** nennt man ein einfaches, fast immer familiengeführtes Gasthaus mit für die Region typischen Speisen, auf dem Lande wie in der Stadt. Es ist allerdings inzwischen Mode, auch feinste Restaurants als Trattorien zu bezeichnen, wenn sie diesen Charakter betonen wollen. Ein Blick auf die Speisekarte, die draußen vor dem Eingang aushängen sollte, gibt Sicherheit. Schon die Höhe des *coperto* (Gedeck, s. u.) verrät die Preislage des Lokals.

**Tavola calda** bedeutet, hier gibt es warme, vorbereitete Gerichte, auch im Stehen und zum Mitnehmen – eine Art Schnellimbiss, aber mit toscanischen bzw. italienischen Spezialitäten.

**Rosticceria** ist ebenfalls eine Art Schnellimbiss, ursprünglich wurden hier Hähnchen, Würste, Rindfleisch etc. vom Holzfeuerrost angeboten, heute sind *rosticcerie* teilweise zu einer teuer-feinen Einrichtung umgewandelt worden.

**Pizzeria** dürfte weltweit die bekannteste italienische Restaurantvariante sein, mit einer großen Pizzaauswahl, aber auch immer mehr mit einer größeren Speisekarte.

**Osteria** ist eine aussterbende Spezies unter den italienischen Lokalen, zumindest wenn man die klassische Osteria meint: ein Weinlokal, in das man das eigene Essen mitbringt. Inzwischen sind richtige Edel-Osterien eröffnet worden, die sich dem gemütlichen Charakter dieser Lokalart verpflichtet fühlen. Sie kommen in allen Preislagen wieder in Mode, vor allem seit der heiß geliebten Welle des *slow food,* des langsamen, genießerischen Essens im Gegensatz zum weltweiten *fast food.* Neben den Tipps in diesem Buch (s. Reiseteil S. 80ff.) reist man mit dem dickleibigen Führer »Osterie d'Italia« (s. Lesetipps S. 57) genau richtig, wenn man noch mehr echte toscanische Küche kennen lernen und genießen möchte.

**Bar** heißt der Stehausschank für Espresso/*caffè*, Säfte und alkoholische Getränke sowie *pannini* (belegte Brötchen) und Süßigkeiten. Erst zahlt man an der Kasse, was man sich an der Theke geben lassen will, und verzehrt es im Stehen oder an einem der meist wenigen Tischchen (normalerweise mit Preisaufschlag, der in touristischen Zentren saftig ausfallen kann). In vielen Bars kann man sich ein belegtes Brötchen oder Brot auch nach Wunsch zubereiten lassen: In der Vitrine liegen Käse und Wurst, Schinken, Tomaten und sauer Eingelegtes zur Auswahl.

**Achtung Rauchverbot**

In Italien herrscht in Bars, Cafés, Restaurants u. ä. gastronomischen Räumlichkeiten striktes Rauchverbot. Raucher müssen sich heutzutage mit Tischen im Freien (werden im Winter mit Strahlern beheizt) begnügen oder mit einem Extraraum, falls es sich der Wirt geleistet hat, speziell dafür eine Klimaanlage einzurichten und weitere Auflagen der Behörden zu beachten.

## *Coperto*

Anfänger in puncto Italienreisen werden sich vielleicht über das *coperto* wundern: Frische Tischdecke, Stoffserviette und reichlich Brot haben ihren Preis! Das *coperto* dient als Maßstab für die Kategorie des Restaurants: je einfacher, desto niedriger – und umgekehrt.

## *Cucina casalinga*, Ruhetage, Quittung

In vielen typischen und ländlichen Restaurants mit *cucina casalinga,* nach Hausfrauenart, erhalten italienische Gäste erst gar keine Speisekarte. Wirt oder Wirtin stellen die Spezialitäten des Tages vor und nennen die passenden Weine – die beste Art, die toscanische Küche kennen zu lernen. Über den Preis spricht man hierbei nicht, weil die Stammgäste wissen, was man in etwa für das Essen zahlt.

In guten bzw. besonders beliebten Restaurants und Trattorien ist es unbedingt notwendig, zumindest für das Abendessen einen Tisch zu reservieren (dabei hilft auch die Hotelrezeption).

Ruhetage beachten! Viele Restaurants schließen montags, wenn sie am Wochenende geöffnet haben; bei Geschäftsleuten und Angestellten beliebte Restaurants schließen dagegen am Wochenende.

Wichtig: Nach jeder Mahlzeit eine Quittung ausstellen lassen, da die Steuerpolizei berechtigt ist, auch nach Verlassen des Lokals danach zu fragen. Kann man nichts vorlegen, macht man sich in Italien ebenso wie der Wirt strafbar und muss mit Schwierigkeiten rechnen, was zumindest teuer werden kann.

## Der toscanische Wein

Eine Toscana-Reise ohne die Suche nach einem neuen Lieblingswein oder die Begegnung mit einer alten (Wein-)Liebe dürfte es kaum geben. Bei der Vielfalt und der inzwischen erreichten Qualität in dieser Region ist dies auch kein Wunder! Zudem kann man hier in Sachen Wein eigentlich keinen Fehlgriff tun. Sind Restaurant oder Trattoria in Ordnung, schmeckt auch der offene Hauswein oder der in Flaschen speziell für das Haus abgefüllte – fast immer ein junger Tropfen.

**Alles über Wein und Olivenöl**
Merum heißt eine unabhängige deutschsprachige Zeitschrift, die sechsmal jährlich in der Toscana erscheint und sich ausschließlich um Wein und Olivenöl aus Italien kümmert; der Abo-Preis beläuft sich inklusive Porto auf 54 €. Bei der Redaktion können Interessenten nach Anmeldung Kostproben mitmachen. Sitz der Redaktion ist das traditionell als kommunistisch bekannte Städtchen nördlich von Vinci: 51035 Lamporecchio (PT), Via Greppiano 31, Fax 057 38 26 81, redaktion@merum.info, www.merum.info.

### Die Weine des Chianti

Das Emblem des Gallo Nero, des Schwarzen Hahns auf Goldgrund, tragen die schwereren, vollmundigen Weine des Chianti Classico, die mit mindestens drei oder fünf Jahren als *riserva* am besten munden, obwohl sie inzwischen schon nach 24 Monaten abgefüllt werden dürfen und dennoch die DOC- oder die noch strengere Herkunftsbezeichnung DOCG tragen (s. S. 366). Doch auch so manche *vini da tavola*, die Tischweine, aus dem Gebiet gehören heute zum Teil zu den kostbarsten Produkten der Toscana: Es gibt Winzer, die sich nicht den Regeln der Produktion unterwerfen wollen, d. h. sich die Zusammensetzung ihrer Weine nicht vorschreiben lassen. Sie setzen auf ihren guten Namen und erzielen sogar Höchstpreise für ihre Tropfen.

### Rotweine von edlem Ruf

Geradezu würdevoll wie sein Name ist der **Vino nobile di Montepulciano:** Montepulcianos Weine werden in DOC- und DOCG-Weine eingeteilt. Der Nobile gehört zu den DOCG-Weinen und wird aus mindestens 70 % Sangiovese-Trauben gekeltert, aus Canaiolo Nero (maximal 20 %) und nochmals maximal 20 % anderen Trauben, die aber nicht zu den besonders aromatischen Sorten zählen dürfen. Der Wein muss mindestens zwei Jahre in Holzfässern lagern und 12,5 % Vol. erreichen, der Riserva muss mindestens drei Jahre Lagerung aufweisen und 13 % Vol. erreicht haben. Ein DOC-Wein ist dagegen der einfachere Rosso di Montepulciano aus den gleichen Trauben wie der Nobile, jedoch leicht tanninhaltig und 11,5 % Vol. leicht. Er darf erst nach dem 1. März des auf die Weinlese folgenden Jahres verkauft werden.

Noch edler als die Weine aus Montepulciano sind die des Nachbarstädtchens Montalcino. Dort gedeiht ein ganz großer, tiefroter Wein, gradlinig und rassig und doch elegant mit reichem Bukett: der **Brunello di Montalcino,** der sehr lange reifen möchte (manche 20 Jahre und länger, wenn der Jahrgang stimmt). Eine Erfindung des Ferruccio Biondi-Santi im 19. Jh., dessen Nachfahren auf drei großen Gütern noch heute höchste

**Süffige Tischweine ebenso wie erlesene Spitzenweine ›gedeihen‹ in der Toscana**

Qualitätsweine erzeugen. Aber auch der preiswertere **Rosso di Montalcino,** jünger zu trinken, spritziger, kann sich sehen lassen.

Der **Morellino di Scansano** aus der Maremma, der sich sein Anbaugebiet im Osten mit dem **Bianco di Pitigiliano** teilen muss, ist ein rubin- bis granatroter, trockener Rotwein, hauptsächlich aus Sangiovese-Trauben, leicht und doch rund im Aroma.

Die Maremma-Küste lässt sich über eine Weinstraße mit drei DOC-Anbaugebieten erschließen: **DOC Montescudaio**, **DOC Bólgheri** und **DOC Val di Cornia**. Die kostbaren Bólgheri-Weine **Sassicaia** und **Ornellaia** stehen bei der Auszeichnung durch den »Gambero Rosso« in ständiger Konkurrenz mit dem Chianti.

## Vernacchia und andere Weißweine

San Gimignanos **Vernaccia,** von strohgelber Farbe, süffig und voll, ist sicherlich der bekannteste Weißwein der Toscana. Er war der Erste, der die Bezeichnung DOC tragen durfte. Die meisten Weinkeller des Gebietes von San Gimignano produzieren aber auch Chianti-Weine, wobei der Vernaccia eindeutig ihr Zugpferd bleibt. Dem Vernaccia hart auf den Fersen folgt in der Beliebtheit unter den Weißweinen der weiße, leichte und trockene **Galestro,** nach dem schiefrigen Boden benannt, auf dem er am besten gedeiht. An der Küste wird zu Fisch unter Kennern gerne der **Bianco di Pitigliano** aus dem gleichnamigen Etruskerstädtchen weit landeinwärts hinter Grosseto empfohlen. In Lucca, Montecatini und Umgebung dagegen ist ein besonderer Tipp, es einmal mit einem Weißen **Montecarlo** aus einem sehr kleinen Anbaugebiet südlich von Péscia zu versuchen; vor kurzem war dieses Anbaugebiet noch kaum über die Grenzen der Provinz hinaus bekannt.

## Vinsanto

Nicht zu vergessen: der **Vinsanto,** der heilige Wein, denn früher diente er als Messwein, dessen Reifung in kleinen Eichenfässern und meist in luftigen Räumen über dem Weinkeller – immer in Berührung mit Wind und Wetter – sich kein Winzer entgehen lässt. Er ist süß und doch nicht schwer, ein Dessertwein, für den die *cantucci* (s. S. 45) zum Eintunken geradezu erfunden zu sein scheinen.

# Kulinarisches Lexikon

## Allgemeines

| | |
|---|---|
| Die Speisekarte, bitte. | Il menù, per favore. |
| Weinkarte | lista dei vini |
| Frühstück | prima colazione |
| Mittagessen | pranzo |
| Abendessen | cena |
| Vorspeise | antipasti/primo piatto |
| Suppe | zuppa/brodo |
| Hauptgericht | secondo (piatto) |
| Tagesgericht | il menù del giorno |
| Nachspeise | dessert, dolci |
| vegetarische Gerichte | piatti vegetariani |
| Messer | coltello |
| Gabel | forchetta |
| Löffel | cucchiaio |
| Flasche | bottilglia |
| Glas | bicchiere |
| Salz/Pfeffer | sale/pepe |
| Guten Appetit! | Buon appetito! |
| Es war sehr gut. | Buonissimo! |
| Die Rechnung, bitte. | Il conto, per favore. |

## antipasti — Vorspeisen

| | |
|---|---|
| alici | sauer eingelegte Sardinen |
| antipasti misti | gemischte Vorspeisen |
| antipasti del mare | Vorspeisenplatte mit Fisch/Meeresfrüchten |
| bruschetta | geröstetes Weißbrot mit Knoblauch und Öl |
| cannellini | weiße längliche Bohnen, ungewürzt |
| carciofi | Artischocken |
| cozze ripiene | gefüllte Muscheln |
| faggiolini bianchi | weiße Bohnen |
| gnocchi di patate | Kartoffelnocken |
| insalata di polipo/polpo | Tintenfischsalat |
| melanzane alla griglia | gegrillte Auberginen |
| pepperonata | gemischtes geschmortes Gemüse |
| prosciutto | Schinken |
| salame | Wurst |
| salame di cinghiale | Wildschweinsalami |
| vitello tonnato | Kalbsbraten mit Thunfischpaste |
| zucchine alla griglia | gegrillte Zucchini |

## pasta — Teigwaren

| | |
|---|---|
| pasta fresca | frische, meist hausgemachte Pasta (*fatta in casa*) |
| pasta ripiena | gefüllte Pasta, meist mit Spinat u. Ricotta |

## pesce/carne — Fisch/Fleisch

| | |
|---|---|
| agnello | Lamm |
| anguilla | Aal |
| arrosto | Braten |
| capra | Ziege |
| carne | Fleisch |
| castrato | Hammel |
| cinghiale | Wildschwein |
| coniglio | Kaninchen |
| coscia/cosciotto | Keule |
| cozze | Miesmuscheln |
| gamberetti | Garnelen |
| gambero | Hummer |
| lepre | Hase |
| maiale, porco | Schwein |
| manzo | Rind |
| ostrice | Austern |
| pesce persico | Barsch |
| salmone | Lachs |
| salumi | Wurstwaren |
| seppia | Tintenfisch |
| sogliola | Seezunge |
| spezzatino | Gulasch |
| trota | Forelle |
| vitello | Kalb |

## pollame — Geflügel

| | |
|---|---|
| anatra | Ente |
| faraona | Perlhuhn |

| | |
|---|---|
| oca | Gans |
| pernice | Rebhuhn |
| pollo | Hähnchen |
| quaglia | Wachtel |
| tacchino | Pute |

## contorni / Beilagen

| | |
|---|---|
| carota | Mohrrübe |
| cavolfiore | Blumenkohl |
| cavolo | Kohl |
| cipolla | Zwiebel |
| faggioli, fave | Bohnen |
| funghi porcini | Steinpilze |
| pane | Brot |
| patate | Kartoffeln |
| piselli | Erbsen |
| polenta | Maisbrei |

## dessert / Nachspeise

| | |
|---|---|
| macedonia | frischer Obstsalat |
| panna cotta | gekochte Sahnecreme |
| torta/torta di frutta | Torte/Obsttorte |

## bibite / Getränke

| | |
|---|---|
| acqua | Wasser |
| birra | Bier |
| birra alla spina | Fassbier |
| caffè | Kaffee |
| grappa | Branntwein |
| latte | Milch |
| liquore | Likör |
| succo | Saft |
| spumante | Sekt |
| tè | Tee |
| vino rosso/bianco | Rotwein/Weißwein |

## Zubereitung

| | |
|---|---|
| alla griglia | gegrillt |
| arrosto | gebraten |
| arrostato | geröstet |
| bollito | gekocht |
| caldo/freddo | warm/kalt |
| fritto/al forno | gebacken/aus dem Backofen |
| gratinato | überbacken |
| stufato/stufata | geschmort |
| con/senza | mit/ohne |

## Typische Gerichte

**affettato toscano** – Auswahl von toscanischer Wurst, Schinken und lokalem Käse
**arrosto toscano** – gemischtes Fleisch aus dem Backofen, sehr kross
**bistecca alla fiorentina** – T-Bone-Steak (am Knochen), dick geschnitten, ungewürzt über Holzkohlenglut gegrillt
**bottarga di Orbetello** – ›Kaviar‹ der Meeräsche aus der Lagune von Orbetello
**bruschette/crostini/crostone/fettunta** – Brotscheiben mit diversem Belag
**cacciucco** – reichhaltige Fischsuppe, besonders gut aus Livorno und Elba
**cantucci di Prato** – Mandelgebäck
**castagnaccio** – hauchdünner Kuchen aus Kastanienmehl (aus der Garfagnana), mit oder ohne Frischkäse
**cée** – winzige, glasige Aale (aus Pisa)
**fegatelli** – Schweineleber, mit Fenchelsamen und Pfeffer gewürzt, in Netzmagen gewickelt und im Backofen geröstet
**fritto/grigliata di pesce** – Fischplatte ausgebacken bzw. gegrillt
**panforte** – Pfefferkuchen aus Siena
**pappa al pomodoro** – würzige Tomatensuppe aus altbackenem Brot, Knoblauch, Basililkum und Olivenöl, warm oder kalt
**peposo** – pfeffriges Gulasch aus verschiedenen Fleischstücken, oft nur vom Kalb
**pici** – handgerollte Eierteigpasta aus dem Chianatal
**prosciutto di Siena** – kräuterwürziger Schinken aus Siena
**spezzatino** – Kalbsgulasch
**stinco di maiale arrosto** – Schweinshaxe, kross gebraten (aus dem Casentino)
**triglie alla livornese** – Meerbarben Livorneser Art mit Tomatensoße
**trippa alla fiorentina** – Kutteln nach Florentiner Art

Auf dem Domplatz von Florenz

# Wissenswertes für die Reise

# Informationsquellen

## Infostellen im Internet

**www.enit.de** – Allgemeine Adresse mit hervorragenden Links zur gewählten Region, zu den verschiedenen Urlaubsarten, Unterkunftsmöglichkeiten, Restaurants, Festen u. v. m.
**www.intoscana.it** – Alles über den Tourismus in der Toscana, mit vielen Links
**www.regione.toscana.it** – Informationen, auch politische, zur Region Toscana, mit Meldungen aus den Sitzungen des Regionalparlaments etc.
**www.arpat.toscana.it** – Informationen zu Umweltfragen
**www.terreditoscana.it** – Tipps zum Entdecken der Toscana (im Aufbau)
**www.cultura.toscana.it** – Museen, Ausstellungen, Kulturtermine, Sport etc.
**www.provincia.italienischer Provinzname.it** (z. B. www.provincia.firenze.it) – Allgemeine Informationen zur gewählten Provinz, mit meist guten Links zu Kultur, Veranstaltungen, aber auch Hotels, Restaurants etc.
**www.toscana-agriturismo.it** sowie **www.terranostra.it** (Link zur Toscana) – Informationen über Ferien auf dem Lande
**www.bed-and-breakfast.toscana.it** – Für Zimmer mit Frühstück, nach Regionen sortiert
**www.toscanaspettacolo.com** – Fast alle Theater der Toscana stellen sich auf dieser informativen Homepage vor, die meist historischen Häuser mit ihrer interessanten Geschichte; Links zum aktuellen Programm.
**www.ferroviedellostato.it** – Bahnauskunft und Fahrscheinbuchung bzw. -kauf (auch in Englisch)
**www.mappe.alice.it** – Italienische Stadtpläne, auch zum Vergrößern
**www.comuni-italiani.it** – Ort für Ort mit interessanten Angaben wie genauer Lage, Einwohnerzahl, Gemeindeverwaltung – bis hin zum Bürgermeister mit Namen, Partei und Telefondurchwahl!
**www.comune.***italienischerOrtsname.Provinzkürzel.***it** – hier werden die Gemeinden einzeln vorgestellt.
Weitere Infos findet man auf den Websites der einzelnen APT der Toscana (s. S. 55f.).

## Fremdenverkehrsämter

Ausführliches Informations- und meist auch gutes Kartenmaterial gibt es bei den Büros der **Italienischen Zentrale für Tourismus ENIT** (s. u.), Mo–Fr 9–17 Uhr (an italienischen Nationalfeiertagen geschl.).

**Prospekte** von ENIT kann man unter der im gesamten deutschsprachigen Raum gebührenfreien Telefonnummer 00 800 00 48 25 42 bestellen. Weitere Infos gibt es unter www.enit.de (bzw. enit.at oder enit.ch).

### ... in Deutschland

Direktion für Deutschland, Österreich und die Schweiz
Barckhausstrasse 10
60325 Frankfurt/Main
Tel. 069 23 74 34, Fax 069 23 28 94
frankfurt@enit.it

### ... in Österreich

Kärntnerring 4
1010 Wien
Tel. 01 505 16 39, Fax 01 505 02 48
vienna@enit.it

### ... in der Schweiz

Uraniastr. 32
8001 Zürich
Tel. 04 34 66 40 40, Fax 04 34 66 40 41
zurich@enit.it

### ... in der Toscana

**Für die gesamte Region Toscana:**
Toscana Promozione
Via Vittorio Emanuele II, 62/64
50134 Firenze

Tel. 055 46 28 01
Fax 05 54 62 80 39
www.toscanapromozione.it
**Eigenes Büro in Deutschland**
Friedrich-Ebert-Anlage 58
60325 Frankfurt/Main
Tel. 069 97 14 52 44
Fax 069 97 14 52 99

Für die einzelnen touristischen Gebiete (nicht immer mit den Provinzen identisch) ist jeweils eine Azienda di Promozione Turistica (APT) zuständig.

**APT 1: Versilia**
Viale Carducci 10
55049 Viaréggio (LU)
Tel. 05 84 96 22 33
Fax 058 44 73 36
www.aptversilia.it

**APT 2: Arcipelago Toscano**
Via Carducci 150
57037 Portoferraio (LI)
Tel. 05 65 93 07 27
Fax 05 65 91 63 50
www.aptelba.it

**APT 3: Montecatini Terme / Valdinievole**
Viale Verdi 66
51016 Montecatini Terme (PT)
Tel. 057 29 27 61
Fax 057 27 01 09
www.montecatini.turismo.toscana.it

**APT 4: Chianciano Terme / Valdichiana**
Piazza Italia 67
53042 Chianciano Terme (SI)
Tel. 057 86 71 22
Fax 057 86 46 32 77
www.chiancianotermeinfo.it

**APT 5: Firenze**
Via Manzoni 16
50121 Firenze
Tel. 05 52 33 20
Fax 05 52 34 62 86
www.firenzeturismo.it

**APT 6: Grosseto**
Viale Monterosa 206
58100 Grosseto
Tel. 05 64 46 26 11
Fax 05 64 45 46 06
www.lamaremmafabene.info

**APT 7: Livorno**
Piazza Cavour 6
57100 Livorno
Tel. 05 86 20 46 11
Fax 05 86 89 61 73
www.costadeglietruschi.it

**APT 8: Massa Carrara**
Lungomare Vespucci 23
54100 Marina di Massa (MS)
Tel. 05 85 24 00 46
Fax 05 85 86 90 15
www.aptmassacarrara.it

**APT 9: Pisa**
Via Matteucci/Galleria Gerace 14
56124 Pisa
Tel. 050 92 97 77
Fax 050 92 97 64
www.pisaunicaterra.it

**APT 10: Siena**
Via dei Termini 6
53100 Siena
Tel. 057 74 22 09
Fax 05 77 28 10 41
www.terresiena.it

**APT 11: Arezzo**
Piazza Risorgimento 116
52100 Arezzo
Tel. 057 52 39 52
Fax 057 52 80 42
www.apt.arezzo.it

**APT 12: Abetone – Pistóia / Montagna Pistoiese**
Via Marconi 70
51028 San Marcello Pistoiese (PT)
Tel. 05 73 63 01 45
Fax 05 73 62 21 20
www.pistoia.turismo.toscana.it

**APT 13: Lucca**
Piazza Guidiccioni 2
55100 Lucca
Tel. 05 83 91 91
Fax 05 83 49 07 66
www.luccatourist.it

**APT 14: Prato**
Piazza Duomo 8
59100 Prato
Tel. 057 43 51 41
Fax 05 74 60 79 25
www.prato.turismo.toscana.it

**APT 15: Amiata**
Via Adua 25
53021 Abbadia San Salvatore (SI)
Tel. 05 77 77 58 11
Fax 05 77 77 58 77
www.amiataturismo.it

Kleinere Orte verfügen über eigene Touristenbüros, die meist an den Hauptplätzen oder den wichtigsten Sehenswürdigkeiten unter der Bezeichnung **Pro Loco** oder **Informazioni** zu finden sind (Adressen im Reiseteil, S. 80ff.).

## Diplomatische Vertretungen

### Italienische Botschaft

**... in Deutschland**
Hiroshimastr. 1
10785 Berlin
Tel. 030-25 44 00
Fax 030-25 44 01 16
www.ambberlino.esteri.it

**... in Österreich**
Rennweg 27
1030 Wien
Tel. 01-712 51 21
Fax 01-713 97 19

**... in der Schweiz**
Elfenstr. 14
3006 Bern
Tel. 03 13 50 07 77
Fax 03 13 50 07 11

### Konsulate in der Toscana

**Honorarkonsulat der Bundesrepublik Deutschland**
Corsi dei Tintori 3
50122 Florenz
Tel. 05 52 34 35 43
Fax 05 52 47 62 08

**Honorarkonsulat der Republik Österreich**
Lungarno A. Vespucci 58
50123 Florenz
Tel. 05 52 65 42 22
Fax 055 29 54 57

**Schweizerisches Konsulat**
Piazzale Galileo 5
(c/o Hotel Park Palace)
50125 Florenz
Tel. 055 22 24 34
Fax 055 22 05 07

## Karten und Pläne

Bei den ENIT-Büros erhält man kostenlos recht ordentliches Kartenmaterial, in der Toscana vor Ort über die einzelnen Provinzen und Gemeinden auch gute Detailkarten bzw. Stadtpläne. Wer eine Gesamtübersicht für die

Toscana-Reise haben möchte, kann sich z. B. vorab die übersichtliche ADAC-Urlaubskarte »Toskana« im Maßstab 1: 200 000 (ADAC) besorgen, deren Namenverzeichnis auch die kleineren Orte enthält.

## Lesetipps

### Belletristik

**Marlene de Blasi:** Tausend Tage in der Toskana. Eine humorvolle Romanze mit originalen Rezepten. München 2007.

**Giovanni Boccaccio:** Der Decamerone / Das Dekameron. Diverse Ausgaben. Ein lebendiges Zeugnis der sinnenfrohen italienischen Renaissance am Beispiel von zehn Florentiner Adelsfamilien im Pestjahr 1348; eine humorvolle Absage an alle Duckmäuserei und Engherzigkeit, auch ein anmutiges Spiel um die Verwandlungen des Eros.

**Carlo Collódi:** Pinocchio. In verschiedenen Verlagen auf Deutsch erschienen. Eine kindgerecht geschriebene und liebevoll illustrierte Nacherzählung gibt es von Annette Weber (Text) und Miguel Epes (Illustrationen). Fränkisch-Crumbach 2010.

**Dante Alighieri:** Die Göttliche Komödie. Diverse Ausgaben. Die Toscana Dantes, dessen – authentische – Figuren im Paradies leben oder in der Hölle schmoren. Unerlässlich für das Verständnis zahlreicher Kunstwerke in der Toscana.

**Edward M. Forster:** Zimmer mit Aussicht. München 2002. Eine Liebesgeschichte vor dem Hintergrund einer Bildungsreise nach Florenz um 1900.

**Carlo Fruttero / Franco Lucentini:** Das Geheimnis der Pineta. München 1995. Krimi und Gesellschaftssatire; spielt in einem Pinienhain in der Toscana, in dem feinste Villen der italienischen High Society stehen.

**Robert Gernhardt:** Die Toscana-Therapie. München 2003; auch als Taschenbuch: Frankfurt/Main 2006.

**Magdalen Nabb:** Tod in Florenz. Kriminalroman der seit 1975 in Florenz lebenden Autorin (weitere Krimis: u. a. Eine Japanerin in Florenz; Geburtstag in Florenz).

**Michael Ondaatje:** Der englische Patient. München 1994. Vier Menschen unterschiedlicher Nationalität begegnen sich am Ende des Zweiten Weltkrieges in einer toscanischen Villa.

**Iris Origo:** Toskanisches Tagebuch 1943/44. Kriegsjahre in der Val d'Orcia. München 1991.

### Sachbuch

**Wolfgang Braunfels:** Kleine italienische Kunstgeschichte (nur noch antiquarisch erhältlich oder in Bibliotheken).

**Henrik Engel:** Dantes Inferno. Zur Geschichte der Höllenvermessung und des Höllentrichtermotivs. Berlin 2006. Hilfreich zum Verständnis von Dantes »Göttlicher Komödie« (s. o.).

**Friedhelm Gröteke:** Etruskerland. Geschichte, Kultur, Kunst. Studienführer zu den Grabungsstätten und Museen. Stuttgart 1973 (vergriffen; nur noch antiquarisch erhältlich).

**Christoph Hennig:** Wandern in der Toscana. Ostfildern 2007.

**Harald Keller:** Die Kunstlandschaften Italiens. München 1965 (vergriffen; nur noch antiquarisch erhältlich).

**Nana Claudia Nenzel:** Reisen für Genießer – Toscana.

**Osterie d'Italia.** Italiens schönste Gasthäuser. München, jährlich aktuell.

**Ernst Piper:** Der Aufstand der Ciompi. Über den ›Tumult‹ der Wollarbeiter im Florenz der Frührenaissance. Berlin 2000.

**Ernst Piper:** Savonarola. Umtriebe eines Politikers und Puritaners im Florenz der Medici. Berlin 1979.

**Klaus Zimmermanns:** Toscana. Das Hügelland und die historischen Stadtzentren. Ostfildern 2008.

**Klaus Zimmermanns:** Florenz. Kirchen, Paläste und Museen in der Stadt der Medici. Ostfildern 2011.

## Was bietet die Toscana?

Die Toscana bietet eigentlich jedem etwas: Sie hat die Kunststädte und das wunderbare Land – den weinseligen Chianti inbegriffen –, aber auch Berge, die sich sogar zum Skifahren eignen, wenn dies auch nur lokal eine Rolle spielt. Die Küste mitsamt den vorgelagerten Inseln ist ein Dorado für Strandurlauber, die hier jede erdenkliche Strandvariante vorfinden – von langen, tiefen und goldgelben Sandstränden bis hin zu kleinen, romantischen Felsbuchten.

Die langen Sandstrände sind natürlich ideal für Ferien mit Kindern, ebenso wie die vielen Ferienwohnungen und -häuser, die man traditionell in der Toscana über eine der zahlreichen Agenturen oder direkt bzw. im Internet bucht. Auch Ruhesuchende werden leicht fündig: Sie können z. B. ein Häuschen, ein ganzes Landgut oder auch eine Burg auf einer einsamen Hügelkuppe mieten.

Zu den sportlichen Aktivitäten, die man in der Region ausüben kann, zählen insbesondere Golf, Reiten, Radfahren, Wandern und Schwimmen – viele Ferienhäuser auf dem Land verfügen sogar über einen eigenen Pool.

### Special-Interest-Reisen

Sprach- und Kunstkurse (u. a. Bildhauerei, Töpferei und Malerei) werden nicht nur in den spezialisierten Instituten von Florenz und anderen Kunststädten angeboten, sondern vielfach auch von Privatleuten auf dem Lande, auch Meditiationskurse lassen sich buchen.

Ein Zugpferd des Tourismus sind mit Kochkursen kombinierte Ferien auf Landgütern, Bauernhöfen oder in Spitzenhotels wie der Villa San Michele über Florenz, bei denen man eine Einführung in die toscanische Küche bekommt, verbunden mit Warenkunde, kulturellen Ausflügen etc.

Ebenfalls ganz im Zeichen der toscanischen Küche stehen kulinarische Reisen. Anhand dieses Bandes kann man sich als Individualist selbst eine solche Reise zusammenstellen, zum ersten Kennenlernen ist es aber durchaus sinnvoll, eine organisierte Schlemmertour zu buchen. Dies bietet sich vor allem in Verbindung mit dem Besuch einer kulinarischen Messe wie etwa der winterlichen Trüffelmesse von San Miniato oder eines der zahlreichen *sagre* (s. S. 28f.) an, die es das ganze Jahr über gibt.

## Die bedeutendsten Sehenswürdigkeiten

**Florenz:** Die Regionalhauptstadt gilt als Wiege der Renaissance mit zahlreichen bedeutenden Museen, interessanter Architektur, schönen Plätzen und Straßen (s. S. 86).

**Pistóia:** Nicht nur der Domplatz mit seinen schwarz-weiß gestreiften Sakralbauten, sondern das gesamte historische Zentrum lohnt einen Bummel (s. S. 153).

**Lucca:** Die bescheidene Handelsstadt (früher Seidenstadt) besitzt den schönsten Mauerwall der Toscana und eine angenehme Fußgängerzone mit netten Geschäften (s. S. 186).

**Carraras Marmorbrüche:** Eine atemberaubende, wenn auch von Menschenhand für den Abbau des kostbaren weißen Marmors zerstörte Landschaft der Apuanischen Alpen (s. Thema S. 228).

**Pisa:** Wer kennt nicht den Schiefen Turm! Dabei hat Pisa mehr zu bieten als die Piazza dei Miracoli, den Platz der Wunder, nämlich eine lebhafte Altstadt und entlang des Arno großartige Paläste (s. S. 205).

**Golfo di Barátti / Populónia:** Am kleinen Golf unterhalb des hübschen befestigten Populónia befindet sich eine der in den letzten Jahren am besten erschlossenen archäologischen Zonen mit Funden aus der Blütezeit der Etrusker in der Toscana (s. S. 265).

**Insel Elba:** Der hierher verbannte Napoleon hat ihn berühmt gemacht, diesen ›kleinen Kontinent‹, der von allem etwas zu bieten hat

– Urbanes in Portoferraio, wilde Natur, felsige, aber auch sandige Küsten, aufgelassene Bergwerke, urige Bergnester (s. S. 268).

**Parco dell'Uccellina:** Der Naturpark der Maremma (s. S. 302) ist streng geschützt, ein herrliches Wanderrevier zwischen Pinienwäldern und feinsandigen Dünenstränden – mit großen weißgrauen *maremmane* (Kühen) und Cowboys, die wild lebende Pferde einfangen.

**Insel Gíglio:** Kleine, zerklüftete Insel mit drei Ortschaften, die unterschiedlicher nicht sein könnten – für Robinson-Ferien (s. S. 312).

**Vetulónia und Roselle:** Zwei großartige etruskische Städte mit zahlreichen Nekropolen (Vetulónia, s. S. 296) sowie einer richtigen, auch von den Römern und dann im Mittelalter bewohnten Stadt (Roselle, s. S. 301) mit einer langen zyklopischen Mauer.

**Das etruskische Dreieck zwischen Sorano und Satúrnia:** Aus weichem Tuff errichtete Städtchen, aus dem Tuff geschlagene Nekropolen in großartiger Landschaft, dazu bei Satúrnia eine einladende Therme und frei zugängliche Thermalwasserkaskaden (s. S. 414).

**Monte Amiata:** Der höchste Berg im Kerngebiet der Toscana (1738 m), ein erloschener Vulkan mit der charakteristischen Kegelform, bietet wilde, naturgeschützte Landschaften und ist überall im Süden der Region als hübsche Kulisse zu entdecken (s. S. 414).

**San Gimignano:** Klein-Manhattan des Mittelalters, so genannt wegen der hohen Geschlechtertürme, die den kleinen ummauerten Ort charakterisieren (s. S. 350).

**Volterra:** Hohe mittelalterliche Kommunalbauten bestimmen das Bild Volterras, das u. a. ein römisches Theater, ein interessantes archäologisches Museum und großartige Ausblicke in die Umgebung bietet (s. S. 355).

**Siena:** Das ist die gotische Gegenspielerin von Florenz, eine städtebauliche Schönheit aus rotem Backstein mit den typischen Fensterformen, die alle Wände filigran gestalten und auflockern. Im Zentrum: der Campo, der Platz der Plätze der Toscana, auf dem zweimal im Jahr der Palio ausgetragen wird (s. S. 322).

**Montalcino:** Das mittelalterliche Städtchen, an dessen Rand sich ein imposantes Kastell erhebt, produziert den kostbarsten Wein der Toscana, den Brunello di Montalcino, und verwandelt sich im Sommer zur Freilichtbühne für das *Festival della Val d'Orcia* (s. S. 392)

**Das Chianti:** Inbegriff einer Weinlandschaft, zwischen Florenz und Siena, mit vielen kleinen, sehenswerten Orten und Burgen. Hier gibt es auch die meisten Unterkunftsmöglichkeiten auf dem Land (s. S. 362).

**Die Crete:** Die zigfach gemalten und fotografierten, sanften Lehmhügel östlich von Siena, im Frühjahr von samtenen grünen Weideflächen bedeckt, auf denen immer wieder Schafherden auszumachen sind, die Lieferanten des toscanischen *pecorino* (s. S. 380).

**Monte Oliveto Maggiore:** Intaktes, kostbar ausgestattetes Benediktinerkloster in herrlicher Lage (s. S. 382).

**Montepulciano:** Renaissanceperle mit berühmtem sommerlichem Musikfestival und köstlichem Rotwein, dem Nobile (s. S. 401)

**Cortona:** Wunderbar über dem Chianatal auf drei Etagen errichtete Stadt etruskischen Ursprungs (s. S. 459).

**Arezzo:** Etruskische Gründung mit herrlicher Piazza Grande; und in der Kirche San Francesco die »Kreuzlegende« von Piero della Francesca, der seinen Beinamen eben wegen dieses Werkes erhielt (s. S. 430).

**Das Casentino:** Grüne Wildnis mit trutzigen mittelalterlichen Städtchen wie Póppi und Bibbiena und den Burgen der Conti Guidi. Ein herrliches Wanderrevier (s. S. 444).

**Achtung Öffnungszeiten:** Bei der Reisevorbereitung unbedingt auf die uneinheitlichen Öffnungszeiten der Museen und die unterschiedlichen Ruhetage der Restaurants achten. Hinweise in diesem Buch bei den Orten.

## Vorschläge für Rundreisen

### 10–14 Tage

Die Entdeckung des Kernlands der Toscana beginnt natürlich in Florenz, für das man zusammen mit Fiésole mindestens drei Tage benötigt. Lucca und Pisa lassen sich an jeweils einem Tag erkunden. Siena gebührt ein mindestens zweitägiger Aufenthalt, für das Chianti-Gebiet sollte man zusätzlich drei Tage einplanen. Bleibt für Arezzo mit einem kurzen Abstecher ins Casentino nur noch ein Tag. Die restlichen drei Tage sind im Süden der Toscana gut investiert, um ein wenig das Etruskergebiet rund um Sovana zu erkunden und den Monte Amiata zu umfahren.

### 3–4 Wochen

In einem knappen Monat lässt sich die Toscana recht gut kennen lernen. Man kann allerdings kaum von einem einzigen Standort aus alles zufriedenstellend erreichen. Am besten reist man von einem Ort zum anderen. Wieder sollte Florenz an erster Stelle stehen, für das man drei, zusammen mit Fiésole und einem Mugello-Ausflug mindestens vier Tage braucht. Für Prato und Pistóia zusammen genügt ein Tag, wenn man sich auf die historischen Zentren beschränkt. Lohnend ist ein Ausflug zum Montalbano mit seinem wunderbaren Weinanbau und nach Montelupo Fiorentino mit seinem interessanten Keramikmuseum, was einen Tag kostet.

Für Lucca sollte man einen genüsslichen Tag einplanen, für einen Ausflug in die Garfagnana mit dem Besuch von Bagni di Lucca und/oder Barga in luftiger Höhe oder einer Bahnfahrt bis Aulla und zurück sollte man einen weiteren Tag reservieren, wenn nicht gar eine Übernachtung in der Gegend von Castelnuovo di Garfagnana einplanen.

Viaréggio und die Küste der Versilia bis nach Carrara inklusive der Marmorbrüche erfordern mindestens zwei Tage, im Sommer lohnt sich natürlich ein Badestopp.

Pisas Sehenswürdigkeiten liegen dicht beisammen, ein Abstecher Richtung Meer nach San Pietro a Grado sollte unbedingt eingeplant werden und vielleicht eine Schlemmerpause in Marina di Pisa, wo Fischlokale auf Stelzen locken. Man kann sein Quartier in Tirrenia aufschlagen – zusammen ist dies an einem Tag machbar.

Dann geht es die Küste hinunter nach Livorno mit einem Abstecher in die Colline Metallífere für einen Tag. Weiter nach Piómbino, um nach Elba überzusetzen, für das man mindestens zwei Tage einplanen sollte, denn die Insel ist nicht nur schön wild im Innern und geradezu fantasievoll in der Küstengestaltung, sondern bietet mit Portoferráio auch eine urbane Komponente – und viele Erinnerungen an Napoleon.

Vom hübschen Massa Maríttima lässt sich an einem Tag ein kleiner Ausflug in die Ma-

remma unternehmen, in Grosseto wird es einem an einem Tag auch nicht langweilig. Aber nach Gíglio muss man unbedingt, die Granitinsel hat einen ganz besonderen Charme, der sicher mehr als einen Tag wert ist.

Für das etruskische Dreieck um Pitigliano benötigt man mindestens zwei Tage, bei speziellem Interesse kann man hier auch herrliche Wanderungen zu etruskischen Nekropolen unternehmen. Den Monte Amiata hat man schnell umrundet, aber mitsamt dem Parco Faunistico ›kostet‹ er sicher einen Tag.

Für die gotische Schöne Siena und ihr Chianti-Gebiet sollte man mindestens drei Tage einplanen, für die Crete, Montepulciano, Montalcino und andere mittelalterliche Orte in der Umgebung nochmals mindestens zwei Tage.

Das Chianatal wird man bei einer ersten Annäherung mit Chiusi, Cortona und Castiglión Fiorentino an einem Tag schaffen, für Arezzo plant man am besten einen Tag ein, dazu je einen Tag für die Valtiberina mit Monterchi und das Casentino.

## Tipps für die Reiseorganisation

### Individualreisen

Wer rechtzeitig einen Mietwagen gebucht hat, kann bequem mit dem Flugzeug anreisen. Von den beiden Flughäfen Florenz und Pisa gibt es auch mit Bus, Taxi und Zug (ab den jeweiligen Stadtbahnhöfen) gute Verbindungen zu den größeren Orten bzw. zu den Provinzhauptstädten. Sogar das Chianti kann man – genug Zeit vorausgesetzt – per Bahn und Bus entdecken. Die Städte zwischen Florenz und der Küste sind bahnmäßig am besten er-

**San Gimignano – nur eines der vielen Highlights einer Toscana-Reise**

schlossen, z. T. sogar durch Lokalbahnen und im Chiantal durch die parallel verlaufende IC-Strecke. Leicht haben es Bahnreisende auch an der Küste selbst: Man kann alle Orte der Versilia mit der Bahn erreichen. Siena ist auf Umwegen mit Pisa über Empoli und auf einer Nebenstrecke über Asciano mit dem Chianatal verbunden. Ansonsten ist für Entdeckungsreisen ein Fahrzeug notwendig. Sportliche können die Toscana auch per Fahrrad erkunden, auf immer besseren Routen.

### Reiseagenturen

Kaum ein Reiseveranstalter lässt sich natürlich die Toscana entgehen. In der Hauptsache werden Ferienhäuser bzw. -wohnungen wochenweise vermietet oder thematische Rundreisen angeboten: Kulturreisen, Schlemmertouren, Reisen zu besonderen Anlässen wie Theater, Oper, Sonderausstellungen, Veranstaltungen. Alles ist unproblematisch im Reisebüro oder direkt bei den meisten Veranstaltern zu buchen, sei es über deren Kataloge oder im Internet.

Mittlerweile gibt es unzählige Toscana-Spezialisten. Bewährt haben sich vor allem überschaubare Unternehmen wie die winzige Agentur Toscana à la carte (s. S. 68) oder das expandierende Familienunternehmen Siglinde Fischer (s. S. 68, 169). Weitere Anbieter findet man unter www. enit.de, Link ›Veranstalter/Anbieter‹.

### Studienreisen

Studienreisen auf hohem Niveau, Wanderstudienreisen u. Ä. ebenso wie Städteaufenthalte und individuell zu kombinierende Reisen bietet Studiosus an, im Reisebüro bzw. unter www.studiosus.de zu buchen.

In allen größeren bzw. kulturell interessanten Orten werden Fremdenführer vermittelt, was freilich für Einzelpersonen oder eine Familie recht kostspielig sein kann. Auskunft erteilen die örtlichen Verkehrsämter oder die regionale Organisation der Fremdenführer, die man über die lokalen Verkehrsämter bzw. die APT (s. S. 55f.) erhält oder direkt über die Organisation der toscanischen Reiseführer unter **www.centroguidetoscana.it** bzw. deren Tel. 055 28 84 48, Fax 055 28 84 76. Auf der Website findet man auch alle Tarife und Routenvorschläge.

## Reisen mit Kindern

Auch wenn sich die Toscana dafür anbietet, der Besuch von Kirchen und Museen ist jüngeren Kindern sicher nur in Maßen zumutbar. Die Region hat aber genügend feinsandige, flach abfallende Strände und hübsche Buchten zu bieten, an denen sich Kinder vergnügen können.

Da die Stadthotels zu astronomischen Preisen neigen, bieten sich für einen ungestörten Urlaub mit der Familie am ehesten Ferienhäuser an. Auch diese sind im Allgemeinen preislich vergleichsweise hoch angesetzt, aber man findet immer wieder überraschend günstige Angebote, vor allem wenn man noch nicht auf die Schulferien angewiesen ist.

Mit dem Essen dürften Kinder keine Probleme haben: Auch wenn sie nicht gerade regionaltypisch sind – Pizza und Pasta gibt es auch in der Toscana an jeder Ecke.

## Reisen mit Handicap

Italienische Hoteliers und Ferienhausanbieter sind laut Gesetz verpflichtet, je nach Größe des Betriebes mindestens ein Zimmer/eine Wohnung behindertengerecht anzubieten. In den Städten hat man schon vor längerer Zeit damit begonnen, die Bürgersteige abzusenken, und viele Museen ermöglichen Rollstuhlfahrern den Besuch entweder per Aufzug oder Treppenlift. Detaillierte Informationen findet man unter www.disabili.com/viaggi/turismo-accessibileperdisabili.

## Einreise- und Zollbestimmungen

Für die Einreise von Deutschen, Österreichern und Schweizern nach Italien genügt der gültige Personalausweis. Im Zuge der Liberalisierung innerhalb der EU sind Zollkontrollen selten geworden. Gegenstände des persönlichen Bedarfs können in unbegrenzter Menge ein- und ausgeführt werden, Antiquitäten allerdings nur mit einer Sondergenehmigung des Denkmalamtes.

## Anreise

### ... mit dem Flugzeug

Ganzjährig angeflogen werden die Flughäfen von Florenz und Pisa. Der **Flughafen von Florenz** (Amerigo Vespucci, FLR) im Vorort Peretola, ca. 5 km nordwestlich der Metropole, wird von Deutschland aus von den Linienfluggesellschaften Lufthansa und Air Dolomiti sowie airberlin bedient. Busshuttle zum Bahnhof S.M.N. ca. alle 30 Min. (zu den Abflug- bzw. Ankunftszeiten), Fahrzeit je nach Verkehrsaufkommen 15–30 Min. Flughafeninfos: www.aeroporto.firenze.it.

**Pisas Flughafen** (Galileo Galilei, PSA), rund 2 km südlich der Stadt und 80 km von Florenz, ist mit Pisa per Busshuttle und mit Florenz durch einen Schnellzug verbunden. Dieser größere toscanische Flughafen wird von Linienfluggesellschaften und von Billiganbietern angeflogen: Lufthansa und Air Dolomiti (von praktisch allen deutschen Flughäfen), airberlin (ab Stuttgart, Düsseldorf, Köln/Bonn, Berlin u.a.), TUIfly (ab Köln/Bonn). Außerdem Flugverbindungen mit Zürich und Wien. Flughafeninfos: www.pisa-airport.com.

### ... mit der Bahn

Generell gibt es gute Bahnverbindungen aus dem nördlichen Europa bzw. dem deutschsprachigen Raum nach Florenz und zu den anderen größeren Städten. Massa, Carrara, Pisa, Livorno und Grosseto liegen an der Haupteisenbahnlinie Genua/Ligurien – Rom bzw. Arezzo und Florenz auf der Strecke Mailand – Bologna – Florenz – Rom. Direktzüge nach Florenz fahren ab München. Nach Spartarifen fragen!

**Nachtzüge** verkehren täglich zwischen München und Florenz (Fahrzeit hin 9.30 Std., zurück 8.45 Std.). Mit dem Spar-Night-Ticket kostet die Fahrt ab 59 €. Infos unter www.nachtzugreise.de, Tel. 069 26 52 13 57.

**Autoreisezüge** verkehren zwischen Florenz Campo di Marte und Wien, zwischen Livorno und Hamburg-Altona, Neu-Isenburg und Hildesheim. Die Reise von Frankfurt nach Livorno beinhaltet Fahrzeugtransport und Frühstück. Immer wieder gibt es auch Super-Sparangebote für kurzfristige Buchungen. Infos unter www.dbautozug.de, Tel. 018 05-99 66 33.

**Allgemeine Informationen**
**Deutsche Bahn:** www.bahn.de
**Schweizer Bundesbahnen:** www.sbb.ch
**Österreichische Bundesbahnen:** www.oebb.at
**Italienische Staatsbahnen:** www.trenitalia.it bzw. www.ferreviedellostato.it

### ... mit dem Bus

Für eine normale Busanreise ist die Toscana (außer von Süddeutschland aus) eigentlich zu weit, aber manchen gefällt's! Als Liniendienst empfiehlt sich der Europabus der Deutsche Touring GmbH, Am Römerhof 17, 60486 Frankfurt, Tel. 069-790 35 01, www.deutsche-touring.de.

### ... mit dem Auto

Die üblichen Routen nach Florenz sind: aus Deutschland und Österreich über Innsbruck und den Brenner nach Verona und Bologna, aus der Schweiz über den St. Gotthard nach Mailand, Parma und Bologna, von dort die tunnelreiche A1 nach Florenz. Man fährt in der

Regel über die hervorragend ausgebauten, wenn auch mautpflichtigen Autobahnen in Österreich oder der Schweiz sowie durch Italien. Fahrzeit ab München mindestens acht Stunden, von weiter nördlich entsprechend mehr.

**Schöne Schleichwege**

Wer Zeit hat, sollte die reizvolleren Nebenstrecken wählen. Tipps von West nach Ost (Achtung: Zzt. werden zahlreiche Straßennummern umgestellt, oft von SS auf SR für Strada Regionale):

- Von Parma statt über die Autobahn A15 über die serpentinenreiche Bergstraße SS 62 durch die Lunigiana Richtung La Spezia/Ligurien: Der Passo della Cisa (1039 m) an der toscanisch-emilianischen Grenze ist kein Problem. Bei Santo Stéfano di Magra stößt die SS 62 auf die SS 1 Via Aurelia, die entlang der toscanischen Küste nach Rom führt.
- Von Reggio nell'Emilia/Emilia-Romagna auf der schmalen, landschaftlich wunderschönen SS 63 über den Passo del Cerreto (1261 m) in die Toscana. Über Fivizzano auf die SS 62 Richtung Carrara auf die Provinzialstraße 446. Wer Zeit hat, wählt die Provinzialstraße von Fivizzano nach Südosten Richtung Castelnuovo di Garfagnana und genießt die mit Kastanienbäumen übersäte Garfagnana auf der Weiterfahrt nach Lucca, den Sérchio entlang. In Lucca trifft man auf die viel befahrene Autobahn A11 Firenze – Mare.
- Von Módena/Emilia-Romagna über die kurvenreiche SS 12 durch eine der schönsten emilianischen Landschaften zum Skiort Abetone (1388 m). An der Kreuzung La Lima kann man sich für die Weiterfahrt auf der SS 12 nach Bagni di Lucca oder für die SS 65 weiter östlich Richtung Pistóia entscheiden.
- Fährt man weiter durch die Emilia-Romagna Richtung Rimini, stößt man noch vor Césena auf die vierspurige (kostenlose), als Superstrada ausgebaute SS 71, die in den Nordostzipfel der Toscana, ins Casentino und weiter über Sansepolcro durch Umbrien (Città di Castello) nach Chiusi führt.

## Verkehrsmittel im Land

### Bahn

Auch per Bahn kommt man in der Toscana voran, wenngleich die Verbindungen nicht überwältigend sind:

- entlang der Küste von La Spezia/Ligurien, die Versilia südwärts, über Pisa, Livorno, Cécina nach Grosseto Richtung Rom;
- von Pisa über Empoli nach Florenz;
- von Pisa über Empoli nach Siena und weiter in die Valdichiana;
- Florenz – Arezzo – Castiglion Fiorentino – Cortona – Chiusi und weiter Richtung Orvieto/Umbrien bzw. Rom;
- von Siena über Buonconvento auf die Hauptstrecke nach Grosseto;
- sehr wichtig: Viaréggio – Lucca – Montecatini – Pistóia – Prato – Florenz;

Bahnfahren ist in Italien sehr viel preiswerter als nördlich der Alpen, vor allem wenn man die Lokalbahnen benutzt. Allerdings kommt es häufig zu Streiks oder anderen Störungen. Es gibt diverse Spezialtarife, z. B. die Zeitkarte des Interrail-tickets one country (jeweils in der 1./2. Kl.): 3 Tage 168/112 €, 4 Tage 209/139 €, 6 Tage 284/189 €, 8 Tage 344/229 €. Weitere Infos bei Trenitalia: www.trenitalia.com, Call Center 89 20 21, in Deutschland 018 05-01 35 33.

### Bus

Fast jeder toscanische Ort ist per Autobus erreichbar, meist mit mehreren (halbstaatlichen) Unternehmen. Die Fahrscheine müssen vor Fahrtantritt gekauft werden und sind erhältlich bei den Busgesellschaften, in manchen Tabakläden und an Zeitungskiosken.

Das Preisniveau liegt weit unter dem im nördlichen Europa. Zu den wichtigsten Busgesellschaften innerhalb der Toscana zählen

LAZZI (über Provinzgrenzen hinweg), ATAF und SITA (Florenz), CLAP (Lucca), COPIT (Prato und Pistóia), APT (Pisa), TRAIN (Siena), FLI und CAT (Arezzo und Casentino). Meistens befinden sich die zentralen Bushaltestellen nahe dem Bahnhof. Im Internet sind die Unternehmen in der Regel unter ihrem Namen zu finden, z. B. www.ataf.it, telefonisch sind sie in Italien z. T. kostenlos über Info-Rufnummern erreichbar (s. Adressen im Reiseteil dieses Buches, S. 80ff.).

## Auto

Wer in Italien mit dem Auto unterwegs ist, benötigt einen gültigen nationalen Führerschein und die üblichen Kfz-Papiere, wobei die Grüne Versicherungskarte im Falle eines Falles immer nützlich ist, wenn auch nicht vorgeschrieben.

Die **Autobahngebühren** sind saftig, aber die Strecken exzellent ausgebaut: A15 Parma – La Spezia – Carrara – Pisa – Livorno; A11 Viaréggio – Lucca – Florenz (Firenze – Mare); A1 Bologna – Florenz – Montepulciano – Chiusi; A12 Viaréggio – Lucca. Die Aurelia hat eine parallele Autobahn bekommen (Verlängerung der Strecke Genua – Pisa – Livorno bis ca. Cécina), weiter als *superstrada* Richtung Rom.

Zum Zahlen der Maut ist die **Viacard** zu empfehlen, mit der man spezielle Autobahnausfahrten benutzen darf. Neben der lästigen Suche nach dem Kleingeld spart man so auch Wartezeit. Die Karten gibt es an den Grenzübergängen, bei den Automobilclubs sowie bei einigen Banken (Mautrechner: www.autostrade.it/autostrade/ricercaPercorso.do).

Durch die Toscana führen weiterhin gebührenfreie *superstrade,* autobahnähnliche, vierspurige Straßen: zwischen Florenz und Siena, zwischen Florenz, Pisa und Livorno, als FI-PI-LI bezeichnet, mit Anbindung an die Küstenautobahn nach Norden und nach Süden, zwischen Arezzo, Sinalunga und Lago Trasimeno Richtung Perugia, ein Stück der Via Aurelia entlang der Versilia parallel zur Autobahn A12 sowie die Via Aurelia ab Livorno über Cécina und Grosseto nach Rom.

Das **Tankstellennetz** ist dicht, allerdings werden abseits der Autobahnen die Ruhetage und Öffnungszeiten recht strikt eingehalten (Mittagspause 12/12.30–15.30/16 Uhr, abends ab 19/20 Uhr geschl.)! Man findet aber immer häufiger Tankstellen mit 24-Std.-Service (meist per Automat; Zahlung mit großen Scheinen oder EC- bzw. Kreditkarte). Bleifreies Benzin bekommt man problemlos, meist gibt es nur noch Super; Diesel ist nur noch wenig preiswerter als Benzin.

Vor **Autodiebstahl** ist man auch in der Toscana nicht sicher, speziell in den touristischen Zentren (große Städte, Strandorte), daher sucht man am besten einen abgeschlossenen Parkplatz oder eine Garage auf.

Der italienische Automobilclub ACI (vertreten an allen wichtigen Stellen und in den Provinzhauptstädten) steht auch den Mitgliedern eines ausländischen Automobilclubs kostenlos zur Verfügung; der **Pannendienst** ist italienweit unter der Rufnummer 80 31 16 erreichbar. Wer kein Italienisch kann, ist besser beraten, den heimischen Automobilclub anzurufen und sich alles organisieren zu lassen.

### Mietwagen

Leihwagen sind in der Toscana wie in ganz Italien recht teuer. Es lohnt sich, bereits zu Hause über seinen Anbieter vorzubuchen. Für Festtage und beliebte Reisezeiten sollte man vorbuchen, andernfalls geht man vor Ort meist leer aus, selbst an den Flughäfen! Dort sind auch die international bekannten Vermieter vertreten wie Avis oder Hertz.

## Verkehrsregeln

Auf allen Verbindungsstraßen, also sowohl auf Autobahnen als auch zwischen den Ortschaften, muss man mit **Abblendlicht** fahren. Bei Missachtung drohen hohe Strafen.

**Mit der Fähre nach Elba, der größten und bekanntesten Insel der Toscana**

**Geschwindigkeitsbegrenzungen:** innerorts 50 km/h, auf den vierspurigen Hauptstraßen außerhalb 110 km/h, auf Neben- und Gemeindestraßen 90 km/h, auf sechsspurigen Autobahnen – nur falls angeschlagen – bis zu 150 km/h. Bei Regen darf generell höchstens 110 km/h gefahren werden, ebenso auf der Strecke Brenner – Bozen. Pkw mit Anhänger oder Wohnwagen dürfen außerhalb geschlossener Ortschaften höchstens 80 km/h fahren, auf den Autobahnen maximal 110 km/h.

An schwarz-gelb markierten Bordsteinen ist das **Parken** verboten, an blau markierten ist die Parkzeit beschränkt und muss – meist an Automaten – bezahlt werden. In die historischen Zentren vieler Orte darf man nur per Sondergenehmigung reinfahren bzw. parken.

**Das eigene Boot im Gepäck:** Für die Mitnahme von Schlauchbooten sind keine Formalitäten nötig, für Motorboote über drei Steuer-PS besteht Haftpflichtversicherungszwang. Die Blaue Karte gibt es bei der Heimat-Versicherungsgesellschaft (sie ist in Italien nur umständlich zu bekommen).

Fahren unter Alkoholeinfluss ist verboten, die **Promillegrenze** liegt bei 0,5; bei Überschreitung drohen Gefängnis, eine hohe Geldstrafe und der Entzug des Führerscheins.

Auch wenn sich Italiener oft nicht daran halten: **Anschnallen** ist Pflicht, bei Verstößen werden saftige Strafen fällig.

Telefonieren mit dem Handy ist nur mit **Freisprechanlage** erlaubt!

Im Wagen ist eine (genormte) **Sicherheitsweste** mitzuführen. Jeder, der beim Anhalten auf Überlandstrecken aussteigt, muss eine solche Weste tragen.

## Zu den toscanischen Inseln

Während des Hochsommers ist eine Vorausbuchung der Fährplätze (Infos bei den ENIT-Büros, s. S. 54, sowie bei den Automobilclubs) unbedingt nötig. Als einzige toscanische Insel kann Elba im Sommer sogar ab München und Zürich mit kleinen Maschinen angeflogen werden. Die übrigen größeren, frei zugänglichen Inseln sind nur mit der Fähre zu erreichen; die wichtigsten Fährhäfen auf dem Festland liegen in Livorno, Piómbino und Porto Santo Stéfano (Fähradressen s. Reiseteil, S. 80ff.)

## Buchung

Auf keinen Fall sollte man während der Saison ohne Vorbuchung in die Toscana reisen! Dann findet man entweder gar keine freie Unterkunft oder nur eine sehr teure. Überhaupt bucht man normalerweise günstiger vorab als vor Ort, wenn man ja meistens keine Wahl mehr hat. Das gilt für Hotels und Zimmer mit Frühstück, erst recht für Ferienhäuser/Agriturismo-Unterkünfte.

Im **Internet** (s. S. 54) findet man endlos viele Angebote, ob über die Internetseite von ENIT oder jene der Region Toscana. Möchte man z. B. auf www.enit.de nach Angeboten schauen, sucht man den Link ›Unterkunft‹, gibt den ausgewählten Ort an und evtl. die gewünschte Hotelkategorie, damit nicht zu viele Angebote erscheinen; die passenden klickt man einzeln an, um mehr Infos zu erhalten. Man kann auch unter den Gemeindenamen suchen, z. B. www.comune.firenze.it oder www.comune.fiesole.fi.it (fi für die Provinz Florenz) und weiter je nach Ort unter *accoglienza* (Unterkunft allgemein) oder *alberghi* (Hotels).

## Hotels

Die Hotellerie der Toscana ist auf hohem Niveau sehr ausgewogen, man bekommt, mit wenigen Ausnahmen, in den wichtigsten touristischen Städten in jeder Kategorie etwas. An besonders begehrten Reisezielen wie Florenz aber muss man meist sehr tief in die Tasche greifen. Lohnend sind die Angebote der Reiseveranstalter (z. B. für Städtereisen), die z. T. überraschend günstige Pakete für Übernachtung inklusive Anreise (Flug, Bahn oder Bus) haben, oder auch nur für den Aufenthalt, weil sie sich Kontingente sichern bzw. den Hoteliers eine bestimmte Abnahme garantieren. Darüber hinaus ist die Buchung von Hotels inzwischen auch direkt über das Internet recht problemlos möglich (s. o.).

**Kurort buchen:** Die großen Kurorte wie Montecatini Terme und Chianciano Terme eignen sich hervorragend als Standorte für Ausflugsfahrten in die Umgebung, weil ihre gepflegte Hotellerie eine große Spannbreite in allen Kategorien und außerdem mehr Ruhe als die üblichen Touristenzentren bietet.

## Ferienhäuser und -wohnungen

Keine andere italienische Region hat eine solche Fülle an Ferienwohnungen und vor allem -häusern in ländlichen Gebieten anzubieten wie die Toscana. Man hat die Qual der Wahl zwischen Burgen und Schlössern, kleinen und großen, jedenfalls umgebauten Bauernhäusern, häufig unter dem Stichwort ›Agriturismo‹ zu finden, mit allem oder nur wenig Komfort, mit Pool und Park oder nur Wiesen ringsum. Was man wissen sollte: Selten ist ein schattiger Platz (z. B. Pergola) am Haus vorhanden, weil die meisten Anwesen unter mehr oder weniger strengem Denkmalschutz stehen und beim Umbau keine allzu großen Veränderungen vorgenommen werden dürfen. Und nicht immer gibt es im Wohnbereich wirklich bequeme Sofas, denn die Toscaner selbst bleiben mit ihren Gästen lieber länger am großen Esstisch sitzen.

Der neueste Trend geht zu Ferienwohnungen in den historischen Zentren der toscanischen Kulturmetropolen, also in Florenz und Siena, in Lucca und Pisa etc. Dafür muss man allerdings im Normalfall besonders tief in die Tasche greifen, hat aber nirgendwo besser die Chance, der besuchten Stadt tief ins Herz zu schauen.

Wie auch immer: Anbieter, ob private oder offizielle, schießen wie Pilze aus dem Boden. Gut beraten ist, wer bei einem eingeführten Spezialisten oder auch bei den großen Rei-

**Elektrizität:** Generell gibt es 220 Volt-Wechselstrom, doch der Fantasie sind in puncto Steckdosen und Systeme in Italien keine Grenzen gesetzt. Die deutschen Schukostecker passen selten, man braucht Adapter, die man aber in jedem Elektro- und Haushaltswarengeschäft, manchmal sogar an der Hotelrezeption erhält.

severanstaltern bucht. Dies sollte man unbedingt rechtzeitig tun, damit man auch wirklich sein Wunschhaus bekommt.

Empfehlenswerte Spezialanbieter sind z. B. **Toscana à la carte,** Tel. 089 29 16 05 05, www.toscanaalacarte.net, und das Unternehmen **Siglinde Fischer** mit Sitz auch in der Toscana und einem großartigen Katalog und super Webseiten (neben Ferienhäusern und -wohnungen auch eine wunderbare Auswahl an speziell ausgesuchten Hotels), Tel. 07355 933 60, www.siglinde-fischer.de. Weitere Anbieter unter www.enit.de, Link ›Veranstalter/Anbieter‹

Direkte Angebote findet man unter der Obhut der Region Toscana im Internet (www.agriturismo.regione.toscana.it) sowie unter den drei toscanischen Zusammenschlüssen

**Agriturist Toscana:** Via Alfani 66, 50121 Firenze, Tel./Fax 055 28 78 38, www.agriturismo.regione.toscana.it.

**Turismo Verde Toscana:** Via Verdi 5, 50122 Firenze, Tel. 05 52 00 22, Fax 05 52 34 50 39, www.turismoverde.it.

**Terranostra Toscana:** Via della Villa Demidoff 64/D, 50127 Firenze, Tel. 05 53 24 56 55, Fax 05 53 24 66 12, www.terranostra.it

Die Toscana hat ein eigenes regionales Gesetz verabschiedet, wonach die Anbieter von Ferien auf dem Land genau unter die Lupe genommen werden. Zur Klassifizierung der landwirtschaftlichen Betriebe, die Gäste aufnehmen, gibt es die Ähren *(spighe)* – seit Ende 2006 ein bis drei (zuvor ein bis fünf).

## Zimmer mit Frühstück

Ob in Pensionen oder Privathäusern, Zimmer mit Frühstück werden immer beliebter. Italienweit haben sich viele Vermieter in der Organisation **Bed & Breakfast Italia** zusammengeschlossen (00186 Roma, Corso Vittorio Emanuale II 282, Tel. 066 87 86 18, Fax 066 87 86 19, www.bbitalia.it). Ein dort erhältliches Faltblatt gibt Auskunft über die Kategorisierung (zwei bis vier Kronen), mit der feste Preise verbunden sind (zzt. rund 45–120 € je Doppelzimmer, Frühstück inbegriffen).

## Camping

In der Toscana gibt es viele Campingplätze, z. T. herrlich gelegen, in jeder erdenklichen Komfort- und Ausstattungsklasse, auch mit Pools und anderen Freizeiteinrichtungen. Die richtige Empfehlung für den eigenen Geschmack findet man am einfachsten in den im Buchhandel erhältlichen Campingführern. Ein Campingverzeichnis ihrer Mitglieder verschickt die **Federazione Italiana del Campeggio,** Via Vittorio Emanuele 11, I–50041 Calenzano (Fi), Tel. (00 39) 055 88 23 91, www.federcampeggio.it. Auch interessant: www.faita.it. Für die Hochsaison ist Vorausbuchung unbedingt zu empfehlen.

## Jugendherbergen

Die *ostelli* oder *alberghi per la gioventù* nehmen nicht nur Wanderer unter 30 Jahren auf, sondern zunehmend auch Familien mit Kindern, denen sie komfortable 3- und 4-Bett-Zimmer anbieten. Auch hier ist für die Hochsaison unbedingt Vorbuchung nötig, länger als drei Nächte kann man bei voller Belegung nur selten bleiben. Ohne den Jugendherbergsausweis des Heimatlandes geht meist nichts! Weitere Infos unter www.ostellidellagioventu.org.

Natürlich ist die Toscana nicht nur ein Reiseziel für Kulturinteressierte, sondern auch für Sportbegeisterte. Wer Mitglied in einem Sportverein ist, kann sich über diesen vielleicht schon vorab Informationen zu den Angeboten in der Toscana besorgen. Die Adressen und Infos der italienischen Sportverbände (u. a. zu Veranstaltungen) findet man im Internet unter www.federsportitalia.it.

Um die Angebote für Aktivurlaub entlang der toscanischen Küste und auf den Inseln kümmern sich die Region Toscana bzw. die davon profitierenden Provinzen besonders intensiv: Massa Carrara (www.aptmassacarrara.it) und Versilia (www.aptversilia.it), Pisa (www.pisaturismo.it) und Costa degli Etruschi (www.costadeglietruschi.it), Maremma (www.lamaremma.info) und Arcipelago Toscano (www.aptelba.it). Sie haben gemeinsam mit der Region u. a. den ausführlichen Führer »toscanamare« (auch auf Deutsch) und eine Karte der Sporthäfen herausgegeben (beides ist gratis bei den einzelnen APT erhältlich). Allgemeine Informationen findet man darüber hinaus auf der offiziellen Webseite für die toscanischen Küsten: www.toscanacosta.it.

## Baden

Die schönsten Sandstrände der Toscana liegen an der Versilia von Viaréggio aus nach Norden, berühmt sind insbesondere Forte dei Marmi und Viaréggio. Im Süden vor der Maremma breiten sich zwar nicht so luxuriöse, aber ebenfalls herrliche, von hohen Pinien beschattete Sandstrände mit recht guter Infrastruktur aus. Eine wundervolle Lagunenlandschaft mit feinem Sand findet man in Castiglione della Pescáia, hübsche Felsenbuchten bietet u. a. das nette Castiglioncello, die allerschönsten Strände findet man jedoch rings um die Inseln Elba und Gíglio – auf Letzterer eignen sie sich so richtig für Robinson-Ferien, auch mit einem kleinen Schlauchboot.

## Golf

Golfplätze haben ihr eigenes Publikum in die Toscana gebracht. Der erste, berühmteste ist noch immer der Golfplatz Ugolino südlich von Florenz mit herrlichem altem Baumbestand. Zum Austragungsort internationaler Wettbewerbe hat sich aber eher der Golfplatz von Punta Ala mit den Edelherbergen ringsum entwickelt. Montecatini Terme ist auf seinen Golfplatz nahe Monsummano Terme besonders stolz. Inzwischen gibt es in der Toscana rund 20 Golfplätze (s. a. die Adressen im Reiseteil dieses Buches, S. 80ff.). Allgemeine Infos, Termine von Turnieren etc. u. a. unter www.federgolf.it und www.toskana-golf. com.

## Radfahren

Radfahren in der Toscana lohnt sich vor allem in den sanften Hügellandschaften z. B. der Crete, des Chianti (der an manchen Stellen auch recht unsanft sein kann wie im Osten) und erst recht in den Flussebenen. Neuerdings werden immer mehr Radwege erschlossen und zahlreiche Anbieter machen sich auf dem Gebiet des Radtourismus breit. Ein Blick ins Internet genügt, und man findet endlos viele Tipps.

Spezielle Informationen zum Radfahren an den toscanischen Küsten inklusive Elba bietet die Broschüre »trekking bike« (deutsch/ englisch) mit schönen Routenvorschlägen, die auch ins Landesinnere führen. Weitere Infos unter www.toscanacosta.it sowie in Italien unter Tel. 800 88 33 88 (kostenlos), aus dem Ausland Tel. 003 90 56 67 63 88.

## Reiten

Reitmöglichkeiten bieten immer mehr ländliche Betriebe, besonders in Follónica, Livorno, Marina di Massa, Montieri, Orbetello,

Pisa, Scansano und Viaréggio, aber auch die Reitclubs von Florenz und Umgebung. Man kann seine Ferien natürlich auch auf einem speziellen Reiterhof oder in einem Reiterhotel verbringen oder nur Reitstunden und Exkursionen zum Schnuppern buchen. Weitere Infos unter www.reiten.de und ab S. 80 bei den Infos.

## Segeln / Motorbootsport

Segeln kann man entlang der gesamten toscanischen Küste (es gibt auch Segelschulen), insbesondere an der Versilia im Norden und der Riviera degli Etruschi im Süden sowie vor den Inseln, vor allem vor der Küste von Elba. Eine Landkarte mit den Sporthäfen der Region bietet darüber hinaus genaue Angaben über Werften und deren Bootsservice, dazu Adressen von Charterfirmen/Bootsverleihern etc. Infos ebenfalls unter www.toscanacosta.it.

Motorbootsport ist insbesondere möglich von Marina di Massa aus, Forte dei Marmi, Viaréggio, Livorno, Punta Ala (der größte Yachthafen der toscanischen Küste), Porto Santo Stéfano und auf Elba.

## Tauchen

Unterwassersport ist generell ohne Lizenz erlaubt und besonders schön an den Felsküsten der Inseln und in Abschnitten der Riviera degli Etruschi sowie rund um die Inseln; Infos zu den Inseln unter www.aptelba.it. Diese sind besonders dann wichtig, wenn man sich den streng geschützten untermeerischen Gebieten der Eilande nähern möchte, wo das Tauchen ja besonders vielversprechend ist. Die Tauchschulen wissen am besten Bescheid (s. Adressen im Reiseteil dieses Buches, S. 80ff.), Infos auch unter www.arcipelago.turismo.toscana.it.

## Tennis

Jede größere Stadt und jeder Kur- oder Erholungsort besitzt Tennisplätze. In den meisten Clubs sind Gäste willkommen. Besonders viele Tennisplätze findet man an der Küste der Versilia und auf Elba. Zahlreiche Hotels verfügen über eigene Tennisplätze für ihre Gäste.

## Wandern

Der Club Alpino Italiano CAI sowie die örtlichen Wandervereine haben in den letzten Jahren ein recht ordentliches Wandernetz ausgeschildert. Trekking in der Toscana ist richtig in Mode gekommen und wird mit Hilfe von Wanderblättern propagiert (in den einzelnen Fremdenverkehrsämtern nachfragen). Am besten erschlossen sind folgende Gebiete: das Monte-Amiata-Massiv, der Tosco-Emilianische Apennin zwischen der Emilia-Romagna und der Toscana, die Garfagnana, Casentino und Mugello sowie immer mehr das Chianti. Besonders rührig ist in Castelnuovo di Garfagnana die Comunità Montana della Garfagnana, Via Vittorio Emanuele 9, Tel. 05 83 66 13 08, www.cm-garfagnana.lu.it.

## Wellness

Die Wellness-Bewegung hat auch die Toscana erreicht, immer mehr Hotels bauen Wellness-Abteilungen oder gar -Anlagen – vielfach kombiniert mit Golfangebot –, um damit ganzjährig Gäste anzusprechen. Darüber hinaus gibt es die Kurorte mit ihren zu Wellness-Oasen ausgebauten Kurhotels wie z. B. die Grotta Giusti in Monsummano Terme sowie die Thermalhotels von San Giuliano Terme und San Casciano dei Bagni (s. jeweils dort). Der neueste Hit sind Benessere-Zentren in den historischen Zentren, wo man sich für ein paar Stunden in eine solche Wohlfühloase zurückziehen kann.

Die Toscana ist ein Dorado für den Einkaufsbummel, ob in den edlen Kunststädten oder auf dem Lande, wenn große Märkte angesagt sind, oft verbunden mit einer *sagra,* einem Kirchweihfest bzw. kulinarischem Markt. In Städten wie Florenz, Lucca und Prato findet man sowohl elegante Boutiquen mit Markenmode als auch individuelle Mode, fast immer darf man sich beim Einkauf auch am schönen Ambiente der Geschäfte erfreuen, die sich mit supermodernem Interieur in historischen Palästen eingenistet haben.

Interessante kulinarische **Mitbringsel** sind z. B. Pecorino, Wildschweinschinken und -würste, Olivenöl, Wein und Grappa.

**Öffnungszeiten**
**Geschäfte:** Mo–Sa 8.30/9–12.30/13, 15.30/16–19/20 Uhr, So nur in touristischen Zentren während der Saison. Viele Geschäfte schließen dafür montags, z. T. nur am Vormittag (z. B. in Florenz) oder an einem anderen Tag.
**Märkte:** meist Mo–Sa 6/7–13/14 Uhr.

## Märkte

Alle größeren Städte der Toscana besitzen einladende **Markthallen** für den täglichen Bedarf ihrer Bevölkerung an Lebensmitteln, Florenz sogar zwei: den Mercato Centrale im Viertel San Lorenzo und den Mercato Sant'Ambrogio am östlichen Rand des historischen Zentrums. Meist sind diese Märkte in Jugendstilhallen untergebracht, so z. B. jener von Livorno, der ein Paradies für den kulinarischen Einkauf oder auch nur zum Schauen ist. In den Hallen kann man oft auch an kleinen Stehbuden gleich vor Ort Spezialitäten probieren – oder rings um den Markt.

An oft seit Jahrzehnten festgelegten Tagen finden außerdem in jedem Ort **Wochenmärkte** statt, meist wie die Hallenmärkte vormittags, in manchen Gebieten aber wegen der Nähe der Ortschaften zueinander auch nachmittags. Hier werden nicht nur Lebensmittel angeboten, sondern häufig auch Kleidung und Kunsthandwerkliches, im Chianti-

**In so manchem Weinkeller – wie etwa in Montalcino – finden sich edle Mitbringsel**

**Versteigerungen:** Besonders in den größeren Kurorten der Toscana sind die *aste* sehr beliebt, Versteigerungen, die in der Regel in Antiquitätengeschäften durchgeführt werden, meist ab ca. 21 Uhr. Dort versammeln sich alle, die nach dem Abendessen Abwechslung mit einem gewissen Kribbeln suchen. Man wird leicht zum Mitbieten verführt! Neben Antiquitäten lassen sich nette Kleinigkeiten ersteigern, die sich als Mitbringsel eignen.

Gebiet und um Arezzo z. B. vielfach Schmiedeeisernes. Wichtige Märkte werden bei den Ortsbeschreibungen in diesem Reiseführer genannt (s. S. 80ff.).

## Wein und Olivenöl

Praktisch jedes toscanische Weingut produziert außer Wein und Grappa auch Olivenöl, z. T. scheint es sogar, als würde infolge der verlockenden Preise für dieses Produkt der Weinbau verdrängt. Als besonders gut gilt das Olivenöl von den Hügeln um Lucca, es ist allerdings recht ›fett‹ im Geschmack. Unverwechselbar würzig sind die im Chianti und im Montalbano-Gebiet produzierten Olivenöle, und zur absoluten Spitzenqualität gehört das Olivenöl aus Bólgheri, das leicht nach Artischocken schmeckt; auch die hier angebauten Weine zählen zu den Spitzensorten der Toscana und Italiens überhaupt.

## Alta Moda und Lederwaren

Spitzenreiterin in Sachen Mode ist vor allem durch die Modemessen mit dem Beinamen Pitti die Regionalhauptstadt Florenz, wobei die Stoffe für die sehr modische Kleidung ringsum produziert werden, nicht mehr nur in Prato. Im Reiseteil dieses Buches (s. S. 80ff.) werden die wichtigsten Straßen mit Boutiquen genannt. Auch für andere Städte finden sich dort Adressen, u. a. von Läden mit schicker jüngerer Mode zu bezahlbaren Preisen.

Die Lederschule der Toscana befindet sich im Kloster von Santa Croce in Florenz. In den nahen engen Altstadtgassen arbeiten kleine und größere Ledermanufakturen und bieten ihre Ware gleich vor Ort an. Der bekannteste Ledermarkt aber findet rings um die Kirche San Lorenzo statt. Auch in kleineren Städten wie Montepulciano haben sich einzelne Handwerker auf die Verarbeitung von Leder spezialisiert, man kann sich hier z. B. Stiefel nach Maß arbeiten lassen.

## Antiquitätenmärkte

In fast jeder größeren toscanischen Stadt finden Antiquitätenmärkte statt, besonders entlang des Chianatales von Arezzo südwärts. Arezzo selbst dürfte *die* Antiquitätenstadt der Toscana sein. Hier findet jeden Monat ein großer Markt statt, im September der größte und berühmteste überhaupt (s. S. 419).

Die Piazza dei Ciompi in Florenz ist ebenfalls eine Fundgrube für Antiquitäten. Mit winzig kleinen Läden und Ständen, die es nur am letzten Sonntag des Monats gibt (s. S. 119).

## Kunsthandwerk

In den kleineren touristischen Magneten der Region, z. B. Castellina in Chianti, wie überhaupt entlang der Weinstraße des Chianti oder in San Gimignano, Volterra etc. findet man die üblichen Souvenirläden. Etwa mit bunt bemalter Keramik, Schmiedearbeiten oder Holzarbeiten. Traditionelle Mitbringsel sind kunsthandwerkliche Artikel, Antiquitäten und Schmuck, Alabaster- und Kunstschmiedearbeiten.

Eine große Ausgehszene gibt es in der Toscana nicht, es sei denn während der Sommermonate in den Strandorten. Daher wird man wohl am Abend mit Sicherheit länger im ausgewählten Restaurant oder der kleinen Trattoria in der Nähe des Hotels sitzen bleiben, um wie die Toscaner das Abendessen ausgiebig zu genießen. Ansonsten flaniert man vor und nach dem Essen gerne lange auf der *passeggiata*-Meile oder genießt die nächtliche Beleuchtung der historischen Zentren von einem Caféhaustisch auf einer Piazza aus. ›In‹ sind die Aperitif-Bars (ca. 19–21 Uhr). Detaillierte Informationen zu interessanten Ausgehmöglichkeiten in den einzelnen Orten enthält der Reiseteil dieses Buches (s. S. 80ff.).

In den Sommermonaten findet man in Florenz wie auch in den Strandorten Freiluftdiskotheken, und die Badeorte organisieren vielfach Freiluftkonzerte, sowohl mit klassischer als auch Rock- und Popmusik. Das berühmteste Musikfestival dürfte am Lago Puccini stattfinden: das Puccini-Festival (s. S. 249). Eher etwas für Kenner ist das Florentiner Maggio Musicale (s. S. 120).

Wer sich vorab im Internet über die Ausgehmöglichkeiten in der Toscana informieren möchte, kann auf zwei interessante Webadressen zurückgreifen: Unter www.aboutversilia.com/nightlife-in-versilia findet man beliebte Diskotheken oder sogenannte Disco Pubs an der Versilia-Küste (Viaréggio, Forte dei Marmi, Pietrasanta etc.). Die Website www.firenze-online.com bietet aktuelle Tipps für die Arno-Metropole: Kinos, Diskotheken, Pubs und Disco Pubs sowie sämtliche Festivals.

**An den Abenden sind die Straßen mindestens so belebt wie am Tage**

## Preisniveau

Das Preisniveau in der Toscana zählt zu den höchsten im Stiefelland, das gilt besonders für die **Unterkunft**. Es macht aber einen großen Unterschied, ob man in Florenz wohnen möchte oder z. B. im Casentino nördlich von Arezzo. Für ein Doppelzimmer mit Frühstück zahlt man in Florenz je nach Saison in einem 5-Sterne-Hotel ab 480 €, in einem 4-Sterne-Hotel ab 260 €, in einem 3-Sterne-Hotel ab 130 €, in einer 2-Sterne-Unterkunft 80–100 € und in einer 1-Sterne-Unterkunft, also einer Pension, ab 40 €, aber zu Messezeiten auch schon dafür an die 120 €!

Für einen Espresso zahlt man an der **Bar** – wie überall in Italien – meist 0,50–1 €, auf den teuren Plätzen im Stadtzentrum kann er jedoch bis zu 5 € kosten. Also vorsichtshalber zuerst auf die Getränkekarte schauen! Ein komplettes Menü kostet in normalen **Restaurants** zwischen 25 und 35 €, in hochpreisigen Restaurants ab 45 €. Mittags bieten viele Häuser feste Menüs ab etwa 18 € inklusive Hauswein und/oder Wasser bzw. Softdrink an. Ein Pizzaessen kostet mit Hauswein ab 10 €.

**Sperrung von EC- und Kreditkarten bei Verlust oder Diebstahl*:**

**0049-116 116**

oder 0049-30 4050 4050
(* Gilt nur, wenn das ausstellende Geldinstitut angeschlossen ist, Übersicht: www.sperr-notruf.de)
Weitere Sperrnummern:
- MasterCard: 0049-69-79 33 19 10
- VISA: 0049-69-79 33 19 10
- American Express: 0049-69-97 97 2000
- Diners Club: 0049-69-66 16 61 23

Bitte halten Sie Ihre Kreditkartennummer, Kontonummer und Bankleitzahl bereit!

Im Reiseteil dieses Buches (s. S. 80ff.) werden die Preise für ausgewählte Unterkünfte und Restaurants in den jeweiligen Orten genannt.

Die Preise für **Verkehrsmittel** liegen deutlich unter denen nördlich der Alpen – und es gibt außerdem Sammeltickets.

## Spartipps

Viele der wichtigen Touristenorte bieten sowohl Ermäßigungen für ihre Verkehrsmittel als auch günstigere Sammelkarten für die Museen. Außerdem können EU-Bürger unter 18 und ab 65 Jahren gegen Vorlage ihres Ausweises die staatlichen Museen kostenlos besichtigen, und Schüler / Studenten (18–25 Jahre) zahlen nur den halben Preis.

## Kreditkarten und Bargeld

Das Euro-Land Italien ist Meister in Sachen bargeldloses Zahlen. Fast überall werden Kreditkarten akzeptiert. Geldautomaten gibt es überall in den touristischen Zentren.

**Öffnungszeiten der Banken in Italien:** Mo–Fr ca. 8.30–13.30, 14.45–15.45 Uhr, in Touristenzentren auch länger und teilweise auch Sa.

## Trinkgeld

Im Restaurant zahlt man, wenn man zufrieden ist, 5–10 % Aufschlag auf den Rechnungsbetrag, im Hotel ab 1 € für ein Gepäckstück, mindestens 5 € für das Zimmermädchen pro Person und Woche, bei längeren Hotelaufenthalten auch für das Restaurantpersonal und für die Rezeption, wenn sie Sonderwünsche erfüllt hat. Taxifahrer bezahlt man nach dem Taxameter und rundet die Summe auf.

# Reisezeit und Reiseausrüstung

## Klima und Reisezeit

Generell ist das toscanische Klima im Sommer warm und trocken, aber in den Flussniederungen häufig unerträglich schwül. Angenehm ist dann der Aufenthalt in den Küstengebieten (wegen der ständigen Meeresbrise) und in den höher gelegenen Hügel- und Bergregionen – vor allem dort, wo auch niedrige Hügel sozusagen frei stehen und daher einer ständigen Luftbewegung ausgesetzt sind (etwa im Gebiet des Montalbano, im Chianti). Richtige Sommerfrischen sind auch die niedrigen Bergregionen zu Füßen des klimatisch ohnehin günstigen Tosco-Emilianischen Apennin, die Garfagnana, das Mugello, das Casentino. Von hier aus lassen sich sogar die größeren Kunststädte in der im Sommer unerträglich heißen Arno-Ebene erkunden, zum großen Teil auch mit bequemer Anreise per Bahn, ob Florenz oder Prato, Pistóia, Lucca oder Pisa.

Insgesamt können Frühjahr und Herbst – eigentlich die schönste Reisezeit –, aber auch der Winter wundervoll mild und sonnig, aber auch recht regnerisch sein. Es ist ja allgemein kein Verlass mehr auf althergebrachte Klimawerte, das gilt auch für die Toscana. Wenn es kalt ist, scharen sich Ferienhausbewohner oft frierend um den Kamin, weil viele Häuser nicht – oder noch nicht – wirklich wintertauglich sind.

Für Strandferien ist die beste Reisezeit der Sommer, für Kulturreisen Frühjahr und Herbst, wobei in der Zeit zwischen Ostern und Ende September z. B. in Florenz Massenansammlungen in und vor den Museen garantiert sind, man also bei echtem Kunsthunger tatsächlich den Winter als Reisezeit vorsehen sollte. Dieser kann in den Städten am Arno recht mild ausfallen, also auch in Prato und Pistóia, Lucca und Pisa.

Generell fallen die meisten Niederschläge in der Zeit zwischen Oktober und März. Die Tagestemperaturen liegen im Durchschnitt in Florenz zwischen 8 °C im Januar und 31 °C im Juli.

Kurzentschlossene finden die Wetterberichte und -vorhersagen auch im Internet unter www.wetter.de bzw. auf den Webseiten der größeren Orte.

## Kleidung und Ausrüstung

Vor allem in den größeren Städten kleiden sich die Italiener noch immer gerne etwas formell, das gilt vor allem für den Büroalltag und für den Besuch von Restaurants am Abend. Gleiches erwarten sie auch von ihren Gästen. Für den Herren reicht beim Restaurantbesuch meist eine ordentliche Jacke über einer gepflegten Jeans. Für Damen gibt es fast keine Kleidervorschriften, doch jeder freut sich über einen gepflegt-netten Anblick, was sowohl ein luftiges Kleid bedeuten kann als auch einen eleganten Hosenanzug. Für den Theaterbesuch takelt sich ebenfalls kaum noch jemand auf, schon eher für die Oper, wenn man selbst gesehen werden möchte.

**Klimadaten Florenz**

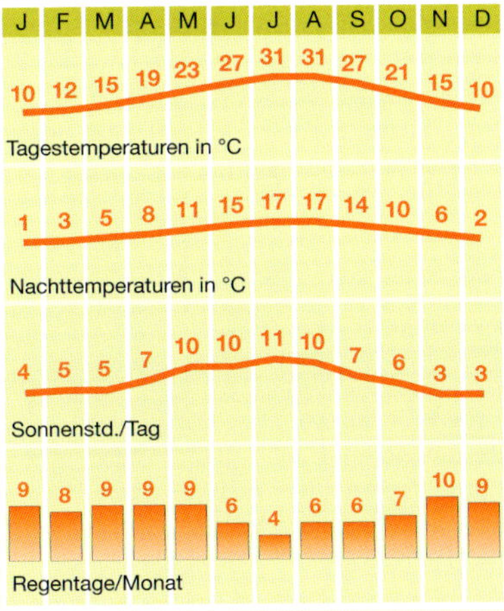

# Gesundheit und Sicherheit

## Gesundheit

Man braucht sich in der Toscana in Bezug auf seine Gesundheit nicht viel anders zu verhalten als zu Hause. Sonnenanbeter sollten sich rechtzeitig vor Sonnenbrand schützen, d. h. ans Eincremen und an eine Kopfbedeckung denken. Nicht überall ist das Leitungswasser auch wirklich trinkbar – Italiener bevorzugen ohnehin stilles oder leicht sprudelndes Mineralwasser –, man kann aber unbesorgt seine Zähne damit putzen.

In Italien gibt es relativ viele Deutsch sprechende Ärzte, deren Anschrift man normalerweise im Hotel erfährt. Die großen Hotels, insbesondere in den Kurorten, haben eigene Vertragsärzte (und Therapeuten, z. B. Masseure). Der medizinische Standard in der Toscana entspricht dem mitteleuropäischen. In manchen Ferienorten werden für Urlauber im Sommer kostenlose medizinische Notdienste angeboten. In Notfällen müssen nicht einmal die Medikamente bezahlt werden, in weniger schlimmen Fällen bekommt man ein Rezept dafür, und wer privat versichert ist oder eine Auslandskrankenversicherung abgeschlossen hat, kann die Kosten erstattet bekommen.

Deutsche und Österreicher, die Mitglied in einer gesetzlichen Krankenversicherung sind, können bei ihrer Kasse die Europäische Versicherungskarte anfordern (sie ersetzt den früheren Auslandskrankenschein E 111), um sie in Italien ggf. der ASL (Azienda Sanità Locale) vorlegen zu können. Schweizer Staatsbürger werden von vornherein wie Privatpatienten behandelt, sie müssen die Arztrechnung direkt begleichen und können sie dann mit ihrer Kasse zu Hause verrechnen. Für alle Fälle ist Pflichtversicherten zu empfehlen, wenigstens für die Reisedauer eine Auslandsreisekrankenversicherung abzuschließen, damit sie im Bedarfsfall als Privatpatienten zu einem Arzt ihrer Wahl gehen können.

### Apotheken

Apotheken, italienisch *farmacia* (pl. *farmacie*) sind in Italien in der Regel genauso häufig vertreten wie nördlich der Alpen. Die Auswahl an Medikamenten entspricht dem internationalen Standard, die Preise sind inzwischen angepasst. Apotheken haben natürlich abwechselnd einen Notdienst, der an jeder *farmacia* angeschlagen wird. Neuerdings verlangen Apotheken für die außerhalb der Geschäftszeiten ausgegebenen Medikamente einen Aufschlag, das kann bis zu 5 € ausmachen! Man sollte also gut überlegen, ob man diesen Dienst auch wirklich benötigt.

### Notruf

**Polizei/Carabinieri:** Tel. 112
**Rettungsdienst:** Tel. 113 und 118
**Autohilfsdienst des ACI:** Tel. 80 31 16
**Deutschsprachiger Notrufdienst in Rom:** Tel. 064 95 47 30

## Sicherheit

Für den Wagen sollte man vor allem in den Städten eine sichere Garage suchen, Hotels haben nicht immer eine zu bieten. Leider muss man in den touristischen Zentren stets auf sein Hab und Gut achten. Weder sollte man Wertgegenstände im Wagen zurücklassen noch sie offensichtlich bei sich führen. Die Kamera lässt sich zwar schlecht verstecken, doch mit Geld und Kreditkarten sollte man sorgsam umgehen. Auch in Florenz sollte man die Handtasche nicht auf der Straßenseite tragen, denn auf Motorrädern vorbeiflitzende Diebe gehen ihrem Geschäft – meist Teil der Beschaffungskriminalität – vor allem nach Einbruch der Dunkelheit nach! Auch in manchen Gotteshäusern ist man vor Taschendieben nicht sicher, wie etwa in Santa Croce in Florenz, wo man zwischendurch per Lautsprecher gewarnt wird.

# Kommunikation

## Internet

Fast jedes Hotel verfügt über eine Internetecke für die Gäste. Ansonsten kann man meist sein eigenes Notebook an die Telefonleitung im Zimmer anschließen; viele Hotels stellen auch DSL-Leitungen zur Verfügung.

## Telefon

Es gibt fast nur noch Telefonzellen, in denen man mit Telefonkarten telefoniert. Sie sind erhältlich bei der Telecom, an Automaten, vielen Zeitungskiosken und in den *tabacchi* (Tabakläden). Das Telefonieren vom Hotel ist meist mit hohen Zuschlägen verbunden.

Benutzer von **Handys** sollten sich vor der Reise zum Roaming anmelden, sodass sie auch in Italien durch Partnertarife ihres Servers günstiger telefonieren können.

**Internationale Vorwahlen:** nach Deutschland 00 49, nach Österreich 00 43, in die Schweiz 00 41. Danach wählt man die Ortsvorwahl ohne die erste Null und die Teilnehmernummer.

Die **Vorwahl für Italien** ist 00 39, die Null der Ortsvorwahl gehört inzwischen zur italienischen Teilnehmernummer, auch innerorts muss sie also mitgewählt werden. Bei den Handynummern entfällt dagegen die Null.

## Post

Inzwischen bietet die italienische Post nur noch die Beförderung per *posta prioritaria* (sozusagen die bevorzugte Post) an, was gut ist, da die Briefe und Postkarten aus dem Urlaub nicht zu lange unterwegs sind. Die Portogebühr ins europäische Ausland beträgt 65 Cent.

## Zeitungen und Fernsehen

Alle großen deutschsprachigen Tageszeitungen und Illustrierten findet man zumindest während der Saison an den Brennpunkten des Tourismus, normalerweise tagesaktuell. Leider empfangen noch nicht alle Hotels über Satelliten auch deutsche TV-Sender für ihre Gäste, aber es wird immer besser.

**Kontakte pflegen vom toscanischen Strand aus – dank Handy kein Problem**

# Sprachführer

## Allgemeines

| | |
|---|---|
| Guten Tag | buon giorno |
| Guten Abend | buona sera |
| Auf Wiedersehen | arrivederci |
| Wie geht's? | Come va? |
| Danke, gut. | Bene, grazie. |
| bitte | prego |
| danke | grazie |
| Entschuldigung | scusi |
| Ich heiße … | Mi chiamo … |
| Wo ist …? | Dov'è …? |
| Wann? | Quando? |
| Einverstanden. | Va bene. |
| bis später | a più tardi |

## Zeit

| | |
|---|---|
| Sonntag | domenica |
| Montag | lunedì |
| Dienstag | martedì |
| Mittwoch | mercoledì |
| Donnerstag | giovedì |
| Freitag | venerdì |
| Samstag | sabato |
| Feiertag | giorno festivo |
| Minute | minuto |
| Stunde | ora |
| Tag | giorno |
| Woche | settimana |
| Monat | mese |
| Jahr | anno |
| heute | oggi |
| gestern | ieri |
| morgen | domani |
| morgens | di mattina |
| mittags | a mezzogiorno |
| nachmittags | al pomeriggio |
| abends | di sera |
| vor | prima di |
| nach | dopo |
| früh | presto |
| spät | tardi |

## Notfall

| | |
|---|---|
| Hilfe! | Aiuto! |
| Polizei | polizia |
| Arzt | medico |
| Krankenhaus | ospedale |
| Apotheke | farmacia |
| Kopfschmerzen | mal di testa |
| Magenschmerzen | mal di stomaco |
| Durchfall | diarrea |
| Zahnschmerzen | mal di denti |
| Verbandszeug | materiale per medicazioni |
| Unfall | incidente |
| Panne | guasto |

## Unterwegs

| | |
|---|---|
| Haltestelle | fermata |
| Bus | autobus, pullman |
| Fahrkarte | biglietto |
| Bahnhof | stazione |
| Flughafen | aeroporto |
| Hafen | porto |
| Auto | macchina |
| Benzin | benzina (normale/ super) |
| Eingang | ingresso |
| Ausfahrt | uscita |
| bei | vicino a |
| links | a sinistra |
| rechts | a destra |
| geradeaus | diritto |
| hier | qui |
| dort | là |
| Stadtplan | pianta della città |
| Auskunft | informazione |
| Vorsicht | attenzione |
| Bank | banca |
| Telefon | telefono |
| Telefonkarte | scheda telefonica |
| Post | ufficio postale |
| geöffnet | aperto |
| geschlossen | chiuso |

## Im Hotel

| | |
|---|---|
| Zimmer | camera |
| für eine Person | per una persona |
| pro Nacht | per una notte |
| Bad | bagno |

| | |
|---|---|
| Dusche | doccia |
| Doppelzimmer | camera doppia |
| Einzelzimmer | camera singola |
| mit Meerblick | con vista sul mare |
| Schlüssel | chiave |
| Handtuch | asciugamano |
| Aufzug | ascensore |
| Gepäck | bagaglio |
| Pass | passaporto |
| Ausweis | carta d'identità |
| Quittung | ricevuta |
| Empfang | ricevimento |
| wecken | svegliare |
| Preis | prezzo |
| Rechnung | conto |
| Nachname | cognome |
| Vorname | nome di battesimo |
| Ankunft | arrivo |
| Abfahrt | partenza |
| Parkplatz | parcheggio |

## Einkaufen

| | |
|---|---|
| kaufen | comprare |
| Geschäft | negozio |
| Markt | mercato |
| bar | in contanti |
| Geld | soldi |
| Kreditkarte | carta di credito |
| Geldautomat | bancomat |
| teuer | caro |
| billig | econòmico |
| Wie viel? | Quanto? |
| Öffnungszeiten | orario d'apertura |

## Zahlen

| | | | |
|---|---|---|---|
| 1 | uno | 16 | sedici |
| 2 | due | 17 | diciassette |
| 3 | tre | 18 | diciotto |
| 4 | quattro | 19 | diciannove |
| 5 | cinque | 20 | venti |
| 6 | sei | 30 | trenta |
| 7 | sette | 40 | quaranta |
| 8 | otto | 50 | cinquanta |
| 9 | nove | 60 | sessanta |
| 10 | dieci | 70 | settanta |
| 11 | undici | 80 | ottanta |
| 12 | dodici | 90 | novanta |
| 13 | tredici | 100 | cento |
| 14 | quattordici | 200 | duecento |
| 15 | quindici | 1000 | mille |

## Die wichtigsten Sätze

**Allgemeine Floskeln**

| | |
|---|---|
| Sprechen Sie Deutsch? | Parla tedesco? |
| Ich verstehe nicht. | Non capisco. |

**Im Notfall**

| | |
|---|---|
| Können Sie mir helfen? | Può aiutarmi? |
| Ich brauche einen Arzt. | Ho bisogno di un mèdico. |
| Hier tut es mir weh. | Mi fa male qui. |

**Unterkunft**

| | |
|---|---|
| Haben Sie ein freies Zimmer? | Ha una camera libera? |
| Wie viel kostet das Zimmer pro Nacht? | Quanto costa la camera per notte? |

**Im Restaurant**

| | |
|---|---|
| Ich würde gerne einen Tisch reservieren. | Vorrei prenotare una tavola per favore. |
| Ich möchte bezahlen. | Il conto, per piacere. |

**Unterwegs**

| | |
|---|---|
| Wie komme ich nach ...? | Come arrivo a ...? |
| Wo finde ich ...? | Dove trovo ...? |

**Beim Einkauf**

| | |
|---|---|
| Wie viel kostet das? | Quanto costa ...? |
| Ich brauche ... | Ho bisogno di ... |
| Wann öffnet/schließt ...? | Quando apre/chiude ...? |

Zypressenalleen gehören für viele zum Inbegriff toscanischer Landschaft

# Unterwegs in der Toscana

Das Original steht in der Accademia, eine Kopie auf der Piazza della Signoria: Der »David« von Michelangelo

Kapitel 1

# Florenz und Umgebung

**Keine andere italienische Stadt besitzt auf so kleinem Raum ein solches Konzentrat an Kunstwerken und historisch wie architektonisch bedeutenden Bauten. Auch heute ist die Piazza della Signoria mit dem gleichnamigen Palazzo, dem Rathaus mit großen musealen Sälen und den weltberühmten Uffizien das weltliche Zentrum der Stadt, sein sakraler Gegenpol liegt nur eine kurze Bummelmeile entfernt an der Piazza del Duomo mit Dom und Baptisterium.**

**In Scarperia in der nahen Hügellandschaft des Mugello arbeiteten die besten Kunstschmiede, wurden die schärfsten Klingen gezogen – bis heute ist das so. Auch die Medici kamen aus dem Mugello und bauten ihre Landsitze dort zu Villen aus. Einen geeigneten Ausgangspunkt für Ausflüge ins Mugello bietet das etruskische Städtchen Fiésole, ein schöner ›Balkon‹ über Florenz.**

**Für den groben Überblick reichen drei Tage für Florenz allein. Das historische Zentrum ist zu Fuß einfach zu erkunden. Für Ausflüge nach Fiésole und ins Mugello findet man sehr gute Anbindungen mit öffentlichen Verkehrsmitteln.**

**Zu Ostern, Pfingsten und im Hochsommer sowie zum Maggio Musicale (Ende April–Ende Juni/Anfang Juli) ist Florenz überfüllt, das Gedränge vor den Museen und anderen Sehenswürdigkeiten unbeschreiblich groß. Ohne eine Besuchsreservierung (s. S. 93) sollte man während dieser Zeiten auf keinen Fall die Uffizien, die Accademia und andere große Museen einplanen. Für Kunstinteressierte, die sich nicht um Regen oder kühlere Temperaturen scheren, empfiehlt sich das Winterhalbjahr – dennoch nach möglichen Messeterminen erkundigen, denn dann steigen die Hotelpreise ebenfalls deutlich an.**

Auf einen Blick

# Florenz und Umgebung

## Sehenswert

1 **Florenz:** Die Kulturmetropole gilt als Wiege der Renaissance und des Humanismus. Die Regionalhauptstadt der Toscana ist zwar oftmals überlaufen, aber dennoch unbedingt sehenswert (s. S. 86).

**Die Landvillen der Medici:** Von Florenz bis ins Mugello haben die Medici ihre einst trutzigen Festungen zu prachtvollen Villen ausgebaut (s. S. 128 und 130).

**Scarperia:** Die Messerstadt ist städtebaulich ein mittelalterliches Juwel mit netten kleinen Lokalen und besuchenswerten Werkstätten. Und natürlich ein super Einkaufsort für scharfe Klingen (s. S. 131).

**Chini-Stätten:** In Borgo San Lorenzo produzieren die Nachkommen des toscanischen Jugendstilmeisters Chini noch heute traditionelle wie modernste Keramik, die man zu erschwinglichen Preisen erstehen kann (s. S. 132).

## Schöne Route

**Von Florenz ins Mugello:** Über Pratolino geht es ins verschlafene Städtchen San Piero a Sieve und zu einigen Villen der Medici. Nach einem Abstecher zur hübschen Messerschleiferstadt Scarperia führt die Tour ins ruhige Borgo San Lorenzo, zum bescheidenen Geburtshaus Giottos bei Vicchio und ins Weinland von Rúfina und Pontassieve. Eine zauberhaft kurvenreiche Provinzialstraße führt von Dicomano ins östlich davon liegende Casentino, an dessen ›Pforte‹ die Pieve di Romena das Herz von Liebhabern romanischer Baukunst höher schlagen lässt (s. S. 128).

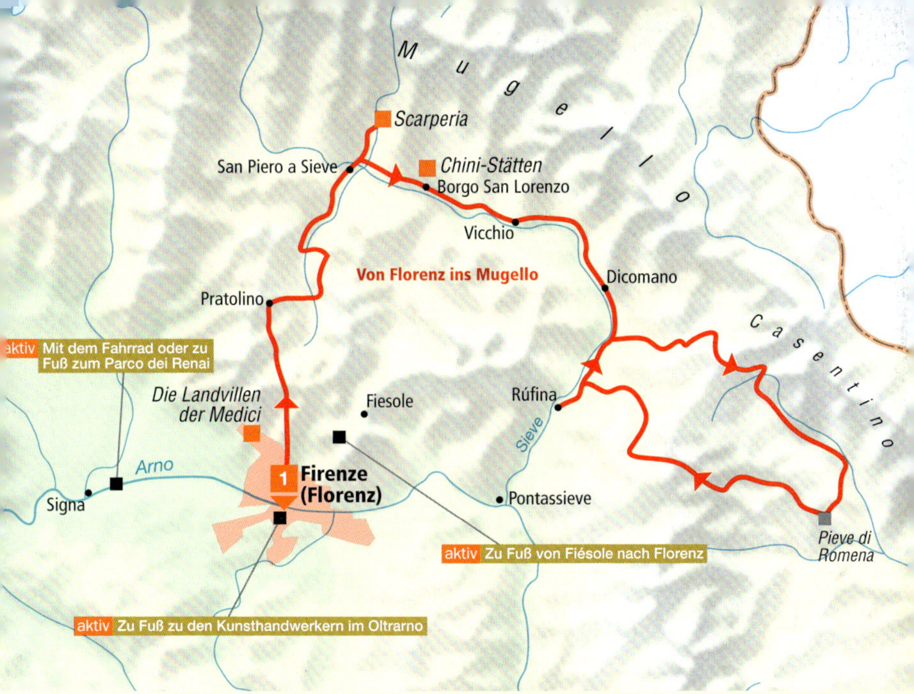


## Meine Tipps

**Museumstickets vorbestellen:** Wer sich Wartezeiten vor den Kassen der staatlichen Museen von Florenz ersparen möchte, meldet sich schon vor der Reise für den Besuch von Uffizien, Accademia, San Marco, Bargello, Museo Archeologico, Palazzo Pitti sowie des Opificio delle Pietre Dure an (s. S. 93).

**Szenetreff Piazza Santo Spirito:** Es ist einer der nettesten Plätze von Florenz für eine geruhsame Pause, ringsum mit einladenden Lokalen (s. S. 98).

**Mercato Centrale:** An den kleinen Imbissständen im Innern des Mercato Centrale oder rund um die Markthalle essen die Einheimischen. Vor allem die urige Kneipe Da Nerbone lohnt den Besuch (s. S. 117).

## aktiv unterwegs

**Zu Fuß zu den Kunsthandwerkern im Oltrarno:** Ein Bummel zu den Kunsthandwerkern südlich des Arno bedeutet gleichzeitig eine genüssliche (und auch kulinarische) Tour durch das noch ursprüngliche Florenz, fast abseits touristischer Ströme (s. S. 96).

**Mit dem Fahrrad oder zu Fuß zum Parco dei Renai:** Gleich zwei Parks lernt man bei diesem leichten Ausflug kennen, den Florentiner Parco delle Cascine sowie den anschließenden Parco dei Renai von Signa (s. S. 122).

**Zu Fuß von Fiésole nach Florenz:** Mit dem Stadtbus von Florenz hinauf nach Fiésole und zu Fuß vorbei am Kloster San Domenico, durch Gärten und über baumbeschattete Sträßchen wieder abwärts (s. S. 127).

# 1 Florenz ►G 5

**Florenz kann trotz strenger Auflagen für den Autoverkehr recht lärmend sein, der städtebaulichen Schönheit am meist lahm dahinfließenden Arno tut dies keinen Abbruch. Die Regionalhauptstadt ist in ihrem historischen Kern klein und übersichtlich, voller Sehenswürdigkeiten und Museen, wunderbarer Modegeschäfte, Restaurants und Trattorien, Enotheken und Antiquitätenläden.**

Die Universitäts- und Kunststadt Florenz (365 000 Einw.) erfasst man am besten vom Piazzale Michelangelo (s. S. 111) aus, wo sich gegen Abend auch Liebespaare und andere Romantiker treffen, denn die Aussicht ist überwältigend. Florenz fast wie auf einem Reißbrett: die Torre d'Arnolfo des Palazzo Vecchio, dahinter der Campanile Giottos und rechts davon die Domkuppel Brunelleschis. Linker Hand erkennt man den Ponte Vecchio mit seinen pastellfarbenen Häuschen, die wie Schwalbennester an der Brücke hängen, und den Vasari-Gang, der den Palazzo Pitti (weiter links, vom Piazzale aus nicht zu sehen) über den Arno hinweg mit den Uffizien verbindet. Am Horizont schließlich erheben sich die Hügel der Etruskerstadt Fiésole.

Trotz ihrer geringen Größe hat die toscanische Metropole eine unbestrittene politische Führungsposition inne; auch kulturell (Museen, Theater, Galerien, Universität und zahlreiche Institute) und wirtschaftlich (Mode, Kongresse, Administration) ist die Arno-Stadt absolut tonangebend. Rechnet man die einheimischen Pendler (ca. 100 000 tgl.) hinzu, wird bald klar, warum Florenz trotz rigoroser Sperrung mancher Teile des *centro storico* tagtäglich dem Verkehrsinfarkt nahe ist. Nun hat man strengste Kontrollen per Videos und drastisch hohe Strafen eingeführt für diejenigen Autofahrer, die verbotenerweise ins Zentrum vordringen (s. a. S. 122).

In den monumentalen Palästen wohnen nur noch wenige Florentiner, man hat die kostbare Bausubstanz meist in Museen umgewandelt, in Hotels und Pensionen, Galerien und Kunstinstitute oder in Architekturbüros und Handelsniederlassungen sowie Banken. In den kaum sanierten kleineren Stadtpalästen finden noch immer Studenten aus aller Welt relativ preiswerte Unterkünfte, allerdings mit wenig Komfort. Universität (mit mehr als 40 000 Studienplätzen) und Kulturinstitute, Sprachschulen und Kunstakademien sorgen für die Internationalität der Stadt. Und wenn im Sommer die Florentiner Studenten in die Ferien ziehen, kommen die ausländischen Sprach- und Kunststudenten nach Florenz.

Abends, wenn die Tagestouristen die Arno-Metropole verlassen haben, ist die Stadt ein Genuss: das Florenz der charaktervollen Plätze und berühmten Cafés, der engen Straßen mit interessanten Durchblicken und der lockenden Bummelmeilen mit ihren

## Tipp: Schöne Ausblicke

**Das beste Stadtpanorama** genießt man auf dem Piazzale Michelangelo (s. oben), einen herrlichen Blick auf die Altstadt bietet der Campanile des Domes (s. S. 106) – und einen weiten Überblick über die gesamte Kulturmetropole hat man von Fiésole aus (s. S. 125).

Schmuckgeschäften, Modeboutiquen und Eisdielen und einladenden Aperitifbars.

## Geschichte

Die Wiege der Renaissance und des Humanismus, wie Florenz gerne tituliert wird, breitet sich zu Füßen der einst wichtigen Etruskerstadt Fiésole aus. Florenz selbst ist später als – eigentlich unbedeutende – römische Kolonie entstanden, entwickelte sich allerdings ab dem ersten vorchristlichen Jahrhundert so schnell, dass sie bald den Namen Fiorentina, die Blühende, erhielt. Christlich geworden, hatte Florenz unter den Barbareneinfällen zu leiden, zunächst unter den Hunnen und Goten und etwa um 570 unter den Langobarden. Karl der Große sorgte für einen gewissen Aufstieg; im 9. Jh. war Florenz eine deutsche Markgrafschaft, und da einige kriegerische Ereignisse belegt sind, darf man wohl auf eine etwas größere politische Bedeutung schließen. 1125 konnten die Florentiner das benachbarte Fiésole einnehmen.

Aus den ständigen Auseinandersetzungen zwischen den deutschen Kaisern – sie herrschten 951 bis 1268 in der Toscana – und den Päpsten, die für die Autonomie der Städte eintraten, hatten sich mit der Zeit zwei Parteien herausgebildet: Ghibellinen (Hohenstaufer, Anhänger des Kaisers) und Guelfen (Welfen, Anhänger des Papstes). Als sich zu Beginn des 13. Jh. Guelfen und Ghibellinen im Streit um den Kaiserthron zu bekriegen begannen, schlug sich Florenz auf die Seite der Guelfen, war also papsttreu.

Florenz, das zeigte sich bald, war eine bürgerliche Stadt, die gegen den Adel, der ghibellinisch (kaisertreu) war, opponierte. Ab 1250 besaßen die Florentiner eine Volksregierung, 1252 prägten sie, kaiserliche Privilegien ignorierend, ihre eigenen Münzen: den Fiorino bzw. Florin, der jahrhundertelang als allgemeine Währung gelten sollte. Alle Geldgeschäfte von Bedeutung gingen über Florenz, auch die der römischen Kurie. Mochten sich die Bürger der Stadt untereinander aus Gesinnungsgründen noch so sehr bekämpfen – nach außen hin bildeten sie meist eine funktionierende Kommune. Diese machte sich bald viel fremdes Land zu eigen: 1222 besiegte sie zusammen mit den Guelfen von Lucca die ghibellinischen Pisaner. 1260 schlug jedoch die Stunde der Ghibellinen, die unter der Führung eines gewissen Manfred von Hohenstaufen bei Montaperti siegten. Aber mit dem Tod Manfreds 1266 waren bereits wieder die papsttreuen Guelfen die Herren in Florenz.

Was den guelfischen Florentinern gar nicht gut bekam, waren ihre inneren Zwistigkeiten und die daraus resultierende Spaltung in zwei Lager: Neri (Schwarze) und Bianchi (Weiße), wobei Letztere bald nicht mehr von den feindlichen Ghibellinen zu unterscheiden waren. Was das bedeutete, bekam sogar der Dichter Dante zu spüren, der 1302 in die Verbannung gehen musste, um dem drohenden Feuertod zu entgehen.

Neben den kriegerischen Auseinandersetzungen musste Florenz mit mehreren Epidemien, Hungersnöten, der großen Pest (1348) und Überschwemmungen fertig werden. Schon Ende des 14. Jh. war es mit der eigentlichen Demokratie zu Ende, denn führende Familien der Stadt hatten Florenz in ihrer Gewalt. Es klingt fast wie Hohn, dass ausgerechnet eine recht junge Patrizierfamilie, die Medici, den Bürgern in ihrer Auflehnung gegen die Vorherrschaft dieser Dynastien helfen sollte (s. Thema S. 36).

## Piazza della Signoria

**Cityplan:** S. 90

Der wichtigste profane Platz der Stadt, ihr historischer wie aktueller Regierungsplatz, wurde durch den Abriss mittelalterlicher (ghibellinischer) Wohnhäuser bereits im 14. Jh. vergrößert und später von den Medici großzügig, fast überdimensional als eine wahre Demonstration ihrer Macht angelegt. Die leicht buckeligen, hellen Steinmauern des Palazzo della Signoria (bekannter unter dem Namen Palazzo Vecchio, s. S. 92), des Regierungspalastes der Medici, bekommen durch die 94 m hohe Torre d'Arnolfo sozusagen den letzten Pfiff. Der markante Turm ist weithin sichtbar und stand Modell für viele andere Stadt- bzw. Rathaustürme. Durch einen Gang im Obergeschoss ist der Palazzo mit den Uffizien (s. S. 93) verbunden, den früheren Amtsstuben der Medici und heute Sitz einer der bedeutendsten Bildergalerien der Welt. Diese wiederum verbindet der Vasari-Gang (s. S. 93), über den Ponte Vecchio hinweg mit dem Palazzo Pitti (s. S. 95) auf der südlichen Arno-Seite.

Den Westen und Norden der Piazza della Signoria bilden, in Stil und Architektur mehr oder weniger angepasst, neuere Paläste, in denen sich gut besuchte Cafés und Restaurants etabliert haben. Blickfang jedoch sind die Bildhauerarbeiten auf dem Platz: der **Neptunbrunnen** des Bartolomeo Ammannati von 1576, dem die Florentiner damals ironisch zugerufen haben sollen: »Ammannati, Ammannati, che marmore hai rovinati!« (... welch' einen Marmor hast Du zerstört!). Er steht zwar nicht in der Platzmitte, aber im Mittelpunkt des Geschehens, wenn sich hier tagsüber Touristen drängen und am Abend die Jugend trifft.

Den Eingang zum Palazzo Vecchio flankieren rechts die Marmorgruppe »Herkules und Cacus« von Bandinelli (1533) und links davon eine Kopie des **»David«** von Michelangelo (das Original steht in der Accademia). Im Gegensatz zu Ammannati verstand es Michelangelo in großartiger Weise, sogar aus ei-

**Vom Piazzale Michelangelo bietet sich ein wundervoller Blick auf die Stadt am Arno**

nem bereits mehrmals ›verhauenen‹ Marmorblock, wie es heißt, 1501 bis 1504 seinen »David« zu formen, jung und edel – als Symbol des Sieges des Schwachen gegen die Übermacht. Die Florentiner betrachteten damals, als die mächtigen Medici kurzfristig das Feld räumen mussten, die Figur des David als Verkörperung der Demokratie, die gegen Goliath, die Medici also, siegte.

Ebenso symbolträchtig wie die berühmte David-Figur ist die Gruppe »Judith und Holofernes« vor der Fassade des Rathauses, ein Bronzewerk Donatellos von 1460. Links davon, nahe dem Ammannati-Brunnen, befindet sich eine Kopie des »Marzocco« von Donatello, des Florentiner Löwen, in den Pranken das Wappen von Florenz mit der Lilie. Die runde Platte im Boden der Piazza erinnert an den revolutionären Pater Savonarola. Dort, wo der Platz links vom Palazzo Vecchio weit zurückspringt, bildet ein Reiterdenkmal den Mittelpunkt: Cosimo I de' Medici, 1594 von Giambologna geschaffen.

## Loggia dei Lanzi 1

Einen ganz anderen Akzent setzt die **Loggia dei Lanzi** mit ihren klaren gotisch-florentinischen Rundbögen (1376–1381), die übrigens der Feldherrnhalle in München Modell stand. Am eindrucksvollsten wirkt die Loggia, die vom 16. bis zum 18. Jh. die Landsknechte (daher dei Lanzi) aufnahm, am Abend, die Konturen verschärft durch eine gezielte, sanfte Beleuchtung. Dann machen die Figu-

# Florenz

### Sehenswert

1 Loggia dei Lanzi
2 Palazzo Vecchio
3 Galleria degli Uffizi
4 Ponte Vecchio
5 Palazzo Pitti
6 Santo Spirito
7 Santa Maria del Carmine / Cappella Brancacci
8 Ognissanti
9 Palazzo Rucellai
10 Santa Maria Novella
11 Mercato Centrale
12 San Lorenzo/Cappelle Medicee
13 Palazzo Medici-Riccardi
14 San Marco
15 Galleria dell'Accademia
16 Opificio delle Pietre Dure
17 Santissima Annunziata
18 Spedale degli Innocenti
19 Museo Nazionale Archeologico
20 Sinagoga e Museo Ebraico
21 Battistero
22 Duomo Santa Maria dei Fiori
23 Museo dell'Opera di Santa Maria /del Duomo
24 Piazza della Repùbblica
25 Palazzo Strozzi
26 Orsanmichele
27 Badia Fiorentina
28 Museo Nazionale del Bargello
29 Santa Croce
30 San Miniato al Monte

### Übernachten

1 Four Seasons
2 Grand Hotel Cavour
3 Le Due Fontane
4 Porta Rossa
5 Anglo American
6 Domus Florentiae
7 Antica Dimora Firenze

Fortsetzung s. S. 92

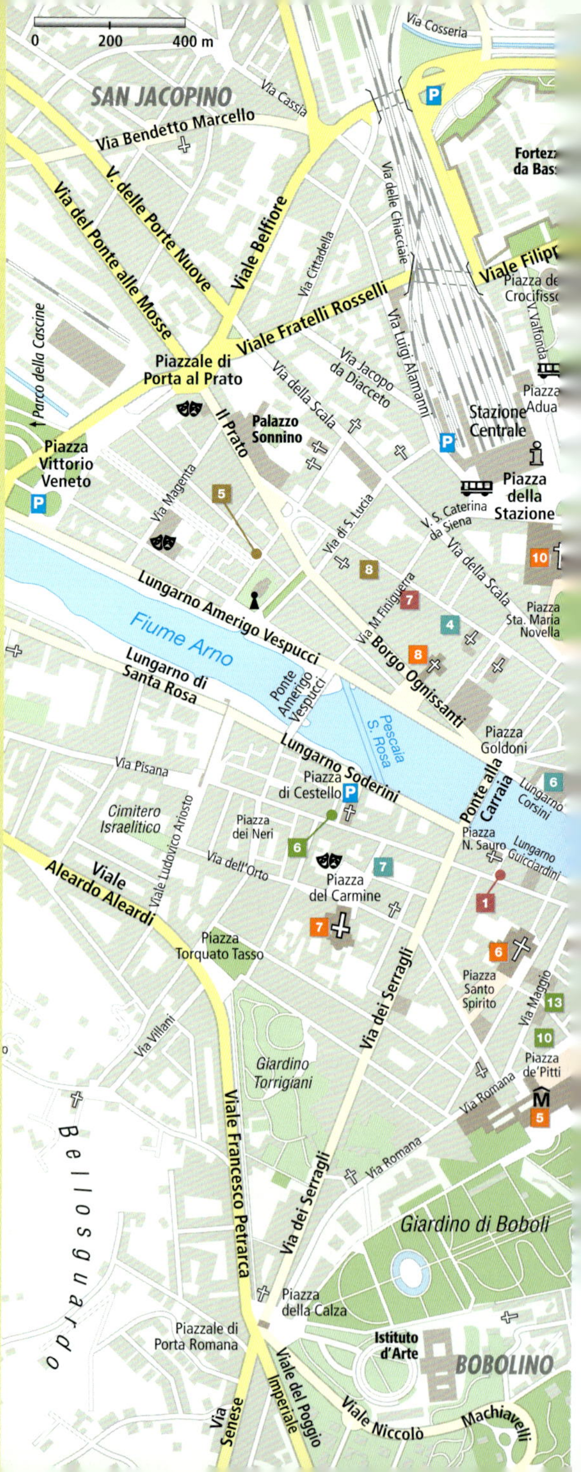

Piazza della Libertà
Via Lorenzo il Magnifico
Viale Spartaco Lavagnini
Strozzi
Via Fra' Bartolommeo
Via Leonardo da Vinci
Via Masaccio
Piazza Savonarola
Via Fra' Domenico Buonvicini
Viale Giacomo Matteotti
Via Salvestrina
Via Zara
Via San Gallo
Via Camillo Cavour
Via Alfonso Lamarmora
Via G. Dolfi
Via di Santa Caterina d'Alessandria
Via delle Ruote
Piazza della Indipendenza
Via San Zanobi
Via Ventisette Aprile
Via Nazionale
Via della Fortezza
Via Santa Reparata
Via Pier Antonio Micheli
Via Luigi Salvatore Cherubini
Piazza I. Del Lungo
Via Pier Capponi
Via dei Della Robbia
Piazza A. Conti
Cimitero della Misericordia
Via degli Artisti
Via G. La Pira
Giardino dei Semplici
Via Gino Capponi
Giardino della Gherardesca
Piazzale Donatello
Cimitero degli Inglesi
Via Guelfa
Piazza San Marco
Via Panicale
Via dell'Ariento
Via de Ginori
Via degli Alfani
Via Giuseppe Giusti
Borgo Pinti
Viale Antonio Gramsci
Piazza dell' Unità Italiana
Via del Canto dei Nelli
Via Ricasoli
Via dei Servi
Piazza Brunelleschi
Via della Colonna
Via Laura
Via Vittorio Alfieri
Via d. Panzani
Via del Giglio
B. S. Lorenzo
V. Martelli
Via dei Pucci
Piazza Massimo d'Azeglio
Via d. Cerretani
Piazza San Giovanni
V. M. Bufalini
Piazza S. M. Nuova
Via della Pergola
Via dei Pepi
Via dei Pilastri
Via Giosuè Carducci
Via della Mattonaia
Via A. Manzoni
Via dell'Oriuolo
Piazza Salvemini
V. Roma
Via dei Calzaioli
Via del Proconsolo
Via d. Tornabuoni
Piazza Strozzi
Piazza della Repubblica
Via del Corso
Borgo degli Albizi
Pza. S. Piero
Piazza Ciompi
Via Pietrapiana
Piazza Ghiberti
Borgo la Croce
Piazza Cesare Beccaria
Pza. d. Davanzati
V. Calimala
V. dei Cerchi
Via dei Pandolfini
Via Ghibellina
Via Giuseppe Verdi
Via dell'Agnolo
Piazza Signoria
Piazza San Firenze
Via dell'Agnolo
Via Ghibellina
Viale della Giovine Italia
V. Por S. Maria
Lungarno Acciaioli
Piazza Peruzzi
Piazza Sta. Croce
Borgo Allegri
Via dei Macci
Via delle Casine
Via Pietro Thouar
Ponte Vecchio
Via San Giuseppe
Via dei Malcontenti
Piazza d. Giudici
Pza. Mentana
Via dei Benci
Biblioteca Nazionale
Via Guicciardini
Via de' Bardi
Piazza dei Cavalleggeri
Via Tripoli
Lungarno delle Grazie
Lungarno della Zecca Vecchia
Lungarno Pecori Giraldi
Lungarno Torrigiani
Ponte alle Grazie
Fiume Arno
Pescaia S. Niccolò
Via dei Renai
Lungarno Serristori
Piazza Giuseppe Poggi
Ponte San Niccolò
Lungarno Benvenuto Cellini
Palazzo dei Mozzi
Piazza Francesco Ferrucci
V. dei Bastioni
Piazzale Michelangelo
Viale Michelangelo
Viale Galileo Galilei
MONTE ALLE CROCI
Cimitero delle Porte Sante
0
200
400 m

8 Palazzuolo
9 Fiorentino
10 Ostello Villa Camerata
11 Camping Michelangelo
12 Campeggio Villa Camerata

**Essen & Trinken**
1 Angiolino
2 Antico Fattore
3 Paoli
4 Giannino in S. Lorenzo
5 Totò
6 Le Mosacce
7 Il Contadino
8 Da Nerbone
9 Marione

**Einkaufen**
1 Antica Cuoieria
2 Peruzzi
3 Salvatore Ferragamo
4 Scuola del Cuoio
5 Barducci
6 Paolo Lapini
7 Mercato Sant'Ambrogio
8 Busatti Firenze
9 Pineider
10 Pitti Mosaici
11 Cantinetta Antinori
12 Cantinetta dei Verrazano
13 Pitti Gola e Cantina
14 Enoteca Alessi
15 Piazza dei Ciompi

**Abends & Nachts**
1 Rivoire
2 Gilli
3 Paszkowski
4 Space Electronic
5 Yab Yum
6 Capocaccia
7 Dolce Vita
8 Teatro del Sale

**Aktiv**
1 Alinari
2 Soul Space

ren den Eindruck, als lebten sie, würden gleich der Loggia entsteigen und am Geschehen zu ihren Füßen teilnehmen: der bronzene »Perseus« (1545–1554) des Cellini etwa, der gegen Nessos, den Kentauren, kämpfende »Herkules« von 1599 und die Gruppe des »Raubes der Sabinerinnen« (1583) von Giambologna aus gelblichem Marmor, dessen Gipsmodell in der Accademia steht, eine frei stehende *figura* oder *scultura serpentinata*, die sich um sich selbst zu winden scheint. Über der Loggia breitet sich die große Terrasse des rechten Uffizien-Armes aus.

## Palazzo Vecchio 2

Der **Palazzo Vecchio**, auch Palazzo della Signoria oder Palazzo del Popolo genannt, ist Ausdruck der Macht der Florentiner Kommune vom 14. bis zum 16. Jh.: unnahbar, streng, mit Wehrgang, nur die Fenster verleihen ihm eine gewisse Leichtigkeit. Arnolfo di Cambio soll den Palast bereits 1299 bis 1314 gebaut haben, weitere architektonische Größen haben ihn erweitert und umgebaut, unter anderen Michelozzo, der den Innenhof schuf (1454), und Vasari, der u. a. für die große Treppe verantwortlich zeichnete (1560–1563).

1565 wurde der kleine, erste Innenhof umgestaltet: Anlässlich der Hochzeit des Medici-Fürsten Francesco mit Johanna von Österreich hat man die 18 Wandzonen im oberen Teil mit Fresken alt-österreichischer Stadtbilder geschmückt, mit Prag, Wien, Graz u. a. In der Mitte des Hofes steht eines der zauberhaftesten Kunstwerke von Florenz überhaupt: ein geflügelter Knabe mit einem Wasser speienden Delfin, der ihm gerade zu entschlüpfen scheint. Es ist eine Kopie von Verrocchios Meisterwerk (Bronze, um 1476), das im Kanzleisaal des Palazzo steht, mit einer Porphyrschale von Battista Tadda (1565).

Der Palazzo Vecchio – Alter Palast wurde er erst genannt, nachdem Cosimo I im Jahr 1540 den Medici-Sitz in den Palazzo Pitti verlegt hatte – ist heute zum Teil noch immer Rathaus, zum Teil ein großartiges Museum. Seine größten, ständigen Schätze (andere werden in Wechselausstellungen gezeigt) sind natürlich einige der ausgemalten Palastsäle: etwa die **Sala dei Cinquecento** (Saal der Fünfhundert), in der noch 39 allegorische Darstellungen aus der Geschichte der Stadt und der Medici erhalten sind. Überreich mit Fresken und Statuen ausgestattet ist das **Studio di Francesco I de' Medici**, ein Juwel der Spätrenaissance. Das Studierzimmer Cosimos I, über eine Geheimtreppe erreichbar, haben Schüler Vasaris mit Deckenfresken ausgeschmückt. Im **zweiten Stockwerk** hat sich vor allem Ghirlandaio 1481 bis 1485 in Fresken verewigt: im Liliensaal, im Audienzsaal und in der Kapelle (Mo–Mi, Fr 9–19, im Sommer z. T. 9–24, Do, So, Fei 9–14 Uhr, Erw. 6 €, Familienticket ab 14 €).

## Galleria degli Uffizi 3

Die weltberühmte **Galerie der Uffizien** wurde 1560 bis 1580 erbaut bzw. zum Teil aus vorhandenen Gebäudeteilen zusammengesetzt. Der Bau wurde notwendig, als Cosimo I 1540 aus dem Familienpalast in den Palazzo Vecchio umzog und dort wiederum die Büros *(uffizi)* der städtischen Verwaltung sowie die Gerichtsämter keinen Platz mehr hatten.

Eine detaillierte Darstellung der Kunstschätze dieser einmaligen Bildergalerie (mit einigen Skulpturen), die der für die Stadt im Nachhinein positiven Sammelwut der Medici zu verdanken ist, würde den Rahmen dieses Bandes sprengen. Zu den berühmtesten und am meisten von Besuchern bedrängten Werken zählen Sandro Botticellis zarte Ölgemälde mythologischer Allegorien in den zu einem schönen Raum zusammengelegten Sälen 10–14: »Der Frühling« und »Die Geburt der Venus«. In Saal 26 hängt Raffaels »Madonna del Cardellino« (mit dem Stieglitz oder Distelfink), in Saal 28 Tizians »Venere d'Urbino«, Saal 45 schmücken Bilder von Canalletto.

Den Kern der Sammlungen machen die Bilder der Florentiner und Toscaner Schule vom 13. Jh. bis zur Renaissance und später aus (Duccio di Buoninsegna, Giotto, Ghirlandaio, Paolo Uccello, Masaccio, Piero della Francesca, Fra Angelico, Filippo Lippi, Leonardo da Vinci, Michelangelo, Cimabue, Piero und Ambrogio Lorenzetti sowie Simone Martini), ohne die gesamte italienische Malerei zu vernachlässigen (Tizian und Raffael, Perugino, Mantegna, Bellini, Caravaggio u. a.); zu sehen sind außerdem einige Hauptwerke der europäischen Malerei. Hervorzuheben sind unter den deutschen Werken Lucas Cranachs Porträts des Reformators Martin Luther und seiner Frau Caterina Bore (Saal 20).

Für die insgesamt 45 Räume der Uffizien, die auf die zwei oberen Stockwerke des U-förmigen Palastes aufgeteilt sind, neuerdings noch erweitert durch weitere Säle im Untergeschoss, die teils Werke aus den Magazinen aufnehmen sollen, teils für Sonderausstellungen gedacht sind, sollte man genügend Zeit einplanen. Eine angenehme Pause bietet die **Caffetteria** mit der Terrasse über der Loggia dei Lanzi, die den stets gut besuchten Platz darunter überschaut (Di–So 8.15–18.50, im Sommer z. T. bis 21/24 Uhr, Eintritt für EU-Bürger unter 18 und über 65 Jahren kostenlos, für EU-Bürger von 18–25 Jahren reduziert auf 3,25 €, sonst 6,50 €, bei Ausstellungen 10 €; zu den Hauptreisezeiten Ostern–Herbst wird eine telefonische Reservierung dringend empfohlen, trotz des Aufschlags von 3 €, s. Mini-Tipp, s. unten).

# Vom Ponte Vecchio 4 bis Santa Maria del Carmine

**Cityplan:** S. 90

## Ponte Vecchio und Vasari-Gang

Wer zu Fuß von der Piazza della Signoria oder von den Uffizien auf die andere Arno-Seite will, muss über den **Ponte Vecchio** gehen und sollte es trotz aller Unkenrufe (Touristennepp) tun. Die älteste Brücke von Florenz steht dort, wo es vielleicht schon zur Etruskerzeit einen Übergang gab, sicher aber ist, dass die römische Via Cassia an dieser Stelle,

## Tipp: Museumstickets vorbestellen

Wer sich die garantiert langen Wartezeiten vor den Kassen der staatlichen Museen von Florenz und damit auch für den Eintritt ersparen möchte, sollte sich schon **vor der Reise** für den Besuch von Uffizien, Accademia, San Marco, Bargello, Museo Archeologico, Palazzo Pitti, Museo Davanzati sowie Opificio delle Pietre Dure anmelden: Tel. 0039 055 29 48 83 (Mo–Fr 8.30–18.30, Sa 8.30–12.30 Uhr); nähere Infos gibt es unter www.firenzemusei.it.

**Eines der vielen Wahrzeichen von Florenz: der Ponte Vecchio**

der schmalsten des Flusses im Stadtgebiet, eine hölzerne Brücke aufwies, die schon im Jahre 123 einer steinernen weichen musste. Im 13. Jh. bekam der Ponte Vecchio in etwa sein heutiges Aussehen: mit Wohnungen und Läden, insbesondere von Fleischern, die ihre Abfälle kurzerhand in den Arno warfen. Da aber die Medici, die den Verbindungsgang zum Palazzo Pitti hatten bauen lassen, sich auf dem Nachhauseweg zu sehr von dem Geruch belästigt fühlten, verbannten sie die Fleischer per Dekret von der Brücke und siedelten darauf Goldschmiede an. Und so ist der Ponte Vecchio bis heute die Goldschmiede- und Juweliermeile der Stadt geblieben. Stellvertretend für sie alle wurde Benvenuto Cellini, der berühmteste Goldschmied von Florenz, auf dieser Brücke mit einer Büste geehrt.

Wie Schwalbennester hängen die pastellfarbenen Häuschen außen am Ponte Vecchio, in der Mitte auf der Ostseite von einer dreibogigen Loggia unterbrochen, auf der gegenüberliegenden Seite ganz offen: für die Ausblicke auf den Fluss und auf die Paläste an den beiden Ufern – ein sehr beliebter Treffpunkt junger Leute aus aller Welt. Auf der Brücke sind Schmuckwaren aller Güteklassen und Preiskategorien zu haben. Doch am schönsten hier ist der Bummel am Abend, wenn die Kostbarkeiten aus Gold, Silber, Korallen, Perlen und Edelsteinen hinter Holztüren mit schmiedeeisernen Schlössern und Riegeln, die bestimmt schon ein paar Jahrhunderte alt sind, verschwunden sind: Dann sehen die kleinen Juwelierläden selbst wie Schmuckschatullen aus.

Über die Läden hinweg zieht sich der sogenannte **Vasari-Gang** vom Westtrakt der Uffizien kommend zum Palazzo Pitti: auf Konsolen um die Casatorre dei Manelli herum und über den Portikus der Kirche Santa Felice. Leider ist der Vasari-Gang mit seiner Porträtsammlung nur noch selten zu besichtigen, sonst käme man in den Bóboli-Gärten (s. u.) am Palazzo Pitti heraus – geradewegs beim Postkartenliebling vieler Florenzgäste, dem lustig-dickbauchigen Bacchus auf seinem kleinen Wandbrunnen, auf einer Schildkröte hockend. Modell stand der Hofzwerg Cosimos I, obwohl böse Zungen behaupten, die Gesichtszüge seien die des Herzogs persönlich …

## Palazzo Pitti 5

Überwältigend ist der Gesamteindruck desgrößten Palastes von Florenz, des lang gestreckten **Palazzo Pitti**, der von der Straße her optisch durch den zur Fassade hin ansteigenden Platz noch übersteigert wird. 205 m misst der Palast in der Breite; in seiner mit dem dritten Stockwerk erhöhten Mitte ist er 36 m hoch. Die Steinquader der Fassade, deren Länge durch balkontragende Gesimse der zurückversetzten Stockwerke noch unterstrichen wird, sind grob behauen und betonen ihrerseits die horizontale Ausdehnung durch Querfugen.

Dass Brunelleschi die Entwürfe für den Stadtpalast geliefert hat, ist nicht gesichert. Jedenfalls begann man 1457 mit dem Bau. Verarmt mussten die Pitti 1549 ihren Palast – sicher schweren Herzens – ausgerechnet an die Medici verkaufen, genau genommen an die Frau Cosimos I, Eleonora von Toledo. Die schöne Fürstin ließ ihn 1559 bis 1570 durch Bartolomeo Ammannati umbauen, insbesondere immens vergrößern: seitlich und nach oben. 1919 schenkte König Vittorio III den Palast dem Staat, der die Sammlungen der Öffentlichkeit zugänglich machte.

Leider wirkt die Präsentation der Sammlungen durch viele Sonderausstellungen verwirrend, doch ihrer Bedeutsamkeit tut das keinen Abbruch. Man könnte mehrere Tage im Palazzo Pitti verbringen, wobei Kunstkenner wohl die **Galerie Moderner Kunst** in immerhin 30 Sälen am meisten interessieren dürfte, die vor allem eine großartige Sammlung von *macchiaioli* (allen voran die Gemälde von Giovanni Fattori, die Landschaftsbilder und bäuerliches Leben der Maremma zeigen) zu bieten hat, die Impressionisten der Toscana. Moderne bedeutet in diesem Fall: nur bis Beginn des 20. Jh. Eine Sammlung zeitgenössischer Werke lagert noch in den Magazinen bzw. wird in Sonderausstellungen präsentiert.

Insgesamt befinden sich fünf Sammlungen im Palazzo Pitti, zuzüglich den Königlichen Gemächern (1865–1871 Residenz der italienischen Könige) sowie den schönen Bóboli-Gärten, die man mit zwei unterschiedlichen Tickets besichtigen kann: zum einen die **Galleria Palatina**, **Galleria d'Arte Moderna** sowie die **Appartamenti Reali** (Di–So 8.15 18.50 Uhr, Erw. 8,50 €, EU-Bürger unter 18 sowie über 65 Jahre frei), zum anderen das **Museo delle Porcellane** (Porzellanmuseum), das **Museo degli Argenti** (Silbermuseum) und das **Museo del Costume** (Uniformen und andere Kleidung) sowie die **Giardini Bóboli**. Dieser zweite Komplex ist je nach Jahreszeit unterschiedlich zugänglich, am längsten in den Monaten Juli und August (tgl. außer am ersten und letzten Mo des Monats je nach Jahreszeit 8.15– 15.30/16.30/17.30 Uhr, Erw. 6 €, EU-Bürger unter 18 sowie über 65 Jahre frei).

Im Frühjahr, wenn von Ende April bis Anfang Juli das Musikfestival *Maggio Musicale* stattfindet, verwandeln sich die u. a. von Giorgio Vasari 1554 bis 1561 konzipierten und im 17. und 18. Jh. weiter gestalteten **Bóboli-Gärten** mit ihren Grotten, Skulpturen und dem Amphitheater hinter dem Palast in ein atemberaubend schönes Freilichttheater, in dem Oper und Ballett in höchster Vollendung einem immer wieder faszinierten und sachverständigen Publikum geboten werden. Der Park – eines der schönsten Beispiele italienischer Gartenbaukunst – erstreckt sich im Osten bis zum Forte Belvedere, im Westen bis zur Porta Romana (Öffnungszeiten, Eintritt, s. o.).

## Santo Spirito und Santa Maria del Carmine

Ihren problematischen Ruf als Treff der Drogenabhängigen hat die mit hohen, Schatten spendenden Bäumen geschmückte Piazza Santo Spirito abgelegt, jetzt treffen sich hier

aktiv unterwegs

## Zu Fuß zu den Kunsthandwerkern im Oltrarno

### Tour-Infos

**Start:** Ponte Vecchio
**Dauer:** einen halben Tag einplanen
**Wichtige Hinweise:** Beste Zeit: Mo–Fr 10–12/13 und 15/16–18/19 Uhr, Eintritt frei. Unter www.viasantospirito6.it findet man Adressen und Infos zu den Kunsthandwerkern und Werkstätten. Einen Überblick über Oltrarno gibt www.firenze-oltrarno.net/deutsch.

Jenseits des Arno, wie Oltrarno übersetzt heißt, geht das Florentiner Leben einen noch ziemlich normalen Lauf. Ein gutes Beispiel dafür ist die Via Santo Spirito mit ihren Kunsthandwerkern und ihrem inzwischen richtig ›angesagten‹ Lokal, deren Besitzer sich sogar zu einer Vereinigung (an den Aushängeschildern zu erkennen) zusammengeschlossen haben, der Associazione Via Santo Spirito Rive Gauche.

Beginnen wir unseren Bummel mit der Arno-Überquerung über den malerischen Ponte Vecchio. Am Ende der Brücke geht es an einer verlockenden Eisdiele vorbei am Arno entlang nach links – mit Blick auf das historische Zentrum, aus dem Domkuppel und Rathausturm elegant herausragen – geradeaus auf den erhöhten Piazzale Michelangelo. Bald ist dem Fluss gegenüber am Lungarno Torrigiani 31 die winzig kleine Werkstatt **Arte delle Carte** erreicht. Hier kann man Simone Taurisano über die Schulter schauen, wenn er das kostbare marmorierte Papier herstellt (und es z. B. für edle Einbände verwendet). Eine Florentiner Spezialität seit Jahrhunderten, und eine sehr aufwendige. Man nimmt das Papier übrigens auch gerne für die Verkleidung von Bleistiften, Rahmen und kleinen Kästen. Für die beliebte Pfaudekoration werden Farbkleckse mit einem Stift zerdrückt, dann fährt man mit zwei unterschiedlichen Kämmen durch die Farbschicht, einem nadelartigen und einem mit dreieckigen Zähnen. Anschließend wird ein Papierblatt luftdicht auf die Schicht gelegt, nach wenigen Sekunden wird das Blatt abgehoben – fertig ist das Marmorpapier!

Zurück zum Ponte Vecchio und die fast düster wirkende Via Guicciardini geht es nach links. Umso mehr überrascht der große Platz, der sich plötzlich vor einem öffnet, die mächtige Piazza Pitti mit dem gleichnamigen Palazzo, der linker Hand ihre ganze Breitseite einnimmt. Gegenüber locken in Haus Nummer 17r die Schaufenster von **Pitti Mosaici**, vielleicht *das* Aushängeschild der Mosaikkünstler von Florenz (mit der Werkstatt am Lungarno Vespucci 36r). Für das Florentiner Mosaik werden keine Steinchen zusammengesetzt, sondern Bilder in Marmorplatten eingeritzt, mit kostbaren Farben ausgefüllt und super glatt poliert.

Wer an der Piazza Pitti bleibt, biegt an der deren südlichem Ende rechts in die Via Mazzetti und kommt so schnell zur Piazza Santo Spirito. Von hier aus überschaut man den ganzen Platz mit seinen einladenden Ruhebänken unter Schatten spendenden Bäumen vor der schlicht-schönen Fassade der Kirche Santo Spirito. Die rechte Platzseite wird von netten Lokalen eingenommen wie dem **Borgo Antico** in Haus Nummer 6r. Aber vorher gilt es, in Haus Nummer 12 **Carlo Cecci** aufzusuchen. Seine Werkstatt befindet sich im Obergeschoss; man muss klingeln, um eingelassen zu werden und den Mitarbeitern bei ihren komplizierten Vorgängen der Metallverarbeitung zuschauen zu können. Hauptsächlich werden hier Schmuckstücke und Besteck durch Einstanzen gezaubert, und zwar durch Pressen von Feinblech auf gestanzte Edelstahlplatten.

Zwischen der Piazza Santo Spirito im gleichnamigen Stadtviertel und der Piazza del Carmine mit der gleichnamigen Kirche im ebenfalls sympathisch unaufgeräumten Stadtviertel San Frediano sind es nur wenige Bummelminuten. Die Cappella Brancacci in der Carmine-Kirche kann man nur nach Vorausbuchung besichtigen, also entweder vorher organisieren oder auf einen anderen Tag verschieben. Bald ist durch die Gasse ein Stück der Stadtmauer zu erkennen und die noch erhaltene Porta San Frediano erreicht. Ganz in ihrer Nähe wartet eine Besonderheit unter den Florentiner Manufakturen, das **Antico Setificio Fiorentino** in der Via Bartolini 4. Eine richtige kleine Fabrik, die schon früh Königshöfe und Patrizierhäuser belieferte, mit einem imposant großen Verkaufsladen mit unglaublich schönen, meist sehr kostbaren Seidenstoffen. Die Webstühle, an denen sie hergestellt werden, stammen aus dem 17. bis zum Beginn des 20. Jh. und können höchstens 60 cm am Tag produzieren. Klar, dass die seidenen Kostbarkeiten ihren Preis haben, aber vielleicht reicht es doch für ein kleines Kissen?

Ein Blick zum nahen Arno, dessen Uferböschung an dieser Stelle flach und einladend ist. Oder gleich in den Borgo San Frediano und weiter parallel zum Fluss die interessante Via Santo Spirito Richtung Ponte Vecchio zurück. An der Via Santo Spirito 64/66 bildet zur Essenszeit das Santo Bevitore eine unwiderstehliche Verlockung mit leckeren Florentiner Gerichten in uriger Weinstuben-Atmosphäre. Dann aber geht es ein Stück weiter **L'Ippografo**, eine Superadresse in Haus Nummer 5r mit einem wahren Künstler in Sachen Kupferstich bzw. Kunstdruck. Gianni Raffaelli arbeitet mit Techniken, die ein halbes Jahrhundert alt sind. Mit feinstem Stichel ritzt er die Motive auf die mit Wachs überzogenen Kupferplatten, um sie dann mit Säure zu benetzen, die sich durch das Kupfer ätzt – die Tiefe ergibt die erwünschten Nuancierungen von Hell und Dunkel.

Zu viel gelernt? Gleich gegenüber kann man sich erholen und kulinarisch verwöhnen lassen im **Olio & Convivum** (Hausnr. 2): ein richtig schicker Culinaria-Laden mit ein paar wenigen Tischen.

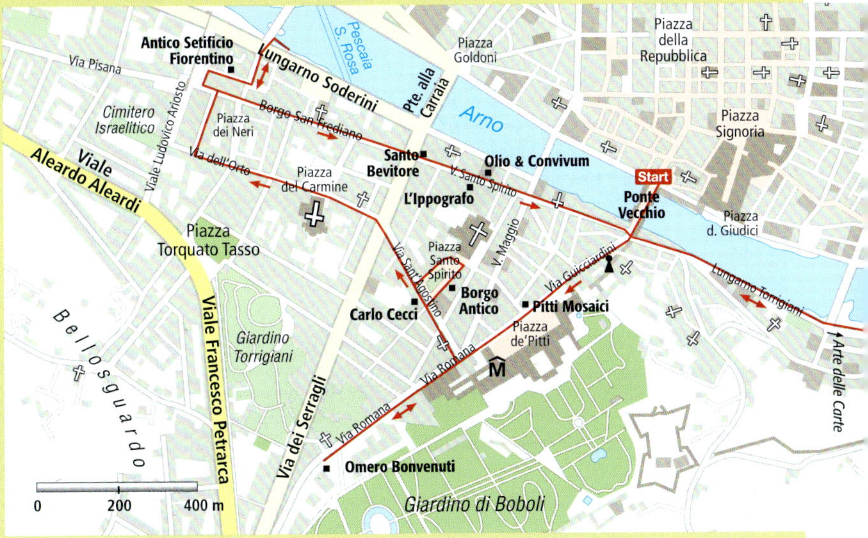

## Tipp: Szenetreff Piazza Santo Spirito

Vorbei die Zeiten der berüchtigten Drogenszene am hübschen Platz vor der **Kirche Santo Spirito**. Beim Maggio Fiorentino Musicale wird dort Hardrock gespielt, sonst sorgen kleine Trattorien und Bars dafür, dass sich hier eine Szene entwickeln konnte.

Florentiner wie Florenz-Besucher, die abseits der schillernden Reisewege ein Stück der Stadt vorfinden, das noch seinen normalen Tagesablauf lebt. Die Wohnungen der Obergeschosse sind noch nicht alle saniert und daher auch für Studenten einigermaßen bezahlbar, in den schlichten Häusern haben sich im Erdgeschoss gern besuchte Kneipen etabliert. Die nördliche Schmalseite nimmt die schlichte Fassade der **Kirche Santo Spirito** 6 ein. Die dreischiffige Basilika wurde ab 1444 nach den Plänen des bereits 1446 verstorbenen Architekten Filippo Brunelleschi begonnen, aber später von diversen anderen Architekturgrößen fortgeführt, ohne dass ihre Fassade vollendet worden wäre. Der schlichte Putz wurde erst im 18. Jh. angebracht. Daher ahnt man von außen gar nicht, dass es sich hier um eine der reinsten Renaissancekirchen der Stadt handelt. Mit immerhin 40 Kapellen und einer wundervollen Sakristei auf oktogonalem Grund, die nach Plänen von Giuliano da Sangallo 1495/1496 errichtet wurde (auf der linken Seite). Hier befindet sich ein Michelangelo zugeschriebenes Kruzifix, das einen schlanken, leidenden Christus zeigt. Unter den weiteren Kostbarkeiten der Kirche heben Kunstkenner besonders im rechten Querschiff Filippo Lippis »Madonna mit Kind und dem hl. Giovannino« aus dem Jahr 1490 hervor (Mo, Mi–Sa 9–12.30, 16–17.30, So 15–17.30 Uhr).

Nebenan, links vom Kirchenportal, ist die Sammlung der Fondazione Romano im früheren Refektorium der Augustiner, dem **Cenacolo di Santo Spirito** sehenswert. Man darf hier zwar nicht das übliche, meist die gesamte Stirnseite des Refektoriums einnehmende »Abendmahl« erwarten, denn es ist nur ein kleiner Rest davon erhalten geblieben, darüber eine »Kreuzigung« von Andrea Orcagna (ca. 1360/1370). Aber die Fondazione Romano, eine Schenkung des Neapolitaner Antiquitätenhändlers Salvatore Romano an die Stadt Florenz, besitzt eine schöne Sammlung qualitativ beachtlicher Steinmetzarbeiten, darunter einen Engel von Tino di Camaiono (ca. 1280–1337), eine Madonna von Jacopo della Quercia (ca. 1371–1430) und Fragmente eines Altares aus Paduas Kirche Il Santo, wohl von Donatello (ca. 1382–1466; Besichtigung nur Sa, April–Okt. 9–17, Nov.–März 10.30–13.30 Uhr, Erw. 2,20 €).

Zu einem wahren Pilgerziel wurde die Kirche **Santa Maria del Carmine** 7 (ab 1268), nachdem man in der Cappella Brancacci die wundervollen Fresken von Masolino und Masaccio sowie Filippo Lippi aus dem 15. Jh. restauriert hatte – weniger jedoch wegen ihres hohen kunsthistorischen Wertes, was sie als Wegbereiter der Renaissancemalerei natürlich sind. Die meisten Besucher kommen trotz Problemen beim Eintritt (nur 20 Besucher auf einmal und nur nach Anmeldung) eher, weil man in der kleinen Kapelle nun Adam und Eva, wie ursprünglich freskiert, wieder ganz ohne Feigenblatt sieht (Mo, Mi–Sa 10–17, So, Fei 13–17 Uhr, obligatorische Anmeldung unter Tel. 05 52 76 82 24 oder 05 52 76 85 58, Erw. 4 €, Familienticket 9,50 €).

## Vom Ognissanti-Viertel bis Santa Maria Novella

**Cityplan:** S. 90

### Im Ognissanti-Viertel

Das Stadtviertel gegenüber, nördlich des Arno, zeichnet sich durch enge Gassen mit düster wirkenden, selten restaurierten Häusern aus. Vor allem der lebhafte Borgo Ognissanti und seine Nebengassen sind voller kleiner Läden und preiswerter Lokale. Am Arno buchtet sich der Lungarno Amerigo Vespucci (den Sinn des Namens erfährt man spätestens in der Kirche!) zur Piazza d'Ognissanti aus und gibt den Blick auf die selten besuchte **Kirche Ognissanti** 8 frei. Dabei hat sie doch einiges zu bieten. Erstens liegt hier Amerigo Vespucci, dem Amerika seinen Namen verdankt, begraben (kleine Tafel vor dem zweiten Altar rechts). Zweitens gibt es hier mehrere wundervolle Fresken von Ghirlandaio zu bewundern (tgl. 7–12.30, 16–20 Uhr, Eintritt frei).

Im Kreuzgang aus dem 16. Jh. erzählen Bilder verschiedener Maler Geschichten aus dem Leben des Franz von Assisi. Im früheren Refektorium ist Ghirlandaios »Abendmahl« (**Cenacolo di Ghirlandaio**) in herrlichen Farben erhalten; dazu die Sinopien (Vorzeichnungen) des abgenommenen Freskos, die links an der Längswand des Refektoriums hängen (Mo, Di, Sa 9–12 Uhr, Eintritt frei).

Ognissanti war übrigens das Viertel von Sandro Botticelli, der hier 1445 zur Welt kam, später in der Nähe der Kirche sein Atelier hatte und hier nicht nur eines seiner Meisterwerke (»Heiliger Augustinus«) hinterließ, sondern auch seine letzte Ruhestätte fand.

## Palazzo Rucellai und Santa Maria Novella

An der kleinen Piazza Rucellai steht Ecke Via Vigna Nuova mit ihren schönen, meist sehr edlen Geschäften der **Palazzo Rucellai** 9. León Battista Alberti hat diesen wunderbareleganten Stadtpalast der Rucellai konzipiert, Bernardo Rossellino ihn 1446 bis 1451 gebaut. Die Fassade erscheint durch flache Rustica und Pilaster, die sich nach oben auch noch verjüngen, ganz leicht, wie gezeichnet. Ein weiterer architektonischer Trick: Die drei Geschosse werden nach oben immer niedriger. Über dem mittleren Geschoss zieht sich ein Fries mit aufgeblähten Segeln, mit dem Signum der Rucellai (Segel als Zeichen ihres weltumspannenden Handels), die den Palast bis heute besitzen und an ein Kulturinstitut vermietet haben, weshalb man sich mit der Bewunderung des Außenbaus begnügen muss.

Raus aus dem Gassengewirr, und hinüber zur großzügigen, begrünten Piazza Santa Maria Novella. Vorher bildet linker Hand an der Via della Scala die inzwischen restaurierte, lang gestreckte **Loggia di San Paolo** (1489–1498), Teil eines alten Krankenhauses, den Platzabschluss. Sie liegt genau gegenüber der wunderschönen Fassade der **Kirche Santa Maria Novella** 10 mit ihrer kleinteiligen Inkrustation aus weißem und grünem Marmor. Der Fries aufgeblähter Segel erinnert an den Palazzo Rucellai (s. o.), und tatsächlich war es der reiche Kaufmann Giovanni Rucellai, der 1456 die Fertigstellung der Fassade in Auftrag gab und großzügig finanzierte, nachdem diese 1350 beim Bau der Kirche unvollendet geblieben war.

Weil die Kirche inzwischen zu einem touristischen Magnet wurde, ist sie ebenso wie ihr Kreuzgang nur noch mit Eintrittskarten zugänglich. Doch es lohnt sich! Verblüffend wirkt der Raumeindruck dieser Klosterkirche des Dominikanerordens: Die dreischiffige Basilika ist enorm schmal (fast 100 m lang und nur knapp 29 m breit), ein gotisches Kreuzgewölbe ruht seitlich auf Arkaden, die den Blick auf die Wände der Seitenschiffe freigeben. Von der reichen Renaissanceausstattung sei vor allem Ghirlandaios Freskenzyklus aus dem Marienleben (links) und dem Leben Johannes des Täufers (rechts) in der Apsis hinter dem Hochaltar erwähnt – ein Auftrag von Giovanni Tornabuoni, dem römischen Chef der Medici-Bank in Rom, den Ghirlandaio u. a. mit Hilfe seines Schülers Michelangelo ausführte. Die Kunstgeschichte ist stolz darauf, viele Gestalten der Bilder als Porträts identifiziert zu haben, die meisten natürlich aus dem Hause Tornabuoni, zu dessen Lobpreisung der Auftrag ja auch gedacht war!

Im kleinen Kreuzgang links von der Kirche (der große Kreuzgang ist noch immer Klausur), den man **Chiostro Verde** nennt (Grüner Kreuzgang, 14. Jh.), wurden die bedeutendsten Fresken zu ihrem Schutz abgenommen und im früheren Refektorium ausgestellt. Dort zu bewundern sind auch ein gewaltiges Kruzifix von Cimabue und eine »Santa Trinità« von Masaccio (Mo–Do, Sa 9–17/17.30, Fr 11–17.30, So/Fei 13–17 Uhr, Erw. 2,70 €, Familienticket 6 €).

## Tipp: Preiswerte Florentiner Küche

Wer unverfälschte Florentiner Küche probieren möchte, kann dies an den Wochentagen (bis 14 Uhr) an den kleinen Imbissständen im Innern des Mercato Centrale oder rund um die Markthalle tun, wohin auch die Marktfrauen zum Essen gehen. Besonders gut: die urige Kneipe Da Nerbone (s. S. 117).

# Im Viertel San Lorenzo

**Cityplan:** S. 90

Dieser Stadtteil ist ein überaus lebhaftes Viertel von Florenz, mit unglaublich vielen Geschäften, Restaurants und Hotels. Das immer mehr verkehrsberuhigte Viertel bildet an sich bereits eine gewisse Attraktion für viele Florenz-Besucher, vor allem wegen des ständigen Ledermarktes um die Kirche San Lorenzo herum. Der **Mercato Centrale** 11 nördlich der Kirche in der für die Wende vom 19. zum 20. Jh. typischen Eisenkonstruktion bietet Kennern hervorragende Einkaufsmöglichkeiten (s. Mini-Tipp oben).

Die kunsthistorischen Höhepunkte des Viertels stehen ganz dicht beieinander: die Kirche San Lorenzo u. a. mit den Medici-Kapellen und der Palazzo Medici-Riccardi mit Benozzo Gozzolis berühmtem Fresko.

## Kirche San Lorenzo 12

Die backsteinerne Fassade der Kirche **San Lorenzo** wurde niemals vollendet, denn auch im Florenz der Medici ging manchmal das Geld aus, oder man investierte es augenblicklich lieber in andere Dinge. Brunelleschi konzipierte die Kirche über den Grundmauern einer wohl bereits vom hl. Ambrosius 393 gegründeten Abtei in ihrer heutigen Form ab 1419 im Auftrag der Medici, die daraus ihre Pfarr- und Grabkirche machten. Die Fassade entwarf Michelangelo, ohne sie jedoch fertiggestellt zu haben, sodass die Kirche nur eine schlichte Backsteinfront besitzt. Daher erhielt sie früher an bestimmten Festtagen immer eine neue – abnehmbare – Verkleidung.

Der basilikale Raumeindruck beim Betreten des Gebäudes versöhnt mit der rohen Fassade. Der Innenraum ist von großer Harmonie, so wie ihn Brunelleschi geplant hatte. Die Säulen mit ihren korinthischen Kapitellen tragen weit gespannte Bögen, die sich zu den Seitenschiffen und weiter zu den aneinander gereihten Seitenkapellen öffnen. Die Kassettendecke ist fein ausgearbeitet, der Fußboden aus Marmor, weiß und grau, ganz schlicht. Eine besondere Zierde der Kirche sind die Bronzekanzeln von Donatello und seinen Schülern rechts und links vor dem Hochaltar.

Durch den linken Querarm gelangt man in die **Alte Sakristei:** Brunelleschi schuf hier 1420 bis 1428 für seinen Auftraggeber Giovanni Bicci de' Medici (der hier mit seiner Frau bestattet wurde) ein architektonisches Renaissancekleinod sowohl in der Funktion einer Sakristei als auch als Grabkapelle. Die Ausschmückung mit Bildhauerkunstwerken schuf Donatello: die Szenen in den Rundmedaillons ebenso wie die Stuckreliefs der vier Evangelisten und die bronzenen Türflügel der Apsis (Sakristei und Kirche werktags 10–17, März–Okt. So, Fei 13.30–17 Uhr, Nov.–Feb. So geschlossen, Erw. 3 €).

Die Medici ließen sich auf der Chorseite die **Cappella dei Principi** (Kapelle der Fürsten) als Grabstätte bauen (ab 1604). Doch nach der Fertigstellung des Prachtbaus war ihre Zeit als Machthaber in Florenz abgelaufen (der letzte Medici-Herrscher starb 1737), die ersten bedeutenden Medici liegen daher entweder in der Kirche selbst oder in den beiden Sakristeien, nur sechs von ihnen in der Kapelle. Der Kuppelraum wirkt trotz seiner kostbaren Ausstattung innen kalt und abweisend (nach längerer Restaurierung teils abgedeckt). Nach der Domkuppel ist diejenige der Fürstenkapelle die zweitgrößte von Florenz, von weitem erkennbar daran, dass sie im Gegensatz zu Brunelleschis Domkuppel keine weiße Laterne obenauf und keine weißen Rippen besitzt.

Die **Neue Sakristei** ist über die Fürstenkapelle erreichbar, und zwar durch einen merkwürdig verschlungenen Gang. Dieser erste Zentralbau von Florenz ist ein Meisterwerk

Michelangelos. Er erhebt sich über einem quadratischen Grundriss, ist überkuppelt und in einer kleinen Laterne geöffnet. Die hohe Raumwirkung erzielte Michelangelo dadurch, dass er (1520/1530) die Kassetten in der architektonisch relativ niedrigen Kuppel nach oben immer kleiner baute, also durch einen Perspektivetrick. Die Wände und ihre umlaufenden Gesimse springen ständig vor und zurück. Gedecktes Weiß und Dunkelgrau sind tonangebend, von der Kuppel bis zum Fußboden – eine harmonische Raumwirkung! Die monumentalen Grabskulpturen Michelangelos stellen symbolhaft die vier Tageszeiten dar: Morgenröte und Abenddämmerung, Tag und Nacht (Cappelle Medicee Di–So 8.15–16.50 Uhr, Erw. 6 €).

Der **Chiostro di San Lorenzo** (Kreuzgang) ist eine Oase der Ruhe. Und darin verbirgt sich ein weiteres, ganz besonderes Werk Michelangelos: die **Biblioteca Laurenziana** (1524). Die Farben des Lesesaales sind die gleichen wie in der Neuen Sakristei, die Gliederung der Fensterfront durch Pilaster könnte nicht klarer sein. Doch die größte Faszination bietet die Treppe zur Bibliothek: Dreigeteilt sind die leicht vorschwingenden Stufen, deren Stützen in Wandschränken versteckt sind – weshalb diese Treppe als ein erstes Hauptwerk des Manierismus in der Architektur gilt (werktags 9.30–13.30 Uhr, Erw. 3 €).

Vom Kreuzgang aus führt eine schmale Pforte zur **Krypta** von San Lorenzo, die seit kurzem den Kirchschatz (**Tesoro di San Lorenzo**) mit kostbaren sakralen Kunstwerken wie Prozessionskreuze und Reliquarien birgt und (zusammen mit der Kirche, s. o.) zugänglich ist.

## Palazzo Medici-Riccardi 13

An der Nordostecke der Piazza San Lorenzo steht einer der ältesten Renaissancepaläste von Florenz (1444–1464), der mächtige **Palazzo Medici-Riccardi** (Eingang an der geschäftigen Via Cavour). In diesem von Michelozzo für Cosimo den Alten errichteten Palast lebten alle Medici-Größen, bis Cosimo I 1540 den Umzug in den Palazzo Vecchio vor-

**Der Innenhof des wuchtigen Palazzo Medici-Riccardi wirkt überraschend leicht**

nahm. 1655 kauften die Riccardi den Prachtbau und ließen ihn noch erheblich vergrößern.

Das Äußere des Palastes, in dem heute einige Verwaltungsbüros untergebracht sind, zeigt einen mächtigen Bau mit einer sehr scharfen horizontalen Dreiteilung durch Stockwerke: schwer, behäbig im Erdgeschoss durch Buckelquader und grobe Fensteröffnungen, darüber eine fast nur angedeutete Rustica-Fassade mit geschosshohen, schlanken Fenstern, bekrönt vom letzten Geschoss mit einer flachen, glatten Fassade, in die sehr flächige Fenster eingesetzt sind. Weit vorragend ist darüber das schwer wirkende, typische Renaissancedach. Solche Dächer prägen überhaupt die lange Via Cavour, die stark befahrene, sehr lebhafte und doch relativ schmale Einkaufsstraße.

Die kostbarsten Schätze der Originaleinrichtung wurden zu Napoleons Zeit verschleppt, zerstört oder in Museen gebracht. Überlebt hat nur, was nicht abtransportiert werden konnte, zum Glück auch die **Palastkapelle**, die Benozzo Gozzoli vollständig mit Fresken zum Thema »Zug der Heiligen Drei Könige« ausmalte. Die Farben sind so leuchtend, als seien sie gerade frisch aufgetragen worden. Das haben sie nur zum geringen Teil der Restaurierung von 1993 zu verdanken, denn die Ausmalung galt schon vorher als perfekt – bis auf das weiße, ›durchtrennte‹ Pferd eines der Drei Heiligen Könige: Beim Einbau der Freitreppe bekam die Wand an dieser Stelle (an der kleinen Eingangstür) einen Knick. Übrigens diente das Konzil von Florenz (1439) Benozzo Gozzoli als Anlass, einige Berühmtheiten seiner Zeit zu porträtieren, u. a. Lorenzo il Magnifico und Piero de' Medici. Neben den Farben beeindruckt die Tiefe und Ausdruckskraft dieser Fresken (Do–Di 9–19 Uhr, Erw. 5 €, bei Ausstellungen 7 €).

## Im Universitätsviertel von San Marco

**Cityplan:** S. 90

Eines der lebhaftesten Stadtviertel von Florenz ist mit Sicherheit das Universitätsviertel rund um die eher bescheidene **Piazza San Marco**. Es wird nicht nur von den Florentiner Studenten bevölkert, sondern während der Semesterferien auch von vielen ausländischen Gaststudenten der diversen Akademien. Zudem praktisch das ganze Jahr über von Kunstinteressierten, die sich von den Bildern Fra Angelicos im Kloster von San Marco gefangen nehmen lassen, auf Einlass in die Accademia warten oder die von Arkaden geschmückte Piazza Santissima Annunziata mit ihren architektonischen Schätzen genießen.

### San Marco 14

In einem Atemzug mit der Kirche **San Marco**, die 1299 von den Silvestrinen gebaut wurde und seit 1436 dem Dominikanerorden gehört, wird das Klostermuseum genannt. Cosimo der Alte, dessen Zufluchtsstätte hier besichtigt werden kann, war dem Kloster sehr zugetan und hat es daher mit keinesfalls klösterlicher Zurückhaltung ausschmücken lassen (die Fassade stammt von 1780). Der Bußprediger Savonarola, dessen Zelle ebenfalls besucht werden kann, lebte hier als Mönch und hielt hier seine erste Predigt. Aber seinen wahren Ruhm verdankt das Kloster dem malenden Dominikaner Fra Angelico, der es um 1440 vollständig mit seinen Fresken ausschmückte, in seiner ganz eigenen, sanften und geradezu lieblichen Malweise. Außer den zentralen Klosterräumen wie dem Kapitelsaal mit der »Kreuzigung« hat Fra Angelico mehr als 40 Klosterzellen mit seinen Fresken ausgeschmückt. Es bereitet großes Vergnügen, in diesem meist nicht überlaufenen Kloster herumzuschlendern und für sich selbst eine Lieblingszelle auszuwählen.

San Marco besaß zwei Refektorien, ein großes und ein kleines. Im großen Refektorium im Obergeschoss befindet sich zwar wie üblich an der Stirnwand ein »Abendmahl«, doch zeigt dieses nicht das letzte Mahl Christi mit seinen Jüngern, sondern Dominikanermönche, die von zwei Engeln bewirtet werden. – Übrigens nennt San Marco auch die erste öffentliche Bibliothek Europas sein eigen (seit 1444): eine Stiftung Cosimos (1., 3.,

5. Mo, 2., 4. So des Monats, Di–Fr 8.15–13.50, Sa/So/Fei bis 17 Uhr, Erw. 4 €).

## Galleria dell'Accademia 15

Großherzog Pietro Leopoldo I. von Lothringen hat 1784 schräg gegenüber von San Marco in den Räumen des Spitals des hl. Matthäus eine Kunstschule eingerichtet, die sich zur **Galleria dell'Accademia** entwickelte, nachdem sie zahlreiche Hauptwerke der Uffizien und des Palazzo Pitti (als Entlastung beider Museen) aufgenommen hatte. Hauptsächlich sind es Werke der Florentiner Malerei vom 13. bis 16. Jh., aber auch hervorragende Skulpturen wie Michelangelos viel bewunderter »David«, den er aus einem bereits verhauenen Marmorblock 1501 bis 1504 schuf. In der Accademia befinden sich auch Michelangelos »Sklaven« (oder »Gefangene«), genauer vier seiner ingesamt sechs Statuen zum Thema, die er 1519 bis 1536 schuf, aber nicht vollenden konnte, weshalb sie zunächst in den Bóboli-Gärten aufgestellt wurden. Ebenfalls unvollendet blieb Michelangelos »Hl. Matthäus« für das Grab Giulio de' Medicis (1505), was ihn fast noch ausdrucksvoller scheinen lässt. – Eine Besonderheit, die man der Kunstschule zu verdanken hat, sind Gipsabdrücke berühmter Florentiner Werke (Di–So 8.15–18.50, Juli–Sept. z. T. bis 22 Uhr, Voranmeldung empfohlen, s. S. 87, Erw. 6,50 €, bei Ausstellungen 10 €).

## Museo dell'Opificio delle Pietre Dure 16

Nach mehrfachen Umstellungen der Sammlungen dürfte jetzt das 1588 von Ferdinand I. ursprünglich als Werkstatt für die beliebten Steinintarsienarbeiten eingerichtete **Museo dell'Opificio delle piere dure** vollendet sein. Viele Kostbarkeiten standen bis vor wenigen Jahren in den Uffizien. Zu besichtigen ist ein kleines, aber feines Museum mit rund 600 Kunstwerken aus Marmor und Edelsteinen aus dem 16. bis 19. Jh., in dem man in die Arbeit der Steinintarsierung eingeweiht wird (historische Geräte), und das teilweise noch immer als Reparaturwerkstatt dient (Rundgänge werktags 8.30, 9.50, 11.10 und 12.30 Uhr, Erw. 4 €).

## Santissima Annunziata 17

Die Piazza Santissima Annunziata ist städtebaulich vielleicht die anmutigste von Florenz: Im Norden erhebt sich die gleichnamige Kirche mit der vorgesetzten kleinen Loggia, auf sie zu führend und sie optisch flankierend die langen Loggien des Ospedale degli Innocenti (s. u.) und diesen gegenüber diejenigen des Loggiato dei Servi (heute u. a. Hotel). Die Platzmitte markieren zwei zierliche Bronzespringbrunnen und das bronzene Reiterdenkmal Großherzog Ferdinands I. Folgt man seinem Blick, schaut man durch die enge Via dei Servi direkt auf die wunderschöne Chorpartie des Domes.

Im Rücken des Reiterdenkmals bleibt die siebenbogige Vorhalle bestimmend, die der 1250 erbauten **Kirche Santissima Annunziata** 1444 von Michelozzo vorgesetzt wurde – einzig und allein, um der Platzidee Brunelleschis, der 1419 das Findelhaus baute, gerecht zu werden. Bereits um 1250 als Oratorium des Servitenordens entstanden, wurde das Kloster durch Michelozzo trotz des ungleichmäßigen Grundrisses – oder gerade deshalb? – zu einem Meisterwerk mit vielen Anbauten und kapellenbesetztem Chorumlauf (heute ist die Kirche übrigens durch den verbindenden Gang vom Archäologischen Museum aus einsehbar). Besonders hübsch sind die Fresken des **Chiostrino dei Voti** (Kreuzgang der Votivtafeln, 16. Jh.) gleich hinter der Vorhalle (tgl. 7–12, 16–18/19 Uhr, Eintritt frei).

## Tipp: Tasche weg vom Fahrbahnrand!

Ein leidiges Thema sind dreiste Taschendiebe, die vom fahrenden Motorrad aus stehlen. Speziell sobald es dunkel wird und man vom Zentrum wegkommt, sollte man seine Tasche nicht mehr an der Fahrbahnseite von der Schulter hängen lassen, sondern an der Häuserseite. Sicher ist sicher!

### Spedale degli Innocenti 18

Das **Spedale degli Innocenti** gilt als das erste Waisenhaus Europas und ist leicht an den Wickelkindern in den runden Medaillons zwischen den perfekten Rundbogen der Loggia zu erkennen, die von schlanken Säulen getragen werden. Sie sind ein Werk von Andrea della Robbia (1463). Den Abschluss der Loggia nach oben bilden zwei Gesimse, darüber befindet sich nur ein Stockwerk, dessen gerade Fenster von Dreiecksgiebeln bekrönt werden. Dieses *spedale* ist die erste reine Renaissanceschöpfung Brunelleschis und sicherlich einer der schönsten Profanbauten der Stadt. Links am Findelhaus befindet sich ein Drehfenster, durch das man – ungesehen – die ausgesetzten Kinder reichen konnte. Im Kreuzgang setzt sich die klare Bogenarchitektur fort, fünf Arkaden auf jeder Seite, die wieder rekonstruiert wurden. Jetzt werden die Räume des Waisenhauses als soziale Einrichtung und als Gemäldegalerie benutzt (Mo–Sa 10–19 Uhr, Erw. 4 €).

### Das Archäologische Museum 19

Die Ecke des früheren Waisenhauses mit dem Drehfenster stößt auf die Via della Colonna, die vom lang gestreckten Bau des **Museo Nazionale Archeologico** flankiert wird, eine der größten Sammlungen etruskischer Funde nach der Villa Giulia in Rom. Die berühmte, in Arezzo schmerzlich vermisste bronzene Chimäre steht hier, außerdem eine große Sammlung etruskischer Urnen und Bronzetti. Nach dem Umbau, der auch den früheren Verbindungskorridor (**Corridoio Mediceo** mit 271 Gemmen aus dem 2.–18. Jh.) in luftiger Höhe zur Kirche Santissima Annunziata (s. o.) einbezieht, hat dieses Archäologische Museum von Florenz erheblich an Attraktivität gewonnen. Überraschend groß ist die ägyptische Sammlung, die eine Rarität enthält: einen einzigartigen Streitwagen aus der 18. Dynastie (1552–1306 v. Chr.; Di–Fr 8–19, Sa, So, Fei 8–14 Uhr, Erw. 4 €).

### Abstecher zur Synagoge 20

Die Via della Colonna führt vom Archäologischen Museum schnurgerade zur parkähnlichen, einladenden **Piazza d'Azeglio.** Vor ihr biegt man rechts zur **Synagoge** ab, einem prächtigen Kuppelbau im sogenannten syrischen Stil mit einigen neugotischen Elementen, der auch das **Museo di Storia e Arte Ebraico** (Jüdisches Museum) beherbergt (April–Sept. tgl. 10–18, Okt.–März 10–15, Fr generell nur 10–14 Uhr, Erw. 5 €).

## Der Domplatz

**Cityplan:** S. 90

Unglaublich eng wirkt der Domplatz von Florenz, die umgebenden Paläste rücken dem dadurch noch mächtiger wirkenden Dom und dem fast zierlichen Baptisterium so nahe, dass man sie kaum mit einem Blick erfassen kann. Da der Platz nahezu für den Straßenverkehr gesperrt ist, kann man es sich zumindest in den – leider wie üblich im Zentrum teuren – Cafés etwas gemütlicher machen als früher und die schönen Sakralbauten in Ruhe betrachten.

### Das Baptisterium 21

Im Osten duckt sich das **Battistero San Giovanni Battista**, die Tauf- und Lieblingskirche Dantes. Sie ist neben San Miniato al Monte (s. S. 108f.) die älteste Kirche von Florenz, 1059 bis 1150 auf einer noch älteren gebaut, die bereits 898 erstmals erwähnt wird. Und diese wiederum stand auf einem germanischen Gräberfeld über einer römischen Bäckerei, wie der gefundene Mosaikboden zu bestätigen scheint. Jedenfalls weiß man nicht, ob ein früherer Bau bereits den oktogonalen Grundriss aufwies. Bis zum 19. Jh. war San Giovanni die einzige Taufkirche von Florenz: Zweimal jährlich gab es hier Sammeltaufen.

Der Außenschmuck, die streng gegliederte Marmorinkrustation, ist das Aushängeschild der Florentiner Protorenaissance (Vorrenaissance): Eine Wand aus dünnen, verschiedenfarbigen Marmorplatten wird der tragenden Wand aus Bruchstein vorgelegt –

**Der Domplatz mit frei stehendem Campanile, Dom und Baptisterium**

in Florenz normalerweise weißer Marmor aus Carrara und grüner aus Prato wie beim Baptisterium, aber der Campanile und Teile des Domes erhielten auch rosafarbenen. Das Kostbarste an der Taufkirche sind mit Sicherheit ihre Bronzetüren, vor denen sich tagsüber so viele Betrachter scharen, dass man sie selten frei zu sehen bekommt. Die Südpforte hat Andrea Pisano 1330 begonnen. Charakteristisch sind die 28 Medaillons mit Darstellungen aus dem Leben Johannes' des Täufers. Den herrlich verschlungenen Rahmen schuf erst 1453–1461 Vittorio Ghiberti, wahrscheinlich nach Entwürfen seines Vaters, dem bekannteren Lorenzo.

Am eindrucksvollsten ist natürlich die Ostpforte, die Michelangelo voller Bewunderung »Paradiespforte« nannte, auch wenn sie vor Ort inzwischen nur noch in allzu glänzender Kopie bewundert werden kann. Das Original befindet sich seit 1988 im Dombaumuseum (s. u.) hinter dem Chor der Kathedrale. Die zehn Felder mit Geschichten aus dem Alten Testament hat Lorenzo Ghiberti 1426 bis 1452 geschaffen, mit einem Gefühl für Perspektive und Raumeindruck, die schon die Hochrenaissance erahnen lassen (s. Abb. S. 35).

Betritt man die Taufkirche, so ist der Raumeindruck gewaltig, weil man von außen wegen des relativ flachen Daches keinen so hohen Kuppelraum vermutet. Byzanz stand Pate für die Kuppelmosaiken (1270 bis ins 14. Jh.), Christus der Weltenrichter ist die Zentralfigur, links unter ihm steht die Kanzel in einer bogenüberspannten Nische. Die einfachen Teile des Mosaikfußbodens stammen aus dem 12. Jh., die raffinierten – wie die Kuppelmosaiken – aus dem 13. und 14. Jh. (Mo–Sa 12–19, So, Fei und 1. Sa des Monats 8.30–14 Uhr, Erw. 4 €).

## Tipp: Museo Salvatore Ferragamo

Den Häuserblock Lungarno Acciaioli/Ecke Via de' Tornabuoni/Ecke Borgo S.S. Apostoli nimmt der wunderbare Palazzo Feroni-Spini mit großen Schaufenstern und Etagen voller feinster Schuhmode ein. Ganz oben (Aufzug) hat man in edler, abgedunkelter Atmosphäre das private Schuhmuseum eingerichtet, eine Hommage an die elegante Schuhproduktion von Florenz und natürlich an den Namensgeber Salvatore Ferragamo, des 1898 nahe Neapel geborenen armen Schuhmachers, der es zum ›Fußbekleider‹ königlicher Häuser und Diplomaten und natürlich aller Hollywood-Größen brachte. Ausgestellt sind Modelle und Skizzen sowie Patente von 1929 bis 1964 (Mo–Sa 10–13, 14–18 Uhr, Erw. 5 €, unter 10, über 65 Jahre frei).

## Der Dom 22

Kein Gedränge herrscht mehr im **Duomo Santa Maria del Fiore**, weil der Eintritt geregelt wird. Das drittgrößte Gotteshaus Italiens (nach der Peterskirche in Rom und dem Mailänder Dom) wurde auf einer früheren, Santa Reparata geweihten Kirche erbaut, deren Reste ausgegraben und zu besichtigen sind (Treppe innen an der Südwestecke). Feierlich-streng ist die Hauptkirche von Florenz, vom ursprünglichen Bau des Arnolfo di Cambio, 1296 im gotisch-toscanischen Stil konzipiert, trennen sie Welten. Die Florentiner haben sich mit ihrem Dom viel Zeit gelassen: Giotto-Turm 1334 begonnen, 1337 von Andrea Pisano weitergeführt, Brunelleschi-Kuppel 1420 bis 1434 (der geniale Architekt ließ über dem Gerüst eine Taverne errichten, um die Bauarbeiter während des langen Aufenthaltes hoch oben bei Laune zu halten!); 1436 weihte Papst Eugenius IV. die Kuppel ein, doch erst 1461 erhielt sie ihre Laterne, und erst 1887 wurde die Fassade vollendet, allerdings im nachempfundenen Stil Florentiner Gotik und in der Farbigkeit an Giottos Glockenturm (s. u.) angelehnt (Fr, So–Mi 10–17, Do bis 15.30, Sa bis 16.45, 1. Sa des Monats nur bis 15.30, So, Fei 13.30–16.45 Uhr, Eintritt frei).

Den schlanken, rosa, grau und weiß inkrustierten **Campanile** an der Südwestecke des Domes sollte man unbedingt besteigen, wenn die Warteschlange es zulässt. Man wird belohnt mit einem der schönsten Blicke über Florenz mit seinen Türmen und roten Ziegeldächern. Allerdings: Es sind 414 Stufen nach oben (tgl. 8.30–19.30 Uhr, Erw. 6 €).

Noch mehr Stufen, nämlich ganze 463, sind es bis zum **Panorama-Umlauf der Domkuppel** (extra Eingang durch den Dom, tgl. 8.30–19, Sa bis 17.40, am 1. Sa des Monats nur bis 16 Uhr, Erw. 8 €).

### Das Dombaumuseum 23

Die kostbarsten Originale aus dem Dom und dem Baptisterium befinden sich im **Museo dell'Opera del Duomo**, darunter die beiden Bronzeflügel der Paradiespforte vom Baptisterium, Michelangelos berühmte »Pietà«, Donatellos »Maddalena« und seine herrliche »Cantoria« (Sängerempore) mit den musizierenden Knaben (Mo–Sa 9–19.30, So 9–13.40 Uhr, Erw. 6 €, bei Ausstellungen 10 €).

### Via Calzaiuoli

Die wohl berühmteste Bummelmeile, von den Florentinern allerdings schon eine ganze Weile verächtlich Pizzameile genannt, weil sich hier zahlreiche Schnellimbisse niedergelassen haben, ist die Via Calzaiuoli zwischen Piazza del Duomo und Piazza della Signoria. Sie bildet eine relativ kurze Gerade zwischen hohen Palästen, meist aus dem Barock, in denen sich außer Schnellrestaurants und guten Eisdielen vor allem Modegeschäfte (hauptsächlich Kleidung und Schuhe) eingemietet haben. Fast alle bekannten italienischen Markennamen sind vertreten.

## Rund um die Piazza della Repúbblica 24

**Cityplan:** S. 90

Die überdimensional wirkende **Piazza della Repúbblica** im Westen der Via Calzaiuoli ist der eigentliche Salon der Stadt, in seinen Cafés sind die Drinks noch teurer als an der Piazza della Signoria, nicht selten lassen sich auch Damen mit großkrempigen Hüten und Herren in Nadelstreifen von den livrierten Kellnern bedienen.

Als Florenz 1865 zur Hauptstadt des neuen Vereinten Italien wurde, war die Bauwut an dieser Stelle, an der einst das römische Forum stand, zwecks ›Verschönerung‹ nicht zu bremsen. Das galt zwar für die ganze Stadt, aber hier wurde besonders viel mittelalterliche Bausubstanz abgerissen. Das Marktviertel mit dem angrenzenden Judenviertel wurde zwangsgeräumt und zu dem umfunktioniert, was heute eben diese Piazza della Repúbblica darstellt. 1871 war allerdings schon klar: Es war alles umsonst, der alte Kern von Florenz ein Opfer der Spekulationen – Rom wurde endgültig die Hauptstadt Italiens.

### Palazzo Strozzi 25

Die breite, von Banken gesäumte Via degli Strozzi führt von der Piazza della Repúbblica geradeaus auf die Via de' Tornabuoni zu. An der linken Ecke im Kreuzpunkt beider bedeutenden Straßen ragt an der gleichnamigen Piazza der **Palazzo Strozzi** in die Höhe. Kein anderer Florentiner Palast besitzt so mächtige Buckelquader, die diese Bezeichnung wirklich verdienen. Kein Wunder: Die Familie Strozzi stand im 15. Jh. den Medici kaum nach. Angeblich wollte der reiche Kaufmann Filippo Strozzi die Medici nicht herausfordern, als er 1489 bis 1538 den Palast von Benedetto da Maiano und später von Cronaca so prächtig bauen ließ. Dennoch beschlagnahmte Cosimo I gleich nach seiner Vollendung den neuen Familiensitz der Strozzi, den sie erst 30 Jahre später zurückerhalten sollten. Er war und bleibt wohl der eindrucksvollste Renaissancepalast von Florenz. Höchste Eleganz zeigt nicht nur der Außenbau mit den nach oben immer flacher werdenden Stockwerksfassaden, sondern auch der Innenhof. Im Palazzo Strozzi finden wechselnde Ausstellungen und kulturelle bzw. gesellschaftliche Veranstaltungen statt, weshalb er praktisch nur dann der Öffentlichkeit zugänglich ist (www.palazzostrozzi. info).

Die Westseite des Palastes blickt quasi auf die Mitte der vornehmen **Via de' Tornabuoni**, in deren hohen herrschaftlichen Adelspalästen sich die wohl feinsten Modegeschäfte der Stadt stilgerecht eingerichtet haben.

## Orsanmichele 26

Sie ist mit Bestimmtheit eine der architektonisch anmutigsten Kirchen von Florenz: die **Chiesa Orsanmichele**. Wie ein Schatzkästlein steht die gotische Kirche mit ihren großflächigen, mit Maßwerk verzierten Fenstern da, die ihr eine besondere Leichtigkeit verleihen. Ein gewisser Drang nach oben zeigt sich auch deshalb, weil der hohe Bau auf einer dafür recht kleinen Grundfläche steht. Die Kirche wird auch San Michele in Orto genannt, weil sie aus einem Oratorium mit Getreidespeicher des 14. Jh. entstand. Das Gnadenbild des Oratoriums soll immer mehr Gläubige angezogen haben, sodass man den Kornspeicher bald aufgab, die offenen Arkadenbögen im Erdgeschoss schloss und eine Kirche aus dem schönen Gebäude machte. Das ungewöhnliche Obergeschoss ist nur von hinten über eine hohe Brücke vom Zunftgebäude der Wollweber aus zugänglich (heute für Ausstellungen eingerichtet).

Ringsum an den Fassaden standen Bildhauerwerke von hohem Rang (meist aus Schutzgründen entfernt), Auftragsarbeiten der verschiedenen Zünfte von Florenz, die sich die Kirche teilten. Die zweischiffige, dunkel gehaltene Halle ist im Inneren über und über mit bunten Glasfenstern, Fresken und Gemälden geschmückt. Doch der Schatz im Schatzkästlein ist der Marmortabernakel, den Orcagna 1349 bis 1359 im besten gotischen Stil zur Verherrlichung des Gnadenbildes Mariae (1347) von Bernardo Daddi schuf (Di–Fr 10–17, Sa, So 10–18.30 Uhr, Eintritt frei).

# An der Via del Proconsolo

**Cityplan:** S. 90

Die östliche Abgrenzung des sogenannten Dante-Viertels – in diesem Viertel zwischen Piazza della Signoria und Piazza del Duomo stand vermutlich das Geburtshaus des Dichters – bildet die Via del Proconsolo, mit neuem Steinbelag herausgeputzt, nachdem hier bei Kanalarbeiten 1994 römische Grundmauern entdeckt worden waren. Zwei besondere Sehenswürdigkeiten stehen in der sich leicht zwischen beiden Plätzen krümmenden Straße einander gegenüber.

## Badia Fiorentina 27

Im Westen liegt die **Badia Fiorentina**, Santa Maria Assunta geweiht, mit ihrem zauberhaft leicht wirkenden, schlanken, sechsseitigen Glockenturm, der weithin sichtbar ist. Die im Gesamteindruck gotische Kirche wurde bereits ab 978 erbaut und bildete im 10. und 11. Jh. das geistige und religiöse Zentrum von Florenz. Daher verwundert es nicht, dass sie immer wieder umgebaut und umgestaltet (im 13. Jh. von Arnolfo di Cambio, im 17. Jh. barockisiert) sowie reich mit Kunstwerken ausgestattet wurde, die sie noch heute zu einem besonderen Anziehungspunkt für Kenner machen. Leider ist die Kirche nur noch Mo 15–18 Uhr der Öffentlichkeit zugänglich, sonst bleibt sie nur noch für Gottesdienste einer christlichen Gemeinschaft geöffnet.

## Bargello 28

Im Westen erhebt sich der **Bargello** mit seinem schlanken, 57 m aufragenden Turm, ein wundervolles Beispiel mittelalterlicher Baukunst. Diesen ersten Regierungspalast von Florenz beschlossen die Bürger der Stadt 1250 als markantes Zeichen ihres Sieges über die Herrschaft des Adels zu bauen. Er diente ab 1261 als Sitz der Stadtregierung, wurde 1340 erweitert, 1502 Gefängnis mit Gerichtsrat und ab 1574 Sitz des *bargello*, des Polizeipräsidenten, und dies bis 1859. Trutziger kann eine Stadtburg kaum ausfallen, der älteste Teil zeigt sich von unten nach oben als strenge, schmucklose *casatorre* (Turmhaus), nur die Wappen der *podestà* schmücken die Mauer zum Hof, den die drei auf Arkaden gestützten Flügel (Anbauten von 1340) abschließen.

Über die großzügige Freitreppe an der Turmseite gelangt man in das erste Stockwerk, wo sich das Motiv der Loggia fortsetzt und heute ebenso wie unten Ausstellungsplatz bietet. Denn zur Entlastung der Uffizien wurde der Bargello als erstes italienisches Nationalmuseum nach dem Vatikan eingerichtet **(Museo Nazionale del Bargello)**. Untergebracht sind hier Skulpturen bedeutender Florentiner Künstler wie Giambologna, der Della Robbia-Familie (mit zahlreichen Terrakottabildern), Cellini, Donatello und Brunelleschi (1., 3., 5. Mo, 2., 4. So des Monats sowie Di–Sa 8.15–17 Uhr, Erw. 4 €).

## Von Santa Croce bis San Miniato al Monte

**Cityplan:** S. 90

Vom Ende der Via del Proconsolo bzw. der Piazza San Firenze schlendert man über den schmalen, von kleinen Restaurants und Ledergeschäften gerahmten **Borgo de' Greci** zur **Piazza Santa Croce**, die von feinen und weniger feinen Lederboutiquen und -ateliers umgeben ist. Diese sind untergebracht in den Erdgeschossen der vielleicht schönsten mittelalterlichen Wohnpaläste der Stadt.

Alles in Santa Croce dreht sich um Leder, sogar in Teilen des früheren Klosters. Mehrere Kunstinstitute und Sprachschulen haben sich im Viertel niedergelassen und sorgen durch ihre jungen Teilnehmer für eine lebhafte Atmosphäre.

### Chiesa di Santa Croce und Museo 29

Die ganze Ostseite des großzügigen, vom Autoverkehr befreiten Platzes (großartige Kulisse für den *Calcio in Costume*!, s. S. 120) nimmt die monumentale **Kirche Santa Croce** ein. Eine relativ hohe Freitreppe führt zu ihrer Westfassade, die erst im 19. Jh. in nachempfundener Gotik fertiggestellt wurde. Ab 1294 entstand Santa Croce anstelle einer von Franziskus von Assisi initiierten Kapelle. Die Pläne stammen wahrscheinlich von Arnolfo di Cambio. Man betritt neuerdings die Kirche an der Kirchenlängsseite links des Hauptportals.

So großartig wie der Platz vor Santa Croce ist auch der Raumeindruck in der Kirche. Der Dachstuhl ist offen, die Balken bemalt. Den gesamten Chorraum schmücken wunderschöne Fresken, u. a. von Giotto. Gebrochenes Licht fällt durch hohe schmale und bemalte Glasfenster (1320–1450), wohin man sich wendet, tritt man auf Grabplatten und steht vor Grabstätten großer Persönlichkeiten aus der Geschichte, der Kunst und der Literatur Italiens: darunter Michelangelo, der Maler, Bildhauer, Architekt und Verfasser zahlreicher Stanzen (Verse); Galileo Galilei, der Naturwissenschaftler; Luigi Cherubini und Gioacchino Rossini, die Komponisten; Leonardo Bruni und Niccolò Machiavelli, die Politiker. Dante Alighieri, der verbannte und einst verkannte Dichter, bekam 1829, quasi als Entschuldigung seiner Heimatstadt, das monumentale Kenotaph, ein Scheingrab – denn Dante wurde in Ravenna bestattet. Bereits 1865 erhielt die Nationalbibliothek von Florenz einen Teil von Dantes Asche aus der Grabstätte in Ravenna, doch diese galt seit 1929 als verschollen. Erst im Sommer 1999 entdeckte ein Angestellter der Bibliothek das Aschesäckchen bei der Neuordnung der Handschriftensammlung in einem Regal – was zu einem entsprechenden Auftritt im italienischen Fernsehen führte …

In der Fortsetzung des rechten Querschiffes (neuerdings auch links / Via San Giuseppe) erreicht man die sogenannte **Lederschule** von Santa Croce, mit Demonstrationsräumen zur Lederverarbeitung und zum Verkauf. Doch hier muss man leider sagen: Achtung Langfinger! Sowohl in der Kirche Santa Croce als auch in den Räumen der Lederschule ist Vorsicht angeraten; die Besucher werden zeitweise sogar mehrsprachig über Lautsprecher vor Trickdieben gewarnt (Mo–Sa

### Tipp: Trippaioli

Über ganz Florenz verteilt findet man in den ursprünglich gebliebenen Vierteln, aber auch im historischen Zentrum, kleine Stände, an denen sich bei jedem Wetter speziell zur Mittagszeit Menschentrauben bilden: Die Florentiner lassen sich hier bei ihrem Vertrauens-*trippaiolo* eine Portion heiße Kutteln in ein Brötchen drücken, darüber nur Salz und Pfeffer oder neuerdings auch eine grüne Kräutersoße geben, und verspeisen diesen Imbiss mit sichtlichem Vergnügen.

**Die Chiesa di Santa Croce auf dem gleichnamigen Platz**

9.30–17, So, Fei 13–17 Uhr, Erw. 5 € inklusive Museum).

Aus dem 14. und 15. Jh. stammen die beiden Kreuzgänge des Klosters rechts von der Kirchenfassade, heute das **Museo dell' Opera di Santa Croce**. Am Ende des ersten Kreuzganges steht die zauberhafte kleine **Cappella dei Pazzi**, die Pazzi-Kapelle Brunelleschis (wahrscheinlich 1430–1446), ein Werk der Frührenaissance. Hier begreift man, was die Meister des *rinascimento* meinten, wenn sie von der Rückbesinnung auf das menschliche Maß sprachen, über den Menschen als Maß für alles – und danach bauten. Nichts an der Pazzi-Kapelle ist zu groß geraten, einladend ist die kleine Vorhalle, gedrungen die Kuppel, zierlich die Laterne obendrauf.

Das eigentliche Museum zeigt gleich rechts im früheren Refektorium das kostbarste Kunstwerk von Santa Croce, das bei der schlimmsten Arno-Überschwemmung 1966 beschädigt, ja fast verloren war und in jahrzehntelanger Arbeit restauriert wurde: Cimabues gemaltes Kruzifix. Eine längere Betrachtung wert ist aber auch das wunderschöne »Abendmahl« an der Stirnseite des lang gestreckten Raumes, bevor man links in die weiteren Museumsräume geht: ein Werk von Taddeo Gaddi (1340), das früher Giotto zugeschrieben wurde und vielleicht die erste große Abendmahlszene von Florenz darstellt (Eintritt im Besichtigungspreis für die Kirche inklusive, s. S. 110).

## San Miniato al Monte 30

Von Santa Croce bietet sich über den Lungarno delle Grazie und den Ponte delle Grazie ein Spaziergang zum **Piazzale Michelangelo** (mit Traumblick auf die Stadt darunter) an und weiter die steilen Stufen hinauf zu **San Miniato al Monte**, neben dem Baptisterium die älteste Kirche von Florenz und mit ihrer akkurat inkrustierten Marmorfassade sicher eine ihrer schönsten. Im 11. Jh. begonnen, wurde sie erst zwei Jahrhunderte später vollendet.

Oben an der Freitreppe angekommen, wird man gefangen von der Schlichtheit dieser Fassade in schönster Florentiner Protorenaissance. Weiß und grün ist die Marmorinkrustation, noch sehr byzantinisch das Mosaik mit dem segnenden Christus über dem tempelartigen Fenster oberhalb des mittleren der fünf Fassadenbögen. Der Adler auf dem Giebel steht für die damals sehr wohlhabende Wollzunft, die für die Finanzierung sorgte.

Innen wird man überwältigt von der Harmonie der dreischiffigen Basilika und ihrer Ausstattung: intarsierter, noch originaler Marmorfußboden, inkrustierte Wände über den Arkaden des Mittelschiffes zu den Seitenschiffen. Die Balken zur Stützung des offenen Dachstuhls stammen aus der Gotik und sind wunderschön farbig restauriert. Das Hauptschiff wird durch drei hohe Bögen optisch gegliedert, der Blick so schneller zum Chor gelenkt. Dort wieder – im Halbrund – die fünf Bögen und darüber im Halbkreis Christus Pantokrator. Links von ihm ist eine Zypresse zu sehen, man befindet sich schließlich in der Toscana!

Je eine steile Treppe führt rechts und links hinauf zum Chorraum, abgeschlossen durch den Lettner, auf dessen rechter Ecke die Kanzel lehnt, sodass sie vorne nur noch zwei schlanke Säulen benötigt. Lettner und Kanzel zeigen feinste marmorne Intarsienarbeiten. Von hier oben sind die Keramikschuppen über der Wölbung des **Tabernakels von Michelozzo** (1448) im Mittelschiff vor dem Chor besonders schön zu erkennen. Eine Stiftung des Piero de' Medici, des Gichtigen, dessen stolzes Leitwort *semper* (ewig) immer wiederkehrt.

In der **Sakristei** findet man einen weiteren Höhepunkt toscanischer Kunst: wunderbare Fresken mit Darstellungen aus dem Leben des heiligen Benedikt, von Spinello Aretino ab 1387 gemalt. Gegenüber dem Eingang beginnt die Geschichte, immer im Uhrzeigersinn erst oben und dann unten zu lesen. Die Mönche in den gemalten Rahmen der Fresken machen das Lesen leicht, denn sie

## Tipp: Panorama-Terrassen

Von Juli bis September öffnen mehrere Hotels und Privatleute ihre schönsten Terrassen oder Türme, von denen aus man Florenz am Abend in voller Pracht überschauen kann. Und dies in Verbindung mit einem Aperitif, wenn Barbetrieb vorhanden ist, oder sogar mit einem Abendessen. Infos gibt es beim Touristenbüro bzw. auf dessen Homepage www.firenzeturismo.it unter »Firenze: Terrazza con Vista«. Ein paar Beispiele für Superterrassen (Anmeldung ratsam):

**Antica Torre di Via Tornabuoni**, www.tornabuoni.com (ohne Barservice)
**Grand Hotel Cavour**, www.albergocavour.it
**Ristorante Terrazza Bardini**, www.moba.fi.it
**Grand Hotel Baglioni**, www.hotelbaglioni.it (hier darf man sogar hoch zum Fotografieren ohne Konsumzwang).

blicken immer dahin, wo die Geschichte weiter geht.

Die Kapelle für den Kardinal von Portugal, die Rossellino 1461 links am Seitenschiff anbaute und die u. a. Luca della Robbia mit fünf Terrakottamedaillons in der Kuppel schmückte, hat nichts gemeinsam mit der eigentlichen Ausstattung der Kirche, ist aber ein Juwel der Frührenaissancearchitektur.

Den Höhepunkt von San Miniato hebe man sich aber für den Schluss auf: die **Krypta**. Eine breite Treppe führt hinter dem Tabernakel hinunter, zwei weitere rechts und links der Chorstufen, hinein in eine feingliedrige, siebenschiffige niedrige Halle mit zierlichem Kreuzgewölbe. Es ist die Grabkirche des heiligen Minias, dessen Gebeine im Altar ruhen und dem diese wunderschöne Kirche geweiht ist (daher San Miniato; April–Okt. tgl. 8–19.30, Nov.–März 8–13, 14–18 Uhr, So nur nachmittags, Eintritt frei).

## Ausflüge zu den Medici-Villen ► G 5

Direkt bei Florenz kann man westlich der Stadt Richtung Prato zwei wundervolle Villen der Medici besichtigen, die dicht beisammen stehen und bis in die neuere Geschichte bewohnt bzw. genutzt wurden: Villa Castello und Villa della Petráia. Beide erhielten im 19. Jh. sogar neue Parkanlagen, in denen man sich herrlich vom Trubel der nahen Metropole erholen kann.

Die **Villa Castello** im gleichnamigen Vorort nordwestlich von Florenz wurde von den Medici lange bewohnt, als Sitz der *Accademia della Crusca* ist heute nur der 5 ha große Park zu besichtigen: Er wurde teils streng-akkurat, teils manieristisch mit Wasserspielen, Statuen und verschiedenen Wäldchen und Pflanzenarten angelegt, u. a. von Ammannati (die Statuen »Gennaio« sowie »Ercole e Anteo«) und Giambologna (Grottenarchitektur) geschaffen, und im 19. Jh. vom böhmischen Landschaftsarchitekten Joseph Fritsch umgestaltet.

Die benachbarte **Villa della Petráia** mit hohem Wachtturm kam 1575 in den Besitz der Medici, die sie von Buontalenti (1576–1590) verändern ließen. Nach ihnen übernahmen die Lothringer die Villa, König Vittorio Emanuele II benutzte sie als Sommerresidenz und ließ den Innenhof mit dem 1636 bis 1648 freskierten Säulengang als Ballsaal mit einer Eisen- und Glaskonstruktion überdachen. Der italienische Garten ist um einen Brunnen gruppiert, den großen Park hat ebenfalls Joseph Fritsch im 19. Jh. im englischen Stil mit Bachlauf, künstlichem See und exotischen Pflanzen umgestaltet (Öffnungszeiten für beide Parks: 8.15–19.30, im Winter bis 16.30, Frühjahr/Herbst bis 17.30/18.30 Uhr, am 2. und 3. Mo im Monat geschl.; die Villa della Petráia schließt jeweils 60 Min. früher, Eintritt für beides frei).

Von Florenz hat man auch schnell weitere Villen der Medici erreicht, so etwa nördlich von Florenz im Mugello die **Villa Demidoff** (s. S. 128) sowie **Trébbio** und **Cafággiolo** (s. S. 130). Westlich von Florenz liegen am Montalbano **Poggio a Caiáno** und die Jagdvilla **La Ferdinanda** (s. S. 149).

### Infos

**APT:** 50121 Firenze, Via Manzoni 16, Tel. 05 52 33 20, www.firenzeturismo.it.
**Informationsbüro:** 50129 Firenze, Via Ca-

## Tipp: Preiswert wohnen

Florenz ist in puncto Hotel die wohl teuerste Stadt der Toscana, die Übernachtung wird zu Messezeiten noch kostspieliger. Bei schmalem Geldbeutel ist man daher durchaus gut beraten, außerhalb zu wohnen; dann allerdings sollte man auf eine gute Verkehrsanbindung in die Stadt achten. Angenehm und meist preiswerter wohnt man beispielsweise im Mugello nördlich von Florenz, auch wenn man dann auf das städtische Flair der Kulturmetropole zumindest teilweise verzichten muss. Wer jedoch mehr Natur und Ruhe genießen möchte, ist dort auf jeden Fall besser aufgehoben.

vour 1r, Tel. 055 26 62 71, Fax 05 52 76 03 83; weitere Infobüros: Aeroporto Amerigo Vespucci, Piazza Stazione 4 (Bahnhof S. M.N.), Borgo Santa Croce 29r.

## Übernachten

Für besondere Anlässe ► **Four Seasons Hotel Firenze** 1: Borgo Pinti 99, Tel. 05 52 62 61, www.fourseasons.com/florence. Vom größten privaten Botanischen Garten der Stadt umgebenes Luxushotel in zwei unterschiedlichen Gebäuden im südlichen und im nördlichen Teil des Parks, dem Palazzo della Gherardesca sowie im Conventino, einem kleinen aufgelassenen Frauenkloster. 71 Zimmer und Suiten, zwei Restaurants; großartiges Wellnesscenter mit Pool, auch für Passanten geöffnet. DZ ab 500 €.

Frühstück auf der Dachterrasse ► **Grand Hotel Cavour** 2: Via del Proconsolo 3, Tel. 055 26 62 71, www.albergocavour.com. Wunderschön restaurierter Hotelpalast zwischen Bargello und Piazza Signoria, dennoch ruhig; Jugendstildekoration (Fresken und Kassettendecke von Galileo Chini, s. S. 127). Herrliche Dachterrasse; 105 Zimmer, Restaurant. DZ/ÜF 210–250 €.

Schnörkellos ► **Le Due Fontane** 3: Piazza della SS. Annunziata 14, Tel. 055 21 01 85, www.leduefontane.it. Ein renoviertes Stadthotel am schönen Annunziata-Platz, zentral und doch ruhig. 57 Zimmer. Garagenplatz 15 €. DZ/ÜF 160–182 €.

Stylish ► **Porta Rossa** 4: Via Porta Rossa 19, Tel. 05 52 71 09 11, nhportarossa@nh-hotels.com. Eines der ältesten Hotels Italiens, jüngst super gestylt, im Zentrum nahe Piazza della Signoria; 72 Zimmer. DZ/ÜF ab 150 €.

Jugendstil-Ambiente ► **Anglo American** 5: Via Garibaldi 9, Tel. 055 28 21 14, www.hotelangloamerican.com. Am Rande des lauten Zentrums nahe dem Arno, nicht alle der 111 Zimmer durchrenoviert, vier Suiten; Restaurant. DZ/ÜF ab 115 €.

Renaissance-Ambiente ► **Domus Florentiae Hotel** 6: Via degli Avelli 2/Piazza Santa Maria Novella, Tel. 05 52 65 46 45, www.domusflorentiahotel.com. 14 Zimmer mit Stilmöbeln im 1. und 2. Stock eines Renaissance-Palazzo aus dem 16. Jh., Salon, Frühstücksterrasse. DZ/ÜF 97–270 €.

### Tipp: Mit dem Auto zum Hotel

Die meisten Hotels der Stadt besitzen keine eigenen Parkplätze, vermitteln ihren Gästen aber auf Wunsch Garagenplätze; diese sind jedoch in aller Regel je nach Wagengröße und Abholservice sehr teuer (30 € und mehr pro Tag keine Seltenheit). Preiswerter sind die öffentlichen Garagen (www.firenzeparcheggi.it). Um unliebsame Überraschungen vor Ort zu vermeiden, sollten sich Autobesitzer vorher nach den Preisen erkundigen – oder das Auto erst gar nicht nach Florenz mitnehmen (s. auch S. 122)!

Für Stadtnostalgiker ► **Antica Dimora Firenze** 7: Via San Gallo 72, Tel. 05 54 62 72 96, www.anticadimorafirenze.it. 5 Zimmer kleine Pension im Obergeschoss eines schlichten Altstadtpalazzo nahe San Marco. Mit typisch Florentiner Stoffen liebevoll eingerichtet, alles winzig. Sehr freundliches Personal. DZ/ÜF 90–150 €.

Einfach ► **Palazzuolo** 8: Via Palazzuolo 71, Tel. 055 21 46 11, www.hotelpalazzuolo.com. Ordentliches Stadthotel; zwölf Zimmer im 1.–3. Stock. DZ/ÜF 80–180 €.

Anspruchslos ► **Fiorentino** 9: Via degli Avelli 8, Tel. 055 21 26 92, www.hotelfiorentino.it. 13 schlichte Zimmer im 1./2. Stock, teilweise WC im Flur. DZ 79–89 €.

Jugendherberge ► **Ostello Villa Camerata** 10: Viale Righi 2, Tel. 055 60 14 51, www.ostellofirenze.it. In schöner Lage oberhalb von Florenz (Buslinie 17) mit Familienzimmern; keine Altersbegrenzung. SB-Restaurant; kostenloser Parkplatz! ÜF pro Person 18–20 €, DZ/ÜF 60 €.

Camping ► **Michelangelo** 11: Viale Michelangelo 80 (zu Füßen des Piazzale Michelangelo), Tel. 05 56 81 19 77, www.ecvacanze.it. Vor allem von Jugendlichen stark frequentierter Platz mit Florenz-Panorama inmitten von Olivenbäumen, doch wenig Schatten

Die Piazza della Signoria ist auch am Abend eine begehrte Adresse

CARABINIERI

(Buslinien 12/13). Hunde erlaubt (2 €). Pro Person mit Minizelt 9,30–10,90 €, Zeltstellplatz mit Auto 12,50–14,50 € plus 5,70–6,80 €; Zeltmiete für 2 Personen 36 €.

**Mit Bungalows ▶ Campeggio Villa Camerata** 12 (s. Ostello Villa Camerata S. 110): Pro Person und Stellplatz je 7 €, Camper/großes Zelt 14 €, Auto frei; Bungalow für 2 Personen inklusive Bettwäsche ÜF um 50 €.

## Essen & Trinken

In Florenz findet man die vielleicht teuersten Restaurants der Toscana bzw. Italiens wie das sehr feine Pinchiorri mit drei Michelin-Sternen. Doch auch für den normalen Geldbeutel sind gute Restaurants, speziell auch winzig kleine, noch immer typische Trattorien zu finden. Zum fast obligatorischen *coperto* kommt evtl. noch ein Zuschlag für den Service (10–15 %)!

**Gemütlich ▶ Angiolino** 1: Via Santo Spirito 36r, Tel. 05 52 39 89 76, Ruhetag Mo. Noch echte, sehr beliebte, bei den Hauptgängen nicht unbedingt preiswerte Trattoria im Santo-Spirito-Viertel mit *crostini, ribollita* etc. zu guten lokalen Weinen, oft überfüllt. Menü um 30 €.

**Mit Kunstpreis ▶ Antico Fattore** 2: Via Lambertesca 1/3r, Tel. 055 28 89 75, Ruhetag So. Historisches Lokal mit langer Kulturtradition (seit 1931 Antico-Fattore-Kunstpreis) und hervorragender Florentiner Küche wie *ribollita* und *pappa al pomodoro* oder die hausgemachte Pasta wie die *pappardelle al cinghiale* (Bandnudeln mit Wildschweinsoße), Ossobuco oder Kalbsrouladen mit Erbsen. Sonst Kaninchen, Täubchen und die unentbehrliche *bistecca fiorentina*. Kleine aber feine Weinkarte. Menü ab 30 €, alle Einzelpreise zzgl. 12 %.

**Schöne Fresken ▶ Paoli** 3: Via dei Tavolini 12, Tel. 055 21 62 15, Ruhetag Di, Aug. geschl. Eines der bekanntesten Restaurants im Zentrum mit mittelalterlichen Freskenimitationen, die dem charakteristischen Lokal ein ganz besonderes Ambiente verleihen; toscanisch-italienische Spezialitäten. Menü ab 29 €.

**Fleischlastig ▶ Giannino in S. Lorenzo** 4: Borgo San Lorenzo 35/37r, Tel. 055 21 22 06, kein Ruhetag. Unter Gewölben aus dem 17. Jh., urig, etwas touristisch, aber gemütlich, seit 1920 eine Traditionsadresse für deftige Fleischgerichte, wie die *bistecca fiorentina* oder das aufwendige *peposo* (weinwürziges Gulasch aus vielen Kalbfleischsorten mit Polenta). Auch Touristenmenüs ab 18 €.

**Bistecca-Spezialist ▶ Totò** 5: Borgo Sant' Apostoli 6, Tel. 055 21 20 96, Ruhetag Mi. Uriges größeres Restaurant, versteckt zwischen Uffizien und Ponte Vecchio; mit Holzfeuergrill für die *bistecca fiorentina* und andere tosca-

## Tipp: Die Seele baumeln lassen

Ca. 10 km südlich der Certosa di Galluzzo (also auch ideal für Ausflüge nach Florenz und ins Chianti Classico) erhebt sich die **Renaissancevilla Il Poggiale**. Die jeweils acht Classic-DZ, Superior-DZ sowie Junior Suiten und Suiten sind unterschiedlich, ob mit Himmelbetten, Holzbalkendecken oder freskierten Decken – eben ›gewachsen‹. Das Schönste am Poggiale sind aber die großzügigen Aufenthaltsräume und Salons, in die man sich entweder mit einem guten Buch oder einem Glas Wein zurückziehen oder beim Aperitif mit dem Nachbarn plaudern kann. Das offensichtlich genießerische Publikum ist sehr international. Vom Pool überschaut man das Chiantigebiet, gefrühstückt wird bei schönem Wetter im Freien, das Abendessen wird gemeinsam eingenommen (so man möchte), und man wird dabei vom Koch, der sich täglich Neues einfallen lässt, durch das Büffetmenü geführt. Das Personal ist besonders freundlich und hilft hervorragend auch beim Planen von Ausflügen (**Villa Il Poggiale:** 50026 San Cascianio Val di Pesa (FI), Via Empolese 69, Tel. 055 82 83 11, www.villailpoggiale.it. Febr. geschl. DZ/ÜF 130–205 €).

nische Spezialitäten; historischer Rahmen, freundlicher Service, manchmal hektisch. Touristenmenü ab 18 €.

**Lange anstehen ▶ Le Mosacce 6:** Via Proconsolo 55r, Tel. 055 29 43 61, Ruhetage Sa/So/Fei. Winziges, uriges Lokal mit kleinem Verkaufsstand für belegte Brötchen, das von den Florentinern frequentiert wird. Zur Mittagszeit hoffnungslos überfüllt, aber Warten lohnt sich hier ganz besonders. Man sitzt eng beisammen, genießt schnell die frischen Tagesgerichte, zahlt nur den aus der Flasche getrunkenen Wein und kommt garantiert mit den Tischnachbarn ins Gespräch. Einzelgerichte wie *ribollita*, *trippa*, kleine Kalbsrouladen 5–8 €, Hauswein 3 €, Flasche ab 12 €, *coperto* 1 €.

**Preiswert und gut ▶ Il Contadino 7:** Via Palazzuolo 69/71r, Tel. 05 52 38 26 73, Ruhetag So. Zwei einfache, einladende Räume, tgl. neues Menü (*primo* wie Ravioli, *secondo* wie Kalbsgulasch mit Kartoffeln, Wasser und 1/2 l Wein): mittags 10 €, abends 12 €.

**Urig ▶ Da Nerbone 8:** Mercato Centrale San Lorenzo/Via dell'Ariento, Tel. 055 21 99 49, Ruhetag So. Urige Kneipe in der Markthalle (daher nur bis 14 Uhr geöffnet) mit einfachen, aber köstlichen toscanischen Gerichten, ein Schnellimbiss der besonderen Art; man wird satt für rund 10–15 € inklusive Hauswein.

**Bäuerliche Kost ▶ Marione 9:** Via della Spada 27r, Tel. 055 21 47 56, kein Ruhetag. Von Florentinern in der Mittagspause, von Touristen am Abend gut besuchte, kleine Trattoria in zwei mit Bildern dekorierten Räumen nahe dem Palazzo Strozzi. Bäuerliche toscanische Gerichte wie Kutteln in grüner Soße, Schweinshaxe mit Kartoffeln aus dem Backofen, Kalbsgulasch mit weißen Bohnen oder Ossobuco mit Erbsen, also jeweils mit Beilage unter 10 €.

## Einkaufen

Florenz ist ein Einkaufsparadies vor allem für Mode und Leder, Schmuck und Kunsthandwerk, Antiquitäten, Wein und Culinaria – in jeder Preiskategorie! Die feinste Einkaufsmeile für Mode ist die Via de' Tornabuoni (Gucci, Versace, Prada, Damiani, Bulgari, Neuber) mitsamt den von der Piazza della Repúbblica zu ihr führenden Straßen. Schicke Boutiquen findet man darüber hinaus in der **Via Calzaiuoli** zwischen Piazza della Signoria und dem Domplatz. Für preiswerte Mode steht die lebhafte **Via Cavour,** Lederwaren findet man auf dem ständigen Ledermarkt von **San Lorenzo** sowie im Viertel **Santa Croce.**

**Mode, Lederwaren und Schuhe**

**Ganz fein ▶ Antica Cuoieria 1:** Via del Corso 48r. Schuhe und feine Lederaccessoires aus bester Florentiner Kunsthandwerkstradition im Erdgeschoss einer mittelalterlichen *casatorre*.

**Umwerfend ▶ Peruzzi 2:** Borgo de' Greci 8–20r. Lederfabrik hinter dem Palazzo della Signoria, in der man Schuhe und Taschen, Gürtel, Handschuhe und Kleidung (Jacken, Westen, Hosen etc.) zu Fabrikpreisen kaufen kann. Daneben auch Modeartikel und Parfums sowie hochwertige Sonnenbrillen.

**Handarbeit ▶ Salvatore Ferragamo 3:** Via de' Tornabuoni/ Lungarno Accaioli. Handgefertigte Schuhe u. a. Lederwaren (s. auch Mini-Tipp S. 106).

### Tipp: Führungen zu Märkten/Werkstätten

Zwei Florentiner Initiativen verdienen besondere Erwähnung: zum einen die interessanten Führungen durch die beiden Markthallen San Lorenzo und Sant'Ambrogio (inklusive kleiner Verkostung) und ihre umgebenden Viertel, zum anderen der Besuch dreier traditioneller Kunstwerkstätten pro Rundgang im dafür bekannten, noch ursprünglichen Teil von Florenz südlich des Arno; insgesamt rund 20 Werkstätten der unterschiedlichsten Kunstrichtungen sind im Programm (s. aktiv unterwegs, S. 96, Führung pro Person 10 €). Infos und Vorbuchung bei: Q. N. Holidays, Via del Moro 95r (Ecke Via dei Banchi), Tel. 055 26 55 87, www.qnholidays.it. Start normalerweise Do 15 Uhr auf der Piazza Pitti.

**Verführung pur – Shoppen rund um die Via de' Tornabuoni**

Lederschule ▶ **Scuola del Cuoio** 4: Kloster Santa Croce. In den Klostermauern von Santa Croce befindet sich die bekannteste Lederschule von Florenz mit Verkaufsausstellung (Kleidung, Taschen etc.; s. S. 107).

**Schmuck**

Edeladresse ▶ **Barducci** 5: Via Strozzi 22r. Berühmte Schmuck- und Uhrendesigner sind hier vertreten wie Cartier und Jaeger-LeCoultre, Van Cleef & Arples, Vacheron Constantini.

Eigenkreationen ▶ **Paolo Lapini** 6: Via Cimatori 34r. Eigene Schmuckproduktion, Paolo Lapini design«, auch eine große Sammlung von Uhrenantiquitäten.

**Culinaria**

Außer den Stadtteilmärkten verdienen in Florenz die beiden **Markthallen** besondere Erwähnung. Am bekanntesten ist der **Mercato Centrale** 11 im San-Lorenzo-Viertel gelegen (s. S. 100). Doch fast interessanter ist der **Mercato Sant'Ambrogio** 7 am östlichen Stadtrand, der noch volkstümlicher geblieben ist und wegen seiner Lage es den Bauern und Kleinproduzenten aus dem Umland ermöglicht, die frische Ware sozusagen direkt aus ihren Wagen anzubieten. Morgens sind die beiden Märkte die besten Einkaufsadressen für frisches Obst und Gemüse sowie alle echt-toscanischen Lebensmittel – außerdem die schönsten Plätze, um an einem Marktstand einen Florentiner Snack neben Florentinern zu genießen. Berühmt im San-Lorenzo-Markt ist zu Recht die Kneipe Da Nerbone (s. S. 117).

**Kunsthandwerk und Stoffwaren**

Für Bad und Bett ▶ **Busatti Firenze** 8: Lungarno Torrigiani 11r. Feinste Handarbeit, bestes traditionelles Kunsthandwerk, Tisch- und Fensterdekoration aus Flachs und Baumwolle,

Seide und Wolle. Teure, aber zeitlos schöne Stoffe nach historischen Motiven.

**Bütten ▶ Pineider 9:** Piazza della Signoria 13r. Wunderschönes Büttenpapier mit persönlichen Monogrammen u. a. Spezialwünschen.

**Mosaiken ▶ Pitti Mosaici 10:** Piazza Pitti 23 und Lungolarno Vespucci 36r. Hier werden die traditionellen Florentiner Mosaiken und intarsierten Möbel sowie anderes für die Innendekoration hergestellt und verkauft.

**Weine**

Eine Besonderheit von Florenz sind die **Enotheken**, meist *Cantinetta* genannt, in denen man zu einem Gläschen Wein auch diverse Kleinigkeiten zu essen bekommt. Die Weine, die einem geschmeckt haben, kann man auch gleich vor Ort kaufen.

**Zum Wohlfühlen ▶ Cantinetta Antinori 11:** Piazza Antinori 3/Ecke Via Tournabuoni, Tel. 055 29 22 34, Ruhetage Sa/So, Platz nur auf Vorbestellung. Die mit dunklem Holz eingerichtete kleine Enoteca ist im Renaissancepalast der alteingesessenen Adels- und Winzerfamilie Antinori untergebracht. In der gemütlichen Weinprobierstube gibt es köstliche toscanische Kleinigkeiten zu essen.

**Wein und Kaffee ▶ Cantinetta dei Verrazzano 12:** Via de' Tavolini 18/20, Tel. 055 26 85 90, Ruhetag So. Mitten in Florenz, mit einem Eingang an der Fußgängerzone der Via Calzaiuoli, liegt die Probierstube für die Weine des Castello di Verrazzano: drei Räume, die im Stil einer Bar, einer kleinen Trattoria und einer Osteria eingerichtet sind. Neben Wein gibt es kleine Gerichte und Häppchen, *focaccia* aus dem Holzofen sowie köstlichen Espresso.

**Toscanische Weine ▶ Pitti Gola e Cantina 13:** Piazza Pitti 16, Tel. 055 21 27 04, Ruhetag Mo, sonst 10–23 Uhr geöffnet. Die kleine Enothek gegenüber dem Palazzo Pitti bietet ausgesuchte toscanische Weine zum Kauf (am Tisch kredenzt 30 % Aufschlag). Die Menükarte enthält Tellergerichte und toscanische Käse- oder Aufschnittplatten.

**Auch für Naschkatzen ▶ Enoteca Alessi 14:** Via dell'Ocche 27–29r, Tel. 055 21 49 66, Ruhetag So. In elegant restaurierten Räumen kann man die Weine probieren und sich ausführlich beraten lassen. Nebenan lockt eine verführerisch ›süße Abteilung‹, schließlich heißt der Untertitel der Enoteca Bottiglieria – Dolciumi …

## Tipp: Outlet-Läden

Fabrikverkauf bzw. Verkauf zu Fabrikpreisen findet man immer mehr rings um Florenz, u. a. im **The Mall** bei Regello im östlichen Arnotal, wo man diverse namhafte Marken günstig erstehen kann. Eine aktuelle Liste der Outlets (meist tgl. durchgehend geöffnet) gibt es kostenlos beim Informationsbüro in der Via Cavour (s. S. 112).

**Antiquitäten**

**Antikmarkt ▶ Piazza dei Ciompi 15:** Hier findet jeden letzten Sonntag des Monats der schönste Antiquitäten- und Flohmarkt von Florenz statt. Die kleinen Antiquitätenläden rund um den Platz – liebenswürdigen Wintergärten gleich – sind auch sonst einen Besuch wert sind. Rings um den historischen Marktplatz mit seiner langen Loggia haben sich außerdem kleine Antiquitätenläden und Restaurierungswerkstätten angesiedelt.

## Abends & Nachts

Ein Nachtleben im üblichen Sinne findet in Florenz relativ wenig statt, man trifft sich zum Drink, Aperitif oder Eis auf den schönen und recht teuren Plätzen wie der Piazza della Repúbblica und der Piazza della Signoria oder aber auf den preiswerteren wie vor Santa Croce oder südlich des Arno im San-Lorenzo-Viertel. Immer mehr italienische Jugendliche bevorzugen die unkomplizierten *birrerie* (Bierlokale). Diskotheken und Jazzclubs wechseln oft den Besitzer und die Anhängerschaft, angesagte Adressen kann man u. a. dem Internet (www.firenze-online.com) entnehmen. Im Folgenden einige Tipps zu Cafés (bis in die Nacht geöffnet) und Discos:

**Palazzo-Blick ▶ Rivoire 1:** Piazza della Signoria. *Das* Café mit Tischen im Freien; direkter Blick auf den Palazzo Vecchio.

**Edel ▶ Gilli 2:** Piazza della Repúbblica. Sehr edel seit 1773. Mit Tischen im Freien unter Markisen.

**Mit Pianobar ▶ Paszkowski 3:** Piazza della Repúbblica. Direkt neben dem Gilli; Di–So 21–1.30 Uhr Pianobar.

**Zentral ▶ Space Electronic 4:** Via Palazzuolo 37, Tel. 055 29 30 82, www.spaceelectronic.net, tgl. 22–3/4 Uhr, Eintritt 15 € inklusive einem Getränk. Highlife auf zwei Stockwerken, Bar, Disco und Karaoke.

**Oft Hip-Hop ▶ Yab Yum 5:** Via Sassetti 5r, Tel. 055 21 51 60, www.yab.it, Mo, Mi–Sa 22.30–4 Uhr, Aug. geschl., Eintritt 10–15 €. Meist Mo Hip-Hop, Sa Abend DJ, Di Themenfeste, Do Disco.

**Super Aperitifs ▶ Capocaccia 6:** Lungarno Corsini 12r, Tel. 055 21 07 51, 12–3 Uhr. Szenetreff am Arno, American Bar.

**Elegant ▶ Dolce Vita 7**: Piazza del Carmine, Tel. 055 28 45 95, www.dolcevitaflorence.com, tgl. 17–1.30 Uhr. Disco-Bar, ein In-Treff mit eleganterer Atmosphäre.

## Tipp: Ganz besonders – Teatro del Sale 8

Böse Zungen behaupten, dass der Cibrèo-Wirt von nebenan, Fabio Picchi, für die Bewirtung in der umgebauten Jugendstil-Lagerhalle keine Lizenz bekam und daher diesen Theaterclub erfunden hätte. Wie auch immer, in keinem anderen Theater Italiens soll es so viele Aufführungsabende wie hier geben, es wird praktisch jeden Tag etwas geboten, ob komisches Theater (Picchis Frau Maria Cassi ist eine bekannte Schauspielerin und leitet das Theater) oder Pantomime, Diskussionen zu aktuellen Themen oder Jazz. Vorher wird man allerdings kulinarisch aus Fabios einsehbarer Küche vom Büffet verwöhnt, inkl. Getränke zu einem Festpreis. Denn man ist Mitglied des Clubs oder kommt erst gar nicht rein. Der Jahresbeitrag (7 €) gilt von Juli–Juli, und jeder, auch ein Durchreisender, kann Mitglied werden (Via de' Macci 111r, Tel. 05 52 00 14 92, www.teatrodelsale.com. Abendbüffet mit anschließender Veranstaltung 32 €).

## Termine

Unter den zahlreichen Stadtfesten von Florenz sind zwei besonders farbenprächtig und aufregend:

**Scoppio del Carro:** Am Ostersonntag findet ein langer Umzug in historischen Kostümen durch die Altstadt zum Domplatz statt, der dem von zwei mächtigen weißen Maremma-Ochsen gezogenen, aufwendig geschmückten Karren folgt. *Scoppio* ist der Knall, mit dem am bereits wackeligen Holzwagen ein Feuerwerk ausgelöst wird, das symbolisch gesegnetes Feuer über die ganze Stadt verteilt. Das soll – seit dem ersten Kreuzzug – den Florentinern Glück bringen.

**Calcio in Costume:** Letzter Sonntag im Mai. Beginn der fröhlich-lauten Fußballspiele, die am 24. Juni, am Tag des Stadtpatrons Johannes des Täufers, in einem prächtigen Corso durch die Altstadt und dem wildesten *Calcio in Costume* (Fußballspiel in historischen Kostümen, auch *calcio storico* genannt) vor der prachtvollen Fassade der Kirche Santa Croce gipfelt. Es ist eher ein Ringkampf denn ein Fußballspiel – mit insgesamt 54 Teilnehmern.

**Maggio Musicale Fiorentino:** Im Zentrum des dichten Kulturfahrplans der Stadt steht die Fondazione Teatro del Maggio Musicale Fiorentino. Im Winter mit Opern, Konzerten und Ballett, normalerweise Mai und Juni im Zeichen des Maggio Musicale Fiorentino selbst mit Opern und Ballett, begleitet von Ausstellungen und Kongressen. Es werden nicht nur die wichtigsten Theater der Stadt (Teatro Comunale, Teatro Verdi, Piccolo Teatro, Teatro Goldoni) bespielt, es finden auch – normalerweise kostenlose – Freiluftkonzerte statt. Infos und Ticketverkauf: www.maggiofiorentino.com (Zahlung nur über Kreditkarte möglich), Tel. aus Italien 899 66 68 05, aus dem Ausland 00 39 04 24 60 04 58, Fax 00 39 04 24 46 41 91.

**Konzerte und Theater:** Das Kulturassessorat der Stadt organisiert vor allem im Winterhalbjahr eine Reihe von Konzerten, z. T. kostenlos (*Firenze Classica*), Infos s. www.comune.firenze.it. Unter dem Titel Firenze dei Teatri bieten kommunale Theater in der Provinz von Florenz ganzjährig ein dichtes Theaterprogramm, Infos unter www.firenzedeiteatri.it.

## Aktiv

**Radverleih ▸ Alinari 1:** Via San Zanobi 38r, Tel. 055 28 05 00, Fax 552 71 78 71, www.alinarirental.com. Wer sportlich die Stadt erkunden möchte, tut es am besten mit dem Fahrrad. Verleih auch von Rollern. Je Std. 2,50 €, pro Tag 12 €, die Woche für 45 €.

**Wohlfühloase ▸ Soul Space 2:** Via San Egidio 12, Tel. 05 52 00 17 94. www.soulspace.it. Zauberhaft kleines Benessere-Zentrum mit einem Hauch von Orient (die Besitzerin ist eine Deutsch sprechende türkische Ärztin) mitten im historischen Zentrum.

## Verkehr

**Flug:** Der nur 6 km vom Stadtzentrum entfernte Flughafen Amerigo Vespucci (www.aeroporto.firenze.it) wird international angeflogen, mehrmals tgl. Anbindung mit Lufthansa über München oder Frankfurt/Main. Ca. alle halbe Stunde fährt ein Transferbus zwischen dem Flughafen und dem Bahnhof S.M.N., Fahrtdauer 15–25 Min. (Ticket *Volainbus* 5 €, Hin- und Rückfahrt 8 €). Auch die Taxifahrt ist nicht übermäßig teuer.

**Bahn:** Florenz (Hauptbahnhof Santa Maria Novella, S.M.N.) ist auf der EC-Strecke Brenner – Bologna – Florenz mehrmals tgl. erreichbar. Gute Anbindung auch an die anderen Provinzhauptstädte der Region wie Siena, Arezzo und über Prato, Pistóia und Lucca mit Pisa. Auskunft: Tel. 89 20 21, aus dem Ausland 0039 06 68 46 54 75, www.feroviedellostato.com.

**Bus:** In Florenz fahren die Busse der ATAF (www.ataf.net und www.linea.it); mehrere Busgesellschaften verkehren zwischen Florenz und den wichtigsten Orten der Provinz Florenz sowie den anderen Provinzhauptstädten, praktisch alle kommen am Bahnhof S.M.N. zusammen: CAP (www.capautolinee.it), COPIT (www.copitspa.it), LAZZI (www.lazzi.it), SITA (www.sitabus.it), CPT (www.cpt. pisa.it).

## Tipp: Certosa di Galluzzo

Auch Certosa di Firenze heißt das prächtige Kartäuserkloster aus dem 14. Jh., dessen Mönchszellen wie Schwalbennester hoch am steilen Felsen über der stark befahrenen SR 2 nur 5 km südlich der Porta Romana von Florenz hängen. Grandios ist die Auffahrt, die den Eindruck einer Festung verstärkt, gewaltig im Innenhof die lange Klosterfront mit der integrierten schlichten Kirchenfassade. Im Inneren sollte man sich unbedingt das geschnitzte 36-sitzige Chorgestühl von 1590 ansehen. Dicke Engelsköpfe schmücken die Räume zwischen den Stühlen, und auf der Unterseite der Sitze blicken dem Besucher strenge Fratzen entgegen.

Die wenigen Zisterziensermönche, die das Kloster heute verwalten, sind Spezialisten in Sachen Buchrestaurierung und haben viele der 1966 bei der Arno-Überschwemmung fast zerstörten Folianten aus Florenz gerettet. Im Klosterkomplex wird zudem ein berühmter Likör hergestellt (*Gocce Imperiale*, Kaiserlicher Tropfen; Di–So 9–11, 15–17/18 Uhr, Eintritt frei).

**Innerstädtischer Verkehr:** Florenz ist im historischen Zentrum so klein und übersichtlich, dass man keine öffentlichen Verkehrsmittel (immer mehr Eco-Busse und Minibusse) benutzen muss. Dennoch ein paar Hinweise für längere Strecken:

Zum Piazzale Michelangelo fahren vom Bahnhof in dichter Folge die Linien 12 (links herum) und 13 (rechts herum vom Hauptbahnhof über den Domplatz). Mit Nr. 14 kommt man bis zur Piazza Dalmazia, dort umsteigen in Nr. 28 Richtung Sesto Fiorentino bis Via Vittorio Emanuele/Ecke Viale Morgagni zu den **Villen Castello und Petráia.** Nr. 28 fährt zurück zum Hauptbahnhof.

Florenz ist seit 2010 wieder (es gab früher eine Pferdestraßenbahn) stolze Besitzerin einer Straßenbahn – als Linie T1 vorerst von der Westseite des Bahnhofes S.M.N über den Parco delle Cascine bis zum südwestlichen

## aktiv unterwegs

### Mit dem Fahrrad oder zu Fuß zum Parco dei Renai

#### Tour-Infos

**Start:** Piazza Vittorio Veneto beim Parco delle Cascine
**Länge:** ca. 10 km einfache Strecke
**Dauer:** Radelzeit ca. ½ Std., Wanderzeit 2–3 Std. je nach Kondition
**Wichtige Hinweise:** Radverleih s. S. 121. Schatten gibt's nur im Parco delle Cascine, daher an eine Kopfbedeckung denken!

Gerade bei sommerlicher Hitze lohnt sich dieser Ausflug aus der Stadt in westliche Richtung. Der **Parco delle Cascine**, am Arno entlang einfach zu erreichen, ist tagsüber nicht nur eine Oase der Ruhe, sondern bietet auch schattige Wege unter uralten Bäumen. Am Abend finden oft Open-Air-Veranstaltungen statt, während des Maggio Musicale auch Konzerte von Rang. Und für sportliche Urlauber ist es eine willkommene Erholungspause vom kulturlastigen Florenz (mit Pferderennbahn und Tennisplätzen). Jeden Samstag wird entlang des Arno ein großer Wochenmarkt aufgebaut, der Kaufinteressenten aus der ganzen Stadt hierher lockt: Die Preise für Obst und Gemüse, aber auch für Wäsche und Haushaltswaren gehören zu den niedrigsten in Florenz.

Von der reiterdenkmalgeschmückten **Piazza Vittorio Veneto** vor dem Park führt ein herrlicher Radweg, den man auch gut zu Fuß gehen kann, nach Westen. Anfangs sollte man auf der schattigen Hauptallee bleiben, dann erst zur Schotterpiste an den Fluss wechseln. Stadtauswärts folgt man dem Arno, der immer mehr naturbelassen, geradezu verwildert und harmlos wirkt, als könne er niemals das ausrichten, was z. B. im November 1966 geschehen ist – ›Land unter‹ in ganz Florenz!

Schon bald taucht der **Ponte dell'Indiano** auf, eine wunderbar leichte Brückenkonstruktion für die verkehrsreiche SS 66 über den Arno. Es geht unten durch, hier haben sich Graffitikünstler an den Brückenpfeilern versucht. Kurz darauf ergießt sich von Süden der schmale Greve-Fluss in den durch Dämme geschützten Arno und bildet eine fast verwunschene Flusslandschaft. Man kommt an der **Station Le Piagge** der Regionalbahn Florenz–Empoli vorbei. Mal schlängelt sich der Weg durch die Flussauen, mal ist er wieder gerade, jedenfalls ganz harmlos zu radeln bzw. zu begehen. Von der Brücke aus führt der Radweg parallel zur Bahnlinie, was nicht weiter stört, schließlich rasen nicht dauernd Regionalzüge vorbei.

Es geht bald unter der Autobahn hindurch, dann ragen rechts die Türme des Ex Oleificio Nucci von Scandicci auf, gleich darauf folgt die Regionalbahnstation **San Donnino Badia**. Und schon ist kurz vor Signa der **Parco dei Renai** erreicht. Eine für Freizeitvergnügen umgestaltete, 80 ha große Seenplatte mit Inselchen und WWF-Vogelbeobachtungssta-

Vorort Scandicci (7,4 km). Sie fährt ab 5.30/6.30 bis 00.30 Uhr alle 4–6 Min. werktags sowie alle 9 Min. feiertags und wird bereits sehr gut von den Einheimischen angenommen. Eine zweite Linie wird als T2 den Bahnhof mit dem Flughafen Peretola verbinden.

Für das Gemeindegebiet von Florenz lohnen sich die Touristentickets (1 Tag 5 €, 3 Tage 12 €, 10er-Block für je 90 Min.); sie sind an den Bahnhöfen und anderen Verkaufsstellen der öffentlichen Verkehrsmittel erhältlich; 90 Min. kosten 1,20 €, im Bus gelöst 2 €.

**Mit dem Auto in Florenz:** Nördlich und südlich des Arno ist die Stadt zur ZTL erklärt worden (*Zona Traffico Limitato* = verkehrsberuhigte Zone), was für fremde Autofahrer

tion, Pool mit großen Liegewiesen, aufgeschüttetem Sandstrand, Duschen, Wechselkabinen, Ruderbootverleih, Skateboardpiste, Windsurf- und Segelschule ebenso wie Kitesurfing – eben alles für den sommerlichen Badespaß, auch Radverleih. Wer keines aus Florenz mitbringt, könnte sich also auch hier eines ausleihen. Eine Kletterwand gibt es außerdem und natürlich Lokale zum Einkehren wie Pizzeria, Restaurant, Music Bar. Geöffnet Mo–Fr 12–20, Sa, So 9–20 Uhr (www.parcorenai.it).

bedeutet: Bloß nicht hineinfahren! Es wird alles durch Videokameras beobachtet und registriert, und die Strafgebühren sind saftig. Wer in sein gebuchtes Hotel muss, kann normalerweise einfahren und wird dann vom Hotel aus bei der Polizei gemeldet; das Bild des Fahrzeugs wird wieder gelöscht – das Verfahren gilt aber nur für Ankunft und Abreise. Da es kaum Hotels mit eigenem Parkplatz gibt, sollte man sich vorher unbedingt genau erkundigen, ob bzw. welche Parkhilfe das gebuchte Haus (und zu welchem Preis) leistet. Empfehlenswert sind für einen längeren Aufenthalt die öffentlichen bzw. städtischen Tiefgaragen, die es rund um den Altstadtring gibt, also am Rande der ZTL-Zone (18 € je 24 Std., Infos unter www.firenzeparcheggi.it).

# Fiésole und das Mugello

**Fiésole, die etruskische Mutter von Florenz, ist einer der schönsten Plätze, um auf die Regionalmetropole hinabzuschauen. Dahinter steigt das Mugello zum Tosco-Emilianischen Apennin auf, Heimat der Medici, Geburtsstätte bedeutender Künstler – und heute eines der beliebtesten Ausflugsziele der Florentiner.**

Das bereits aus der Etruskerzeit stammende und daher als Mutter von Florenz titulierte Fiésole ist ein besonders schöner und daher recht teurer ›Balkon‹ über der großen Nachbarin Florenz sowie ein geeigneter Ausgangspunkt für Ausflüge in die sich anschließende Hügellandschaft Mugello. Diese Sommerfrische der Provinz schirmt Fiésole (wie auch Florenz) vor rauen Winden ab und bietet auch den Bewohnern der toscanischen Metropole wunderbare Ausflugsziele. Sie eignet sich aber auch als Standort für Reisende, die nicht nur auf der Suche nach den großen, urbanen Zentren der Toscana sind, sondern auch ihre ländlichen, ruhigen Seiten schätzen.

Kastanienwälder, freundliche Dörfer sowie der Sieve mit seinen zahlreichen, noch recht verwilderten Nebenflüsschen bestimmen das Landschaftsbild. Kein Wunder, dass die Medici, die von hier stammten, auch dem Mugello mit seinem angenehmen frischen Mittelgebirgsklima ihren Stempel aufdrückten:

**Villen und Gärten bei Fiésole**

vor allem mit festungsartigen Villen inmitten ausgedehnter Landgüter, die sie zu ihren Lieblingssitzen erklärten (Cafággiolo und Trébbio). Aus ihrer Villa bei Pratolino ist nicht viel übrig geblieben, ihren Namen verdankt der dazugehörige wunderbare Park nun einem ihrer Nachfolger, dem Prinzen Demidoff (s. S. 128). Unweit davon erhebt sich auf einem der schönsten Aussichtspunkte des Mugello das Convento Monte Senário, wahrscheinlich d i e Wallfahrtskirche der Florentiner, aus dem dichten Wald.

Aus dem Mugello stammen zwei der bedeutendsten Künstler der Toscana: Giotto und der malende Mönch Fra Angelico. Aus der Neuzeit kommt die Familie Chini aus Borgo San Lorenzo hinzu, die während des Jugendstils durch farbenfrohe Keramiken und Glasfenster als Baudekoration Weltruhm erreichten. So ist im Geburtsort der Familie ihr Museum und ihre bis heute existierende Werkstatt unbedingt einen Besuch wert.

Borgo San Lorenzo ist das wirtschaftliche wie kulturelle Zentrum des Mugello, sozusagen im Scheitelpunkt des Sievetales. Folgt man von dort dem Fluss nach Südosten Richtung Arno, kommt man ins Weinland des Chianti Rúfina, der unter Kennern einen besonders guten Ruf genießt.

## Fiésole ► H 5

**Karte**: S. 129

In knapp 300 m Höhe gelegen, gruppiert sich das Städtchen **Fiésole** **1** (14 200 Einw.) in aussichtreicher Hanglage rund um die zentrale **Piazza Mino da Fiésole**. Sie ist nicht zu verfehlen, steht doch in ihrer Mitte ein doppeltes bronzenes Reiterdenkmal von Oreste Calzolai (1906). Es zeigt Giuseppe Garibaldi und König Vittorio Emanuele II bei ihrer Begegnung von Teano am 26. Oktober 1860. Im Osten wird die Piazza vom hübschen Rathaus, dem ehemaligen **Palazzo Pretorio** (14. Jh.), begrenzt, dessen Fassade mit zahlreichen, typischen Wappen der Stadtoberhäupter geschmückt ist. Von der langgezogenen Loggia im ersten Stock (meist darf man während der Dienststunden problemlos eintreten) genießt man den schönsten Blick über den Platz hinweg bis zum Kloster San Francesco (s. u.).

Auch wenn man es dem recht touristisch wirkenden Städtchen, dessen Lokale am nördlichen Rand der Piazza keinen besonders guten Ruf genießen, nicht ansieht: Fiésole blickt auf eine interessante Geschichte zurück, ist es doch älter als Florenz, das ihm nun als Regionalhauptstadt zu Füßen liegt. Es soll eine nicht gerade große Liebe zwischen den Bewohnern der beiden Städte bestehen – kein Wunder: Noch bevor an die Gründung von Florenz im damals sumpfigen Arnotal gedacht wurde, florierte auf den Hügeln nördlich davon bereits die etruskische Siedlung *Faesulae*. Unter den Römern erhielt der Ort ein Theater mit Thermen. 1125 wurde Fiésole vom erstarkten Florenz eingenommen, zerstört und später der Provinz einverleibt.

Den schönsten Blick auf Florenz genießt man von der Terrasse des wohl berühmtesten Hotels der Toscana, der **Villa San Michele** (www.villasanmichele.com). Die Fassade des aufgelösten Renaissanceklosters soll Michelangelo geplant haben, weshalb die schönste und teuerste Suite nach ihm benannt wurde. Etwas für Hochzeitsreisende mit entsprechendem Budget …

## Rund um die Piazza Nino da Fiésole

Schräg gegenüber vom Rathaus, an der Nordwestecke des Platzes, erhebt sich die **Kathedrale San Romolo** (11.–14. Jh.) mit ihrem hohen, von Zinnen bekrönten Glockenturm (13. Jh.; tgl. 7.30–12, 15–17/18 Uhr). Dahinter lohnt das **Museo Bandini** einen Besuch, das Bilder Florentiner Maler aus dem 13. bis 15. Jh., an die 20 farbige Terrakotten der Künstlerfamilie Della Robbia sowie Holzschnitzarbeiten besitzt. Viel bewundert wird eine Madonna mit Kind aus der Werkstatt Botticellis (März, Okt.–Febr. 10–18, April–Sept. 10–19 Uhr, Erw. 5 €).

Rechts vom Museum befindet sich der Eingang zum etwas überrestaurierten Römischen Theater in der **Area Archeologica** (Archäologische Zone). Hier findet man außerdem die Reste der angeschlossenen römischen Thermen und ein kleines, aber recht interessantes Museum (**Museo Civico** und **Antiquario Costantini**) mit vorrangig etruskischen Fundstücken aus Fiésole. Das Theater in wunderschöner Hanglage etwa 300 m über Florenz stammt aus dem 1. Jh. (mit späteren Umbauten) und bot 3000 Zuschauern Platz. Von der etruskischen Siedlung sind noch u. a. Reste eines Tempels (3. Jh. v. Chr.) unter der Ruine eines römischen Tempels und ein großes Stück der Stadtmauer (als Nordabschluss der Area Archeologica) übrig geblieben (März, Okt.–Febr. 10–18, April–Sept. 10–19 Uhr, Erw. 7 €).

## Convento San Francesco

Vom Hauptplatz, am Dom vorbei, gelangt man bald über die steil aufsteigende Via San Francesco zu einem weiteren schönen Aussichtsbalkon Fiésoles mit wundervollem Florenz-Panorama (tagsüber im sanften Gegenlicht!) und den Weg hinauf zum **Convento San Francesco**. Während die Franziskanerkirche auf dem Gipfel des gleichnamigen Hügels steht, erstrecken sich die Klostergebäude den Hang abwärts und beherbergen jetzt zum größten Teil ein Museum. Es zeigt vor allem toscanische Malerei vom 15. und 16. Jh. sowie Sammlungen, die christliche Missionare in Ägypten und China zusammengetragen haben, aber auch archäologische Funde aus Fiésole und Umgebung. Die mittlerweile öffentlichen Gärten des Klosters sind ideal für eine Ruhepause unter schattigen Bäumen (Mo–Sa 9–12, 15–19, im Winter bis 18, So, Fei 9–11, 15–18 Uhr, Eintritt frei).

## Infos

**Ufficio Informazioni:** 50014 Fiésole (FI), Via Portigiani 3, Tel. 055 59 87 20, www.comune.fiesole.fi.it. Infos zu Museen und Kombikarten Bus/Museen unter www.fiesolemusei.it (im Aufbau).

## Übernachten

**In der Orangerie ▶ Villa Fiésole:** Via Beato Angelico 35, Tel. 055 59 72 52, www.villafiesole.it. Liebevoll in einer früheren *serraia* (Orangerie) eingerichtetes Hotel an der Straße (kann tagsüber etwas laut sein) unterhalb der Villa San Michele mit Nebengebäude; kleines Restaurant für die Hausgäste. 32 Zimmer, beheizter Pool. Kochkurse. DZ/ÜF 120–260 €.

**Mit Florenz-Blick ▶ Villa Aurora:** Piazza Mino da Fiésole 39, Tel. 055 593 68, www.villaurora.net. Am Hauptplatz gelegenes, traditionelles und gepflegtes Hotel mit Garten. 24 Zimmer, Restaurant; Parkplatz. DZ/ÜF 119–245 €.

**Im Olivenhain ▶ Bencistà:** Via da Maiano 4, Tel. 05 55 91 63, www.bencista.com, März–Nov. Freundliche, familiäre Pension (Ursprungsbau Villa 14. Jh.) unterhalb von Fiésole; Stilmöbel, familiäre Atmosphäre. 40 Zimmer, Restaurant, Parkplatz. DZ/ÜF 140– 160 €.

**Camping ▶ Panoramico Fiésole:** Via Peramonda 1 (7 km nördl.), Tel. 055 59 90 69, www.florencecamping.com, ganzjährig. Schmale Terrassen um einen steilen Hügel, schattig, teilweise schöne Ausblicke auf Florenz. Pool, Restaurant. Stellplatz 12–15 €, pro Person 9–10 €, Bungalows 2 Personen 50–75 €, 4 Personen 105–107 €.

aktiv unterwegs

## Zu Fuß von Fiésole nach Florenz

### Tour-Infos

**Start:** Piazza Mino da Fiésole
**Länge:** 4,8 oder knapp 6 km
**Dauer:** 1–1,5 Std.
**Wichtige Hinweise:** Busverbindung von Florenz, Piazza San Marco nach Fiésole ATAF Nummer 7, ab Le Cure am Ende des Spaziergangs Bus Nummer 2 Richtung Dom und Bahnhof in Florenz

Ein schöner Spaziergang führt zwischen teils hohen Mauern, hinter denen sich alte Villen verstecken, von Fiésoles Hauptplatz, der Piazza Mino da Fiésole, zunächst die Via Vecchia Fiesolana steil abwärts Richtung Florenz.

Der erste Abschnitt des Weges ist mit Steinplatten gepflastert, nach der Kreuzung, an der man links abbiegt, geht es dann auf asphaltierter Strecke weiter. Bald kommt man an dem Kirchlein **Sant'Ansano** vorbei. Der Blick auf Florenz wird zwar meist von Bäumen und Mauern verdeckt, dafür ist der Weg angenehm schattig. Ein skurril anmutendes ›Tor‹ zwischen **Villa und Dependance Nieuwenkamp** mit merkwürdigen Metallkäfigen zwingt zum Betrachten: Früher war die Villa die Sommerfrische der Bischöfe von Fiésole bzw. Florenz, wenn sie in San Domenico zu tun hatten.

An der **Villa Albizzi** vorbei erblickt man nach etwa 20 Minuten gemütlichen Fußweges **San Domenico**. Im Kloster (ab 1406) lebte und malte der Mönch Fra Angelico (s. Vicchio, S. 134), bevor er 1437 nach Florenz umzog. Leider sind nur noch wenige seiner Arbeiten in San Domenico erhalten geblieben und daher bedeutende Werke nur in Kopien zu sehen. In der ersten Kapelle links hängt das Original »Madonna mit Dominikanerheiligen«. Schräg gegenüber von San Domenico führt ein schmales Sträßchen abwärts, und man schaut nach wenigen Metern linker Hand auf die hübsche, inkrustierte Marmorfassade der Kirche der **Badia Fiesolana** sowie auf den dazugehörigen Klosterkomplex, heute Sitz des Istituto Universario Europeo. Von der Terrasse vor der Kirche genießt man einen herrlichen Blick auf Florenz. Versuchen sollte man einen Besuch des kleinen, zauberhaften Kreuzganges.

Danach geht es den kurzen Weg zurück zur Via San Domenico (Bus nach Florenz). Kurz nach der Kreuzung der Via San Domenico mit der Via Boccaccio (s. u.) geht es rechts in die Via Piazzuola, und an der zweiten Gabelung in die schmale Via delle Forbici, der wir mit Vergnügen bis nach Florenz hinein folgen können. Denn diese Straße ist zwischen hohen Steinmauern eingeschlossen, aus denen uralte Oliven- und Lorbeerbäume, knorrige Steineichen und wilder Wein wachsen. Und: ab und zu nach Fiésole hinauf, also zurück schauen!

Ein chinesisch anmutender kleiner Bronzepavillon, einem Schirm nicht unähnlich, ragt an der Via delle Forbici aus einer gelben Mauer, die folgerichtig die **Villa L'Ombrellino** hinter sich versteckt (Haus Nummer 89). Die **Villa di Camerata** (heute Il Garofano, in Haus Nummer 31) gehörte einst der Familie Dantes, also den Alighieri; an den ›göttlichen Dichter‹ und seine Muse Beatrice erinnert hier daher eine Marmortafel.

Unten angekommen, sollte man rechts in den Baum bestandenen Viale Alessandro Volta einbiegen und kurz vor der Piazza delle Cure besser den Bus Nr. 7 Richtung San Marco/La Pira nehmen, weil der weitere Weg durch zu viel Verkehr führen würde. An der Kreuzung mit der Via Boccaccio könnte man auch dieser Straße folgen, die einen großen Schlenker um die wunderbare Gartenanlage der **Villa Schifanoia** macht, dann durch einen Olivenhain und bald zum Mugnone-Bach führt, an dem entlang man fast durchgehend bis zur Piazza delle Cure läuft. Das wäre sozusagen ein ›grünerer‹ und etwa 1 km längerer Weg.

### Termine
**Estate Fiesolana:** www.estatefiesolana.it. Juni–Sept. Musik, Tanz, Theater.

### Verkehr
**Bus:** ATAF Buslinie 7 verbindet die Piazza San Marco, Florenz mit der Piazza Mino da Fiésole, je nach Tageszeit 2–4 x stdl.

## Im Mugello

**Karte:** rechts
Das in Ost-West-Richtung lang gestreckte Tal schlägt einen Bogen am oberen Sieve-Lauf, bevor der Fluss mit einem Knick nach Süden Richtung Arno eilt, in den er sich bei Pontassieve ergießt. Im Durchschnitt etwa 200 m hoch gelegen, wird das Mugello von höheren, lieblichen Hügeln zwischen 300 und 500 m Höhe gestaltet und nach Norden durch den 1000–1300 m hohen Apenninkamm gegen kalte Winde abgeschirmt. Einige Gipfel ragen auch im Süden heraus, darunter der Monte Senário (815 m) und der Monte Calvana (913 m). Früher wuchsen hier riesige Kastanienwälder, die nur in allerdings recht imposanten Teilen erhalten sind. Im Herbst wird um die Kastaniennuss herum ein wahrer Kult zelebriert, die hiesigen Kastanienmehlprodukte gelten als eine besondere Delikatesse.

### Villa Demidoff ► H 4
Von Florenz kommend befindet sich kurz vor Pratolino auf der rechten Straßenseite (Parkplatz gegenüber) der Haupteingang des besuchenswerten **Parco Mediceo di Pratolino** mit der **Villa Demidoff** **2**. Man kann nur den Park besichtigen, die Villa wird für Büros und Ausstellungen genutzt, weitere Gebäude werden noch restauriert. Doch mit dem Park allein hat man stundenlang zu tun, will man ihn in seiner ganzen Pracht und Größe erkunden und darin vielleicht eine Ruhepause genießen (Caffetteria ist nicht immer geöffnet, also Picknick mitbringen!).

Bernardo Buontalenti erhielt 1568 von Francesco I de' Medici den Auftrag, auf dem abfallenden Gelände Richtung Florenz eine großzügige Residenz mit Park zu errichten. Die Arbeiten dauerten bis 1581, der Park wurde mit Springbrunnen und Teichen, künstlichen Grotten und Skulpturen gestaltet. Von besonderer Pracht ist an der höchsten Stelle des Parks Giambolognas gebeugte Kolossalskulptur des »Apennin«, der sich als langbärtiger Greis in einem großen Teich spiegelt. Im Süden erhebt sich der von Ammannati geschaffene »Parnass«, flankiert von den *gamberaie* (für die Aufzucht von Süßwasserkrebsen). Nach Veränderungen im Barock wurde 1818 Joseph Fritsch durch Ferdinand II. von Lothringen mit der erneuten Umgestaltung beauftragt, der aus dem Wenigen, das vom Park des 16. Jh. übrig geblieben war, eine geradezu romantische Parklandschaft schuf. 1872 übernahm Prinz Paul Demidoff das Anwesen, ließ den »Appennin« (1578/ 1580) restaurieren und machte aus dem Dienstbotentrakt die heutige Villa Demidoff – alles seit 1981 im Besitz der Provinz Florenz (April und Okt. z. T. nur So 10–17, Mai und Sept. tgl. 10–18, Juni–Aug. 10–19 Uhr, Eintritt frei. Vorsicht: Ohne Skizzenplan verläuft man sich im weitläufigen Park mit den verschlungenen Wegen leicht).

### Verkehr
**Bus:** Der ATAF-Bus 25/2A aus Florenz hält am Park der Villa Demidoff, tagsüber ca. alle 20 Minuten.

### Convento di Monte Senário ► H 4
Die Staatsstraße 65 von Florenz nach San Piero a Sieve und damit auch nach Borgo San Lorenzo ist zwar die schnellere – schöner zu fahren ist die **Via Faentina** (Nr. 302) direkt nach Borgo San Lorenzo, die hauptsächlich durch einen dichten Mischwald führt. Von ihr zweigt ein schnell aufsteigendes Sträßchen zum Wallfahrtsort Monte Senário ab, den man auch von der SS 65 erreichen kann. Hohe Tannen bilden einen dichten Wald auf dem sich hinauf schraubenden Weg, der in Olmo an der historischen Via Faentina abzweigt und zum **Convento di Monte Senário** **3**, dem Kloster des Servitenordens, führt. Das Kloster wurde 1233 am Tag von Mariä Geburt, also

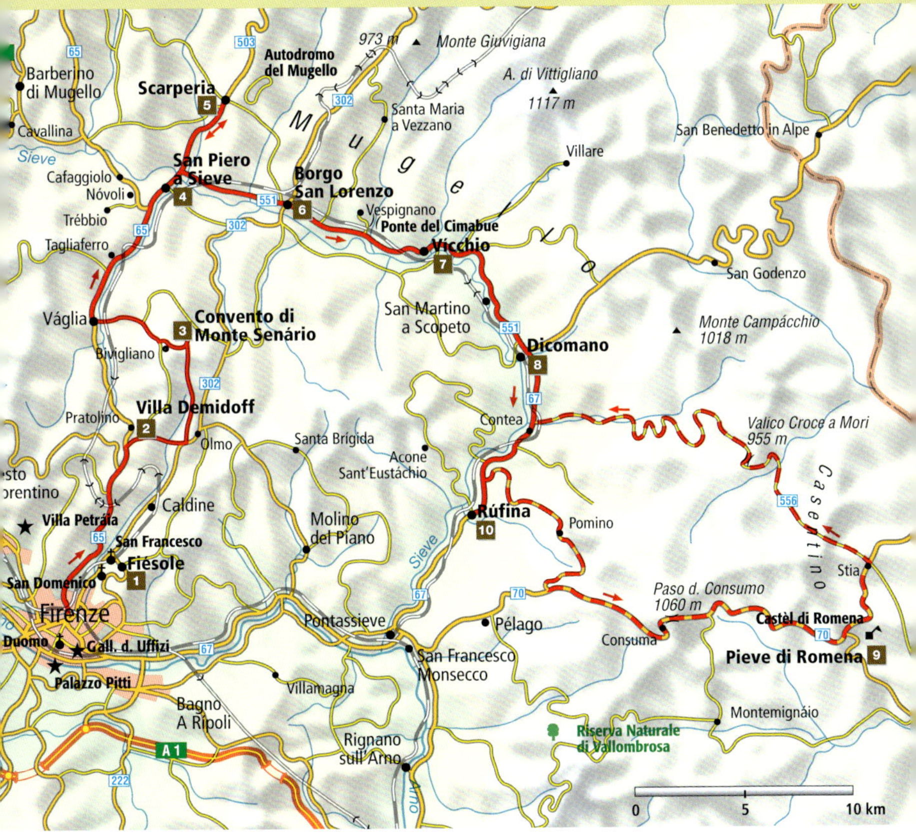


am 8. September, durch sieben Florentiner gegründet, die dem profanen Leben abgeschworen hatten und hier 1241 einzogen. Ihr damaliges Wohnhaus bildet den Kern der heutigen Kirche. Cosimo I ließ den Komplex 1539 erweitern, es folgten Veränderungen im Barock. Alles ist innen klein und bescheiden geblieben, trotz reicher Schenkungen.

Die neugotische, freskierte **Cappella dei Sette Santi** birgt einen Reliquienschrein mit den sieben Schädeln der Klostergründer, in der **Cappella dell'Apparizione** befinden sich ein schöner Marmoraltar und eine Terrakotta-Pietà aus der Schule Michelangelos (16. Jh.).

Die Servitenmönche leben zwar nicht in Klausur, man sollte ihre Ruhe aber nicht stören (auch wenn der kleine Kreuzgang einen Blick wert wäre!). Monte Senário gilt als einer der wichtigsten Wallfahrtsorte der Florentiner und der Blick von der Terrasse ermöglicht fast einen kompletten Rundblick – schließlich ist man hier rund 800 m hoch. Die Apotheke der Mönche produziert berühmt-gute Kräuterliköre wie den *Gemma d'Abate*, die man unterhalb der Kirche kaufen kann (Mittagspause beachten).

## San Piero a Sieve ► H 4

Das bescheidene Städtchen am Sieve (1900 Einw.) zieht sich von der Traversa del Mugello, der SS 551, den Hang zur kleinen Festung hinauf. Im Zentrum von **San Piero a Sieve** 4 erhebt sich an einem kleinen Platz die bescheidene dreischiffige Pfarrkirche, die

**Pieve San Piero** (ab dem 11. Jh.). Gleich links steht in einer kleinen Kapelle das zauberhafte oktogonale Taufbecken aus der Werkstatt von Giovanni della Robbia. Ganz in zartem Naturweiß und Gelb zeigen die Basreliefs Geschichten aus dem Leben Johannes des Täufers und über den kleinen Pilastern prangt das Wappen der Medici. Über dem Hochaltar hängt ein Holzkruzifix von Raffaello di Montelupo mit einem in sich ruhenden, gar nicht leidend wirkenden Christus (normalerweise ganztags geöffnet, im Winter Mittagspause möglich).

Aufsteigend Richtung Fortezza Medicea kommt man an zwei Villen, der **Villa Schifanoia** (14. Jh.) und der **Villa Adami** (17. Jh.; heute Städtische Bücherei) vorbei. Die Medici-Festung **San Martino**, 1571 nach Plänen von Bernardo Buontalenti erbaut, ist über einen Waldweg oberhalb von San Piero erreichbar und nur nach Absprache (Privatbesitz) zu besichtigen. Nicht viel also, was man im Städtchen besichtigen könnte, aber es ist nett und beschaulich. Attraktiv ist höchstens noch der nahe dem Sieve stehende **Medici-Turm** (15. Jh.).

Überall also Medici! Kein Wunder, denn sie waren »Halbbürger von Florenz«, wie der zeitgenössische Historiker Benedetto Varchi um 1500 diejenigen nannte, die aus dem Mugello stammten: weil sie an Florenz wegen ihrer Aktivitäten zwar Steuern zu zahlen hatten, aber nicht in der Stadt wohnten. Die Medici besaßen hier ebenso wie um Florenz herum Villen, zwei davon ließen sie sich später, an die Macht gekommen, standesgemäß prächtig ausbauen: **Trébbio**, südwestlich von San Piero a Sieve, von Michelozzo 1461 ausgestattet mit dickleibigem Turm und anderen starken Befestigungen, befindet sich in Panoramalage in 451 m Höhe inmitten eines ausgedehnten privaten Landgutes, dessen Produkte (Öl und Wein) man kaufen und dabei wenigstens von außen die Villa bewundern kann.

Das heutige Landgut **Cafággiolo**, westlich von San Piero (Privatbesitz, doch in Teilen zu besichtigen) war ursprünglich eine Florentiner Festung, die ab 1451 ebenfalls von Michelozzo umgestaltet wurde, diesmal aber für Cosimo den Alten in eine Landvilla. Cafággiolo gilt als der beliebteste Sommersitz der Medici, auf dem sie illustre Gäste wie die beiden Päpste Pius II. und Eugenius IV. empfingen (längere Zeit wegen Restaurierung geschlossen, sonst Mitte April–Mitte Okt. Mi, Fr 14.30–18.30, Sa/So, Fei, im Winter Sa/So, Fei 10–12.30, 14.30–18.30 Uhr, Eintritt frei).

**Einst ein beliebter Sommersitz der Medici: Die wuchtige Villa Cafággiolo**

## Infos

**Ufficio Informazioni del Comune:** 50037 San Piero a Sieve (FI), Stazione FS, Tel. 034 96 70 38 61, www.mugello.toscana.it.

## Übernachten

Familiär ▶ **La Felicina:** Piazza Colonna 14, Tel. 055 849 81 81, hotellafelicina@interfree.it. Freundliches kleines Familienhotel (10 Zimmer) mit eingebautem Medici-Turm zwischen Sieve und Ortszentrum; Parkplatz. DZ 75 €.

## Essen & Trinken

Osteria mit Enothek ▶ **Girodibacco:** Località Cafággiolo, Via Nazionale 8 (100 m vom Castello di Cafággiolo), Tel. 055 841 81 73, Ruhetag Do. Zauberhafte, nicht gerade preiswerte Osteria mit Enoteca (Weinverkauf) in zwei gemütlichen Räumen im Stil eines Wintergartens. Traditionelle Florentiner und Mugello-Spezialitäten wie *ribollita* (Gemüse-Brot-Suppe) und *tortelli mugellani* (mit Kartoffeln gefüllte frische Pasta mit Ragout), große Rindfleischplatte mit frischem Gemüse, alles vom Grill. Menü um 35 €.

## Aktiv

Badesee ▶ **Wassersport:** im nahen Stausee Bilancino (s. S. 134).

## Verkehr

**Bahn:** Der Zug von Borgo San Lorenzo nach Florenz hält auch in San Piero a Sieve; dichte Taktfolge, vor allem im Berufsverkehr.

# Scarperia ▶ H 4

Unbedingt sollte man einen Abstecher zur Messerschleiferstadt **Scarperia** 5 einplanen und sich überraschen lassen von den Reizen einer im Kern (mit nur gut 820 Einw.) hübschen mittelalterlichen Kleinstadt, der man ansieht, dass hier die Wirtschaft alter handwerklicher Tradition – wieder – funktioniert. In den schmalen Straßen gibt es nette kleine Werkstätten, die meisten verkaufen Messer und andere Schneidewerkzeuge bester Qualität und vor allem eigener Marke bzw. Produktion. Scharfe Klingen begründeten schließlich den Ruhm Scarperias seit dem Mittelalter, wie man im **Museo dei Ferri Taglienti,** im dekorativen **Palazzo dei Vicari** mit seinem hohen Turm und den zahllosen Wappen an seiner Front erfährt. Dabei besichtigt man gleichzeitig diesen wunderbar trutzigen Bau aus dem 14. Jh., der ab dem 15. Jh. als Sitz der Vikare, der Statthalter der Medici diente. Zum musealen Rundgang mit seinen fünf didaktisch interessant aufgebauten Abteilungen innerhalb des Palastes gehört auch der Besuch einer Originalwerkstatt, der **Bottega del Coltellinaio** in der Via Solferino 15. Hier kann man die Fertigung eines Messers genau mitverfolgen (Mi–Fr 15.30–19.30, Sa/So, Fei 10–13, 13.30–19.30, im Winter nur Sa/So, Fei 10–13, 15–18.30 Uhr, Erw. 3 €).

## Infos

**Pro Loco:** 50038 Scarperia, Via dei Bastioni 3, Info: im Palazzo dei Vicari, Piazza dei Vicari 1, Tel. 05 58 46 81 65, www.proloco scarperia.it.

## Übernachten

Camping ▶ **Mugello Verde:** Via Massorondinaio 39, Tel. 0 55 84 85 11, www.florence camping.com, März–Nov., z. T. ganzjährig. Auf 120 000 m² terrassiertem Waldgelände mit öffentlichem Freibad und Tennis, mit dekorativer mittelalterlicher Festung darüber. Auch Bungalows vorhanden und Diskothek. 3 km Reitmöglichkeiten, 4 km Angeln; zur internationalen **Autorennstrecke Mugello** (s. S. 132) sind es 5 km. Stellplatz 10–13 €, pro Person 5,50–8 €; Leihcamper für 2 Personen 40–70 €, für 4 Personen 60–90 €, Bungalow für 2 Personen 40–70 €, für 4 Personen 70–110 €.

## Einkaufen

**Schneidewerkzeuge,** auch **Korkenzieher** und **Zigarrenschneider** – alles Handarbeit und mit edlen Griffen aus Holz, Metall oder Knochen versehen. Spezialanfertigung oder aus dem Katalog der Werkstätten (auch Versand ins Ausland). Berühmte Adressen: **Saladini:** Via Solferino 19/21, Ausstellungsraum Via Roma 25; **Conaz:** Via Giordani 20; **Berti:** Via della Resistenza 12. **Mode** zu Fabrikpreisen im **Outlet Barberino** (gut ausgeschildert) nahe der Ausfahrt Barberino der Autobahn Bologna – Florenz mit rund 100 Modeläden beiderseits des Sieve-Flusses.

## Termine

**Infiorata:** Letzter So im Mai. Blumenteppiche in den Gassen und auf den Plätzen des historischen Zentrums.
**Mostra dei Ferri Taglienti:** Juni–Sept. Verkaufsausstellungen von Messern, Besteck, Scheren und Schmiedeeisen.

## Aktiv

Golf ▶ **Poggio dei Medici Golf & Country Club:** Via San Gavino 27, Tel. 055 84 50, Fax 055 843 04 39. 18-Loch-Platz.
Schlagwort ▶ **Rennen: Autodromo Internazionale del Mugello:** Internationale Auto- und Motorrad-Rennstrecke am östlichen Stadtrand, Übungsplatz der Formel-1-Rennfahrer (www.mugellocircuit.it).

## Borgo San Lorenzo ▶ H 4

**Borgo San Lorenzo** 6, der Hauptort des Mugello (knapp 17 800 Einw.) im Scheitelpunkt des Sievetales verdankt seine Bedeutung den Ziegelbrennereien und der Kunstkeramik, d. h. einer hier seit dem 19. Jh. tätigen Familie: den Chini. Außerdem hat sich Borgo San Lorenzo zu einem Zentrum der Textil- und Möbelindustrie entwickelt.

Seit dem 11. Jh. gehört der Ort zum Bistum Florenz und war bis 1529 eng mit dem Schicksal der toscanischen Hauptstadt verbunden. Das winzige historische Zentrum überrascht mit netten bis feinen kleinen Boutiquen in der einladenden, sehr strengen Fußgängerzone. Und mit mindestens zwei an den Wochenenden und im Sommer von der Jugend aus dem weiten Umkreis frequentierten Cafés.

Die **Pieve San Lorenzo** (ursprünglich 10. Jh., 1267 bis 1337 im gotischen Stil verändert) gilt als einer der wichtigsten romanischen Sakralbauten der Provinz Florenz. Dass sie ein etwas merkwürdiges Äußeres hat, liegt daran, dass man sie nach einem schweren Erdbeben 1919 drei Jahre später aus den alten Steinen wieder aufbaute und dabei wohl nicht besonders auf die Details achtete. Das gilt vor allem für ihren im Grundriss wie halbiert wirkenden Glockenturm (1263) mit seinen nun fünf Seiten (wohl die Halbierung eines Oktogons) über der halbrunden Apsis.

Innen sind einige Tafelbilder (14. Jh.) von Rang erhalten wie am rechten Pfeiler vor dem Chor der geradezu rührend wirkende Rest eines Tafelbildes »Madonna mit Kind«, vom Kind ist nur noch die linke Hand zu sehen, die die rechte Wange der Mutter berührt, seine Rechte umklammert ihren Zeigefinger. An der linken Seite des Pfeilers ist eine byzantinisch wirkende »Madonna mit Kind« von Niccolò di Pietro Gerini zu entdecken; an der rechten Wand vor der Apsis eine »Thronende Madonna mit Kind und Engeln«, Antonio Gaddi zugeschrieben; schließlich die Werke des aus Borgo San Lorenzo stammenden, aber in Florenz geborenen Galileo Chini (1863–1956), des berühmtesten Sohnes der Keramikkünstlerdynastie. Er hat die Chorapsis mit Jesus in der Mandorla als Weltenrichter (1906) und 1950 einen eindringlich hageren, bärtigen Johannes am Jordan dargestellt.

Vom einstigen, noch stolz als solchen bezeichneten **Palazzo del Podestà** (13. Jh.) mit den zahlreichen Wappen an der Fassade ist nur ein kleiner Teil erhalten, der heute als Bibliothek genutzt wird. Schräg gegenüber lockt ein Eiscafé (La Piazzetta) Schleckermäuler bis tief in die Nacht (s. u.). Hinter dem Palazzo del Podestà öffnet sich der neuere Teil des Städtchens, das von einem unauffälligen, zurückhaltenden Jugendstil, italienisch *Liberty*, geprägt ist. An der großen rechteckigen Piazza Dante bildet das backsteinerne Rathaus mit langem Balkon eine Schmalseite vor dem schön als Park angelegten Platz, darunter stehen vier uralte, ausladende Zedern, umgeben von einer umlaufenden Schwarzerlenallee. Das kleine bronzene Denkmal für einen Jagdhund links vor dem Rathaus steht als Zeichen für ewige Treue: Der Hund war bis zu seinem Tod 14 Jahre lang täglich zur gewohnten Zeit an der Bushaltestelle erschienen, um seinen Herren abzuholen, doch dieser war bereits 1943 bei einem Bombenangriff ums Leben gekommen.

An der Langseite des schönen Platzes schließt sich der Viale IV Novembre an, wo interessierte Reisende in Haus Nummer 71 den angestammten Sitz der Firma Chini, der bekannten Keramikkünstler von Borgo San Lorenzo, besuchen können. Allerdings heißt die Firma inzwischen **Franco Pecchiolo**, weil sich die Familie nach dem Zweiten Weltkrieg aus wirtschaftlichen Gründen mit der ebenfalls traditionellen Florentiner Keramikfirma Pecchioli zusammentun musste. Doch geleitet wird die Werkstatt in Borgo San Lorenzo noch immer von den Chini, künstlerisch wie wirtschaftlich.

Auf Anfrage wird man gerne durch die erstaunlich bescheidene Manufaktur geführt und individuell beraten (z. B. für Bäder nach Maß oder Keramik- oder Glaspaneele nach historischen oder eigenen Vorlagen). Bewundernswert ist die mühsame Prozedur, etwa wie bis zu zentimeterdicke Farbpigmente per Hand auf Fliesen aufgetragen und verteilt werden, um eine besonders stabile Lasur zu erhalten, Stück für Stück – keine Oberfläche gleicht der anderen! (Anmeldung angeraten, Tel. 055 390 52 11)

Richtung Vicchio erhebt sich der klobige Turm der **Villa Pecori Giraldi,** die ab 1854 von der Künstlerfamilie Chini dekoriert wurde – 1906–1911 vom berühmtesten Familienmitglied Galileo Chini, der als Vorreiter des Jugendstils in der Toscana gilt. Das Gebäude hat das **Museo della Manifattura Chini** mit Gebrauchsgegenständen, Teilen von Baudekorationen, Glasbildern, Fliesen und Keramik aufgenommen; es zeigt die Familiengeschichte der Chini anhand von Dokumenten und Bildern ihrer bekanntesten Werke (www.villapecori.it, Apr.–Okt. Do–So 9–13, 15–19 Uhr, Erw. 3 €).

## Infos

**Ufficio Informazioni Turistiche:** 50032 Borgo San Lorenzo (FI), Villa Pecori Giraldi, Piazza Lavacchini, Tel. 05 58 45 62 30, www.mugello.toscana.it.

## Übernachten

Innen alles Chini ▶ **Park Hotel Ripaverde:** Viale Giovanni XXIII 36, Tel. 05 58 49 60 03, www.ripaverde.it. Modernes Hotel (mit Innenausstattung von Chini) in verkehrsgünstiger Lage am Stadtrand, mit Fitnessraum und Sauna; Restaurant L'O di Giotto. 51 Zimmer, sechs Suiten. DZ/ÜF 120–231 €.

Jugendstil ▶ **Locanda degli Artisti:** Piazza Romagnoli 1, Tel. 05 58 45 53 59, www.locandaartisti.it. Gepflegte historische Herberge von 1846 mit zarten Jugendstilelementen, jedes der sieben Zimmer (das EZ+DZ ergeben eine Suite) individuell eingerichtet, kleiner Frühstücksraum, aufmerksamer Service. DZ/ÜF 85–140 €.

## Essen & Trinken

Urig ▶ **Feriolo:** Via Faentina 32 (den Weg hoch), Tel. 05 58 40 99 28. Der Ausflug in die wilde Natur, zuletzt über Staubstraße, lohnt sich. Lokale Kost auf einer urigen kleinen mittelalterlichen Festung mit mehreren Räumen, im Sommer an den Wochenenden viel Betrieb. Menü mit Wild- und Pilzspezialitäten ab 25 €.

Gemütlich ▶ **La Taverna dell'Ozio:** Piazza Cavour 15, Tel. 05 58 49 51 30, Ruhetag Mo. Ein-Raum-Trattoria mit Pizzeria im Zentrum. Pizza ab 4 €, Hauswein 6 €/l. Pasta 5,50–8 €, *Scamorza* (Käse) mit Gemüse 7,50 €, Fleischgerichte ab 6,50 €, Fisch um 10 €, Beilagen 3–3,50 €, Menü um 20 €, *Coperto* 1,50 €.

## Einkaufen

Borgo San Lorenzo gilt als ›süße Stadt‹. Man findet mehrere Bäckereien und Konditoreien und bekommt das hier erfundene *Pane San Lorenzo*: ein von Nüssen und Gewürzen schweres süßes, haltbares Brot.

## Abends & Nachts

Leckeres Eis ▶ **Bar Gelateria La Piazzetta:** Piazza Garibaldi 7–8, Ruhetag Mo, sonst bis 2 Uhr früh geöffnet. Nett zu sitzen auf der kleinen Piazza.

Tolle Torten ▶ **Caffè Pasticceria Valecchi:** Via Mazzini 7. Sehr guter Kaffee, schöne Aperitifs, kleine Mittagsgerichte.

**Jugendtreff** ist samstags, beginnend mit

dem Aperitif bis tief in die Nacht auf der kleinen **Piazza Cavour**.

## Aktiv

**Golf / Autorennen ►** s. Scárperia, S. 132.
**Wassersport ►** am **Lago Bilancio** mit Windsurf Center.
**Mountainbike ►** Interessante Vorschläge für fünf verschiedene Rundtouren aller Schwierigkeitsgrade im **Infobüro** (s. o.).

## Termine

**Il pane … in pappa:** 3. So im Juni. Kulinarische Stände, Verkäufer in Kostümen von Anfang des 20. Jh. im historischen Zentrum.

## Verkehr

**Bahn:** Borgo San Lorenzo ist per Bahn mit Florenz auf zwei Wegen verbunden – so kann man die Fahrt nach Florenz sogar als Rundtour gestalten: von Borgo San Lorenzo linksherum über das wilde Sievetal und am Arno entlang, rechts herum durch die tunnelreiche Strecke über San Piero a Sieve und Pratolino. Dichter Fahrplan, speziell im Berufsverkehr.
**Bus:** Dichter Fahrplan zwischen Borgo San Lorenzo und Florenz; gute Anbindung u. a. auch an Prato.

## Vicchio ► H 4

Sowohl Giotto (1267–1337) als auch Fra Angelico (1387–1455) – auch Beato (der selige) Angelico da Fiésole genannt, weil er dort lange Zeit lebte und wirkte – stammen aus dem unscheinbaren Ort **Vicchio** 7 (gut 8000 Einw.) mit seinen bescheidenen, niedrigen Häusern. Man bemüht sich redlich, wenn auch noch recht vergeblich, mit seinen berühmten Söhnen mehr Besucher anzulocken. Für Giotto wurde ein Denkmal auf der nach ihm benannten Piazza vor der Kathedrale aufgestellt, das ihn mit ernster Miene unter der Malerkappe, Pinsel und Winkeleisen in der Hand (weil er ja auch als Architekt tätig war) zeigt. Fra Angelico wurde das Museum des Städtchens gewidmet, wenn auch ohne ein einziges Werk von ihm selbst: das **Museo d'Arte Sacra e Religiosità Popolare Beato Angelico**. Hier sind sakrale Werke aus den Kirchen von Vicchio und Umgebung untergebracht, die man nach der mit dem Ende der Halbpacht in den 1960er-Jahren einsetzenden Landflucht in Sicherheit bringen wollte: u. a. ein »Johannes der Täufer« von Andrea della Robbia, Florentiner Terrakotten sowie abgenommene Fresken aus dem 15. Jh. (Do 10–13, Fr, Sa, So, Fei 10–13, 15–19 Uhr, Ticket mit der Casa Giotto, s. u., Erw. 4 €).

Giotto soll nicht direkt in Vicchio, aber ganz in der Nähe geboren worden sein, genauer in Vespignano nordwestlich. Im winzigen **Colle di Vespignano** nördlich der Hauptstraße steht sein bescheidenes Geburtshaus oder das Bauernhaus, das man dafür hält. Gesichert ist es nicht, und doch ein Wallfahrtsort für Giottos Bewunderer: **Museo Casa di Giotto**. Darin ist eine Dokumentation über das Leben und das Schaffen des Malers zu sehen (Do 10–13, Fr, Sa, So, Fei 10–13, 15–19 Uhr, weitere Infos unter www.casagiotto.it, Ticket zusammen mit dem Museum (s. o.) 4 €).

Der begnadete Maler soll hier von seinem späteren Lehrmeister, dem Florentiner Cimabue, entdeckt worden sein. Das kleine, zweibogige Brückchen über den Wildbach Ensa zwischen Vicchio und Borgo San Lorenzo ist ein Ersatz aus dem 16. Jh. für diejenige Brücke, an der Cimabue den jungen Giotto als Hirten beobachtet haben soll, wie er mit viel Geschick ein Schaf auf eine Steinplatte zeichnete. Daraufhin holte Cimabue ihn in seine Florentiner Werkstatt, wofür er damals gegenüber den Eltern des Jungen wohl ziemlich viel Überredungskunst aufwenden musste. Die Brücke (heute **Ponte del Cimabue** genannt) ist von der Verbindungsstraße aus über einen kurzen Schotterweg erreichbar (ausgeschildert).

## Infos

**Pro Loco:** 50030 Vicchio (FI), Corso del Popolo 103, Tel. 05 58 43 92 20, www.comune.vicchio.fi.it, Biblioteca Comunale, Tel. 05 58 44 82 51.

## Essen & Trinken

**Historische Poststation ► L'Antica Porta di Levante:** Piazza Vittorio Veneto 5, Tel. 055 84

40 50, Ruhetag Mo. Im Zentrum von Vicchio, drinnen nackte Steinwände und draußen eine schattige Sommerterrasse. Lokale Gerichte wie die unentbehrliche *bistecca fiorentina* und die *tortelli mugellani* (Pasta mit würziger Kartoffelfülle); gute Weinkarte. Menü ab 29 €.

## Termine

**Festa dei Marroni:** 2./3. Oktoberwochenende. Maronenfest mit allen erdenklichen Leckereien aus der Waldfrucht und andere lokale Spezialitäten.

## Verkehr

**Bus:** Busse der Linie SITA verbinden Florenz und Vicchio.

## Abstecher ins Casentino zur Pieve di Romena ►J 5

Den Sieve südwärts geht es zwar auch direkt nach Rúfina und Pontassieve, wo Sieve und Arno zusammenfließen. Aber südlich von **Dicomano** 8 kann man die kurvenreiche SP 556 nach Osten ins Casentino (s. S. 444) wählen und in Stía (s. S. 450) über eine großartige, wenn auch kleine Abtei, die **Pieve di Romena** 9 (s. S. 449), den Anschluss an die Staatsstraße 70 Richtung Pontassieve, Abzweigung nach Pomino und weiter nach Rúfina (s. u.) nehmen – eine schöne, etwa 40 km lange Tour zu den Abhängen des Monte Falterona (1654 m), zu dessen Füßen der Arno entspringt. Der 1070 m hohe Válico Croce a Mori trennt geografisch das Mugello vom Casentino. Der letzte Abschnitt dieser Tour führt durch die zauberhafte Weinlandschaft des Pomino. Warum allerdings fast die gesamte Strecke als Weinstraße ausgeschildert wird, bleibt ein Rätsel.

## Im Weinbaugebiet von Rúfina ►H 5

Ein wirkliches Weinanbaugebiet ist hingegen das **Chianti Rúfina e Pomino** 10 im landschaftlich schönen Gemeindegebiet von Rúfina. Hier fährt man durch teils bewaldete, teils von Weingärten bedeckte Flächen, in einige Staubstraßen hinein, in die Tafeln mit berühmten Weinnamen locken. Darunter das **Castello di Nipozzano** im gleichnamigen Ortsteil fast schon in Pontassieve, das den Weltruhm des Chianti Rúfina begründet haben könnte, sowie **Castello di Pomino** in Pomino, beide im Besitz der Florentiner Adelsfamilie Frescobaldi (Infos und Anmeldung zu Kellereibesichtigung wie Weinverkostung unter www.frescobaldi.it, weitere Adressen in der Enoteca in Rúfina bzw. unter www.chiantirufina.com).

Das Aushängeschild im 6700 Einwohner zählenden **Rúfina** ist das **Museo della Vite e del Vino** (Weinbaumuseum) in der edel-schönen **Villa Poggio Reale** aus der Renaissance, die man gerne Michelangelo zuschreibt (unbewiesen), untergebracht. In diesem Museum erfährt man alles über den Weinbau und die für die Bearbeitung der Weinberge nötigen Werkzeuge, über den Weinkonsum und den -handel etc. und besichtigt dabei gleichzeitig die interessante Villa mitsamt ihren wundervollen Weinkellern (Mi, Fr 15–19, Sa 9–13, 15–18, So 10–13 Uhr, Erw. 3 €).

## Einkaufen / Abends & Nachts

In der Villa Poggio Reale befindet sich auch die **Enoteca** des Rúfina, mit Wine Bar für die Verkostung sowie diverse Verastaltungen, Kongresse, aber auch mit der – wie sie sich selber nennt – verrücktesten **Diskothek** der Gegend. Infos und Terminkalender unter www.villapoggioreale.it.

## Tipp: Kulinarisches

**Marrone del Mugello I.G.P.:** delikate Maronen mit geschütztem Prädikat.
**Latte Mukki:** Qualitätsmilch aus der Region; außerdem Milch und Joghurt vom biologisch geführten Podere Centrale.
**Le Mugellane:** Im Mugello gezüchtete Rinder, deren Fleisch mit dem der Chianine durchaus zu vergleichen ist. Es wird als viel gerühmte, zwei Finger dicke Steaks serviert.
**Tortello Mugellano** *(Tortello di patate):* Große Teigtasche, die meist mit einer mit Knoblauch gewürzten Kartoffelpaste gefüllt ist; sie schmeckt am besten hausgemacht.

Pisa: Blick vom berühmten
Campanile auf den Platz der Wunder

Kapitel 2

# Zwischen Florenz und dem Meer

**Am nördlichen Rand der weiten Arno-Ebene zwischen Florenz und dem Meer liegen zu Füßen der südlichen Ausläufer des Apennin die drei Provinzhauptstädte Prato, Pistóia und Lucca mit schönen historischen Zentren und interessantem Umland. Im Montalbano etwa und bei Lucca zählen viele Villen und deren Parkanlagen zu den großen Sehenswürdigkeiten.**

**Zu Pistóia gehört Italiens bekanntester Kurort, Montecatini Terme, der sich mit seiner hervorragenden Hotelinfrastruktur als Aufenthaltsort für Erkundungsfahrten im weiten Umkreis bis nach Florenz und Pisa eignet. Nördlich des Arno, in der Hügellandschaft Montalbano, liegt das hübsche Vinci, der trutzig vom Castello bewachte Geburtsort Leonardos. Das ist auch die Gegend, in der die Medici ihre vielleicht prächtigsten Villen hinterließen: die vornehme Villa in Poggio a Caiáno und die Jagdvilla in Artimino im Weinland des kostbaren roten Carmignano. Ganz in der Nähe liegt die historische ›Keramikwerkstatt‹ von Florenz, Montelupo Fiorentino.**

**Südlich von Lucca, gleich hinter dem bewaldeten Monte Pisano, breitet sich Pisa in der Ebene aus, die Stadt des Platzes der Wunder mit dem berühmten Schiefen Turm, dem filigranen, schönsten Glockenturm überhaupt.**

**Den Norden des Gebiets gestalten die südlichen Ausläufer des Apennin: von dunklen Wäldern bedeckte Berge, von Wildbächen durchflossene Täler. Eine Augenweide ist der wilde Sérchio, der die grüne Landschaft Garfagnana mit ihren vielen kleinen Nestern an den Berghängen bildet – ein Muss für Naturfreunde und Liebhaber deftiger Küche. Besonders sehenswert sind der Kurort Bagni di Lucca, das gepflegte Städtchen Barga mit einer der schönsten Pisani-Kanzeln und der Hauptort Castelnuovo di Garfagnana.**

Auf einen Blick

# Zwischen Florenz und dem Meer

## Sehenswert

2 **Pistóia:** Die kleine Provinzhauptstadt besitzt ein zauberhaft kompaktes Altstadtzentrum (s. S. 153).

**Vinci:** Der Geburtsort des Universalgenies Leonardo (s. S. 163).

3 **Lucca:** Kaum eine andere Stadtmauer bietet solch schöne Ausblicke auf den alten Stadtkern wie die von Lucca (s. S. 186).

4 **Pisa:** Mit oder ohne Schiefen Turm – der Domplatz ist an Schönheit seiner Monumente kaum zu übertreffen (s. S. 205).

## Schöne Routen

**Durch den Montalbano:** Die Tour führt durch die sanft gewellte Hügellandschaft von Pistóia über Leonardos Geburtsort Vinci und San Miniato al Tedesco bis zum hübschen Städtchen Montaione – der ideale Ausgangspunkt für weitere Touren ins Umland (s. S. 163).

**Rund um Lucca auf Puccinis Spuren:** In fast allen Villen, in denen Puccini lebte und einige seiner berühmtesten Musikstücke komponierte, sind kleine interessante Museen entstanden (s. S. 193).

**Durch die Garfagnana und die Alpi Apuane:** Von Lucca geht es den Fluss Sérchio aufwärts zum ›teuflischen‹ Ponte della Maddalena, dann weiter nach Barga bis zum Hauptort der Garfagnana, Castelnuovo. Nach einem Abstecher zur Grotta del Vento mit ihren skurrilen Tropfsteinen verläuft die Tour durch die Apuanischen Alpen hindurch nach Massa oder Serravezza (s. S. 197).

# Meine Tipps

**Die Therme Grotta Giusti – Vom Vestibül in die Hölle:** In Monsummano Terme kann man frei nach Dante von einer nur warmen in eine höllisch-heiße Grotte hinabsteigen (s. S. 178).

**Die Stelzenrestaurants von Marina di Pisa:** Immer einladender werden im Badeort der Pisaner die Restaurants direkt am Meer, wo sie auf Stelzen stehen und jeweils eigene Badeanstalten mit anbieten, also Sonnenschirme, Liegen etc. (s. S. 222).

## aktiv unterwegs

**Zu Fuß durch die Dörfer der Valdiniévole** Westlich von Montecatini Terme verteilen sich kleine befestigte Dörfer über die Valdiniévole, die durch historische wie auch neuere Wege miteinander verbunden sind (s. S. 176).

**Der Märchenweg Péscia – Collódi – Péscia:** Eine schöne Wanderung auf einem alten, vermutlich römischen Saumpfad, der Teil der Europäischen Märchenstraße werden soll (s. S. 182).

**Auf Luccas Stadtmauer spazieren:** Keine andere toscanische Stadt besitzt eine so wunderbar gut erhaltene und dicke Stadtmauer (s. S. 187).

**Mit der Bummelbahn durch die Garfagnana:** Nur zwei Stunden Fahrt – aber welch ein Vergnügen, so gemächlich durch die waldgrüne Garfagnana zu reisen (s. S. 202).

# Prato und Umgebung

**Zwischen den Zentren von Florenz und Prato liegen gerade mal 20 km. Doch Prato wird oft gemieden, weil man sich unter dem Beinamen Manchester Italiens – ganz zu Unrecht – eine hässliche Industriestadt vorstellt. Auch die Umgebung kann sich sehen lassen mit edlen Medici-Villen und der historischen Keramikstadt Montelupo Fiorentino.**

Das Manchester Italiens besitzt natürlich Fabriken, doch diese liegen außerhalb im Industriegebiet der Stadt. Dort produziert man allerdings schon lange keine Billigstoffe mehr aus Lumpen, wie nach dem Zweiten Weltkrieg, als Prato seinen Ruhm als Textilmetropole begründete (s. Thema, S. 147). Die Textilproduktion hat eine lange Tradition in der wohl von den Etruskern gegründeten Ansiedlung: Bereits im Mittelalter entwickelte sich Prato neben der mächtigen Nachbarin Florenz zu einem wichtigen Wollimperium. In der zweiten Hälfte des 20. Jh. haben vor allem bekannte italienische Firmen der Luxusklasse hier ihre Produktionsstätten aufgebaut, auch für die sogenannten Florentiner Stoffe, speziell aber für kostbare Wollstoffe.

Bis vor wenigen Jahren gab es noch mehr als 14 000 Tuchwebereien in und um Prato, doch inzwischen ist die Zahl auf gerade noch 7000 geschrumpft. Außerdem wird seit einiger Zeit wieder vermehrt Massenware produziert, und zwar durch den starken Zugriff chinesischer Investoren in der Stadt. Sie beherrschen inzwischen rund 2000 der verbliebenen Fabriken – und lassen darin hauptsächlich Chinesen arbeiten.

Der fernöstliche Einfluss macht sich auch beim Schaufensterbummel durch die Altstadt bemerkbar: Statt der einst üblichen feinen Auslagen beherrscht nun flippige junge Mode aus Hightechstoffen das Angebot, auch wenn Prato noch immer als das größte Textilzentrum Europas gilt. Die chinesische Präsenz bedeutet für Prato aber auch eine multikulturelle Bereicherung: Im Nordwesten der Stadt entstand allmählich in der Nähe der Via Marini und der Via Pistoiese, also Richtung Pistóia, ein wahres *China Town* mit typisch chinesischen Läden und Restaurants.

Prato ist auch die Heimat des malenden Mönches Filippo Lippi (1406–1469), der mit seiner Verführung der schönen Nonne Lucrezia (s. S. 143) einen Kirchenskandal ohnegleichen heraufbeschwor. Außerdem besitzt die Stadt wunderbare sakrale und profane Bauten aus dem Mittelalter und der Renaissance. Und noch immer ist Prato ein hervorragender Einkaufsplatz: In der Fußgängerzone, den engen Gassen rings um den Dom, gibt es eine große Auswahl an Stoffen und Modedesign ebenso wie Lebensmittel und Antiquitäten.

Die Umgebung Pratos bietet einige lohnende Ausflugsziele: Südlich der Stadt liegen in Poggio a Caiáno und Artimino zwei wundervolle Medici-Villen, noch weiter südlich die historische ›Keramikwerkstatt‹ von Florenz, Montelupo Fiorentino.

## Prato ► G 4

**Cityplan:** S. 142

Das unregelmäßige Sechseck der Stadtmauer um den ebenen und ohne sie daher schutzlosen mittelalterlichen Ortskern birgt in seinem Inneren einige Schätze der Architektur und bedeutende Beispiele der Malerei.

## Rund um das Castello dell'Imperatore 1

Den »teutonischen Klotz« mit den staufisch gezackten Schwalbenschwanzzinnen, wie manche Historiker das wuchtige **Castello dell' Imperatore** aus dem 13. Jh. nennen, soll Kaiser Friedrich II. zum Schutz Pratos veranlasst haben, damit die Stadt – damals schon als Stoff- und Wollhandelsplatz von Bedeutung – sich verteidigen und ihre Unabhängigkeit bewahren konnte. Das Castello wurde 1242 bis 1248 nach Plänen von Riccardo da Lentini errichtet, der für Friedrich bereits auf Sizilien und in Apulien gearbeitet hatte. In Nord- wie Mittelitalien sucht man vergebens einen zweiten Verteidigungsbau dieser Art.

Die Festung sah viele Besitzer, die sie immer wieder umbauen ließen, doch der militärische Charakter blieb erhalten. Nun ist sie hinter den hohen, mit acht klobigen Bastionen bzw. Türmen vor- und zurückspringenden Mauern innen fast hohl, nur ein paar Räume gegenüber dem Eingang beherbergen Ausstellungen. Die Mauerkrone kann man besteigen und von dort einen schönen Blick auf die Stadt genießen (Mi–Mo April–Sept. 9–13, 16–19, Okt.–März 9–13 Uhr, Erw. 2,50 €).

Neben der staufischen Kaiserburg steht der Zentralbau der **Kirche Santa Maria delle Carceri** 2: Giuliano da Sangallo errichtete sie ab 1484 für das wundertätige Marienbild, das an einer Wand des früheren Gefängnisses an dieser Stelle gemalt war. Ganz klar und einfach ist die Zeichnung der Fassade durch grüne Marmorstreifen, schlichteste Renaissance! Die blaugrundigen Terrakottamedaillons mit der Darstellung der vier Evangelisten in der Vierungskuppel stammen von Andrea della Robbia: Prato konnte sich eben die besten Künstler leisten. Und das sogar zu einer Zeit, als die Pest in der Stadt wütete (tgl. 7–12, 16–19 Uhr).

Vom Kastell erblickt man gegenüber auch die backsteinerne Apsis der **Kirche San Francesco** 3. Geht man um sie herum, gelangt man zur gleichnamigen Piazza (großer Parkplatz) und zu ihrem Haupteingang. Die weiß-grün quer gestreifte Marmorfassade (sonst zeigt sich die Kirche rinsgum in Backsteinrot) ist von großartiger Einfachheit und überraschend hoch. Die innen franziskanisch schlichte, einschiffige Kirche besitzt einen sehr hohen, offenen Dachstuhl mit farblich schön gefassten Balken. Hier ist u. a. Francesco di Marco Datini begraben, nach Filippo Lippi der wohl berühmteste Sohn der Stadt (s. S. 143). Über den Kreuzgang erreicht man die **Cappella Migliorati**, die als Kapitelsaal genutzt und 1395 bis 1400 vollständig mit Fresken von Niccolò di Pietro Gerini ausgemalt wurde. Sie erzählen die Lebensgeschichten von San Matteo und Sant'Antonio Abate: eine kostbare Ausstattung von großer Plastizität (tgl. 8–12, 15/16–18.30 Uhr).

## Piazza del Comune

Auf dem Weg zum Domplatz öffnet sich die relativ kleine Piazza del Comune, das profane Zentrum von Prato. Hier erhebt sich der hohe **Palazzo Pretorio** 4, der zusammen mit mehreren mittelalterlichen Bauteilen und Türmen (13. und 14. Jh.), aus dem Palazzo Comunale entstanden, das Regierungsviertel der Stadt bildete. Die großzügige Freitreppe kam erst im 16. Jh. hinzu, ebenso die strengen Zinnen und der Glockenturm über der Uhr. Wenn endlich die Restaurierungsarbeiten beendet sein werden, sollte man sich den imposanten Sitzungssaal ebenso ansehen wie die **Galleria Comunale** mit ihrer Kunstsammlung vom 14. bis zum 18. Jh.

Gegenüber dem Palazzo Pretorio steht ein würdiges **Denkmal für Datini**, das kurz vor dem Ende des 19. Jh. für den Prateser Kaufmann geschaffen wurde, dessen Haus sich in der Nähe befindet (s. u.). Seinerzeit zählte Datini (1330–1410) zu den reichsten Kaufleuten Italiens, ein typischer Sohn seiner kaufmännisch denkenden Heimatstadt. Er gilt als Erfinder des Wechsels und der doppelten Buchführung. 300 Verträge, 500 Kontobücher und mehr als 400 Versicherungspolicen wurden zusammen mit Briefen erst 1870 bei der Restaurierung seines Hauses entdeckt. Sie waren unter der Treppe eingemauert und bilden den kostbaren Grundstock für das Archiv, das Datinis Namen trägt.

# Prato

**Sehenswert**

1 Castello dell'Imperatore
2 Santa Maria delle Carceri
3 San Francesco
4 Palazzo del Pretorio / Palazzo Comunale
5 Palazzo Datini
6 Duomo
7 Palazzo Vescovile / Museo dell'Opera del Duomo
8 Museo del Tessuto
9 Centro per l'Arte Contemporanea L. Pecci
10 Forma squadrata con taglio

**Übernachten**

1 Art Hotel Museo
2 San Marco
3 Flora
4 Giardino
5 Borgo Al Cornio

**Essen & Trinken**

1 Tonio
2 La Vecchia Cucina di Soldano

**Einkaufen**

1 Maglificio Effeme
2 Biscottificio Antonio Mattei
3 Panificio Loggetti

**Abends & Nachts**

1 Caffè delle Logge

**Aktiv**

1 Le Pavoniere Golf Club
2 Centro Ippico La Querce
3 Club Alpino Italiano

Doch auch das Wohnhaus lohnt wegen der herrlichen Innen- und Außenfresken von Niccolò Gerini und Arrigo di Niccolò di Prato einen Besuch: der **Palazzo Datini** 5 vom Ende des 14. Jh. Bemerkenswert sind insbesondere die zahlreichen Lilien, die als Dekoration verwendet wurden. Sie zeigen nicht die Florentiner, sondern die französische Lilie der Avignons! Das Erdgeschoss kann frei besichtigt werden (Casa Pia dei Ceppi genannt), das Obergeschoss wird vom Staatsarchiv eingenommen, das auf Anmeldung zugänglich ist (Erdgeschoss Mo–Sa 9–12, 16–19, Obergeschoss Mo, Mi 8.15–17.20, Di, Do–Sa 8.15–13.45 Uhr, unsichere Öffnungszeiten, Eintritt frei).

## Piazza del Duomo

Dass den Pratesern kein Künstler zu teuer war, sieht man auch und insbesondere am Domplatz, den man vom Rathausplatz über die kurze aber einladende Einkaufsmeile der Via Giuseppe Mazzini erreicht. Die Piazza lädt zum Verweilen ein, die Cafés sind so angesiedelt, dass der Blick auf den **Dom Santo Stéfano** 6 frei bleibt. Geradezu magisch zieht die Außenkanzel (1356) rechts an der quer gestreiften Domfassade die Aufmerksamkeit auf sich, auf der die Kopien tanzender und bal gender Putten von Donatello und Michelozzo zu sehen sind; das Original wurde im Dombaumuseum (s. u.) nebenan untergebracht.

Gebaut wurde die zierliche, fast runde Außenkanzel allein zum Herzeigen des heiligen Gürtels, dessen Geschichte herrliche Fresken im Inneren des Doms erzählen: Maria überließ vor ihrer Himmelfahrt ihren Gürtel dem Apostel Thomas, der ihn später einem Priester schenkte. Dieser gab ihn einem Prateser Kaufmann zur Hochzeit als Mitgift, und dieser wiederum vermachte den Gürtel sowohl den Vertretern der Kirche als auch denen seiner Heimatstadt. Seitdem gibt es zwei Schlüssel für den Gürtelschrein, und nur mit beiden gemeinsam kann er aufgeschlossen werden. Mehrmals im Jahr wird der Gürtel gezeigt, auf jeden Fall zu Ostern, am 1. Mai, 15. August, 8. September (beim großen Prateser Jahrmarkt zu Ehren des Geburtstages von Maria) und zu Weihnachten. Ehrensache, dass in einer seit Jahrhunderten fast durchgehend wohlhabenden Stadt der alte Ritus vor allem am 8. September in prunkvollen historischen Kostümen begangen wird!

Der Dom, der 1211 an der Stelle einer älteren Pfarrkirche von Guido da Como begonnen und mehrfach umgestaltet wurde (Fassade 1385–1456; seit 1653 Bischofskirche), ist durch seine grün-weiße Inkrustation von zauberhafter Leichtigkeit. Der Turm an der Südostecke wirkt durch die nach oben aufgelockerte Folge der Klangöffnungen ebenfalls sehr leicht.

Im Inneren des dreischiffigen romanischen Langhauses gibt es zwei Schätze zu bewundern: Gleich links vom Eingang (durch die Schmiedeeisengitter einsehbar) liegt die **Cappella della Cintola**, die Kapelle des Gürtels, in der besagte Freskenbilder die Geschichte des Ledergurtes erzählen. In der **Hauptchorkapelle** sind die wohl schönsten Fresken Fra Filippo Lippis erhalten: Szenen aus dem Leben des hl. Stephan, dem der Dom geweiht ist, und Johannes des Täufers. Im »Gastmahl des Herodes« tanzt eine anmutige Salome: Modell soll die Nonne Lucrezia gestanden haben, Lippis Geliebte! Er hatte sie genau an einem der Tage aus dem Kloster entführt, als alle Welt den heiligen Gürtel auf dem Domplatz bewunderte … (Der Dom insgesamt ist zwar länger geöffnet (tgl. 7–12.30, 15/16–18.30–19 Uhr), doch für die Besichtigung der wichtigsten seiner Sehenswürdigkeiten gilt: Mo–Sa 10–17, So 13–17 Uhr; Eintritt Hauptchorkapelle inklusive Audioguide auch in Deutsch 3 €).

Gleich neben dem Dom, passend im dafür restaurierten Bischofspalast mit seinem romanischen Innenhof untergebracht, befindet sich das **Museo dell'Opera del Duomo** 7. Neben Skulpturen und Bildern ab dem 13. Jh. besitzt das Dombaumuseum eine kostbare Sammlung liturgischer Bücher mit wunderschönen farbigen Miniaturen aus dem 14. bis 16. Jh. sowie Votivgaben für den Heiligen Gürtel. Im Untergeschoss sind etruskische Funde ausgestellt, die hier vor Ort bei der Grabung entdeckt wurden. Einen eigenen

Raum hat das Original der Domkanzel erhalten, so kann man hier in Ruhe und ganz nahe die fein behauenen sieben Felder bewundern, die balgende und tanzende Putten zeigen – so lebendig wirken sie, als wollten sie dem rötlichen Stein entsteigen (Mi–Mo 10–13, 15–18.30, So, Fei nur 10–13 Uhr, Erw. 5 €, zusammen mit dem Castello 8 €).

## Stoffmuseum 8

Natürlich gehört zu einer Besichtigung Pratos der Besuch des **Museo del Tessuto** in einer früheren Textilfabrik an der Via Santa Chiara. Hier kann man nicht nur viel über die Stoffverarbeitung und die Bedeutung des Handels im 14. bis 18. Jh. lernen, auch Kollektionen aus dem 19. und 20. Jh., die von berühmten Künstlern wie Henry Moore und Raoul Dufy entworfen wurden, sowie Stoffmuster der wichtigsten Fabriken Pratos sind zu bewundern; darüber hinaus auch solche aus Indien und Japan, Indonesien, Süd- und Zentralamerika. Außerdem informiert das Museum über technologisch entwickelte Textilien sowie über Textilveredlung der Neuzeit. Um ein Gefühl für ihre Struktur und ihre besonderen Merkmale zu bekommen, dürfen die Besucher viele Stoffe anfassen (www.mu

**Stimmungsvoller Treffpunkt: Der Domplatz in Prato**

seodeltessuto.it, Mo, Mi–Fr 10–18, Sa 10–14, So 16–19 Uhr, Erw. 6 €).

## Museum für zeitgenössische Kunst 9

Bei aller Liebe zur alten Kunst haben die Prateser auch die Moderne bzw. die zeitgenössische Kunst im Repertoire ihrer Museumslandschaft. Kernpunkt ihrer Sammlungen ist das 1988 errichtete **Centro per l'Arte Contemporanea L. Pecci**, der auch architektonisch passende Ort für Dauer- und Sonderausstellungen, Lehrveranstaltungen und Seminare. Zu den ausgestellten Werken gehören außer denen italienischer Künstler wie Massimo Barzagli, Enzo Cucchi, Mauro Stacioli und Fabrizzio Plessi auch internationale Größen wie Sol LeWitt und Anne und Patrick Poirier (www.centropecci.it, Mi–Mo 10–19 Uhr, bei Ausstellung variierend, Erw. 5 €).

Die Stadt selbst schmückt sich ebenfalls mit einigen Kunstwerken der Moderne, darunter das wohl berühmteste: Henry Moores weiße Marmorstatue **Forma squadrata con taglio** 10 von 1974 auf der Piazza San Marco. Für Liebhaber zeitgenössischer Kunst bietet sich auch der Skulpturenpark Quinto Martini nördlich von Carmignano an (s. S. 148).

## Infos

**APT:** 59100 Prato (PO), Piazza Santa Maria delle Carceri 15, Tel. 0 57 42 41 12, für Stadtinfos.

**APT 14 Prato:** 50047 Prato, Via L. Muzzi 51, Tel. 057 43 51 41, www. prato.turismo.it, Infos für die gesamte Provinz.

## Übernachten

Beim Kunstmuseum ▶ **Art Hotel Museo 1:** Viale della Repubblica 289, Tel. 05 74 57 87, www.arthotel.it. Gepflegtes modernes Hotel in verkehrsgünstiger Lage am südlichen Stadtrand. 110 Zimmer, Kongresszentrum, Restaurant und Pool; Garage. DZ/ÜF 80–200 €.

Familiär ▶ **San Marco 2:** Piazza San Marco 48, Tel. 057 42 13 21, www.hotelsan marcoprato.com. Einfaches Altstadthotel mit 40 Zimmern; Garage. DZ/ÜF 80–150 €.

Jugendstil ▶ **Flora 3:** Via Cairoli 31, Tel. 057 43 35 21, www.hotelflora.info. Nettes Stadthotel im Palazzo des 19. Jh. mit Jugendstilelementen. 29 Zimmer, zwei Suiten; Garage. DZ/ÜF 75–140 €.

Freundlich ▶ **Giardino 4:** Via Magnolfi 2–6, Tel. 05 74 60 65 88, www.giardinohotel.com. Gepflegtes, nettes Stadthotel, 28 Zimmer; Garage. DZ/ÜF 86–100 €.

Mit Himmelbett ▶ **Borgo Al Cornio 5:** Via Convenevole da Prato 30, Tel. 05 74 44 02 22, www.borgoalcornio.com. Sechs gepflegte Zimmer in einem Altstadtpalazzo; angenehmer Frühstücksraum; kostenloser Radverleih. DZ/ÜF 45–60 €.

## Ein Tipp für die Hotelsuche

Pratos Hotellerie wendet sich in der Hauptsache an Geschäftsleute und Kongressteilnehmer, weshalb man hier meist außerhalb des historischen Zentrums ausgesprochen komfortable große Hotels findet, im Zentrum hingegen vergleichsweise bescheidene Unterkünfte. Es lohnt sich, die Weekend-Tarife zu nutzen (bis zu 50 % weniger)!

### Essen & Trinken

**Achtung:** Im Ferienmonat August sind fast alle der typischen Altstadtlokale Pratos geschlossen; das gilt in vielen Fällen auch für den Sonntag.

50 Jahre gut ► **Tonio 1:** Piazza Mercatale 161, Tel. 057 42 12 66, Ruhetage So/Mo, Weihnachten/Neujahr und Aug. geschl. Gutes Altstadtrestaurant mit Plätzen im Freien, seit einem halben Jahrhundert in Familienbesitz, gepflegt, mit guter Fischküche. Fischmenü ab 33 €.

Schnörkellos ► **La Vecchia Cucina di Soldano 7:** Via Pomeria 23, Tel. 057 43 46 65, Ruhetag So. Fotos an der Wänden der beiden kleinen Speiseräume, auf den Tischen karierte Decken – eine traditionelle Trattoria mit lokaler Hausmannskost und toscanischen Weinen, mittags stets voll! Vorspeisen wie *crostini* mit Pilzen oder *fettunta* mit Tomaten und Anchovis, *tortelli di patate al ragù* o. a. Pastagerichte und *ribollita*, *bollito misto* mit grüner Soße, Kaninchen mit Oliven oder Grillfleisch, wechselnde Beilagen. Man kann sich satt essen ab rund 15 €.

## Tipp: Shopping zu Fabrikpreisen

Das Touristeninformationsbüro von **Prato** (s. S. 145) hält eine stets aktuelle Liste der Kleiderfabriken parat, die eigene Verkaufsläden führen – ideal für den gezielten Einkauf einer bestimmten Marke.

### Einkaufen

Generell findet man in Prato schöne **Stoff- und Modegeschäfte**, manche Fabriken bieten auch **Direktverkauf** an (aktuelle Liste bei den Infostellen und in guten Hotels erhältlich); die Fabriken mit Damen- und Herrenkleidung, Haushaltswäsche, Strickwaren, Cashmere und anderen Wollstrickwaren sowie Accessoires liegen in Prato selbst bzw. in näherer Umgebung (Poggio a Caiano, Carmignano). Auch für gutes **Gebäck** ist die Stadt bekannt.

Wollig ► **Maglificio Effeme 1:** Via Pistoiese 890/I/2, Tel. 05 74 81 15 79, www.maglificioeffemme.com, Mo-Fr 15-19 Uhr. Damen- und Herrenstrickwaren aus Kaschmir und Merinos.

Berühmte Cantucci ► **Biscottificio Antonio Mattei 2:** Via Ricasoli 20/22. Seit 1858 werden hier die berühmten Cantucci di Prato (Mandelgebäck, auch *biscotti* genannt) hergestellt sowie andere Kekse und Torten.

Mehr Torten ► **Panificio Loggetti 3:** Via Matteotti 11. Bekannt für seine *cantucci* und das hervorragende toscanische, ungesalzene Brot mit seiner knackigen Kruste.

### Abends & Nachts

Mit Cocktaillounge ► **Caffè delle Logge 1:** Piazza del Comune, Tel. 05 74 60 00 78, 8–1 Uhr durchgehend geöffnet, Ruhetag Mo. Wunderschönes Café und Restaurant unter den Logge des historischen Palazzo Pretorio, ein feiner Treff.

### Aktiv

Golf ► **Le Pavoniere Golf Club 1:** Via della Fattoria 629, Tel. 05 74 62 08 55, www.golfclublepavoniere.com. 18-Loch-Platz 6 km südwestlich von Pratos Zentrum

Reiten ► **Centro Ippico La Querce 2:** Via La Querce 43, Località Montemurlo 8 km nordwestlich, Tel. 05 74 68 21 38.

Wandern ► **Club Alpino Italiano 3:** Sezione E. Bertini, Via dell'Altopascio 8, Tel. 057 42 20 04 (nur Di, Fr nach 21 Uhr).

### Termine

**Mariä Geburt:** 8. Sept. Das größte Fest der Stadt mit einem historischen Umzug in Re-

# Modisches aus Lumpen und Hightechstoffen

Thema

**Während Florenz bildende Künstler und Dichter hervorbrachte, regierte in Prato von jeher der nüchterne Geschäftssinn, auch und gerade während des wirtschaftlichen Aufschwungs Mitte des 20. Jh.: Seit Ende des Zweiten Weltkriegs floriert die Stoffindustrie der Stadt wieder.**

Damals ging es darum, Millionen von Menschen in Europa, die nur Soldatenkluft und Selbstgenähtes kannten, wieder ordentlich einzukleiden. Stoffe gab es zwar, hervorragende Materialien etwa aus London. Aber weil diese unerschwinglich waren, holten die Prateser Lumpen aus aller Welt zusammen und stellten daraus Kleidung zu Billigstpreisen her. Ein unvorstellbarer Boom begann, die Geschäfte florierten, aus den kleinen Zulieferbetrieben wurden Großmanufakturen. Neue Maschinen wurden angeschafft, zusätzliche Arbeitskräfte aus dem armen Süden Italiens geholt. Prato wuchs in Richtung Florenz, natürlich in Form von Mietskasernen der 1950er-Jahre, also nicht gerade das, worauf man städtebaulich stolz sein könnte. Aber darum ging es nicht: Die Einwohner der Stadt, zwischen 1950 und 1975 von 50 000 auf 160 000 angewachsen, davon mehr als ein Drittel direkt in der Textilindustrie beschäftigt, mussten Wohn- und Schlafplätze erhalten. So schnell wuchs keine andere italienische Stadt, und so reich war damals keine.

Aber die Prateser verloren ihre traditionelle Identität als Textilkünstler. Sie stellten Massenware her, im Akkord und an Maschinen, die sie zu immer höherer Produktivität zwangen. Die Nachteile bekamen sie 1975 zu spüren, als die asiatischen Länder den Weltmarkt der Billig- und Massenproduktion zu erobern begannen. Eine Großfabrik nach der anderen ging in Konkurs, ein Drittel der Textilarbeiter wurde arbeitslos. Wer überleben wollte, kehrte zu den Wurzeln der Prateser Textilindustrie zurück: Spezialisierung, Beschäftigung von kleinen Zulieferern, Wiederentdeckung des Textilkunsthandwerks. Wie anno dazumal, nun aber mit modernen Maschinen und mit modernem Marketing. Und das schien lange Zeit gut zu funktionieren, bis zum Ende des 20. Jh.

Dann entwickelte sich Prato zum größten Umschlagplatz für Altkleider. Die Textilien, die bei den Sammlungen in vielen Ländern Europas anfallen, werden zum Großteil nach Prato transportiert und hier nach Qualität und Zustand sortiert. Denn die Prateser verfügen aufgrund ihrer langjährigen Erfahrung mit Textilien über die besondere Fähigkeit, die Zusammensetzung eines Stoffes schon durch bloßes Anfassen zu erkennen. Die sortierte Ware geht entweder an Secondhandläden, nach Osteuropa oder Afrika. Doch die Globalisierung hat auch Prato enorme Veränderungen eingebracht: Rund 30 % der etwa 7000 verbliebenen Stoff- und Kleiderfabriken sind inzwischen in chinesischer Hand.

Natürlich besitzt das mit seinem Umland inzwischen auf mehr als 260 000 Einwohner angewachsene Prato (im Kern 165 000 Einw.) eine Schule für Textiltechnik, das Istituto Buzzi, das bereits 1886 gegründet wurde und seinen Sitz am Viale della Repùbblica hat. Und Prato hat in einer ehemaligen Fabrik ein Stoffmuseum eingerichtet – bislang das einzige Italiens –, in dem sich interessierte Besucher u. a. mit der jahrhundertelangen Geschichte der Stadt als Textilmetrolopole vertraut machen können (s. S. 144).

## Tipp: Radfahren in der Region

Die Stadt baut derzeit ein großes Radfahrnetz auf, von dem bereits an die 40 km fertiggestellt sind, besonders schön sind die Strecken entlang des Bisenzio und in den Süden (Weingebiet des Montalbano, s. S. 163.). Auskunft beim APT oder bei der Lega Provinciale Ciclismo UISP Prato, www.uisprato.it.

naissancekostümen und der traditionellen Präsentation des Heiligen Gürtels (s. S. 143).

### Verkehr

**Bahn:** Prato liegt an der dicht befahrenen Strecke Florenz–Pistóia–Lucca. Von beiden Bahnhöfen der Stadt Regionalverkehr alle 15–30 Min., Bahnauskunft Tel. Call Center 89 20 21.
**Bus:** CAP bedient die Stadt und verbindet Prato mit seiner kleinen Provinz (Zentrale Piazza Duomo 18, Tel. 05 74 60 82 19) und ebenso wie LAZZI mit Florenz (im Sommer zusammen alle 15–30 Min.); weitere Verbindungen in dichter Folge mit Pistóia und Lucca.

## Poggio a Caiáno ► G 5

Ca. 8 km südlich von Prato hat sich rings um die herrliche Medici-Villa von Poggio a Caiáno ein lebhafter Ort entwickelt, der sie mittlerweile etwas einzuengen droht. Einst stand die Villa einsam zwischen dem Ombrone und den Ausläufern des Montalbano (s. S. 163), umgeben nur von ihren Wirtschaftsgebäuden und dem herrlichen Park. Die günstige und schöne Lage war es, die Lorenzo de' Medici bestach und weshalb er 1485 Giuliano da Sangallo den Auftrag gab, die frühere Villa der Florentiner Familie Strozzi umzugestalten. Zur Ausführung sollten die Umbaupläne nach dem Tode Lorenzos (1492) jedoch erst 1512 für den Sohn des Prächtigen, den späteren Papst Leo X. kommen. Die Villa erlitt im Laufe der Jahrhunderte keine wesentlichen Änderungen, nur im 19. Jh. kamen die geschwungenen Freitreppen hinzu und innen ein weiterer Treppenaufgang. So blieben die Formen der frühen Renaissance in ihrer Klarheit und Schönheit erhalten.

Über die beiden geschwungenen Freitreppen gelangt man in die auf vier Säulen ruhende Eingangshalle mit dem Giebelfeld, die wiederum zur Terrasse über dem Erdgeschoss führt. Diese Terrasse umgibt die eigentliche Villa, gestützt auf Rundbogenarkaden, die die Räume darunter verstecken. Ab hier gruppieren sich die Räume der Villa auf zwei Geschossen um den zentralen Salon herum, den Prunksaal mit einer imposanten Ausmalung, die Papst Leo X. in Auftrag gab. Pontormo (1494–1556) und Andrea del Sarto (1486–1531) hinterließen hier Freskenzyklen, die zu den bedeutendsten der Florentiner Malerei des 16. Jh. zählen, vor allem del Sartos Allegorie von der Wiederkehr Ciceros aus dem Exil zur Verherrlichung des Wiedereinzugs Cosimos in Florenz (Villa und Park sind nur mit Führung zu besichtigen, im Prinzip außer 2. und 3. Mo des Monats tgl. stdl., je nach Jahreszeit ca. 8.15–15.30/16.30/17.30 bzw. 18.30 Uhr, Eintritt frei).

### Termine

**Assedio alla Villa:** Ca. Mitte Sept. Ein weinseliges Fest mit kulturellen Veranstaltungen und einem Antiquitätenmarkt in den Gassen.

## Carmignano ► F 5

Alles in Carmignano dreht sich um den Wein, oder zumindest fast alles: Auch Olivenöl vom Feinsten wird hier auf den Weingütern erzeugt. Berühmt wurde der Ort außerdem wegen seiner gefüllten, zuckersüßen Feigen. Sehenswert ist die Pfarrkirche **Santi Michele e Francesco** (14. Jh.), in der sich am zweiten rechten Altar mit der »Heimsuchung Mariä« ebenfalls ein großartiges Werk von Pontormo befindet: ein bewegtes Bild, die Gewänder scheinen konturenlos ganz aus den kräftigen Farben heraus entstanden zu sein.

Rund 3 km westlich von Carmignano breitet sich in **Seano** auf einer baumbestandenen

Fläche von fast 32 000 m² der **Skulpturenpark Quinto Martini** aus; er wurde 1988 vom Künstler selbst (1908–1990) eröffnet und der Gemeinde von Carmignano testamentarisch vermacht. Der in Seano geborene Bildhauer, der 1960 bis 1977 an der Florentiner Kunstakademie lehrte, hat in seinen 36 Skulpturen vor allem Menschen aus seinem Dorf dargestellt. Seine Werke sind nicht nur in diesem einmaligen Freiluftmuseum zu bewundern, sondern auch weltweit in großen Museen: in New York und Warschau, Osaka und Moskau (Via Pistoiese, immer geöffnet, vorsichtshalber anrufen, Tel. 055 87 50 232–250).

## Übernachten

Stilvoll ▶ **Tenuta di Capezzana:** Via Capezzana 100, Tel. 05 58 70 60 05, www.capezzana.it. Sechs Zimmer (nur fünf Bäder) in einer Medici-Villa auf dem vielleicht berühmtesten Weingut des Carmignano-Gebietes, mit hervorragenden Rotweinen, Vinsanto und wohlschmeckendem Olivenöl (Kauf vor Ort möglich). DZ (ohne/mit eigenem Bad) 180–260 €, reichhaltiges Frühstück möglich (10 €/Person).
Bäuerlich ▶ **Le Poggiarelle:** Località Fontanaccio, Seano, Tel. 05 58 71 23 43, podere.poggiarelle@libero.it. Restauriertes Bauernhaus mit zwei rustikalen Zimmern (gemeinsames Bad). DZ/ÜF um 60 €.

## Einkaufen

Wein und Olivenöl ▶ **Tenuta di Capezzana,** s. Übernachten.

## Artimino ▶ F/G 5

Rund 6 km weiter südlich liegt auf einem Hügel das befestigte Dorf Artimino (260 m). Es bestand bereits im Mittelalter, seine Bedeutung hat es aber sicher der Jagdlust der Medici zu verdanken, die gegenüber zu Beginn des 17. Jh. in herrlicher, das Arnotal überschauender Lage die Jagdvilla **La Ferdinanda** errichten ließen. Genauer: im Auftrag Großherzog Ferdinands I., der damit sein Jagdgebiet von **Barco Reale di Caccia** aufwerten wollte.

In ihrem Äußeren erinnert die von Bernardo Buontalenti errichtete Jagdvilla stark an die Villa Poggio a Caiáno, sie ist allerdings wesentlich breiter, besitzt zu Bastionen ausgebaute Eckrisalite und so viele Schornsteine, dass man La Ferdinanda gerne als *Villa dei Cento Camini* tituliert, die Villa der hundert Kamine. Ihre Prunkräume sind leider verpachtet und daher nur zu den entsprechenden Anlässen auf Einladung zu besichtigen. Doch von

**Die Villa Poggio a Caiáno ist heute im klassizistischen Stil möbliert**

der ebenerdigen Terrasse hat man einen herrlichen Blick auf das Pagenhaus rechts davon, im Hintergrund auf das Arnotal, außerdem schaut man direkt auf das Dorf von Artimino.

In den Genuss dieses Blickes kommt man auch als Besucher des kleinen Archäologischen Museums. Das **Museo Archeologico Comunale di Artimino** befindet sich im Erdgeschoss der Villa und beherbergt speziell Funde aus der näheren Umgebung. Dort haben Archäologen eine Vielzahl an Exponaten (Keramiken, Bronzen, Elfenbeinschnitzereien als Importware, s. u.) hervorgebracht und tun es noch; überall wird weiter gegraben (Mo/Di, Do–Sa 9.30–12.30, So und Nov–Jan. geführter Besuch 10–12 Uhr, sonst auf Anfrage Do–Sa, Tel. 05 58 71 81 24, Erw. 4 €).

## Infos

**Pro Loco:** Piazza Vittorio Emanuele II, 1, 59015 Carmignano (PO), Tel. 05 58 71 24 68, www.comune carmignano.po.it, www.carmi gnanodivino. prato.it.

## Übernachten

Tolle Lage ▶ **Paggeria Medicea:** Artimino, Viale Papa Giovanni XXIII, Tel. 055 87 51 41, www.artimino.com. Wunderschönes Hotel mit 37 verschiedenen Zimmern im früheren Pagenhaus der prächtigen Medici-Jagdvilla La Ferdinanda; Pool auf weitläufigem Parkgrundstück in Panoramalage, Tennis. Restaurant Ser Biagio Pignatta in Nebengebäude; Parkplatz. DZ/ÜF 140–190 €.

Apartments ▶ **Fattoria di Artimino:** Artimino, Via 5 Martiri 29, Tel. und Webadresse s. Paggeria Medicea. 13 unabhängige, elegant-rustikale Apartments im Dorf, für 1–3 Personen, je Apartment 185 € (meist nur wochenweise zu mieten).

Freundlich ▶ **Delfina:** 50058 Signa (FI), Via Roma/Largo Capitelloni, Tel. 05 58 73 22 32, www.hoteldelfina.com. Schlichtes Hotel mit 24 klimatisierten Zimmern zwischen Artimino und Florenz nahe dem Arno (10 km Radweg nach Florenz durch den Parco dei Renai von Signa und den Florentiner Parco delle Cascine; kostenloser Radverleih, s. aktiv unterwegs, S. 122); DZ/ÜF 60–73 €.

## Tipp: Schlemmen bei Delfina

In dem kleinen Dorf Artimino befindet sich in großartiger Panoramalage eines der besten Landrestaurants der gesamten Toscana: Die Innenräume des alten steinernen Bauernhauses sind gemütlich eingerichtet, und auf der Terrasse speisen die Gäste mit Blick auf die mediceische Jagdvilla La Ferdinanda. Serviert wird pure toscanische Küche wie etwa hausgemachte Pasta, Zicklein aus dem Backofen, Rindsgulasch mit Saubohnen und Kaninchen mit Pinienkernen; die Weine sind hervorragend, der Service perfekt. Das sehr empfehlenswerte Menü kostet um 40 €, man kann aber auch Einzelgänge bestellen (Artimino, Via della Chiesa 1, Tel. 05 58 71 80 74, www.dadelfina.it. Ruhetage So Abend, Mo, Di Mittag; Aug. geschl.).

## Essen & Trinken

Feine Küche ▶ **Ser Biagio Pignatta:** s. Hotel Paggeria Medicea, Ruhetage Mi Abend und Do Mittag, außer im Sommer. Verfeinerte toscanische Küche, Menü um 40 €.

Im Dorf Artimino gibt es eine **Enoteca/Osteria** mit Kleinigkeiten zu essen.

## Verkehr

**Bus:** Man kann Mo–Fr 8.30–13.30, 14–15.30 Uhr den Busservice von *CAP Prontobus* bestellen, Tel. 800 06 38 40 (kostenlose Nummer).

## Das etruskische Grabungsgebiet von Carmignano ▶ F 5

Im Gemeindegebiet von Carmignano liegt der weitläufige **Parco Archeologico di Carmignano**, denn in dem ehemaligen Etruskerland fand man zwischen Comeana und Artimino sowie dem Arno eine große Anzahl an Gräbern. Direkt bei der Paggeria wird noch immer gegraben, südlich davon befinden sich die **Necropoli di Prato Rosello** und nördlich die beiden **Tumuli von Comeana**, **Boschetti** und **Montefortini**, ganz im Westen des Gebietes noch die **Area Archeologica di Pietramarina**.

Die Grabungen in diesem Gebiet setzten erst 1965 ein und brachten speziell Einblicke in den etruskischen Totenkult ab dem 7. Jh. v. Chr. Ihre Bedeutung verdankte die etruskische Besiedlung von Artimino sicher der geografisch und strategisch günstigen Lage im Zusammenfluss von Ombrone und Arno, der zum großen Teil schiffbar war. Die Akropolis dürfte an der Stelle gestanden haben, an der später die Villa La Ferdinanda errichtet wurde.

Besonders beeindruckend ist der **Tumulo di Montefortini** nahe dem Friedhof von Comeana mit einem Durchmesser von rund 70 m. Zu den Gräbern im Grabhügel führen jeweils Gänge (*Dromos*) hinab, das älteste dürfte das im Zentrum des Tumulus entdeckte Grab sein, zu dem ein mehr als 13 m langer *Dromos* führt und das innen einen Durchmesser von ca. 7 m besitzt. Hier fand man mehr als 200 geschnitzte Elfenbeinarbeiten, die das Museum in Artimino bereichern (s. o.). Darüber wurde ein kleiner Terrassenaltar gefunden, auf dem man wohl den Leichnam für die Bestattungszeremonie aufbahrte (Via di Montefortini 43, Tel. 05 58 71 97 41, Mo–Sa 9–14 Uhr mit Anmeldung, Tel. 05 58 71 81 24, Eintritt frei).

## Montelupo Fiorentino ►F 5

Dort, wo der Arno noch seinem natürlichen, schlängelnden Lauf überlassen ist und die Pesa in ihn fließt, nur eine Flussschleife südlich von Artimino, lohnt **Montelupo Fiorentino** einen Besuch. Nicht nur wegen seiner hübschen, hoch aufragenden Festung, zu der man besser zu Fuß hinauf pilgert, und auch nicht allein wegen der freundlichen Atmosphäre des Städtchens, das sich in den letzten Jahren intensiv um Verschönerung bemüht hat und innen verkehrsberuhigt wurde, sondern vor allem wegen seines Keramikmuseums und dessen interessanter Entstehungsgeschichte.

Eine Zeichnung von 1540 presst Montelupo in die Form eines Brennofens, und darin sind kleine Häuser, Werkstätten, Brennöfen mit ihren hohen Kaminen und Keramikplatten zu erkennen, die entlang der Straßen zum Trocknen aufgestellt sind. Es war die Blütezeit des Ortes, der viel früher als die Keramikwerkstatt von Florenz von Bedeutung war. Man vermutet, dass Montelupo bereits seit 1203 zu Florenz gehörte, als hier an der Pesa-Mündung ein Kastell gegen das feindliche Capráia auf der Pistoieser Seite errichtet wurde. Übrigens hat sich die Erzfeindschaft zwischen den beiden Städtchen so manifestiert, dass sich ihre Bewohner bis heute nicht besonders wohl gesonnen sind …

### Museo della Ceramica

1469 wurde in Montelupo der Architekt und Bildhauer Baccio da Montelupo (eigentlich Baccio Sinibaldi) geboren, den man mit einer Straße geehrt hat. Sie führt Richtung Festung auch am Palazzo Pretorio (links) vorbei, mit Portikus und hübscher Loggia darüber. Die hier 1979 eingerichtete, größte Sehenswürdigkeit des Städtchens war bis 2007 das Keramikmuseum. Dahinter befinden sich einige historische Keramikbrennöfen, in denen hauptsächlich aus Demonstrationsgründen noch traditionell gearbeitet wird. Inzwischen wurde hier das **Museo Contemporaneo**, also das Museum für Zeitgenössische Kunst eingerichtet. Es beweist, wie sehr durch die Keramik-, aber auch die Glasproduktion Montelupo Fiorentinos Künstler vom Design beeinflusst wurden und sind (Do–So 10–18 Uhr, Sammelticket für die 3 Museen des Ortes 5 €). Das Keramikmuseum wurde in größere Räume umgesiedelt: in die **Vecchia Scuola** (Alte Schule) hinter den Carabinieri an der Piazza Vittorio Veneto 8–10; die historischen Brennöfen sollen dennoch zu besichtigen sein (Infos www.museomontelupo.it).

Woher stammen aber die zahlreichen Ausstellungsstücke, mehr als 3000 Keramiken aus dem 14. bis 18. Jh.? Es sind Arbeiten, die damals nicht dem Qualitätsstandard entsprachen und aussortiert wurden. Man benutzte sie als Baumaterial für die Fundamente öffentlicher und privater Bauten. Bei der Freilegung eines mittelalterlichen Wasserschachtes als Teil eines alten Weges zum Castello entdeckten Bauarbeiter 1973 die ersten dieser historischen Keramiken,

1975/1976 wurden sie genauer erforscht und zusammengesetzt.

Eine Stadt, deren Wohlstand auf Keramik beruht, hat eine besondere Beziehung zu diesem Material und seiner Geschichte. Viele Freiwillige meldeten sich, um unter fachkundiger Anleitung weiter zu graben, die gefundenen Scherben zu reinigen und den Restauratoren zu überlassen. Und die Stadtverwaltung kam auf eine geniale Idee: Jedem, der eine bestimmte Menge historischer Keramik (in Kubikmeter gerechnet) an oder unter seinem Haus ausgegraben hatte, erlaubte sie die gleiche Menge an Raum anzubauen. Eine immense Ausgrabungswut packte die Montelupeser – und die Magazine des Museums quollen allmählich über (Di–So 10–18 Uhr, Sammelticket 5 €). Wundervolle Räume hat auch das **Museo Archeologico** bekommen, und zwar im aufgelassenen Komplex der Kirchen SS. Quirico e Lucia all'Ambrogiana (neben der Medici-Villa dell'Ambrogiana), der allein schon den Besuch wert wäre. Die Sammlungen in acht Sälen verweist die Ursprünge des Ortes weit in die Vorgeschichte und hebt wieder die Bedeutung der Keramik hervor (Di-So 10-18 Uhr, Sammelticket 5 €).

## Infos

**Ufficio Turistico:** 50056 Montelupo Fiorentino (FI), Via Baccio Sinibaldi 43, Tel. 05 71 51 89 93, ufficioturistico@museomontelupo.it.

## Übernachten

Familiär ▶ **Tonio:** Via 1° Maggio 23, Tel. 05 71 54 14 44, Fax 05 71 54 14 36. Hotel im Oberteil des Städtchens, 25 klimatisierte Zimmer; Restaurant, Diskothek Seven Eleven Club mit Pianobar. DZ/ÜF 95 €.

Zentral ▶ **Baccio da Montelupo:** Via Roma 3, Tel. 057 15 12 15, www. hotelbaccio.it. Familiäres Haus; 30 ordentliche Zimmer; Parkplatz. DZ/ÜF 73–86 €.

## Essen & Trinken

Mehrere kleinere Restaurants im Zentrum; die Bewohner von Montelupo fahren aber am liebsten aufs Land zum Essen, z. B. nach **Turbone** südöstlich am Fluss Pesa.

Traditionell ▶ **Osteria Bonanni:** Via Turbone 9, Tel. 05 71 91 34 77, Ruhetage So Mittag und Mo. Einst Lebensmittelladen mit Osteria, heute ein einfaches, aber typisches Lokal mit traditionellen Gerichten (noch Einkauf möglich). *Crostini* mit Leber, Würste von der *Cinta senese*, *ribollita* und *pappa al pomodoro*; Kaninchen mit Kartoffeln, Ossobuco mit Erbsen, zur Saison Wild. Gutes Preis-Leistungs-Verhältnis: ordentliches Drei-Gänge-Menü für 24–32 €.

## Aktiv

Geführt ▶ **Girolemura:** Tel. 05 71 96 02 14, www.girolemura.it. Kostenlos geführte Besichtigungen der beiden Museen Do 10 und 14 Uhr.

Keramikkurse ▶ **Scuola di Ceramica Montelupo Fiorentino:** Sie bietet über das Jahr Kurse für Anfänger wie Fortgeschrittene, auch sommerliche Wochenkurse (30 Std., je 220 €) mit unterschiedlichen Schwerpunkten wie Grundkurse und Keramikbemalung. Adresse: Via Caltagirone/Ecke Via Urbania, Tel. 05 71 54 11 11, www.scuolaceramica.com.

## Termine

Während der Festtage bleiben die Geschäfte in Montelupo Fiorentino geöffnet.

**Festa Internazionale della Ceramica:** Ca. letzte Juni-Dekade. Keramikmarkt mit Kunsthandwerkern bei der Arbeit, Musik und Theater im historischen Zentrum.

**Montelupo Antiquariato:** 2. oder 3. So im Okt. Antiquitätenmarkt entlang der Altstadtgassen.

**Bosco in Festa:** Im Herbst. Gastronomischer Markt mit Spezialitäten aus dem Wald, Ökowanderungen und andere naturfreundliche Veranstaltungen in Turbone.

## Verkehr

**Bahn:** Montelupo Fiorentino liegt an der Bahnstrecke Florenz – Empoli – Pisa (Verbindungen ca. alle 30 Min.); Bahnhof Montelupo Capráia nahe dem Zentrum (www. trenitalia.it).

**Bus:** Werktags direkte LAZZI-Busse ab Piazza Adua am Bahnhof S.M.N., Ankunft Caserma Carabinieri nahe dem Bahnhof ca. stdl. (nähere Infos unter www.lazzi.it).

# Pistóia, Montalbano und die Valdiniévole

**Das geschäftige Pistóia führt touristisch ein fast stiefmütterliches Dasein zwischen den weit beliebteren Kunststädten Florenz und Lucca. Südlich davon breitet sich das Montalbano mit den berühmten Weinlagen und dem Geburtsort da Vincis aus. Der weltbekannte Kurort Montecatini Terme gehört zur hügelreichen Landschaft Valdiniévole.**

Die wichtigsten Sehenswürdigkeiten der Provinzhauptstadt Pistóia gruppieren sich im historischen Zentrum um einen einzigen Platz – angenehm für einen Stadtbummel, der nicht anstrengend werden muss. Für die Umgebung braucht man schon ein wenig mehr Kondition, denn dort liegen inmitten sanfter Hügellandschaften zahlreiche besuchenswerte Ausflugsziele.

Südlich der Stadt breitet sich das Gebiet des Montalbano aus, das sich Pistóia mit der Provinz von Prato teilt, allerdings mit Vinci den zumindest touristisch interessanteren Teil besitzt. Weiter nach Süden macht seit einigen Jahren Montaione neugierig, denn hier hat sich – vielfach in den Weinbergen rings um den befestigten, lebhaften Ort – für Ferienhausurlauber eine hervorragende Infrastruktur entwickelt. Ganz in der Nähe liegt eine kleine sakrale Attraktion: das Convento di San Vivaldo, das Jerusalem der Toscana genannt. Östlich davon erhebt sich auf einem eigenen Hügelrücken das trutzige Certaldo Alto, der sehenswerte kleine Geburtsort von Boccaccio, in dem man in zwei sehr einladenden kleinen Hotels mit guten Restaurants ein paar geruhsame Tage verbringen kann.

Westlich von Pistóia liegt der berühmte Kurort Montecatini Terme; von dort sollte man die Valdiniévole erkunden, ein noch recht unbekanntes Gebiet, das sich ins Pistoieser Bergland nach Norden ausdehnt und sowohl von den kurvenreichen Straßen als auch von den kleinen befestigten Dörfern aus wie etwa Massa und Cozzile, Uzzano und Buggiano hinreißende Blicke garantiert. Die Südausläufer des Tosco-Emilianischen Apennin sind vielfach mit Misch- oder Laubwäldern bedeckt; wo sie gerodet wurden, hat man Obst- und vor allem Olivenbäume angepflanzt, die ein hervorragendes, würziges Öl abgeben. Auch die Blumenstadt Péscia bietet ein interessantes historisches Zentrum, ja eigentlich zwei auf beiden Seiten des Flusses, der sie mit Collódi und damit mit zwei touristischen Attraktionen verbindet: dem herrlichen Park der Villa Garzoni mit seinen Wasserspielen und dem Pinocchio-Freizeitpark.

## 2 Pistóia ► F 4

**Cityplan:** S. 154

Die mittelalterliche Stadtmauer von **Pistóia** zeigt ein etwa trapezförmig nach Nordosten verschobenes Viereck mit der Festung Santa Barbara im Südosten. Fast orientalisch wirkt das Marktviertel hinter dem Baptisterium im Zentrum mit seinen Buden und Theken, Vordächern und Segeltuchbespannung gegen Sonne und Regen, mit Fisch- und Gemüsemarkt, Haushaltswaren und eben allem, was zum täglichen Leben benötigt wird. Die heute knapp 90 000 Einwohner zählende Stadt hat sich zu einem blühenden landwirtschaftlichen und industriellen Zentrum entwickelt,

das vor allem durch die zahlreichen Baumschulen im Ombronetal international bekannt ist. Doch auch Kupfer- und Schmiedeeisenarbeiten sowie Stickereien werden aus Pistóia in die Europäische Union exportiert, und die mechanischen Werkstätten (Eisenbahn- und Autoteile) von Breda weisen volle Auftragsbücher vor. Schon ziemlich lange haben die Gießereien hier Tradition, auch wenn die nicht belegte Behauptung, die Pistole sei in Pistóia ›erfunden‹ worden, trotz der Namensähnlichkeit eher unwahrscheinlich ist.

Pistóias Altstadt wirkt trotz der geringen Ausdehnung urban, mit niedrigen Häuserzeilen und vielen Klein- und Mittelbetrieben. Das Handwerk war nicht immer typisch für Pistóia. Die Stadt beschäftigte sich bereits vor Florenz mit Bankgeschäften, und im Gegensatz zum guelfischen Florenz blieb sie kaisertreu, also ghibellinisch. Das konnte auf

## Pistóia

**Sehenswert**
1 Fortezza del Campanile
2 Duomo San Zeno
3 Battistero San Giovanni in Corte
4 Palazzo Vescovile
5 Palazzo del Podestà / Palazzo della Giustizia
6 Palazzo Comunale/Museo Civico
7 Palazzo Rospigliosi del Sale / Museo Diocesano u.a.
8 Ospedale del Ceppo
9 Sant'Andrea
10 Piazza della Sala
11 Oratorio del Tau
12 San Giovanni Fuorcivitas
13 Oratorio Sant'Antonio del Tau
14 Museo Marino Marini

**Übernachten**
1 Villa de' Fiori
2 Milano
3 Patria

**Essen & Trinken**
1 Trattoria dell'Abbondanza
2 San Jacopo
3 Il Postino
4 Pasticceria La Sala
5 Caffè il Battistero

**Einkaufen**
1 Wochenmarkt P. del Duomo
2 Markt P. dello Spirito Santo
3 Obst- und Gemüsemarkt
4 Antiquitätenmarkt

**Aktiv**
1 Club Alpino Italiano (CAI)
2 Radverleih (über IAT)
3 Giardino Zoologico

Dauer natürlich nicht gut gehen, und so durchlebte Pistóia eine ziemlich aufreibende Geschichte. In Kurzform: Als *Pistoriae* römisch und nicht sehr bedeutend, aber wegen der Lage an der Via Cassia befestigt; Blütezeit Ende 11. Jh. bis 1254 (Friedenszwang durch Florenz); Familienfehden, erneute Belagerung 1306 durch Florenz und Lucca, die Stadtbefestigung wird geschleift, im 14. Jh. folgt die erweiterte Mauer. 1530 Eingliederung in das Großherzogtum Toscana.

Für eine eigenständige, baukünstlerische Entfaltung blieb also wenig Zeit, dafür war die Stadt vielleicht auch zu klein. Der frühere Verlauf der Stadtmauer aus dem 12. Jh., von den Florentiner und Luccheser Truppen 1307 niedergerissen, ist noch recht gut zu erkennen: im Westen entlang dem Corso Antonio Gramsci, der sich nach Süden fortsetzt und bei San Domenico in den Corso San Fedi übergeht, im Halbkreis läuft die ehemalige Mauer im Osten weiter mit der Via dei Baroni, und im Norden muss man sich etwa die Gerade von der Piazza San Lorenzo zur Kirche Sant'Andrea vorstellen.

Die Stadtbefestigung mit ihren vier Eckbastionen und der Fortezza Santa Barbara, wie sie heute zu sehen ist, stammt aus dem späten 14. Jh. und umfasst ein Areal, das dreimal größer ist als das vorgenannte aus dem 12. Jh. Bis heute sind nicht alle Baulücken ausgefüllt, obwohl die moderne Stadt längst über den Mauerring hinaus gewachsen ist.

### Piazza del Duomo

Den Mittelpunkt Pistóias bildet der Domplatz, auf dem zweimal wöchentlich, mittwochs und samstags, ein großer bunter Kleidermarkt stattfindet. Der schönste Turm am Platz und damit zum Stadtturm deklariert, ist die sogenannte **Fortezza del Campanile** 1, 67 m hoch (kann Sa/So 11, 16 Uhr bestiegen werden, Tel. 33 49 31 77 10). Er steht ganz dicht am Dom, ohne ihn jedoch zu berühren: klobig im unteren Bereich, später, im 13. Jh., nach oben hin durch grün-weiße Marmorinkrustationen dem Dom im romanisch-pisanischen Stil angepasst. Die Turmspitze hat sich erst das 16. Jh. geleistet. Eine gewisse Einheitlichkeit gewinnt die sakrale Komponente des Platzes noch durch die (gotische) Marmorverkleidung des Baptisteriums gegenüber.

Der **Dom San Zeno** 2 gilt als eine der ältesten Kirchen der Toscana, und tatsächlich wirkt er bereits von außen recht altertümlich. Einige Teile stammen aus dem 5. und 6. Jh. Der Portikus mit den sieben unregelmäßigen Bögen (und die vorgeblendeten Arkadenfriese im oberen Teil der Fassade) mit der beliebten Marmorinkrustation wurde erst 1311 hinzugebaut und führt in eine dreischiffige Basilika, die von Säulen mit unterschiedlichen Kapitellen getragen wird.

Das Mittelschiff schließt mit einem offenen Dachstuhl ab, dessen Balkenkonstruktion eine geradezu farbenfrohe Bemalung aufweist, die noch original erhalten ist. Die Seitenschiffe schließen mit Kreuzrippengewölben ab. Die größte Kostbarkeit des Domes stellt in einer Kapelle auf der rechten Seite der **Schrein des hl. Jakobus** (San Jacopo) dar: ein Meisterwerk der Silberschmiedekunst mit 628 Figuren, die von verschiedenen Künstlern stammen. Von 1287 bis ins 15. Jh. arbeiteten sie daran. Inzwischen ist der Schrein wunderbar restauriert und gegen eine kleine Gebühr zu bestaunen (Schrein werktags 10–12.30, 15.30–17.30, So, Fei 8.15–9.30, 11–11.30, 16–17.30 Uhr; sonst nur durch das Gitter zu sehen: während der Öffnungszeiten beim Kustoden klingeln, Erw. 4 €).

Rechts von dieser Kapelle wurden bei Restaurierungsarbeiten des Domes in der kleinen **Cappella del Giudizio** Freskenreste entdeckt (spätestens 1401), die zu einem »Jüngsten Gericht« gehörten; gut zu erkennen ist noch Christus als Weltenrichter (Pantokrator) und ein Engel mit einer Säule (Dom tgl. 8–12.30, 15.30/16–19 Uhr, Eintritt in die Kirche frei).

Andrea Pisano hat 1338 das **Baptisterium San Giovanni in Corte** 3 mit der auffallenden Querstreifung 1338 entworfen. Rechts vom tief abgetreppten Hauptportal befindet sich eine kleine Kanzel, einem Balkon ähnlich. Sie diente Predigten im Freien. Tritt man in die Taufkirche ein, so wird man ähnlich wie beim Baptisterium von Florenz überrascht vom geradezu überwältigend hohen Raumeindruck. Hier handelt es sich innen allerdings um eine nackte Backsteinkuppel (Di–Sa 10–18 Uhr, Eintritt frei, bei Ausstellungen ca. 2 €, zzt. Renovierungsarbeiten).

Der **Palazzo Vescovile** 4 am Platzrand zwischen Dom und Baptisterium aus dem 11. Jh. diente bis 1786 als bischöfliche Residenz. Er wurde seit dem Ende des 14. Jh. mehrfach umgebaut, weshalb er etwas zu harmonisch wirkt, speziell durch die hohen, auf Pilastern ruhenden, leicht zugespitzten Arkadenbögen. Nach langen Restaurierungsarbeiten ist hier u. a. das **Museo Capitolare** eingerichtet worden, in dem vor allem der Jakobus-Schatz aufbewahrt wird (Di, Do, Fr 10–13, 15.30–17 Uhr, geführte Rundgänge um 10, 11.30 und 15.30 Uhr, Erw. 3 €).

Der schlicht-schöne Palast mit fast glatter Fassade und zwei Obergeschossen mit gotischen Biforienfenstern rechts vom Baptisterium ist der **Palazzo del Podestà** 5 von 1367. Als Palazzo Pretorio war er später Sitz des Florentiner Statthalters und beherbergt heute den Justizpalast. Gericht wurde hier allerdings schon früher gehalten, wie die Inschrift von 1507 auf einer steinernen Gerichtsbank im Innenhof besagt. Erst 1844 bekam der Palast durch Aufstockung und Erweiterung sein heutiges Aussehen.

Genau gegenüber steht der **Palazzo Comunale** 6, 1294 begonnen und erst 1385 durch die Aufstockung vollendet. Die Fassade wirkt gerade in der Nähe des klobigen Campanile fast zierlich, weshalb man dann beim Betreten des Palastes von seiner Großräumigkeit überrascht wird. Im Untergeschoss mit dem fünfteiligen Säulengang sind rechts vom Portal alte toscanische und modernere Längenmaße angebracht. Über dem Portikus öffnen sich fünf gotische Fenster, die vier äußeren zweigeteilt mit Maßwerk, das mittlere zu einer Tür heruntergezogen und mit einem luftigen Balkon versehen. Links davon prangt an der Wand ein Mohrenkopf, der zu allerlei Spekulationen verleitet hat, u. a. soll er den 1113 von Pisa besiegten Maurenkönig von Mallorca darstellen. Darüber befindet sich das Zwischengeschoss mit fast unsichtbaren vier Luken (die beiden rechts zugemauert), in ihrer Mitte hängt das schwere Medici-Wappen mit den päpstlichen Schlüsseln – eine Verneigung vor Leo X. Das 1385 aufgesetzte Stockwerk zeigt wieder fünf gotische Fenster, als Triforien ausgearbeitet. – Der Bogengang rechts stellt eine Verbindung zum Dom dar.

In diesem ausladenden Palast, der ursprünglich als Palazzo degli Anziani (des Ältestenrates) errichtet wurde, lohnt in den drei Obergeschossen, über die ewig lange Monumentaltreppe aus dem 16. Jh. zu erreichen, das **Museo Civico** die Besichtigung. Hier wird man übrigens selten durch andere Be-

**Der Dom San Zeno in Pistóia, eine der ältesten Kirchen der Toscana**

sucher gestört, obwohl großartige Meisterwerke aus Kirchen und Klöstern zu bewundern sind. Sie belegen, dass es durchaus einige Pistoieser Maler von Format gab, auch wenn diese allzu oft anonym blieben wie etwa der ›Meister von 1310‹, der ein Polyptychon »Madonna mit Kind und Heiligen« hinterließ (Do–Sa 10–18 Uhr, Erw. 3,50 €, Sammelticket 6–9 €).

Der **Palazzo Rospigliosi della Ripa del Sale** 7 hinter dem Dom beherbergt in seinen edlen Räumen des 16. Jh. – dem Zuhause des Pistoieser Papstes Clemens IX. mit Geburtsname Giulio Rospigliosi – mehrere Sammlungen, darunter das **Diözesanmuseum** mit liturgischen Objekten, das **Museo del Ricamo** mit kostbaren Stickereien aus dem 17.–20. Jh. und ein **Museo Tattile,** das sich speziell an blinde Besucher der Stadt richtet, mit Holzmodellen der wichtigsten Sehenswürdigkeiten Pistóias – zum Anfassen (Di–Sa und 2. So des Monats 10–13, 15–18 Uhr, Erw. 3,50, Sammelticket 6–9 €).

## Ospedale del Ceppo und Chiesa di Sant'Andrea

Die kurze schmale Ripa del Sale gleich hinter dem Campanile, vorbei am Palazzo Rospigliosi della Ripa del Sale stößt auf die Ringstraße um die Altstadt Pistóias, die Via Filippo Pacini, die nach Nordwesten zu einem der wohl bekanntesten Werke der Stadt führt: zum **Ospedale del Ceppo** 8, dem historischen Hospiz, heute ein Krankenhaus. Das 1277 gegründete und nach der Pest von 1348 erweiterte Hospiz erhielt Mitte des 15. Jh. seine Vorhalle, zwischen 1526 und 1530 nach Brunelleschis Findelhaus in Florenz konzipiert. Sie wurde mit einem wunderbaren farbigen Fries aus lasierter Terrakotta und Medaillons von Santi Buglioni aus der Werkstatt von Giovanni della Robbia geschmückt. Der Fries stellt die Wohltätigkeiten dar, denen sich das Hospiz widmete, wie Krankenpflege, Pilgeraufnahme, Arme einkleiden und Tote bestatten.

Giovanni Pisano hat die kostbarsten Ausstattungsstücke der **Kirche Sant'Andrea** 9 im Nordwesten geschaffen, deren hübsche inkrustierte Fassadendekoration in pisanisch-romanischer Tradition im oberen Teil leider verloren gegangen ist. Angesichts des fein gearbeiteten Architravs des mittleren Portals, »Reise der Heiligen Könige«, datiert 1166 und signiert von den Meistern Gruamonte, Enrico und Adeodato, vermutet man, dass es sich hier um die erste Kathedrale von Pistóia handelte. Über eine breite Freitreppe steigt man zur dreischiffigen Basilika hinauf, um Giovanni Pisano Referenz zu erweisen: Die links stehende Kanzel schuf er 1301 (datiert), es ist also die dritte der berühmten Pisano-Kanzeln. Sie ruht auf insgesamt sieben Stützen, zwei davon auf Basen, die säugende Löwinnen darstellen, und zeigt fünf fast vollplastische Reliefs mit Geschichten aus dem Neuen Testament: Geburt Christi, Anbetung, Kindermord zu Bethlehem, Kreuzigung und Jüngstes Gericht. Giovanni Pisanos Schülern Agostino und Agnolo schreibt Vasari das kleine Taufbecken (linke Seite nahe dem Eingang) zu. Wohl gesichert ist die Handschrift des Meisters beim Holzkruzifix, inzwischen hinter Panzerglas auf der rechten Seite der Kirche aufbewahrt (tgl. 7.30–18 Uhr, Eintritt frei).

## Tipp: Preiswerter in die Museen

Für folgende Museen und Sammlungen Pistóias gibt es ein drei Tage gültiges Sammelticket zu 6–9 €: Museo Civico im Palazzo Comunale, Palazzo Rospigliosi della Ripa del Sale mit allen Sammlungen sowie Museo Marino Marini.

## Von der Piazza della Sala zu Sant'Antonio del Tau

Zurück im Zentrum empfiehlt sich eine Mittagspause auf der **Piazza della Sala** 10, dem historischen Marktplatz Pistóias, auf dem auch heute noch täglich ein verlockender Obst- und Gemüsemarkt abgehalten wird. In seiner Mitte steht seit der Renaissance ein schöner Brunnen, der seine Funktion zwar verloren hat, aber noch immer den dekorativen Mittelpunkt darstellt. Ringsum gruppieren sich die Marktstände, um sie herum liegen Cafés und Bars und Enotheken. An diesem Platz verhungert man bestimmt nicht!

Einen herrlichen, grün-weiß gestreiften Anblick vermitteln zwei an der hier zur Piazza ausgebuchteten Via Cavour nebeneinander stehende Sakralbauten: das kleine, aufgelassene **Oratorio del Tau** 11, heute mit der sehr verlockenden Konditorei Valiani in seinem lang gestreckten Raum, und die als Hauptfassade ausgebildete Nordseite der **Kirche San Giovanni Fuorcivitas** 12. Letztere ist in drei nach oben immer kürzeren und in immer engeren Abständen dekorierte ›Geschosse‹ eingeteilt, die Blendbögen wurden geschmückt und mit fein ausgearbeiteten Rhomben gefüllt. Im frühen Mittelalter stand die im 8. Jh. erstmals geweihte Kirche ganz am südlichen Stadtrand, daher *fuorcivitas* (außerhalb der Stadt), doch erst ab 1199 erhielt die Kirche ihre heutige Gestalt mit der Marmorinkrustation nach Pisaner Muster. Diese Arbeit wird ebenso wie das Architrav mit dem »Letzten Abendmahl« Gruamonte zugeschrieben.

Nach so viel Pracht von außen ist der einschiffige Kirchenraum fast ernüchternd. Dabei schmücken auch das Innere von San Giovanni Fuorcivitas einige Kunstschätze. Gegenüber dem Eingang lehnt eine Kanzel an der Wand, die Guglielmo da Pisa 1270 geschaffen haben soll. Die »Weltlichen und geistigen Tugenden« am Weihwasserbecken schreibt man dem Umfeld von Nicola Pisano zu. Aus dem 14./15. Jh. stammen auf der linken Seite des Kirchenschiffs die »Heimsuchung Mariä« von Luca della Robbia und am Presbyterium links ein Polyptychon von Taddeo Gaddi.

Von der Chorseite der Kirche führt die mittelalterliche Via Crispi mit guten Lokalen auf den verkehrsreichen Corso Silvano Fedi, der außerhalb des den Fußgängern vorbehaltenen inneren Kerns des historischen Stadtzentrums verläuft. Hier steht das **Oratorio Sant'Antonio Abate o del Tau** 13. Es ist seit 1990 als Museum zu besichtigen und soll demnächst mit dem Komplex des Museo Marino Marini (s. u.) zusammengelegt werden. 1360 bis 1365 im Haus des Antonianerordens eingerichtet, ist es ein einziger Betraum mit Kreuzgewölben in gotischem Stil. Seine Fresken wurden erst 1968 wiederentdeckt, sie lagen verborgen unter dicken Putzschichten, die sie u. a. im Zweiten Weltkrieg während der Nutzung des Gebäudes als Lazarett schützten. Immerhin konnte so der völlig freskierte Raum wunderbar erhalten werden. Die Chorwand zeigt das Paradies, in den zwölf Deckengewölben und an den Wänden sind in 26 Szenen Bilder aus dem Alten Testament dargestellt, in den mittleren Feldern der Wände 14 Geschichten aus dem Leben des hl. Antonius, des Eremiten aus Ägypten, der als Begründer des Mönchstums im 3. Jh. gilt. Zwei Künstlern und ihren Schülern werden die großartigen Fresken zugeschrieben: Der Florentiner Niccolò di Tommaso soll die Hauptszenen des »Paradies« gemalt haben sowie die biblischen Szenen des Alten Testaments im Deckengewölbe. Der Pistoieser Antonio Vite, der einen erzählerischen Malstil hatte, ließ das beobachtete Alltagsleben in seine Bilder einfließen (Mo–Sa 9–13 Uhr, Eintritt frei).

Im Anschluss daran nimmt das **Museo Marino Marini** 14 mit seiner Stiftung den gesamten Komplex des früheren Klosters Sant'Antonio Abate ein, das ausschließlich den Werkem des Pistoieser Malers, Grafikers und Bildhauers (1901–2001) gewidmet ist. Er hat so viele Werke hinterlassen – auch viele der Gipsmodelle seiner Skulpturen, die er selbst als eigenständige Kunstwerke betrachtete –, dass sie alle in Wechselausstellungen allmählich gezeigt werden müssen. Seine Hauptmotive waren Pferde, Pferd und Reiter, Akrobaten und vor allem immer wieder die etruskische Fruchtbarkeitsgöttin Pomona sowie Porträts vieler seiner bedeutenden Zeitgenossen aus Politik und Film, Musik und bildender Kunst (Mo–Sa 9–13, 15–19, So, Fei 9–12.30 Uhr; begleitet durch fachkundiges Personal, Erw. 3,50 €, Sammelticket 6–9 €, unter 18, über 65 Jahren frei).

## Infos

**IAT:** 51100 Pistóia (PT), Palazzo dei Vescovi, Piazza del Duomo, Tel. 0 57 32 16 22, kostenloses Tel. in Italien 800 01 21 46, aptpistoia@tiscali.it.

**APT 12 Abetone – Pistóia – Montagna Pistoiese:** Piazza Santo Spirito 1, Tel. 057 33 43 26, www.pistoia.turismo.toscana.it. Für die gesamte Provinz zuständig.

## Übernachten

Im Grünen ▶ **Villa de' Fiori 1**: Località il Postino/San Alessio, Via di Bigiano e Castel Bovani 39 (schwer zu finden trotz Ausschilderung, lieber vorher anrufen), Tel. 05 73 45 03 51, www.villadefiori.it. Nur sechs z. T. noch ältliche Zimmer mit Stilmöbeln in hübscher Villa aus dem 17. Jh., nette Gemeinschaftsräume, einfaches gemeinsames Frühstück und auf Vorbestellung festes Abendmenü in der Küche. Parkähnlicher Garten mit Pool (weiter Blick) auf dem Landgut (Obst- und Gemüseanbau). DZ/ÜF 100–160 €. Nebengebäude mit drei Apartments für 2–7 Personen.

In Bahnhofsnähe ▶ **Milano 2**: Viale Pacinotti 10/12, Tel. 05 73 97 57 00, www.milanohotelpt.it, zwei Wochen im Aug. geschl. Freundliches Stadthotel unweit des Bahnhofs. 55 Zimmer (nur Deckenventilatoren), großer Salon; kostenloser Parkplatz! DZ/ÜF 90–130 €.

Zentral ▶ **Patria 3**: Via Crispi 8, Tel. 057 32 51 87, www.patriahotel.com. Kleineres Stadthotel, 28 klimatisierte Zimmer, kleiner Salon, nette Bar; kein Aufzug. Garage 200 m entfernt (6 €/Nacht), Pass für das Durchfahren der Fußgängerzone. DZ/ÜF 75–90 €.

## Essen & Trinken

Sehr einladend, regionale Spezialitäten ▶ **Trattoria dell'Abbondanza 1**: Via dell'Abbondanza 10, Tel. 05 73 36 80 37, Ruhetage Mi und Do Mittag. Drei Räume eines früheren Lebensmittelladens mit hellem und dennoch gemütlichem Ambiente (weiß gestrichene Deckenbalken, mit Fliesen bedeckte Holztische – eine Eigenkreation –, Leinensets). Regionale Küche wie Dinkelsuppe und *ribollita*, Kaninchen aus dem Backofen mit Kartoffeln, Schinken aus dem Backofen. Menü ab 26–31 €.

Traditionell ▶ **San Jacopo 2**: Via Crispi 15, Tel. 057 32 77 86, Ruhetage So Abend und Mo. Stilvolles Lokal in zwei Backsteingewölben mit Verkauf typischer Produkte der Region und Gerichten wie *salumi di cinta senese*, Spanferkel aus dem Backofen oder Fisch; tgl. zehn neue Gerichte zur festen Speisekarte; ordentliche Weinkarte. Menü ab 25 €.

Familiär ▶ **Il Postino 3**: Via di Bigiano 60, Località il Postino (schräg gegenüber der Villa de' Fiori, s. o.), Tel. 05 73 45 10 28, Ruhetag Mi. Unkomplizierte, familiäre Trattoria mit Sommerterrasse, Tische dennoch mit weißen Damastdecken! Pizza und hausgemachte Pasta wie gefüllte Ravioli, ausgebackenes Gemüse, Maccheroni mit Entenragout. *Bistecca* oder *tagliata*. Ab 7 € (1 l Hauswein 7 €, *coperto* 1,50 €).

Selbstgemachtes ▶ **Pasticceria La Sala 4**: am Markt der Piazza La Sala. Mit eigener Kuchen- und Pralinenproduktion (nur tagsüber geöffnet).

Klein aber fein ▶ **Caffè il Battistero 5**: schräg gegenüber der Pasticceria La Sala. Ein winziges Lokal mit Tischen in der Gasse, das Kleinigkeiten zu essen anbietet (6–21 Uhr).

Süß! ▶ **Pasticceria Valiani** im aufgelassenen Oratorio del Tau 11.

## Einkaufen

Wochenmarkt ▶ **Piazza del Duomo 1**: Mi, Sa auf der Piazza und ihren Nebenstraßen sowie auf der **Piazza dello Spirito Santo 2**.

Obst- und Gemüsemarkt ▶ **Piazza della Sala 3**: Mo–Sa.

Antiquitätenmarkt ▶ **Viale Pacinotti 4**: Jedes zweite Wochenende des Monats außer Juli/Aug.

## Aktiv

Wandern ▶ **Club Alpino Italiano C.A.I. Sezione Pistóia 1**: Via Antonini 7, Tel. 05 73 36 55 82 (nur Di, Fr 21.15–22.45 Uhr).

Radverleih ▶ über **IAT Pistóia 2**: Piazza del Duomo, April–Okt.

Zoologischer Garten ▶ **Giardino Zoologico 3**: Via di Galceti 74, Località Galceti, Tel. 0574 46 05 03, www.csn.prato.it, Mi–Sa

**Überaus appetitanregend: Der Obst- und Gemüsemarkt auf der Piazza della Sala**

9.30–12.30, 15– 18/19, So, Fei nur 15–18/19 Uhr je nach Jahreszeit, werktags 3 €, Fei 5 €. Nordwestlich von Pistóia befindet sich auf einem 75 000 m² großen Areal mitten im Wald ein erst 1970 eröffneter und nach den neuesten Erkenntnissen arbeitender Zoologischer Garten mit rund 600 Tieren aus aller Welt; man bemüht sich vor allem um die Wiederauswilderung vom Aussterben bedrohter Arten. Picknick, SB- und Restaurant, Kindergarten.

## Termine

Zahlreiche **Sommerfeste** (zum Beispiel Luglio Pistoiese mit Palio, Ballett und Blueskonzert im Juli).

**Giostra dell'Orso:** 25. Juli. Zu Ehren des Schutzpatrons San Jacopo wird im Juli die Giostra dell'Orso (des Bären) unter den vier Stadtteilen als Pferderennen ausgetragen. Das Fest erinnert an den Tag im Jahr 1144, als der Ortsheilige eine Reliquie des hl. Jakobus aus dem spanischen Compostela (Santiago di Compostela) nach Pistóia brachte. Nach einem prachtvollen Umzug in historischen Kostümen schickt jeder der vier Stadtteile drei Reiter ins Rennen, das auf dem mit Sand festgestampften Domplatz stattfindet und mit mittelalterlichen Ritterspielen vergleichbar ist.

## Verkehr

**Flug:** Der Florentiner Flughafen Amerigo Vespucci ist 30 km von Pistóia entfernt, von dort Busanbindung.

**Bahn:** Pistóia ist wichtige Bahnstation an der Strecke Florenz – Lucca mit praktisch stdl. Anbindung. Verbindungen über Lucca auch mit Viaréggio sowie Pisa.

**Bus:** CO.PIT verbindet Pistóia mit seiner Provinz, z. B. mit San Marcello Pistoiese und Poggio a Caiáno; wichtige Haltpunkte am Bahnhof/Via XX Settembre und Piazza San Francesco.

**Innerstädtischer Verkehr:** Das historische Zentrum innerhalb der Stadtmauer ist Anliegern mit Sondergenehmigung und den kleinen städtischen Elektrobussen vorbehalten (Hotelgäste im Zentrum erhalten einen Pass). Zwei Buslinien umkreisen den Fußgängerbereich mit günstigen Haltepunkten für die Besichtigung.

# Ausflüge ins nähere Umland

## Pitéccio ► F 3

Ganz **Castagno di Pitéccio,** in 500 m Höhe 3 km von Pitéccio nördlich von Pistóia gelegen, entwickelt sich seit 1975 zum Freiluftmuseum mit Kunstwerken zeitgenössischer Pistoieser Künstler entlang der Dorfstraßen und an den Häusern. Da die Skulpturen zum größten Teil kleinformatig und die Fresken nicht in einer bestimmten Reihenfolge gedacht sind, kann man sich als Besucher einen eigenen Rundweg zusammenstellen.

Die Idee mit den Kunstwerken hat aus dem noch wirklich urigen Dorf mit engen steilen, grob gepflasterten Gassen zwischen Häusern mit rauen Steinwänden einen Magnet für Wochenendausflügler gemacht. Ganz Pistóia und Umgebung scheint sich an manchen Sonntagen hier zu treffen.

Außerdem wird in Castagno di Pitéccio alljährlich ein Poesiepreis ausgelobt, und im Sommer werden von den lokalen Künstlern Kurse angeboten, die das Dorf mit meist jungen Leuten aus aller Welt füllen. Man kann im Dorf und in der Nähe schön, ja sogar sehr angenehm wohnen und sich auch kulinarisch verwöhnen lassen.

### Übernachten

Schöne Lage ► **Il Castagno:** Via Castagno di Pitéccio 35, Tel. 057 32 80 79, www.residenceilcastagno.com. Apartmenthaus aus Natursteinmauern in schöner Lage im oberen Teil des Dorfes. Elf gemütliche Wohnungen für 2–5 Personen; Restaurant, Pool, Tennis. Apartment pro Woche 350–840 €.

### Essen & Trinken

Einladend ► **Locanda Pandivia:** Via di Castagno 34, Tel. 057 34 21 93, nur abends, im Sommer Mi–So, sonst nur Sa/So geöffnet. Einladende Kneipe in zwei Räumen, einer mit großem Kamin, und Terrasse im Dorf, die sich wegen der vorzugsweise biologischen Produkte, die hier verwendet und verkauft werden *BioLocanda* nennt. Nur Pizza u. ä., Teigwaren, Käseplatte mit Honig, Aufschnitt, Saisongemüse. Große Platte mit Pizza, *schiacciata* (weiße Pizza), lokale Wurstwaren und Eingelegtes 9 €, Gerichte sonst ab 7 €, Hauswein 5 €.

## Serravalle Pistoiese ► F 4

Über der Autobahn Firenze – Mare und der Landstraße schwebt in luftiger Höhe auf einem nördlichen Ausläufer des Montalbano der kleine mittelalterliche Ort **Serravalle Pistoiese** in knapp 200 m Höhe, einer seiner Festungstürme ist weithin sichtbar und macht neugierig. Dem sollte man nachgeben und hinauf fahren. Die Pistoiesi vor allem tun es mit Vorliebe an Sommerabenden und an den Wochenenden, weshalb die meisten Lokale geöffnet nur dann und hoffnungslos überfüllt sind. Wer keinen Tisch reserviert hat, dürfte meist leer ausgehen.

Man kann sich aber auch mit einem Tagesbesuch während der Woche zufrieden geben und so in Ruhe den hübschen mittelalterlichen Kern mit seinen wenigen engen Gassen und kleinen Kirchen genießen. Vor allem aber die beiden Festungsruinen, die noch von der strategischen Bedeutung des das Tal weithin überschauenden Ortes ab dem 12. Jh. zeugen: 1140 errichtete Pistóia eine Festung, **Rocca Vecchia** genannt, auf dem höchsten Punkt des Hügels (im Osten), von der aber nur noch der sogenannte Barbarossa-Turm, die **Torre di Barbarossa,** erhalten geblieben ist. Im 13. und 14. Jh. wechselten sich Lucca und Pistóia als Herren über Serravalle ab (bereits der Name zeugt von der strategischen Bedeutung: *serravalle* bedeutet das Tal überschauend/bewachend). In der ersten Hälfte des 14. Jh. wurde die **Rocca Nuova di Castruccio Castracani** von den Lucchesern am westlichen Ortsrand errichtet, von wo aus sie das Ombrone- wie das Niévoletal überschauen konnten. Sie ist heute eine romantische Ruine mit klobigem Mastio (nicht zugänglich) und zum Innenhof offenem Wachtturm, die mittlerweile in einem angenehmen Park integriert wurde. Man kann den Wachtturm besteigen (Traumblick!) und im Innenhof auf dem Rasen oder im Park davor auf einer Bank ruhen.

Unterhalb des befestigten Ortes befindet sich ein einladender kleiner See (großer Andrang herrscht auch hier an den Wochenenden) mit einem allzu groß scheinenden Hotel und dem ebenfalls großen Restaurant nebenan. Beide werden allerdings schnell gefüllt, u. a. weil die französische Partnerstadt ihre Bewohner nach Serravalle Pistoiese schickt.

### Infos

**Comune di Serravalle Pistoiese:** Via di Castruccio Castracani 9, Tel. 05 73 91 73 08, www.comune.serravalle-pistoiese.pt.it.

### Übernachten

Am See ▶ **Lago Verde:** Via Castellani 4, Tel. 05 73 51 82 62, www.rphotels.com. Modernes Hotel mit großer Halle und Pool zu Füßen von Serravalle am kleinen See; 85 Zimmer, vier in der Dependance. Restaurant Barbarossa liegt nebenan (s. u.), Parkplatz. DZ/ÜF 115 €.

Ruhig ▶ **La Tranquillona:** Via Garibaldi 49, Tel. 057 35 13 01, www.latranquillona.it. Nettes B&B mitten im Ort, dem Rathaus gegenüber, mit nur sechs Zimmern und Bar. DZ/ÜF 65– 75 €.

### Essen & Trinken

Im historischen Kern fast nur Abend- und Wochenendlokale also Fr–So geöffnet. Freundliche Bar im B&B La Tranquillona, s.o.

Abendmenüs ▶ **Barbarossa:** im Hotel Lago Verde, s.o. Fleischmenü 27 €, Fischmenü 32 €; außerdem kann man à la carte speisen.

### Verkehr

**Bus:** Bushaltestelle nahe der Rocca Nuova, Bus Nummer 55 CO.PIT/LAZZI Blue Bus zwischen Serravalle und Pistóia 3–4 x tgl., kostenlose Tel. Nr. 800 27 78 25.

## Durch den Montalbano ▶ F 4/5

Eines der schönsten Weinanbaugebiete im Bereich des Arnotales teilen sich die Provinzen Prato und Pistóia, den Montalbano, dessen liebliche Hügel kaum die 600-m-Marke erreichen und teilweise noch bewaldet geblieben sind. Von Pistóia über Vinci nach San Miniato führt eine schöne kurvige Panoramastraße quer durch das Hügelland – genau das Richtige für ein gemächliches Autowandern. Es ist eine der schönsten Straßen der nördlichen Toscana, die hier sehr südtoscanisch wirkt. Südtoscanisch, weil sich ähnlich wie dort Mischwälder, Weinberge und Ölbäume abwechseln und das Landschaftsbild prägen. Man findet noch viele knorrige alte Olivenbäume, etwa zwischen Vinci und dem Geburtshaus Leonardos.

In **San Baronto** überquert man den Kamm und damit auch den Hauptwanderweg des Montalbano (auch Monte Albano genannt). Über **Lamporecchio**, das angeblich kommunistischste Dorf der Toscana und vielleicht ganz Italiens (bei den Regionalwahlen traditionell mehr als 90 % Linksparteien), führt ein kleiner Abstecher nach **Larciano**, wo 1972 ein kleines Museum in der restaurierten Festung mit dem 36 m hohen Turm eingerichtet wurde. Zu sehen sind Funde aus der Umgebung, u. a. eine Nonnenmumie mit Münze zwischen den Zähnen. Diesen Turm zu besteigen lohnt sich vor allem wegen des herrlichen Rundblickes von oben (Kustode im Haus daneben).

### Vinci ▶ F 5

Fährt man von San Baronto direkt nach **Vinci** (14 300 Einw.), geht es über eine kurvenreiche und landschaftlich sehr reizvolle Straße. 1,5 km vor dem Städtchen weist ein Schild zur Località Anchiano mit der **Casa Natale di Leonardo**, zum vermeintlichen Geburtshaus des Universalgenies Leonardo da Vinci (1452–1519). Es steht inmitten von silbrig glänzenden Ölbäumen, zu deren Füßen im Frühsommer ein roter Teppich großblättrigen Klatschmohns blüht. Eine angenehme Gedenkstätte für Leonardo in seinem schlichten Geburtshaus, wo Andenken an den großen Künstler und Wissenschaftler ausgestellt sind (tgl. 9.30–19, im Winter bis 18 Uhr, Eintritt frei).

Angesichts der hübschen Hanglage des befestigten Ortes in lichtdurchfluteter Landschaft erstaunt es, dass Vinci in nur 97 m Höhe liegt. Im hoch aufragenden **Castello dei Conti Guidi** (13. Jh.), das aus zwei wuchtigen Türmen besteht, ehrt man den bedeutendsten Sohn des Ortes mit einem eigenen Museum. Ausgestellt sind Modelle nach Zeichnungen des Universalgenies, das sich aus der handwerklichen Tradition heraus um eine gewisse Industrialisierung zur Erleichterung der Arbeit bemüht hatte: Werkzeuge mit Kraftübertragung, Wasserpumpen, Bagger, Bohrmaschinen, Ölpressen, aber auch eine bedrohlich wirkende Kriegsmaschine sind zu sehen, weiterhin ein Fahrrad und ein Flugapparat (tgl. 9.30–18, im Sommer bis 19 Uhr, Erw. 6 €).

In den hohen Gewölben der früheren Weinkellerei unterhalb der Festung wurde sozusagen ein privates Gegen-Museum eingerichtet, das **Museo Ideale Leonardo da Vinci**, u. a. mit Kunstwerken, die man als Persiflage auf Leonardos Schaffen ansehen könnte, etwa auf deren Vermarktung in der Werbung. Daneben gibt es zahlreiche Erinnerungsstücke und Modelle sowie auch Kunstwerke, die angeblich aus dem Besitz von Leonardos Nachfahren stammen (tgl. 10–18/19 Uhr, Änderungen möglich, Erw. 5 €).

Auf der Terrasse vor dem Castello, das wie fast jeder Punkt Vincis eine wunderbare, weite Aussicht über die von Olivenbäumen übersäte Hügel ermöglicht, steht als modernes Kunstwerk (von Mario Ceroli, 1987) »l'Uomo di Leonardo« ein Holzmodell seines idealen Menschen in einer offenen Kugelkonstruktion.

## Infos

**Ufficio Turistico Intercomunale:** 50059 Vinci (FI), Via della Torre 11, Tel. 05 71 56 80 12, www.comune.vinci.fi.it. Auch für Empoli, Cerreto Guidi und Montelupo Fiorentino zuständig.

## Übernachten

**Hell ▶ Alexandra:** Via dei Martiri 82, Tel. 0 57 15 62 24, www.hotelalexandravinci.it. Nettes neues Hotel mit Dependance südl. des historischen Zentrums. 47 Zimmer. Restaurant/Pizzeria La Limonaia. Parkmöglichkeit an der Straße, für Durchreisende gut geeignet. DZ 65–105 €.

**Im Castello von Vinci kann man Modelle zahlreicher Leonardo-Entwürfe anschauen**

**Ökologisch ▶ Tassinaia:** Località Petroio 15, Tel. 05 71 58 39 85, www.tassinaia.it. Agriturismo in einem nach baubiologischen Gesichtspunkten restaurierten Bauernhaus aus dem 18. Jh. 4 km südöstlich von Vinci mit Panoramaterrasse. Fünf geräumige, nach Farben eingeteilte Zimmer, Holzbalkendecken, gemeinsames Wohnzimmer. DZ/ÜF 65–75 €.

**Camping ▶ Barco Reale:** 51030 San Baronto, Lamporecchio (FI), Via Nardini 11, Tel. 057 38 83 32, www.barcoreale.it, April–Sept. Hervorragende sanitäre Ausstattung. Schatten spendende Bäume und Büsche, Kinderanimation, Spielplatz, Pool, diverse Sportangebote, Fahrradverleih. Stellplatz ab 10,20 €, pro Person ab 7,20 €.

## Essen & Trinken

**Echt toscanisch ▶ Il Nicchio:** Via Renato Fucini 16, Tel. 057 15 60 54, Ruhetag Di. Toscanische Küche (auch Meeresspezialitäten) in einem schlichten, aber freundlich gedeckten Restaurantraum oder draußen unter einer berankten Pergola, im neueren Stadtteil. Hausgemachte Pasta, Spezialitäten vom Wildschwein, Täubchen vom Grill. Menü ab 20 €.

**Winzig ▶ Antica Cantina di Bacco:** Piazza Leonardo da Vinci 3, Tel. 05 71 56 80 41, Ruhetag Mo, sonst 11–1 Uhr geöffnet. Kleine Einraum-*Enoteca Stuzzicheria* gegenüber dem Castello. Gute Weine auch glasweise und Kleinigkeiten zu essen wie frisch gemachte, fantasievolle Salate (um 7 €), marinierter oder geräucherter *carpaccio* (9 €), große gemischte Platte 8 €, große *bruschette* mit verschiedenem Belag um 4 €; *coperto* 1 € – entweder an kleinen Tischen innen oder auf der Piazza.

## Termine

**Leonardos Geburtstag:** Am 15. April, dem Geburtstag Leonardos, findet die größte Feier in Vinci statt.

## Verkehr

**Bus:** Verbindungen mit Empoli und Pistóia zu den Hauptverkehrszeiten.

## Tipp: Wochenenden meiden!

Keine Frage: Ganz Vinci hat vom Leonardo-Tourismus profitiert und sich daher wunderbar herausgeputzt mit schön gepflasterten Gassen und Plätzen – und mehreren Restaurants, die an den Wochenenden garantiert vollkommen überfüllt sind. Wer den Ort in Ruhe genießen möchte, sollte seinen Ausflug hierher besser an einem Werktag einplanen.

## Cerreto Guidi ▶ F 5

Ihr Kastell südwestlich von Vinci hatten die Guidi bereits im 12. Jh. an Florenz verkauft. Hier ließ Großherzog Cosimo de' Medici 1565 über den Ruinen der Festung eine Villa erbauen, von deren imposanter, rampenähnlicher Treppe viele Besucher ins Staunen geraten. Denn der Medici-Architekt Buontalenti plante sie so, dass sie die Medici-Villa auch für Pferde und Karossen mit den weiter unten liegenden Villen verband. Das erregt bis heute eine solche Bewunderung, dass sie **Ponte de' Medici** genannt wird (Brücke der Medici). Im letzten Weltkrieg vom Militär als Quartier benutzt und recht heruntergewirtschaftet, wurde in der Villa inzwischen ein Jagdmuseum mit einigen Originalstücken und Möbeln aus der Medici-Epoche eingerichtet (tgl. 8.15–19 Uhr, außer 2. und 3. Mo des Monats, Eintritt frei).

Eine zweite Sehenswürdigkeit befindet sich in der **Pieve di San Leonardo**, der Pfarrkirche des Dorfes: ein sechsseitiges Taufbecken von Andrea della Robbia (1511), das an jenes von San Piero a Sieve (s. S. 129.) erinnert, nur dass dieses mehr Farbigkeit besitzt. Es zeigt auf jeder Seite eine Episode aus dem Leben Johannes des Täufers.

## San Miniato al Tedesco ▶ F 5

Südlich des Arno breitet sich recht unansehnlich **San Miniato Basso** aus, das vom umso schöneren, auf einem dreiteiligen Bergrücken gelegenen **San Miniato al Tedesco** überragt wird. Bereits 783 als langobardisch erwähnt, 1046 Geburtsort der Mathilde von Canossa, erhielt San Miniato 1218 durch Friedrich II. eine Kaiserburg, deren Turm sie um Jahrhunderte überdauerte. Den Beinamen *tedesco* (= deutsch) verdankt San Miniato dem deutschen Kaiser. Dass dieser Name aber seit dem Zweiten Weltkrieg gerne verdrängt wird, ist der Tatsache zuzuschreiben, dass ein übereifriger deutscher Offizier den Turm damals sprengen ließ ... Inzwischen wurde die **Rocca** sehr schön restauriert und lohnt unbedingt den Aufstieg über die 129 Stufen, denn ohne ihn verpasst man den schönsten und oftmals in Bildern festgehaltenen Blick über den Ort und weit in die hier hügelige Arno-Landschaft hinein (Di, Do–So 11–18 Uhr, 3,50 € oder Mini-Tipp s. u.).

Unterhalb des Friedrich-Turms steht an einem schönen, schattigen Platz der **Dom**, dem die lange Bauzeit vom 12. bis zum 19. Jh. architektonisch nicht gerade gut bekommen ist. Wand an Wand mit ihm befindet sich das geradezu modern eingerichtete **Museo Diocesano** mit Bildern aus dem 13. bis 19. Jh. Für den dazu gehörigen Kirchenschatz San Miniatos mit schönen Goldschmiedearbeiten und kostbaren Ornaten wird noch ein passender Platz gesucht (Di–So 10–17, im Sommer bis 18 Uhr, Eintritt 2,50 € oder Mini-Tipp s. u.).

Die steile **Scala del Duomo** führt abwärts zur lang gestreckten **Piazza della Repúbblica** mit dem restaurierten **Seminario Vescovile**, dem bischöflichen Seminar mit wieder in frischen Farben leuchtender Fassade. Der Platz ist neu gepflastert, mit Ketten vor parkenden Fahrzeugen geschützt und während der drei letzten Novemberwochenenden zusammen mit der Hauptstraße Schauplatz der bedeutendsten Trüffelmesse der Toscana. Auf dieser werden alle typischen Produkte der Umgebung (also nicht nur Trüffel) von den Herstellern bzw. Sammlern ausgestellt und verkauft.

Geht man Richtung Piazza del Popolo, kommt man an deren Ecke an die von außen unscheinbare **Kirche San Jacopo e Lucia.** Die einschiffige Hallenkirche mit drei Apsiden ist verziert mit Fresken zum Leben Mariä. Im angrenzenden früheren **Convento di San Domenico**, dessen nördliche Kreuzgangseite von der Straße her einsehbar ist und an Markttagen den Antiquitätenhändlern sozusagen als Unterstand dient, befindet sich das **Museo Archeologico**. Es zeigt Funde aus den Grabungen des nahen Fontevivo, Zeugen der etruskischen und römischen Vorgeschichte San Miniatos (nur Sa/So, Fei 10–17, im Sommer bis 18 Uhr, Eintritt s. Mini-Tipp unten).

Von hier setzt sich die durchgehende Hauptstraße bis zur Via Roma fort, die Bummelmeile von San Miniato, u. a. mit kleinen Lebensmittelläden und Metzgereien sowie dem historischen **Caffè Centrale**.

Auf der anderen Seite der Piazza della Repúbblica zieht sich die Hauptstraße, hier Via Vittime del Duomo, schlängelnd durch die Stadt. Gleich am Anfang, gegenüber dem breiten, doppelläufigen Treppenaufgang zum Santuario Santissimo Crocifisso, steht der **Palazzo Comunale**. Obwohl dessen neuzeitliche Fassade nicht sehr einladend wirkt, sollte man den Besuch des Rathauses nicht auslassen. Der Ratssaal birgt folgende Kostbarkeiten: eine »Madonna mit Kind« aus der Giotto-Schule, Wappen als Freskendekoration und Relieftafeln (14. Jh.), alles betont dunkel gehalten, mit viel Rotbraun und Blau. Und das Besondere an diesem Saal: Aus den beiden rundbogigen Fenstern hinter dem Bürgermeistersitz blickt man ganz weit nach Süden in die wunderschöne hügelige Landschaft (Sa 15–18, So 11–18 Uhr).

Über den lang gestreckten Kamm kommt man zur dreieckigen **Piazza Buonaparte:** Napoleon war 1796 hier zu einem privaten Besuch, daher ihr Name. Die Straße führt weiter

## Tipp: Acht Besichtigungen – ein Ticket

Mit einem einzigen Ticket zu 5 € kann man alle fünf Museen sowie drei weitere Sehenswürdigkeiten von San Miniato besichtigen (auch geführt!). Besucher aus den EU-Ländern unter 14 und über 65 Jahre erhalten gegen Vorlage ihres Ausweises sogar freien Eintritt.

quer über die Piazza XX Settembre mit dem Krankenhaus hinaus aus der Stadt, auf schmaler Fahrbahn nach Osten und im hohen Bogen nach Norden Richtung Ponte a Elsa. An der großen Straßenbiegung genießt man einen wunderschönen Blick zurück auf San Miniato.

Wer oben in der Stadt bleiben möchte, sollte noch den Besuch von **San Francesco** (1276, 1404–1480 erweitert) einplanen. Hier stand früher das Oratorium des Florentiner Märtyrers Minias, des Patrons von San Miniato. Allein der Eindruck beim Betreten des schlichten Kirchenraumes ist den Besuch wert, hinzu kommt eine Vielzahl von Ölbildern und Fresken u. a. von Niccolò di Pietro Gerini und vom namenlosen Meister von San Miniato (meist tgl. geöffnet, Mittagspause).

## Infos

**San Miniato Promozione:** 56027 San Miniato al Tedesco (PI), Piazza del Popolo 1, Tel. 057 14 27 45, www.cittadisanminiato.it.

## Übernachten

Super Aussicht ▶ **Miravalle:** Piazza Castello 3, Tel. 05 71 41 80 75, www.albergomiravalle.com. Renovierter historischer Palazzo am Rande der riesigen Terrasse des Domplatzes mit Blick über das Tal und die Unterstadt. 18 stilvolle Zimmer, z. T. Holzbalkendecken. Restaurant; wenige eigene Parkplätze. DZ/ÜF 100–110 €.

## Essen & Trinken

Ländliche Küche ▶ **Omero:** San Miniato Basso, Piazza della Pace 4, Tel. 05 71 40 05 20, Ruhetag Sa. Die 200 Jahre alte Osteria ist inzwischen aus dem historischen Stadtkern San Miniato al Tedescos in die Unterstadt gezogen und verwöhnt dort ihre Gäste weiterhin mit toscanischer Küche und gutem Fleisch vom Grill; im Winter gibt's weiße und schwarze Trüffel, dann kostet das Essen etwas mehr (um 30 €), sonst volles Menü inklusive Getränke um 15 €.

## Einkaufen

Trüffel ▶ **Fiera del Tartufo:** An den letzten drei Novemberwochenenden. Größter Trüffelmarkt der Toscana, auch mit vielen anderen Produkten der Gegend, von ihren Herstellern direkt angeboten.

## Abends & Nachts

Mit Aussicht ▶ **Caffè Centrale:** Via IV Novembre 19, Tel. 057 14 30 37, bis etwa 1 Uhr nachts geöffnet. Café seit 1930, schon länger mit Restaurant und Weinverkostung, mit Raucherzimmer; nach hinten wunderschöne Panoramaterrasse. Aperitifs mit Knabbereien ab 4 €.

## Termine

**25. August:** Theateraufführungen zu Ehren des hl. Genesius.

## Aktiv

Golf ▶ **Golf Club Fontevivo:** Via Fontevivo 5, Tel. 05 71 41 90 12. 9-Loch-Platz.

# Paláia ▶ E 6

Das kleine befestigte Dorf **Paláia** in einsamer Lage (240 m hoch, rund 4500 Einw.) lädt nicht nur zum geruhsamen Bummeln ein, sondern auch zum Besuch der außerhalb der Mauer auf einer Terrasse liegenden **Pieve San Martino** (1270/1300). Sie ist vollständig aus Backstein errichtet und mit einem umlaufenden Bogenfries mit Konsolen dekoriert, die unterschiedliche menschliche und tierische Figuren schmücken. Auch innen zeigt sich die dreischiffige Basilika ganz in Cotto, nur der ursprünglich ebenfalls damit belegte Boden musste ersetzt werden, nachdem die Kirche im Zweiten Weltkrieg als Garage zweckentfremdet worden war. Das Weihwasserbecken soll einst als Hohlmaß gedient haben für die Menge Wein, die jede Familie einmal jährlich der Kirche zu stiften hatte (leider nur auf Anfrage oder während der abendlichen Messen geöffnet).

## Übernachten

Historisch ▶ **Leones Antica Dimora:** Via della Rocca 2, 56036 Paláia (PI), Tel. 05 87 62 20 24, www.leones-palaia.it. Kleines Hotel in historischen Mauern mehrerer zusammengelegter Dorfhäuser. Eine Oase der

Ruhe, ob in einem stillen Winkel des aristokratischen Palastes oder in seinem durch Pergolen schattigen Garten. 13 mit Antiquitäten eingerichtete Zimmer auf vier Stockwerken, im ersten Stock mit Fresken, auf jeder Etage ein kleiner Salon; Whirlpool. Abendessen mit Hauswein auf Anfrage (rund 25 €). DZ/ÜF 95–120 €.

## Essen & Trinken

Osteria ► **Antica Farmacia:** Via del Popolo 51, Tel. 05 87 62 21 49, Ruhetag Mi, 2. Augusthälfte geschl. Kleine Abend-Osteria in früherer Apotheke, einem Wohnzimmer mit Kamin ähnlich. Hausgemachte Ravioli, gefülltes Kaninchen, *peposo* (Gulasch) mit Gemüse. Drei-Gänge-Menü 25–30 €.

Gemütlich ► **Bar Peggio Paláia:** Piazza dell'Orologio, Tel. 058 76 22 52 02, Ruhetag Mo. Kleines gemütliches Lokal in niedrigem Dorfhaus, Barraum, kleines Nebenzimmer und Terrasse; nur Kleinigkeiten zu essen wie *primi* (4–4,50 €), kalte Platten (4–6 €) oder *panini* zu je 3 €.

## Termine

In Paláia werden mehrere *sagre* im Jahr gefeiert, die schönste ist die **Sagra del Crostino:** Am 1. Mai werden zehn verschiedene *crostini* und andere Leckereien von der Dorfgemeinschaft angeboten, der Verkaufserlös dient wohltätigen Zwecken – an die 20 000 *crostini*-Portionen werden an einem solchen Tag angeblich verkauft!

## Montaione ► F 6

**Montaione** ist ein hübsches Städtchen (3700 Einw.) in ca. 350 m Höhe, dessen Alltag sich noch immer innerhalb der historischen Mauern seines ovalen *castello* abspielt. Der Ort war bereits im Jahr 1220 für die Glaskunst in kleinen Werkstätten bekannt, bis im Laufe des 19. Jh. die Handwerker in die neuen Fabriken Richtung Empoli im Tal abwanderten und man in Montaione zur Landwirtschaft zurückkehrte. Landwirtschaft bedeutet jetzt Getreideanbau, aber vor allem Wein- und Olivenölproduktion.

Die Lage des Städtchens ist ideal: Zum einen lässt sich von hier ein großartiger Rundblick über die umgebenden Hügel genießen, teils mit Weingärten bedeckt, teils bewaldet, teils für den Getreideanbau genutzt. Zum anderen kann man von hier hervorragend auf Entdeckungstouren gehen, ob mit dem Wagen, dem Fahrrad beziehungsweise Mountainbike oder zu Fuß (gezählt werden an die 50 km Rad- und Wanderwege). Man hockt hier wie die sprichwörtliche Spinne im Netz zwischen San Miniato (mit Abstecher nach Paláia, s. S. 167) und Certaldo (s. S. 170), Volterra (s. S. 355) und San Gimignano (s. S. 350) bzw. Colle Val d'Elsa (s. S. 345).

Im Ort selbst kann man hervorragend einkaufen in den noch immer funktionierenden kleinen Metzgereien und Konditoreien, vom gut ausgestatten Supermarkt in der Stadtmauer ganz zu schweigen. Das alles hat sich bis in die heutige Zeit gerade deshalb erhalten können, weil es hier viele Ferienhäuser gibt, die fast das ganze Jahr über vermietet werden. Wer gerne mal ausgeht, findet gute Restaurants verschiedener Couleur. Auch sportlich kann sich Montaione sehen lassen: Einen Katzensprung entfernt befindet sich einer der vielgelobten Golfplätze, und auch einen Reiterhof gibt es.

## Infos

**Comune di Montaione:** 50050 Montaione (FI), Piazza Municipio 1, Tel. 05 71 69 91, www.comune.montaione.fi.it.

## Übernachten

Freundlich ► **Carpe Diem:** Via da Felicaia 67, Tel. 05 71 69 78 88, hotel.carpediem@inwind.it. Familiär geführtes modernes Hotel im neueren Stadtteil nahe dem historischen Zentrum. Sieben gepflegte Zimmer, sehr gutes Restaurant (Menü 25–30 €); mit Pool und Parkplatz. DZ/ÜF 75–80 €, Minisuite 99 €.

Verschachtelt ► **Vecchio Mulino:** Viale Italia 10, Tel. 05 71 69 79 66, www.hotelvecchiomulino.it. Ältliches restauriertes Hotel; schöne Panoramalage über der Stadtmauer. 15 nette moderne Zimmer in den historischen Mauern des Zentrums. Freisitz und Whirlpool. DZ/ÜF 85 €.

## Essen & Trinken

**Ländlich ▶ Casa Masi:** Località San Benedetto Mura, Tel. 05 71 67 71 70, www.casamarimontaione.it, Ruhetag Mo, Di Mittag. Gemütliches Landrestaurant in zwei Räumen auf einem Landgut; schöne Bachlage mit großem Auslauf (schön für Kinder). Toscanische Spezialitäten wie *bistecca fiorentina* (36 € für zwei Personen), Kaninchen in Beize mit Beilage 20 €; Menü ab 32 €.

**Leckere Küche ▶ Il Caminetto:** Località Le Mura, Tel. 05 71 67 70 52, Ruhetag Mo. Angenehme Trattoria mit zweigeteiltem Raum; Balkendecken, Backsteinwände; schön eingedeckt. Hausgemachte Ravioli mit Steinpilzfüllung oder mit Walnüssen und Pinienkernen, gefülltes Kaninchen, Lamm, Wild zur Saison. Menü um 25 €.

## Einkaufen

**Weingut ▶ La Pieve:** Località La Pieve, Via Santo Stéfano, Tel. 05 71 69 79 34. Weingut mit hervorragenden Tropfen (gutes Preis-Leistungs-Verhältnis) in historischen Mauern nördlich von Montaione, mit Weindegustation auf Anmeldung (das Weingut vermietet auch Ferienwohnungen).

## Aktiv

**Reiten ▶ Ranch il Gelsomino:** Via Mura 22, Handy 33 31 40 25 31/34 73 20 08 00. Reitclub mit Halle, Pferdepension; Reitstunden, Ausflüge.

**Golf ▶ Golf Club Castelfalfi:** Località Castelfalfi, Tel./Fax 05 71 69 84 66, Di und im Jan. geschl. (zzt. länger im Umbau).

## Verkehr

**Bus:** Regelmäßige Verbindungen im Berufsverkehr (alle 30–40 Min.) mit Castelfiorentino/Bahnstation an der dicht befahrenen Strecke Pisa – Empoli – Siena.

## San Vivaldo ▶ F 6

Die größte Sehenswürdigkeit Montaiones und seiner Umgebung stellt zweifelsohne **San Vivaldo** dar, das sogenannte Jerusalem in der Toscana, ca. 6 km südwestlich des Städtchens (gut ausgeschildert): ein kleiner Berg inmitten eines herrlich dichten Waldes, der Selva di Camporena, auf dem in einer Höhle unter einem Kastanienbaum der Eremit Vivaldo Stricchi da San Gimignano zu Beginn des 14. Jh. lebte und starb.

1497 erwarben die Franziskaner den Platz und ließen dort 1500 bis 1530 das Kloster sowie Kapellen und kleine Tempel errichten, die eine Nachbildung Jerusalems im 15. Jh. abgeben sollten. Ihre Idee war es, das Heilige Land mit den wichtigsten Kreuzwegstationen nachzubilden – **Gerusalemme in Toscana**. Die insgesamt 24 Kapellen in 17 Gebäuden oder Tempelchen (ursprünglich waren es 34, doch 17 von ihnen wurden im 17. Jh. zerstört) wurden von Künstlern aus der Schule Giovanni della Robbias mit fast vollplastischen, farbig bemalten Terrakottabildern ausgestattet und teilweise freskiert. Der Kustode der beiden noch im Kloster lebenden, greisen Franziskanermönche öffnet auf Anfrage gerne die Türen vor bzw. zu den Kapellen, deren Kunstwerke in ihrer herrlichen Farbenpracht (sie wurden 1970–1980 restauriert) in aller Ruhe bewundert werden können.

Im 16. Jh. war es nicht gerade einfach, nach Jerusalem zu reisen, also eine Pilgerfahrt ins Heilige Land zu unternehmen. Der toscanische Papst Leo X. erklärte daher 1516 San Vivaldo zu einem *Monte Sacro*, einem heiligen Berg, der – nahe an der Franken-

### Tipp: Für Kurzentschlossene

Urlaubsreisende auf Suche nach einer Unterkunft finden in Montaione unkomplizierte Unterstützung: Im **Siglinde Fischer Servicebüro** kann man oftmals auch noch kurzfristig Ferienhäuser und Hotels buchen; die Deutsch sprechenden Mitarbeiter organisieren darüber hinaus Besuche für die Uffizien und andere Museen, haben Infos zu den Transportmitteln parat, geben gute Tipps für Restaurants in der Umgebung u. v. m. (Piazza Cavour 14, Tel. 05 71 69 80 91, www.siglinde-fischer.de).

straße – günstig für viele Reisende lag: Wer hierher pilgerte, wurde genauso erlöst wie bei einer Pilgerfahrt ins Heilige Land. Zu den schönsten Kapellen gehören das **Cenacolo,** links mit dem »Abendmahl«, rechts mit der »Fußwaschung«, ganz hinten oben das »Pfingstwunder« oder die noch völlig freskierte **Cappella del Crosifisso** (Kreuzigungskapelle) auf dem Kalvarienberg.

Picknicktische vor dem Kloster und ein Restaurant im Anbau laden zu einer Rast ein. Im Sommer finden im Kreuzgang des Klosters Konzerte klassischer Musik statt, und in der Scheune nebenan eine ständige Ausstellung zur Geschichte des interessanten Ortes (www.sanvivaldointoscana.com; im Sommer tgl. 10–19, im Winter bis 18.30 Uhr; die Kapellen sind Apr.–Okt. 15–19, So, Fei 10–19 sowie Nov.–März tgl. 14–17 Uhr geöffnet).

### Essen & Trinken

Angenehm ► **Il Focolare:** San Vivaldo, Tel. 057 16 94 98. Winter nur Fr Abend, Sa/So auch mittags, im Sommer Mo–Do abends, Fr–So auch mittags geöffnet. Urgemütliches Restaurant im Anbau des Klosters, schön eingedeckt. Vielfältige Antipasti, Spezialität u.a. *pici* mit Rehfleisch, Wildschweingulasch, Kaninchen; Menü ab 20 €.

## Ausflug nach Certaldo ► F 6

Der vermeintliche Geburtsort des Dichters Boccaccio, genauer die mittelalterliche Altstadt auf dem Hügel über der Neustadt (16 250 Einw.), ist zumindest während der Woche ein wenig besuchter, ruhiger Ort. Giovanni Boccaccio, dem **Certaldo** seinen Ruhm verdankt, sollte allerdings erst lange nach seinem Tod zu Ruhm und Ehren kommen: 1313 als uneheliches Kind geboren, unsicher, ob hier oder in Florenz, jedenfalls sicher 1375 in Cer-

**Certaldo Alto, die Stadt des Dichters Giovanni Boccaccio**

taldo gestorben, hat er es zwar in Florenz bis zum Kämmerer im Rathaus gebracht, aber sein »Decamerone« (im Jahr der Pest 1348 entstanden) verhalf ihm nicht aus seiner ewigen finanziellen Not. Das Haus, in das Boccaccio sich 1361 zurückgezogen und in dem er bis zu seinem Tod gelebt haben soll, ist heute als Studienzentrum und Museum eingerichtet, die **Casa del Boccaccio**.

Ironie des Schicksals: Wenigstens die Souvenirverkäufer des kleinen historischen Ortes verdienen nicht schlecht am späten Ruhm des Dichters, denn zumindest an sommerlichen Wochenenden zählt Certaldo zu den beliebten Ausflugszielen aus den größeren Städten der Umgebung.

## Rundgang

**Certaldo Castello** (oder Certaldo Alto) in nur 130 m Höhe über dem Elsatal und der neueren Unterstadt gelegen, wurde ursprünglich von Florenz als Bollwerk gegen Siena ausgebaut und wirkt noch heute wie eine kompakte, uneinnehmbare Festung. Denn es wurde nach den Zerstörungen des Zweiten Weltkrieges behutsam restauriert und zählt zu den sehenswertesten Städtchen der Toscana. Eine einzige Straße auf einem Hang mit steil aufragenden Mauern, die Via Boccaccio, die vor dem Vikarenpalast einen Knick macht und Via Rivellino heißt – das ist fast alles. Eine Seite liegt immer im Schatten.

Den Beginn der Via Boccaccio markiert der hübsche, von Zinnen bekrönte **Palazzo Scoto da Semifonte** (13./14. Jh.). Es beherbergt heute ein angenehmes kleines Hotel-Restaurant (Il Castello, s. S. 172) mit einem zauberhaften Innenhof – der richtige Ort für eine Siesta nach dem Essen. Über Eck steht der ebenfalls zinnenbekrönte **Palazzo Strozzi Ridolfi** mit Renaissance-Innenhof, z. T. zu einem B&B umgewandelt; man kann jederzeit den Innenhof zur Besichtigung betreten, das Tor steht normalerweise weit offen.

Weiter oben steht die **Casa Boccaccio** (www.casaboccaccio.it, s. o.), dann sieht man schon am anderen Ende der mit Backsteinen gepflasterten Straße, leicht links versetzt von dieser Achse, den **Palazzo del Vicario** (auch Palazzo Pretorio) aus Backstein mit weit offener Loggia. Die Fassade schmücken Wappen (einige von Della Robbia geschaffen) all jener, die hier das Sagen hatten, außerdem aus unerklärlichen Gründen das Konterfei eines Kleinkindes.

In dem mittelalterlichen Bau um einen harmonischen Renaissance-Innenhof, der im 15. Jh. seine heutige Form erhielt, befindet sich ein **Museum.** Es ist ein komplizierter Baukomplex, für den vor Ort allerdings kostenlos ein Plan erhältlich ist, ebenso wie von ganz Certaldo Castello. Das Museum besitzt beachtenswerte Fresken und eine Sammlung interessanter archäologischer Funde aus etruskischer und romanischer Zeit sowie abgenommene Fresken aus dem Mittelalter, Ölgemälde, ein reiches Archiv sowie Zeichnungen zeitgenössischer Künstler zum Thema Boccaccio. Besonders schön ist die von Benozzo Gozzoli und Giusto d'Andrea freskierte **Cappella della Giustizia** (Mini-Tipp s. S. 172).

## Tipp: Ein Museumsticket für alles

Für alle drei Museen Certaldos gibt es ein lohnendes Sammelticket, für Erw. 6 €; einzeln kostet der Eintritt jeweils 4 €. Und auch die Öffnungszeiten hat man im überschaubaren Ort vereinheitlicht: Apr.–Okt. tgl. 9.30–13.30, 14.30–19, Nov.–März Di–So 9.30–13.30, 14.30–16.30 Uhr (längere Öffnungszeiten bei Sonderveranstaltungen möglich).

Zwischen der Casa Boccccio und dem Palazzo Pretorio befindet sich, fast versteckt ebenfalls auf derselben Straßenseite, in einem früheren Augustinerkonvent (15. Jh.) das **Museo Arte Sacra**. Malerei, Bildhauerkunst und sakrale Gegenstände ab dem Ende des 13. Jh. sind hier effektvoll ausgestellt. Hauptwerk und eines der bedeutendsten mittelalterlichen Skulpturen Italiens dürfte ein Holz-Kruzifix aus dem 13. Jh. sein, das einen über den Tod triumphierenden Christus darstellt.

### Infos

**Pro Loco:** 50052 Certaldo (FI), Via Boccaccio 16, Tel. 05 71 65 27 30, www.prolococertaldo.it.

### Übernachten

**Versteckter Garten ▶ Il Castello:** Via della Rena 6, Tel.05 71 66 82 50, www.albergoilcastello.it, im Nov. geschl. Kleines Hotel mit ambitioniertem Restaurant (toscanische Küche) in einem mittelalterlichen Palast (Palazzo Scoto da Semifonte, s. S. 171) mit wunderhübschem Garten. 12 Zimmer. DZ/ÜF 80–100 €.

**Für Genießer ▶ Osteria del Vicario:** Via Rivellino 3, Tel. 05 71 66 82 28, www.osteriadelvicario.it. Gemütliches kleines Hotel in einem aufgelassenen Kloster aus dem 13. Jh. mit Garten im zauberhaften romanischen Kreuzgang. Fünf Zimmer (drei in Dependance). Sehr gutes Restaurant (kreativ verfeinerte toscanische Küche; Michelin*). DZ/ÜF 80–110 €.

**Palast-Apartments ▶ Guesthouse Boccaccio:** Via Boccaccio 32, Tel 05 71 65 24 35, www.guesthouseboccaccio.it. Vier Apartments für 2–4 Personen im Teil eines wunderbar restaurierten Palastes ab dem 14. Jh. (Palazzo Strozzi Ridolfi, s. S. 171); Parkplatz. Apartment 78–116 €.

**Camping ▶ Panorama del Chianti:** Località Marcialla 349, Tel. 05 71 66 93 34, www.campingchianti.it, Mitte März–Mitte Okt. Stellplatz 8–10,50 €, pro Person 6,50–8 €, mit Pool(!).

### Essen & Trinken

s. auch Hotels.

**Pizza ▶ La Vinaia:** Via Boccaccio 35, Tel. 05 71 66 71 35. Bescheidene Pizzeria in Backsteingewölben an der Stadtmauer. Pizza ab 5 €.

**Für zwischendurch ▶ Bottega di Chichibio:** Via Boccaccio 4, Tel. 05 71 65 25 04, tgl. 7.30–20 Uhr, Ruhetag Di Nachmittag. Kleiner Lebensmittelladen nahe Palazzo del Vicario mit wenigen Tischen für kleine Mahlzeiten (ab 5 €).

### Verkehr

**Bus:** Regelmäßige Anbindung nur ab der Unterstadt an Empoli und Poggibonsi; nach Certaldo Alto muss man zu Fuß gehen oder einen der seltenen Busse bzw. die *funicolare* (s. u.) nehmen.

**Standseilbahn:** Ab der Piazza Boccaccio (Unterstadt) zur Bergstation beim Hotel Castello tgl. 7–22, im Sommer 7–24 Uhr.

## Montecatini und die Valdiniévole ▶ E 4

Der bedeutendste Kurort der Toscana und einer der wichtigsten Kurorte Italiens wirft seine Schatten auf eine wunderschöne Umgebung: Kaum jemand kennt die **Valdiniévole**, das Wolkental. So heißt es noch immer wegen der einst ständig umnebelten Flüsschen, die dem früheren Sumpfgebiet zueilten, bis es trocken gelegt und urbar gemacht wurde. Gewiss waren die Nebelwolken ein romantischer Anblick, der Dichter und Maler inspirierte, aber weder für die Gesundheit der Bevölkerung noch für den Fremdenverkehr förderlich. Geblieben ist nur der fast märchenhaft klingende Name des Flüsschens Nievole (im Osten des Gebietes) und des gesamten, recht hügelreichen ›Tales‹ Valdiniévole. Es reicht im Südosten bis Lamporecchio und Larciano, im Südwesten umfasst es das alte Sumpfgebiet von Fucécchio (die Cerbaie) und verläuft an der Linie Monsummano – Chiesina Uzzanese über die Autobahn bis Montecatini Terme. Die Fortsetzung führt weiter in die nördlichen Hügel mit den zauberhaft gelegenen Ortschaften Colle und Buggiano, Massa und Cozzile, Uzzano und das größere Péscia mit dem benachbarten Collódi, hinauf bis zu den sogenannten Valli Pesciatine, also in etwa zwischen den Flüssen Nievole und Péscia, im Westen begrenzt von Lucca, im Süden von Pisa.

## Montecatini Terme ►E 4

Der Paradekurort der Toscana, **Montecatini Terme**, bietet eine ausgewogene Hotellerie aller Schattierungen, vom 5-Sterne-Luxus bis zur liebevoll gepflegten 1-Stern-Pension wird man fast durchweg eine ordentliche Bleibe finden. Der ausladende Kurpark mit seinen Baumriesen ist eine Oase der Ruhe, der Juni bis September nachts für fremde Autos und Motorräder gesperrte Kurbezirk ebenfalls. Nur in der Stadtmitte, an der **Piazza del Popolo** mit der geradezu hässlichen, neuzeitlichen **Kirche Santa Maria Assunta** und dem nahen **Kursaal** ist die knapp 21 000 Einwohner zählende Stadt betriebsam und recht laut. Doch von hier aus kommt man schnell durch den feinen **Viale Verdi** mit seinen klassizistischen Palästen, die innen teilweise mit Jugendstildekorationen überraschen, zum noch feineren, eigentlichen **Kurbezirk** mit kleineren Jugendstilvillen, dem schönen **Kurpark** und den Thermalbädern. Zwei dieser Bäder sind besonders erwähnenswert: die klassizistische **Terme Leopoldine** sowie das elegante **Stabilimento Tettuccio**, ein großzügig angelegter Bau mit prachtvollem Säulenportikus.

Seinen Ruhm als Thermalort hat Montecatini Terme, dessen Heil bringende Wasser schon in der Antike bekannt waren, aber nach der Renaissance in Vergessenheit gerieten, dem aufgeklärten Fürsten Peter Leopold von Habsburg-Lothringen zu verdanken. Er baute nicht nur große Teile der Toscana um, sondern nahm sich auch der Valdiniévole und damit Montecatinis an. Er ließ die Thermalquellen von Spezialisten neu fassen und veranlasste den Bau des Königlichen Bades (Bagno Regio) 1773, der Terme Leopoldine und der Badeanstalt Tettuccio 1779. Logisch, dass seine Anwesenheit in Montecatini gekrönte Häupter, Dichter und Musiker nach sich zog, eben die Mode-Menschen seiner Zeit.

Montecatini weiß, was es an seinen Kurgästen hat und tut entsprechend etwas für den Erhalt des guten Rufes: Das Hotel- und Kurpersonal ist gut geschult, die Kuranlagen sind gepflegt, Diätköche verstehen ihr Handwerk, die verkehrsberuhigte Kurzone besitzt einen immens großen Kurpark (eine halbe Million Quadratmeter) mit uralten, prachtvollen Bäumen, vor allem ausladenden Zedern. Die Italiener finden es köstlich, in Gesundheit versprechender Atmosphäre, mit einem Glas in der Hand, an dem warmen, wahrlich nicht wohl schmeckenden Wasser zu nippen. Das Tettuccio (kleines Dach), das längst keine Quelle mit kleinem Schutzdach mehr ist, hat sich zur schönsten und größten Therme von Montecatini gemausert. Von den farbigen Kachelwänden schauen einen kurverwöhnte Gestalten im antikisierenden Stil an, die natürlich ebenfalls Wasser trinken. An manchen von ihnen ließe sich der Hinweis auf eine Idealfigur ablesen …

Aldous Huxley beschrieb Montecatini in seiner 1921 erschienenen Novelle »Nach dem Feuerwerk« mit bissigem Zynismus als Tummelplatz von Ungeheuern, als einen »Ort der Strafe, nicht nur der Heilung«: »Zwei-Zentner-Frauen quellen aus ihren Stühlen, alte Männer watscheln wie voll gefressene Bären durch die Wandelhallen, andere stolzieren wie Pfaue hinter den eigenen, prallen Bäuchen her – andere schwanken ausgemergelt und gallengelb zu den polierten Messinghähnen, wo ihnen ge-

**Kuren in prunkvollem Ambiente: Aus edlen Hähnen fließt das kostbare Heilwasser**

langweilte Brunnenfeen das salzige, lauwarme Wasser zapfen.« – Nun, Huxley war damals 26 Jahre jung, das Kurpublikum aber eines, das erst kam, wenn es fast schon zu spät war.

## Infos

**APT:** 51016 Montecatini Terme (PT), Viale Verdi 66a, Tel. 05 72 77 22 44, www.monte catini.turismo.toscana.it.

**Terme di Montecatini:** Viale Verdi 41, Tel. 05 72 77 81. Infos zu den Kuren.

## Übernachten

**Jugendstil-Atmosphäre ▶ Grand Hotel e La Pace:** Via della Torretta 1, Tel. 05 72 92 40, www.grandhotellapace.it, März–Nov. Das traditionsreichste Kurhotel der Stadt im Zentrum, z. T. leicht verstaubte, aber großzügige Zimmer (110; 22 Suiten), in einem dicht gewachsenen Garten mit hohen Bäumen und beheiztem Pool. Restaurant; Tennis, Fitness, Parkplatz. DZ/ÜF 300–530 €.

**Frühstück am Pool ▶ Grand Hotel Croce di Malta:** Viale IV Novembre 18, Tel. 05 72 92 01, www.crocedimalta.com. Traditionelles Hotel am Kurpark (134 Zimmer, 10 Suiten). Viel gelobtes Restaurant; im Sommer Frühstücksservice auf der Poolterrasse im Garten. Garage. DZ/ÜF 180–210 €.

**Familiär ▶ Torretta:** Viale Bustichini 63, Tel. 057 27 03 05, www.hoteltorretta.it, nur April–Nov. Traditionelles Familienhotel oberhalb des Kurparks, 63 modernisierte Zimmer, Pool im kleinen Garten; hervorragendes Restaurant für Hausgäste, Cantina, Kochkurse. Parkplatz. DZ/ÜF 100–140 €.

**Freundliche Pension ▶ Kadampa** (ehemals Villa Splendor): Viale San Francesco d'Assisi 15, Tel. 057 27 86 30,www.hotelka dampa. com, nur April–Okt. Familiäre Pension mit Stammgästen in ruhiger Wohngegend. 25 freundliche Zimmer, große renovierte Bäder. Restaurant für Hausgäste. DZ/ÜF 55–70 €.

**Zentral ▶ Florida:** Via Michelangelo 16, Tel. 057 27 02 27, www.albergo-florida.it; ganzjährig. Nettes Stadthotel im Zentrum, 34 Zimmer, dazugehöriges Restaurant Corsaro Verde in der Nähe; Parkplatz. DZ/ÜF 60–65 €.

## Essen & Trinken

Generell sind die Hotel-Restaurants von Montecatini so gut, dass sich Restaurants nur schwer behaupten können. Pizzerien und Cafés findet man aber überall, in denen man zur Mittagszeit eine Kleinigkeit zu essen bekommt (Salate, Pastagerichte, *panini*). Die berühmten Lokale sind teuer bis sehr teuer, z. B.

Tolle Weinkarte ► **Enoteca Giovanni:** Via Garibaldi 25/27, Tel. 057 27 30 80, Ruhetag Mo, je zwei Wochen Feb. und Aug. geschl. Nettes kleines Restaurant in zwei unterschiedlichen Räumen: einer elegant, der andere eher rustikal gehalten; innovative toscanische Küche (Fleisch und Fisch) und eine gute Weinauswahl; im Sommer abends mit Tischen auf der Piazza. Menü ab 50 €.

## Einkaufen

Etwas nostalgisch anmutende Versteigerungsabende (*asta*, pl. *aste*); meist ab 21 Uhr in speziellen Antiquitätenläden.

## Abends & Nachts

In den Hotelbars **Cocktail- und Tanzabende.**

## Aktiv

Golf ► **Montecatini Golf Club:** Località Pievaccia, 51515 Monsummano Terme (9 km südöstl.), Tel. 057 26 22 18. 18-Loch-Golfplatz.

Pferderennen ► Die **Rennbahn** von Montecatini (am Viale Leonardo da Vinci südl. der Bahnlinien) gilt als der Treff für Liebhaber dieses Zuschauersportes überhaupt in der Toscana. Infos beim APT, s. S. 174.

Radfahren ► **Radverleih:** über die Hotels und u. a. im Süden des Kurparks.

Geführte Ausflüge ► **In die Sümpfe von Fucécchio:** Infos unter Tel. 057 38 45 40, fucecchio@zoneumidetoscane.it.

## Verkehr

**Bahn:** Montecatini ist Bahnstation auf der Strecke Florenz – Lucca und wird zu den Hauptverkehrszeiten stdl. angefahren.

**Bus:** Mindestens stdl. zwischen Florenz und Lucca (mit Umsteigmöglichkeiten nach Viaréggio/zur Versilia) und Pisa.

Die rote *funicolare* (Standseilbahn) verbindet während der Saison alle 30 Min. und sonst meist stdl. Montecatini Terme mit der historischen Oberstadt Montecatini Alto (s. u.).

## Montecatini Alto ► E 4

Die rote Standseilbahn (ab 1898) mit den beiden hübschen Kabinen namens Gigia und Gigio führt vom Kurgebiet alle halbe Stunde in nur zehn Minuten hinauf nach **Montecatini Alto**, man genießt dabei die Fahrt durch den Wald und zwischen den Gärten. Das im mittelalterlichen Kern vollständig unter Denkmalschutz stehende Nest ist den Fußgängern vorbehalten. Die **Piazza Giuseppe Giusti**, nur ein paar Schritte von der *funicolare* entfernt, ist lang gestreckt und leicht abfallend. Sie erinnert ein wenig an die berühmte Piazzetta von Capri. Die umliegenden Cafés sind nicht ganz so anspruchsvoll, aber dafür fühlen sich auch die Einheimischen hier noch wohl.

Die Attraktionen des Ortes sind seine Lage und eine kulinarische Spezialität, die *fettunta* (oder auch *bruschetta* genannt), das auf Holzglut geröstete toscanische Weißbrot, mit Knoblauch eingerieben und mit Olivenöl beträufelt, etwas Salz drauf – fertig. Wenn kurz nach Ostern hier oben in Montecatini Alto das *fettunta*-Fest gefeiert wird, dann duftet es fast bis zum Thermalort hinunter nach frischem Knoblauchbrot ... Passend dazu wird in den netten Straßencafés der trockene Weißwein von Montecarlo getrunken, der südwestlich von Montecatini gedeiht.

In Montecatini Alto wurde Ugolino da Montecatini 1348 geboren, der durch seine medizinischen Traktate als Begründer der modernen Thermaltherapie gilt. An ihn erinnert der Name des hochmittelalterlichen Turmes an der Piazza Giusti. Und hier verbrachte seine Kindheit und Jugend der in der Valdiniévole sehr beliebte, kränkelnde Dichter Giuseppe Giusti (1809–1850), nachdem die zentrale Piazza benannt ist.

Ein schöner Promenadenrundweg, an dem entlang man unter den schattigen Bäumen den Wagen abstellen kann, führt zu den wenigen Sehenswürdigkeiten wie den Resten der

aktiv unterwegs

## Zu Fuß durch die Dörfer der Valdiniévole

### Tour-Infos

**Start:** Massa, Parkplatz vor dem Stadttor
**Länge:** ca. 6 km
**Dauer:** ca. 3 Std.
**Wichtige Hinweise:** Wege z. T. steil ansteigend

Die Pistoieser Hügel und Berge gehören zu den weniger bekannten Regionen der Toscana und belohnen den Wanderer oder Mountainbiker mit kleinen befestigten Dörfern, großartigen Ausblicken und vielfach schattigen Mischwäldern, durchsetzt mit uralten oder verjüngten Kastanienbäumen. Unsere Tour beginnt in **Massa** (312 m), unterhalb des gotisch zugespitzten Tores kann man den Wagen parken und gleich in den Ort gehen. An der einzigen Piazza-Bar kann man sich sogar ein Sandwich zubereiten lassen und Getränke einkaufen. Es geht nun rechts von der Bar den mit dunklen Steinplatten gepflasterten Weg immer geradeaus durch das nette, fast nur an den Wochenenden etwas regere Dorf mit schönen Ausblicken nach rechts ins Nievole-Tal. Am Dorfende beginnt der **Maultierpfad** (gelb ausgeschildert), der alte Verbindungsweg zwischen beiden Dörfern, der recht steil nach Cozzile (410 m) führt. Zu überwinden sind also nur runde 200 m Höhenunterschied. Immer im Blick das hübsche Castello von Cozzile, das man nach ca. 40 Min. erreicht. Unterwegs kommt man an einem Bild von Rocco Normanno (geb. 1974 in Lecce, lebt seit Jahren in Massa-Cozzile) in der **Via Roma 2** vorbei, den man gerne als den modernen Caravaggio bezeichnet.

In **Cozzile**, unterhalb der Burg, beginnt ein Asphaltweg, und links bald ein **Trampelpfad zur Burg** hoch (Pfeile auf dem Asphalt). Es lohnt sich, bis zur Burg hoch zu gehen und dann durch den Ort durch. An dessen Ende erreicht man die Straße und sieht ein gelbes Schild mit dem Hinweis Margine di Cozzile, hier steht ein Brunnen mit Marienaltar. Etwa 200 m weiter, am Brunnen vorbei, den nach links abbiegenden Weg ignorieren und erst etwa 200 Meter weiter nach rechts in einen abwärts führenden **Schotterweg** einbiegen. Dieser ist teilweise grün-blau markiert (Valeriana Trekking) und einfach zu begehen. Nicht nach links dem Wanderschild nach Tómboli nehmen, sondern weiter geradeaus gehen; es geht bald über einen Bach und danach links hoch.

Man folgt der Straße aufwärts und wendet sich bei einer T-Kreuzung nach rechts. Der

Festung und garantiert ringsum herrliche Ausblicke in die umgebenden Täler, auf die mondäne Kurstadt unten und zu den kleinen befestigten Dörfern der Valdiniévole weiter oben.

Unterhalb von Montecatini Alto befindet sich eine kurze Abzweigung zur **Grotta Maona**, die Mitte des 19. Jh. entdeckt wurde, eine Tropfsteinhöhle mit eindrucksvollen Stalagmiten und Stalaktiten, speziell an ihrem Ende, die Namen bekamen wie Steinerner Wald und Säule, Wasserfall und Beine eines Riesen (Tel. 057 27 45 81, www.grottamaona.it, April Di–So, Mai–Sept. Mo–Sa meist 9–12, 15–18 Uhr mit Führung, 20 Min. bei nur 15 °C, Erw. 6 €). Im Freien befindet sich ein einladendes Café, Kulisse für Freiluftveranstaltungen des sogenannten Complesso Turistico mit Bar und Tanz im Freien (Tanz am Nachmittag April–Okt. tgl. 16–19 Uhr, Eintritt inklusive erstes Getränk Mo–Fr 4 €, Sa 5 €, So 6,50 €, Juni–Mitte Sept. 21.30–ca. 2 Uhr, je nach Wochentag 5–7,50 € bzw. 9 € – die Damen zahlen weniger als die Herren).

Als Alternative zu Wagen oder *funicolare* bietet sich die (schattige) **Via Crucis** als geruhsamer Weg zwischen Montecatini und

Weg läuft jetzt eben bis leicht abwärts, links der Hang, rechts das Tal. Dann steigt der Weg wieder an, wendet sich nach links und steigt weiter an. Rechts ist ein eingezäuntes Grundstück mit Haus und kleinem Olivenhain. Nach ca. 400 m geht es wieder abwärts geradeaus. Kurz vor Croci gibt es eine Einmündung von rechts, wir bleiben links auf dem Hauptweg, der durch den kleinen Ort bis zur Kirche führt. Hinter der Kirche geht es scharf rechts runter und sofort wieder links abwärts (Massa ist ausgeschildert). Ab hier geht es bei kleinen Gabelungen immer bergab, erst bei einer Rechtskurve führt die Schotterpiste geradeaus weiter in einen schmalen Wiesenweg. Man passiert direkt einen kleinen, total übergewucherten Schuppen.

Der Weg ist wildromantisch, aber bei Regen vielleicht etwas rutschig. Er führt über eine alte Brücke und danach aufwärts. Etwas später passiert man links zur Bachseite ein verlassenes Häuschen, dahinter steigt man zu einer kleinen Asphaltstraße auf. Auf dieser Asphaltstraße geht man links hinab. Der Weg steigt wieder an, rechts oben liegt unübersehbar Massa. Rechts zweigt ein mit Gras bewachsener Pflasterweg ab, der bis zur Stadtmauer und dann direkt zur Bar im Ort führt.

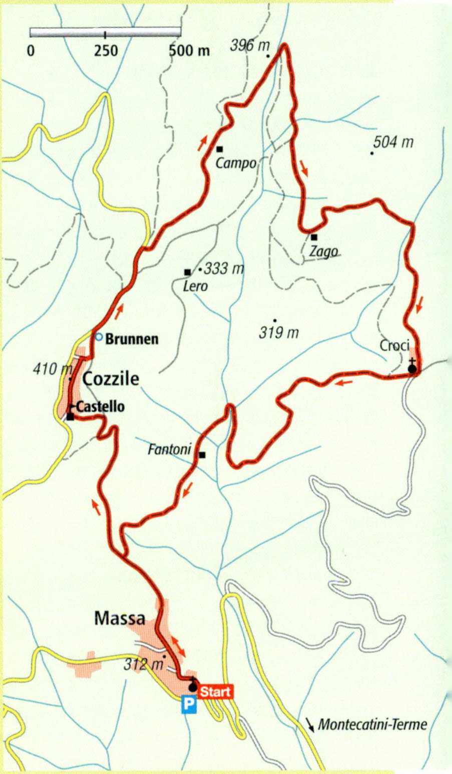


Montecatini Alto an. Je nach Kondition ist man in rund einer halben Stunde oben bzw. unten, und unterwegs kann man Pinienkerne sammeln! Am einfachsten zu finden ist der Einstieg von oben, zu Füßen der Bergstation der Bahn.

## Übernachten

**Nette Pension ▶ Locanda Talenti** (ehemals L'Etrusco): 51010 Montecatini Alto, Via Talenti 2, Tel. 05 72 77 22 31. Kleines familiäres Ambiente am unteren Ende der Piazza Giusti mit acht Zimmern (zwei davon mit Balkon zur Piazza). Restaurant. DZ/ÜF 50–65 €.

## Essen & Trinken

Die einladenden Cafés rund um die hübsche **Piazza Giusti** bieten auch Restaurantservice an, man kann also den ganzen Tag hier bei Wein und *bruschetta* verbringen oder auch richtig toscanisch speisen; die Menükarten ähneln sich (typisch toscanische Suppen wie *ribollita* und *pappa al pomodoro*, *tagliata* oder Lamm), die Preise auch, ob im **La Torre** (wegen des eingelassenen Turmes von 1000, Ruhetag Di) oder im **Giusti** (seit 1898, Ruhetag Mi).

**Anspruchslos ▶ Trattoria Talenti:** s. o., Locanda Talenti; auch Pizza ab 4 €, gefüllte

Pasta für 5,50 €, wenige Fleischgerichte vom Grill ab 35 €/kg.

## Abends & Nachts

Tanzbein schwingen ► **Grotta Maona:** Tanz im Sommer unter freiem Himmel (s. S. 175).

## Monsummano Terme ► F 4

Das an sich wegen seiner zahlreichen Schuhfabriken allzu schnell gewachsene, gesichtslose Städtchen liegt im Nordwesten des Montalbano, dessen Flanke wie von riesigen Baggern angeknabbert wirkt. Zwar werden die aufgelassenen Steinbrüche teilweise wieder mit Bäumen bepflanzt, wie es ein toscanisches Umweltschutzgesetz verlangt, aber wirklich schöner wird der Ort dadurch nicht … Aber immerhin: Montecatinis Golfplatz liegt auf dem Gemeindegebiet von **Monsummano Terme**, und der Ort besitzt zwei Heilgrotten, die auch für Gesunde einen Besuch wert sind.

Zwischen Montecatini und Monsummano liegt die **Grotta Parlanti**, die zwar bereits 1777 bekannt war, jedoch erst ab 1864 für die speziell dafür errichtete Pension mit Kuranstalt genutzt wird.

Steinbrucharbeiten verdankt Monsummano die Entdeckung der **Grotta Giusti** (1849), was dem Städtchen den Beinamen Terme einbrachte und es zum Kurort erhob. Die Grotta Giusti ist eine natürliche Tropfsteinlandschaft mit mehreren weiten Räumen. Je weiter man in die Höhle eindringt, desto wärmer wird die Luft: Von 27 auf 35,2 °C steigend, weshalb die Grotten frei nach Dantes »Göttlicher Komödie« die wahrlich sinnvollen Namen Vestibül, Paradies, Fegefeuer und Hölle bekamen. Unterhalb der ›Hölle‹ entspringt die Thermalquelle, die sich zu einem limbo genannten See ausweitet. Die Luftfeuchtigkeit wird durch die Wärme auf 90 % gesteigert. Je nachdem, wie schwer die Patienten vorher ›gesündigt‹ haben, also nach der Schwere ihrer rheumatischen Leiden, müssen sie, in weiße Tunika und mit Holzpantinen bekleidet, 40–50 Minuten in der ›Hölle‹ sitzen. Im ›Vestibül‹ werden sie anschließend von Badewärtern abgetrocknet und in eine frische, wohlig warme Tunika gesteckt. In Decken gehüllt, fahren sie mit dem Aufzug in die Kuranstalt hoch, wo sie je nach Krankheitsbild Thermalbad oder -dusche erhalten, wieder abgetrocknet und zu den Ruhezimmern begleitet werden. 30–40 Minuten Ruhe ist Pflicht, dann können noch die verschriebenen Fangopackungen, Unterwassermassagen, etc. angewendet werden. Eine aufreibend-intensive Kur, die aber schon Wunder gewirkt haben soll: Verdi soll begeistert gewesen sein, und auch Garibaldi war hier.

In der Nähe der ausladenden Piazza Giusti befindet sich in der Via Vincenzo Martini 8 das **Museo di Casa Giusti** in einem Palast, den bereits Ende des 18. Jh. der Großvater des Dichters, selbst ein politisch engagierter Mensch, bauen ließ und wo Giuseppe Giusti am 13. Mai 1809 geboren wurde. Das erste Obergeschoss wurde mit einigem Mobiliar eingerichtet, das dem Dichter zugeschrieben wird; das zweite Obergeschoss dient der Dokumentation seines Lebens und Schaffens, ob mit Originalen oder in Kopien (Mi–So 16–19, Mo 9–12 Uhr, Eintritt frei).

## Übernachten

Stilvoll und wohltuend ► **Terme Grotta Giusti:** Via Grotta Giusti 1411, Tel. 057 29 07 71, www.grottagiustispa.com. Klassisches historisches Kurhotel direkt über der Grotta Giusti (s. o.) inmitten eines ausladenden Parks mit uralten Bäumen; bekannt-gutes Restaurant, riesiger Außenpool mit Thermalwasser und diversen Wasserspielen, DZ/ÜF 310–470 €. Auch Tagesgäste können sich für einen aktiven Höhlenbesuch und den Thermalpool anmelden (Eintritt 17, ab 14 Uhr 11 €).

Pension mit Therme ► **Terme Grotta Parlanti:** Via Grotta Parlanti 41/B, Tel. 05 72 95 30 71, Fax 05 72 95 38 81. 22 Zimmer; Restaurant, Parkplatz. DZ/ÜF 90 €.

## Massa und Cozzile ► E 4

Zwei winzige Nachbardörfer locken von Montecatini Alto nach Westen, beide aus stark befestigten Burgen entstanden, was ganz typisch für die nördliche Valdiniévole ist: Massa und Cozzile. **Massa** bildet in 223 m Höhe auf seinen beiden Graten ein Ypsilon aus engen Gassen, die von kleinen Wohnhäusern und Plätzen begrenzt werden. Man betritt es durch die Porta ai Campi (14. Jh.) mit angebautem Oratorio della Campagna (18. Jh.), die auf die umgebenden Felder hinaus führte. Auf der kleinen Piazza Cavour stehen gleich zwei Kirchen beisammen, San Michele und Maria Assunta (ab 787) mit ihrer dreibogigen Vorhalle, deren klobiger romanischer Glockenturm (12. Jh.) den Platz überragt. Ein *circolo arci* (sozusagen sozialer Treff) mit Bar, ein schmächtiger Palazzo Pretorio (ab 13. Jh.) mit den sechs Medici-Kugeln im Wappen, enge Gassen – alles in allem ist Massa ein angenehmer Ort in herrlicher Hügellage.

Noch winziger ist das benachbarte **Cozzile** in 411 m Höhe mit einer einzigen Dorfstraße, der Via dei Martiri, die zur Chiesa San Giacopo (13. Jh., 1526 restauriert) mit dem wehrhaften Campanile führt, ein Teil der einstigen Festung. Die Kirche wurde im 19. Jh. im gotischen Stil wieder aufgebaut und könnte schon wieder eine Restaurierung brauchen. Die hübsche Porta Nuova a Mezzogiorno daneben stammt noch aus dem 12. Jh. und öffnet sich zu einem Weg, der heute lediglich in einen kleinen Olivengarten führt und zu einem Spaziergang einlädt.

## Buggiano ►E 4

Den Ort mit den weit auseinander liegenden Ortsteilen erreicht man von Cozzile, indem man auf einem aussichtsreichen Bergsträßchen zwischen Ölbaumterrassen ein Stück nach Süden fährt. **Buggiano** besteht aus vier Teilen, die sich im Laufe der Jahrhunderte aus dem ursprünglichen Castello hinaus entwickelten, als die Bewohner erstens mehr Platz und zweitens weiteren Boden für die Landwirtschaft benötigten: Colle oben, Castello 2 km abwärts Richtung Tal, Borgo a Buggiano an der SS 436 westlich von Montecatini und ganz unten Ponte Buggianese.

**Buggiano Colle** besitzt eine schmale Piazza namens Cavour, die die Bewohner leider völlig zuparken. In der Via Natali steht zwischen den Häusern 4 und 6 eine Barockkapelle, und zwei Gassen weiter engt im Sommer eine unglaubliche Hortensienpracht den Weg fast völlig ein. Colle ist ein Ort für Leute, die gerne selbst entdecken und Ruhe suchen.

Von außen ist kaum erkennbar, wie weitläufig das befestigte Dorf **Buggiano Castello** innerhalb seiner Mauern ist, das es wie die anderen besser nur zu Fuß zu erobern gilt. Ganz oben im Ort breitet sich ein überraschend geräumiger, rechteckiger Platz aus, dessen Umgebung wunderschön saniert wurde. Durch die Baulücke im Osten ist der Blick auf Montecatini Terme und Alto sowie auf die bewaldeten Berge von Pistóia frei. Nach Westen zu, durch einen Rundbogen am ehemaligen Bischofspalast, ist Uzzano zu sehen und die schmale Hügelkette von Lucca.

**Borgo a Buggiano** unten im Tal hat sich zu einem Vorort von Montecatini entwickelt, mit keinen besonderen Merkmalen. Der Abstecher nach Ponte Buggianese (4,5 km) bringt einen zu den Kunstwerken des zeitgenössischen Malers Pietro Annigoni, der sich sowohl in der Wallfahrtskirche **Santa Maria del Buon Consiglio** nördlich des Ortes als auch in der Pfarrkirche im Zentrum ein Denkmal gesetzt hat: Ab 1967 schmückte der Maler der Königinnen die Innenräume beider Kirchen aus. Seinen Beinamen trugen ihm die Porträts der ›oberen Zehntausend‹ ein, gekrönter Häupter und Päpste, die er für sie malte. Sein Porträt der Königin von England ging übrigens als Briefmarke um die Welt.

## Uzzano ►E 4

Von Borgo a Buggiano aus führt die Straße wieder hinauf ins 275 m hoch gelegene, befestigte Dorf **Uzzano**. Den Wagen parkt man am besten unten in der Nähe des Tores, vor allem beim *Giugno Uzzanese* im Juni, wenn der ganze Ort Kopf steht. Dann findet man allerdings an der Bergstraße keinen freien Parkplatz mehr, wenn zur *Festa dell'Amore* eingeladen wird, mit Tanz auf der kleinen Piazza. Sonst herrscht auch hier wie in den anderen Dörfern der nördlichen Valdiniévole beschauliche Stille. Von der Piazza mit der romanischen Kirche und dem **Palazzo Pretorio** erblickt man schon die Treibhäuser von Péscia weit unten im Pésciatal, man schaut auf die

Ausläufer der Garfagnana, den Fluss und die markanten Ölbäume.

## Péscia ►E 4

Die Blumenstadt **Péscia** (gut 19 500 Einw.) ist durch den gleichnamigen Fluss zweigeteilt. Von Uzzano kommend, gelangt man in den neueren Teil, sozusagen den ›sakralen‹, betrachtet man die andere Seite als die profane, als das Zentrum der weltlichen Macht. Einem Triumphbogen gleich wirkt die **Porta Fiorentina**, die Einfahrt in den von hohen Bauten des 17. bis 19. Jh. geprägten sakralen Stadtteil.

Gegenüber dem **Ospedale Santi Cosma e Damiano** aus dem 18. Jh. (mit modernem Anbau) steht die kleine **Chiesa Sant'Antonio Abate** (Mitte 14. Jh.), die im Chor Fresken aus dem Leben des Abtes Antonius und anderer Heiligen besitzt (15. Jh.). Nur etwa 150 m weiter bietet die **Chiesa di San Francesco** aus dem 14. Jh. ein ziemlich barockisiertes Bild. Von der ursprünglich schlichten gotischen Hallenkirche sind nur die drei Chorapsiden mit geradem Abschluss erhalten geblieben sowie einige Fresken im oberen Teil und im Deckengewölbe. Ansonsten dominieren die fünf Barockaltäre und die große barocke Kapelle im Norden. Rechts vor dem Chor befindet sich die größte Kostbarkeit der Kirche: das Franziskus-Tafelbild von Bonaventura Berlinghieri (1235). Die sehr schmale Gestalt des Franziskus zeigt ihre Wundmale, sechs Bilder (je drei zu beiden Seiten) erzählen seine Lebensgeschichte.

Auf romanischen Grundmauern ruht in diesem Stadtteil noch der **Dom** aus dem 17. Jh. (Fassade 19. Jh.) mit dem klotzigen Campanile von 1306. Schon seit 1726 ist der Dom Bischofssitz.

Ein schöner, schlichter Natursteinbau auf dieser Seite des Flusses ist der **Palazzo Pretorio**. Der zweistöckige Bau wird von vier großen Gewölbebögen getragen, die Platz- und Talfassade haben jeweils nur vier Fenster. So entsteht der Eindruck einer Festung.

Geradezu wohnlich, aufgeräumt, wirkt auf der anderen Flussseite die lang gestreckte **Piazza Grande** oder **Piazza Mazzini** im zweifellos schöneren Stadtteil von Péscia. Eigentlich ist es eine in Nord-Süd-Richtung verlaufende Marktstraße, aber eine von seltener Geschlossenheit. Dieser wahre Salon der Stadt dürfte einer der schönsten (und doch wenig bekannten) Plätze der Toscana sein. An den Flanken im Westen und Osten reiht sich Palazzo an Palazzo, nichts Protziges, höchstens drei- bis vierstöckig, hellocker, bräunlich getüncht. Darin befinden sich in den Erdgeschossen Bars, kleine Geschäfte und Bäckereien.

Die südliche Schmalseite, die nach der Brücke als erste zur Linken erscheint, bildet die **Kirche Madonna di Piè di Piazza** (Kirche der Madonna am Fuße des Platzes), ein bescheidener Kirchenbau, der vom Platz her gesehen, nur einen schmalen Querraum bildet. Er wurde 1447 von Andrea Cavalcanti erbaut und präsentiert sich nun behutsam restauriert, vor allem die schwere, dreiteilige Kassettendecke. In ihrer Mitte zeigt ein ovales Medaillon auf altrosa Grund eine Madonna mit Kind in schönem blauen Gewand.

Die nördliche Schmalseite gegenüber wird vom **Palazzo dei Vicari** eingenommen, dem Vikarenpalast aus dem 13./14. Jh. Er ist über eine großzügige Treppe zu erreichen, in diesen Räumlichkeiten wurde das **Rathaus** untergebracht. Wer den Wächter bittet, darf – wenn keine Sitzung stattfindet – den Ratsherren-Saal im ersten Stockwerk besichtigen. Die Wappenfresken der Vikare sind schön restauriert, ein Wappen zeigt drei Delfine, einer von ihnen mit einer Krone: das Stadtwappen von Péscia. Der Legende nach soll man in der Flussmündung des Péscia einen Delfin gefunden haben.

Links hinter dem Rathaus führt eine schmale Straße zur hübschen Piazza Santo Stéfano mit dem **Palazzo del Podestà** und dem **Museo Civico Magnani**, das eine Mineraliensammlung und archäologische Funde aus der Valdiniévole besitzt. Seit dem 19. Jh. birgt diese städtische Sammlung schöne Tafelbilder aus dem 14. und 15. Jh., auch mehrere Stiche von Dürer, außerdem etruskische Funde, historische Waffen und Wandteppiche (Mo–Fr 8.30–13, Di, Do auch 15–17.30 Uhr, Eintritt frei; über die Bibliothek).

# Pinocchio, der hölzerne Bengel

Thema

**Wer kennt den hölzernen Pinocchio nicht, der immer, wenn er lügt, eine ganz lange Nase bekommt und ohnehin ein recht rebellischer ›Sohn‹ ist? In dem ihm allein gewidmeten Park von Collódi können nicht nur Kinder die Abenteuer der weltberühmten Romanfigur nacherleben.**

Der Florentiner Journalist Carlo Lorenzini, besser bekannt als Carlo Collódi, begann 1881 eine Fortsetzungsgeschichte für Kinder, die – schon zwei Jahre später auch als Buch erschienen – Weltruhm erlangen sollte: die abenteuerlichen Geschichten des hölzernen, aufmüpfigen Bengels Pinocchio. Sie sind so berühmt und beliebt, dass seit mittlerweile Jahrzehnten in dem kleinen Ort Collódi nahe Péscia die Händler zwischen Pinocchio-Park und Villa Garzoni mit den hölzernen Figuren ein überaus einträgliches Geschäft machen können: Pinocchio in klein mit kurzer Nase, Pinocchio mittelgroß, Pinocchio als Spielriese mit zwei Nasen – zum Auswechseln. Bekanntlich je nachdem, ob Pinocchio die Wahrheit sagte oder nicht ...

Sein Erfinder Carlo Lorenzini wohnte damals in Collódi und gab sich später den Namen dieses Dörfchens. Federico Fellini, der unvergessene Regisseur des italienischen Films, schrieb einmal: »Pinocchio ist wahrhaftig Italiens großes Buch. Für mich ist es größer als Manzonis ›Die Verlobten‹, ein Buch, das nie aufhört, uns zu nähren, uns zu trösten: ein kleines, so vollkommenes Universum mit seinen Gesetzen, die wir nie mehr verleugnen werden.«

Der ›Vater‹ Pinocchios wurde 1826 in Florenz als Sohn eines Kochs und einer Frau aus Collódi geboren, die sich um elf Kinder zu kümmern hatte. Carlo Lorenzini konnte dennoch Rhetorik und Philosophie studieren, wurde zunächst Bibliothekar, dann politisch engagierter Journalist und schließlich Kinderbuchautor. Als Collódi 1890 in Florenz starb, war er bereits ein weltberühmter Mann.

Der wohl bekannteste Regisseur Italiens, der in der Nähe von Arezzo geborene Roberto Benigni (s. a. S. 439), hat 2002 Pinocchio wieder verfilmt und damit den teuersten italienischen Film aller Zeiten produziert. Und natürlich spielt der Schauspieler und Komiker darin den hölzernen, anarchischen Bengel gleich selbst.

**In vielen Kinderzimmern zu Hause**

aktiv unterwegs

## Der Märchenweg Péscia – Collódi – Péscia

### Tour-Infos

**Start:** Péscia, bei der Kinderbibliothek
**Länge:** 5–6 km
**Zeit:** 2–3 Std.
**Kennzeichnung:** Nr. 460, weiß und rot

Dieser Weg wurde von der Deutsch-Italienischen Kulturgesellschaft am 6. Juni 1993 bei der ersten Settimana della Fiaba, der Märchenwoche, eröffnet. Es handelt sich um einen Saumpfad, dessen Ursprung römisch sein könnte und der bis vor einigen Jahrzehnten noch als Verbindungsstraße zwischen Péscia und Collódi diente, wie es Reste von Pflasterstücken beweisen. Am Anfang des Weges, der ein Teil der Europäischen Märchenstraße werden soll, steht die **Kinderbibliothek**, deren Fassade die Studenten der Hochschule der Künste aus Bremen mit einigen Bildern bemalt haben. Nach der Kinderbibliothek geht es gleich nach links, und dann, das Kloster **San Michele** streifend, wieder nach links, wo die **Via della Cappella** beginnt und der Wanderweg ansteigt. Man geht also langsamer und kann dabei in Ruhe die Hügel, die Péscia umkränzen, genießen. Nach ca. 1 km steht eine winzige Kapelle am Wegrand. Solche *marginine* bezeugen die Gläubigkeit der lokalen Vorväter. Der Weg führt zur Straße, die Péscia mit **Collecchio** und **Monte a Pescia** verbindet. Doch der alte Fußweg zwischen Collecchio und und Monte a Péscia, eine Abkürzung, die sonst nur von den Einheimischen benutzt wird, ist reizvoller und gut begehbar. Er beginnt bei der Kirche von Collecchio, beim Eisenkreuz befindet man sich bereits auf der **Via Marzalla**, die durch Olivenhaine bergab nach Collódi führt.

Ungefähr auf halbem Weg hört man bereits das verlockende Geplätscher des Bächleins **La Dilezza**, und nach der hübschen mittelalterlichen Brücke geht es leicht bergauf, an Gärten mit immergrünen Pflanzen für das lokale Blumenhandelszentrum. Collódi ist schon ganz nah, nach der Überquerung einer Straße geht es nun geradeaus, bald kommt man unterhalb der das Dorf beherrschenden Villa Garzoni an (und gegenüber breitet sich der Pinocchio-Park aus, s. S. 185).

Dem an seinem Hang geklammerten Dorf **Collódi** sollte man etwas Zeit widmen, auch wenn die steilen Gässchen das Wandertempo reduzieren. Wenn man aus der Unterführung der **Villa Garzoni** kommt, ist man schon auf dem alten Eingangsweg zum Dorf. Früher musste man übrigens durch die Villa hinauf gehen (deren Besitzer somit immer eine absolute Kontrolle über die entsprechenden Bewegungen hatten), was heute nicht mehr geht. Er ist durch ein verrostetes Gitter geschlossen. Dafür wurde aber gleich nebenan ein Weg eröffnet, der zum Dorf führt. Von hier kann man – kostenlos – den ›italienischen Garten‹ mit seinen Wasserläufen und Skulpturen bewundern (s. S. 185).

Beim dem ersten Plätzchen mit vielen gut erhaltenen Häusern und einem noch heute benutzten Waschplatz wird Halt gemacht. Am Brunnen kann man sich erfrischen, dann weiter durch die immer steileren Treppengässchen hinauf, an schönen, mit Blumentöpfen verzierten Häusern vorbei. Noch eine besonders heftige Steigung, dann folgt der Dorf-

Hinter dem Bahnhof von Péscia hat der größte Blumenmarkt der Toscana seinen modernen Standort. Wer die duftende Pracht auf dem **Mercato dei Fiori** erleben möchte, muss allerdings sehr früh auf den Beinen sein: Mo–Sa 6.30–ca. 8 Uhr. Im Sommer werden hier täglich rund 3 Mio. Schnittblumen umgesetzt: Nelken hauptsächlich und Gladiolen. Doch in den Treibhäusern blühen auch im Herbst und Winter Nelken. Um seinem Ruf

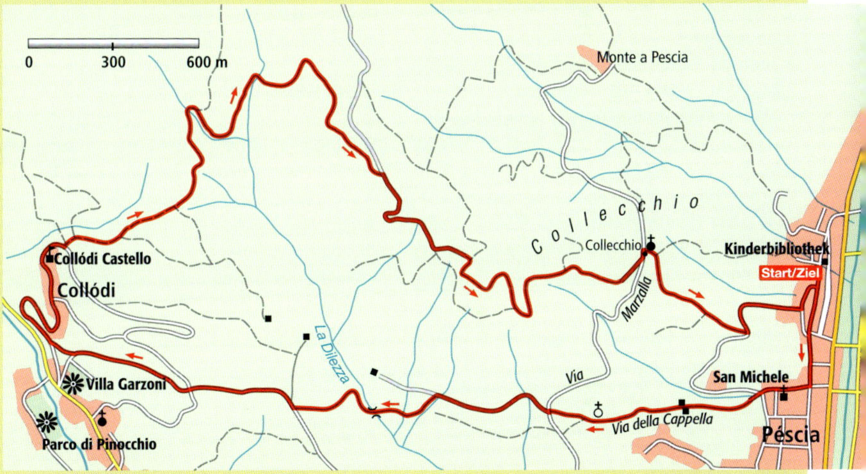


platz mit der Kirche, deren Stufen sich für eine Ruhepause und als Aussichtsbalkon anbieten.

Nun ist es nur noch eine kleine Anstrengung weiter bis zur Schlossruine, die das Dorf bekrönt und den Beginn des »Valleriana Trekking« markiert, den herrlichen Wanderweg durch die Pesciatiner Schweiz. Jetzt sieht die Umgebung ganz anders aus. Zuerst führt der Weg durch Olivenhaine und Weinberge, dann in den Wald und bietet herrliche Ausblicke, die einem einen großen Teil der Toscana zu Füßen legen: bis nach San Gimignano und Volterra und zu den Pisaner Bergen, die Lucca von Pisa trennen. Vom Valleriana-Weg biegt nach ca. 1 km rechts eine Abkürzung ab, auf der man zurück nach Péscia und auf den Märchenweg führt. Vorbei den an den Quellen des Dilezza und wieder bergauf Richtung Crocialino, wo viele Wege zusammen treffen. Hier geht es sofort nach rechts, die Umgebung ist nun weniger wild und nach fast 1 km ist das erste Bauernhaus erreicht und schon blitzt Péscia zwischen den Bäumen durch. Wir sind auf dem Collecchio, einem der schönsten Hügel der Gegend. Der Weg verläuft recht bequem zwischen uralten Olivenbäumen; ein paar restaurierte Bauernhäuser stehen hier – von toscanischen Städtern und Ausländern gepflegt, denn Bauern gibt es hier keine mehr. Von der Dorfkirche geht es schnell bergab nach **Péscia** über die alten Steine, mit denen die Bauern ihre Wege gepflastert haben, hinein in die Stadt, die einst reich und berühmt war durch Papier und Seide.

als Blumenstadt gerecht zu werden, hat Péscia übrigens ein Forschungszentrum für Blumenzucht eingerichtet.

Blumen allein sind es aber nicht, die das fruchtbare Pésciatal, das seit dem frühen Mittelalter landwirtschaftlich genutzt wird, bedeutend machen. Die Baumschulen für Ölbäume bedecken die Ausläufer der Garfagnana, und unten im Tal werden Spargel und anderes Gemüse gezüchtet. Für die Schönheit der Landschaft und für den Umweltschutz weniger förderlich als für die wirtschaftliche Gesundheit der im wahrsten Sinne des Wortes florierenden Gemeinde sind die wenigen noch arbeitenden Papierfabriken entlang des oberen Péscia-Laufes. Das gilt noch mehr für die ebenfalls dort arbeitenden Gerbereien sowie die Betriebe zur Verarbeitung von Aluminium und Kupfer.

Die hohen Hallenkirchen ähnelnden **Papierfabriken** aus dem 19. Jh. bestimmen das Bild des Flusstals bis nach Villa Basilica. Zum Teil wurden sie inzwischen aufgegeben, vorerst zwei davon zu attraktiven Hotels umfunktioniert, zum Teil aber für die Verarbeitung von Altpapier wieder aktiviert. Je nachdem, welche Farbe das Altpapier hatte, das zur Wiederverwendung (meist als grobes Verpackungsmaterial) ausgewaschen wird, färbt sich dann der Fluss weiß oder gelb, rötlich oder braun … Eine Augenweide bleiben dagegen die dichten Kastanienwälder ringsum, die Vorboten der wilden Garfagnana.

## Übernachten

In der Papierfabrik ▶ **San Lorenzo Hotel e Residence:** Località San Lorenzo 15 (2 km nördlich von Péscia), Tel. 05 72 40 83 40, www.rphotels.com. Angenehmes Hotel in einer malerisch über dem Péscia stehenden, früheren Papiermühle mit vielen Sammlerstücken. 38 Zimmer, zwei Suiten. Gewölbe-

**Leider nicht immer so gepflegt: Der Park der Villa Garzoni in Collódi**

restaurant (als Ausflugsziel und Ort von Familienfeiern beliebt; Ruhesuchende meiden daher die Wochenenden!); Parkplatz. Für das **Hotel Santa Caterina** nebenan wurde ebenfalls eine ehemalige Papierfabrik umgebaut. DZ/ÜF 90–135 €.

Im Park ▶ **Villa delle Rose:** Località Castellare di Péscia, Via del Castellare 21, Tel. 05 72 46 70, www.rphotels.com. In herrlichem Park (mit Pool) gelegenes Hotel (Villa vom Ende 18. Jh.); 103 Zimmer, drei Suiten. Restaurant Piazza Grande im Nebengebäude (evtl. Lärm bei Veranstaltungen!), Parkplatz. DZ/ÜF 89–185 €.

## Essen & Trinken

s. auch Hotels.

Ländlich ▶ **Monte a Péscia:** Località Monte a Péscia (5 km nordwestl.), Via Monte a Péscia, Tel. 05 72 47 68 87, Ruhetag Mi, 2 Wochen im Juli und Okt. geschl. Aus der einfachen Trattoria (belegte Brote und Gegrilltes vom offenen Kaminfeuer) hat sich ein beliebtes, an den Wochenenden ausgebuchtes Ausflugsziel mit großem Wintergarten entwickelt, das noch immer eine unverfälschte ländlich-toscanische Küche bietet. Menü ab 27 €.

Echte Hausmannskost ▶ **Cecco:** Via Forti 96, Tel. 05 72 47 79 55. Kleines Restaurant im Zentrum, Ruhetag Mo, zehn Tage im Jan. geschl. Einfache traditionelle Trattoria, speziell Fleischgerichte. Menü ab 26 €.

## Einkaufen

Köstlich ▶ **Antico Panificio Giaccai:** Piazza Mazzini 101. Feines Gebäck und Brot werden hier seit 1875 produziert und verkauft, u. a. die leckersten, mandelschweren *cantucci* (auch an der Via Amendola 149).

## Collódi ▶ E 4

Keine 5 km trennen das hübsche Péscia vom ›Geburtsort‹ Pinocchios. Die **Casa Carlo Lorenzini** des berühmten ›Vaters‹ Pinocchios (Pseudonym: Carlo Collódi), steht am Ortseingang von **Collódi** (1800 Einw.) in der Via delle Cartiere 62 (s. a. Thema, S. 181). Nur eine Tafel erinnert an den Kinderbuchautor, dafür beginnt 200 m weiter der **Parco di Pinocchio**. Hier dreht sich alles um den recht anarchistisch denkenden, tollkühnen Holzbengel und seine Erlebnisse. Große Wandreliefs oder – teils begehbare – Figuren inmitten eines schattigen Waldes direkt am wilden Bach erzählen die Geschichten Pinocchios (www.pinocchio. it, tgl. 8.30 bis Sonnenuntergang, Erw. 11 €, Kinder 3–14, Senioren ab 65 Jahren 8 €, Nov.–Febr. günstiger).

Von Pinocchios Ruhm profitiert auch die **Villa Garzoni** (1630 und 18. Jh.) gegenüber, obwohl viele allein wegen des berühmten Gartens nach Collódi kommen! Es handelt sich hier um eine der raffiniertesten Gartenanlagen Italiens, mit Wasserspielen und Kanälen, Terrassen und Treppen, teils fein säuberlich geordneten Blumenbeeten, teils verwilderten Laubengängen und Hecken, die die gepflegten Teile zu überwuchern vortäuschen. In Wahrheit ist nämlich alles schon vom Markgrafen Romano Garzoni so erdacht worden, der sich Villa und Park anlegen ließ. Kein Wunder, dass diese Anlage im 18. Jh. voller Bewunderung in einem Atemzug mit Versailles und Schönbrunn genannt wurde.

Leider sehen sich die Besitzer der Villa nicht unbedingt veranlasst, den Park dauerhaft zu pflegen. Obwohl sie doch am Schnellrestaurant und dem Souvenirverkauf gut verdienen! Die Villa selbst ist privat bewohnt und nur bei besonderen Anlässen teilweise zugänglich (großartig: die historische Küche!). Das befestigte Dorf darüber, das **Castello di Collódi**, viel älter als die Villa, dient ihr gleichsam als Kulisse (Garten: März–Okt. tgl. 10 Uhr bis Sonnenuntergang, im Winter nur Sa/So, Fei, Erw. 13 € inklusive Schmetterlingshaus, Sammelticket mit Pinocchio-Park 20 €).

## Essen & Trinken

Bei Pinocchio ▶ **Gambero Rosso:** Via San Gennaro 1, Tel. 05 72 42 93 64, Ruhetage Mo abends und Di. Einladendes Lokal direkt beim Pinocchio-Park mit toscanisch-italienischen Spezialitäten; trotz Touristenandrangs relativ preiswert und überraschend gut; feste Menüs inklusive Getränke ab 18 €, Kindermenü 10 €.

# Lucca und die Garfagnana

**Ihren Reichtum erzielte Lucca mit Seide, die schönste Stadtmauer der Toscana hat sie sozusagen als Prestigeobjekt gebaut. Auch musikalisch war sie fruchtbar, Puccini und Boccherini stammen von hier. Ihr waldgrünes Hinterland, die Garfagnana, hat der Sérchio gestaltet, der in den marmorweißen Apuanischen Alpen entspringt.**

Lucca gilt als eine der schönsten Städte der Toscana, obwohl sie flach in der Landschaft im ehemaligen Sumpfgebiet liegt. Aber die sie umgebenden Mauern mit den großen Eckbastionen sind in ihrer kompakten Schönheit kaum zu übertreffen, obenauf der breite Mauerkamm, von hohen alten Platanen beschattet und daher der Luccheser liebster Jogging- und Radfahrweg. Von dort oben genießt man auch einen herrlichen Blick über die roten Dächer des historischen Zentrums und in so manche Innenhöfe hinein.

Nahe bei Lucca stehen edle Villen in großartigen Parks (s. S. 194), weiter im Norden dehnen sich rechts und links des wilden Laufes des Sérchio die dichten Wälder der Garfagnana aus. Zentrum dieser Landschaft ist Castelnuovo di Garfagnana, ein wahres Schlemmernest.

## 3 Lucca ▶D 4

**Cityplan:** S. 188

Die Luccheser, die im Gegensatz zu den Florentinern als heiter und ausgeglichen gelten, aber auch als geschäftstüchtig und fleißig, vielleicht auch ein wenig geizig, promenieren am liebsten auf dem Stadtwall. Die hohen, Schatten spendenden Platanen, die im Winter blattlos skurrile Formen zeigen, sind schon die zweite Bepflanzung. Inzwischen wäre der breite Wall sogar für Autos befahrbar, aber das sieht man nicht so gern, dafür flitzen umso lieber Radfahrer zwischen den Fußgängern herum.

Typisch für die Luccheser Palazzi sind ihre Backsteinmauern, und an vielen wurden die mittelalterlichen Strukturen wenigstens zum Teil freigelegt, als man sie aufwendig restaurierte. Auch die Dächer der Häuser zeigen die Farbe von Cotto, normalerweise einen dunklen rötlichen Ton.

Die Geschichte Luccas (83 200 Einw.) begann mit *Luk*, das im Etruskisch-Ligurischen so viel bedeutete wie Sumpf, der hier durch den Sérchio gebildet wurde. Auf einem Inselchen entstand Luccas Kern. Die historische *Via Francigena* (Frankenstraße) führte an der Stadt vorbei, sie verband seit dem 6. Jh. das lombardische Pavia mit Rom und brachte daher auch Lucca enorme wirtschaftliche Vorteile. Schon als römische Kolonie (ab 180 v. Chr.) und später als römische Stadt genoss sie hohes Ansehen. Mit dem Untergang des Römischen Reiches wurde sie von den Goten als die Hauptstadt Tusciens betrachtet, was auch die Langobarden hinnahmen, bis die Karolinger diese Funktion Florenz zusprachen.

Tyrannische Fürsten regierten die Stadt im 13. und 14. Jh., dennoch blühten Handel und Handwerk. Der Handel mit schweren, kostspielig verarbeiteten Seidenstoffen füllte Luccas Banken und machte die Stadt bis ins 19. Jh. mehr oder weniger unabhängig. 1847 wurde sie Teil des Großherzogtums Toscana, 1860 Teil des Vereinten Italien.

## Die Stadtmauer

Woher man auch immer kommt, erst muss man eines ihrer vier festungsartigen Tore passieren. Die elf (ursprünglich zwölf) herzförmigen Bastionen der backsteinernen Stadtmauer ragen bedrohlich weit in die Ebene hinein, übrigens dort, wo früher Wachttürme standen, die beim letzten, dritten Mauerbau integriert wurden. Alles in allem stellt sie eine imposante Befestigung dar, die sich Lucca 1544 bis 1645 leistete, nachdem die Stadt durch den Seidenhandel reich geworden war – ein gigantisches Investitionsobjekt und auch eine Art Arbeitsbeschaffungsmaßnahme. 4,2 km lang ist die elliptisch angelegte Mauer, 12 m hoch und an der Basis bis zu 12 m breit. 6 Mio. Ziegelsteine sollen an ihr verbaut worden sein – um dann niemals einer Belagerung ausgesetzt gewesen zu sein. Als einziger gefürchteter Feind erwies

## aktiv unterwegs

### Auf Luccas Stadtmauer spazieren

#### Tour-Infos

**Start:** An jedem Aufgang, z. B. beim Piazzale Verdi
**Länge:** 4,2 km
**Dauer:** 1,5–2 Std.
**Karte:** S. 188

Keine andere Stadtbefestigung bietet solche schönen Ausblicke, sowohl auf die Stadt selbst mit den roten Ziegeldächern ihrer fast durchweg restaurierten Häuser als auch auf die umgebenden Hügel im Norden, auf das Vorland der Apuanischen Alpen im Westen und den Monte Pisano im Süden, der sich als eine feingliedrige Hügellandschaft ausbreitet.

Man kann den breiten Wall entlang, der mit seinen alten Platanen wunderbaren Schatten bietet, gemütlich spazieren gehen, aber auch Rad fahren. Fußgänger haben eben etwas mehr davon, allein schon durch die Langsamkeit und weil sie keine Rücksicht auf Kinderwagen schiebende Mütter und andere Spaziergänger nehmen müssen. Ruhebänke gibt es zudem genügend. Und schön, dass man die einzelnen Bastionen ebenfalls begehen kann, die weit aus der Mauer ragen und schöne Ausblicke ermöglichen.

Der Spaziergang lässt sich praktisch an allen Aufgängen beginnen, z. B. zwischen der **Porta San Donato** und der mächtigen **Porta Vittorio Emanuele** am **Piazzale Verdi**, der sich deshalb anbietet, weil hier die Informationsstelle Luccas zu finden ist. Die Rampe führt nach links, also nach Süden zum **Bastione San Paolino**, der den Blick auf die südwestliche, verkehrsreiche Peripherie freigibt. Die Südflanke der Stadtmauer bietet die vielleicht schönsten Einblicke in die Altstadt hinein, man ist dem Dom mit seinem schönen Glockenturm ganz nahe und meint in den Innenhof des **Palazzo della Provincia** hinein schauen zu können, weiter links hinter der großen **Piazza Napoleone**.

Im Südosten, wo die Mauer einen Knick nach Norden macht, breitet sich zu ihren Füßen der Botanische Garten aus, weshalb hier das Stadttor **Porta Elisa** heißt, schließlich hat die Schwester Napoleons den Garten 1820 anlegen lassen. Man merkt es dem östlichen Altstadtbereich an, dass er später hinzugekommen ist und großzügiger bebaut wurden. Bis zur **Porta Santa Maria** ist das so. Ab hier schaut man nach Süden auf den Turm von San Frediano und bekommt eine leise Ahnung vom großen Oval des früheren Amphitheaters, aber ganz sicher sieht man die hohe **Torre Guinigi** dahinter, die man später unbedingt erklettern sollte. Vor lauter Schauen bemerkt man gar nicht, dass der Mauerkamm bald einen Linksknick macht und wieder an der Porta San Donato angekommen ist. Darunter liegt der Piazzale Verdi, unser Ausgangspunkt.

sich nur der Sérchio, der Fluss mit seinen ständig drohenden Überschwemmungen.

## Von der Porta San Pietro zum Domplatz

Am angenehmsten ist der Einstieg, wenn man vom Tor aus gleich auf den Stadtwall steigt und diesen schönen schattigen Weg nach rechts bis zur nächsten Rampe abwärts geht, um auf die Via dell'Arcivescovado zu gelangen. Und gleich erblickt man linker Hand die Chorpartie des **Duomo San Martino** 1 auf dem gleichnamigen Platz. Erstaunlich, wie gut dieser Bischofssitz die zahlreichen Umbauten seit seiner Entstehung überstanden hat: Im 6. Jh. gegründet, im 8. Jh. bereits Bischofssitz, im 12. und 13. grundlegend umgestaltet, innen im 14. und 15. Jh. neu ausgestattet und im 19. Jh. restauriert. Die reich gegliederte Fassade ist asymmetrisch: Zum Campanile hin, der bei Erweiterungsarbeiten im 13. Jh. stehen geblieben war, werden die Bögen der Vorhalle und der Galerien darüber schmaler. Der Turm selbst ragt fünf Stockwerke über die Fassade hinaus, im ersten Stock auf jeder Seite eine Klangöffnung, dann zwei, drei und in den beiden obersten Abschnitten je vier Bögen. Besonders hübsch ist das Wechselspiel von weißem und rotem Stein an den Eingängen des Domes, der ansonsten schwarz-weiß inkrustiert ist. Guido oder Guidetto da Como, einer der vielen Comasker Steinmetzen, die dieses typisch lombardische Kunsthandwerk bis in den Norden Europas als ›Baukolonne‹ transportierten, hat sich 1204 in den ersten

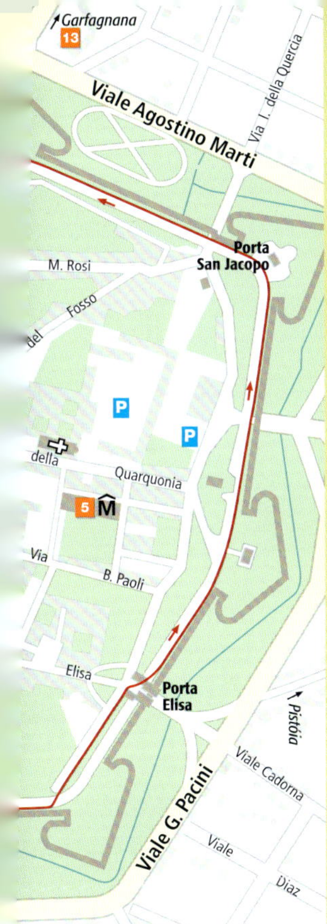


## Lucca

**Sehenswert**
1 Duomo San Martino
2 Museo della Cattedrale
3 Zona Archeologica
4 Orto Botanico
5 Museo Nazionale di Villa Guinigi
6 Torre Guinigi
7 Piazza del Mercato
8 San Frediano
9 San Michele in Foro
10 Casa Natale di Puccini
11 Piazza Napoleone
12 Museo Nazionale Palazzo Mansi / Pinacoteca Nazionale
13 Villa Torrigiani

**Übernachten**
1 Palazzo Busdraghi
2 La Luna
3 Universo
4 San Martino
5 Piccolo Hotel Puccini

**Essen & Trinken**
1 Antica Locanda dell'Angelo
2 Buca di Sant'Antonio
3 Gíglio
4 Osteria Baralla
5 Buatino
6 Osteria San Frediano

**Einkaufen**
1 Antica Bottega di Prospero
2 Rosticceria il Faggiano
3 Fiera dell'Antiquariato

**Abends & Nachts**
1 Piazza del Mercato
2 Piazza della Catena/Piazza San Michele
3 Teatro del Gíglio

**Aktiv**
1 Antonio Poli Biciclette
2 CAI Lucca

drei reich verzierten Zwerggalerien an der Fassade verewigt. Er sollte später auch einige Skulpturen der Vorhalle schaffen (demselben Steinmetz begegnet man noch an der Kirche San Michele, s. S. 193).

Die dreischiffige Pfeilerbasilika macht innen zunächst einen sehr dunklen Eindruck, wenn man sich daran gewöhnt hat, erfreuen die Matronäen (Frauenlogen) mit hohen gotischen Dreipass-Öffnungen das Auge. Sehenswert ist außerdem links im Chorraum ein Altar von Giambologna, weil er als eine Art Predella das Relief mit dem Stadtbild von Lucca zeigt: schon mit einer mächtigen, aber noch nicht vollendeten Mauer. Vier Bastionen und die kämpferisch-trutzige Silhouette der hohen Geschlechtertürme sind jedoch schön zu erkennen. Die größte Steinmetzarbeit des Domes, die sich ursprünglich im linken Querarm befand, steht jetzt aus Sicherheitsgründen in der Sakristei: das **Grabmal für Ilaria del Carretto**, vielleicht das zauberhafteste der Frührenaissance. Geschaffen wurde es für die zweite Frau des Paolo Guinigi, Herr von Lucca, die im jugendlichen Alter im Kindbett starb, ein Werk des Sienesen Jacopo della Quercia von 1406. Man sollte um dieses Meisterwerk herumgehen und es von allen Seiten genau betrachten: Der Kopf zeigt Gewicht, drückt sich sichtbar in die beiden marmornen Kissen; das Gewand hängt seitlich fließend herunter, den Gesetzen der Schwerkraft folgend; die spitzen Schuhe schieben das Gewand hoch; das Hündchen als Symbol der ewigen Treue liegt ruhig zu Füßen.

**Auf der Piazza San Michele steht die Lieblingskirche der Luccheser**

Luccas größte Kostbarkeit aber ist ein religiöser Schatz und hat seinen Platz ebenfalls im Dom: **Volto Santo**, das Heilige Antlitz. Dieses Holzkruzifix in einem zierlichen oktogonalen Tempelchen von Matteo Civitali (1484) steht links im vierten Joch des Langhauses. Die Legende erzählt: Der heilige Nikodemus soll es aus einer Libanonzeder geschnitzt haben, ein Jude hatte es versteckt, dann wurde die Figur entdeckt und ›erdolcht‹, aus einer Wunde floss Blut, das wiederum Wunder wirkte. Ein Boot soll das Kruzifix 782 im Nordwesten der Toscana bei Luni (heute Ligurien) an Land, ein Ochsengespann es alleine, ohne Führer weiter nach Lucca gebracht haben. Und hier wurde es so berühmt, dass es auf lucchesischen Münzen geprägt und damit bald in ganz Europa bekannt war. Kunsthistoriker aber schätzen, dass das Volto Santo nach einem älteren Vorbild erst im 11. Jh. geschaffen wurde, höchstwahrscheinlich tatsächlich im orientalischen Raum. Der bärtige Christus mit den Mandelaugen aus fast schwarzem Holz ist bekleidet,

Gürtel und der schmale Saum sind vergoldet. Jedes Jahr am 13. September wird das Kruzifix prächtig geschmückt und auf einem Ochsenkarren von Lucchesern in mittelalterlichen Kleidern durch die Altstadt gezogen (Dom tgl. 7–19, im Winter 7–17 Uhr, Sakristei April–Okt. Mo–Fr 9.30–17.45, Sa 9.30–18.45, So 9–10, 13–16.45 Uhr außer zu den Messezeiten; im Winter kürzer, Eintritt in die Sakristei 2 €, Sammelticket mit dem Museum 6 €).

Am Domplatz lohnt auch das **Museo della Cattedrale** 2 einen Besuch, das wichtige Kunstwerke aus dem Dom aufgenommen hat: Bilder und Skulpturen sowie Reliquiarien und andere liturgische Gegenstände (ab dem 6. Jh.) von hohem künstlerischen Wert sowie kostbare Gewänder aus bestickter schwerer Luccheser Seide. Nicht zu vergessen: der Schatz des Volto Santo, sein kostbarer Goldschmuck wie Krone und Szepter, Kragen und Gürtel. Auch die Statue des Evangelisten Johannes, zu Beginn des 15. Jh. von Jacopo della Quercia für den Dom geschaffen, steht inzwischen hier, sein Kopf scheint viel zu groß geraten, aber das liegt daran, dass er an erhöhter Stelle stehen sollte und dann die Perspektive stimmen würde (April–Okt. tgl. 10–18, im Winter 10–15 Uhr, Erw. 3,50 €, Sammelticket 6 €).

Das **Battistero e Chiesa SS. Giovanni e Reparata** 3 ist inzwischen, nachdem unter dem Komplex am Domplatz gegraben wurde, zugänglich. Nun ist daraus eine archäologische Zone von höchstem Interesse geworden. Vorher sollte man das hübsche Portal der Kirche betrachten: Die feine Steinmetzarbeit hat Guidetto da Como Ende 12./Anfang 13. Jh. geschaffen. Innen schaut man nicht nur auf die Grundmauern des ursprünglichen quadratischen Taufbeckens mit unglaublich hoher Kuppel, die man erst innen wahrnimmt, mit feiner Steineinlegearbeit in verschiedenen Mustern. Man entdeckt u. a. auch Mosaikböden, die aus dem römischen domus (1. Jh. v. Chr.) und der frühchristlichen Basilika (4.–5. Jh.). stammen (10. März–2. Nov. tgl. 10–18, sonst Mo–Fr 10–14, Sa/So 10–17 Uhr, Erw. 4 €, Sammelticket 6 €).

## Im ›neuen Osten‹

Um 1600 wurde Lucca im Osten um den Bereich, der zwischen der Via del Fosso (mit dem Kanal) und der Stadtmauer liegt, erweitert. Hier wurde großzügiger gebaut, viel Grünfläche ausgespart. So findet man gleich im Südosten den ausladenden **Botanischen Garten** 4. Ihn ließ Elisa Baciocchi, Napoleons Schwester und Fürstin von Lucca, 1820 einrichten (20. März–30. April 10–17, Mai–Juni 10–18, Juli–15. Sept. 10–17 Uhr, im Winter nur auf Anmeldung, Erw. 3 €).

Jetzt geht man entweder wieder über den Mauerkamm oder entlang des Kanals nach Norden und biegt ab zum **Museo Nazionale Villa Guinigi** 5. Die prächtige, ausladende Villa ließ 1413 Paolo Guinigi, damals *signore* von Lucca, bauen. Als er hier lebte, stand das Haus noch außerhalb der Stadtmauern aus dem 13. Jh., heute aber innerhalb der Renaissancemauer. In den edlen, schön renovierten Räumen wurde das Nationalmuseum mit archäologischen (vor allem etruskischen) Funden aus Lucca und Umgebung sowie einer Sammlung von Malerei und Skulpturen aus dem 13. bis zum 18. Jh. eingerichtet (Di–Sa 8.30–19.30, So bis 13.30 Uhr, Erw. 4 €, Sammelticket mit Palazzo Mansi 6,50 €).

## Torre Guinigi und Piazza del Mercato

Schon von weitem sieht man immer wieder ein paar Steineichen aus einem Turm hinausragen. Es sind sicher die berühmtesten der Toscana und gedeihen prächtig auf der Dachterrasse der **Torre Guinigi** 6, die zum gleichnamigen Palast gehört; das Musterbeispiel einer *casatorre*, ein Turmhaus aus dem 14. Jh. Wer sich den totalen Überblick über die schöne Backsteinstadt, die Straßen und Gassen verschaffen möchte, muss den Turm erklettern, auch wenn es 230 Stufen sind (tgl. 9–19, Juli/Aug. bis 24 Uhr, Erw. 3,50 €).

Fast noch bekannter als die Steineichen auf dem Dach der Torre Guinigi ist das perfekte Oval der **Piazza del Mercato** 7 über dem römischen Amphitheater. Sie ist rundum mit mittelalterlichen Häusern bebaut, die genau den Grundmauern der Zuschauertribünen folgen, und zwar unter Erhalt der ursprünglichen Struktur mit 56 Bögen. Darunter befinden sich vier größere, die den früheren Eingängen ins Oval entsprechen, von denen nur noch einer original römisch ist (beim *caffèlatte*-Geschäft). Allerdings war der Platz auch innen wegen Baulandmangels zugebaut und wurde erst im 19. Jh. durch Abriss wieder frei gemacht.

Die kleinen, recht modischen Geschäfte und Bars/Cafés besitzen großteils zwei Eingänge, einen an der außen umlaufenden Via dell'Anfiteatro, einen innen auf dem Platz. Die Häuser sind zwei- bis fünfstöckig, ganz unregelmäßig, je nachdem wie finanzkräftig die Bauherren waren. Einige Gebäude wurden – vom Platz aus gesehen – nach hinten aufgestockt, denn spätestens seit der Freistellung des Ovals durfte der generelle Charakter nicht mehr verändert werden. Die Farben der Fassaden bewegen sich zwischen Hell- und Dunkelocker in allen verbleibenden Variationen, dazu grüne, gräuliche, bräunliche Holzklappläden, abblätternder Putz – ein gewisser Charme des leicht Heruntergekommenen …

## San Frediano 8

Über die beliebte Einkaufszeile der Via Fillungo hinweg stößt man auf die fußgängerfreundlich gestaltete **Piazza San Frediano** und schaut bereits auf die Fassade der **Kirche San Frediano** ganz nahe dem Stadtwall. Die Nähe ist auch der Grund, warum man ihre Fassade bei den notwendigen Umbauten im 13. Jh. nach Osten richtete: damit sie nicht gegen die Stadtmauer schaut. Schmal und hoch ist San Frediano, im oberen Teil der Fassade leuchtet ein großes, goldgrundiges Mosaik in byzantinischem Stil mit Christus in der Mandorla, von zwei Engeln flankiert und zwölf Aposteln getragen (im 19. Jh. allzu grell restauriert).

Innen wiederholt sich der Eindruck von außen, dass das Mittelschiff für seine geringe Breite zu hoch geraten sei. Die zweite Kapelle rechts ist der hl. Zita geweiht, der Schutzpatronin Luccas und der Dienstmädchen: Die junge Magd, ein armes Mädchen aus dem 13. Jh., hatte eine hartherzige Herrschaft, die ihr verbot, zur Messe zu gehen. Zita ließ sich jedoch nicht beirren, ging heimlich in die Kirche, und jedesmal kam während ihrer Abwesenheit die Muttergottes und erledigte die Arbeiten der Magd … (Öffnungszeiten hängen leider vom Kustoden ab, im Prinzip tgl. 8.30–12, 15–17, So, Fei 10.30–17 Uhr, Eintritt frei).

Übrigens wohnte in der Via San Frediano 8 südlich der Kirche zeitweise Niccolò Paganini (1782–1846).

Zurück auf der **Via Fillungo** lohnt es sich, auf dieser ein Stück nach Süden zu bummeln

## Tipp: Rund um Lucca auf Puccinis Spuren

Musikfreunde werden in Lucca und Umgebung vor allem auf den Spuren Giacomo Puccinis reisen wollen, was sich beim regen Wohnungswechsel des Komponisten tatsächlich als schöner Leitfaden anbietet.

Geboren wurde Puccini 1859 in Lucca an der Via di Poggio als Sohn eines Domkapellmeisters. In seinem Geburtshaus befinden sich heute eine Stiftung und ein kleines **Museum**, in dem man u. a. das Klavier sehen kann, auf dem er die Oper »Turandot« komponierte; vor dem Gebäude steht ein bronzenes Denkmal für den später so berühmten Komponisten (s. S. 194).

Von Lucca fährt man den Sérchio hinauf bis kurz vor Borgo a Mozzano und biegt bei Diécimo links ab, folgt dem Pedogna-Bach in Richtung Pescáglia bis nach **Celle dei Puccini** in 371 m Höhe. Hier steht gewissermaßen das Stammhaus der Puccini, und hier hielt sich der Musiker einen Monat vor seinem Tod am 26. Oktober 1924 auf. Auch in dem schlichten Landhaus gibt es wieder ein Klavier zu bewundern, auf dem er einen Teil von »Madame Butterfly« komponierte (tgl. nach Vereinbarung, Tel. 05 83 35 91 54).

Auf dem Gipfel des Monte Quiesa, in **Chiatri** zwischen Viaréggio und Lucca, erwarb der inzwischen wohlhabende Puccini eine Villa, um hier in Ruhe seine »Tosca« zu erschaffen; zu seinem Leidwesen mochte seine Frau den allzu einsamen Ort nicht, weshalb er ihn bald wieder verließ (privat).

Der wohl bekannteste Puccini-Ort liegt übrigens nicht bei Lucca, sondern in der Nähe von Viaréggio an dem nach ihm benannten See, dem Lago Puccini (s. S. 237). In **Torre del Lago Puccini** verbrachte Giacomo Puccini seinen Lebensabend, und hier wurde er schließlich in einem zur Kapelle umgebauten Zimmer zur letzten Ruhe gebracht.

**Weitere Tipps** unter www.puccini.it.

zwischen hohen, herausgeputzten Stadtpalästen hindurch. An vielen Gebäuden sind bei der Restaurierung mittelalterliche Bauteile, vor allem Backsteinbögen, freigelegt worden. Unter den eher einfacheren Läden fallen einige traditionelle Stoffgeschäfte auf.

### Von San Michele in Foro zur Piazza Napoleone

Im Zentrum der römischen Stadt, an der Stelle des einstigen römischen Forums (daher der Name *in Foro*), erhebt sich die sogenannte Bürgerkirche Luccas, **San Michele in Foro** 9. Sie wurde ab dem 12. Jh. als Gegenpol zur Bischofskirche, dem Dom, errichtet. Piazza della Catena (Kettenplatz) nennen die Luccheser den Platz vor ihrer Lieblingskirche, wegen der dicken Bronzeketten als Abgrenzung. Es ist ein schönes, großes Areal, umgeben von einladenden Restaurants und Cafés.

Ihre Kirche ließen die Luccheser mit besonderer Liebe zum Detail ausstatten. Für die Ausarbeitung der hohen Fassaden beauftragten sie Guido da Como, der das Gebäude ringsum mit Carraramarmor verkleiden sollte. Schlank sind die Blendarkaden unten, die Zwerggalerien oben werden von figuralen Säulen getragen, fast jede ist anders gestaltet, bis hoch zu den beiden obersten, schmaleren ›Etagen‹, die eine Schein- oder Windfassade bilden. Insgesamt ist die Westfassade also fünfstöckig und vom Schutzpatron, dem Erzengel Michael sowie zwei Engeln bekrönt. Bis zum 14. Jh. zogen sich die Arbeiten hin; als sie beim oberen Teil des Mittelschiffes angelangt waren, fehlte wohl das Geld für die Marmorverkleidung – an der Nordseite sind daher noch die blanken Backsteinmauern zu sehen. Die Madonna am Südwestpfeiler wurde von Matteo Civitali, dem gebürtigen Luccheser Bildhauer und Architekten, geschaffen: zum Dank für die Verschonung Luccas vor allzu großen Verlusten während der großen Pestepidemie von 1476 bis 1480.

Innen ist die dreischiffige Basilika im Charakter romanisch geblieben, doch ohne große Kunstwerke mit Ausnahme einer Terrakotta von Andrea della Robbia (»Madonna mit Kind«) und eines Tafelbildes von Filippo Lippi, das die Heiligen Rochus und Sebastían, Helena und Hieronymus zeigt (1480/1500; tgl. 7.40–12, 15–18 Uhr, Eintritt frei).

Am nahen Corte di San Lorenzo, einer Ausbuchtung der Via di Poggio, dürfte es Musikfreunde zur **Casa Natale di Giacomo Puccini** 10 hinziehen: ein kleines Museum zur Erinnerung an den großen Musiker in seinem authentischen Geburtshaus; hier sitzt auch die Fondazione G. Puccini, die u. a. für die zahlreichen Musikveranstaltungen der Stadt verantwortlich zeichnet (das Haus ist längere Zeit wegen Renovierungsarbeiten geschlossen).

Zwei kurze Querstraßen weiter südwestlich öffnet sich die großzügige **Piazza Napoleone** 11. Ihre Platanen wurden bereits im Auftrag von Elisa Baciocchi von einem französischen Gartenarchitekten gepflanzt: Napoleon hatte seiner Schwester 1799 Lucca samt Umgebung als Fürstentum überreicht. Nur die Bäume entlang der Via Vittorio Veneto sind dem Ausbau des bereits 1578 errichteten, nun so ausladenden **Palazzo della Provincia** zum Opfer gefallen.

## Palazzo Mansi 12 / Pinacoteca Nazionale

Den **Palazzo Mansi** ließ jene Familie Mansi im 17. Jh. errichten, die auch die berühmte Villa Mansi bei Segromigno besaß. Außen ist der L-förmige Palast recht schlicht, innen aber prunkvoll ausgestattet. Die sogenannten Monumentalappartments sind ebenso zu besichtigen wie die **Nationale Pinakothek** mit Malerei aus dem 16. bis 18. Jh. (u. a. Werke von Paolo Veronese und Andrea del Sarto, Tintoretto und Fra Bartolomeo), einer Sammlung Luccheser Malerei des 19. Jh., Kostümen, flämischen Wandteppichen sowie Möbeln aus dem 18. bis 20. Jh. Die Sammlung der Bildergalerie hatte bereits Napoleons Schwester Elisa Baciocchi 1819 begründet, doch reichlich aufgestockt wurde sie von Großherzog Leopold II. anlässlich der Aufnahme Luccas in das Herzogtum Toscana im Jahr 1847 (Di–Sa 8.30/9–19, So, Fei 8.30/9–13.30/14 Uhr, Erw. 4 €, Sammelticket mit der Villa Guinigi 6,50 €).

## Tipp: für die Anreise

Parken im Zentrum ist für Fremdfahrzeuge inzwischen praktisch verboten, Parken auf den ausgewiesenen Plätzen an den Stadttoren hingegen teuer, auch am Rande des Walls kann man seinen Wagen nur für zwei Stunden kostenlos abstellen – falls man einen Platz findet. Um Lucca in Ruhe genießen zu können, reist man am besten mit dem Bus an, geduldige Reisende können auch die Bahn wählen.

## Villa Torrigiani 13

Nordöstlich von Lucca liegen gleich drei der berühmtesten toscanischen Villen dicht beieinander: die Villa Reale, die Villa Mansi und die Villa Torrigiani (letztere darf auch besichtigt werden). Eine Zypressenallee führt zum Park der auch *Villa di Camigliano* genannten **Villa Torrigiani** (um 1600). Sie wirkt riesig, obwohl das oberste Geschoss zurückversetzt wie ein Pavillon auf dem Dach hockt. Der Eingang auf der Park- bzw. Schauseite ist schmaler als bei der Villa Mansi, nur ein Bogen im palladianischen Stil bildet die Eingangsloggia, darüber sitzt eine zweite Loggia, eine Kopie der unteren. Die untere Etage und der Mittelteil sind mit Rustica verkleidet, was die massige Wirkung verstärkt. Auch hier zieren Figuren die Nischen und Balustraden, auch diese Villa birgt eine Sammlung italienischer, französischer und flämischer Maler aus dem 17. und 18. Jh. sowie wertvolles Porzellan. Der Park wurde im 17. Jh. mit Wasserspielen, Grotten und Statuen prachtvoll verändert und im 19. Jh. durch importierte exotische Pflanzen und Kamelien etwas romantisiert (Park und Villa: 2. So im Nov.–Feb. nach Vereinbarung, Tel. 05 83 92 80 41, März–1. So im Nov. 10–13, 15–19, im Winter 10–12, 15–17 Uhr, Erw. 9 €).

**In den Pasticcerien von Lucca werden Liebhaber von *dolci* bestimmt fündig**

## Infos

**APT:** 55100 Lucca (LU), Piazzale Santa Maria 35, Tel. 05 83 91 99 31, www.luccaterre.it, www.comune.lucca.it mit sehr guten Tourismus-Links.

## Übernachten

Edel ▶ **A Palazzo Busdraghi** 1: Via Fillungo 170, Tel. 05 83 95 08 56, www.apalazzobusdraghi.it. Wundervoll restaurierter mittelalterlicher Palast. Sieben große und unterschiedliche, aber elegante Zimmer mit Antiquitäten aus dem Familienbesitz. Aber auch Hightech wie Flachbildschirm-TV ist vorhanden, ebenso Jacuzzi- oder türkische Bäder. Kleiner Leseraum. DZ/ÜF inklusive Parkplatz in der Nähe 170–319 €.

Modern ▶ **La Luna** 2: Via Fillungo/Corte Compagni 12, Tel. 05 83 49 36 34, www.hotellaluna.com, Jan.–7. Feb. geschl. Modernisiertes Hotel (15 Zimmer) mit neuer Dependance (14 Zimmer; besonders schön: Zimmer 212) über Eck. DZ 110–140 €.

Fein ▶ **Universo** 3: Piazza del Gíglio 1, Tel. 05 83 49 36 78, www.universolucca.com. Feines Hotel im Palazzo des 19. Jh., 56 komfortable, z. T. große Zimmer, Stilmöbel. Restaurant. DZ/ÜF 99–160 €.

Freundlich ▶ **San Martino** 4: Via della Dogana 9, Tel. 05 83 46 91 81, www.albergosanmartino.it. Kleines Hotel nahe dem Dom. Zehn klimatisierte Zimmer. Parkplatz. DZ 80–110 €.

Schlicht, aber sympathisch ▶ **Piccolo Hotel Puccini** 5: Via di Poggio 9, Te. 058 35 54 21, www.hotelpuccini.com. Nettes kleines Hotel, 14 einfache, ordentliche Zimmer. DZ 95 €.

## Essen & Trinken

Kreativ ▶ **Antica Locanda dell'Angelo** 1: Via Pescheria 21, Tel. 05 83 46 77 11, Ruhetage So Abend und Mo. Sowohl klassische als auch kreative Küche mit besonderer Auswahl an Weinen in elegant-rustikaler Atmosphäre. Menü ab 42 €.

**Traditionelle Küche ▶ Buca di Sant'Antonio 2:** Via della Cervia 1/5, Tel. 0 58 35 58 81, Ruhetage So Abend und Mo. Verfeinerte toscanische Spezialitäten (Kaninchensalat, hausgemachte Ravioli mit Ricottafüllung und Zucchinigemüse, Dinkelsuppe; Wildschweingulasch mit Oliven und Polenta, *trippa*) in sehr angenehmer Atmosphäre. Hervorragendes Preis-Leistungs-Verhältnis. Menü ab 33 €.

**Mit Sommerterrasse ▶ Gíglio 2:** Piazza del Gíglio 2, Tel. 05 83 49 40 58, Ruhetage Di und Mi Mittag. Traditionelles, bei den Lucchesern beliebtes Restaurant in Palazzo aus dem 18. Jh. mit Stuckzimmer, gegenüber dem Theater; Sommerterrasse auf der Piazza, toscanisch-italienische Küche, hausgemachte Pasta, frisches Gemüse. Leichtes Mittagessen inklusive Wasser 13–20 €, Glas Wein 3 €. Wechselndes Degustationsmenü (4 Gänge, passende Weine und *caffè*) ab 30 €.

**Historisch ▶ Osteria Baralla 4:** Via Anfiteatro 5–9, Tel. 05 83 44 02 40, Ruhetag So (außer 3. So wegen Antiquitätenmarkt). Eine seit 1860 bestehende traditionelle Osteria unter Backsteingewölbe, zweiter kleinerer Raum; nackte Tische, Papiersets. Luccheser Küche u. a. aus zertifiziertem Chianina-Fleisch (das einzige Lokal Luccas!) und von der *Cinta senese*, lange Vorspeisenliste, Luccheser Dinkel, *tordelli* (gefüllte Pasta), Lamm, *baccalà* (Stockfisch) mit Porree, *bistecca* vom Schwein wie vom Rind. Weine aus Lucca und Montecarlo. Menü ab 22 €.

**Luccherisch ▶ Buatino 10:** Via Borgo Giannotti 508, Tel. 05 83 34 32 07, Ruhetag So. Traditionelle Luccheser Trattoria mit piemontesischen Wirtsleuten; typische toscanische Gerichte wie Dinkel und Kaninchen, *baccalà* und Kräuterkuchen. Menü 20–28 €.

**Sympathisch ▶ San Frediano 11:** Piazza San Frediano 6, Tel. 05 83 49 49 40, tgl. durchgehend 11–22.30 Uhr. Nette Osteria mit Tischen auf der Piazza; Verkostung und Verkauf typischer Produkte. Mittags große *tagliere* (Platten) mit 1/4 l Wein 8 €, Tagesmenü 10 €, abends inklusive Wein und Wasser 15–20 €.

## Einkaufen

Die **Via Fillungo** ist die Bummel- bzw. Einkaufsmeile von Lucca, mit zauberhaften kleinen **Boutiquen, Stoffgeschäften** etc. Außerdem wird in Lucca gerne gut gegessen, beim Einkauf auf Tradition geachtet:

**Alles Getreide ▶ Antica Bottega di Prospero 1:** Via Santa Lucia 13. Alles, was die Luccheser an Getreide und Mehl für ihre Küche benötigen, bekommen sie in diesem kleinen traditionellen Laden; er ist immer gedrängt voll und außerdem eine echte Sehenswürdigkeit.

**Feine Fertiggerichte ▶ Rosticceria il Fagiano 2:** Via Puccini 233. Eine Schlemmeroase am westlichen Stadtrand von Lucca, auch für sonntägliche Einkäufe, denn hier wird täglich alles frisch produziert und gebacken.

**Antiquitäten ▶ Fiera dell'Antiquariato 3:** 3. Wochenende des Monats große Antiquitätenmesse in der Altstadt.

## Abends & Nachts

**Sehen und gesehen werden ▶** Cafés und Bars aller Couleur gibt es rund um die **Piazza del Mercato 1** sowie um die **Piazza San Michele 2**.

**Klassisch ▶ Teatro del Gíglio 3:** Piazza del Gíglio 13/15, Tel. 05 83 46 75 21, www.teatrodelgiglio.it. Ballett, lyrisches und Prosatheater.

## Aktiv

**Radverleih ▶ Antonio Poli Biciclette 1:** An mehreren Stellen in der Stadt; nahe dem Infobüro ist Antonio Poli zu empfehlen: Piazza Santa Maria 42, Tel. 05 83 49 37 87, www.biciclettepoli.com.

**Trekking ▶ Club Alpino Italiano 2:** Cortile Carrara 18, Tel. 05 83 58 26 69, www.cailucca.it (nur Mo/Di, Do 19–20 Uhr).

## Termine

**Volto Santo:** 13. Sept. Eindrucksvolle Prozession des Volto Santo (Heiliges Antlitz), Luccas bedeutendstes Fest überhaupt (s. S. 190).

Alles über **Puccini-Konzerte** erfährt man in der Casa Natale di Puccini (s. S. 194).

### Verkehr

**Flug:** Der Pisaner Flughafen Galileo Galilei ist nur 20 km von Lucca entfernt und gut mit dem Bus zu erreichen.
**Bahn:** Lucca ist wichtige Station auf den Strecken Florenz – Viaréggio und Florenz – Pisa, die beide fast im Stundentakt befahren werden; die Garfagnana-Bahn fährt über Castelnuovo di Garfagnana bis Aulla ca. 4 x tgl. (s. aktiv unterwegs, S. 202).
**Bus:** Beide Buslinien (CLAP für Lucca und Provinz sowie LAZZI für die Provinz und zur Küste der Versilia, nach Bagni di Lucca in der Garfagnana, nach Pisa und Livorno etc.) haben ihre Hauptstation am Piazzale Verdi direkt beim städtischen Informationsbüro.
In Lucca muss man auf den Strecken Florenz – Viaréggio und Florenz – Pisa den Bus wechseln, die Stadt ist auch daher mit dichtem Fahrplan angebunden.

## Durch die Garfagnana und die Alpi Apuane ► C/D 2–C/D 4

**Karte:** S. 198
Eines der interessantesten und am wenigsten bereisten Gebiete der Toscana dürften die bewaldete Garfagnana und die fast nur durch ihren Marmor bekannten Apuanischen Alpen sein. In der Garfagnana sind die Attraktionen eher natürliche: von Akazien durchsetzte Kastanienwälder, die im Frühjahr weiße Blüten tragen und einen betäubenden Duft ausströmen; stundenlang kann man hier wandern. Die Vegetation ist insgesamt von unglaublicher Dichte und Üppigkeit, die Luft klar. Bis 600 m Höhe gedeihen Olivenbäume, Wein, Kastanien und Pinien, von 600 bis 1000 m noch Kastanien, darüber Buchen und Nadelhölzer. Ab etwa 1300 m Höhe breitet sich eine Art Almland mit Disteln (Golddisteln von besonderer Pracht!), Osterglocken und anderen Blumen aus.

Der Herbst jedoch ist die eigentliche Garfagnana-Zeit: Die Kastanien sind reif, der Wein ist frisch gekeltert, Pilze schießen aus dem Boden, und Wild darf gejagt werden. Wildschwein mit Pilzen und Kastanienmus ist dann eines der typischen Hauptgerichte, zum Nachtisch gibt es Kastanienkuchen in allen Variationen.

### Von Lucca nach Bagni di Lucca ► E 3–D 4

Von **Lucca** (s. S. 186) gelangt man über die SS 12 Richtung Norden nach Borgo a Mozzano. Die von Süden kommend zweite Brücke des kleinen Ortes, **Ponte della Maddalena** **1**, steht mit ihren Füßen im Sérchio und streckt sich nur in der Mitte überaus fotogen in die Höhe. Der Volksmund berichtet, dass sie der Teufel persönlich in einer einzigen Nacht gebaut habe. Also nennt man die Brücke Ponte del Diavolo, die Teufelsbrücke. Sie stammt wohl aus dem 11. oder 12. Jh. und soll von der Markgräfin Mathilde in Auftrag gegeben worden sein. In ihrer Mitte macht die Brücke einen richtigen Katzenbuckel für die einst funktionierende Schifffahrt, durch den letzten kleinen Bogen im Westen fährt die Schmalspur-Bahn Lucca – Aulla. Mit ihr durch die Landschaft zu zuckeln, bereitet übrigens ein besonderes Vergnügen, welches sich Leute mit genügend Zeit unbedingt leisten sollten (s. aktiv unterwegs S. 202).

Nur rund 6 km sind es, ein Stückchen weg vom Sérchio nach Osten Richtung Abetone, bis **Bagni di Lucca** **2**. In den »Bädern von Lucca« hat Heinrich Heine den Kurort verewigt, der damals freilich noch eher ein verträumtes Badestädtchen war. Heine weilte hier im Herbst 1828 und meinte, er habe nie ein reizenderes Tal gesehen. Die Schönheit der Landschaft, die Thermalwasser und die gute Luft brachten den Bädern von Lucca schon im 18. Jh. einen gewissen Ruf in intellektuellen und wohlhabenden Kreisen ein, vor allem bei den Engländern, die es als schick ansahen, sich hier kurieren zu lassen.

Bagni di Lucca (6500 Einw.) ist zweigeteilt: Das Ortsbild von **Villa** unten am Fluss Lima wird von relativ prunksüchtigen Bauten geprägt (Casinò und Villen des 18. und 19. Jh.); eine lange Platanenallee zieht sich hinauf zum lieblichen Hügel von **Caldi**, wo zum Teil verlassene Badehäuser wieder aufgemöbelt werden, denn seit Jahren ist Generalüberholung angesagt. Die Hoffnung, ihr Casinò wieder zu eröffnen, hatten die Bagniluccheser allerdings nie aufgegeben, und so konnten sie 2009 das imposante Gebäude wieder eröffnen. Allerdings nicht als richtige Spielbank, sondern nur mit allerlei elektronisch betriebenen Spielen, Slot-Maschinen, elektronisches Roulette mit virtuellem Groupier, auch Tische zum Pokerspielen und für Blackjack, und auf einem großen Bildschirm laufen Pferderennen.

Dennoch muss sich Bagni di Lucca weiterhin auf seine guten Kurmittel (19 Thermalquellen von 38 bis 54 °C, Thermalgrotte und mit Thermalwasser durchsetzter Fango) besinnen und versuchen, durch Mundpropaganda aus dem Dornröschenschlaf geweckt zu werden. Italiener haben den alten/neuen Kurort wieder gerne angenommen. Jetzt wartet er auf die Wiederentdeckung durch die Engländer, die ihn einst bevorzugten. Die Chancen stehen gut, denn im Gegensatz zu den Deutschen haben einige Briten der Garfagnana die Treue gehalten: Barga (s. S. 199), nur 23 km von Bagni entfernt, ist ein ›britisches Nest‹. Weil das Gebiet früher sehr arm war, wanderten viele Bewohner in die USA und nach Großbritannien aus, vor allem nach Glasgow, woher wiederum die ersten Touristen kamen, dem guten Ruf des Ortes folgend.

## Infos

**Ufficio Informazioni Turistiche:** 55021 Ponte a Serraglio/Bagni di Lucca (LU), Via E. Whipple, Tel./Fax 05 83 80 57 45; allgemeine Infos unter www.bagnidilucca.net.

## Übernachten

**Gepflegt und sympathisch ▶ Bridge Hotel:** Piazza di Ponte e Serraglio 5a (1,5 km westl.), Tel. 05 83 80 53 24, www.bridge-hotel.it. Freundliches Hotel, zwölf kleine Zimmer. DZ/ÜF 65–70 €.

## Essen & Trinken

**Fischspezialitäten mit Flussblick ▶ Corona:** Ponte a Serraglio, Tel. 05 83 80 51 51, www.coronaregina.it, 15. Jan.–15. Feb. geschl. Große Glasfenster zum Fluss, Sommerterrasse. Lokale Küche, Fischspezialitäten. Menü ab 31 €; auch 14 komfortabel renovierte Zimmer.

Außerdem gibt es mehrere Pizzerien und Bars/Cafés.

## Aktiv

**Kajak ▶ Fuori Rotta:** Località Fabbriche di Carregine, Tel. 058 38 58 02.

## Verkehr

**Bus:** Es existieren gute Verbindungen mehrmals tgl. nach Lucca.

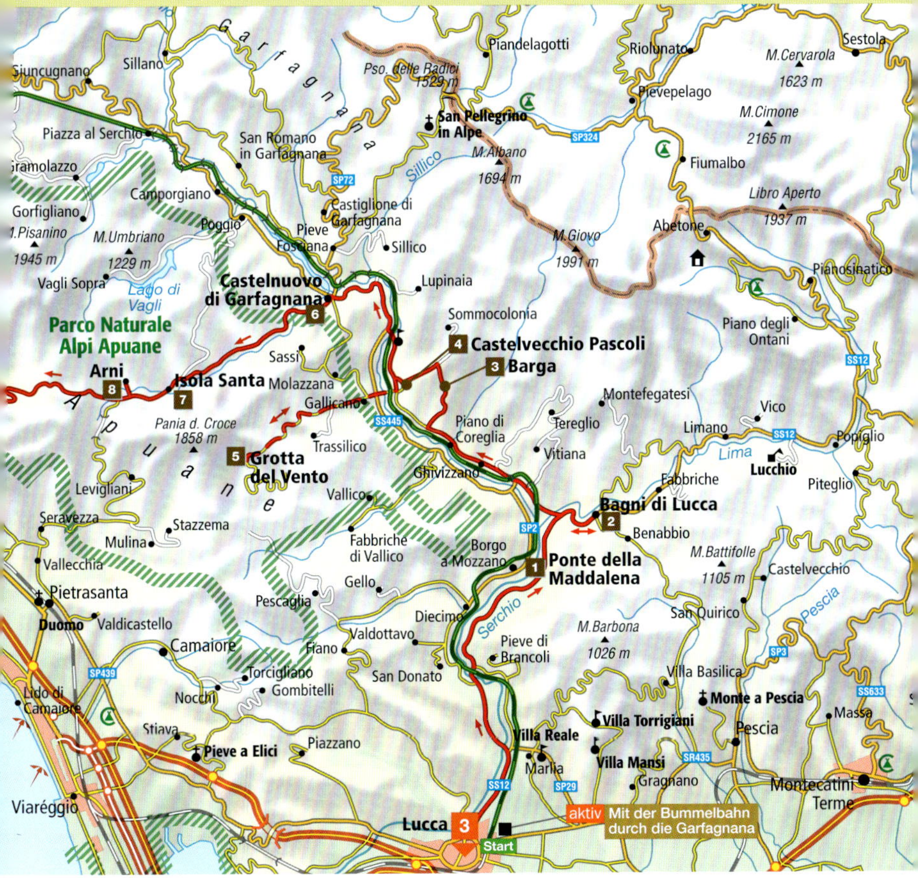


## Barga ►D 3

Außer winzigen, leicht überschaubaren Orten gibt es nur wenige Städtchen in der Garfagnana. Dazu gehört das Handwerkszentrum **Barga** 3 (10 000 Einw.), das in 410 m Höhe steil am Hügel aufgeschichtet liegt und vom mittelalterlichen Dom überragt wird. Steile, enge, gepflasterte Gassen führen von der großzügig angelegten Unterstadt durch den älteren Kern hinauf. Den Wagen parkt man am besten unten auf der überdimensionalen, von Zedern bestandenen Piazza.

Grandios ist der breite Aufgang, der plötzlich aus dem Gassengewirr hinaus auf die große, ausladende Bergterrasse des Domes emporsteigt. Ebenso grandios ist der Blick ringsum über die Wälder der Garfagnana bis zu den Apuanischen Alpen und natürlich hinab auf Barga.

Der herausgeputzte weiße Travertin des **Domes** und seines klobigen Glockenturms leuchtet im Sonnenlicht so stark, dass er blendet. Schon im 10. Jh. wurde mit dem Bau der dreischiffigen Basilika begonnen, bis ins späte 15. Jh. dauerten die Arbeiten. 1920 erlitt der Dom enorme Schäden durch ein starkes Erdbeben, die allerdings behoben wurden. Die wohlproportionierte Pfeilerbasilika zeigt sich daher wieder im reichen romanisch-lombardischen Stil. Die Alabasterfens-

**Hohe Berge, dichte Wälder und kleine Bergdörfer prägen die Garfagnana**

ter lassen ein angenehm diffuses Licht durch, nur die drei Apsiden des Chores haben bunte Glasfenster.

Das unumstrittene Prachtstück des Domes ist jedoch die steinere Kanzel auf der rechten Seite des Mittelschiffs, die Guido da Como zugeschrieben wird, dem man im Lucchesischen mehrfach begegnet. Sie wird vorne von zwei Löwen – einer hat einen Menschen, der andere einen Drachen unter sich – und hinten links von einem hockenden Menschen getragen. Das vordere linke Kapitell ist besonders fein ausgearbeitet mit zwei Adlern, einem geflügelten Menschenkopf und einem Widder. Da es im Inneren des Domes von Barga recht dunkel ist, können die Augen nur Stück für Stück diese schöne Steinmetzarbeit aufnehmen, was die Entdeckung besonders spannend macht.

## Infos

**Pro Loco:** 55051 Barga (LU), Piazza Angelio 3, Tel. 05 83 72 34 99, Fax 05 83 72 47 45, kostenlose Nummer in Italien 800 02 84 97.

## Übernachten

Familiär ▶ **La Pergola:** Via Sant'Antonio, Tel. 05 83 71 12 39, www.hotel-lapergola.com. Kleines gepflegtes Hotel (seit 1955), 23 Zimmer, drei Apartments in Dependance; Restaurant. DZ/ÜF 60–80 €.

## Aktiv

Radfahren ▶ **MTB Giornale di Barga:** Tel. 05 83 72 30 03.

## Verkehr

**Bus:** Verbindungen mit Lucca mehrmals tgl. im Berufsverkehr.

## Castelvecchio Páscoli und Grotta del Vento ▶ D 3

Von Barga aus hat man die Wahl: Man kann entweder 3,5 km den aussichtsreichen Bergkamm zum Sérchio zurückfahren oder aber in Nordost-Richtung oben bleiben und dann die Haarnadelkurve bei Ponte di Catagnana wieder nach Westen nehmen, um nach 6,3 km (wunderschöne Aussicht!), kurz vor dem Sérchio, auf **Castelvecchio Páscoli** 4 zu stoßen. Der politisch engagierte Dichter Giovanni Páscoli (1855–1912) lebte und arbeitete 1895 bis 1912 in dem nach ihm benannten Ort, genauer im Ortsteil Caprona. Die Villa **Casa Páscoli** in ausgesprochener Panoramalage, in der er bis kurz vor seinem Tod zusammen mit seiner Schwester Maria wohnte, beherbergt heute das Páscoli-Archiv (Okt.–März Di 14–17.15, Mi–So 9.30–13, 14.30–17.15 Uhr, April–Sept. Di 15.30–18.45, Mi–So 10.30–13, 15–18.45 Uhr, Erw. 3 €).

Auf der anderen, der westlichen Seite des Flusses beginnt bei Gallicano eine 8 km lange, schmale aber wunderschöne Straße entlang des Wildbaches Túrrite di Garfagnana. Es ist ein reißender Bach, der sich seinen Weg mühsam gebahnt hat; das schmale Sträßchen folgt ihm hartnäckig unter ausladenden Felswänden mit Tunnels und Brücken. Rechter Hand versteckt sich im Wald auf der Bergseite das kleine Grottenheiligtum des **Eremo di Calomini,** das zu einer Entdeckungspause einlädt, ebenso wie das malerisch am Fluss gelegene **Fornovolasco.** Wenn dieses Dorf erreicht ist, hat man eine schöne Fahrt hinter sich, mit winzigen Weilern an den Berghängen und typischen Trattorien, die oft nur am Wochenende und an Feiertagen ihre Spezialitäten wie Zicklein, Bachforellen, Wildschwein und guten Schafskäse anbieten.

Die **Grotta del Vento** 5 wurde erst 1963 entdeckt, die Straße zu ihr ist eine Sackgasse: Die Höhle befindet sich zwar im Herzen der Apuanischen Alpen, ist aber nur von der Garfagnana aus erreichbar. Etwa 3,5 km lang ist das stark verzweigte Karstsystem der Grotte, teilweise mit Tropfsteinen und mehreren Seen. Wem 132 m Höhenunterschied zu viel und 10,7 °C im Verhältnis zu den sommerlichen Außentemperaturen zu wenig sind, wer kein festes Schuhwerk und keine warme Jacke dabei haben sollte, kann sich für die einstündige Führung entscheiden. Wer richtig ausgerüstet ist, wird Freude am längsten, dreistündigen Spaziergang durch die Höhlenwelt haben.

Dass die Grotte des Windes gerne besucht wird, beweist außer den beiden Trattorien in der Nähe das Zentrum mit Selbstbedienungsrestaurant und Verkaufsausstellung von kunstgewerblichen Gegenständen, Wanderkarten etc. (Tel. 05 83 72 20 24, www.grottadelvento.com, tgl. alle Stunde 10–18 Uhr, Nov.–März oft geschl., nur mit Führungen zu besichtigen; Erw. 9/14/20 € je nach Weglänge 1–3 Std.).

## Castelnuovo di Garfagnana ▶ D 3

Von Gallicano folgt man der großen Sérchio-Kurve nach Norden bis **Castelnuovo di Garfagnana** 6 (gut 6000 Einw.). In der trutzigen **Rocca** (ab 11. Jh.) residierte von 1522 bis 1525 der Dichter Ludovico Ariost (Verfasser von »Der rasende Roland«) angeblich recht lustlos als Gouverneur der Este aus Ferrara. Auf dem mit Kopfstein gepflasterten Platz der mit Rundbastionen verstärkten Rocca mit dem schlicht-schönen Torbogen, der sich zur Fußgängerzone öffnet, treffen sich wie eh und je die Bauern und Handwerker des Städtchens und der Umgebung. Hier wird Markt abgehalten, Politik, die kleine und die große,

aktiv unterwegs

## Mit der Bummelbahn durch die Garfagnana

### Tour-Infos

**Start:** Lucca, Bahnhof (**Karte:** S. 198)
**Länge:** 45 km
**Dauer:** 2 Std. einfache Fahrt (oder 2 Tage mit Zwischenübernachtung bei der Rückfahrt mit dem Rad).
**Wichtige Hinweise:** Einkehrmöglichkeit in Castelnuovo Garfagnana

Mit der Eisenbahn auf der Strecke Lucca – Aulla durch die herrliche Landschaft zu zuckeln bereitet ein ganz besonderes Vergnügen, das sich Leute mit genügend Zeit nicht entgehen lassen sollten.

Herrlich abenteuerlich klingt schon das ständige Pfeifen der Diesellok, immer dann, wenn ein Tunnel durchfahren oder eine Brücke passiert wird. Kenner warten bereits mit Spannung auf bekannte Punkte am Weg, ganz zu Beginn auf den als Teufelsbrücke bekannten **Ponte della Maddalena**, durch dessen schmalen Bogen die Bahn geradezu rast. Bald wird das Sérchiotal schmaler, bewaldete Berge rücken näher zusammen, den Weinbergen folgen dichte, dunkelgrüne Kastanienwälder, aufgehellt durch fast ebenso hohe Akazienbäume. Zwischen den kleinen mittelalterlichen Dörfern, die meist auf halber Höhe hängen, stürzen sich Wildbäche in den Sérchio. Immer wieder passiert die Bahn Papierfabriken am Fluss, manche arbeiten noch, andere sind bereits geschlossen – es soll hier einmal ein Freilichtmuseum zum Thema Papierproduktion geben.

31 Tunnel passiert die Bahn auf ihrer nur 45 km langen Strecke, im längsten Tunnel, 7,5 km lang, bleibt man sechs Minuten im dunklen Bauch des Berges. Da die Strecke eingleisig ist, muss immer wieder der Gegenzug abgewartet werden – Zeit für intensivere Blicke rechts und links. Nach zwei Stunden ist das Endziel Aulla erreicht, hart an der ligurischen Grenze im Nordwesten der Toscana. Die Stadt selbst hat nichts Sehenswertes zu bieten, so kann man schnell wieder die Rückreise antreten – und die Strecke gleich noch einmal genießen.

Wer möchte, kann auf der Rückfahrt auch eine Station in **Castelnuovo di Garfagnana**, dem Hauptort genau auf halber Strecke, einlegen und die nächste oder auch die übernächste Bahn nach Lucca zurücknehmen – jetzt hat man ja den Überblick! Und in Castelnuovo gibt es mindestens zwei empfehlenswerte Adressen zum Einkehren (s. S. 203).

Den Rückweg können Sportliche auch mit dem Rad antreten, die Fahrradmitnahme ist in der Regionalbahn möglich. Landschaftlich besonders reizvoll, aber anstrengender ist die nördliche Strecke von Aulla bis Castelnuovo Garfagnana (270 m), einfacher die darauf folgende südliche Strecke. Dann aber immer auf der Sérchio-Seite fahren, die nicht als Schnellstraße ausgebaut ist, nämlich überwiegend auf der Ostseite des Flusses. Der Weg führt praktisch immer abwärts, es sei denn, man möchte eines der auf den Bergkuppen thronenden Dörfer besuchen. Am besten ist es freilich, man legt einen Übernachtungsstopp z. B. in Castelnuovo Garfagnana ein, wo man sich auch kulinarisch verwöhnen lassen kann.

besprochen. Castelnuovo in knapp 278 m Höhe, am Zusammenfluss von Sérchio und Túrrite Secca gelegen, ist der historische Hauptort der Garfagnana, weshalb der 1504 geweihte Dom einige wertvolle Kunstwerke birgt, u. a. eine Terrakottagruppe aus der Della-Robbia-Schule (»Josef und zwei Engel«).

In Castelnuovo kann man recht typisch nordtoscanisch essen sowie Produkte der

Garfagnana einkaufen, vor allem Käse und Wurst, aber auch spezielle hier biologisch angebaute Getreidesorten und Hülsenfrüchte.

## Infos

**Pro Loco:** 55032 Castelnuovo di Garfagnana (LU), Via Cavalieri di Vittorio Veneto, Tel. 05 83 64 10 07, 05 83 64 43 54, www.castel nuovogarfagnana.it.

## Übernachten

**Komfortabel ▶ Da Carlino:** Via Garibaldi 13, Tel. 05 83 64 42 70, Fax 058 36 26 16, www.da carlino.it. Komfortables zentrales Hotel mit Garten. 25 Zimmer. Restaurant (Via Garibaldi 15); Parkplatz. DZ/ÜF 70 €.

## Essen & Trinken

**Verfeinert ▶ Osteria Al Ritrovo del Platano:** Località Ponte di Campia 11a, 55027 Gallicano, zwischen Gallicano und Castelnuovo di Garfagnana, Tel. 05 83 68 99 22, www.osteriaalritrovodelplatano.it, Ruhetag Mi. Seit 2009 hat der tüchtige Mauro Bertolini die einst familiär geführte Osteria in einer alten Remise (seit 1897 im selben Besitz) übernommen, in der schon der Dichter Giovanni Páscoli und seine Schwester gerne speisten, woran auch nahezu die gesamte Dekoration erinnert. Doch auch jetzt genießt man im schön eingedeckten Speiseraum lokale, wenn auch gern verfeinerte Küche wie frische Pasta aus Vollkornmehl, Forellen aus dem Sérchio und im Herbst Kastanienspezialitäten. Menü ab 25 €.

**Preiswert ▶ Locanda Marchetti:** Via Fulvio Testi 10, Tel. 058 36 31 57, Ruhtetag So. Osteria unter einer alten Loggia mitten im Ort; den ganzen Tag gibt es etwas Kleines zu essen, immer deftig und typisch für die Garfagnana, z. B. Gerichte aus Kastanienmehl.

**Urig ▶ Vecchio Mulino:** Via Vittorio Emanuele 12, Tel. 058 36 21 92, www.vecchio mulino.info. Ein herrlicher Laden, in dem man steingemahlenes Mehl aus Kastanien, Buchweizen und Mais kaufen und außerdem hervorragend in der Osteria speisen kann – wenn man die deftige Kost der Garfagnana mag wie Schinken, Innereien und Buchweizenmehl.

## Aktiv

**Golf ▶ Golf Club Garfagnana:** Località Braccicorti, 55100 Pieve Fosciana (LU), Tel./Fax 05 83 64 42 42. 6-Loch-Platz.

**Radfahren ▶ MTB Garfagnana:** Tel. 0 58 36 22 17.

**Trekking ▶ Garfagnana Vacanze:** Piazza Erbe 1, Tel. 058 36 51 69, und Comunità Montana della Garfagnana, Via Vittorio Emanuele, Tel. 058 36 51 69 und 05 83 64 49 11, sowie **Club Alpino Italiano:** Via Vittorio Emanuelle 3, Tel. 058 36 50 92, www.garfagna nacai.it.

## Durch die Apuanischen Alpen an die Marmorküste ▶ C 3

Von Castelnuovo di Garfagnana sind es knappe 40 km auf kurvenreicher, faszinierender, aber anstrengender Bergstraße quer durch die Alpi Apuane in westlicher Richtung bis nach Massa (nördlich) oder Seravezza (südlich). Dem engen Lauf des Túrrite Secca ab Castelnuovo immer aufwärts folgend, kommt man zu einem kurzen Tunnel. Ab jetzt lässt die Straße ein wenig zu wünschen übrig, weshalb genügend Zeit einzuplanen ist. Man passiert **Isola Santa** 7, nach dem Tunnel zweigt eine Straße rechts über **Arni** 8 nach **Massa** 9 ab, eine andere zur langen Galleria del Cipollaio links. Letztere führt kurvenreich bis nach Seravezza – und von dort durch die Versilia-Hügel zum Edel-Badeort Forte dei Marmi (s. S. 236). Das ist in etwa auch der Weg, auf dem früher die Marmorblöcke transportiert wurden, die beispielsweise Michelangelo für seine Statuen brechen ließ.

Wer auf der rechten Abzweigung bleibt, fährt oben nach einem weiteren kurzen Tunnel geradeaus Richtung Massa (s. S. 233). Auf dieser Strecke tauchen bald die weißen Wunden der Marmorbrüche von Arni auf. Diese größten Marmorvorkommen der Welt gehören hauptsächlich zur Provinz Lucca und sind für das gesamte Gebiet von erheblicher wirtschaftlicher Bedeutung (s. S. 230).

# Pisa und Umgebung

**Die Visitenkarte der Stadt am Arno ist der Platz der Wunder mit dem Schiefen Turm. Doch Pisa ist auch Universitätsstadt und außerdem eine rege Handelsstadt mit schönem Hinterland wie dem Monte Pisano und der Badeküste vor der Tür. Diese zieht sich vom beschaulichen Marina di Pisa bis zum im Sommer quirligen Tirrénia hin.**

Pisa hat mehr zu bieten als nur den Platz der Wunder und ist überhaupt viel schöner, als so mancher Reisende vermuten dürfte: Die nette Lage an beiden Ufern des träge dahinfließenden Arno kommt aber vielleicht erst dann zur Geltung, wenn man auf einer Brücke steht. Eine davon ist der Ponte di Mezzo, der sich gut für das größte Fest der Stadt eignet, den *Gioco del Ponte*, bei dem beide Stadtteile eine ordentliche Kraftprobe zu bestehen haben (s. S. 218). Im Kern in seinen Strukturen noch recht mittelalterlich erhalten, mit einigen hohen Wohntürmen, ist Pisa (87 500 Einw.) dennoch eine junge Stadt. Mehr als 25 000 Studenten studieren an der zweitgrößten Universität der Toscana sowie an mehreren Sprach- und Fachschulen.

Als Straßen- und Eisenbahnknotenpunkt mit Verbindungen vom Nordwesten Italiens nach Rom und in den Osten des Landes er-

**Auf dem Platz der Wunder in Pisa**

hält die Stadt zusätzliche Bedeutung. Den Flughafen neideten die Florentiner den Pisanern von Beginn an: Der internationale Aeroporto Galileo Galilei ist nämlich das ganze Jahr über frei von Nebel. Mit der Hafenstadt Livorno verbindet Pisa ein schiffbarer Kanal, was weitere Vorteile bringt. Und da der Badeort Tirrénia zur Provinz gehört, sind auch die Einnahmen aus dem Fremdenverkehr – nicht nur der Tagestouristen, die sich den Platz der Wunder anschauen – nicht zu verachten. Gewinne erzielt die Provinz auch mit dem Alabastervorkommen von Volterra und mit den geothermischen Bodenschätzen von Larderello (s. S. 361). Einen weiteren interessanten Wirtschaftszweig bilden der Bau und die Wartung von Yachten. Entlang des Arno bis zu seiner Mündung in Marina di Pisa stehen kleinere Werften, ebenso an den Kanälen hinter Tirrénia.

Mit dem nahen San Giuliano Terme besitzt Pisa einen zu neuem Leben erwachten Kurort. Zu Füßen des grünen Monte Pisano gelegen, ist er ein ebenso hübsches Ausflugsziel wie die interessante Certosa di Calci auf der anderen Seite des Hügels.

## 4 Pisa ► D 5

**Cityplan:** S. 206

Die bedeutendsten Bauten Pisas wurden bis 1284 begonnen, was eine einfache historische Erklärung hat: Am 6. August des Jahres hörte die Stadt auf, eine Seerepublik zu sein – Genua hatte Pisa vor dem Meloria-Riff bei Livorno vernichtend geschlagen. Vorbei ging eine glorreiche Epoche, die sehr vielversprechend begonnen hatte:

Wahrscheinlich war der Lagunenort schon von den Etruskern bewohnt. In römischer Zeit wurde er ein wichtiger Flottenstützpunkt mit Siedlungen am nördlichen Arno-Ufer. Im 4. Jh. war Pisa unter langobardischer Herrschaft Bischofssitz, und im 8. und 9. Jh. blieb es mehrfach bei Sarazenen-Überfällen relativ unbeschadet. Damals beherrschte die Stadt bereits militärisch wie wirtschaftlich das Mittelmeer. Ab dem 11. Jh. war der Expansionsdrang der Pisaner noch gewaltiger: Eroberung Sardiniens, Bündnis mit den Normannen gegen die Sarazenen, 1064 gipfelnd in der Seeschlacht bei Palermo. Zum Dank für die Vernichtung der heidnischen Flotte erhielt Pisas Kirche vom Papst die Insel Korsika und die neuerliche Erhebung zur Bischofsstadt. Kolonien und Stützpunkte an der Südküste Kleinasiens entstanden, ebenso in Südspanien und Nordafrika.

Dem Handel war dies natürlich förderlich: Pisa exportierte Holz, Eisen und Lederwaren, seine Werften erlangten Weltruhm, die Flotte besaß mindestens 300 Galeeren. Der Orient befruchtete auch das geistige Leben, was ein Chronist 1115 weniger positiv sah: »Wer sich nach Pisa begibt, sieht dort Ungeheuer. Diese Stadt wird von Heiden, Türken, Libyern und Parsen besudelt, und die unzüchtigen Chaldäer durchstreifen ihr Land.« In Wahrheit war die Verschmelzung von islamischer Kultur und der klassischen Tradition Pisas das Beste, das ihr und Europa passieren konnte. Was die Kunstgeschichte als pisanisch-romanischen Stil bezeichnet, entstand aus überlieferten langobardischen Formen sowie arabischen und armenischen, also orientalischen Vorbildern.

1137 wurde die Seerepublik Amalfi durch Pisas Flotte vernichtet, 1161 das erste See- und Handelsrecht erlassen. Das 12. Jh. erlebte eine starke Bevölkerungszunahme und die Ausdehnung der Stadt, die sich hinter ihrer hohen Mauer mitsamt Gärten und Ackerland verschanzte. *Casetorri* entstanden, die

### Tipp: Pisa zu Fuß

Pisas Altstadt innerhalb seiner fast komplett erhaltenen mittelalterlichen Mauern ist so klein, dass man sie gut zu Fuß entdecken kann und daher am besten mit Zug oder Bus anreist. Motorisierte Reisende können ihren Wagen nahe dem Platz der Wunder auf einem teuren Parkplatz oder auf einem der preiswerteren Parkplätze außerhalb der Stadtmauer abstellen – aber ohne sichtbare ›Schätze‹!

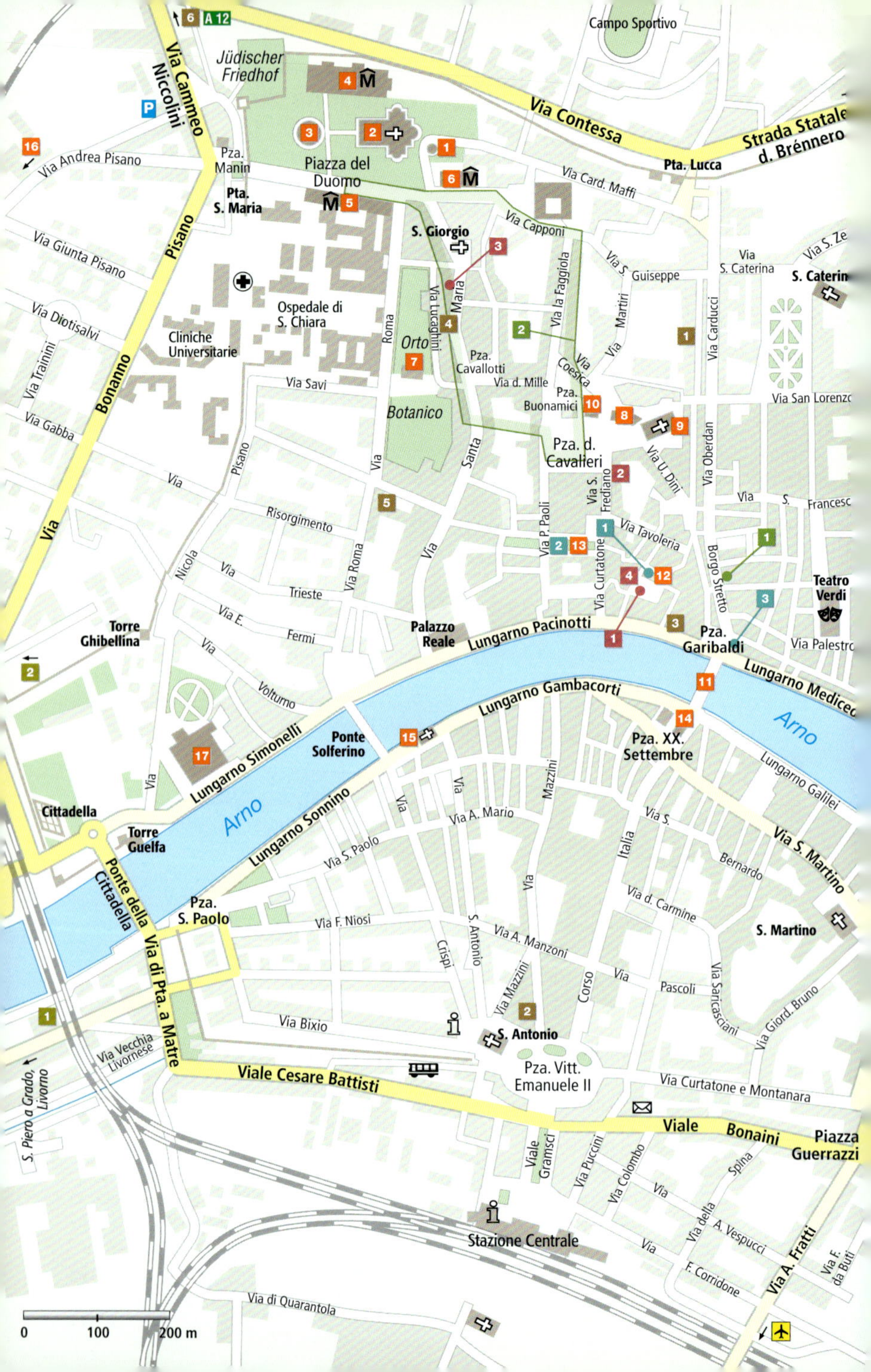
A 12
Campo Sportivo
Jüdischer Friedhof
Via Contessa
Strada Statale d. Brénnero
Pta. Lucca
Via Card. Maffi
Via Cammeo
Niccolini
Via Andrea Pisano
Pza. Manin
Piazza del Duomo
Pta. S. Maria
Via Capponi
S. Giorgio
Via Giunta Pisano
Via S. Guiseppe
Via S. Caterina
S. Caterina
Via Diotisalvi
Ospedale di S. Chiara
Cliniche Universitarie
Via Lucaghini
Maria
Via la Faggiola
Martiri
Via Carducci
Via Trainini
Bonanno
Pisano
Roma
Orto
Pza. Cavallotti
Via d. Mille
Via Coesica
Pza. Buonamici
Via San Lorenzo
Via Gabba
Via Savi
Botanico
Pza. d. Cavalieri
Via U. Dini
Via Oberdan
Via
Pisano
Santa
Via S. Frediano
Via S. Francesco
Risorgimento
Via P. Paoli
Via Tavoleria
Nicola
Via Trieste
Via Roma
Via
Via Curtatone
Borgo Stretto
Teatro Verdi
Via E. Fermi
Torre Ghibellina
Palazzo Reale
Lungarno Pacinotti
Pza. Garibaldi
Via Palestro
Via Volturno
Lungarno Mediceo
Lungarno Gambacorti
Arno
Ponte Solferino
Pza. XX. Settembre
Lungarno Simonelli
Lungarno Galilei
Lungarno Sonnino
Mazzini
Cittadella
Via A. Mario
Via S. Bernardo
Torre Guelfa
Italia
Via S. Martino
Ponte della Cittadella
Via S. Paolo
Via d. Carmine
Pza. S. Paolo
Via F. Niosi
S. Antonio
Via A. Manzoni
S. Martino
Crispi
Via Mazzini
Corso
Via Pascoli
Via Saricasciani
Via Giord. Bruno
Via di Pta. a Matre
Via Bixio
S. Antonio
Via Vecchia Livornese
S. Piero a Grado, Livorno
Pza. Vitt. Emanuele II
Via Curtatone e Montanara
Viale Cesare Battisti
Viale Bonaini
Piazza Guerrazzi
Viale Gramsci
Via Puccini
Via Colombo
Via della Spina
Via A. Vespucci
Via F. Corridone
Via A. Fratti
Via F. da Buti
Stazione Centrale
Via di Quarantola
0
100
200 m

# Pisa

**Sehenswert**

1 Torre Pendente / Schiefer Turm
2 Duomo Santa Maria Assunta
3 Battistero
4 Camposanto
5 Museo delle Sinopie
6 Museo dell'Opera del Duomo
7 Orto Botanico
8 Palazzo dei Cavalieri
9 Chiesa Santo Stéfano dei Cavalieri
10 Palazzo dell'Orologio
11 Ponte di Mezzo
12 Piazza delle Vettovaglie
13 Piazza Dante Alighieri
14 Loggia di Banchi
15 Santa Maria della Spina
16 Cantiere delle Navi Romane
17 Arsenale Mediceo

**Übernachten**

1 Relais dell'Orologio
2 D'Azeglio
3 Royal Victoria
4 Francesco
5 Amalfitana
6 Camping Torre Pendente

**Essen & Trinken**

1 Osteria La Mescita
2 Osteria dei Cavalieri
3 Pizzeria Trattoria Toscana
4 Vineria di Piazza

**Einkaufen**

1 Caffè Pasticceria Salza
2 Antiquitätenmarkt

**Abends & Nachts**

1 Piazza delle Vettovaglie
2 Piazza Dante Alighieri
3 Bazeel

**Aktiv**

1 Società Canottieri Arno
2 MTB CRAL Radsport

turmartig befestigten Wohnhäuser, auch Geschlechtertürme genannt.

Schleichend kündigte sich der Untergang an, denn Pisa, die Seemacht, verlor das Meer: Der Hafen versandete, was die militärische wie wirtschaftliche Vormachtstellung der Stadt enorm schwächte. Dann geschah im Jahr 1284 besagtes Debakel mit Genua; Lucca und Montecatini wurden zwar 1314 und 1315 noch eingenommen, aber Pisas Schlagkraft ließ nach. Der Verzweiflungskampf gegen das verhasste Florenz endete 1406 mit der Unterwerfung Pisas. Dass die Stadt kaisertreu blieb (im Gegensatz zum papsttreuen Florenz), rettete sie 1494 bis 1509 noch einmal, aber nur kurzfristig: Karl VII. verhalf ihr zur Unabhängigkeit. Dann wurde sie wieder florentinisch und blieb es bis zur Einigung Italiens.

Der Medici-Fürst Cosimo I scheint Pisa geschätzt zu haben, er erhob es 1542 zur Universitätsstadt und zum Sitz seiner Stiftung des Militärordens der Cavalieri di Santo Stéfano (1563). Drei Jahre zuvor wurden sogar die Werften im Auftrag Cosimos aufpoliert. Was danach politisch mit Florenz geschah, passierte auch Pisa – und ist den Pisanern bis heute ein Dorn im Auge. Daher: Als Florentiner leistet man sich in Pisa lieber keine Parksünden …

## Piazza dei Miracoli

Kein Wunder, dass man die große Wiese im Nordwesten der Altstadt **Platz der Wunder** (Piazza dei Miracoli) nennt: So viele bedeutende Kunstschätze auf einem einzigen Platz findet man auch in der sonst so kunstreichen Toscana nicht noch einmal. Den besten Überblick verschafft man sich natürlich vom schiefen Campanile aus, was nach langen und wiederholten Restaurierungs- und Stabilisierungsphasen wieder möglich ist. Von oben wirkt der Platz trotz der architektonischen Schönheit seiner Bauten eher kühl, was aber vom Baumaterial, dem hellen Travertin und den ebenfalls fast weißen Dächern, kommt.

## Campanile/Torre Pendente 1

Pisas berühmter **Glockenturm** mit seinen acht Stockwerken, von denen die mittleren sechs mit ihren umlaufenden Arkadengängen wie feine Spitzenarbeit wirken, bleibt der schönste weit und breit. Er wäre sicherlich auch ohne seine ›fallsüchtige‹ Haltung eine touristische Attraktion geworden, aber keine so begehrte. Inzwischen steht er still mit einer Neigung von 5°, was 4,10 m Abweichung von der Mittelachse entspricht, 44 cm weniger als vor der allzu starken Neigung (s. Thema S. 214).

Grundsteinlegung war 1173 unter dem Dombau-Architekten Bonanno, dessen Na-

## Tipp: Lohnende Sammeltickets

Für die Sehenswürdigkeiten und Museen des Domplatzes gelten folgende Eintrittsgebühren. Die Besichtigung eines Monumentes kostet 5 €, von zwei Monumenten 6 €, von fünf 10 €. Der Besuch des Schiefen Turms ist im Sammelticket nicht enthalten! (s. Tipp unten)

men man jetzt in einem Sarkophagfragment links vor der Eingangstür zum Turm eingemauert findet (der Überlieferung nach soll Bonanno unter seinem Turm begraben liegen). 1185 waren erst drei Stockwerke errichtet, und das gesamte Bauwerk neigte sich nach Süden. Für Bonanno, der nach Sizilien abreisen musste, war das sicher keine verblüffende Erscheinung: Er kannte den Schwemmlandboden Pisas und wusste, dass er unsicher war. Ab dem vierten Stockwerk baute Giovanni di Simone, die Neigung leicht korrigierend, weiter. Fertiggestellt wurde der Turm bis zum siebten Geschoss aber erst 1350 von Tommaso Pisano, der zudem als achtes Geschoss die offene Glockengalerie aufsetzte.

Wer nicht schwindelfrei ist, sollte den Aufstieg nicht wagen, auch wenn die begehbaren Arkadenumläufe inzwischen mit Geländer abgesichert sind. Und nur wer gut zu Fuß ist schafft den Aufstieg (297 Stufen!); wenn einen ein merkwürdiges Gefühl in der Magengegend

## Tipp: Rauf auf den Schiefen Turm

Ein nicht gerade preiswertes Vergnügen, aber allein der Aufstieg ist ein Erlebnis und erst recht der Blick vom Campanile auf die Piazza dei Miracoli. Bitte beachten: Nur alle 20 Minuten werden max. 35 Personen hinaufgelassen; eine Voranmeldung ist meist unerlässlich. Und: unbedingt an rutschfeste Schuhe denken, denn der Marmor ist glatt getreten (s. a. S. 207)!

beschleicht, dann ist man innen wahrscheinlich an der ›Fallseite‹, die man deutlich zu spüren bekommt, fast wie auf einem Schiff bei Seegang. Aber es ist ein unglaubliches Erlebnis, wenn man von oben den Platz der Wunder betrachten kann! Beim Aufstieg sollte man sich auch die Wände von innen anschauen: An den oberen Stockwerken hat man nicht mehr den schweren Kalkstein aus San Giuliano verwendet, sondern den leichteren Tuff; aus Marmor sind nur die Säulen gehauen.

Sieben unterschiedlich große Glocken (für die sieben Töne) hängen in dieser schwindelerregenden Höhe (57,90 m). Nur eine kleinere wird elektronisch geläutet. Dort, wo eine rote Fahne weht, befindet sich der eigentliche Mittelpunkt des Turmes, wegen seiner Neigung natürlich ganz am Rand.

Von oben blickt man auf den Platz mit dem Dom, dem Baptisterium, dem Camposanto, alle mit grauweißen Bleidächern bedeckt (nur das Baptisterium hat teilweise Ziegel obenauf), und dem Ospedale Santa Chiara wie aus der Vogelperspektive und überschaut die Altstadt. (www.opapisa.it, Tickets an mehreren Stellen auf dem Platz, nahe dem Campanile sowie im Museo delle Sinopie/Santa Chiara; tgl. 8.30–20, Juli/Aug. auch 22–24, im Winter 10–17 Uhr, Erw. 15 €, mit Voranmeldung 17 €).

### Duomo Santa Maria Assunta 2

Nordwestlich, dicht beim Campanile, steht der **Dom**, eine recht orientalisch wirkende Kirche. Ihren Bau beschloss man 1063 nach dem Sieg über die Sarazenen und der Eroberung Palermos. Da die Fassade im Westen und damit von der Stadt abgewandt auf das Baptisterium gerichtet ist, wurde von Anfang an das Portal am südöstlichen Querarm neben dem Chor als Eingang benutzt: die **Porta San Ranieri** mit ihren wundervollen, plastischen Bronzereliefs von Bonanno. Dieses schönste Werk am Pisaner Dom ist die einzige nach dem großen Brand von 1595 erhaltene der vier Bronzetüren, die der Architekt für den Dom schuf. Die 24 Tafeln mit den Geschichten aus dem Leben Christi sind von ergreifender schlichter Schönheit. Das Portal wurde hier durch wunderbare Kopien ersetzt. Das Original wurde restauriert und ins Museo dell'Opera del Duomo (s. S. 212) verbracht.

Fast so schön ist das Hauptportal im Westen des Doms. Dort finden (trotz Absperrung) im Allgemeinen zunächst die von Besucherhänden glänzend geriebenen Gestalten am linken Teil des Hauptportals an der Westfassade Beachtung: Hündchen, Frosch und zwei Eidechsen. Wer sie berührt, weiß nämlich die Legende zu berichten, findet die Erfüllung seiner schönsten Wünsche und Träume, und Abiturienten streicheln die zwei Eidechsen unten links genau 100 Tage vor der Prüfung, um diese danach garantiert zu bestehen …

Die vier oberen Galerien über dem mit Blendarkaden verzierten Sockel der Westfassade scheinen ästhetisch an den Campanile angepasst. Durch die dadurch entstandene Betonung der Horizontalen hat der Dom etwas von einem antiken griechischen Tempel. Kein Wunder, denn sein erster Baumeister, Busketos, war ein aus Griechenland stammender Pisaner (sein Grabmal befindet sich an der linken Seite der Fassade). 1118 wurde der Bau unvollendet eingeweiht und erst Ende des 13. Jh. durch Rainaldo fertiggestellt, der ebenfalls an der Fassade verewigt ist (mit einer Tafel rechts über dem Mittelportal).

Das gesamte Formenspiel der pisanischen Architektur ist außen abzulesen: am Langhaus Blendbögen unten, in denen sich stufenweise eingeschnittene Rhomben mit schmalen romanischen Fenstern abwechseln; im oberen Teil sind es Lisenen, unter dem Gesims wieder Rhomben, Kreise und gerade Fenster im Wechselspiel; die oberste Stufe, die Seitenwände des Mittelschiffes der Basilika, bietet eine Mischung aus Rhomben, Rundbogenfenster, Kreisen etc. zwischen den halbrunden Pilastern; alles mit geometrisch geschnittenen, grünen und weißen Marmorsteinen eingelegt. Die Fassade dagegen zeigt die reine, konstruierte Formensprache der Pisaner Romanik, die danach nur noch »typisch pisanisch« genannt wird: unten stark gliedernde Pilasterordnungen mit Rhomben und Kreisen in den Rundbögen, darüber eine vierstöckige Konstruktion aus Zwerggalerien bzw. Blendarkarden, im Wechsel je eine gerade und darüber eine abgetreppte.

Innen ist der Raumeindruck nicht allein durch die Breite der fünf auch noch sehr langen Schiffe, die vergoldene Kassettendecke und die hohen Matronäen grandios. Antike Elemente sind hier die 72 dunklen Granitsäulen, die Pisa nach der Sarazenenschlacht aus *Magna Graecia* (Süditalien und Sizilien) angeschleppt hatte. Die **Kanzel**, die heute links vor dem Hochaltar steht, schuf Giovanni Pisano ab 1302 (40 Jahre nach der Vollendung der Kanzel des Baptisteriums durch seinen Vater Nicola). Weil die mittlere Stütze aus drei Frauengestalten zusammengesetzt ist, besitzt Giovannis Kanzel insgesamt elf Träger. Er schuf sie teils aus grauem und rotem Granit, zwei von ihnen werden von je einem reißenden Löwen getragen, andere von menschlichen Figuren. Von einer unglaublich präzisen Dynamik sind die Reliefbilder der Felder darüber, die Geschichten aus dem Leben Christi erzählen – Giovannis eindrucksvollstes, vielleicht auch am besten ausgearbeitetes Werk. Die Figuren scheinen sich geradezu aus den Feldern lösen zu wollen.

Die **Lampe**, die Galileo Galilei 1581 für sein Pendelgesetz benutzt haben soll, dürfte nicht die echte sein, denn sie wurde erst fünf Jahre später geschaffen. Vielleicht ist es doch jene im Camposanto? (tgl. 10–20, im Winter 10–12.45, 14–17, So, Fei 13–20 Uhr, Erw. 2 €, Nov.–Feb. freier Eintritt, zum Sammelticket, s. Mini-Tipp S. 208).

## Battistero 3

Die **Taufkirche** gegenüber der Westfassade des Domes ist die größte der Welt überhaupt und ein akustisches Wunder. Sie hat den stolzen Umfang von 107,5 m. Finanziert wurde sie von 34 000 Familien Pisas, zumindest zu Baubeginn. Ihre ›Haut‹ ist noch feiner ausgearbeitet als an den anderen Sakralbauten des Platzes, wie Spitzenwerk wirkt die Kuppel über dem Arkadengang (den man inzwischen besteigen kann!). In den Nischen standen Skulpturen, die man zum Schutz vor Umweltschäden ins Innere verlegt hat, wo sie an den Wänden stehen.

Innen ist man vom vollkommen romanischen Raumeindruck überwältigt. Grüne Marmorstreifen betonen die Linienführung vom oktogonalen Taufbecken in der Mitte an den Rand zu den Wänden, wo sie sich als Horizontalbetonung fortsetzen. Das riesige Taufbecken schuf Guido Bigarelli da Como 1246 und verzierte es mit recht orientalischen Ornamenten, die sich im Boden des schlichten Altarraumes dahinter wiederholen. Bis zum 14. Jh. war die Kuppel über dem großen Taufbecken offen, es wurde durch Regenwasser gefüllt, dann wurde der Raum durch die doppelschalige Kuppel eingedeckt.

Die sechseckige Kanzel auf sieben Stützen gegenüber dem Eingang steht ein wenig im Dunkeln. 1255 bis 1260 hatte sie Nicola Pisano geschaffen. Drei der dunklen Granitsäulen werden von Löwen getragen, die Mittelsäule ruht auf geduckten menschlichen Gestalten – die symbolhaft die Last der Kirche tragen. Zum ersten Mal wird hier aus der von der Architektur bestimmten Skulptur der Romanik eine belebte, bewegte Darstellung. Pisano sieht man in den 16 Feldern seiner Kanzel, die das Leben und Sterben Christi darstellen und durch zierliche Säulenbündel getrennt sind, sein Studium antiker Skulpturen an. Denn so viel Plastizität hatte es in Reliefarbeiten seit der Antike nicht gegeben. Im Übrigen ist diese Kanzel die erste, die nicht an der Wand lehnt, sondern frei steht.

**Nicht nur Säulen, sondern auch mehrere Figuren tragen die berühmte Domkanzel**

Die Kustoden pflegen im Baptisterium die hervorragende Akustik des Raumes zu demonstrieren. Sie schließen die Türe, fordern völlige Stille im perfekten Rund, der Singsang beginnt leise, wird lauter und wieder leiser, man hört einen Nachklang wie von einem ganzen Orchester (tgl. 8–20, im Winter 10–17 bzw. 10–18 Uhr, Erw. 5 €, zum Sammelticket, s. Mini-Tipp S. 208).

Direkt hinter dem Baptisterium erhebt sich die **Torre Santa Maria**, wo ein Gang über die Stadtmauer von Pisa beginnen kann.

## Camposanto Monumentale 4

Fast garantiert ist nach dem Rummel auf der Piazza dei Miracoli die Ruhe im großartigen **Monumentalfriedhof**: außen äußerst schlicht, innen ein mit schönem Vierpass-Maßwerk verzierter Kreuzgang, sicher der eindrucksvollste Friedhof der Toscana. Die Graberde wurde auf 53 Kähnen aus dem Heiligen Land hierher gebracht. Schließlich hatte die damalige Seemacht keine Transportprobleme. Der Camposanto, was so viel bedeutet wie heiliges Feld, wurde als letztes sakrales Bauwerk auf dem Platz 1278 durch Giovanni di Simone begonnen. Da aber der Baumeister 1284 im Krieg gegen Genua gefallen war, dauerte es Jahrhunderte, bis wenigstens die Außenmauern standen: 1358 war noch nicht einmal das Fundament der Nordwand ausgehoben, nur die Südwand aus Marmor war schon fertig. Die Fresken rings um den Kreuzgang wurden erst ab dem 14. Jh. aufgetragen, darunter einige wunderschöne Werke von Benozzo Gozzoli (1469–1484) und der »Triumph des Todes« eines unbekannten Meisters.

Dass die Fresken, die früher den gesamten Komplex überzogen, abgenommen sind, hat man der zerstörerischen Wut des Zweiten Weltkrieges zu ›verdanken‹: Am 27. Juli 1944 wurde Pisa bombardiert und zur Hälfte zerstört. Das Dach des Camposanto fing ebenfalls Feuer, das Blei darin löste sich auf, floss schwer und vernichtend über die Fresken. Bereits ab 1945 wurde restauriert, gerettet, was noch zu retten war. Dabei entdeckte man die Sinopien, die darunter liegenden Rötelzeichnungen, die sich oft als kostbarer als die Bilder selbst erwiesen. Denn sie stammen aus des Künstlers Hand, zeigen sein ganzes Können in charakteristischen Linienführungen – die Fresken haben nach solchen Vorzeichnungen zum größten Teil Schüler und Helfer auf den frisch aufgetragenen Putz gemalt. Nur noch wenige Fresken und ihre Sinopien sind im Camposanto selbst zu bewundern, darunter aber drei Monumentalbilder im großen Raum schräg gegenüber dem Eingang. Es sind die abgenommenen Fresken des Maestro del Trionfo della Morte von 1360 bis 1380, die in wunderbaren Erdfarben erstrahlen. Der bedeutendste Teil der Sinopien befindet sich gegenüber im großartig eingerichteten Sinopienmuseum (s. u.).

In einer kleinen Kapelle auf der selben Seite des Camposanto, geschmückt mit einer Altarwand von Andrea della Robbia, hängt die vielleicht echte **Lampe,** an der Galileo Galilei seine Pendelgesetze erkannte (s. Dom, S. 202). Außer zahlreichen Grabmälern sind zwei Ketten an der inneren Westwand des Camposanto interessant: Es sind die Hafenketten von Pisa, von den Genuesern zum Zeichen des Sieges über die Rivalin mitgenommen. Die linken Ketten wurden 1352 an Florenz weitergereicht, das sie erst 1848 an Pisa zurückgab – die rechten erhielt die Stadt 1860 von der »Generosa Genova«, wie geschrieben steht, direkt zurück (tgl. 8–20, im Winter 10–17 bzw. 9–18, Juni–Aug. 8–23 Uhr, Erw. 5 €, zum Sammelticket, s. Mini-Tipp S. 208).

## Die Museen am Domplatz

Gegenüber dem Camposanto zeigt das **Museo delle Sinopie** 5 im historischen Pilgerbau beim Hospital von Santa Chiara (1257) die abgenommenen Vorzeichnungen der Fresken vom Camposanto. Sinopien heißen sie, weil die rote Erdfarbe aus Sinope am Schwarzen Meer stammt. Sehr gelungen ist auch die moderne Architektur des Museums innen, die immerhin Raum für riesengroße Bilder schaffen musste, ohne die wertvolle Bausubstanz zu beeinträchtigen (tgl. 8–20, im Winter 9–19 Uhr, Erw. 5 €, zum Sammelticket, s. Mini-Tipp S. 208).

Ebenfalls wunderschön im früheren Erzbischöflichen Seminar (16./17. Jh.) mit seinem zierlichen Kreuzgang wurde 1986 das **Museo dell'Opera del Duomo** 6 eingerichtet. Es hat sakrale Kunstwerke aufgenommen, die vorher in der Dombauhütte sowie in mehreren städtischen Sammlungen ein eher unscheinbares Dasein fristeten. Es zeigt auf zwei Geschossen u. a. Arbeiten von Giovanni Pisano (von der Außenhaut des Domes, 1278–1306) und sogar einige islamische Kunstwerke aus dem Mittelalter, darunter ein imposant großer bronzener Greif aus dem 11. Jh., daneben ein ausladendes Bronzebecken – 13. Jh. – mit gezacktem Rand und feinen Ritzungen schnäbelnder Vögel aus dem syrisch-ägyptischen Raum. Nicht zu vergessen: die Bronzetüren der Porta Ranieri vom Dom, wunderbar restauriert und aufgestellt. (tgl. 9–19 Uhr, Erw. 5 €, zum Sammelticket, s. Mini-Tipp S. 208).

## Zwischen Domplatz und Arno

Ein kurzer Stadtspaziergang führt in Höhe des Schiefen Turmes, am Dom-Museum vorbei, in die lebhafte Via Santa Maria mit vielen Restaurants und Geschäften und mit einem Schlenker nach rechts zum sehenswerten, wenig besuchten **Orto Botanico** 7, dem Botanischen Garten. Bereits 1591 ließ hier der mediceische Großherzog Ferdinand I. eine Sammlung von botanischen Kuriositäten einrichten, die inzwischen den Kern des **Museo di Storia Naturale e del Territorio** (s. S. 219) ausmacht, also keine besondere Sehenswürdigkeit mehr ist (höchstens für Botaniker), trotz des Neuanfangs Ende 1842. Doch allein der Botanische Garten ist es wert, hierher zu kommen: eine Oase der Ruhe inmitten wuchernden Grüns mit ein paar Exoten, Bambusgruppen, fast tropischen Treibhäusern, Teichen und wunderbaren Ausblicken auf Kuppeln und Turm des nahen Domplatzes (Museum: Mo–Fr 8.30–14 Uhr; Botanischer Garten: Mo–Fr 8.30–17, Sa 8.30–13 Uhr, Erw. 2,50 €, über 65 Jahren frei).

Über die Via Santa Maria hinweg und die kleine Piazza Cavalotti stolpert man quasi auf die **Piazza dei Cavalieri**. Sie ist ein großartiger Platz, städtebaulich im sonst sehr engen historischen Bereich Pisas überraschend großzügig und kunsthistorisch ein Kleinod. Sehr wahrscheinlich lag hier das römische Forum Pisas.

Vom Botanischen Garten kommend schaut man geradeaus auf die schönste Platzseite, nämlich den **Palazzo dei Cavalieri** 8 mit seiner fast auberginefarbenen Sgraffiti-Fassade und der wohlproportionierten doppelläufigen Freitreppe. Den mittelalterlichen Kommunalpalast ließ Cosimo I (zum Dank nicht nur dafür steht seine Statue direkt davor) von Vasari 1562 umbauen, um darin den Ritterorden von Santo Stéfano unterzubringen. Unter Napoleon wurde daraus eine Eliteuniversität, die bis heute mit dem schlichten Namen *Scuola Normale Superiore* existiert; weshalb der Platz vor allem mittags voller junger Leute ist.

Daneben steht die ebenfalls von Vasari 1565 bis 1596 errichtete Renaissancekirche **Santo Stéfano dei Cavalieri** 9, deren schmale Fassade Giovanni de' Medici höchst persönlich skizziert haben soll. Die innen mit einer schweren Kassettendecke abgeschlossene Kirche birgt rechts und links vom Chor zwei wohlklingende, schöne Orgeln mit historischen Registern, außerdem zahlreiche Trophäen von der berühmten Schlacht von Lepanto (1571): türkische Fahnen und einige Holzfiguren der gegen die Türken siegreichen Galeeren des Ritterordens (zur Mittagszeit meist geschl.).

Auf der anderen Seite des Palazzo dei Cavalieri stehen zwei durch einen Torbogen im Knick verbundene Turmhäuser, vom Ritterorden zusammengefasst zum **Palazzo dell' Orologio** 10. Er ist hübsch anzusehen, war seinerzeit jedoch kein angenehmer Ort: Links befand sich das mittelalterliche Staatsgefängnis, rechts der sogenannte Hungerturm, wo man u. a. Graf Ugolino della Gherardesca verhungern ließ und sich Pisa lebende Adler als Wappentiere hielt. Gegenüber dem Palazzo dei Cavalieri runden weitere Renaissancepaläste das schöne Bild des fast ovalen Platzes ab, teils Sitz der Universität, teils der Regionalverwaltung der Toscana.

Sichtbar mittelalterlich krumm schlängelt sich die lange Via Ulisse Dini mit einigen gekappten Turmhäusern an der kleinen Piazza San Felice vorbei zum Borgo Stretto, der gar nicht so *stretto*, also eng ist, sondern mit seinen Arkadengängen eine einladende Einkaufsstraße mit verlockenden Cafés bildet. Der Borgo Stretto endet auf der quadratischen, lebhaften Piazza Garibaldi direkt am Arno und direkt vor dem **Ponte di Mezzo** 11, wo alljährlich der *Gioco del Ponte* ausgetragen wird. Von der Brücke schaut man auf die beiden Arno-Ufer mit ihren großzügigen Palästen, eine Uferbebauung, die in der Toscana ihresgleichen sucht und eine herrliche Kulisse abgibt auch für die traditionsreichen Feste *Regata di San Ranieri* (s. S. 218), *Regata Storica* und eben den *Gioco del Ponte* (s. S. 218).

## Einladende Plätze

Auch Pisa ist wie Florenz die Stadt der Plätze: sakrale wie die Piazza dei Miracoli, profane wie die Piazza dei Cavalieri, auch der kleinen, heimlichen, oder der großen und doch wohnlichen. Von der Piazza Garibaldi ein Stückchen nördlich, parallel zum Borgo Stretto, führt (gleich links) ein Durchschlupf zur **Piazza delle Vettovaglie** 12, eingezwängt in ein Quadrat aus kaum sanierten, von Arkaden getragenen und geschmückten Stadtpalästen. Wegen Platzmangel musste der frühere Gemüsemarkt auf die nahe **Piazza Uomobuono** verlegt werden; auf dem Platz selbst findet nur noch wochentags am Vormittag ein Wäschemarkt statt. Noch immer ist aber die besondere Atmosphäre des dicht bewohnten Stadtteils zu spüren: überall die *casetorri* (Turmhäuser), hoch oder gekappt, immer funktionell eingebaut und genutzt. Metzgereien, Bäckerläden, kleine Trattorien und Bars, die Kleinigkeiten für Zwischendurch für wenig Geld anbieten, auf Wunsch auch frisch zubereitet. Man kann hier daher eine gemütliche und authentischere Rast einlegen als nahe dem Campanile.

Ein kleines Stück westlich liegt die lange, begrünte **Piazza Dante** 13 mit der ersten Universität der Toscana, die 1329 aus einer Rechtsschule aus dem 12. Jh. entstand. Ein lebhafter Platz mit netten Stadthäusern, preiswerten, einfachen Bars und Trattorien, ein beliebtes Studentenviertel.

## Südlich des Arno

Der Corso Italia führt vom Ponte di Mezzo schnurgerade zur ovalen **Piazza Vittorio Emanuele II** mit ihren zahlreichen Cafés und Bars, der anschließende kurze, aber breite und begrünte Viale Gramsci zum Bahnhof. Hier, südlich des Arno, obwohl zum größten Teil noch innerhalb der Stadtmauer, haben, je weiter man zum Bahnhof strebt, moderne Zeiten ›aufgeräumt‹.

Interessanter ist der Bereich, der näher am Fluss liegt: etwa die **Piazza XX Settembre** mit der **Loggia di Banchi** 14 1603–1605), dem früheren Tuchmarkt der Stadt am Palazzo Gambacorti, eines *signore* von Pisa, der

# Problemfall Schiefer Turm

**Der Campanile von Pisa, angeblich der schönste Glockenturm der Welt, scheint seine gefährliche ›Fallsucht‹ verloren zu haben, ohne Schaden an seiner Schönheit und Beliebtheit zu nehmen. Schließlich waren Fachleute aus aller Welt an seiner Geradestellung bzw. Fixierung beteiligt.**

297 Stufen hat die steinerne Wendeltreppe um den hohlen Kern des berühmten Turms. Genaugenommen war dieser nur bis vor wenigen Jahren hohl, als man einen Zwischenboden einzog und eine Messstation einrichtete, um das Schicksal der *torre pendente*, wie der Glockenturm genannt wird, unter Kontrolle zu bekommen. Jetzt weiß man es genau: Im Laufe der Jahrhunderte machte der Turm drei sich überlagernde Bewegungen mit. Erstens hat er sich nach Süden geneigt, ist zweitens als Ganzes im Boden eingesunken und hat sich Richtung Südwesten um die eigene Achse gedreht. Fazit: Im Norden ist er 55,22 m hoch, im Süden nur 54,52 m; die Abweichung von der Senkrechten beträgt 4,42 m – und nahm jährlich zunächst nur um 1,2 mm zu.

Die Maßnahmen des 20. Jh. zu seiner Rettung begannen 1982 vorerst zu greifen: Hochhäuser wurden in ganz Pisa verboten, weil der lose Untergrund nur eine Belastung von höchstens einem Kilogramm pro Quadratzentimeter verträgt (beim Campanile sind es im Süden bis zu zwölf!); Grundwasser darf seit 1970 im Umkreis von 3 km vom Domplatz nicht entnommen werden – was zur Stabilisierung des Wasserspiegels und zur Verringerung der Neigung führte.

Doch dann begann der Campanile wieder zu ›fallen‹: Unter Wehgeschrei der ganzen Stadt ließ ihn Rom (Denkmalamt und Staatsanwaltschaft) 1990 aus Sicherheitsgründen schließen. Erst im Jahr 2000 brachten neue Ideen – eigentlich die simpelsten! – den ›fallsüchtigen‹ Turm nicht nur zum Stehen, er konnte damit sogar etwas aufgerichtet werden – um 44 cm. Genug, um ihn Weihnachten 2001 wieder der Öffentlichkeit zugänglich zu machen. Inzwischen wird er zwar geregelt, aber doch den ganzen Tag fast ununterbrochen von neugierigen und glücklichen Touristen erklommen. Der ›Trick‹: Man entzog dem Erdboden auf seiner Nordseite mit feinen Bohrungen Sand und Kies, hielt dabei den Turm mit starken Stahlseilen fest und legte ihm zu Füßen zusätzlich 600 Tonnen Bleigewichte an – alles zusammen sorgte dafür, dass sich der Boden auf der Nordseite verdichtete, der Turm sozusagen nachkam und sich so weit aufrichten konnte, dass es den Fachleuten reicht. Die Zugseile sind weg, die feinen Drahtseile, die den Turm umschlingen, sind fast nicht zu erkennen.

Und wie das alles kam? Der Volksmund erzählt, der Architekt des Campanile habe am Ende der Bauarbeiten bei einer öffentlichen Zeremonie seinen Lohn kassieren sollen. Das Volk, die Ratsherren und der Klerus waren versammelt – vor dem kerzengeraden Turm. Der Bürgermeister aber wollte den Baumeister um sein Geld prellen und erklärte feierlich, er solle doch auf den schnöden Mammon verzichten – schließlich habe er zu Ehren und zum Ruhme Gottes gearbeitet. Der Architekt drehte sich daraufhin zornig um und rief seinem Werk zu: »Komm, Turm, und folge mir nach!« Entsetzt sah die versammelte Menge, wie sich der Campanile seinem Schöpfer zu neigte. Hastig versprach darauf der Bürger-

Thema

meister, den verdienten Lohn nachzuzahlen, wenn der Baumeister den Turm zum Stehen bringen würde. Das geschah – aber aufgerichtet wurde er nicht mehr: als Mahnung auch für künftige Stadtväter, keinen Architekten um sein Honorar zu prellen …

Eine zweite Geschichte um den schiefen Campanile: Galileo Galilei, 1564 in Pisa geboren, prüfte am schiefen Turm die Fallgesetze. Er erkannte während seines Studiums der Naturwissenschaften, dass alle Gegenstände, unabhängig von ihrem Gewicht, mit der gleichen Geschwindigkeit nach unten fallen. Ein Stein fällt genauso schnell wie ein Stück Blei oder eine Feder. Das Problem dabei: Es darf keine Luft da sein. Damals hatte er aber noch keine Geräte, mit denen er hätte ein Vakuum erzeugen können. So musste er sich auf Versuche mit Steinen beschränken. Er stieg auf den schiefen Turm und ließ von der Spitze verschieden große Steine herabfallen. Sein Helfer stand entweder unten und musste beobachten, ob die Steine wirklich gleichzeitig unten auftrafen, oder er musste die Steine fallen lassen. Dieser und andere Versuche kosteten Galileo nicht nur seine Professur, erst an der Pisaner Universität, später in Padua. Seine experimentellen Beweise der Kopernikus-Lehre brachten dem Wissenschaftler außerdem den päpstlichen Bann und die Verbannung nach Arcetri nördlich von Florenz, wo er 1642 starb.

**Der berühmte Campanile: Seine ›Fallsucht‹ wurde vorerst gestoppt**

hier 1393 ermordet wurde. Den ebenfalls nach ihm benannten Lungarno Gambacorti entlang spazierend sieht man bald, direkt am Arno-Hochufer, ein paar gotische, reich verzierte Spitzen aufragen: die Rückseite des Kirchleins **Santa Maria della Spina** 15. Der Dorn *(spina)*, der ihr den Namen gab, ist nicht mehr hier aufbewahrt, und auch die Kirche selbst stand früher ein paar Meter tiefer auf dem Arno-Kies. Als sie vom Fluss zu sehr bedroht wurde, versetzte man sie 1871 auf das Hochufer. Wie ein kostbarer Schrein wirkt sie, ist vor allem an der Straßenfront reich dekoriert, u. a. mit dreizehn Tabernakeln für die Figuren von Jesus und den zwölf Aposteln. Dieses Wunderwerk der Architektur wird der Pisano-Schule zugeschrieben (ab 1325), nähert sich aber schon sehr der französischen Gotik an. Das sakrale Kleinod ist zwar meist geschlossen, doch allein der Anblick seines Äußeren lohnt den Abstecher (Di–Fr Nov.–Febr. 10–14, Sa, So auch 15–17, März–Okt. Di, Fr 10–14, 15–18, Sa, So bis 19 Uhr, Erw. 1,50 €, www.coidra.it).

## Auf dem Ausgrabungsfeld des römischen Flusshafens 16

Als die italienischen Staatsbahnen beschlossen, den Nebenbahnhof von Pisa, San Rossore, zu erweitern und 1998 mit den Aushubarbeiten begannen, mussten sie gleich die Archäologen rufen: Hatten sie den alten – bereits im Mittelalter versandeten – Hafen Pisas entdeckt? Nein, es handelt sich um den älteren, römischen **Flusshafen** (Cantiere delle Navi Romane)!

Rund 400 m² groß ist das bislang ausgegrabene Areal gleich hinter den Gleisen des Bahnhofs San Rossore nordwestlich vom Domplatz (10 Min. zu Fuß durch den Bahnhof hindurch, sonst mit dem Wagen; Parkplatz vorhanden; Bahnreisende wechseln den Zug in Pisa Centrale nach Pisa San Rossore). Das Besondere auch für Nicht-Archäologen ist, dass man jetzt schon, während der noch lange nicht vollendeten Grabungen, die bisher entdeckten Transportschiffe und kleineren Flussboote besichtigen kann (insgesamt rund 30); teils noch vor Ort konserviert, teils in einer Halle, in der an ihnen geforscht wird. Die besondere Schwierigkeit der Archäologen besteht in der Konservierung des freigelegten, durch Wasser in seiner Struktur veränderten Holzes. Die darin gefundenen Ladungen, auch ein menschliches Skelett ist dabei, sind teils in Vitrinen ausgestellt, teils noch in den Lagerräumen unter Verschluss.

Ein junges Archäologenteam, verstärkt durch Studenten, dürfte für die nächsten Jahrzehnte Arbeit genug damit haben, direkt nebenan in den eifersüchtig bewachten Laboratorien. Klar ist jedoch: Die Boote sind offensichtlich an dieser Stelle im Wasser versunken und danach mit einer Schlammschicht bedeckt worden. Man vermutet eine Art Tsunami, eine Flutwelle, die um 10 n. Chr. stattgefunden haben könnte. Dadurch wurden die Boote mitsamt kompletter Ladungen zur Freude ihrer Entdecker hervorragend konserviert, und man spricht bereits von einem maritimen Pompeji. Die neuesten Funde in Pisa werden allerdings auf das 3. bis 5. Jh. datiert. Sie sollen Aufschluss geben über die Schifffahrt während der spätantiken, römischen Zeit ebenso wie über die Handelsströme dieser Epoche.

Zu den gefundenen Ladungen zählen an die 400 Amphoren mitsamt noch immer dicht schließenden Deckeln. Darin Oliven und Nüsse, Kirschen und Trockenfrüchte, ja sogar Trockenfisch und Spuren von Wein! Auch Gegenstände des täglichen Gebrauchs und Kleidungsstücke wurden gefunden: Ledersandalen und Nadeln, Tongeschirr und Schreibtafeln aus Wachs. Tierknochen weisen darauf hin, dass die Seeleute Rinder oder Schafe bei sich führten, um sich unterwegs mit Frischfleisch versorgen zu können. Besonders wertvoll sind jedoch Navigations- und Bordinstrumente, die noch funktionstüchtig sein sollen. Die bereits präparierten Fundstücke werden wie gesagt vor Ort ausgestellt, doch sollen sie in den nächsten Jahren in den speziell dafür restaurierten Räumen des früheren **Arsenale Mediceo** 17 (Medici-Arsenals) am Arno ihren endgültigen Platz finden (Ausgrabungsfeld: Weitere Infos unter www.navipisa.it; Besuch mit Führung

Fr, Sa 10, 11, 12, 14.30, 15.30 Uhr, Voranmeldung für So–Do unter Tel. 05 55 27 66 33 oder 050 83 04 90, www.coidra.it, freier Eintritt).

## Infos

**APT:** 56100 Pisa (PI), Via Silvio Pelico/Bahnhof, Tel. 050 92 97 77, tel. Infos unter 05 04 22 91, www.pisaunica.it, www.pisaonline.it. Mit Infobüros am Flughafen sowie am Domplatz.

## Übernachten

Die zentral gelegenen Stadthotels von Pisa verfügen selten über eigene Parkplätze, was für Autoreisende lästig werden kann (kaum freie Parkplätze vorhanden, strenge Polizisten).

Elegant ▶ **Relais dell'Orologio** 1: Via della Faggiola 12, Tel. 050 83 03 61, www.hotelrelaisorologio.com, 7. Jan.–1. März geschl. Wunderbar zentral und auch noch in einem Turmhaus aus dem 14. Jh., immer im selben Familienbesitz, bieten 17 Zimmer, ein schöner Lesesaal und das Restaurant elegante und aufmerksame Gastlichkeit. DZ/ÜF 180–670 €.

Ordentlich ▶ **D'Azeglio** 2: Piazza Vittorio Emanuele II 18b, Tel. 050 50 03 10, Fax 05 02 80 17. Ordentliches Stadthotel nahe dem Bahnhof, 29 Zimmer. Garage. DZ 140 €.

Illustre Gäste ▶ **Royal Victoria** 3: Via Lungarno Pacinotti 12, Tel. 050 94 01 11, www.royalvictoria.it. Traditionelles Hotel (seit 1837) am zentrumsnahen Nordufer des Arno. 48 Zimmer, z. T. ohne eigenes Bad. Parkplatz und Garage. DZ/ÜF 80–150 €.

Freundlich ▶ **Francesco** 4: Via Santa Maria 129, Tel. 050 55 61 45, www.hotelfrancesco.com. Nettes, kleines Stadthotel nahe dem Domplatz. Kein Salon, aber Restaurant vorhanden, Terrasse; z. T. kleine, aber komfortable 13 Zimmer. DZ 76–150 €.

Renoviert ▶ **Amalfitana** 5: Via Roma 44, Tel. 05 02 90 00, www.hotelamalfitana.it. Nettes schmales Hotel in renoviertem Haus im Altstadtviertel. 20 Zimmer. DZ 70 €, DZ/ÜF 87 €.

Camping ▶ **Torre Pendente** 6: Viale delle Cascine 86, Tel. 050 56 17 04, www.campingtorrependente.it, April–Mitte Okt. Großer, teilweise schattiger Platz nahe dem Bahnhof San Rossore. Bungalows, Restaurant, Pool; Parkplatz. Stellplatz 12,50 €, pro Person 8,50 €.

**Wie ein kostbarer Schrein wirkt die gotische Kirche Santa Maria della Spina**

## Essen & Trinken

Generell hat die Restaurantszene von Pisa keinen besonders guten Ruf, man kann aber sogar rund um den Domplatz sehr preiswerte Tagesmenüs bekommen.

Abendlokal ▶ **Osteria La Mescita** 1: Via Cavalca 2/Ecke Piazza delle Vettovaglie, Tel. 050 54 42 94, Ruhetag Mo, außer Sa/So nur Abendlokal. Trattoria in Cotto-Gewölben des 15. Jh., früher nur Weinausschank. Echte toscanische Küche, gute Käseauswahl; toscanische und Piemonteser Weine. Keine Kreditkarten! Menü rund 30 €.

Beste Adresse ▶ **Osteria dei Cavalieri** 2: Via S. Frediano 16, Tel. 050 58 08 58, www.osteriacavalieri.pisa.it, Ruhetage Sa Mittag und So, Aug. geschl. Zwei kleinere Räume unter hohen Tonnengewölben im Studentenviertel, vielleicht die beste Osteria Pisas; freundlicher Service, mittags Tagesteller wie Rinds-*tagliata*, *scamorza* (Käse) aus dem Backofen und gegrilltes Gemüse oder Stockfisch mit Kartoffeln, Ossobuco mit Safranreis für jeweils 12 €, auch feste 4-Gang-Menüs (Fisch, Gemüse oder Fleisch) 26–32 €.

Pizzeria ▶ **Trattoria Toscana** 3: Via Santa Maria 163, Tel. 050 56 18 76, Ruhetag Mi. Schnelles Mittagessen auch auf dem Bürgersteig nahe dem Domplatz, tgl. wechselnde Menüs inklusive Wasser oder Glas Wein um 20 €; Pizza ab 5 €.

Weinlokal ▶ **Vineria di Piazza** 4: Piazza Vettovaglie 13, kein Tel., Ruhetag So. Schlichtes Weinlokal unter den Arkaden des Marktplatzes; kleine pisanische Gerichte vom schwarzen Brett wie Kutteln, Schmorbraten in Chianti, *cacciucco* (reichhaltige Fischsuppe). Keine Kreditkarten! Menü inklusive Hauswein 16–20 €.

## Einkaufen

Schokolade ▶ **Caffè Pasticceria Salza** 1: Via Borgo Stretto 44. Super-Konditorei mit köstlichen Süßigkeiten und Schokoladen aus dem Piemont.

Antiquitäten ▶ **Antiquitätenmarkt** 2: Jedes zweite Wochenende des Monats außer Juli/Aug. zwischen Piazza dei Miracoli/Domplatz und Piazza dei Cavalieri.

## Abends & Nachts

Immer mehr ›in‹ ▶ **Piazza delle Vettovaglie** 1: Die heimelige Atmosphäre des alten Marktplatzes lockt immer mehr die ›Szene‹ mit kleinen und größeren musikalischen Darbietungen. Aber auch sonst ist es einfach schön, hier vor einem der kleinen Lokale zu sitzen – bis spät in die Nacht.

Studententreff ▶ **Piazza Dante Alighieri** 2: Der lang gestreckte Platz zieht den ganzen Tag über junge Leute und Familien unter seine schattigen Bäume an, am Abend besetzen Studenten und Schüler schnell die wenigen Plätze in den kleinen Lokalen.

Pub ▶ **Bazeel** 3: Piazza Garibaldi, Handy 34 91 90 25 86. Beliebter Jugendtreff, tgl. 17–2 Uhr.

## Aktiv

Kajakfahren ▶ **Società Canottieri Arno** 1: Via da Padule 2.

Radsport ▶ **MTB CRAL (CNR)** 2: Via Sant' Apollinare 2.

## Termine

**Juni** ist der Monat des Stadtpatrons San Ranieri mit zwei religiösen Veranstaltungen und einem farbenprächtigen Volksfest (Termine richten sich oftmals nach den Sonntagen):

**Luminara di San Ranieri:** Am 16. Juni. Seit dem Mittelalter werden an diesem Tag alle Fenster der Stadt mit Kerzen beleuchtet zu Ehren der Prozession, heute sollen es an die 70 000 Lichter sein, die sich entlang des Arno im Fluss spiegeln und das historische Zentrum geradezu märchenhaft verzaubern.

**Regata di San Ranieri:** Seit 1292 als Regatta zu Ehren der Assunta am 17. Juni belegt (wird aber oft verschoben), 1635 mit neuen Regeln und seit 1718 San Ranieri geweiht, mit Booten aus allen vier Vierteln der Stadt: San Martino, Sant'Antonio, Santa Maria und San Francesco.

**Gioco del Ponte:** Am 25. Juni. Erstmals 1568 erwähnt, dann lange verdrängter und in der Neuzeit wieder aufgenommener ›Kampf‹ der beiden Fraktionen, die durch den Arno getrennt werden: Je sechs Parteien von *Tramontana* und *Mezzogiorno* müssen sich auf dem Ponte di Mezzo gegenseitig einen schweren Karren zuschieben. Sieger ist die Mannschaft, die den Wagen auf die gegnerische Seite drückt. Begleitet wird das Spiel von einem langen Umzug in historischen Kostümen.

### Verkehr

**Flug:** Aeroporto Internazionale Galileo Galilei (3 km südlich) mit Verbindungen im Sommerhalbjahr mehrmals tgl. auch mit den wichtigsten deutschen Destinationen, Tel. 050 84 93 00, www.pisa-airport.com. Transfer zur Innenstadt (Air Terminal am Bahnhof) sowie nach Lucca und Florenz.

**Bahn:** Bahnhof Pisa Centrale südlich des Arno unweit des historischen Zentrums; wichtige Station auf der Strecke Genua – Rom mit stdl. Anbindung, auch an Lucca und damit an die Garfagnana, an Florenz, Arezzo etc.

**Bus:** Regelmäßige Anbindung an Lucca und die Versilia nach Norden, Livorno und weiter nach Süden/Grosseto sowie Florenz etc.

## Sehenswürdigkeiten in der Umgebung

### San Giuliano Terme ► D 5

Eine mit alten Bäumen bestandene Straße führt von Pisa fast gerade nach Nordosten bis zum hübschen Kurort **San Giuliano Terme**, der mit seinen nostalgischen Kuranstalten und den hohen Bäumen durchaus eine Pause lohnt. Lang ist es her, dass Percy Shelley auf dem nach ihm benannten Largo zur Piazza San Michele in Foro mit gleichnamiger Kirche flanierte. Ein verstoßener britischer Romancier in einem romantischen toscanischen Kurstädtchen, das sich bereits damals über den Thermen zu Füßen des nahe gelegenen Monte Pisano l Kafé Haus leistete, dessen weder rein italienische noch deutsche Schreibweise bis heute Stilblüten treibt.

Obwohl restauriert, ist dieses Arkadencafé heute nur noch Erinnerung. Die Badeanstalt befindet sich seit 1938 im Besitz der italienischen Sozialversicherung. Das lange mit Albergo Terme nur prahlende Gebäude nebenan wurde 2004 tatsächlich in neuem Glanz als Luxusherberge mit angeschlossener Wellness-Abteilung eröffnet. Der Ort selbst hat von seinem romantischen Anstrich jedoch nichts verloren, die alten, Schatten spendenden Alleenbäume sind von besonderer Pracht. Und auf der Piazza gegenüber der Therme, jetzt Fußgängerzone, laden nette Cafés zum Verweilen ein.

### Übernachten

**Purer Luxus ► Bagni di Pisa:** 56017 San Giuliano Terme (PI), Largo P. B. Shelley 18, Tel. 05 08 85 01, www.bagnidipisa.com. Luxus pur in renovierten Prachträumen aus dem 18. Jh. z.T. mit freskierten Decken. 51 unterschiedliche elegante Zimmer und Suiten. American Bar, aufwendige Wellness-Abteilung, direkter Zugang zu den Thermen. Pool. Restaurant; Parkplatz. DZ/ÜF 260–400 €.

**Zauberhaft ► Airone Pisa Park Hotel:** Via Sant'Elena 4, Tel. 050 82 22 84, www.hotelpisa.it. Wundervolles Hotel auf dem restaurierten *Podere la Pertica* mit Dependance (zehn Zimmer); Pool. Zwölf elegante Zimmer. Restaurant; Parkplatz. DZ 100–150 €.

### Certosa di Pisa in Calci ► D 5

Südöstlich von San Giuliano Terme, zu Füßen des 917 m hohen Monte Serra, liegt die 1366 begonnene **Kartause von Calci**. Sie wurde im 17. und 18. Jh. zwar erweitert und stark verändert, wobei sie eine barocke Kirche erhielt, aber die beiden Kreuzgänge aus dem 15./16. Jh. sind original erhalten geblieben. Allein die angenehme Lage des ausladenden Kartäuserklosters lohnt den Besuch. Doch außerdem befindet sich hier das **Museo di Storia Naturale e del Territorio**. Die reichen Sammlungen des naturkundlichen Museums stammen ursprünglich aus dem Botanischen Garten von Pisa, sie wurden jedoch so groß, dass sie in den 1980er Jahren in die Certosa di Calci verlegt wurden. Sie zeugen mit Hunderttausenden geologischer, botanischer und mineralogischer Exemplare von der regen Forschertätigkeit am Standort Pisa, angefangen bei kleinen Mineralien über ausgestopfte

Tiere bis hin zu den riesigen Skeletten urzeitlicher Meeres- und Landbewohner (Apr.–Juni Mo–Fr 9–17, Juli–Aug. Mo–Fr 9–14, Sept. Mo–Fr 9–13.30, 14.30–17.30, Okt.–März Mo–Fr 9–14, ganzjährig Sa 9–18, So, Fei 10–19 Uhr; Erw. 7 €, unter 6 und ab 65 Jahre frei).

## San Piero a Grado ►D 5

Eine wunderschöne alte Platanenallee führt von Pisa entlang dem linken Arno-Ufer zur ehemaligen Flussmündung Richtung Meer. Über dem Fluss zwischen den Bootswerften und Fischerhäusern hängen die feinmaschigen Netze zum Fang der *anguille* oder *cee*, wie sie bei den Pisanern heißen, der winzigen, neu geborenen Aale, die während der Fangsaison von Mai bis Oktober aus der – teuren – Spezialitätenküche Pisas nicht weg zu denken sind (s. Mini-Tipp S. 213).

Von der Platanenallee zweigt gleich nach der Autobahn eine kurze Stichstraße nach **San Piero a Grado** ab. Eine Fassade sucht man vergebens, die drei Schiffe der romanischen, doppelchorigen Basilika enden im Osten in drei runden Chorapsiden, im Westen hat nur das Mittelschiff eine runde Apsis. Die Formensprache der frühen pisanischen Romanik ist von schöner, harmonischer Einfachheit, durch ungleichmäßige und verschiedenfarbige Steine von geradezu lebendiger Wirkung. Rund um die Kirche schließen sie Rundbogenfriese nach oben ab, im südlichen Chorbereich mit runden und rhombenförmigen Öffnungen ausgefüllt und nach unten in unregelmäßigen Abständen durch Lisenen verlängert. Im Norden fallen vor allem farbige Keramikschüsseln auf, die aus Sizilien sowie Nordafrika stammen; ursprünglich sollen es mehr als 200 gewesen sein, heute sind davon nur noch 63 übrig geblieben. Allerdings sind diese an der Basilika nur Kopien, die Originale befinden sich in Pisa im Museo San Matteo.

Man betritt die Kirche durch das kleine Portal an ihrer Nordseite und steht inmitten der von Säulen aus orientalischem Granit bzw. griechischem Marmor getragenen dreischiffigen Basilika. Zwölf an jeder Seite, mit teilweise römischen Kompositkapitellen. Um ihre unterschiedliche Höhe auszugleichen, hat man den Säulen unterschiedlich hohe Basen untergestellt. Eine gewisse Zweiteilung der Kirche ergibt sich durch zwei Tuffpilaster, sie dienten als Abgrenzung für die beiden Funktionen der Kirche: Im Osten wurde der größere Teil für den normalen Gottesdienst genutzt,

**San Piero a Grado wurde im Stil der frühen pisanischen Romanik erbaut**

der Westteil diente als Wallfahrtskirche mit dem Allerheiligsten unter dem Ziborium.

Von besonderer Prachtentfaltung sind die über und über freskierten Wände von San Piero, allerdings nicht in allen Teilen komplett erhalten. Ein gewisser Deodato Orlandi aus Lucca schuf die Bilder wahrscheinlich zwischen 1300 und 1312 in drei übereinander liegenden Anordnungen. In der Architektur-Malerei passte er sich wunderbar den durch den Stein vorgegebenen Formen an, sparte keinen Bogenzwickel und keinen Pfeiler aus. Die erste Reihe zeigt in kleinen nummerierten Nischen die Konterfeis von Päpsten, übrigens die bedeutendste ›Sammlung‹, die erhalten geblieben ist. In der zweiten Reihe darüber sind in 31 Feldern Szenen aus dem Leben der Apostel Petrus und Paulus dargestellt, beginnend an der rechten Wand von Ost nach West und weiter auf der gegenüberliegenden Wand von West nach Ost.

Und warum in San Piero a Grado? Auf seinem Weg von Antiochia nach Rom, heißt es, sei Apostel Petrus im Jahre 44 hierher an die Arno-Mündung (jetzt 6 km weiter) verschlagen worden, wo er die erste christliche Gemeinde auf italienischem Boden zusammenrief. Jüngere Ausgrabungen könnten den Altarstein freigelegt haben, den der Legende nach Petrus in der Vorgängerkirche *ecclesia ad gradus* (Kirche an den Stufen) benutzt haben soll (tgl. 8–19, Juni–Aug. 8–20 Uhr, freier Eintritt, Spende für die ausgelegten Karten und Skizzen willkommen).

## Tipp: Frischer Fisch

An den Wochenenden werden in San Piero a Grado zu den Fangzeiten kleine Freiluft-Verkaufsstände für Fische und *arselle* (Shrimps) geöffnet, an denen man nicht nur den frischen Fang kaufen, sondern auch schon zubereitet ganz unkompliziert am Fluss verspeisen kann. Es lohnt sich, danach Ausschau zu halten!

## Die Badeorte der Pisaner ►C 6

Der Naturpark der **Tenuta di San Rossore** mit weltberühmtem Gestüt für Rennpferde endet an der Arno-Mündung. Die zehn oder zwölf folgenden Kilometer bis zum Canale Navicelli vor Livorno sind fest in der Hand von Sonnenanbetern und Schwimmern, sozusagen Pisas letzte Bastion am Meer. Im Hintergrund, ganz nahe an die Küste gerückt, dehnt sich die wunderschöne, naturgeschützte **Tenuta di Tómbolo** aus, deren breitschirmige Pinien, zu dichten Wäldern zusammengewachsen, den besonderen Reiz dieser Strandorte ausmachen. Privatvillen und Hotels, Campingplätze und Sportanlagen stehen beziehungsweise verstecken sich im Schatten der Bäume, vor allem im Bereich von Tirrénia.

### Marina di Pisa ►C 5

Am Meer angekommen, muss man zwangsläufig nach Süden abbiegen, denn im Norden ergießt sich der Arno in das Meer; dort entsteht seit Jahrzehnten ein Yachthafen, die Grundsteinlegung ist 2010 erfolgt.

Wie auch immer, noch ist **Marina di Pisa** so, wie es die Pisaner lieben: einfach, ohne Schnörkel, kaum Hotels, aber dafür viele Zimmer und Wohnungen, die man im Sommer monatsweise mieten kann. Davor ein schmaler Sandstreifen, den man dem Meer durch Wellenbrecher abgetrotzt hat. Und hier steht sie, die Hauptattraktion von Marina di Pisa: hier stehen die Pfahlbauten über dem Wasser, Restaurants, die praktisch nur Spezialitäten aus dem Meer bieten – erfrischend unkomplizierte, einfach eingerichtete Lokale. An heißen Sommertagen werden die Strohrollos heruntergelassen und die Fenster auf Durchzug gestellt. Bis zum Mittagessen liegen die Gäste erwartungsfreudig am meist kleinen Strandabschnitt des dazugehörigen Strandbades, nach dem Essen erholen sie sich dort vom üppigen Mahl. Die Pisaner lieben diesen Badeort und bevölkern ihn an den Wochenenden wie am Feierabend, vom Sommermonat August ganz zu schweigen.

## Übernachten

Bescheidene Hotellerie (vorwiegend Sommer-Ferienhotels und Pensionen), die sich nach den Einheimischen richtet. Aber mit dem Bau des neuen Hafens für bis zu 475 Booten wird sich das ändern, es entstehen bereits sogenannte Residenzen, 3-4stöckig und um Innenhöfe gruppiert. Und das erste Aparthotel ist schon in Betrieb (s. u.).

Wochenweise zu mieten ▶ **L'Incanto di Boccadarno:** 56013 Marina di Pisa (PI), Via Barbolani, Tel. 050 31 10 84, www.lincantodiboccadarno.it. Modernes Residence-Hotel gegenüber der Arno-Mündung beim neuen Yachthafen. 29 rund 30–40 $m^2$ große, pastellfarbene Apartments und drei Suiten mit Kochnische; auch mit Hotelservice. Apartment nach Saison 350–1040 € pro Woche.

Familiär ▶ **Manzi:** 56013 Marina di Pisa (PI), Via Repubblica Pisana/Lungomare 25, Tel. 05 03 65 93, www.hotelmanzi.it. Nettes kleines Hotel an der Meerespromenade, liebevoll renoviert. 26 Zimmer, SAT-TV. Kleiner Salon, Bar (für Frühstück im Winter), Sonnenterrasse. DZ im Winter 62 € (nur Frühstück an der Bar nebenan), DZ/ÜF April–Juni, Sept./Okt. 75 €, Juli/Aug. 77–88 €.

## Essen & Trinken

Auf Stelzen ▶ **Toto:** Via Padre Agostino 32, Tel. 05 03 66 05, Ruhetag Mo. Luftiges Fischrestaurant als Pfahlbau über dem Strandbad; freundlich. Gute Fischspezialitäten wie frittierte Meeresfrüchte und Muscheln in Knoblauchsud, Hauswein. Menü ab 25 €.

Fischig ▶ **L'Arsella:** Via Padres Agostino, Tel. 05 03 66 15, Ruhetage Di Abend und Mi. Pfahlbau-Fischrestaurant, ähnlich wie Toto. Menü ab 25 €.

## Aktiv

Segeln und Surfen ▶ **Yacht Club Repubblica Marinara:** Viale D'Annunzio 250, Tel. 050 31 00 23.

## Verkehr

**Bus:** Im Sommer gute Verbindungen zwischen Pisa und Marina.

## Tirrénia und Calambrone ▶ C 6

Der tiefe, feine und sacht abfallende Sandstrand braucht im Gegensatz zu dem von Marina di Pisa keinen Schutz. **Tirrénia** präsentiert sich als relativ junger Badeort aus der Retorte, aber gekonnt entwickelt. Nur ein Hotel besitzt durch einen Planungstrick (als Kongresszentrum vorgesehen) ein eigenes Strandbad, das an sich gesichtslose Gran Hotel Continentale. Alle anderen Hotels und Pensionen stehen jenseits der Hauptstraße des 4 km langen Viale del Tirreno – im Pinienwald. Hier finden sich auch die Privathäuser der Pisaner, Ferienhäuser und Apartments sowie Campingplätze jeder Kategorie, Geschäfte, Friseurläden, Restaurants, Sportzentrum, Golfplatz, Diskotheken, Bars, Kino.

Nur wenige Strandabschnitte sind frei zugänglich bzw. kommunal. Man kann aber kilometerlang am Wasser entlang, also vor den einladenden *bagni*, spazieren gehen. Diese Badeanstalten aller Couleur flankieren den Strand mit ihren Restaurants, Kabinen, Spielplätzen, Liegestühlen, Bars etc. Kurzum: In Tirrénia fehlt es an nichts für den typischen Strandurlaub. Ca. 1800 Gästebetten stehen im Sommer zur Verfügung, eine Wintersaison gibt es aber praktisch nicht, kaum ein Haus bleibt dann geöffnet. Preislich bewegt sich Tirrénia zwischen Forte dei Marmi und Viaréggio, ist also nicht gerade billig. Während im Juli meistens Ausländer den Strand bevölkern (außer an den Wochenenden), ist im August die Umgangssprache fast ausnahmslos Italienisch.

Tirrénia hat sozusagen einen Wurmfortsatz im Süden, den Badeort **Calambrone**. Bis vor kurzem noch mit einfacherer Infrastruktur und daher besonders preiswert, wird sich das in naher Zukunft sicher ändern. Denn die vielen, vor sich hin zerfallenden Ferienkolonien der Carabinieri und anderer großer, staatlicher wie halbstaatlicher Gesellschaften, in denen die Familien mitsamt Kindern oder auch nur die Kinder die Sommerferien verbringen konnten, sind zu neuem Leben erwacht. Sie werden nun zu Geld gemacht, an Entwicklungsgesellschaften veräußert, die aus den riesigen Anlagen direkt am Strand (das kann man sonst in Italien lange suchen) Apartmenthäuser und Hotels machen.

## Infos

**Ufficio Informazioni Turistiche:** 56018 Tirrénia (PI), Viale del Tirreno 26/b (nur im Sommer), Tel. 05 03 25 10.
**Saison:** Mai–Sept.

## Übernachten

**Superanlage ▶ Green Park Resort:** 56018 Calambrone (PI), Via dei Tulipani 1, Tel. 05 03 13 57 11, www.greenparkresort.com, ganzjährig. Das bislang schönste neuere Ferienhotel mit z. T. ausgefallener Architektur (das Spezialitätenrestaurant Lunasia) in der Pineta von Calambrone unter hohen Schirmpinien mit 144 eleganten, großzügigen Zimmern und vier Suiten in unterschiedlichen Häusern und Villen; Wellness-Zentrum, drei Restaurants; Parkplatz. Zeitweise Fluglärm. DZ/ÜF 159–254 €.
**Helles Ambiente ▶ Riviera Blu:** Tirrénia, Viale del Tirrenio 15, Tel. 05 03 71 46, www.rivierablu.it. Modernes Hotel in der Pineta 100 m vom Meer. 20 komfortable Zimmer. Salon, einladende Bar, Restaurant; Parkplatz. DZ/ÜF 70–90 €.
**Camping ▶ Saint Michael:** Tirrénia, Via della Bigattiera, Tel. 05 03 31 03, www.campingstmichael.com, Juni–Mitte Sept. Wiesen- und Sandgelände mit alten Laub- und Nadelbäumen am Rande einer Villensiedlung. Strandservice, Restaurant; Parkplatz. Stellplatz 8,50–15 €, pro Person 6,50–8 €, Mobil Homes für 4 Pers./Woche 340–610 €.

## Essen & Trinken

In den Strandbädern Tirrénias und Callambrones erhält man den ganzen Tag über Kleinigkeiten zu essen oder kann richtig speisen. Noch gilt: Je weiter gen Süden, desto preiswerter die Bäder und Bar-Restaurants.

## Aktiv

**Golf ▶ Cosmopolitan Golf & Country Club:** Viale Pisorno 60, Tel. 05 03 36 33, 18-Loch-Platz; **Golf Club Tirrenia:** Viale San Guido, Tel. 05 03 75 18, 9-Loch-Platz.

**Badefreuden am Hausstrand der Pisaner, Marina di Pisa**

Im Hafen von Gíglio Porto

Kapitel 3

# Die toscanische Küste

328 km lang ist die Küste der Toscana, die im Norden vor den Apuanischen Alpen mit ihren reichen Marmorvorkommen beginnt. Rechnet man alle toscanischen Inseln dazu, misst ihre Küstenlinie sogar ca. 580 Kilometer, die an Abwechslung kaum zu übertreffen sind. Lange, tiefe, feinsandige und flach abfallende Strände wechseln sich ab mit kleinen felsigen oder sandigen Buchten, umrahmt von steilen, schön geformten Felsen. Vielfach werden die feinsandigen Strände von uralten Wäldern mit hohen Schirmpinien gesäumt, die angenehmen Schatten spenden. Ein guter Teil dieser Pinete steht unter Naturschutz und wird sorgsam gehütet und gepflegt, am intensivsten im wohl schönsten Naturschutzgebiet der Toscana, dem Parco Naturale della Maremma mit den Monti dell'Uccellina. Zu den berühmten Badeorten wie Forte dei Marmi und Viaréggio im Norden der Küsten gesellen sich zauberhafte kleine wie Castiglione della Pescáia mit großer Lagune oder Castiglioncello mitten in einem Pinienwald.

Auch Hafenstädte prägen die Küste wie das eher beschauliche Livorno und das geschäftige Piómbino. Die vorgelagerten Inseln, allen voran Elba und Gíglio, sind eine Welt für sich. Selbst wenn ihre Fans über sie im Hochsommer wie die Heuschrecken herfallen, bieten auch sie noch einsame Buchten.

Weniger bekannt und doch anziehend sind im Hinterland die beiden Städte Massa Maríttima und Grosseto mit ihren sehenswerten historischen Zentren. Sie stehen auf altem Gebiet der Etrusker, die hier in Roselle und Vetulónia sowie an der Küste am Golf von Barátti zahlreiche Zeugnisse ihrer Geschichte hinterlassen haben.

Auf einen Blick

# Die toscanische Küste

## Sehenswert

5 **Viaréggio:** Die Stadt des berühmtesten italienischen Karnevals ist vom Jugendstil geprägt und besitzt einen traumhaft schönen Sandstrand (s. S. 244).

6 **Elba:** Italiens bekannteste und beliebteste Ferieninsel besticht nicht nur mit unzähligen Badestränden und -buchten, sondern auch dank kleiner Bergdörfer mit nostalgischer Atmosphäre (s. S. 268).

7 **Parco Naturale della Maremma:** Ausgedehnte Pinienwälder, traumhafte Strände, wild lebende Pferde und große weiße Maremmane – das Naturschutzgebiet im Süden der Toscana ist ein Muss (s. S. 302).

8 **Insel Gíglio:** Der Granitfels mit drei urigen Ortschaften und vielen versteckten Felsenbuchten ringsum gehört zu den Lieblingszielen der Italiener (s. S. 312).

## Schöne Routen

**Eine Rundfahrt über Elba:** Die größte toscanische Insel lässt sich auf zwei Tagestouren recht gut erschließen – von Portoferráio aus geht es an einem Tag in den Westen mit der höchsten Erhebung, dem Monte Capanne, an einem zweiten Tag erkundet man in Fortsetzung der Tour den Osten mit seinen interessanten Bergwerksnestern (s. S. 273).

**Auf Umwegen von Pietrasanta nach Camaiore:** Über uralte Ölbaumterrassen erlebt man ein langsames Autobummeln (oder Rad fahren) zwischen Pietrasanta und Camaiore (s. S. 239).

## aktiv unterwegs

**Radtour auf den Spuren Michelangelos in den Apuanischen Alpen:** Von Serravezza über La Cappella nach Azzano (s. S. 243).

**Von Viaréggio nach Lucca und zurück:** Etwas anspruchsvolle Rundtour mit dem Fahrrad von der Küste in die schöne Stadt Puccinis (s. S. 246).

**Der Naturpark der Tómboli di Cécina:** Leichte Wanderung durch den wunderschönen Staatswald parallel zum Meer (s. S. 259).

**Radtour von der Küste in die Valcornia:** Reizvolle Fahrt in die Korkeichenwälder der meernahen Maremma (s. S. 262).

**Eine Radtour durch Elbas Westen:** Nicht nur für ganz Sportliche bietet sich eine Radtour durch den ›wilden Westen‹ Elbas an, um diesen Teil der Insel intensiver kennen zu lernen – rund um den Inselhöchsten und der rauen Küste oft ganz nahe (s. S. 278).

**Trekking im Zentralmassiv:** Diese großartige Wanderstrecke, die auch organisiert angeboten wird, führt von Porto Azzuro über das so genannte Zentralmassiv Elbas nach Marina di Campo (s. S. 285).

**Wanderung im Naturpark der Maremma:** Kurze, aber anstrengende Wanderung durch den wunderschönen Naturpark (s. S. 305).

**Reiten im Etruskerland:** Ob mit dem eigenen Pferd oder organisiert – Reiten gehört zu einem richtigen Maremma-Urlaub unbedingt dazu (s. S. 309).

# Von Carrara bis Viaréggio

**Carrara steht für den weißen Marmor der Apuanischen Alpen, Forte dei Marmi wie die Karnevalsstadt Viaréggio für Strandferien total. In Pietrasanta und Camaiore inmitten silberglänzender Olivenhaine lebt man noch einen langsamen Takt. Am Lago di Massaciúccoli hat sich Puccini gerne aufgehalten, man ehrt ihn hier allsommerlich mit einem Musikfestival.**

## Carrara ►C 3

Zusammen mit Massa bildet **Carrara** die Doppelprovinz Massa-Carrara. Die knapp 65 500 Einwohner zählende Stadt in rund 100 m Höhe auf einem Ausläufer der Apuanischen Alpen trägt ihre Entstehung im Namen: *Kar* hieß im Altligurischen einfach Stein. So nah an der römischen Kolonie Luna (heute Luni, direkt hinter der Grenze zu Ligurien) entwickelte sich das friedliche Dorf bald zu einem gefragten Marmorzentrum. Im Mittelalter war es ein Zankapfel zwischen den Herrschenden: Byzanz wollte es haben und die Langobarden, 1235 wurde es freie Kommune (das Rad im Wappen von damals trägt Carrara noch heute), Grafschaft unter den Malaspina, Herzogtum unter den Este, 1859 erfolgte schließlich der Anschluss an das Königreich Italien. Dass ausgerechnet in Carrara 1945 ein Anarchistenkongress stattfand, verwundert nicht: Die Marmorarbeiter hatten schon lange vergeblich versucht, ihre Rechte durchzusetzen.

So liest sich ein Spaziergang durch Carrara wie ein Gang durch diesen Teil ihrer Geschichte: Erinnerungstafeln zu bedeutenden Köpfen und Ereignissen, spezielle Bibliothek zum Thema, Anarchistendruckerei, Anarchistencafé, Demonstrationsplatz (Piazza Alberigo). Carrara war und bleibt eine Stadt, die keine wirkliche soziale Ruhe kennt – nur sieht es ihr der unbefangene Besucher nicht an.

2500 Menschen arbeiten in den Marmorbrüchen, früher waren es mehr als 7500. Zwei Drittel der Stadtbevölkerung von Carrara leben vom Marmor; der Rest von der Werft und dem Hafen, der an den Umschlagmengen gemessen immerhin der drittwichtigste Italiens ist. Mehr als hundert Marmorsägereien, meist Kleinbetriebe, arbeiten in Carrara und Umgebung. Hier wird der Marmor mit einem ›Gatter‹ in Platten jeder Dicke zersägt, langsam und höllisch laut.

Natürlich hat sich die Stadt durch ihren relativen Wohlstand in den letzten Jahrzehnten stark entwickelt und dies architektonisch leider nicht gerade harmonisch. Aber der mittelalterliche Kern mit den engen Gassen hat seinen Charakter bewahren können.

### Duomo Sant'Andrea

Schön ist der **Dom** (11.–14. Jh.) auf der winzigen Piazza del Duomo mit seiner Fassade im Pisaner Stil aus grau-weißem und grünem Marmor. Der untere, romanische Bereich mit dem eher bescheidenen Portal ist rechts und links mit je vier Blendbögen verziert, die in der Mitte auf einem Pilaster ruhen. Der obere Bereich zeigt schon gotische Spitzbögen mit Maßwerk, und die markante, fein gegliederte Rosette in der Mitte wird von einer zu beiden Seiten hin abfallenden Zwerggalerie (oder Treppengalerie) flankiert. Als wollte sich diese hübsche Fassade verstecken, schaut sie weg vom bescheidenen Platz, dem der Dom nur seine Südseite zukehrt und der mitten im engen Geflecht der inzwischen verkehrsberuhigten Altstadtgassen steht.

Die dreischiffige Basilika mit einem halbrunden Chor (die seitlichen Chorkappen schließen gerade ab) wird innen von schlanken, verschieden geformten Stützen getragen; die einfachen Tellerbasen stehen in reizvollem Gegensatz zu den unterschiedlichen (römischen) figuralen und Blattkapitellen. Im 20. Jh. wurde der Plüsch, der an den Wänden hing, heruntergerissen. Nun zeigt sich die Kirche in wohltuender Schlichtheit: ein paar Freskenreste an den Seitenwänden, eine kleine Marmorkanzel mit zartfarbenen Einlegearbeiten (16. Jh.), einige Marmorstatuen an der linken Wand, die zum ausrangierten Hochaltar aus dem 14. und 15. Jh. gehören.

Den zierlichen Campanile (33 m hoch) aus dem 13. Jh. schmücken romanische Galerien, den großen Brunnen vor dem Dom hat Baccio Bandinelli gebaut, aber nie vollendet.

## Castello Malaspina

Im ehemaligen **Schloss der Grafen Malaspina** mit seinen wuchtigen Wehrgängen ist nach der Zusammenlegung mit dem fürstbischöflichen Renaissancepalast 1769 die Kunstakademie untergebracht worden. Man kann sie, ebenso wie einige Marmorbrüche, auf Anfrage besichtigen.

Die einzige staatliche italienische Berufsschule für Marmorverarbeitung steht natürlich in Carrara. Besonders stolz ist das moderne Carrara aber auf das Gebäude der Industrie- und Handelskammer im geschäftigen Teil zwischen Dom und dem begrünten und von Villen flankierten Viale zum Meer, also Richtung Marina di Carrara (s. S. 234). Die einheimischen Badenixen lassen sich dort vom weißen Marmorstaub nicht stören, mit internationalem Tourismus tut man sich eher schwer.

## Colonnata

Als besonders interessant erweist sich der Weg nach Colonnata, gepflastert mit Schleifereien, kleinen und größeren Steinbrüchen sowie Bildhauerwerkstätten. Das Bergarbeiterdorf **Colonnata** selbst verdankt seinen inzwischen wohl weltweiten Ruhm dem hier erzeugten *lardo di Colonnata*, einem fast völlig weißen, also nur aus Fett bestehenden Speck, der, wie könnte es anders sein, in kleinen Marmor-›Sarkophagen‹ in einer Lake mit vielerlei Gewürzen (Geheimrezept natürlich!) reift und danach für sündhaft teures Geld vermarktet wird. In Colonnata selbst weiß man gar nicht, wo man zuerst den würzigen Speck probieren und kaufen sollte. Schlechte Qualität dürfte es nicht geben, da achten die Produzenten schon untereinander darauf, dass der Ruhm ihres D.O.P.-Produktes (also registriert und streng kontrolliert, von der EU anerkannt) keinen Kratzer abbekommt. Neben zwei hervorragenden Restaurants findet man inzwischen zumindest an den Wochenenden und während der Saison geöffnete Probierstuben, kleinen Osterien nicht unähnlich.

An der höchsten Stelle des Ortes erhebt sich die kleine Dorfkirche, vor ihr steht, mit der grandiosen Kulisse der Apuanischen Alpen im Hintergrund, ein monumentales weißes Marmorwerk zum Andenken an die unendlich vielen, beim Marmorabbau verunglückten Bewohner von Colonnata und Umgebung.

## Infos

**APT Massa Carrara:** 54033 Carrara (MS), Viale Colombo/Hafen, Marina di Carrara, Tel. 05 85 78 25 81, s. auch Marina di Massa, S. 234.

## Tipp: Mit dem Auto durch das Marmor-Abbaugebiet

Ein Erlebnis der besonderen Art ist die **Rundtour** mit dem eigenen Wagen entlang der alten Bahnlinie zwischen **Colonnata** und **Fantiscritti**: Eine ca. 6 km lange Holperstrecke führt – immer wieder durch finstere Tunnel hindurch und über hohe schmale Brücken hinweg – mitten durch das Abbaugebiet des Marmors von Carrara. Aber Achtung: Die Fahrt auf der Strada panoramica kann nur wahrhaft genießen, wer nicht unter Platzangst leidet!

# Der Marmor von Carrara

Thema

**Kein Marmor der Welt hat je einen solchen Ruhm erlangt wie der von Carrara, das weiße Gold der Toscana. Die Wunden der Apuanischen Alpen im Hintergrund der Versilia zeugen von seinem Abbau seit mehr als 2000 Jahren. Denn der schillernd weiße Marmor von Carrara war schon bei den Römern begehrt.**

Niemand weiß, wie groß die Marmorvorkommen von Carrara eigentlich sind: schätzungsweise 50 x 15 km Fläche – aber wie tief? Mehr als eine Million Tonnen werden jährlich abgebaut. In den 70er-Jahren des 20. Jh. waren die Ölscheichs die zahlungskräftigsten Kunden, jetzt haben sie entweder keinen Bedarf mehr, oder sie legen ihr Geld anderweitig an. Man denkt jetzt um: Weil hier das Know-how für die Verarbeitung von Marmor und anderem Gestein vorhanden ist, wird auch Marmor aus aller Welt zur Weiterverarbeitung hierher gebracht, ein Geschäft, das sich zu lohnen scheint. Und das nebenbei die Marmorvorkommen der Apuanischen Alpen schont …

Immerhin: Weil er so kostbar ist, wird der Marmor heute nicht mehr wie noch in der Renaissance einfach aus dem Berg gesprengt, sondern mittels moderner, mit Industriediamanten besetzter Stahlseile oder -sägen herausgeschnitten. Der Abtransport erfolgt nicht mehr mit der Bahn (ab 1876) oder der Drahtseilbahn (von 1930), sondern mit schweren, aber wendigen Lastwagen, deren Fahrer beim Bewältigen der spitzwinkeligen, steilen Serpentinen wahre Meisterleistungen vollbringen. Ihr normales Transportgut: Marmorblöcke von je 30 t Gewicht.

Marmor ist ein kristalliner Kalkstein, seine unterschiedliche Färbung bekommt er von Spuren an Metallsalzen, rund 50 verschiedene Marmortypen sind registriert. So schön farbiger Marmor ist, am kostbarsten ist und bleibt der schillernd weiße von Carrara. Und dann hängt es davon ab, wie er bearbeitet wird. Beim Schneiden muss wie bei einem zarten Steak darauf geachtet werden, dass die Richtung stimmt. Doch während das Fleisch quer zu den Fasern zugeschnitten werden muss, wird der Marmor parallel zur Gesteinsschicht zersägt, sonst ist er nur schwer weiterzuverarbeiten. Die Fachausdrücke dazu: in Richtung heißt *verso,* sonst *contro,* quasi dagegen.

Besonders begehrt ist der weiße Marmor aus Carrara nicht nur bei Bauherren, sondern auch bei Bildhauern aus aller Welt, nicht anders als bei den Römern für ihre Tempelbauten und Skulpturen und während der Renaissance – allen voran bei Michelangelo, der sich hier sogar mehrmals für einige Monate einmietete, um für seine Bildhauerwerke den passenden Marmor zu finden. Unter den internationalen Größen muss Henry Moore genannt werden und unter den zeitgenössischen Künstlern vor allem Fernando Botero, dessen Skulpturen seine toscanische Lieblingsstadt Pietrasanta zieren (s. S. 239).

Wer keine Angst vor laut brummenden, immens schweren Lastwagen mit ihrer kolossalen Marmorblockladung hat, sollte unbedingt eine Fahrt in das Abbaugebiet einplanen, von Carrara oder Pietrasanta und den anderen Küstenorten im Norden der Versilia einfach Richtung *cave,* Steinbrüche, fahren.

## Übernachten
Die beliebtesten Hotels stehen entlang der Küstenstraße, die während der Saison allerdings recht laut sein kann, dennoch sind sie schnell ausgebucht (s. S. 234, Marina di Massa).

## Essen & Trinken
Echt apuanisch ▶ **Locanda Apuana:** Località Colonnata, Via Comunale 1, Tel. 05 85 76 80 17, www.locandaapuana.com, Ruhetage So Abend und Mo. Gemütliche traditionelle Trattoria am Eingang des Marmorarbeiterdorfes. Hausmannskost der Apuanischen Alpen wie deftige Fleischgerichte, Pasta aus Kastanienmehl, Kaninchen und Kartoffeln mit *lardo*. Menü ab 28 €.
Winzig, aber toll ▶ **Venanzio:** Località Colonnata, Oiazza Palestro 3, Tel. 05 85 75 80 33, www.ristrantevenanzio.com. Ruhetage Do, So Abend (außer Aug.). Kleines, aber ganz feines und trotzdem nicht überspanntes Ambiente, sehr gute lokale Spezialitäten wie Lardo, diverse Wurstwaren, zur Saison werden Wild und Steinpilze serviert. Menü ab 29 €.

## Aktiv
Reiten ▶ **ANTE:** Via Ceccardi 41, Tel. 05 85 77 71 27.
Trekking ▶ **Club Alpino Italiano:** Via Giorgi 4, Tel. 05 85 48 80 81.

## Verkehr
**Bus:** Verbindungen zwischen Carrara und Marina di Carrara im Sommer in dichter Folge.

# Luni und die Lunigiana

Direkt nordwestlich von Carrara beginnt Ligurien und damit ein Stück gemeinsamer Geschichte der beiden Regionen Toscana und Ligurien, deren schönste Zeugnisse man in der Lunigiana, im hügel- und dörferreichen Nordwestzipfel der Toscana mit trutzigen kleinen Kastellen findet.

## Luni ▶ B 3
Das römische Luna liegt direkt an der Grenze im Ligurischen (Provinz La Spezia), aber nur, weil sich Ligurien bei **Luni** in die Toscana hinein ausbuchtet. Die **Lunigiana** dagegen

**Die Marmorbrüche nahe Carrara ›ernähren‹ seit Jahrhunderten die ganze Region**

**In der Lunigiana, dem hügeligen Nordwestzipfel der Toscana**

liegt entlang dem Fluss Magra weiter nördlich in der Toscana. Wenn die Zeit für die Lunigiana nicht reichen sollte – Luni muss sein! Hier wurde das römische Luna ausgegraben und einige Funde durften vor Ort belassen werden, weshalb das kleine **Museo Archeologico Nazionale** eine stolze Sammlung mit imposanten Marmorskulpturen zeigt.

Schon frühligurisch besiedelt, wurde Luni im Becken des Magra 117 v. Chr. von den Römern erobert, die hier eine Kolonie gründeten, Luna – eine strategisch bedeutende Position an der Via Aurelia, mit dem Hafen sozusagen vor der Haustür und den Marmorvorkommen der Apuanischen Alpen im Hinterland. Die Ausgrabungsstätte von Luni umfasst die gesamte Kolonie innerhalb der Mauern, im Zentrum das Capitol und ein Diana-Tempel; mehrere Wohnhäuser, teils mit Mosaikböden und/oder Fresken, wurden freigelegt, in der nordöstlichen Ecke das Theater. Ganz im Osten außerhalb der Mauern – man folgt der historischen Streckenführung der Via Aurelia, die durch die Kolonie führte – steht das Amphitheater (Di–So 8.30–19.30 Uhr, im Winter kürzer, Erw. 2 €, unter 18, ab 65 Jahre frei).

## Essen & Trinken

Gartenlokal ► **Chioccia d'Oro:** Luni-Ortonovo (SP), Via Appia Antica 5, Tel. 018 76 66 89, Ruhetage Mo, Di Mittag. Achtung: An den Wochenenden hoffnungslos überfüllt! Wunderbar unkompliziertes Gartenlokal zwischen der römischen Kolonie und dem Amphitheater von Luni. Riesiges Vorspeisenbüffet, hausgemachte Pasta, Fleisch vom Grill. Komplettes Menü inklusive Wasser und Wein ab 20 €.

## Pontrémoli ► B 1

In dem mittelalterlichen **Castello del Piagnaro** von **Pontrémoli** in großartiger Panoramalage befindet sich heute das **Museo delle Statue-Stele della Lunigiana**. Stadt und Umgebung bilden das wichtigste Fundgebiet der ligurischen Frühgeschichte (3. Jt. v. Chr.). Denn die Lunigiana besiedelten die alten Ligurer bereits im Neolithikum, wie die seltsamen und doch faszinierenden, im Museum großartig aufgestellten Funde von Pontrémoli beweisen. Es sind teils mundlose menschliche Figuren aus Stein, Stelen mit nur angedeuteten Brüsten; jüngere Monolithe zeigen die gewohnten humanen Formen. Götter in der Nachahmung des Menschen? Gesichert ist nur, dass sie, wie kultische Symbole zeigen, Geburt und Leben, Fruchtbarkeit und Kampf beeinflussen sollten (Di–So 9–12.30, 15–18, im Winter 9–12.30, 14.30–17.30 Uhr, Erw. 4 €).

### Infos

**Consorzio Lunigiana Turistica:** Piazza della Repubblica 6, Póntremoli (MS), Tel. 01 87 83 37 01, www.lunigiana.com. Auch in deutscher Sprache, Adressen von Hotels u. a. Unterkunftsmöglichkeiten, Einkaufstipps. Eine sehr gute Adresse!

## Massa und Umgebung ►C 3

Eine kurze Passstraße (7 km) führt vom 100 m hoch gelegenen Carrara über 226 m Höhe wieder etwas abwärts nach **Massa** (70 000 Einw.), das sich an den Monte Belvedere (895 m) schmiegt. Die heutige Hauptstadt der Doppelprovinz Massa-Carrara steht noch ganz unter dem Diktat der Fürstenfamilie Malaspina: natürlich nicht wie vom 15. Jh. bis 1790 unter deren politischer Gewalt, sondern städtebaulich im Schatten ihrer Burg, des Castello Malaspina, das den besten Überblick über die Stadt und deren Seebad hinter dem Pinienwald bietet.

Das Zentrum bildet die **Piazza Aranci** mit ihren namengebenden Orangenbäumen und großem (kostenpflichtigem) Parkplatz, der für die Stadtbesichtigung sehr bequem ist. Eine ganze Breitseite des Platzes nimmt der **Palazzo Malaspina** (auch **Palazzo Ducale** genannt) von 1560 ein, heute Präfektur. Er wirkt mächtig, und ist, rotbraun restauriert, wieder eine Augenweide. Sein Innenhof besitzt wunderschöne Arkadengänge der Renaissance. In dieser Zeit wurde auch die gesamte Innenstadt verändert, indem man Häuser, die den neuen, gerade geplanten Straßen im Wege standen, kurzerhand abreißen ließ. Leider schuf hier auch der Faschismus allzu viele Bauplätze für seine Größenwahnarchitektur … Doch zwischen Malaspina-Palast und den Berghängen blieb die Altstadt in ihren Strukturen relativ gut erhalten und zwischen den hohen, meist schlichten Palästen mit ihren kleinen Handwerkerhäusern eingezwängt.

Vom Platz steigt eine kurze breite Fußgängerzone leicht aufwärts zum weißmarmornen **Dom** aus der Renaissance, der von Giacomo Malaspina im 15. Jh. als Grabkirche (innen rechts: die Grabkapelle) errichtet wurde. Er erlebte einige Umbauten und bekam 1936 seine neue Fassade aus Carrara-Marmor. In den Nischen der zweistöckigen und dreibogigen Loggia zeigen Mosaikbilder Geschichten aus dem Leben des hl. Franziskus. Eine hohe Treppe führt zum Portal der einschiffigen Halle mit Seitenaltären, Querschiff und halbrundem Chor. In einer Glasvitrine im linken Querarm trägt ein starr hängender, leidender Gekreuzigter eine mit Edelsteinen verzierte Krone.

Zum **Castello Malaspina** führen eine breite Treppengasse und eine Fahrstraße hoch. Wer den Fußweg wählt, genießt beim Aufstieg (höchstens 15 Min.) immer wieder einen schönen Blick auf die Stadt – und oben angekommen auf die Küste. Die unglaubliche

### Tipp: Auf den Spuren der Malaspina

*Castrum* heißt eine Initiative, die zu den Kastellen der Toscana führt. Im Bereich von Massa bzw. der nördlichen toscanischen Küste bietet es sich an, auf den Spuren der hier einst so bedeutenden Herrscherfamilie Malaspina zu reisen. Ein Faltblatt (auf den einzelnen Kastellen kostenlos erhältlich) zeigt eine nachvollziehbare Route: entlang des sogenannten Spino Fiorito östlich des Magra die sechs Kastelle Anghiolfi di Montignoso, Malaspina di Massa, Malaspina di Fosdinovo, Fortezza della Brunella di Aulla, Malaspina di Terrasossa sowie Malgrate; entlang des Spino Secco westlich des Magra ganz im Nordwesten der Region die beiden Kastelle Piagnaro di Pontrémoli (mit dem Stelenmuseum, s. l.) und Lusuolo. Nähere Infos auch unter www.lunigiana.com und www.istituto valorizzazionecastelli.it.

Prachtentfaltung der ursprünglich mittelalterlichen Festung, die von den Malaspina im 15. und 16. Jh. im Renaissancestil erweitert wurde, kündigt sich bereits in der zierlichen Loggia über dem Portal an. Welche Überraschung bietet der Innenhof dennoch! Seine Wände sind mit Sgrafitti verziert, Doppelsäulchen tragen die 15-bogige Loggia der Fassade des *palas*.

Im Erdgeschoss links überspannt ein Scheingewölbe den Raum, der in satten Erdfarben freskiert wurde: Die Decke ist mit geometrischen Mustern geschmückt, die ziemlich zerstörten Wandmalereien zeigen stets die gleichen Motive: Putten, die um dreischalige Brunnen tanzen. Es bereitet richtiges Vergnügen, auf der Festung auf Erkundungstour zu gehen, alle Treppen zu erklimmen, ob innen oder außen. So entdeckt man z. B. auf der Rückseite des *palas* eine noch längere Loggia und von dort einen noch hinreißenderen Blick auf Massa, die Apuanischen Alpen und das Meer bis ins ligurische Portovenere! (Sept.–Mai Sa, So, Fei 15–18.30, Juni–Aug. Di–So 10–13, 17–24 Uhr, freier Eintritt für EU-Bürger unter 18 und über 65 Jahren, sonst 5 €).

Von Massa führt eine von vielen Serpentinen geprägte Bergstraße, 15 km lang und mit Panoramagarantie, zu den **Steinbrüchen von Arni** (s. S. 203). Nur 4,5 km – durch eine von alten Bäumen bestandene Allee – sind es bis zum Badeort Marina di Massa (s. S. 227).

## Infos

s. unter Carrara, S. 229, Marina di Massa, S. 235, www.aptmassacarrara.it.

## Essen & Trinken

Während der Sommersaison bleiben die meisten Lokale an der Küste auch an ihren offiziellen Ruhetagen geöffnet; viele Restaurants haben nur abends geöffnet.

Mit Panorama ► **La Ruota:** Località Bergiola, Via Brugiana 2, (5,5 km nördlich), Tel. 058 54 20 30, Ruhetag Mo, nur abends geöffnet. Freundliche Trattoria mit lokaler Küche und schöner Aussicht auf Stadt und Küste. Menü ab 25 €.

Apuanische Küche ► **Osteria del Borgo:** Località Porta Martana, Via Beatrice 17, Tel. 05 85 81 06 80, zwei Wochen im Sept. geschl., Ruhetag Di, Juli/Aug. mittags geschl. Gilt als Massas bestes Restaurant, mit apuanisch-toscanischen Gerichten wie Vorspeisen mit Aufschnitt, Crostini mit verschiedenem Belag, Spanferkel aus dem Ofen, hervorragendes Preis-Leistungs-Verhältnis. Menü ab 20 €.

Historisches Kellergewölbe ► **Taverna de' Batti:** Via Cavour 71, Tel. 058 54 31 60, Ruhetag Mo. Mit Holzofen; heiße *focaccine*, Colonnata-Speck und Stockfisch aus dem Holzofen; hervorragendes Preis-Leistungs-Verhältnis. Menü ab 15 €.

S. auch Marina di Massa.

## Verkehr

**Bus:** Gute Anbindung vor allem an Marina di Massa im Sommer.

## Marina di Massa und benachbarte Strandorte ► C 3

Verkehrstechnisch ist die gesamte Küste der nördlichen Toscana hervorragend erschlossen: die stark befahrene SS 1, die historische Via Aurelia Richtung Rom, die Autobahn A 12 sowie die von Mussolini begonnene Küstenstraße, die sich schnurgerade, breit, ampelübersät und im Sommer viel befahren von Marina di Carrara im Norden bis nach Viaréggio im Süden zieht. Am Meer bleibt nur der Streifen für die berühmten *bagni* vor dem tiefen Sandstrand, auch für Cafés und Restaurants, übrig. Jenseits der Küstenstraße breiten sich die eigentlichen Badeorte aus, teils in ausgedehnten Pinienwäldern, und dahinter steigen die Apuanischen Alpen auf.

Trotz des Marmorstaubs und des nahen Riesenhafens sowie der Magra-Mündung weiter nördlich im Ligurischen ist **Marina di Carrara** bei den Einheimischen recht beliebt, was auch für das eher unscheinbare **Marina di Massa** gilt. 12 oder 13 km Strandlänge inklusive Hafengebiet, bis zu 100 m breiter, feindsandiger Strand, das ist doch auch nicht zu verachten, sagen die Lokaltouristiker. Wellenbrecher schützen den Strand, ausladende Pinien spenden Schatten. Auch für Vergnügungen aller Art und für sportliche Betätigung (auch Reiten und Galopprennbahn) ist gesorgt. Vom kleinen Flughafen in Cinquale, an der Grenze zur Provinz Lucca und zur eigentlichen Versilia (s. u.), können Rundflüge unternommen werden.

Der bescheidene, aber sehr familienfreundliche Badeort **Cinquale** (oder **Marina di Montignoso**, wie er ebenfalls heißt) ist von Forte dei Marmi, dem Star der Versilia, nur durch einen schmalen Bach getrennt, weshalb viele Urlauber sich in Cinquale einmieten, aber Strand und Infrastruktur von Forte nutzen. Ab hier rühmt sich die Versilia des Hinterlandes mit den schönsten Olivenhainen der Toscana, nämlich denen von Strettoia, Vallecchia, Capriglia und Valdicastello Carducci.

### Infos

**APT Massa Carrara** (für die Doppelprovinz): 54037 Marina di Massa (MS), Lungomare Vespucci 24, Tel. 05 85 24 00 63, www.aptmassacarrara.it.

### Übernachten

**Komfortabel ▶ Matilde:** Marina di Massa, Via Tagliamento 4, Tel. 05 85 24 14 41, 05 85 24 04 88, www.hotelmatilde.it; ganzjährig. Gepflegtes, total renoviertes (rosafarbenes) Hotel im Zentrum des Strandortes, ca. 250 m vom Meer. Zwölf teilweise verspielt eingerichtete Zimmer, SAT-TV, auch für Geschäftsreisende gut ausgestattet. Restaurant für die Hausgäste (die Besitzer kochen selbst); Parkplatz. DZ/ÜF 104–130 €.

**Familiär ▶ Giulio Cesare:** 54038 Cinquale (MS), Via Giulio Cesare 29, Tel. 05 85 30 93 18, hotelgiuliocesare@tiscali.it, Ostern–Sept. Hotel mit kleinem Garten in ruhiger Wohnlage. Zwölf renovierte Zimmer. Parkplatz. DZ/ÜF 100–140 €.

**Ruhige Wohngegend ▶ Gabrini:** Marina di Massa, Via Luigi Sturzo 19, Tel. 05 85 24 05 05, www.gabrini.it, April–Sept. Familiär geführtes Hotel in großem Garten ca. 300 m vom Strand. 43 Zimmer, SAT-TV. Restaurant; Parkplatz. DZ/ÜF 60–130 €.

**Nettes Ambiente ▶ La Pineta:** Marina di Carrara, Viale Colombo 119bis, Tel./Fax 05 85 63 33 90; April–Okt. Freundliches Familienhotel. 17 Zimmer, DZ 60–70 €.

### Essen & Trinken

**Auf Pfählen ▶ La Péniche:** Marina di Massa, Lungolago Brugiano 3, Tel. 05 85 24 00 17, kein Ruhetag. Pfahlbau-Restaurant mit an Paris erinnernder Ausstattung. Freundlicher Service, eher internationale Küche, vorwiegend Fischgerichte; auch große Pizzaauswahl. Fischmenü ab 30 €.

**Beim Segelclub ▶ Circolo della Vela:** Marina di Massa, Viale Vespucci 84, Tel. 05 85 24 45 44, Ruhetag Di, im Winter nur Fr–So abends geöffnet. Restaurant des Segelclubs, hübsch mit Veranda, Meeresküche. Tolle Fischmenüs um 30 €.

### Aktiv

**Segeln und Surfen ▶ Club della Vela:** s. o., Restaurant Circolo della Vela, Marina di Massa, Tel. 05 85 24 09 00; **Club Nautico:** Marina di Carrara, Tel. 05 85 78 51 50.

**Super Badeanstalt ▶ Universo:** Marina di Carrara, Viale Vespucci 38, Tel. 05 85 63 01 13. Tolles *bagno* mit gutem Restaurant, Pool, natürlich direkt am Strand mit Kabinen; Verleih von Liegen und Schirmen.

### Verkehr

**Bus:** Während der Saison fahren Busse in dichter Folge die Küste ab, andere verbinden Marina di Massa mit dem Hauptort Massa, Marina di Carrara mit Carrara.

## Die Badeorte der Versilia ▶ C 4

Der berühmteste toscanische Küstenabschnitt ist ohne Zweifel die Riviera della Versilia, kurz Versilia genannt. Sie misst zwischen Forte dei Marmi und dem wild belassenen Abschnitt im Naturschutzgebiet von Migliarino vor dem Lago Puccini südlich von Viaréggio fast 30 km.

Die Küste ist ein Dorado für Strandfans, denn sie bietet nicht nur kilometerlange, breite, meist feinsandige Strände, sondern auch die berühmten, bunt bemalten *bagni*. Diese Badeanstalten mit ihren kleinen hölzernen Häuschen mieten sich italienische Familien (vorrangig für die Frauen und Kinder) Jahr um Jahr für die gesamte Saison, hier trifft man sich alle Jahre wieder, ist dort aufgewachsen, hat Freundschaften fürs Leben geknüpft. Im Hintergrund auch hier dichte Pinienwälder und die Apuanischen Alpen, die mit ihren Marmorbrüchen aussehen, als seien sie das ganze Jahr über mit Schnee bedeckt.

## Forte dei Marmi ► C 4

**Forte dei Marmi**, der Edelbadeort der Versilia gilt bei den Italienern als ein ausgesprochenes Familienferienziel – freilich nur für Leute, die es bezahlen können oder hier sogar ihre eigenen Villen besitzen. Großhotels sucht man vergebens, die Hauptrolle spielen hier Ferienwohnungen und frühere Villen, in denen familiäre (aber auch superfeine) Hotels eingerichtet wurden. Was für deutsche Urlauber unvorstellbar wäre, ist bei Italienern eine Selbstverständlichkeit: Ferienhäuser und -wohnungen sind meist nur für den ganzen Sommer, mindestens aber für einen Monat zu mieten. Forte dei Marmi, die »feinste Perle der Versilia«, wie sie sich gerne titulieren lässt, hält im Winter einen zufriedenen Schlaf. Durch die Bebauung mit Villen blieb viel Grün erhalten, von rund 100 $m^2$ Land (Garten) sind nur 20 bebaut; Privathäuser

**Strandvergnügen im Badeort Forte dei Marmi, im Hintergrund die Marmorberge**

dürfen höchstens zwei-, Hotels höchstens dreistöckig aufsteigen. So bleibt der Eindruck einer dichten, grünen *Pineta* erhalten, und die höchstens 27 000 Sommergäste fallen nur am Strand auf. An echten Bewohnern zählt Forte nicht einmal ein Drittel (knapp 8000) dieser Gästezahl; viele toscanische Familien und illustre Gäste haben hier ein zweites Zuhause.

Der 4 km lange Strand ist breit und gepflegt, die Badehauslandschaft eine Augenweide, die Mole, eine beliebte *passeggiata*-Meile, 300 m lang. Die Hotels bieten besten Service, die Restaurants sind gut bis sehr gut, in den Hügeln ländlich-typisch. Man muss sich zu ihnen durchfragen, manche haben nur an den Sommerwochenenden geöffnet. Jeden Mittwoch findet ein gut besuchter großer Markt statt. Der Ortskern um die hübsche kleine, aber trutzige Festung (sie gab dem Ort seinen Namen, s. u.) ist sauber und übersichtlich, mit sehr feinen Modegeschäften.

Ein kurzer Blick auf die Geschichte: Forte dei Marmi, Festung des Marmors, entstand als Verladehafen für Marmor. Die Verbindung mit den Marmorbrüchen bestand in einer *lizza*, einer Art Rutschbahn. Nach dem Bau der Festung durch Leopold I. 1788 entwickelte sich der Ort schnell. Villen schossen aus dem Boden, Stars und Geldadel ließen sich hier nieder. 1890 war Forte schon tradi-

tionell der Badeort der ›besseren Gesellschaft‹, was bis heute so geblieben ist: ›Man‹ trifft sich auch am Wochenende in Forte.

## Infos

**Comune di Forte dei Marmi:** 55042 Forte dei Marmi (LU), Piazza Dante 1, Tel. 05 84 28 01, info@comunefdm.it und **APT Versilia** unter www.aptversilia.it.

## Übernachten

**Hochsaison:** Karneval, Ostern und Mitte Juni–Mitte Sept. Dann ist Forte am teuersten und doch am vollsten! Generell steht kein einziges Haus direkt am Meer, die bedeutendsten liegen auf der Bergseite der Strandpromenade gegenüber. Preiswerter wohnt man im netten Cinquale (s. S. 235) nördlich der Versilia-Grenze.

Elegant und teuer ▶ **Byron:** Via Morin 46, Tel. 05 84 78 70 52, www.hotelbyron.net. Elegantes Hotel aus zwei Jugendstilvillen, 29 Zimmer, zwei Suiten; Pool im Garten, exzellentes Restaurant La Magnolia. DZ/ÜF 270–750 €.

## Essen & Trinken

Gutes Preis-Leistungs-Verhältnis ▶ **Il Sogno:** Via Nenni 69, Tel. 058 48 63 58, Ruhetag Di. Familiär geführtes Restaurant, gepflegtes Ambiente, für Forte-Verhältnisse (wohl wegen der Lage weit weg vom Strand) relativ preiswert. Hausgemachte Pasta, frische Fische und anderes Meeresgetier; bescheidene Weinauswahl. Volles Fischmenü 35 €.

Preiswert ▶ **Orlando:** Via Cristoforo Colombo 80, Tel. 058 48 07 63, Saisonbetrieb, sonst nur Sa/So geöffnet. Pizzeria, etwas entfernt vom Strand, unkompliziertes Ambiente. Pizza ab 6 €.

## Aktiv

Golf ▶ **Versilia Golf Club:** Via Sipe 100, bei Pietrasanta, Tel. 05 84 88 15 74.

Segeln ▶ **Compagnia della Vella:** Piazza Navari, Tel. 058 48 97 71.

Tennis ▶ **Tennis Versilia Club:** Via Emilia, Tel. 058 48 36 56; Tennis Versilia Holidays, Via Vico, Tel. 058 48 40 01. Außerdem Tennisplätze in den Hotelanlagen.

## Verkehr

**Bahn:** Die Eisenbahnlinie führt parallel zur *Via Aurelia* entlang der Versilia zwischen Genua und Pisa – Livorno bzw. über Lucca Richtung Florenz.

**Bus:** Gute Verbindungen in dichter Folge entlang der Versilia zwischen den einzelnen Badeorten, speziell während der Saison. Weniger gut sind die Verbindungen ins Hinterland.

# Marina di Pietrasanta und Lido di Camaiore ▶ C 4

Hinter dem kleinen **Fiumetto**, das man kaum wahrnimmt, beginnt gleich **Marina di Pietrasanta**, ein eher bescheidener Ferienort mit zahlreichen Ferienhäusern und einfacheren Hotels. Das Gleiche gilt für das anschließende **Lido di Camaiore**, das sehr grün ist und einen großen Kinderspielplatz im herrlichen Pinienwald besitzt. Die Strandpromenade steigt terrassenartig an, der Montagsmarkt bietet einige Abwechslung. In Lido di Camaiore ist das Angebot an Hotels aller Schattierungen besonders groß. Die preiswerten liegen normalerweise im Kern des Strandortes, die teureren und die wenigen ganz teuren nahe zur Strandpromenade, die allerdings recht laut sein kann.

## Infos

**... in Marina di Pietrasanta:**

**APT:** 55045 Marina di Pietrasanta (LU), Piazza America 2, Tel. 058 42 03 31, www.pietrasanta.it.

**... in Lido di Camaiore:**

**APT Versilia:** 55043 Lido di Camaiore (LU), Viale Colombo 342/Ecke Piazza Umberto, Tel. 05 84 61 73 97, www.aptversilia.it.

## Übernachten

**... in Marina di Pietrasanta:**

Verwöhn-Hotel ▶ **Mondial Resort & Spa:** Via Duca della Vittoria 129/131, Tel. 05 84 74 59 11, www.hmondial. com. Helles Ambiente in zweiter Reihe, Designlook in klaren Linien. Pool, Restaurant und vor allem eine ausgetüftelte Wellness-Abteilung (auch für Passanten). DZ/ÜF 165– 310 €.

Ideal für Wanderer und Radsportler ▶ **Le Giraffe:** Località Fiumetto, Via Don Bosco 21, Tel. 05 84 74 58 68, www. albergolegiraffe.it. Familiär geführtes einfacheres Hotel in einem schattigen Garten in ruhiger Wohngegend. Restaurant, Parkplatz. Der Besitzer bietet als CAI-Mitarbeiter geführte Wander- und Radtouren an, auch Wanderpakete. DZ/ÜF 80–110 €.

Nostalgisch ▶ **Grande Italia:** Località Tonfano, Via Torino 5, Tel. 0 58 42 00 46, Fax 0 58 42 43 50. Juni–Mitte Sept. Nettes Familienhotel, 22 Zimmer, Dependance im Garten. Restaurant für die Hausgäste, Parkplatz. DZ 78–84 €.

**... in Lido di Camaiore:**

Sympathisch ▶ **Biagi:** Viale Pistelli 12, Tel. 0 58 46 76 74/5, www. hotelbiagi.com, April–Okt. Freundliches Ferienhotel. 26 Zimmer. Parkplatz. DZ 50–130 €.

## Aktiv

Golf ▶ **Marina di Pietrasanta:** Versilia Golf Club, Via della Sipe 40, Tel. 05 84 88 15 74, 18-Loch-Platz.

Badeanstalt ▶ **Europa:** Viale Lungomare/ Viale Roma 50. Mai–Sept. 8 Uhr bis open end. Super nette Mannschaft, schöne Strandlage, köstliche Salate in diesem gepflegten Strandbad mit den üblichen Kabinen und Verleih von Liegen und Schirmen.

## Verkehr

**Bus:** Busse verkehren während der Saison in dichter Folge entlang der Küstenstraße und verbinden auch Marina mit seinem Hauptort Pietrasanta.

# Pietrasanta und Umgebung ▶C 4

Das Städtchen, nur 3 km vom Meer an den Abhängen der Apuanischen Alpen gelegen, dürfte das hübscheste zwischen der Küste und den Marmorbergen sein. Es ist zudem für das handwerkliche Können seiner Marmorbildhauer bekannt, einige Spezialisten bearbeiten auch Onyx. Doch die Hauptsache ist das perfekte Kopieren historischer Gestalten und Statuen von Weltrang (mit Vorliebe Michelangelos »David«), traditionelle Formen überhaupt, in jeder erwünschten Größe, in jeder Steinart. Seine Bekanntheit verdankt **Pietrasanta** sicher auch der starken Präsenz des kolumbianischen Malers und Bildhauers Fernando Botero (geb. 1932), des wohl berühmtesten unter den zahlreichen ausländischen Künstlern, die hier arbeiten oder sogar leben.

Jeden Abend ab ca. 18.30 Uhr verwandelt sich die ohnehin Fußgängern vorbehaltene **Via Mazzini** in eine einzige *passeggiata*-Meile, da ist fast kein Durchkommen vor lauter flanierenden Familien, Jugendlichen und Pärchen Arm in Arm. Sie schlendern von der **Piazza Statuto** (mit dem großen, für den Stadtbummel praktischen Parkplatz) zur **Piazza Giordano Bruno**. Diese entspricht dem Domplatz, und damit dem absoluten Zentrum des Städtchens (knapp 25 000 Einw.), das eine Luccheser Gründung (1255) ist. Nicht verpassen sollte man beim Bummeln entlang der Via Mazzini die unscheinbare **Chiesa Sant'Antonio Abate** (ab dem 14. Jh.), in der Fernando Botero 1993 zwei großformatige, unübersehbare Fresken hinterließ. Sie stellen die »Pforte zum Paradies« und die »Pforte zur Hölle« dar.

## Rund um den Domplatz

Die **Piazza Giordano Bruno** ist ein wohnlicher Platz, am südlichen Rand mit Cafés ausgestattet, die fast das ganze Jahr über ihre Tische weit hinaus rücken. Ein schöner Platz auch für Freiluftausstellungen wie z. B. für acht der berühmt-mächtigen Skulpturen Fernando Boteros.

Der **Dom**, eigentlich **Collegiata di San Martino**, entstand bereits 1256 bis 1258, wurde 1330 erweitert, um 1630 innen barockisiert und später von der Großfürstin Christine von Lothringen, der Witwe Ferdinands I., mit zahlreichen Kunstwerken ausgeschmückt. Ganz mit Marmor verkleidet präsentiert sich die weiße, schlichte Fassade mit

**Pietrasanta ist bekannt für seine Marmorbildhauer**

Betonung der dreischiffigen basilikalen Form. Die drei schmalen Eingänge sind mit feinen Basreliefs im Stile der Pisani geschmückt, von links nach rechts stellen sie »Auferstehung«, »Kreuzigung« und »Pietà« dar. Über der »Kreuzigung« prangt das Wappen der Medici, darüber öffnet sich eine gotische Rosette. Ein zierlicher Rundbogenfries umfasst schließlich die Oberkanten der dreiteiligen Fassade. Innen werden die fünf Joche der Basilika mit Querschiff von vielfarbigen Marmorsäulen getragen, die Hauptchorkapelle hat einen halbrunden Abschluss, die beiden seitlichen einen geraden. Besonders schön gearbeitet ist die Kanzel von 1630, deren Treppe aus einem einzigen Marmorblock geschlagen wurde.

Links neben dem Dom erhebt sich der 36 m hohe **Campanile** über einem Marmorsockel, sein backsteinernes Äußeres ist Zeugnis davon, dass er noch mit Marmorplatten verkleidet werden sollte, wozu es aber nie kam – und das in einer solchen Marmorstadt!

Hinter dem Campanile bildet den Nordabschluss des lang gestreckten Domplatzes, der eine hübsche Kulisse in der von Zinnen bekrönten Mauer darüber erhält, die frühere **Chiesa di Sant'Agostino**. Schmal und nur mit drei hohen Blendarkaden vertikal gegliedert, wird die Fassade aus hellem Travertin mit einer gotischen Zwerggalerie aus schlanken Säulchen über dem Eingang abgeschlossen. Im 15. Jh. diente diese Augustinerklosterkirche bedeutenden Familien aus Pietrasanta als Grabkirche, bis das Convent von Napoleon säkularisiert wurde. Nach ewiger Restaurierungszeit bietet der einschiffige Raum mit schönem restaurierten Chorgestühl und zahlreichen Freskenresten nun den Rahmen für Ausstellungen und Konzerte. Nebenan im zauberhaften Kreuzgang haben die

Städtische Bibliothek und das **Museo dei Bozzetti** Platz gefunden. Es zeigt mehr als 500 historische wie zeitgenössische Gipsmodelle *(bozzetti),* u. a. von Michelangelo. Schließlich hatte er längere Zeit im benachbarten Carrara gewohnt und gearbeitet, und überliefert ist sein Aufenthalt in Pietrasanta vom 27. April bis 1. Juni 1518 (Di–Sa 14–19, So 16–19, im Sommer 18.30–20, dann während der Woche auch 21–24 Uhr, Eintritt frei, www.museodeibozetti.it).

## Infos

**APT:** 55045 Pietrasanta (LU), Piazza Statuto, Tel./Fax 05 84 28 32 84, www.pietrasanta.it.

## Übernachten

**Palasthotel ▶ Pietrasanta:** Via Garibaldi 35, Tel. 05 84 79 37 26, www.albergopietrasanta.com, April–Nov. Das Paradehaus der Stadt (Palast aus dem 17. Jh.) mitten im Zentrum mit Garten; elegantes wohnliches Ambiente, nur 14 Zimmer und fünf Suiten mit Stilmöbeln modern eingerichtet; Kunstsammlung. DZ/ÜF 380–400 €.

**Modern ▶ Palagi:** Piazza Carducci 23, Tel. 058 47 02 49, www.hotelpalagi.com. Modernes Ambiente in zentraler Lage, familiär geführt. 18 Zimmer. DZ 170 €.

## Essen & Trinken

**Gemütlich ▶ Antico Ristorante Lo Sprocco:** Via Barsanti 22/24, Tel. 05 84 73 41 93, Abendrestaurant, So auch mittags, Ruhetag Mi. Hervorragende lokale Küche in renovierten Gewölben und im Garten mitten in Pietrasanta. Schön eingedeckt; abends mit Kerzen. Vorspeisenbüffet, hausgemachte Pasta; Lammkeule aus dem Backofen, Wildschwein. Menü ab 25 €.

**Besonders ▶ El Barrio:** Via Barsanti 4, Handy 34 88 80 62 91, tgl. ab Mittag, ab 18 Uhr Aperitif bzw. Tapas. Das zeigt schon, dass die neuen Wirte des winzigen Lokals mit Tischen auf der Gasse es locker sehen mit dem kulinarischen Angebot. Was sie morgens frisch einkaufen können, wird verarbeitet, ob auf sizilianische oder katalanische Art etc., es gibt vor allem Fisch, Polpo, Carpaccio, diverse Salate und Aufschnittplatten. Und fantasievolle Cocktails.

## Einkaufen

Nachbildungen historischer Kunstwerke sowie eigene Kreationen wie Marmor- und Mosaikarbeiten, Kupferstiche und Keramik etc. produzieren viele Werkstätten in und um Pietrasanta. Die Künstler sind vereint in der **Associazione ArtigianArt Pietrasanta**; Adressen und Werbe-DVD erhältlich unter www.artigianart.org.

## Aktiv

Kostenlose Ausflüge in die Apuanischen Alpen bietet zwischen Juni und Aug. an mehreren Tagen der Woche die Organisiation der Reiseführer der **Guide del Parco Alpi Apuane,** Infos unter www.parcapuane.it.

## Verkehr

**Bahn:** Pietrasanta liegt an der dicht befahrenen Strecke Genua – Viaréggio – Pisa – Livorno – Rom.

**Bus:** Gute Verbindungen mit dem Hausstrand Marina di Pietrasanta und damit mit den anderen Badeorten.

## Sant'Anna di Stazzema ▶ C 4

Traurige Berühmtheit erlangte das kleine Dorf **Sant'Anna di Stazzema** auch in Deutschland durch Zeitungsberichte 2004. Erst zum

## Tipp: Von Pietrasanta nach Camaiore

Statt die 8 km direkt nach Camaiore kann man auf einer gleich langen, aber bergwärts führenden, sehr hübschen Strecke über das Dörfchen Valdicastello Carducci fahren, dem Geburtsort des Schriftstellers und Nobelpreisträgers Giosuè Carducci (1835–1907), dessen Namen der Ort inzwischen als Anhang trägt. Dieser Umweg lohnt sich allein schon wegen der herrlichen Ausblicke und der wunderschönen alten Ölbäume, die auf Erdterrassen stehen.

60. Jahrestag des fürchterlichen Massakers, das Mitglieder der Waffen-SS dort am 12. August 1944 anrichteten, fand ein Prozess statt. Unter den rund 500 Opfern waren vorwiegend Frauen und Kinder, denn die Männer waren allesamt Partisanen und im Wald versteckt (Achtung: nicht nach Stazzema fahren, das liegt jenseits einer tiefen Schlucht von Sant'Anna, sondern den Hinweisen am östlichen Rand von Pietrasanta folgen).

In Sant'Anna wurde zusätzlich zur Gedenkstätte an der Pfarrkirche ein Dokumentationszentrum eingerichtet, das **Museo Storico della Resistenza Toscana**. Hier werden am oberen Ortsrand nahe der Kirche Fotos der Opfer und Videos über den aktuellen Stand der Recherchen zum Thema Widerstand in den toscanischen Bergen gezeigt. Leider wird man nicht mehr von einem Überlebenden geführt, der dank eines mitfühlenden SS-Soldaten (»Lauf Junge, lauf«, raunte er ihm damals zu) als Sechsjähriger im wahrsten Sinne des Wortes davon kam: Enio Mancini, der sich dieses Zentrum zum Lebenswerk gemacht hatte (Di/Mi 9–14, Do–Sa 9.30–18, So, Fei 14.30–18 Uhr).

## Essen & Trinken

Ländlich ► **Da Luciano:** La Culla 7a, 4 km unterhalb von Sant'Anna auf dem Weg nach Pietrasanta, Tel. 05 84 98 90 91, Ruhetag Mi (Auto oben an der Straße parken!). Bar mit kleiner gemütlicher Trattoria in einer Art Wintergarten mit Talblick. Wenige, lokale Gerichte wie *tordelli* (mit Brot, Wurstmasse und Milch gefüllte Pasta), Kaninchen, im Herbst Pilze und Wild, sonst Gegrilltes. Menü ab 15 €.

## Camaiore ► C 4

Auch **Camaiore**, im Gegensatz zu den anderen im Hinterland der Versilia ein fast ebenes Städtchen (knapp 31 500 Einw.), hatte Lucca 1255 als Stützpunkt ausbauen lassen. Damals kam die **Collegiata Santa Maria Assunta** hinzu, die im 14. Jh. verändert wurde. Die Kollegiatskirche mit festungsgleichem Campanile ist dreischiffig, wobei ihr linkes Schiff praktisch im Glockenturm beginnt, weshalb die Fassade schmal wirkt, als habe die Kirche nur das Mittel- und das rechte Seitenschiff. Die Innenausstattung ist barock, besonders prachtvoll ist die erst von innen zu erkennende gotische Rosette (mittags meist geschl.).

Ein wunderschönes Museum hat Camaiore etwas abseits des Zentrums in der Via IV Novembre 71 (in wenigen Gehminuten erreichbar) zu bieten: das **Museo d'Arte Sacra**. Lange Zeit vernachlässigt, wurde die kostbare Sammlung sakraler Kunstwerke aus dem 14. und 15. Jh. allmählich restauriert und ist nun wunderbar präsentiert in den Räumen des aufgelösten **Ospedale San Michele in Borgo** mitsamt seiner Kirche (ab dem 12. Jh.) zu bewundern (Juni–Sept. Di, Do, Sa 16–19.30, So 10–12, Okt.–Mai Do–Sa 15.30–18.30, So 10–12 Uhr).

Auch Camaiore besitzt wie die anderen Orte im Hinterland seinen Strandort, **Lido di Camaiore**.

## Infos

s. **APT Versilia** in Lido di Camaiore, S. 239.

## Übernachten

Ohne TV und Telefon ► **Locanda al Colle:** 55041 Camaiore (LU), Frazione Santa Lucia 103, Tel. 05 84 91 51 95, www.locandaalcolle.it, Ostern–Okt. Kleines Sommerhaus in blühendem Garten inmitten von Ölbaumterrassen mit einem Traumblick. Zum besonderen Konzept gehört: kein TV, kein Telefon (!). Fünf Zimmer, eines davon mit extra Eingang und mit Kochnische (hier dürfen brave Hunde mit); kleiner Salon im Obergeschoss, große (Frühstücks-)Küche. DZ/ÜF 125–190 €.

Familiär ► **Locanda Le Monache:** Piazza XXIX Maggio 36, Tel. 05 84 98 42 82, www.lemonache.com. Gemütliche familiäre Atmosphäre mitten im historischen Camaiore. 13 renovierte Zimmer, z. T. mit Stilmöbeln. Wunderbares Restaurant (s. u.). DZ/ÜF 65–95 €.

## Essen & Trinken

Große Portionen ► **Locanda delle Monache**: s. Hotel, Okt.–Febr. sowie mittags geschl. Angenehmes Ambiente, vorne Tea

aktiv unterwegs

## Radtour auf den Spuren Michelangelos in den Apuanischen Alpen

### Tour-Infos

**Start:** Serravezza
**Länge:** 17 km, mit Verlängerung 22 km
**Dauer:** ca. 3 Std.
**Schwierigkeitsgrad:** mittelschwer bis schwer, der Weg führt über Asphalt und Schotter

Eine Panoramastraße führt von Serravezza (55 m) in gemütlichen Schleifen bergauf Richtung Giustagnana/Fabiano durch Kastanien- und Kiefernwälder, nach 7 km ist nach dem Dörfchen Giustignana die romanische Kirche **San Martino alla Cappella** in einsamer Panoramalage erreicht. Sie stammt zwar aus dem 11. Jh., wurde jedoch im 16. Jh. umgebaut, wobei Michelangelo die noch verbliebene Rosette zugeschrieben wird – daher Occhio di Michelangelo, das Auge Michelangelos genannt. Es lohnt sich, einen Blick hinter die Kirche zu werfen, um die grünen Wälder der Apuanischen Ausläufer zu betrachten.

Weiter geht die Fahrt ins nahe Azzano (ca. 450 m), an dessen oberem Ende ein angenehmer Saumpfad durch Kastanienwälder weiter hinauf verläuft. Nach ungefähr 2 km stößt dieser Weg auf eine Schotterstraße, die nach Polla zu Füßen des Monte Altissimo (1589 m) führt. Es ist der Weg zu den **Marmorbrüchen von La Fitta und Tacca Bianca**. Hier soll Michelangelo inmitten dieser eindrucksvollen Landschaft mit steil abfallenden Hängen den reinsten Statuario-Marmor gefunden haben. Unter dem Medici-Großherzog Cosimo I wurde hier dann mit dem Abbau dieses kostbaren Marmors begonnen.

Von La Polla geht es zurück auf der Schotterstraße bis zur Via Martiri del Lavoro und von dort weitere 2 km zurück nach Azzano und La Cappella – dann aber auf einem schönen Saumpfad zu den aufgelassenen **Steinbrüchen von Bardiglio**, die (zusammen mit der Trambissera-Brücke auf der gegenüber liegenden Seite des Serra-Flusses) 1518–1520 von Michelangelo erschlossen bzw. gebaut wurden für die Verkleidung der Florentiner Kirche San Lorenzo. Ein Saumpfad führt weiter bergab nach Fabiano, und kurz darauf ist Riomagno bzw. Serravezza erreicht.

Room. Perfekte lokale Spezialitäten vornehmlich vom Holzkohlengrill und mit Produkten aus dem Hinterland; große Weinkarte. Menü 20–24 €.

### Verkehr

**Bus:** Es existieren gute Verbindungen, vor allem in den Sommermonaten, mit Lido di Camaiore.

## 5 Viaréggio ►C 4

Im Karnevalsort und größtem Badeort der Versilia sowie der tyrrhenischen Küste, **Viaréggio**, herrschen Schwung und Übermut. Betrachtet man die Geschichte, stellt sich heraus, dass die Stadt noch recht jung ist: Herzogin Maria Luisa Bourbon-Parma verlieh dem Fischer- und Seefahrerort Anfang des 19. Jh. Stadtrechte, ließ einen ›ordentlichen‹ Stadtplan aufstellen und das erste Hafenbecken anlegen. Daraus entwickelte sich eine kommerzielle und touristische Hafenstadt mit vier Werften sowie einem Fischerei- und einem Yachthafen. Der herrliche, breite und nur sehr leicht abfallende, feinsandige Strand machte bald von sich reden.

Zur Jahrhundertwende (19./20. Jh.) war nicht nur der von sportlichen und folkloristischen Veranstaltungen, Theater und Musik begleitete Karneval geboren, etabliert war Viaréggio auch als Erholungsort mit gesundem Meeresklima. Prachtbauten im Jugend- und klassizistischen Stil wurden errichtet wie das Nobelhotel Principe di Piemonte und das Royal. Auch das Gran Caffè Margherita mit seinen grün gekachelten Kuppeln entstand in dieser Pionierzeit. Hier pflegte u. a. Puccini zu verkehren, der mit einer bronzenen Skulptur gleich vor dem Eingang des Cafés (jetzt Restaurant) geehrt wird.

Heute bevölkern im Sommer etwa 80 000 Menschen die schöne, klar gegliederte Stadt (gut 64 000 Einw.), die sowohl urban-geschäftig als auch urlaubsmäßig-sportlich und unternehmungslustig wirkt. Das Publikum ist sehr international, viele Urlauber kommen mit dem eigenen Boot an. Denn der Yachthafen am Ende des Burlamacca-Kanals vom Lago Puccini ist ein beliebter Treffpunkt auf den Kreuzfahrten zwischen dem Süden der tyrrhenischen Küste sowie Sardinien und Sizilien und der ligurischen Riviera im Norden. Außerdem ist Viaréggio eine hervorragende Einkaufsstadt, sowohl mit feinen Boutiquen vieler Weltmarken vor allem entlang der Meerespromenade als auch einfachen Geschäften rund um den Markt der **Piazza Cavour** mitten im Wohngebiet (Fußgängerzone).

Der Karneval ist für seine Betreuungsgesellschaft und die Stadt alle Jahre ein gutes Geschäft – trotz des immensen Aufwandes. Denn andere Orte kaufen oder leihen sich hier hinterher ganze Wagen aus, manchmal mitsamt Mannschaft. Bis nach Venezuela sind so manche Schausteller schon gekommen.

### Die Pineta und die Macchia di Migliarino ►C 5

Außer dem herrlichen Strand und der breiten Flanierpromenade davor prahlt Viaréggio noch mit seinen zwei Pinienwäldern: der nordöstliche, **Pineta di Ponente**, breitet sich vom historischen Kern und den Wohnvierteln Richtung Eisenbahnlinie aus, der südliche,

die **Pineta di Levante**, ist eine der schönsten, die sich eine Stadt leisten kann. Dank des Naturschutzes für diesen Pinienwald mit seinen uralten hohen Bäumen sind es bis zur ersten querenden Straße immerhin 6 km ununterbrochenes, tiefes Grün. Zu erreichen ist er über den schnurgeraden Viale dei Tigli, unter den Pinien rechts und links der Allee breitet sich dichte Macchia aus und mittendrin stehen Hütten und kleine Sommerrestaurants. Überall begegnet man im Sommer Ausflüglern mit Picknickkörben.

Im Süden setzt sich die Pineta mit der streng geschützten **Macchia di Migliarino** fort. Diese wiederum geht südlich der Sérchio-Mündung in die aus Sumpfwald bestehende **Tenuta di San Rossore** über. Zusammen bilden sie den **Parco Naturale Migliarino – San Rossore – Massaciùccoli**, der sich bis ins Pisanische ausdehnt und dort in der Tenuta di Tómbolo mit herrlichem Pinienwald, der bis zur Arno-Mündung reicht, seine Fortsetzung findet. Zu viel waldgrüne Natur?

Es kommt noch mehr: Vorgelagert ist alledem ein feinsandiger, fast unberührter Strand, den man sowohl von Viaréggio aus als auch vom Süden der Pineta di Levante, vom Lago Puccini bzw. Massaciùccoli, zum größten Teil nur zu Fuß erreichen kann. Der südliche Teil erwacht erst im Hochsommer zum Leben, dann findet ein reger Busverkehr zwischen Viaréggio und **Marina di Torre del Lago** statt, öffnen die wenigen Strandbuden und vor allem die Restaurants entlang des Viale Europa, der im mittleren Teil nur Fußgängern und Radfahrern zugänglich ist. Der

**Auf der Strandpromenade von Viaréggio, vorne das ehemalige Gran Caffè**

aktiv unterwegs

## Von Viaréggio nach Lucca und zurück

### Tour-Infos

**Start:** Viaréggio, Piazza del Principe del Piemonte
**Länge:** je 35 km hin und zurück (insgesamt 70 km)
**Dauer:** ein bis zwei Tage mit dem Rad, evtl. sollte man in Lucca übernachten
**Schwierigkeitsgrad:** Leicht bei der Hinfahrt, nur kleine Steigung, Rückfahrt leicht (Radverleih s. S. 248 und S. 249)

Man überquert die **Pineta di Ponente** Richtung Citadella del Carnevale, fährt durch die Bahnunterführung Richtung Camaiore und kommt nach rund 10 km im grünen Tal von **Camaiore** an. Man sollte sich ein wenig Zeit nehmen für das hübsche mittelalterliche Zentrum mit der romanischen **Badia**.

Weiter geht es durch das Tal, bald beginnt die Straße für ca. 3,5 km leicht anzusteigen bis **Monte Magno**, wo man ein schönes Tal-Panorama genießen kann. Von hier geht es wieder abwärts für ca. 20 km durch das grüne **Freddana-Tal**, das 1 km nach Überquerung des Sérchio-Flusses direkt zur herrlichen Stadtmauer von **Lucca** führt. Man fährt hier durch die im Norden liegende **Porta Santa Maria** ein, direkt auf die Infostelle des APT.

Wer nicht in Lucca bleiben möchte, kann auf einem anderen Weg die Rückfahrt antreten, um einen Rundkurs zu fahren. Der Weg führt zu Füßen der Hügel entlang und berührt kurz den Lago Puccini. Dafür fährt man von Lucca die **Via Provinciale Sarzanese** nach Westen, die geradeaus nach **Ponte San Pietro** führt, wo man nach links Richtung **Nozzano** abbiegen muss. Das hübsche mittelalterliche Dorf, das vollkommen von gut erhaltenen Mauern umgeben ist, bietet sich für eine Pause an.

Von hier aus gibt es zwei Möglichkeiten für die Weiterfahrt nach Viaréggio: Wer keine Angst vor einer steilen Strecke hat, wird dafür mit einem grandiosen Blick auf den **Puccini-See** belohnt; man fährt dafür Richtung **Balbano**, radelt auf einer kaum befahrenen angenehmen Straße weiter nach **Quiesa**, wo man wieder die Provinciale Sarazenese erreicht, die nach rund 15 km hinein nach Viaréggio führt.

Strand, der hinter den bewachsenen, naturgeschützten Dünen liegt, ist frei zugänglich – *spiaggia libera* – das gibt es sonst selten in solcher Länge.

Der strenge Naturschutz ist damit zu erklären, dass es sich hier um den letzten Rest einer Lagunenlandschaft handelt, die noch im 18. Jh. etwas Venezianisches an sich hatte: Eine breite, von Schilf bewachsene Düne trennte die Lagune vom Meer, darauf lebten Jäger und Fischer. Später verlandete das Gebiet durch Ablagerungen der zahlreichen Gebirgsbäche, 1750 wurde die Pineta gepflanzt, im 19. Jh. mussten Kanäle für die Wasserregulierung sorgen und halfen gleichzeitig, die hier wütende Malaria zu verdrängen. Übrig blieben ein fruchtbarer Landstrich und ein fischreicher See – der Lago di Massaciùccoli, auch Lago Puccini (s. u.) genannt.

### Infos

**APT Versilia:** 55049 Viaréggio (LU), Piazza Mazzini/Palazzo delle Muse, Tel. 058 44 88 81, www.aptversilia.it.
**Kommunale Infostelle:** Viale Margherita in Höhe der Piazza d'Azeglio/Busbahnhof, Tel. 05 84 42 72 42.

### Übernachten

**Achtung:** Es gibt zwar normalerweise genügend Parkplätze entlang der Meerespromenade, doch sind sie gebührenpflichtig; die

Wer es einfacher haben möchte, hält sich in Nozzano links auf der ebenen, wenn auch ausholenden Strecke über **Filettole**, angenehm inmitten von Olivenhainen nach **Massaciúccoli**, wo man den See und seine Flora und Fauna genießen kann und evtl. noch Reste römischer Thermen. Nun sind es nur noch wenige und kaum befahrene Kilometer bis nach Quiesa, von wo aus man über **Massarosa** nach Viaréggio zurückkommt.

meisten Hotels besitzen keine eigenen (s. Hotelbeschreibungen).

**Angenehmes Liberty-Ambiente ▶ Palace Hotel:** Via Flavio Gioia 2, Tel. 0 58 44 61 34, www.palaceviareggio.com. Schöne Details wie Dachterrasse/Sonnendeck mit Bar, America Bar. 73 stilvolle, komfortable Zimmer und Suiten (Minibargetränke inklusive). Restaurant Il Cancello; Parkplatz. Unterschiedliche Preise Wochentage/Weekend; DZ/ÜF inklusive Strandservice 170–330 €.

**Stilvoll ▶ Plaza e de Russie:** Piazza d'Azeglio 1/ Ecke Meerespromenade, Tel. 0 58 44 44 49, www.plazaederussie.com. Charmantes Hotel von 1871, das erste von Viaréggio. 52 z. T. geräumige hohe Zimmer mit Antiquitäten. Dachterrasse. Restaurant La Terrazza. DZ/ÜF 158–299 €.

**Wunderhübsch ▶ London:** Lungomare Manin 16, Tel. 058 44 98 41, www.holellondon.it. Weißes Ambiente (Ende 19. Jh., komplett renoviert) an der Strandpromenade, eleganter Salon. 33 komfortable Zimmer. DZ/ÜF 110–160 €.

**Zentral ▶ Lupori:** Via Galvani 9, Tel. 05 84 96 22 66, www.luporihotel.it. Kleines, familiär geführtes Hotel; wenig Aufenthaltsraum, aber 19 z. T. große Zimmer, im zweiten Stock mit Terrassen. Garage. DZ/ÜF 80–110 €.

**Ruhig ▶ Albachiara:** Via Zanardelli 81, Tel./Fax 058 44 45 41; Mai–Nov. Kleines familiäres Hotel nahe der Fußgängerzone. Restaurant für die Hausgäste (tgl. zwei Menüs zur Wahl, Beilagen vom Büffet). DZ/ÜF 70–90 €.

Wohnlich ▶ **Casa Fornaciari:** Via Leonardo da Vinci 88, Tel. 05 84 43 31 22, www.casafornaciari.it. Vier klimatisierte Zimmer in einem Privathaus (reine Wohngegend), kleiner Garten. DZ/ÜF 60–90 €.

Camping ▶ s. S. 249, Torre del Lago Puccini.

## Essen & Trinken

Klassisches Fischrestaurant ▶ **La Darsena:** Via Virgilio 150, Tel. 05 84 39 82 49, Ruhetag So. Ein schlicht-eleganter Raum; fangfrischer Fisch und Meeresfrüchte; Antipasti di Mare, Spaghetti mit Meeresfrüchten, frittierter Fisch. Menü ab 30 €.

Grandioses Ambiente ▶ **Ristorante Margherita:** Lungomare Margherita 30, Tel. 058 48 11 43, Ruhetag Mi (nur im Winter). Im Ex-Gran Caffè, seit 2005 Restaurant-Pizzeria. Fischspezialitäten wie Spaghetti mit Shrimps (*arselle*), Platte frittierter oder gegrillter Fische und Meeresfrüchte. Menü ab 25 €, Pizza ab 5 €.

Urig ▶ **Osteria N° 1:** Via Pisano 140, Tel. 05 84 38 89 67, kein Ruhetag. Osteria-Pizzeria (ein Raum mit Wintergarten) weit im Südosten aber nahe den Campingplätzen. Preiswerte Fischküche (weil aus Fischzucht), Menü ab ab 20 €, Pizza ab 5 €.

## Einkaufen

Mode ▶ Feine Boutiquen entlang des Viale Marconi/Strandpromenade, z. B. **Pier Francesco** für Damen.

Inzwischen überwiegend preiswerte asiatische Ware aber auch Obst und Gemüse auf dem **Mercato Piazza Cavour** in der Fußgängerzone. In vielen Geschäften findet man aktuelle Sonnenbrillen!

Antiquitäten ▶ **Antiquitätenmarkt:** Am letzten So des Monats. Der größte Markt an der Versilia.

## Abends & Nachts

Entlang der Meerespromenade Café an Café, desgleichen in kleinerer Form in der Fußgängerzone im Zentrum. Diskotheken mit wechselnder Beliebtheit und Besitzern, aktuelle Tipps am besten im Hotel erfragen.

Abends voll ▶ **L'Assassino:** Viale Manin 1, Tel. 058 44 50 11. Abendlokal nahe dem Kanalhafen, bis spät geöffnet. Wine Bar, Taverna mit Aufschnittplatten und andere Kleinigkeiten wie Salate und *crostini* bei recht lauter Musik in mehreren kleinen Räumen in Schiffsambiente.

## Aktiv

Wassersport ▶ Normalerweise direkt in den unzähligen **Strandbädern** Viaréggios zu buchen.

Reiten ▶ **Associazione ippica Burlamacco:** Via Comparini 212, Tel. 05 84 38 75 53 und **Società ippica viareggiana:** Via Comparini 8, Tel. 05 84 39 11 76.

Rad fahren ▶ Die gesamte Versilia ist mit durchgehenden Radwegen entlang der Meerespromenade erschlossen; über die zahlreichen Verleihstationen informieren das APT und die Infostelle der Gemeinde (s. S. 246).

## Termine

**Carnevale:** Viaréggios Karneval, der erste Italiens, gilt auch als der größte und schönste des Landes, er zieht Zuschauer aus aller Welt in die Stadt, in der dann kurzfristig kaum ein freies Bett zu bekommen ist. Infos: www.viareggio.ilcarnevale.com.

**European Film Festival – Europa Cinema e TV:** Sept./Okt. Infos Tel. 05 84 96 63 34, www.europacinema.it.

## Verkehr

**Flug:** Flughafen Galileo Galilei von Pisa, 22 km von Viaréggio, Tel. 050 84 93 00, www.pisa-airport.com, Busanbindung; Flughafen Amerigo Vespucci Florenz, 95 km von Viaréggio, Tel. 05 53 06 17 00.

**Bahn:** Viaréggio liegt an der EC-Strecke Turin – Genua – Rom, Abzweigung in Viaréggio nach Florenz, Tel. Trenitalia 89 20 21, www.trenitalia.com.

**Bus:** Zentrale Busstation nahe dem Hafen am südlichen Ortsrand an der Piazza d'Azeglio. Gute Verbindungen entlang der gesamten Versilia, im Sommer besonders häufig; Busse

der CLAP und LAZZI nach Lucca (und weiter nach Pisa) bzw. Pistóia, Prato und Florenz.
**Schiff:** Jachthafen Viaréggio, Anlegestelle La Madonnina; Infos Viaréggio Porto, Tel. 085 43 20 33, www.viareggioporto.com/sito.

## Lago Puccini (Lago di Massaciúccoli) ► C 4

Von Marina di Torre del Lago führt eine schnurgerade Lindenallee nach **Torre del Lago Puccini** und zum See, der eigentlich **Lago di Massaciúccoli** heißt. An dessen Westufer ließ sich Puccini, aus Lucca kommend, nieder, weshalb hier im Sommer in seinem Namen Musikfestspiele veranstaltet werden. Die Restaurants am See leben gut vom Weltruf des Komponisten. Sein Haus, das **Museo Villa Puccini** in Torre del Lago, mit Erinnerungsstücken an den großen Komponisten und seinem Familienmausoleum, ist zu besichtigen (Nov.–Jan. 10–12.40, 14–17.10, Febr./März 10–12.40, 14.30–17.50 Uhr, Erw. 7 €, Audioguide im Eintrittspreis enthalten).

Der See ist zwar nur 6,9 km$^2$ klein, aber der größte der Toscana. Er macht einen angenehm verwilderten Eindruck, obwohl er künstlich in Form gehalten wird. Im Norden geht der Lago Puccini in zahlreiche Kanäle über, beispielsweise in den Burlamacca nach Viaréggio. Andere Kanäle sind mit Schilf bewachsen und die Ufer mit vielen Fischerhütten bebaut, aus denen die feinmaschigen Auslegenetze zum Fang der Fische und der begehrten *anguille* (Miniaale) wie große Moskitonetze über dem Wasser hängen. März bis Juli ist hier Fangsaison, dann dürfen die Netze abgesenkt werden, und es wird reiche Beute gemacht. Unüberhörbar sind manche Bewohner des Sees und seiner Kanäle: Frösche, Vögel und Enten aller Art, aber auch die unvermeidlichen Moskitos. – Im Sommer kann man mit einem Ausflugsboot über den See fahren und ihn so intensiver erleben.

### Infos

**Pro Loco:** 55049 Torre del Lago (LU), Viale Kennedy/Ecke Viale dei Tigli, Tel. 05 84 35 98 93, www.prolocotorredellagopuccini.it.

### Tipp: Radverleihstationen und kostenlose Stadträder

Wer sich beim Ufficio Servizi al Cittadino (s. Gemeindeamt) einen Schlüssel geholt hat, kann einen ganzen Tag ein Fahrrad kostenlos benutzen. Die meisten Radverleiher befinden sich in der Pineta di Ponente, z. B. **Francesconi Patrizia Noleggio biciclette**, Tel. 05 84 94 46 99, Handy 34 91 59 89 78, www.nolo2dapatrizia.it. Man kann stunden- und tageweise, aber auch für den ganzen Urlaub Räder mieten.

### Übernachten

Camping ► **Dei Tigli:** Torre del Lago Puccini, Viale dei Tigli 54, Tel. 05 84 35 91 82, www.campingdeitigli.com, April–Sept. Mit Bungalows und Apartments. 800 m zum Strand, schattiger Platz, Kinderanimation, Spielplatz, schalldichte Disco, Fahrradverleih, Hunde erlaubt. Stellplatz 10–15 €, pro Person 5–10 €.
Camping ► **Camping Italia:** Torre del Lago Puccini, Viale dei Tigli, Tel. 05 84 35 98 28, www.campingitalia.net. April–Sept. Mit Bungalows; 1 km zum Strand, Schatten unter Palmen, Kinderanimation, Spielplatz, Sportangebot, Fahrradverleih, keine Hunde Mitte April–Aug., Stellplatz 6,50–11,50 €, pro Person 4,50–9,50 €.

### Aktiv

Bootstour auf dem See ► **Eco Idea:** Piazzale Belvedere, Tel. 05 84 34 18 77, Handy Giuseppe Diridoni 33 89 02 94 65. Im Sommer werden regelmäßig Fahrten über den See angeboten (rund 1 Std.); zu den Festspielen werden außerdem auch Aperitif-Touren bzw. Überfahrten vom Ostufer aus organisiert.

### Termine

**Festival Pucciniano:** Juli/Aug. findet ein Puccini-Musikfestival in Torre del Lago Puccini statt. Infos Tel. 05 84 35 93 22, www.puccinifestival.it.

# Livorno und die Riviera degli Etruschi

**Livorno bildet eine merkwürdig geformte, lang gezogene und sehr schmale Provinz: Im Norden verläuft die Grenze am Rand der gleichnamigen Provinzhauptstadt, im Osten zieht sie sich südwärts entlang der Autobahn nur wenige Kilometer vom Meer entfernt bis Cécina, umrahmt die küstennahe Maremma Pisana und trifft kurz vor Follónica wieder auf das Meer.**

Und mag sie noch so schmal sein, die Provinz Livorno verfügt touristisch und wirtschaftlich über ein enormes Potenzial. Denn zu ihr gehören neben der gleichnamigen Provinzhauptstadt, der drittgrößten Stadt der Toscana mit dem wichtigen Hafen, auch der Hafen von Piómbino sowie die Inseln Elba, Gorgona, Capráia, Pianosa und Montecristo. Doch auch die Festlandsküste, die abwechslungsreiche Riviera degli Etruschi, besitzt bekannte Ferienorte wie Castiglioncello (hier malten einige Macchiaioli ihre berühmten toscanischen Landschaftsbilder), Marina di Cécina, Marina di Castagneto Donorático und San Vincenzo. Im Süden gelangt man ins Etruskerland, etwa zu den Nekropolen von Populónia nahe dem alten Hafen von Baratti.

Im Süden der Provinz reichen die Hügelketten bis ans Meer, steigen jedoch zum

**_Venezia Nuova_ nennen die Livornesi den Stadtteil rund um die Fortezza Nuova**

größten Teil nicht höher als 250 m an und erreichen im nur 379 m hohen Monte Pelato ihren höchsten Punkt. Die Küstenstraße muss sich teilweise zwischen den Hügeln hindurchschlängeln zu den Badeorten, die teils von steilen Felsen umrahmt sind, teils auch breite, sandige Abschnitte besitzen.

## Livorno ►C 6

**Cityplan:** S. 253
Die rund 161 000 Einwohner zählende Hafenstadt **Livorno**, die während des Faschismus große Teile ihrer Altstadt eingebüßt hat, macht sich gerade fit für ein neues Image als Touristenmagnet. Außer dem – zugegebenermaßen imposanten – mediceischen Hafen hatte sie bislang eher wenig Attraktives zu bieten. So fehlt ein Museum für den hier geborenen Maler Amedeo Modigliani (1884–1920), der so gerne langhalsige Frauen darstellte, aber immerhin existiert eines für Giovanni Fattori, den bedeutendsten Vertreter der toscanischen *macchiaioli*; auch besitzt die Provinzhauptstadt keine richtigen Strände, nur Badeanstalten über der felsigen Küste, die allerdings von den Livornesi innig geliebt werden.

Mit der ewigen Rivalin Pisa konkurrieren kann Livorno nicht, nun will sie wenigstens ein eigenes Profil zeigen. Immerhin ist die drittgrößte Stadt der Toscana ein wichtiges Handels- und Industriezentrum und von einem Chemiegürtel mit Raffinerien und Eisenverarbeitungsbetrieben umschlossen, die zwar keine Zierde sind, aber notwendig, auch als Arbeitsplätze. Am saubersten sind noch die Bootswerften, und die *Accademia Navale* gilt als wichtigste Marineuniversität des gesamten Mittelmeerraumes. Daher beherrscht noch heute – ›weißes‹ – Militär das Straßenbild. Darüber hinaus hat sich Livorno zu einer Ausbildungsstadt entwickelt. Sprachschüler aller Altersklassen beleben die Stadt ebenso wie Schüler anderer Institute und haben eine besondere Infrastruktur gefördert: Die meisten Gästebetten stehen in kleinen Hotels, Pensionen und Privatunterkünften.

Livorno stand jedoch nicht immer im Abseits: Nach der vernichtenden Schlacht gegen Genua 1284 waren für Pisa Freiheit und Größe vorbei (s. S. 197), Livorno dagegen entwickelte sich zur stärksten Rivalin. Dabei hatte Pisa selbst im 10. Jh. das frühere Fischernest zu einer Hafenstadt ausgebaut. Gerade der Schwemmsand, der zur Verlandung des Pisaner Hafens in der Arno-Mündung geführt hatte, bot Livorno am offenen Meer den richtigen Baugrund.

1421 kauften die Medici Livorno, denn sie benötigten dringend einen Militärstützpunkt und eine Hafenstadt. Hohe Investitionen folgten, 1571 wurde ein neuer Hafen gebaut und mit ihm die Stadt architektonisch völlig umgekrempelt. So entstand die heutige Altstadt, vom Fosso Reale – einem breiten Kanal – umflossen, der auch die Fortezza Nuova (1590) zu einer Insel macht. Weil niemand so richtig in das noch sumpfige Gebiet ziehen wollte, erließ man alle möglichen Rechte (Steuerfreiheit, Freihafen); alle Religionsgemeinschaften waren willkommen – auch weniger angesehene Menschen kamen, die Kriminalitätsrate soll hoch gewesen sein.

Politik hat in Livorno Tradition: 1921 wurde im Teatro San Marco die Kommunistische Partei Italiens gegründet, im Gefängnis, einem ehemaligen Dominikanerkloster, war der spätere Staatspräsident Sandro Pertini als Widerstandskämpfer inhaftiert.

### Der Hafen

Wenn man das hässliche Industriegebiet im Norden der Stadt überwunden hat, kommt man, den Hinweisen zur Stazione Marittima folgend, zur **Fortezza Vecchia** 1. Antonio da Sangallo hat 1521 bis 1534 die mit einer mächtigen Rundbastion verstärkte mediceische Festung zum Schutz des Hafens gebaut, mitsamt dem sogenannten Mathilde-Turm, der noch aus der Vorgängerfestung (11. Jh.) stammt. Die Festung ist jetzt natürlich nur noch Dekoration für den Passagierhafen von Livorno mit seinen unterschiedlichen Becken, die den mediceischen Hafen umstehen. Von hier gehen Schiffe ab nach Korsika und Sardinien, Capráia und Gorgona.

# Livorno

**Sehenswert**
1 Fortezza Vecchia
2 Fortezza Nuova
3 Mercato Centrale
4 Museo Civico Giovanni Fattori

**Übernachten**
1 Gran Duca
2 Touring
3 La Vedetta
4 Etruria

**Essen & Trinken**
1 Cantina Nardi
2 Enoteca Doc
3 Osteria del Mare

**Aktiv**
1 Compagnia Arcieri Dino Dani
2 Cicli Plebe
3 Yachtclub Livorno
4 Circolo Nautico

Es ist daher ein ziemliches Kommen und Gehen, ähnlich wie im 18. Jh., als Livorno der wichtigste Hafen an der toscanischen Küste war. Menschen aus aller Welt lebten hier, trieben Handel und fuhren zur See. Der Zweite Weltkrieg setzte dem Wohlstand freilich ein vorübergehendes Ende, denn je wichtiger eine Stadt, desto sicherer war ihr der erbarmungslose feindliche Angriff. Wenig ist daher vom historischen Kern übrig geblieben, den die Medici als Idealstadt ausbauen ließen. Mehr dagegen von den breiten Straßenzügen des Faschismus: sauber aufgereihte, oft mit Marmor verkleidete, protzige Bauten, die heute vielfach von Banken besetzt sind.

## Venezia Nuova

So nennen die Livornesi gerne den von Kanälen durchflossenen nördlichen Stadtteil, der im 17. Jh. rund um die **Fortezza Nuova** 2 von 1590 (heute eine grüne Oase mit hohem Freizeitwert) entstand. Sie wird vom Fosso Reale, dem Königlichen Graben, umflossen und steht damit auf einer Insel. Der Fosso Reale, als Wasserweg zwischen den Häusern und den Lagern der Handelsleute konzipiert, umfasst aber noch mehr: Er fließt unter der Piazza della Repúbblica, tatsächlich eine Brückenkonstruktion, hindurch nach Süden. Dann schlägt er einen großen Bogen um die Altstadt mit Dom und Rathaus im Zentrum und fließt vorbei am architektonisch geradezu eleganten und werktags interessanten *Mercato Nuovo* (1894), jetzt **Mercato Centrale** 3 genannt, und an gepflegten hohen Palästen wieder dem Meer bzw. dem Medici-Hafen zu. Damit verpasst der Wassergraben der gesamten Altstadt eine Insellage. Außerdem bietet der Fosso vielen kleinen Booten bequeme und sichere Ankerplätze.

Zwischen Piazza della Repúbblica und dem Hafen durchzieht die schnurgerade Via Grande die Altstadt. Im Zentrum erhebt sich an der Piazza Grande der **Dom** mit seiner dreibogigen Loggia, die dem Muster der damaligen Platzgestaltung mit Arkadengängen folgte. Er wurde auf den Resten einer langobardischen Kirche 1587 errichtet; seit 1606 Taufkirche, seit 1806 die Kathedrale Livornos. Nach der völligen Zerstörung im Zweiten Weltkrieg wurde sie nach den alten Plänen wieder aufgebaut, fertiggestellt erst 1953.

Vor den Umbauten des Faschismus bildete die Piazza Grande zusammen mit der Piazza Municipio eine Einheit: den militärischen Paradeplatz der Medici, denn schließlich diente die Stadtentwicklung der Medici nur dem einen Zweck, dem militärischer Präsenz zum Schutz des Hafens.

## Die Meerespromenade

Zwar war die **Meerespromenade** schon früh angelegt, denn die reichen Neusiedler bauten sich ihre Villen auf den Hügeln im Osten der Stadt und in ihrem Süden. Doch wurde sie zu Beginn des 21. Jh. parkartig verbreitert. Auch das **Aquarium** soll wieder eröffnet werden, mit dem das Meeresforschungsinstitut eng verbunden ist. Ins Meer weit hinaus ragende Terrassen bieten großartige Ausblicke aufs Meer (die Sonnenuntergänge sind berühmt!) wie der zentrumsnahe **Piazzale Pietro Mascagni** nahe dem Hafen. Zu seinen Füßen breiten sich die beliebtesten Strandbäder der Livornesi (**Bagni Tirreno** und

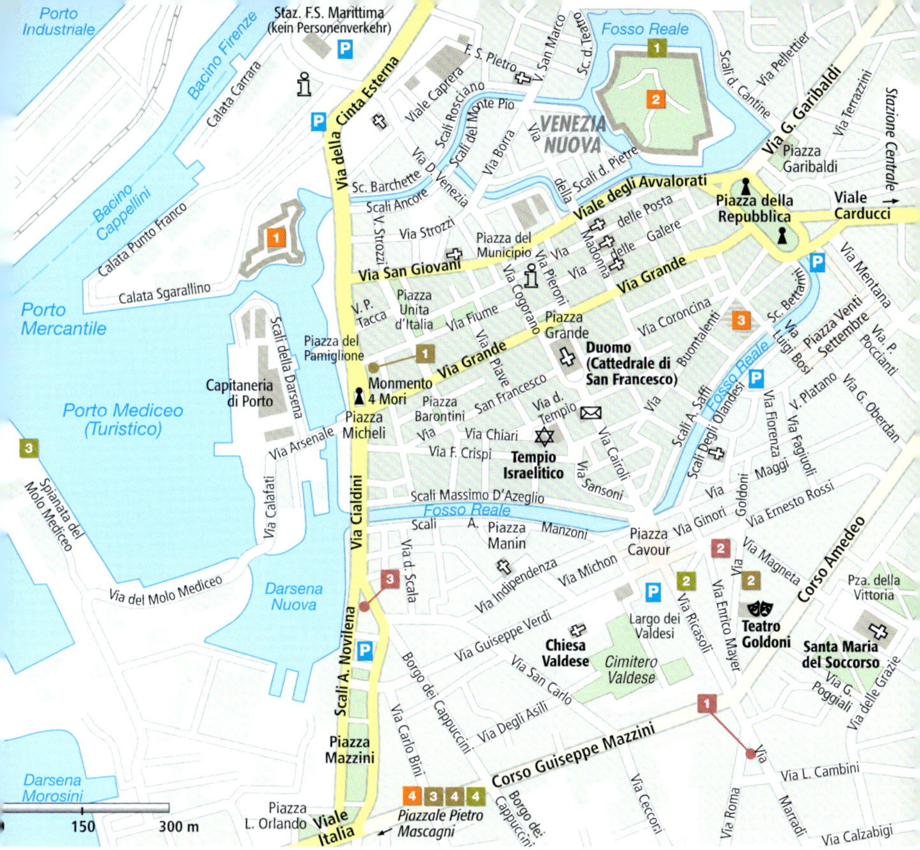


**Bagni Nettuno**) aus mit allem, was man für vergnügliche Sommertage und -abende braucht. Ergänzt wird die Freizeitzone vom kleinen Yachthafen, dem **Porticciolo Nazario Sauro**. Doch auch oben auf der Promenade, der man kilometerlang nach Süden folgen kann, befinden sich einladende Cafés, Spielplätze, Ruhebänke.

Die Promenade mit ihren hohen Palmen und Tamarisken entlang der mit Klippen und Kiesstränden gestalteten Küste hatten schon die *macchiaioli* zu Beginn des 20. Jh. in ihren Bildern festgehalten. Der **Viale Italia** setzt sich so nach Süden fort, vorbei an der **Accademia Navale**, der Marineakademie, dem kleinen Yachthafen von **Ardenza** und der Meeresterrasse **La Rotonda** bis zum 9 km entfernten, eigentlichen Badeort **Artignano** mit seinen Jugendstilvillen.

## Museo Civico Giovanni Fattori

In Höhe des Piazzale Mascagni befindet sich zwei Straßenzüge landeinwärts in der teils protzigen Villa des reichen Kaufmannes Mimbelli von 1875 das **Städtische Museum** 4. Es trägt den Namen des wohl bekanntesten *macchiaiolo*: Giovanni Fattori. Von ihm und anderen toscanischern Malern des 19. und beginnenden 20. Jh. besitzt das Museum an die hundert Bilder, fast durchweg mit der Macchia und der Maremma als Protagonisten. In der Villa werden außerdem Sonderausstellungen und kleine Kongresse zu kulturellen Themen veranstaltet (Di–So 10–13, 16–19 Uhr, Erw. 4 €).

## Montenero

**Montenero**, die Sommerfrische der Livornesi, ist mit der (weltweit bislang einzigen mit

Solarzellen betriebenen) Seilbahn bequem in rund fünf Minuten erreichbar, es führt aber auch eine Autostraße hinauf (an Wochenenden garantiert Parkplatzprobleme!). Nette Lokale bieten sich für eine längere Pause an – doch erst nach dem Besuch der auf der Piazza unübersehbaren Wallfahrtskirche auf dem bis auf 313 m aufsteigenden Montenero. Die der Patronin der Toscana, **Santa Maria delle Grazie,** geweihte Kirche ist eine Gründung der Vallombroser Benediktinermönche (1792). Man betritt die einschiffige Kirche mit je drei Seitenkapellen und Querschiff durch ihre querovale Vorhalle, rechts von ihr befinden sich Grabmäler bedeutender Persönlichkeiten Livornos, u. a. von Giovanni Fattori.

Innen überrascht die Kirche mit reicher Stuckierung und farbiger Marmorverzierung. Zentrum des Interesses und der Wallfahrt ist ein kleines Anbetungsbild im Hochaltar, die wohltätige »Madonna mit Kind«. Die Wunder der Madonna spiegeln sich in den Votivgaben, mit denen ihre Kirche und, über die Sakristei erreichbar, das Kloster übersät sind; immer wieder die Rettung bei Treppen- und Fensterstürzen, vor allem aber auf dem Meer, aber auch die Fürbitte um den Schutz Neugeborener. Viele der Votivbilder zeigen sogar einen hohen künstlerischen Wert und spiegeln eine innige volkstümliche Frömmigkeit wider (tgl. 6.30–12.30, So, Fei bis 13, 14.30–18.30, So, Fei bis 19.30 Uhr; Standseilbahn ca. 8–20 Uhr alle 15–30 Min.).

## Tipp: Eine Stadt für Fischliebhaber

Livornos Küche ist berühmt für ihre hervorragenden Fischgerichte, allen voran der *cacciucco livornese,* eine reichhaltige Fischsuppe mit Krustentieren, die eine ganze Mahlzeit ersetzen kann. Ebenfalls zu empfehlen sind der tintenfischschwarze Risotto, Stockfisch und gegrillte Sardinen. Im Gassengewühl südlich des Fosso Reale befinden sich viele einfache Kneipen, in denen man diese und andere Köstlichkeiten günstig genießen kann.

## Infos

**APT:** 57100 Livorno (LI), Piazza del Municipio 6, Tel. 05 86 20 46 11, www.costadeglietruschi.it; Juni–Sept. gibt es darüber hinaus eine Zweigstellen am Hafen (Stazione Marittima).

## Übernachten

**Traditionsreich ▶ Gran Duca 1:** Piazza Micheli 16, Tel. 05 86 89 10 24, www.granduca.it. Traditionsreiches, leicht verstaubtes, aber sympathisches Haus gegenüber dem Hafen. 62 Zimmer mit Stilmöbeln. Fitnesscenter mit kleinem Pool unter einem Gewölbe. Viel gelobtes Restaurant; Parkplatz. DZ/ÜF 140–180 €.

**Nettes Cityhotel ▶ Touring 2:** Via Goldoni 61, Tel. 05 86 89 80 35, www.hoteltouringlivorno@virgilio.it. Freundliches Stadthotel nahe der Piazza Cavour. 25 Zimmer. DZ 90 €.

**Gediegenes Villenambiente ▶ La Vedetta 3:** Montenero (10 km südlich Livorno), Via della Lecceta 5, Tel. 05 86 57 99 57, www.hotellave detta.it. Gepflegtes Ambiente in Villa aus dem 18. Jh., das schon illustre Häupter beherbergt hatte. 31 Zimmer. Restaurant (nur abends und Mai–Sept.); Parkplatz. DZ/ÜF 80–120 €.

**Winzig ▶ Etruria 4:** Viale Italia 231, Tel./Fax 05 86 80 20 77. Stadthotel an der Meerespromenade schräg gegenüber der Militärakademie. Acht Zimmer. DZ 42–57 €.

## Essen & Trinken

**Super Weine ▶ Cantina Nardi 1:** Via Cambini 6, Tel. 05 86 80 80 06, www.ristoranteenotecanardi.com, Ruhetag So, im Aug. 2 Wochen geschl. Eine Enoteca mit bester Weinauswahl, auch zum Mitnehmen; im vorderen Bereich ist die Theke für Weinproben und Kleinigkeiten zu essen, im hinteren Bereich ist ein Restaurant (nur mittags, Enothek bis 20.30 Uhr). Vorwiegend junges Publikum. Menü 25–30 €.

**Für Nachtschwärmer ▶ Enoteca Doc 2:** Via Goldoni 42, Tel. 05 86 88 75 83, Ruhetag Mo (im Winter). Geschmackvoll in herrlich restaurierten Mauern nahe dem Goldoni-Theater eingerichtete klassische Weinschänke (tagsüber), Trattoria am Abend; bis spät in die Nacht geöffnet (auch Weinverkauf). Menü 25–30 €.

**Rustikal ▶ Osteria del Mare 3:** Borgo dei Cappuccini 5, Tel. 05 86 88 10 27, Ruhetag Do, 25. Aug.–10. Sept. geschl. Schlichtes Ambiente in zwei gemütlichen Räumen nahe dem Hafen. Dazu passend: gute, schlichte Fischküche. Fischmenü ab 27 €.

## Einkaufen

**Kulinarisches ▶ Mercato Centrale 3:** Am Fosso Reale, Scali Sassi, sehenswert und ideal zum Einkauf von kulinarischen Mitbringseln.

## Aktiv

**Bogenschießen ▶ Compagnia Arcieri Dino Dani 1:** Piazza Bartelloni 34, Tel. 05 86 40 60 04.

**Radsport ▶ Cicli Plebe 2:** Via delle Bandiere 20, Tel. 05 86 89 82 47. Auch Radverleih.

**Segeln und Surfen ▶ Yachtclub Livorno 3:** Molo Mediceo 21, Tel. 05 86 89 61 42.

**Circolo Nautico 4:** Porticciolo Nazario Sauro unterhalb des Viale Italia, Tel. 05 86 80 73 54.

## Termine

Lyrik, Prosa, Tanz und Sonderveranstaltungen wie Jazzabende im hübschen **Teatro Goldoni** und dem **Goldonetta**. Infos: Fondazione Teatro Goldoni, Via Goldoni 83, Tel. 05 86 20 42 11, www.goldoniteatro.it.

**Feste**

**Il Villagio della Vela:** April. Internationale Segelregatta.

**Palio Marinaro:** Juli. Ruderwettbewerb.

**Effetto Venezia:** Juli/Aug. Livorno füllt sich an den Wochenenden ebenso wie Venedig mit Musik- und Theatervorführungen, kleinen Märkten und Ausstellungen.

## Verkehr

**Bahn:** Livorno liegt an der dicht befahrenen Bahnstrecke Genua – Rom.

**Bus:** Innerstädtisch und innerhalb der Provinz ATL-Busse, Tel. 05 86 84 72 37, www.atl.livorno.it; Überlandstrecken nach San Marcello Pistoiese, Abetone, Florenz, Lucca, Pisa, San Giuliano Terme LAZZI, Tel. 05 86 89 95 62, www.lazzi.it, Zentralstation Piazza Manin.

**Seilbahn:** s. Wallfahrtsort Montenero, s. S. 253, Infos Tel. 05 86 57 93 38.

**Schiff:** Die halbstaatliche Fährlinie Toremar verbindet Livorno mit den Inseln Gorgona (1,5 Std. Fahrzeit), Capráia (2,5 Std. direkt, über Gorgona 3 Std. 20 Min.), Elba (Portoferráio direkt 3 Std., über die kleineren Inseln knapp 5 Std.), Auskunft Toremar Tel. 058 68 61 13, www.toremar.it; nach Korsika Corsica Ferries, Tel. 05 86 88 13 80, www.corsicaferries.com; nach Sardinien/Golfo Aranci Sardinia Ferries, Tel. 05 86 88 13 80, www.sardiniaferries.com; nach Korsika Moby Lines, Tel. 05 86 89 99 50, www.moby.it.

### Tipp: Bootsfahrten auf den Kanälen

**Giro dei Fossi in Battello:** die Umrundung der mediceischen Festung und Fahrten durch die Kanäle u. a. mit dem Motorboot Marco Polo, So 16, im Sommer 21 Uhr, Gruppen auf Anmeldung jederzeit. Auch Bootsfahrten mit Kostproben typischer Produkte der Toscana an Bord, Sa 20 Uhr. Infos tgl. 9–12, 15–19 Uhr unter Tel. 05 86 21 99 28 oder Handy 34 87 38 20 94.

# Die Küste von Livorno bis Piómbino

Zu den stadteigenen Stränden im Süden Livornos gesellt sich eine Reihe weiterer Badeorte, die zur Provinz gehören, bis zur Hafenstadt Piómbino. Sie bilden die eigentliche **Costa degli Etruschi**, die Etruskerriviera.

## Castiglioncello und Vada ▶ D 7

Das 3 km von der Küste entfernt in rund 150 m Höhe liegende **Rosignano Maríttimo** besitzt am Meer zwei völlig verschiedene Strandorte: den Badeort Castiglioncello und die Industrieansiedlung Vada.

Eine wunderhübsche Minibucht, sichelförmig mit schmalem Sandstrand, kennzeichnet den schönsten Platz von **Castiglioncello,** an dessen Rand sich bunte Badehäuschen drücken. Sehr privat, sehr italienisch wirkt der Ort (knapp 3500 Einw.), der mehrere Felsenbuchten mit zum Teil nur aufgefülltem Sand aufweist. Viele private Sommervillen und kleine Hotels verstecken sich im hohen Pinienhain. Südlich davon beginnt eine wunderschöne alte *Pineta,* die sich, wenn auch recht schmal, bis nach Marina di Bibbona hinzieht.

Auch **Vada**, eigentlich ein gesichtsloser Industriehafen, besitzt einen herrlich breiten, fast weißsandigen Strand, der an warmen Wochenenden eine wahre Invasion erlebt. Kein Wunder, dass sich hier im südlichen Bereich ein Campingplatz an den anderen reiht!

## Infos

**Ufficio Informazioni Turistiche**: 57012 Castiglioncello (LI), Via Aurelia 632, Tel. 05 86 75 48 90 (nur Juni–Sept.), apt7castiglioncello@costadeglietruschi.it bzw. www.costadegli etruschi.it.

## Übernachten

Die genannten Hotels befinden sich unter hohen Pinien mitten im Ferienort Castiglioncello.

Nostalgisch ▶ **Villa Parisi:** Via Della Torre 6, Tel. 05 86 75 16 98, www.villaparisi.com, April–Sept. Renovierte Villa (Anf. 20. Jh.) in schöner Lage in einem Park mit Pool und Tennis über der Felsenküste (mit eigenem Abgang zum Meer); familiäre, elegante Atmosphäre. 21 Zimmer, Pool. Restaurant (Juni–Sept.); Parkplatz. DZ/ÜF 224–390 €.

Familiär ▶ **Atlantico:** Via Martelli 12, Tel. 05 86 75 24 40, www.hotelatlantico.it, April–Sept. Freundiches Hotel in Villa (Anf. 20. Jh.) mit Dependance in der Nähe. 50 renovierte, komfortable Zimmer. Hallenbad. Helles Restaurant; Parkplatz. DZ/ÜF 100–200 €.

Jugendstil ▶ **Park:** Via Fellini 19, Tel. 05 86 75 22 29, www.hotel-park.it. Familiäres Hotel in ältlicher Villa (19. Jh.) mit Terrazzoböden; renovierte Bäder. 15 einfache Zimmer. Recht elegantes Restaurant; Parkplatz. DZ/ÜF 84–126 €.

Urgemütlich ▶ **Bartoli:** Via Martelli 9, Tel. 05 86 75 20 51, www.albergobartoli.com, Ostern–Okt. (keine Heizung!). Ältliches Hotel mit Stilmöbeln (seit 1952) mit kleinem Vorgarten; Panoramablick. Zehn einfache Zimmer teils ohne Bad auf zwei Etagen. Restaurant für Hausgäste. DZ 66–76 €.

Camping ▶ **Tripesce**: 57018 Vada (LI), südlich des Ortes, Tel. 05 86 78 80 17, www.campingtripesce.it. Schöner Campingplatz am Strand mit Hütten; Mattendächer, Kinderanimation, Spielplatz, großes Sportangebot, Fahrradverleih, keine Hunde. Stellplatz 10–17 €, pro Person 5–8 €.

Hütten am Meer ▶ **Baia del Marinaio:** Vada, Località Campo ai Fiori 2, südlich des Ortes, Tel. 05 86 77 01 64, www.baiadelmarinaio.it. 400 m zum Strand. Einfacherer Campingplatz mit Hütten. Bäume und Mattendächer, Kinderanimation, schöner Spielplatz, Pool, Planschbecken, Sportangebot; Hunde erlaubt. Stellplatz 8–17 €, pro Person 6–10 €.

## Essen & Trinken

Super ▶ **Nonna Isola:** Via Aurelia 556/558, Tel. 05 86 75 38 00, www.nonnaisola.it, Ruhetag Mo (außer Aug.), 10. Jan.–Ende Feb. geschl. Fischrestaurant, zwei kleine Räume an der Durchgangsstraße. Fangfrischer Fisch, einfach aber perfekt zubereitet, hausgemachte feine Pasta, als Antipasto *crudità mediterranea* (Rohes aus dem Mittelmeer); gute trockene Weine. Menü ab 40 € (Apartment am Meer).

Ohne Speisekarte ▶ **Stazione:** Via Aurelia 634, Tel. 05 86 75 11 17, Ruhetag Mo. Kleine Trattoria mit Frischfischspezialitäten. Es gibt keine Speisekarten – alles hängt vom Fischmarkt ab: Was am Morgen zu haben war, wird verarbeitet und angeboten. *Antipasto* 18 €, *primo piatto* 11 € und eine schöne Fischportion um 20 €.

Sonst speist man recht ordentlich in den Strandbädern (s. u.).

## Aktiv

**Strandbäder**

Lange Mole ▶ **Bagni Etruria:** Castiglioncello, Tel. 05 86 75 24 76. Strandbad mit weit ins Meer hinausragender Mole als Sonnen-

deck, Pedalos kostenlos, Bar/ Restaurant.
Mit Babyclub ► **Bagni Italia:** Località Quercetano, Tel. 05 86 75 20 94, www.bagniitalia.it; eigener Sandstrand, rund 100 Kabinen, Miniclub, Pedaloverleih; Bar/Restaurant.

**Tauchen**

Ortsnah ► **Chioma Beach Diving Center,** Via Aurelia km 300, Località Chioma, Tel. 05 86 75 46 10, www.porticciolodelchioma. com.
Ganzjährig ► **Antignano Diving Centre:** Via del Littorale 1 beim Hotel Rex, Località Antignano, Tel. 05 86 58 04 00, www.antignanodc.it. Ganzjährig geöffneter Tauchclub.

## Verkehr

**Bahn:** Castiglioncello ist Bahnstation auf der dicht befahrenen Strecke Livorno – Piómbino (auf der EC-Linie).
**Bus:** In der Saison regelmäßige Verbindung mit Livorno und den anderen Küstenorten.

## Marina di Cécina ► D 7

Besonders dicht und schön sind die Pinienwälder an der Flussmündung des Cécina mit dem wenig feudalen Badeort, dessen schmaler Strand nicht besonders feinsandig ist. Aber **Marina di Cécina** hat seine italienischen Fans, die nichts auf ihn kommen lassen.

## Infos

**Ufficio Informazioni Turistiche**: 57023 Marina di Cécina (LI), Viale Galliano, Tel. 05 86 62 28 44 (nur Juni–Sept. geöffnet); Piazza Sant'Andrea 6, Tel. 05 86 62 06 78, www.costadeglietruschi.it oder direkt apt7cecina@costadeglietruschi.it.

**In der schmalen, aber schönen Bucht von Castiglioncello**

## Tipp: Ausflug nach Volterra

Von dem Badeort Marina di Cécina lässt sich eine schöne Besichtigungstour ins Hinterland unternehmen: Folgt man dem unregulierten Lauf des Cécina entlang der landschaftlich reizvollen Staatsstraße 68 nach Osten, ist man nach 40 km im Etruskerstädtchen Volterra (s. S. 355).

### Übernachten

**Schlicht ▶ Azzura:** Cécina Marina, Viale della Vittoria 3, Tel./Fax 05 86 62 05 95. Einfaches, freundliches Haus im Strandort. 14 Zimmer. Restaurant für Hausgäste; Parkplatz. DZ 57 €.

**Camping ▶ Delle Gorette:** Cécina Mare, 2 km nordwestlich, Tel. 05 86 62 24 60, www.gorette.it, April–Sept. Gepflegter Campingplatz 150 m zum Strand, Laub- und Nadelbäume, Kinderanimation, Spielplatz, Pool, Sportangebot, Hunde erlaubt. Stellplatz 5–18 €, pro Person 4–9,50 €.

**Camping ▶ Mareblu:** Cécina Mare, Via dei Campilunghi, Tel. 05 86 62 91 91, www.campingmareblu.com, Mitte März–Mitte Okt. Schattiger Campingplatz 350 m vom Strand, mit Hütten. Pinienwald, Kinderanimation, Spielplatz, Pool, Planschbecken, großes Sportangebot, Fahrradverleih, Hunde erlaubt. Stellplatz 5,50–16 €, pro Person 4,50–9 €.

### Essen & Trinken

**Hervorragende Meeresküche ▶ Scacciapensieri**: Via Verdi 22, Tel. 05 86 68 09 00, Ruhetag Mo, Okt. geschl. Feines Restaurant in edlem Stadtpalazzo. Berühmt-gute Fischküche und perfekte Fleischgerichte; große toscanische Weinauswahl. Fisch-Spezialmenü ab 52 €.

## Marina di Bibbona und Bólgheri ▶ D 8–E 8

Lang und breit ist der Strand von **Marina di Bibbona** und mit einer kleinen Festung geschmückt, die einst Livornos Seemacht stützte. In dieser Gegend stehen weniger geordnete *bagni*, es geht alles einfacher und lockerer zu, Sonnenschirme, z. T. auch Liegestühle sind am weichsandigen, langsam abfallenden Strand zu mieten, der ideal für Kinder und Nichtschwimmer ist. Direkt hinter dem Festungsturm beginnt das kleine Naturschutzgebiet **Oasi di Bólgheri**, 1959 als erstes privates Naturschutzgebiet Italiens eingerichtet – und zwar vom Marchese Mario Incisa Della Rocchetta, dem Mitbegründer des WWF Italia und lange auch dessen Präsident. Im Frühjahr machen hier vor allem Flamingos Station.

Neugierige Toscana-Reisende und Feinschmecker zieht es aber in das Landesinnere: Genau 4,8 km lang ist die hohe, schnurgerade Zypressenallee bis zum kleinen Burgdorf **Bólgheri**. Rechts und links säumen Olivenhaine die prächtige Allee. In den kleinen Geschäften des Dörfchens findet man Wildschweinwürstchen und -schinken aus dem umgebenden Wald- und Farmland sowie den sehr gepflegten und meist sehr teuren Wein von Bólgheri, ebenso Olivenöl. Insgesamt gilt: Alles ist hier edler und teurer als unten am Meer, aber alles auch ein bisschen aufwendiger hergestellt und als Souvenir besonders hübsch verpackt.

Seinen Ruf verdankt das mittelalterliche Festungsdorf nicht nur den guten Namen der Toscaner, die hier das Sagen hatten wie die Gherardesca und zuletzt als Gutsbesitzer die Antinori. Berühmt geworden ist Bólgheri schon recht früh durch den Dichter und Nobelpreisträger Giosuè Carducci (1835–1905), der als der erste Nationaldichter nach der Einigung Italiens gilt. In Bólgheri wuchs er bei seiner Großmutter Lucia auf. Daher der Name des Hauptplatzes Largo Nonna Lucia, daher die Gedenktafel am Wohnhaus und ebenso das Bronzedenkmal auf dem Platz davor.

### Infos

Bólgheri besitzt über das »Consorzio per la tutela dei Vini Bolgheri DOC« eine hervorragende Webadresse: www.bolgheridoc.com, in der von der Geschichte des Festungsdor-

aktiv unterwegs

## Der Naturpark der Tómboli di Cécina

### Tour-Infos
**Start:** Marina di Cécina
**Länge:** einfache Strecke ca. 3 km
**Dauer:** ca. 2 Std.

Diese leichte Wanderung durch die Tómboli di Cécina, also die bewachsenen Dünenstreifen, ist markiert durch grün-weiße Wanderzeichen. Von Marina di Cécinas Zentrum geht es ab dem Kreisel zur Via Galoppatoio und gleich in den südlichen Teil des Naturschutzgebietes hinein (das sich auch in den Norden ausdehnt). Durch den Staatswald geht es immer nach Süden, unterwegs locken Ruhebänke und Picknicktische, also eine Kleinigkeit mitnehmen! Schilder weisen auf den Naturpark und seine Vegetation hin, man kommt zu einem **Arboretum** mit dem ganzen Reichtum der Flora der mediterranen Macchia, die man hier in ganz natürlicher Form findet. Der toscanische Großherzog Leopold II. hatte dieses Naturschutzgebiet eingerichtet, eigentlich um die Landwirtschaft im Hinterland vor der salzigen Luft abzuschirmen.

Nach dem Arboretum folgt eine Kreuzung, wo man nach rechts abbiegt, über eine hübsche Brücke hinweg folgt man dem Hauptweg durch die hohe Pineta, auch wenn rechter Hand immer wieder Trampelpfade zum Strand locken.

An der Brücke über den **Fosso Nuovo** geht es immer geradeaus parallel zur Küste, diverse Zeichen locken zu Abzweigungen, doch erst am Picknickplatz in der Nähe eines größeren Platzes folgt man einem Weg, der zum **Tómbolo** führt, der feinsandigen Düne, bewachsen mit schattigen Steineichen und unterschiedlichen Wacholderbüschen – gute Verstecke für hier lebendes Wild wie Füchse und Rehe, Wildschweine und Dachse. Man muss aber schon sehr still sein, um einem dieser Tiere zu begegnen.

Kurz vor einem Bach, der sich ins nahe Meer ergießt, machen wir kehrt Richtung Norden, also nach Marina di Cécina zurück. Aber diesmal am Strand entlang. Auch hier mit einer geschützten Vegetation, die Sand und Salzluft liebt wie die weiße Strandlilie, die Rauke und der Strandmohn. Nach Überquerung des Fosso Nuovo führt eine Abzweigung nach links zum Ausgangspunkt der gemütlichen Wanderung.

fes bis zu seinen Wein- und Olivenölproduzenten alles enthalten ist, ja sogar traditionelle Rezepte aus der Region sind hier aufgeführt!

### Übernachten
Der Küstenabschnitt von Marina di Bibbona wird vor allem gerne von **Campern** aufgesucht, die hier teilweise hervorragend aus-

**Von Wald und Weinbergen umgeben: Bólgheri**

gestattete Plätze vorfinden; auch Hütten zu mieten.

**Mit Strandhütten ▶ Casa di Caccia:** 57020 Marina di Bibbiona, Via del Mare 22, Tel. 05 86 60 00 00, www.campingcasadicaccia.com, Mitte März–Okt. Pinien und Eukalyptus; Kinderanimation, Spielplatz, Hunde nicht erlaubt. Stellplatz 7–19 €, pro Person 4,50–11,50 €.

**Sportlich ▶ Le Esperidi:** 57020 Marina di Bibbona (LI), Via dei Cavalleggeri Nord 25, Tel. 05 86 60 01 96, www.esperidi.it, April–Mitte Okt. Campingplatz mit Hütten am Strand, Pinienwald und Buschwerk; Kinderanimation, Spielplatz, Sportangebot, Fahrradverleih; keine Hunde. Stellplatz max. 16,80 €, pro Person 5–10,50 €.

**Am Pinienhain ▶ Il Gineprino:** Marina di Bibbona, Via dei Platani, Tel. 05 86 60 05 50, www.ilgineprino.it. Campingplatz mit Hütten 300 m vom Strand; Kinderanimation, Pool, Planschbecken, Sportangebot; keine Hunde. Stellplatz 8–14,50 €, pro Person 7–10 €.

## Essen & Trinken

Am Meer findet man keine kulinarischen Sensationen, es gibt fangfrischen, einfach zubereiteten Fisch. Anders in Bólgheri, wo zwar auch recht einfache Gerichte angeboten werden, jedoch im meist zauberhaften Ambiente kleiner Lokale wie **La Taverna del Pittore** und **Gola e Vino**, beide am Largo Nonna Lucia. Spezialitäten sind vor allem Produkte aus Wildschwein *(cinghiale alla cacciatora* oder in *umido*, eine Art Gulausch) und *Cinta senese*, Steinpilze, Fasan, Täubchen.

**Modern interpretiert ▶ Osteria Magona:** Piazza Ugo 2/3, Tel. 05 65 76 21 73, Nov. und mittags (außer So) geschl., Ruhetag Mo. Modern ausgelegte traditionelle Gerichte. Menü ab 26 €.

## Einkaufen

**Beste Weinlagen** wie Ornellaia und Castello di Bólgheri; meist identisch mit den Produzenten von hochwertigem **Olivenöl**. Bei den Herstellern direkt oder in den kleinen Läden des Dorfes zu kaufen.

Seit Jahren vom »Gambero Rosso« gelobte **Weine** (drei Gläser) von der Tenuta dell'Ornellaia (Bólgheri Superiore Ornellaia) und der Tenuta San Guido (Bólgheri Sassicaia).

## Castagneto Carducci ▶ E 8

Von Bólgheri kann man nach nur zehn kurzweiligen Kilometern entlang der Weinstraße **Castagneto Carducci** erreichen, das allein schon wegen des Beinamens des unter Bólgheri erwähnten Dichters neugierig machen sollte.

Knapp 200 m hoch liegt in Sichtweite des Meeres der zweigeteilte Wohnort des italienischen Dichters ›des neuen Italien‹, Giosuè Carducci (1835–1907): ein nettes, mittelalterlich geprägtes Städtchen mit sehr engen Gassen. Oben auf der Piazza Alberto steht man vor dem Haus, in dem Giosuè Carducci einst wohnte und das man besichtigen kann, der **Casa Carducci** (16. Juni–Sept. Di–So 10–13, 16–19, sonst Sa/So, Fei 15–18 Uhr oder nach Anmeldung, Tel. 05 65 76 50 32, Erw. 1,50 €).

Eine übertrieben breite Straße führt zurück zur Küste nach **Marina di Castagneto Carducci**, das wunderbar flach abfallende Strände besitzt. Die Pinien rücken hier schon näher ans Meer, dahinter beginnen die fruchtbaren, bestellten Äcker mit den Colline Metallífere.

## Infos

**Ufficio Informazioni Turistiche:** 57022 Castagneto Carducci (LI), Via Marina 8, Località Marina di Castagneto, Tel. 05 65 74 42 76, www.costadeglietruschi.it, turismo@comune.castagneto-carducci.li.it; auch für Donorático zuständig.

### Parkplatznot

Sonn- und feiertags ist das winzige Burgdorf von Bólgheri für den Autoverkehr komplett gesperrt; Parkplätze außerhalb am Straßenrand sind zwar reichlich vorhanden, doch an Wochenenden schnell besetzt. Außerdem sind sie von 8–1 Uhr gebührenpflichtig und die örtlichen Polizisten streng: Evtl. Strafzettel haben saftige Preise!

## Übernachten

**Jugendstilambiente ▶ Villa Tirreno:** Marina di Castagneto, Via della Triglia 13, Tel. 05 65 74 40 36, www.villatirreno.com. Zentral am Strand. 30 komfortable Zimmer, davon fünf mit großer Terrasse. Restaurant. DZ/ÜF 80–120 €.

**Familiär geführt ▶ Zi'Martino:** Località San Giusto 264, Tel. 05 65 76 60 00, www.zimartino.com. Modernes, blitzsauberes, wenn auch an sich unscheinbares Hotel an der Straße von der Küste nach Castagneto Carducci. 23 Zimmer. Beliebte Trattoria (viel Hausgemachtes!). DZ/ÜF 85–130 €.

**Für Radler ▶ Nuovo Hotel Bambolo:** 57024 Località Donorático (LI), Via del Bambolo 31, Tel. 05 65 77 52 06, www.hotelbambolo.com, Dez. geschl. 1 km nördlich im Hinterland; restauriertes Landgut, 41 moderne Zimmer; Reiten, Radtourismus, Fitnesscenter; Pool. Restaurant; Parkplatz. DZ/ÜF 84–170 €.

**Camping ▶ International Camping Etruria:** Marina di Castagneto-Donorático, Tel. 05 65 74 42 54, www.campingetruria.it, April–Sept. Campingplatz am Strand, Dünengelände und Pinien, Kinderanimation, Sportangebot, keine Hunde. Stellplatz 10–18 €, pro Person 7–12 €.

## Essen & Trinken

Nette Strandrestaurants und Bars findet man in den *bagni*, wie etwa die **Bar La Zattera,** Via della Marina 2.

aktiv unterwegs

## Radtour von der Küste in die Valcornia

### Tour-Infos

**Start:** Donorático
**Länge:** knapp 65 km
**Dauer:** ca. 3,5 Std.
**Schwierigkeitsgrad:** mittel, Höhenunterschied beträgt min. 20, max. 370 m

Eine landschaftlich sehr reizvolle Tour, vor allem auf ihrer Ostflanke im hügeligen Teil – mit tollen Ausblicken auf die Küste und nach Osten in die dunklen Wälder. In Donorático geht es auf der alten Via Aurelia Richtung Cécina, in **Il Bambolo** nach etwa 1 km biegt man rechts auf der S.P. 329 Richtung Castagneto Carducci ab. Sie steigt in schönen Kurven leicht an, etwa 3 km bis **San Giusto**, wo der Anstieg über eine Strecke von 2,5 km nach Castagneto Carducci beginnt (6,8 km). Durch dichten Wald erreicht man bald **Ponte d'Oro**, von wo aus man 2 km lang zum **Passo della Bocca di Valle** (12 km) und nach **Sassetta** (13,8 km) fährt.

Damit hat man den Höhepunkt dieser Tour erreicht, die Strecke nach **Suvereto**, die für italienische Radfahrer als eine besondere Herausforderung gilt. Hinter Sassetta geht es ca. 1 km leicht bergauf und dann in einer leicht zu fahrenden Abfahrt Richtung Val di Cornia und Suvereto (27,1 km). Die Strecke führt zwar außerhalb des Ortes, aber man sollte sich Suvereto unbedingt anschauen (s. unten). Zum Einkehren gibt es dort genügend Möglichkeiten.

Vor dem Ortsausgang nicht geradeaus nach Venturina fahren, sondern links ab zur S.P. 398 Richtung Monteverdi – Monterotondo bergab, vorbei am Landgut **La Bulichella**. Nach Überquerung der Brücke über den Fosso di Gore, 3 km hinter Suvereto, verlässt man an der Abzweigung (30,4 km) die Provinzialstraße und folgt nun der S.P. 19 »di Montioni«, wie sie heißt, den Hinweisen nach Massa Maríttima. Man überquert den Cornia-Fluss, fährt an der nächsten Abzweigung rechts auf die S.P. 22

Super ▶ **Da Ugo:** Castagneto Carducci, Via Pari 3°, Tel. 05 65 76 37 46, Ruhetag Mo, Nov. geschl. Gesichtsloses, aber bestes familiäres Restaurant am Ort mit lokalen Gerichten wie Castagneto-Gemüsesuppe, *tagliatelle* mit Täubchen oder Täubchen in Rotwein und Kräutersoße, Wildschwein; besonders gute Rotweine. Menü um 30 €.

## Sassetta und Suvereto ▶ E 9

Eine kurvige und aussichtsreiche Straße verläuft ost- und südostwärts durch die bewaldeten Hügel an der Ostflanke des Capo di Monte (522 m hoch) mit dem netten **Sassetta** zu Füßen und des Monte Calvi (646 m) auf rund 20 km abwärts Richtung Suvereto. Man fährt teils durch dichten Wald, durchsetzt mit Korkeichen, die teilweise sogar noch geschält werden. Ab und zu hat der Wald Lücken und man kann abwechslungsreiche Ausblicke zum Meer und nach Piómbino genießen, aber auch ins bewaldete Hinterland, in die Maremma.

**Suvereto**, dessen Name von den Korkeichen *(sughere)* kommt, öffnet sich in nur noch 90 m Höhe und dennoch in aufälliger Panoramalage zum Corniatal. Und es wirkt genau so, wie man sich ein Bergnest aus dem Mittelalter vorstellt: Eine einzige Hauptstraße durchzieht das ummauerte Burgdorf von der Porta di Sopra bis zur Porta di Cima, enge steingepflasterte, steile Gassen und kleine Plätze bestimmen das Ortsbild zwischen mit Zinnen geschmückten Palästen und stützenden Bögen. Das Rathaus mit seinem Uhrturm und der Freitreppe unter einer klaren Loggia sowie die romanische Chiesa di San Giusto aus dem 10. und 12. Jh. stellen eindrucksvolle Sehenswürdigkeiten dar, wie auch San

»San Lorenzo – Banditelle« und erreicht nach weiteren 1,3 km den Ortsteil **San Lorenzo**, wo man an den Weinbergen der **Cantina di Petra** und nach einem leichten Anstieg auch an der **Fattoria di Casalappi** vorbeikommt. Es folgen eine kurze Abfahrt und eine scharfe Linkskurve (39 km, am km 3,5 der S.P. 22). Unsere Strecke verlässt die Provinzialstraße und führt 2 km geradeaus bis zur nächsten Kreuzung, links abbiegend folgt man der Hochspannungsleitung und biegt anschließend auf die S.P. 21 »Campiglia Marittíma–Riotorto« ab. Im nahen **Cafaggio** (43.2 km) folgt man den Hinweisen nach Campiglia Maríttima ca. 4 km in Serpentinen bergauf bis **Campiglia** (47,7 km) – anschauen!

Von hier geht es in schneller Abfahrt 6 km bis zur Brücke, die die S.S. 1 Aurelia überquert. Bei Erreichen der alten Via Aurelia S.P. 39 geht es rechts ab nach **San Vincenzo** (57,2 km) und anschließend nach Donorático zurück (63,5 km), wo man sich gleich zum Baden ins Meer stürzen könnte…

Francesco mit dem 1280 errichteten Kreuzgang.

Suvereto gilt als Schlemmernest, vor allem im Winter zur Wildschweinzeit; im Dezember wird die *Sagra del Cinghiale* begangen, mit noch größeren kulinarischen Angeboten als sonst.

## Infos

**Ufficio Informazioni Turistiche:** 5702 Sassetta (LI), Via di Castagneto, Tel. 05 65 79 45 21, apt7sassetta@costadeglietruschi.it; 57028 Suvereto (LI), Via Matteotti, Tel. 05 65 82 93 04, www.costadeglietruschi.it.

## Übernachten

**Landvilla ▶ La Bandita:** 57020 Sassetta (LI), Via Campagna Nord 30, Tel. 05 65 79 42 24, www.labandita.com, April–Okt. (z. T. auch länger geöffnet). Zauberhaftes Villenanwesen auf kleinem landwirtschaftlichem Gut (Olivenöl, Wein, Obst) mit Nebengebäude; Pool, Reiten, Tennis. 24 Zimmer, am schönsten die zehn in der Villa (Ende 17. Jh.), Marmorbäder. Restaurant für die Hausgäste; Parkplatz. DZ/ÜF 100–170 €.

## Essen & Trinken

**Zentral ▶ Il Caminetto:** Suvereto, Piazza San Francesco 7, Tel. 05 65 82 81 18, Ruhetag Mo, Mitte Jan.–Feb. geschl. Osteria auf kleinem Platz des historischen Zentrums, kleiner Speisesaal mit Holztäfelung, Tische auf der Piazza. Wild und andere saisonale Spezialitäten der Val di Cornia, frisch gefüllte Pasta, Chianina-Steaks, Perlhuhn, Kaninchen, Stockfisch mit Kartoffeln. Reiche Auswahl an Weinen. Menü um 30 €.

**Typisches Jägerlokal ▶ Il Castagno:** Sassetta, Via Campagna Sud 72 (1 km südlich),

Tel. 05 65 79 42 19, Ruhetag Mo, Nov. und 7. Jan.–Ostern geschl. Lokal mit entsprechender Trophäendekoration mitten auf dem Land. Wild-, Pilz- sowie einfache toscanische Gerichte. Menü ab 20 €.

## Campiglia Maríttima ► E 9

Zunächst Richtung Venturina, fährt man in Cafággio einige Kilometer nach Nordwesten und kommt so ins schön mittelalterlich erhaltene **Campiglia Maríttima**, das Suvereto recht ähnlich ist. Der Ort, der sich auf zwei Hügelgraten zwischen Olivenbaumpflanzungen erstreckt, behauptete sich schon zur Zeit der Etrusker (7.–1. Jh. v. Chr.) als Zentrum des Bergbaus in diesem Gebiet, bedeutsam wegen der Zinnbergwerke am Monte Valerio (im Westen Richtung Küste) und der reichen Sulfidvorkommen. Zu Beginn des 12. Jh. war der Ort noch Sitz einer Sieneser Hauptmannschaft, dann der Florentiner Della Gherardesca, deren Wappen an der Porta Fiorentina prangt. Noch im selben Jahrhundert wird Campiglia Maríttima von Pisa erobert, die den schutzbedürftigen Ort mit Festung und Mauern versehen. Von dort genießt man fast rundum weite Ausblicke: östlich nach Massa Marittíma, westlich zur Küste, wo Elba und an klaren Tagen auch Korsika zu erkennen ist.

Zu einem noch attraktiveren Ausflugsziel entwickelte sich Campiglia Maríttima durch die Erschließung des Bergwerksstädtchens am 338 m hohen Monte Rombolo: **Rocca di San Silvestro** mitsamt den darunter befindlichen historischen Schächten der **Miniera di San Silvestro** (gut ausgeschildert). Hier wurde eines der interessantesten Bergwerksmuseen der Toscana fertiggestellt (s. u.). Man hat dieses große und interessante Areal zu einem *Parco Archeologico Minerario* ausgebaut, das zusammen mit dem nahen Archäologischen Park von Baratti/Populónia (s. u.), insgesamt rund 80 ha groß, mit einem Sammelticket besichtigt werden kann.

### Tipp: Thermalspaß aus drei Quellen

Venturina zwischen Campiglia Maríttima und Populónia ist ein kleiner, ganz besonderer Ort: Seine drei unterschiedlichen Thermalquellen mit Temperaturen zwischen 36 und 45 °C bringen schwefel-, kalk- und magnesiumhaltiges Wasser aus der Tiefe und werden Mai–Okt. sowohl für Freizeitvergnügen als auch zu Therapiezwecken genutzt. Die Quellen speisen die Thermen, das große Thermalschwimmbecken und einen See (www.termediventurina.it).

## Parco Archeologico Minerario di San Silvestro ► E 9

**Rocca di San Silvestro** hat sich in den letzten Jahren zu einem wunderbaren Ausflugsziel besonderer Art entwickelt: Das historische, verlassene Bergwerksstädtchen am 338 m hohen Monte Rombolo wurde zu einem Freilichtmuseum, das nicht nur Mineraliensammler und Geologiefreunde begeistert, sondern auch Wanderer und Liebhaber wild belassener Landschaften. Im 10.–13. Jh. wurden hier u. a. Silber und Kupfer abgebaut bzw. für die Münze von Lucca und Pisa verarbeitet. Wie das geschah, und wie das Alltagsleben in einem derart spezialisierten Dorf ausgesehen hat, erfährt man beim Besuch. An manchen Tagen kann man auch selbst an den kleinen Schmelzöfen experimentieren; eigentlich richtet sich das Angebot an Schulklassen, aber niemand schickt hier einen erwachsenen Neugierigen weg ... Gutes Schuhwerk nicht vergessen, denn hier darf man ganz schön herumklettern! Für den Gang durch das kilometerlange Bergwerk bekommt man Kopfschutz und Gummimantel am Museum.

Wer Muße hat und gerne wandert, sollte hier einen ganzen Tag einplanen – gute Wandertipps gibt es von den rührend bemühten Mitarbeitern des Parks bzw. Museums (März–Mai, Okt. Sa/So, Fei 10–18, Juni–Sept. Di–So 10–19, Jan./Febr., Nov./Dez. So, Fei 10–17 Uhr; sonst auf Anfrage, Tel. 05 65 83 86 89; Bergwerk und Museum 9 €, Sammelticket mit Populónia und gesamtem Park 15 €; Familienticket 39 €).

## Infos

**Ufficio Informazioni Turistiche:** 57029 Campiglia Maríttima (LI), Via Buozzi, Tel. 05 65 83 72 01, ufficcioturisticocampiglia@ gmail.com.

## Übernachten

Urlaub total ▶ **Riva degli Etruschi:** 57027 San Vincenzo (LI), Località Riva degli Etruschi, Via della Principessa 120, Tel. 05 65 71 99, www.rivadeglietruschi.it. Rein touristische Ansiedlung (ganzjährig) inmitten eines Steineichen- und Pinienwalds am ca. 20 km langen Sandstrand. 2000 Ferienbetten in Bungalows, Wohnungen und Hotels, sehr großes Freizeit- und Sportangebot. Bei deutschen Reiseveranstaltern gehört der Komplex zum Standardangebot, weshalb während der Saison die Hauptsprache hier das Deutsche ist. HP/Person ab 85–180 €.

Wohltuend ▶ **Terme di Caldana:** Località Venturina, Via del Parco Termale 33, Tel. 05 65 85 14 00, www.hoteltermedicaldana.it. 13 gemütliche Zimmer (z. T. mit Antiquitäten eingerichtet) in einer Villa aus dem Ende des 19. Jh. In der Nähe (Pfad) ein Thermalpool und ein Schwimmbad mit kühlerem Wasser – eine schöne Abwechslung! Außerden ist die Therme von Venturina nah (s. Mini-Tipp S. 264). Parkplatz. DZ/ÜF 90–150 €.

## Essen & Trinken

Gutes Preis-Leistungs-Verhältnis ▶ **Otello:** Località Venturina, Via Indipendenza 1–5, Tel. 05 65 85 12 12, Ruhetag Mo, 10.–30. Jan., 20.–30. Aug. geschl. Modernes Restaurant an der Staatsstraße 398. Gute Fisch- und Fleischküche. Menü um 30 €.

## Populónia ▶ D 9

Das befestigte Dorf **Populónia** in 181 m Höhe hat zwei schöne Aussichten: eine ziemlich ausladende auf die Küste mit dem hübschen Golfo di Barátti im Norden und eine sozusagen rückwärts auf den 286 m hohen Monte Massoncello, zu dessen Füßen es sich befindet. Populónia ist Pflichtübung für jeden interessierten Toscana-Reisenden. Denn nirgendwo ist die Bezeichnung dieser Küste als Riviera degli Etruschi so gerechtfertigt wie hier.

Als Pupluna war Populónia unterhalb des Bergdorfes der wichtigste etruskische Verarbeitungs- und Umschlagplatz für die Kupfererze aus den Colline Metallífere und für das Eisenerz aus Elba. Zur Römerzeit avancierte es gar zur Hauptlieferantin Roms. Denn die Römer fanden die Schlackeberge der Etrusker, deren Verfahren zur Verhüttung von Eisen nicht ausgereift genug waren, um alles ausschöpfen zu können. So nahmen sich die römischen Experten der noch gehaltvollen Schlacke an, verstanden jedoch offensichtlich auch nicht sehr viel mehr von der Verarbeitung und hinterließen ihrerseits neue, wenn auch nicht mehr ganz so wertvolle Schlacke. Aber dies in ungeheurer Menge: Etwa 2 Mio. t lagen auf einer Fläche von 200 000 m². Damit bedeckten sie auch die etruskischen Nekropolen am Meer und schützten sie gleichzeitig vor weiterem Verfall.

Als Italien für die Kanonenkugeln des Ersten Weltkrieges Eisen brauchte, besann man sich auf die Schlacke von Populónia, und bei ihrer Prüfung stellte sich heraus, dass sie noch 54 % Eisen enthielt. Bald strömten auch Archäologen und Grabräuber an den Golf von Barátti, denn unter den Schlackebergen fand man die etruskischen Nekropolen.

Heute hat man die etruskischen Grabstätten und die Reste von Eisenverhüttungsplätzen sowie die römische Akropolis weiter oben beim Dorf zu einem großen **Archäologischen Park** zusammengefasst, den man in Teilen oder als Ganzes besichtigen kann – Besichtigungsstoff für mindestens drei Stunden! Das Besondere an diesem Park ist zudem, dass man durch eine in ihre ursprüngliche Form zurückversetzte Landschaft wandert, denn nur die allernotwendigsten Wege werden immer wieder gemäht. So können die Wiesen und Hänge vom frühen Frühjahr an in prachtvollen Farben erblühen, überall duftet es nach Minze und Oregano (März–Mai, Okt. Di–So 10–18, Juni, Sept. 10–19, Juli/Aug. tgl. 10–19, Nov.–Feb. Sa/So, Fei 10–16 Uhr; Sammelticket mit San Silvestro 15 €, Familienticket 39 €).

Manche Gräber der **Necropoli Arcaia** und des nahen **Poggio La Porcareccia** kann man nur gebückt betreten. Besonders schön

**Die wunderschöne, dichte Pineta bei Populónia**

ist die einem Haus ähnliche **Tomba di Bronzetto di Offerente**, imposant das Rund der **Tomba dei Carri** (7. Jh. v. Chr.) mit 28 m Durchmesser, monumental die Bauweise des Grabes **Tazze Attiche** (5. Jh. v. Chr.), eine Mischung aus ›Kirche‹ und Sarkophag. Alle Gräber tragen die Namen ihrer wichtigsten Funde, die zum größten Teil das Archäologische Museum von Florenz bereichern und nun auch das Museo Archeologico del Territorio di Populónia in Piómbino (s. S. 267).

Dass die wenigsten Funde hier vor Ort geblieben sind, ärgert die Bewohner des höher gelegenen **Populónia** schon seit vielen Jahren. Denn fast niemand, der die etruskische Nekropole direkt gegenüber dem kleinen Sandstrand von Barátti besucht, hebt den Blick nach Populónia selbst oder fährt gar hinauf, was wirklich schade ist. Denn hier gehen die Uhren zwar nicht anders, nur scheint es im trutzig von einer riesigen Rundbastion mit dicken Schwalbenschwanzzinnen und einem klobigen Wachtturm bewachten Populónia niemand eilig zu haben.

Das **Museo Etrusco Gaspari** an der zentralen Via di Sotto mit den wenigen hier verbliebenen Fundstücken aus den nahen Nekropolen ist im Grunde die private Sammlung der Familie Gaspari. 2000 Fundstücke, darunter etruskische und importierte Keramik, Eisenleuchter, Fibeln etc., das mag nicht überwältigend sein, gehört aber bei einem Besuch Populónias einfach dazu (im Sommer Di–So 9–19 Uhr, sonst auf Anfrage).

## Übernachten

Camping ► **Sant'Albínia:** 57025 Populónia (LI) an der Straße nach San Vincenzo, Tel. 056 52 95 99, www.santalbinia.it, Mai–Mitte Sept. Schöner Campingplatz 1 km vom Strand; teilweise Mattendächer, Kinderanimation, Spielplatz, Sportangebot, keine Hunde; viel gelobtes Restaurant. Stellplatz 8–17 €, pro Person 7–13 €.

## Essen & Trinken

In der hübschen Badebucht des Golfo di Barátti sind im Sommer kleine Strandlokale geöffnet.

Elegant ▶ **Il Lucumone:** beim Castello, Tel. 056 52 94 71, Ruhetage Okt.–Mai So Abend und Mo. Fischspezialitäten in drei eleganten Räumen. Fischmenü ab 40 €.

## Piómbino ▶ D 10

Die bedeutende Hafenstadt **Piómbino** (34 400 Einw.) liegt in der Mitte der toscanischen Küste, die bergige Halbinsel ragt wie ein Fühler ins Tyrrhenische Meer, zu dessen Inseln ständige Fährverbindungen bestehen. Das ist normalerweise auch der einzige Grund, warum Toscana-Reisende Piómbino auf dem Programm haben.

Tatsächlich war die Stadt lange nicht besonders sehenswert, inzwischen hat man jedoch mit einer gründlichen Sanierung begonnen. So wurde die Hauptgasse der Altstadt zwischen dem Torrione del Rivellino und der langen Felsnase mit der Rocchetta auf der über dem Meer schwebenden Piazza Bovio, der Corso Vittorio Emanuele, zur reinen Fußgängerzone umgestaltet. Die Besitzer der netten Cafés und Restaurants schieben bei schönem Wetter ihre Tische auf die Gasse und ihre einheitlich weinroten Markisen vor. Die Meerespromenade unterhalb der von Leonardo da Vinci geplanten **Rocchetta** wurde aufgemöbelt, und das **Museo Archeologico del Territorio di Populónia** in der Nähe in einem speziell dafür errichteten Gebäude, **Palazzo Nuovo** genannt, ist didaktisch großartig aufgebaut. Hier soll den Besuchern, darunter häufig italienische Schulklassen, die geradezu dynamische Entwicklung des Gebietes in der Antike (aber auch ab dem Mittelalter bis heute) erläutert werden.

Rund 2000 Fundstücke aus Populónia aus dem Neolithikum, der etruskischen wie aus der römischen Epoche (mitsamt attischem Import) sind ausgestellt und kommentiert. Absolutes Prunkstück ist die große silberne Amphore, die 1968 im Gebiet von Barátti entdeckt wurde, raffiniert mit ovalen Vertiefungen wie Medaillons verziert.

Eine weitere Sensation ist noch jüngeren Datums: der Silbermünzenschatz aus der römischen Kaiserzeit, 2002 vor der Küste entdeckt (Jan.–März, Okt.–Dez. Sa,So,Fei 10–13, 15–19, Apr., Mai auch Di–Fr 9–13, Juni–Sept. Di–So 10–13, 15–19, Juli, Aug. 10–13, 16–20, Fr bis 23 Uhr, Erw. 6 €).

## Infos

**APT:** 57025 Piómbino (LI), Via Ferruccio, Tel. 05 65 22 56 39 und am Hafen, Via Stazione Maríttima, Tel. 05 65 22 66 27, apt7piombino@costadeglietruschi.it.

## Übernachten

Erstes Haus am Platz ▶ **Centrale:** Piazza Verdi 2, Tel. 05 65 22 01 88, www.hotel-centrale.net. Mit Blick auf Elba. 40 Zimmer, eine Suite. Helles Restaurant mit Altstadtblick. DZ/ÜF 145–169 €.

Winzig ▶ **Il Piave:** Piazza Niccolini 2, Tel./Fax 05 65 22 60 50. Kleines Stadthotel, nur zwölf Zimmer. Restaurant. DZ/ÜF 65 €.

Einfach ▶ **Collódi:** Via Collódi 7, Tel. 05 65 22 42 72, Fax 05 65 22 43 82. Kleineres Stadthotel, 24 Zimmer z. T. ohne Bad. DZ/ÜF 45–70 €.

## Essen & Trinken

Grillspezialitäten ▶ **Osteria Carugi:** Via Francesco Ferrer 10, Tel. 05 65 22 44 22, Ruhetag So Mittag (außer Juli–Sept.). Kleines Restaurant mit alten Marmortischen. Spezialität Fisch und Fleisch vom Grill. Tolles Fischmenü ab 25 €.

## Verkehr

**Bahn:** Umsteigen in Campiglia Maríttima, 13 km entfernt, von dort Busverbindung. Infos www.trenitalia.it.

**Bus:** Die Busse der ATM verkehren in der Stadt bzw. verbinden Piómbino mit Campiglia Maríttima, Suvereto, Cécina, Follónica, Barátti etc. Infos: Tel. 05 65 26 01 11, www.atm.li.it.

**Schiff:** Fährverbindungen mit Elba durch Toremar (Tel. 05 65 22 65 90, www.toremar.it) und Moby Lines (Tel. 05 65 93 61, www.moby.it) sowie Linea dei Golfi (Tel. 05 65 22 23 00, www.lineadeigolfi.it); s. auch Elba, S. 270.

# 6 Elba

**Napoleon hat die größte Insel des Toscanischen Archipels mit ihren Bergnestern und dem schönen Haupt- und Hafenort Portoferráio bekannt gemacht. Wild geformte Granitfelsen begeistern im Westen, erzhaltige Berge im Osten, wo stillgelegte Bergwerke besichtigt werden können. Allsommerlich erlebt Elba eine Invasion von Sonnenanbetern und Wassersportlern.**

Was wäre Elba ohne sein ›Maskottchen‹ Napoleon beziehungsweise ohne dessen kurzen unfreiwilligen Aufenthalt hier? Es hätte zumindest einige historische Gedenkstätten in den Palästen weniger, in denen der abgedankte Kaiser damals residierte; auch eine Einsiedelei würde kaum Romantikerherzen höher schlagen lassen, wenn nicht bekannt wäre, dass sich hier Napoleon heimlich mit seiner Geliebten und dem gemeinsamen Sohn getroffen hatte.

Knapp 31 000 Menschen leben auf der größten toscanischen Insel (224 km$^2$). Über 8000 Gästebetten in rund 300 Hotels und Pensionen, weitere 15 000 Betten/Plätze in *Residences,* privat oder auf Campingplätzen gibt es – Platz genug für über 2 Mio. Touristen im Jahr, ein Fünftel des gesamten Aufkommens der Toscana. Mehr als 50 % der Elba-Touristen sind Italiener. Sie kommen vor allem im Hochsommer, die meisten Ausländer dagegen in der Vor- und Nachsaison, der eigentlich schönsten Zeit des Jahres: dann, wenn die Insel duftend erblüht (Rosmarin bedeckt große Teile der Macchia) und danach, wenn die Weinlese stattfindet und sich die Tische in den guten Restaurants unter Wild- und Pilzgerichten biegen.

Elbas Hotellerie gilt als ausgezeichnet strukturiert, mit Häusern in allen Kategorien, aber alle preislich etwas höher angesiedelt als im toscanischen Durchschnitt. Fast überall wurde so niedrig gebaut, dass die umgebenden Baumwipfel die Häuser überragen, mit einer einzigen Ausnahme in Portoferráio, und die bezieht sich ausgerechnet auf ein Verwaltungsgebäude der Stadt. Wassersport – insbesondere Tauchen, Segeln, Schwimmen und Wasserski – ist das wichtigste An-

liegen der Elba-Urlauber. Sehr begehrt sind die Strände und Buchten, auch viele kleine, einsame, nur mit einem Boot vom Meer her zugängliche. Während der Sommersaison kann man die Insel, deren Küstenlänge insgesamt 147 km beträgt, auch auf organisierten Bootsausflügen umrunden.

Die meisten Elbaner arbeiten in Portoferráio: im Hafen, in den Geschäften und Restaurants oder im Handel und im Tourismus, der inzwischen die besten Jobmöglichkeiten bietet. Doch viele Einheimische finden an ihrem Arbeitsort keine Wohnung, weil mehr als 1000 Apartments an Touristen vermietet werden, die für die kurze Urlaubszeit insgesamt mehr zu zahlen bereit sind als die jährlichen Mieteinnahmen ausmachen würden. Ein weiteres Problem ist die inselweite Wasserknappheit im Sommer: Während für die Privathaushalte zeitweise Wassersperre besteht, werden die Hotels rund um die Uhr mit dem kostbaren Nass versorgt. Freilich müssen auch diese – sicherheitshalber – noch eigene Reserven haben.

## Infos

**Agenzia per il Turismo dell'Arcipelago Toscano:** 57037 Portoferráio (LI), Viale Elba 4, Tel. 05 65 91 46 71, www.tuscanyislands.info, auch www.aptelba.it; Parco Nazionale dell' Arcipelago Toscano, Località Enfola, Tel. 05 65 91 94 11, www.islepark.it.

## Verkehr

**Flug:** Der kleine Flugplatz von Marina di Campo ist mit Pisa verbunden, zeitweise auch mit anderen europäischen Städten; im Sommer Charterflüge.

**Bus:** Die größeren Orte der Insel sind von Portoferraio aus mit den Linienbussen von ATL erreichbar, bei den einsam gelegenen ist man allerdings auf einen Wagen oder ein Motorrad angewiesen – oder auf das Fahrrad. Infos ATL, Tel. 05 65 91 43 92; die Verbindun-

**Strategisch ideal und wunderschön gelegen: Portoferráio, die ›Hauptstadt‹ Elbas**

## Tipp: Übernachten

Nur wenige Hotels bleiben das ganze Jahr geöffnet, die **Saison** geht von April oder gar erst Mai bis Oktober. In Elbas Hotels und den Restaurants muss man mehr zahlen als auf dem Festland – die Insel ist vom meist höherpreisigen Tourismus geprägt. Dafür gibt es erstaunlich gute Campingplätze.

Adresse des elbanischen Hotelverbandes, dem die meisten Häuser angehören: **Associazione Albergatori Isola d'Elba**, Calata Italia 26, Tel. 05 65 91 55 55, www.elbapromotion.it.

gen sind während der Saison sehr gut, sonst richten sich die Fahrpläne überwiegend nach den Schulzeiten.

**Schiff:** Verbindungen zum Festland s. auch unter Livorno (S. 255) und Piombino (S. 267). Im Sommerhalbjahr dichte Fähr- und Schnellbootverbindungen zwischen Piombino und Portoferráio (Fähre 60 Min., Schnellboot 40 Min.), teilweise Anschluss auch mit Rio Marina, Cavo und Porto Azzurro. Im Sommer sollte man die Fähre lieber vorbuchen; Auskunft über das APT bzw. Buchung über die Schiffsgesellschaften: **Moby Line** für Fähren Piómbino – Portoferráio – Piómbino, Via Ninci 1, Portoferráio, Tel. 05 65 93 61, Fax 05 65 91 67 58, www.moby.it; **Toremar** für die Fähren Piómbino – Rio Marina – Porto Azzurro – Pianosa (Fahrzeit: 3 Std.) und für die Aliscafi/ Schnellboote Piómbino – Cavo – Portoferráio (1,5 Std.), Piazzale Premuda, Piómbino, Tel. 05 65 91 80 80; Banchina IV Novembre, Porto Azzurro, Tel. 056 59 50 04; Calata Voltoni 20, Rio Marina, Tel. 05 65 96 20 73, www.toremar.it und www.traghetti-toremar.com.

Die private Fährlinie **NAV.AR.MA Lines** (auch in Reisebüros vorab zu buchen) mit Hauptsitz in Portoferráio/Elba verbindet die Insel ganzjährig mit Piómbino auf dem Festland, in der Hauptsaison bis zu 18 x pro Tag, außerhalb der Saison werktags bis zu 8 x tgl. Überfahrt: ca. 1 Std. Die Fahrpreise sind relativ niedrig, Fahrräder, Hunde (nur mit Maulkorb) und Katzen fahren normalerweise kostenlos mit.

## Portoferráio ►C 10

**Karte:** S. 274

In **Portoferráio** **1** (Eisenhafen) kommen die meisten Elba-Touristen mit der Fähre an. Der Hauptort Elbas ist bereits seit der Zeit der Etrusker der wichtigste der Insel, als diese mit der Ausbeutung der Eisenerze Elbas begann und es von hier aufs Festland nach Populónia zur Verhüttung transportierten.

Portoferráio (gut 12 000 Einw.) ist ein schönes altes und meist lebhaftes Städtchen, eine gute Visitenkarte der Insel. Es klettert vom großbogigen natürlichen Hafenbecken den Hausberg hinauf bis zum Palazzo dei Mulini an der mediceischen Doppelfestung, einem der beiden offiziellen Sitze Napoleons auf Elba. Breite, geradezu theatralisch wirkende Treppengassen führen hinauf und bestimmen das Bild Portoferráios, dessen Häuser mitsamt vier Festungen (La Linguella und Stella im Osten, Falcone und Fortezze Medicee im Westen) von einer mächtigen mediceischen Mauer eingeschlossen sind.

### Stadtbummel

Von der Hafeneinfahrt kommend, blickt man von der mediceischen Mole direkt auf das Stadttor, die **Porta a Mare**, die eher wie ein Schlupfloch in der Mauer wirkt. Dahinter öffnet sich die quer liegende, großzügige und doch provinziell-nett wirkende **Piazza Cavour**. Mit ihren eher schlichten Geschäften bietet sie das typische südländische Bild eines Hauptplatzes, ist lebhaft und viel befahren, besonders an Markttagen.

In ihrer Mitte steigt die schmale Via Vittorio Veneto zum nächsten Platz auf, zur parkähnlichen **Piazza della Repúbblica**, umgeben von Cafés und kleinen Restaurants mit Wintergarten auf den Bürgersteigen. Am linkem Rand beginnt die Via Garibaldi, die wiederum in eine breite Treppengasse mündet, der Salita Napoleone zur Festung hinauf. Durch einen Torbogen und nach links gelangt man zur

**Palazzina Napoleonica dei Mulini**, einem ockerfarbenen Palast aus dem 18. Jh., den Napoleon zu seiner Residenz ausbauen ließ (1814–1815). Die Wohnräume Napoleons können besichtigt werden; ein Kleinod ist die Bibliothek, die der gerade abgedankte und dann wieder zurückgerufene Kaiser der Gemeinde von Portoferráio vermacht hatte (Mi–Mo 9–19 Uhr, Erw. 3 €, zusammen mit Villa San Martino 5 €).

Geht man von der Treppengasse stattdessen nach rechts, kommt man schnell zur wuchtigen **Fortezza della Stella**, die man allerdings nicht besichtigen darf (privat). Aber von hier kann man weiter den schmalen Weg (Gradinata della Stella) abwärts gehen, der über die Salita Cosimo de' Medici zurück zur Piazza della Repúbblica und damit in die Unterstadt führt. Ganz am südlichen Ende der Calata Buccari, dem östlichen Rand des perfekten Hafens von Portoferráio, befindet sich in einem restaurierten mediceischen Salzlager der Festung **La Linguella** (16. Jh.) mit trutziger **Torre del Martello** das **Museo Archeologico della Linguella**. Hier werden Funde vom Ende des 8. Jh. v. Chr. bis zum 5. Jh. n. Chr. aufbewahrt, die vor allem die strategische Bedeutung des Toscanischen Archipels dokumentieren – vor allem für den Handel. (unsichere Öffnungszeiten: Ostern–Ende Okt. Di–So 10–13 Uhr, Nov.–Feb. meist geschl., Tel. 05 65 94 40 24, Erw. 3 €).

Zur Landseite hin schließen die **Forte Falcone** und die **Fortezze Medicee** im Westen die Festungsanlage mit einem Gewirr an Mauern ab, zu deren Füßen heute ein hübscher Stadtpark den Hang abwärts klettert. Unten beginnen die touristischen Hafenmolen, die im Schutz der großen Bucht von Portoferráio liegen und einen Hafen bilden, den der britische Admiral Nelson als den sichersten der Welt bezeichnet haben soll.

Im Nordwesten von Portoferráio beginnt der kurze und schmale, kiesige und dennoch sehr einladende Hausstrand, die **Spiaggia le Ghiaie**, an deren erhöhtem Rand nette Hotels stehen.

## San Martino ► C 11

Auch wer sich nicht allzu sehr für Napoleon interessiert, besucht bestimmt die **Villa Napoleonica**, nur 6 km von Portoferráio entfernt (Busverbindungen). Hierfür gibt es zusammen mit der Palazzina Mulini ein drei Tage

**Idyllische Treppengassen prägen die Altstadt Portoferráios**

gültiges Ticket (s. S. 271). In San Martino ließ Napoleon seine Residenz über einer bereits bestehenden Villa aufbauen. Der Name Villa Napoleonica stammt allerdings erst von 1851, als der russische Prinz Demidoff das Anwesen erwarb und daraus eine napoleonische Gedenkstätte machte. Zu sehen sind Teile der Originaleinrichtung und das Ägyptische Zimmer, in dem an einer Wand, durch eine Glasplatte geschützt, Napoleon höchstpersönlich gekritzelt hatte: »Cum quit … felix« – wo auch immer, er sei glücklich.

Übrigens hat Napoleon hier selbst niemals gewohnt, denn als die Residenz fertig eingerichtet war, musste er schon wieder die Insel verlassen. Von der Terrasse der Villa genießt man einen schönen Blick auf den Hafen von Portoferráio. Unterhalb, in der Galleria Demidoff, sind vor allem historisch wertvolle Stiche von Portoferráio und der Insel aufbewahrt. Man erkennt darauf eine fast baumlose Insel! Napoleon war der erste, der sich an die Wiederaufforstung Elbas machte, indem er überall, wo er hinkam, Bäume pflanzen ließ (Di–So 9–19 Uhr, Erw. 3 €, zusammen mit der Palazzina 5 €).

## Infos

**Agenzia per il Turismo dell'Arcipelago Toscano:** s. S. 269.

## Übernachten

**Luxuriös ▶ Villa Ottone:** Località Ottone (11 km südöstlich Portoferráio), Tel. 05 65 93 30 42, www.villaottone.com, Mai–Okt. Hotel in Neoklassizismus-Villa (mit freskierten Räumen) in schattigem Park am Meer. 73 Zimmer, zwei Suiten. Pool, Tennisplatz. Restaurant; Parkplatz. Nur HP; DZ/HP/Person 200 € (Suiten teurer).

**Fürsorglich ▶ Villa Ombrosa:** Via De Gasperi 9, Tel. 05 65 91 43 63, www.villaombrosa.it, ganzjährig. Nettes Hotel nahe dem Ghiaie-Strand, kurzer Fußweg zur Stadt. 38 moderne bzw. renovierte Zimmer. Restaurant für die Hausgäste; Parkplatz. DZ/ÜF 80–196 €, in der Hochsaison nur mit HP oder VP.

**Schnörkellos sympathisch ▶ Ape Elbana:** Salita Cosimo de' Medici, Tel. 05 65 91 42 45, www.ape-elbana.it, ganzjährig. Traditionsreiches, schnörkelloses ältliches Haus (das erste der Insel; schon zu Napoleons Zeiten eine *Locanda*), zentral, Ecke Piazza della Repubblica. 24 Zimmer, Terrasse zur Piazza. Restaurant (elbanische Fischküche); Parkplatz. DZ/ÜF 70–125 €.

**Camping ▶ Camping Rosselba Le Palme:** Località Ottone 3, Tel. 05 65 93 31 01, www.rosselbalepalme.it, Mai–Sept. Weitläufige Terrassenanlage mit Bungalows 1 km vom Strand, schöner Palmengarten in der Mitte, umgeben von subtropischer Bepflanzung; Pool; Animationsprogramm für Kinder; Tennis. Stellplatz 4,40–19,80 €, pro Person 4,60–14,60 €, Bungalow für vier Personen ab 46 €.

## Essen & Trinken

Entlang des Hafenbeckens, vor allem an der Calata Mazzini mehrere Cafés mit Wintergarten (z. B. **Caffè Roma)**.

**Familiär ▶ La Barca:** Via Guerrazzi 60/62, Tel. 05 65 91 80 36, Ruhetag Mi, Feb. und Juli/Aug. mittags geschl. Familientrattoria in der Altstadt mit Terrasse auf der Gasse. Elbanische Gerichte (sehr gut: Fisch und Meeresfrüchte). Menü um 30 €.

**Kleinigkeiten ▶ Da Nonna Pina:** Viale Manzoni 11, Tel. 05 65 91 42 16, Ruhetag So (außer Juni–Sept.). Freundliche kleine Einraum-Trattoria mit Marmortischen und Papierdecken nahe der Piazza del Popolo/Hafen. Wenige kleine Tagesgerichte wie Pasta 6–7 €, Meeres-Antipasti ab 5 €, Menü 20 €.

**Preiswert ▶ Pane e Pomodoro:** Via Cavalieri di Vittorio Emanuele 5 (Fußgängerzone zwischen Piazza Cavour und Piazza della Repúbblica), Ruhetag So (nur im Winter). Kleiner Gastraum mit Wintergarten; vor allem kleine Speisen und *schiaccine* (gedeckte, mit Gemüse etc. gefüllte Pizza), Pizza, Salate. Je Gericht 5–7 €.

## Einkaufen

**Mineralien ▶** Keine Frage, dass man auf Elba eine große Auswahl an Mineralien kaufen kann. Man darf aber auch selbst buddeln. Wo, sollte man beim **Touristenamt** erfragen, da sich die Standorte ändern können. Auch sollte man klären, was überhaupt gesammelt werden darf.

**Wein ▶** Die Insel produziert immer bessere Weine, vor allem trockene weiße.

## Abends & Nachts

Abends trifft man sich auf den unteren Plätzen oder an den Calate um den mediceischen Hafen. Auch am Ghiaie-Strand bleibt die Strandkneipe im Sommer lange geöffnet. In die kurze Via dell'Amore ganz im Osten der Altstadt zieht es zzt. die Szene. Hier lockt die kleine Wine Bar **Don Alfonso** (Nr. 40) 10–3 Uhr; rustikal, auch mit Kleinigkeiten zu essen, ist in Nr. 48 die **Osteria Pepenero**.

## Termine

Der August ist der Monat der **Patronatsfeste** auf Elba, die meist mit Sportveranstaltungen, Umzügen, gastronomischen Angeboten und Feuerwerk begangen werden.

**Madonna del Monserrato:** 8. September, Fest der (katalanischen) Madonna von Portoferráio mit einer langen Prozession zur Wallfahrtskirche.

**Trofeo Velico Amerigo Vespucci:** im September Segelregatta, veranstaltet zusammen mit der lokalen Sektion der Lega Navale Italiana (Information unter Tel. 05 65 91 77 44).

## Aktiv

**Golf ▶** **Golf Club Hermitage:** (beim gleichnamigen Hotel), Baia della Biodola, Tel. 05 65 96 99 32, 9-Loch-Platz; **Elba Golf Club dell'Acquabona:** Località Acquabona, Tel. 05 65 94 00 66, 9-Loch-Platz.

**Reiten ▶** **Ranch Antonio:** Località Monte Orello (südlich von Portoferráio), Tel. 360 31 77 02 (Handy); **Il Fortino:** Località Buraccio, Tel. 05 65 94 02 45.

**Schiffstouren ▶** Am Hafen werden in den Sommermonaten Schiffstouren nach Capráia (s. S. 287) angeboten.

**Segeln ▶** **Segelzentrum Elba:** 57037 Portoferráio, Villa Marmori im Vorort Bagnaia, Tel. 05 65 96 10 90, www.segelferien.de und **Segelschule Elba Charter:** 57030 Prócchio, Via degli Olivi 9, Tel. 05 65 90 78 38, www.segelschule-elba.de.

**Tauchen ▶** **Sirena Diving Center:** Località Enfola (westlich von Portoferráio).

### Tipp: Eine Insel für Aktivurlauber

Elba ist ein wahres Wassersportparadies, in den meisten Küstenorten gibt es die entsprechenden Angebote für **Segeln, Surfen und Tauchen** (s. u.). Und auch **Wanderer** kommen auf der gebirgigen Insel auf ihre Kosten. Sie quartieren sich mit Vorliebe in den kleinen Bergdörfern ein, meist privat. Aber auch von den Küstenorten ist es nicht allzu weit zu so schönen Ausgangspunkten wie Marciana, von wo aus man z. B. den **Monte Capanne** besteigen kann. Nähere Informationen zu dem breiten Sportangebot auf der Insel: www.elbalink.it.

**Tennis ▶** **Galletti Fabbrizio:** Località Schiopparello (östlich von Portoferráio), Tel. 05 65 93 30 17.

# Der Westen der Insel

**Karte:** S. 274

Der Westen der Insel steigt zu ihrem höchsten Punkt, dem dicht bewaldeten Monte Capanne auf, auf den Bergkuppen hocken idyllische, kleine Bergdörfer mit steilen Treppengassen. Die schroffe Küstenlinie zeigt meist steil abfallende Felsen, die höchstens kleineren oder gar winzigen Buchten Platz bieten. Die Natur ist wild, die mediterrane Macchia voller Rosmarin von intensivem Duft.

## Von Portoferráio nach Prócchio ▶ C 10–11

Von Portoferráio geht es nach Westen am Hausstrand Le Ghiaie vorbei nach Acquaviva, zum **Capo d'Enfola** **2**. Rechts und links sieht man Ginsterbüsche, die im Frühjahr einen betäubenden Duft verströmen, bis man plötzlich zu beiden Seiten das Meer hat. Denn der **Isthmus von Enfola** ist schmal, beiderseits erstrecken sich kleine felsige Buchten. Das Kap erreicht man in wenigen Minuten, aber nur zu Fuß. Stark duftet hier der mit Macchia bedeckte Boden des Pinienwaldes, der sehr an die grünen Wälder der Maremma auf dem Festland erinnert. Das Meer ist ein wunderbares Tauchrevier. Nun geht es zurück Richtung Portoferráio, dann aber biegt man nach rechts ab und folgt den Hinweisen zum Bivio Boni und weiter Richtung Prócchio.

Ein kurzer Abstecher führt zum Vorort **Biodola** mit gröberem, aber hellem Sandstrand und schönen Hotels. Biodola gehört zu den Prachtbuchten Elbas, weshalb sie während der Saison vollkommen überlaufen ist. Auch in **Prócchio** **3** selbst, das bald darauf erreicht ist, sieht es während dieser Zeit nicht besser aus. Denn der feine Sand gilt als der vielleicht schönste öffentliche der ganzen Insel, mit den typischen Einrichtungen eines Badeortes wie Kabinen, Duschen, Verleih von Schirmen und Liegen etc.

## Übernachten

**Eigene Sandbucht ▶ Desirée:** 57030 Marciana (LI), Località Prócchio, Via Spartana 15, Tel. 05 65 90 73 11, www.htdesiree.it, Mai–Anfang Okt. Schöne ruhige Anlage mit Pool und Tennisplätzen. 78 Zimmer und Apartments.. Restaurant für die Hausgäste; Parkplatz. Buchbar nur mit mindestens HP, pro Person 112–200 €.

**Schönes Strandhotel ▶ Biodola:** Portoferráio, Località Biodola, Tel. 05 65 97 48 12, www.biodola.it, April–Okt. In einem Garten mit Pool. 6-Loch-Golfplatz, Tennis. 88 Zimmer. Restaurant für Hausgäste; Parkplatz. Nur HP; pro Person 100–233 €.

## Marciana und Marciana Marina ▶ C 10

Das schönste Seebad – und bei den Italienern vom Festland wohl am beliebtesten – dürfte **Marciana Marina** **4** sein, das inzwischen wegen des florierenden Tourismus auf rund 1950 Einwohner angewachsen ist. Auch hier reichen die Pinienwälder bis ans Meer, den Bootshafen bewacht ein dekorativer Turm, die Häuser stehen abseits des eher bescheidenen kiesigen Strandes – besonders hübsch sind diejenigen entlang der herrlich restaurierten Via Cotone über einer fjordähn-

lichen Bucht am östlichen Ende des Ortes, die auf kantigen Felsen stehen. Wo diese Platz lassen, liegen kleine, bunt bemalte Boote. Im Hintergrund dehnen sich die Weinhänge von Marciana aus und man erkennt den höchsten Gipfel der Insel, den Monte Capanne (s. S. 276).

**Marciana** **5** selbst (375 m hoch) ist wahrscheinlich Elbas hübschester Bergort, überragt von einer malerischen Burgruine, der (immer zugänglichen) **Fortezza Pisana**, zu der man durch den ganzen Ort hindurch bummeln kann. Aber auch die Auffahrt mit dem Wagen außen herum ist möglich. Eng und steil sind die Gassen und Treppen des Berg-

nestes zwischen Häusern mit schönen Granitportalen, vielfach mit den Familienwappen (18./19. Jh.); Blumentöpfe mit riesigen Hortensien verengen sie noch mehr. Mittendrin befindet sich das **Museo Civico Archeologico**, das vorgeschichtliche lokale Funde und solche aus der Etrusker- und der Römerzeit besitzt (nur 16. Juni–15. Sept., unsichere Öffnungszeiten, Fr–Mi 9–13, 16–19.30, So Fei nur 9–13 Uhr, Erw. 2 €).

In Marciana beginnt der steile, wunderschöne Aufgang zur **Madonna del Monte** 6. Eine gute Stunde sollte hierfür berechnet werden. Erst geht es über eine Treppengasse, dann über Felder und durch dichten Wald mit prächtigen Esskastanien und Akazien hindurch. Diesen anstrengenden Weg nehmen auch viele Gläubige am 15. August, wenn sie zu Elbas wichtigster Wallfahrtskirche pilgern, die 1595 neben einer Einsiedelei errichtet wurde, weil sie ein wundertätiges, auf einen Granitblock gemaltes Madonnenbild aus dem 15. Jh. birgt.

Die meisten Besucher aber steigen hinauf wegen einer recht romantischen Geschichte, die sich an der Kirche in 630 m Höhe abgespielt hatte. Hier, an der erfrischenden Quelle und dem schönen Halbrund (Exedra), unter uralten Kastanienbäumen, traf sich am 1. September 1814 Napoleon mit seiner polnischen Geliebten, der Gräfin Maria Walewska, und dem gemeinsamen Sohn Alexander. Heimlich und nur für zwei Tage. Denn Napoleon hatte nicht nur die Intoleranz seiner Gemahlin Marie Louise zu fürchten, die ihrerseits einen Besuch auf der Insel angekündigt hatte, sondern auch die Gefühle der streng gläubigen Inselbevölkerung zu achten. Er wollte seine Beliebtheit bei den Elbanern nicht aufs Spiel setzen, zudem hätte eine öffentliche Romanze nicht zu seiner Auffassung von staatsmännischem Auftreten gepasst.

Marciana ist auch Ausgangspunkt der Gondelbahn auf den **Monte Capanne** 7 (1019 m). Wer keine Angst vor den schaukelnden kleinen, Käfigen ähnelnden Gondeln hat (nur für eine bis zwei Personen), sollte die Fahrt nicht versäumen. Abwärts geht es auf recht gemütlichen, aber auch steilen Wegen, man hat die Wahl. Der Aufstieg zu Fuß von der Bergstation auf den Gipfel ist eher etwas für geübte Wanderer. Keine Frage, dass man von dort oben den schönsten und weitesten Rundblick fast über die ganze Insel genießen kann!

Nur 3 km entfernt und durch eine enge Schlucht von Marciana getrennt, liegt das kleinere **Póggio** inmitten eines dichten Kastanienwaldes in 330 m Höhe. Enge Treppengassen durchziehen auch dieses ehemalige Bergarbeiterdorf, das terrassenförmig angelegt ist.

## Infos

**Ufficio Informazioni Turistiche:** 57033 Marciana Marina (LI), Piazza della Vittoria 13, Tel. 05 65 99 81 12, nur Juni–Sept.

## Übernachten

Suiten ► **Gabbiano Azzurro Due:** Marciana Marina, Viale Principe Amedeo 94, Tel. 05 65 99 70 35, www.hotelgabbianoazzurrodue.it, April–Okt. Kleines feines Ferienhotel im Villenstil (20 komfortable Suiten); schöner Pool, Hallenbad; 600 m vom Strand; Garage. DZ/ÜF 130–200 €.

Abgelegen ► **Andreina:** Marciana Marina, Località La Cala (ca. 3,5 km östlich), Tel. 056 59 01 50, www.hotelandreina.it. Nur zu Fuß (ca. 1 km) oder per Boot erreichbares Hotel, das mit Hilfe von Eseln und Helikopter in einer herrlichen Bucht errichtet wurde. Acht Zimmer. Restaurant. DZ/ÜF 70–90 €.

## Essen & Trinken

Traumhafte Lage ► **Públius:** Località Póggio, Tel. Piazza del Castagneto 11, Tel. 056 59 92 08, nur 25. März–3. Nov., Ruhetag Mo Mittag (15. Juni–15. Sept., sonst ganztags). Wunderbar bodenständiges Lokal mit großer Terrasse darüber in Traum-Panoramalage am Dorfeingang. Elbanische Fisch- und Fleischspezialitäten. Menü ab 37 €.

Freundlicher Service ► **Rendez-Vous da Marcello:** Marciana Marina, Piazza della Vittoria 1, Tel. 056 59 92 51, April–Okt., Ruhetag Mi (außer Juni–Sept.). Von der Promenade ein paar Stufen abwärts in zwei gemütliche Räume, Tische auch auf der Terrasse an der Meerespromenade. Familiäres Fischrestaurant. Fischmenü ab 35 €.

Prima ► **La Vecchia Marina:** Marciana Marina, Piazza Vittorio Emanuele 18, Tel. 056 59 94 05, 7. Jan.–10. März, 10. Nov.–10. Dez. geschl. Sehr gutes Fischrestaurant mit Tischen am zentralen Hauptplatz der übersichtlich-kleinen Altstadt des Badeortes. Menü ab 30 €.

Familiär ► **Da Loris:** Marciana Marina, Via XX Settembre 29, Tel. 056 59 94 96, Ruhetag Mo (außer 20. Juni–Sept.), Jan./Feb. geschl. Schlichtes Lokal im Zentrum unter Holzbalkendecke, mit verglaster Veranda. Frische Pasta, Fischküche. Menü ab 25 €.

## Abends & Nachts

Mehrere Cafés entlang der wunderschönen Meerespromenade von Marciana Marina; Treff der Elbaner Schickeria im Hochsommer bis frühmorgens, z. B. im **Gran Bar La Perla** (hier gibt's die besten *brioche*), nur Ostern–Okt. geöffnet.

Super Panini ► **La Porta:** Marciana, Piazza For di Porta 3 (am unteren Tor), Ruhetag Mi (außer im Sommer). Der Wintertreff der Einheimischen mit Tischen auf der riesigen Aus-

**Inmitten dichter Wälder: Die Bergdörfer Marciana Alta und Póggio**

aktiv unterwegs

## Eine Radtour durch Elbas Westen

### Tour-Infos

**Start:** Marciana, Postamt (**Karte:** S. 274)
**Länge:** 42,3 km, Höhenunterschied 795 m
**Dauer:** ein Tag
**Schwierigkeitsgrad:** anspruchsvoll

Der Westen Elbas gilt als naturbelassen und recht wild, mit schönen Aussichtspunkten und dem höchsten Berg der Insel, dem Monte Capanne (1018 m), den man bei dieser eintägigen Radtour praktisch umkreist. Startpunkt ist die Piazza des hübschen Bergortes **Marciana,** genauer das Postamt, von wo aus man zunächst die Straße nach Póggio nimmt und dann Richtung Marina di Campo abbiegt. Die Straße schlängelt sich durch dichten Wald hinauf zum **Monte Perone**, bis man nach insgesamt 7,3 km zu einem Picknickplatz kommt, der einen wundervollen Panoramablick über den Süden der Insel bietet.

Abwärts fahrend kommt man an der klobigen **Torre di San Giovanni** vorbei, auch dies ein herrlicher Stopp für Panoramafotos des Golfes von Marina di Campo. Am Ende der Talfahrt biegt man rechts ab (12,9 km) nach **San Piero in Campo,** das man allerdings nur streift, denn an der folgenden Abzweigung geht es weiter Richtung Pomonte (17,6 km). Hier beginnt eine wiederum wunderschöne Panoramastrecke oberhalb der Westküste; man kommt vorbei an den verlockenden Stränden von Cávoli, Seccheto und Fetovaia, die man sich für einen Badeausflug allerdings extra vornehmen sollte. Dabei geht es ständig auf und ab, sodass schon eine bessere Kondition der Radelnden gefragt ist ...

In **Pomonte** sieht man den Inselhöchsten, den **Monte Capanne**, vor sich, und nach **Chiessi** wird es besonders anspruchsvoll: immer steiler hinauf, bis zu einem Aussichtspunkt, nach dem es zunächst wieder abwärts geht und gleich wieder aufwärts Richtung **Zanca**, das schon an der Nordwestecke der Insel liegt. Hier jedoch biegen wir nicht nach Zanca ab, sondern radeln geradeaus weiter, um wieder den Ausgangspunkt unserer anstrengenden, aber lohnenden Rundfahrt zu erreichen.

**Radverleih: Il Viotollo:** Via Puccini 3, Marina di Campo, Tel./Fax 05 65 97 80 05, www.ilviottolo.it. Auch organisierte Rad-, Wander- und Bootstouren.

sichtsterrasse vor der mittelalterlichen Porta Lorena; auch Sommertreff der Touristen, die im Sommer der Hitze der Küste entfliehen wollen. Bar, Birreria, Paninoteca etc. mit vielen *bruschette*, Salaten, *panini* (4–8 €).

Schokoladenkuche ▶ **Ummagumma:** Località Póggio, schräg gegenüber von Publius, Ruhetag Do. Kleinigkeiten zu essen wie Spaghetti, außerdem der weit über Poggio hinaus gerühmte Schokoladenkuchen.

### Aktiv

Klettern ▶ **Elba Free Climbing Club:** Località Sant'Andrea, Infos im Hotel Ilio, Tel. 05 65 90 80 18.

Rad fahren ▶ **Rent Lupi:** Marciana Marina, Viale Amedeo 38 (Richtung Marciana), Tel. 05 65 90 43 55; Verleih auch von Scootern.

Reiten ▶ **Azienda Agricola Alvare dell'Elba:** Località La Zanca, Tel. 05 65 90 82 81; auch Reitausflüge für Fortgeschrittene.

Tauchen ▶ **Elba Diving Center:** Tel. 05 65 90 42 56, elbadiving@hotmail. com.

Tennis ▶ **Tennis Club Marciana Marina:** Viale Aldo Moro, Tel. 05 65 99 70 19.

### Termine

**Festa di Santa Chiara:** 12. Aug. Patronatsfest für Santa Chiara in Marciana.

**Festa della Castagna:** um den 2. Okt. Von

Mit dem Rad unterwegs: Anstrengend, aber spektakuläre Ausblicke sind garantiert

Slow Food organisiertes Kastanienfest mit kulinarischen Spezialitäten (Fr–So).
**Presepio vivente:** 22. Dez.–6. Jan. Lebende Krippen in Marciana.

## Verkehr

**Seilbahn:** von Marciana (375 m Höhe) zum Monte Capanne (1019 m Höhe): April–Sept. ca. 9.30/10.30–12.30, 15.30–17.30/18.30 Uhr je nach Sonnenstand, Okt. nur bis 17.15 Uhr. Bei Wetterunsicherheit besser anrufen, Tel. 05 65 90 10 20.

## Die Westküste ►B 11

Steil fallen im Westen die Felsplatten zum Meer hin ab und bilden herrliche Liegeplätze zum Sonnen und Genießen; sie lassen aber auch immer wieder Platz für kleine Sandbuchten. Für Einsamkeitsfanatiker ist dieser Teil Elbas das wahre Paradies. Wo sich ein wenig Macchia an die glatten Felsen klammert, duftet es intensiv nach Rosmarin. Aus allen Felsritzen quillt das köstliche Kraut heraus: zarter Kriechrosmarin oder buschiger Rosmarin mit dicken Nadeln. Der Boden ist hier so karg und trocken, dass man sich fragt, woher die Pflanzen die Kraft zum Wachsen nehmen. Es ist aber ein touristisch bereits stark erschlossenes Gebiet, auch wenn es auf den ersten Blick nicht diesen Anschein hat. Hier findet man auch viele ausgebaute Aussichtspunkte und Picknickplätze.

Eine der schönsten Minibuchten liegt um die Ecke bei **Pomonte** 8, nach Osten zu vor der Punta Le Tombe. Sie ist nur zu Fuß erreichbar. Ihre kleinen Kieseln sind rosafarben und leuchten beim Sonnenuntergang golden. Dieser auch **Roselle** genannte Platz ist allerdings nur über einen steilen, 200 oder 300 m langen Pfad erreichbar. Man muss es sich sozusagen verdienen ... Und schon ist man in **Fetovaia** angelangt, einer tiefen Bucht mit kleinem Sandstrand, die besonders reizvoll ist. Kleinere Boote suchen hier Zuflucht hinter der natürlichen Mole. Dann folgen vor und in **Cávoli** mehrere kleine Buchten. Bei **Colle** muss man etwa 100 Stufen zum Badeplatz mit seinem (inofiziellen) *bagno* absteigen.

## Marina di Campo ► C 11

Dieses alte Fischerdorf **Marina di Campo** 9 liegt fast in der Mitte der Südküste Elbas. Es hat sich touristisch zwar stark entwickelt, ohne jedoch im Kern seinen ursprünglichen Charakter ganz abgelegt zu haben. Marina di Campo (rund 1500 Einw.) besitzt einen herrlichen, für elbaner Verhältnisse recht breiten Sandstrand und als dessen Abgrenzung die längste Promenade der Insel, eine geeignete *passeggiata*-Meile für Einheimische wie Touristen. Die Hotellerie ist ausgewogen, ebenso Art und Anzahl der Restaurants, und es gibt zahlreiche Ferienwohnungen zu mieten, außerdem liegen ringsum die wohl begehrtesten Campingplätze Elbas.

Zu Marina di Campo gehört auch der 3 km entfernte kleine Flugplatz der Insel. Der Ort liegt innerhalb des Gemeindegebietes von **Campo nell'Elba**, dem früher bedeutenden Granitabbaugebiet der Insel. Einen Besuch wert sind hier die winzigen Dörfer **Sant'Ilario in Campo** mit seinen Granitbrüchen und **San Piero in Campo** mit seiner romanischen Kirche mit ihren verblassten Fresken.

Im Vorort **Segagnana** am Beginn der Straße nach Lacona lohnt ein Besuch des **Acquario dell'Elba**, wo man Mittelmeerfauna bestaunen kann. Auf einer Fläche von rund 1000 m² sind mehr als 60 Becken ausgestellt für etwa 150 verschiedene Meeresbewohner, Fische und Pflanzenarten, auch ein paar attraktive Tropenbewohner wie Piranhas und kleine Riffhaie. Integriert ist das **Museo Faunistico Elbano**, ein Faunamuseum mit dem Nachbau typischer Elbaner Vogelnester und anderer Schlupfwinkel der heimischen Fauna (Juni–15. Sept. 9–23.30, 15. März–Mai, 16. Sept.–4. Nov. 9–19.30 Uhr, Erw. 7 €; weitere Infos unter www.acquarioelba.com).

### Infos

**Ufficio Informazioni Turistiche:** 57034 Marina di Campo/Elba (LI), Piazza dei Granatieris, Tel. 05 65 97 79 69 (Mai–Sept.).

### Übernachten

**Im Pinienhain ► Santa Caterina:** Viale Elba, Tel. 05 65 97 64 52, www.hotelsantacaterina.com. 200 m vom Meer und knapp 1 km bis zum Ortszentrum gelegenes, familiäres Ferienhotel mit kleiner privater Pineta. 41 Zimmer. Restaurant; Parkplatz. Nur HP oder VP buchbar, DZ/HP 60–90 €, VP 72–100 € pro Person.

**Klein ► Elba:** Via per Portoferráio 319, Tel. 05 65 97 62 24, www.hotel-elba.it, April–Okt. Familiäres Hotel 300 m vom Meer. 21 Zimmer; Pool. Restaurant nur für Hausgäste; Parkplatz. HP/Person im DZ 42–83 €.

### Essen & Trinken

**Exklusiv am Strand ► La Lucciola:** Viale Nomellini 64, Tel. 05 65 97 63 95, Ostern–Sept. geöffnet, Ruhetag Di (außer Hochsaison). Strandbad mit den üblichen Einrichtungen, am Abend exklusives Restaurant mit fangfrischem Fisch. Fischmenü ab 43 €.

**Apulische Trattoria ► Da Gianni:** Località La Pila, im Flughafengebäude, Tel. 05 65 97 69 65, Ruhetag Di, Nov. geschl. Trattoria mit hausgemachter Pasta (*orecchiette*) und anderen Spezialitäten aus Apulien (wo der Wirt herkommt), für Elba-Verhältnisse zu geradezu niedrigen Preisen. Festes Menü von der Vorspeise bis zum Dessert, inklusive Wein und Wasser 25 €.

### Aktiv

**Paragleiten und Boote ► Marea Rent:** Spiaggia di Marina di Campo, Località La Foce,

Handy 39 21 27 49 24. Verleih von Parasails, Schlauch- und Motorbooten, Jetsky u. a.
Reiten ▶ **Ricci e Rosi:** Località La Pila, Tel. 05 65 97 73 52.
Schlauchboote und Pedalos ▶ **Riccardo:** Lungomare Mibelli, Handy 33 84 20 85 67.
Segeln/Windsurfen ▶ **Club del Mare:** Via Generale Micelli 2, Tel. 05 65 97 69 42.
Tennis ▶ **Club Marina di Campo:** Località Sighello-Campo nell'Elba, Tel. 05 65 97 78 68.

### Termine

**Granfondo Elba Ovest:** Okt. Mountainbike-Rennen, das von Marina di Campo aus veranstaltet wird; Information: Società Ciclistica Elba Ovest, Tel. 05 65 97 80 04, www.granfondoelbaovest.com.

## Der Osten der Insel

**Karte:** S. 274
Den Osten Elbas, vielleicht wegen der Nähe zu Portoferráio, kennen viele ausländische Gäste eher als den Westen. Zu den beliebtesten Ausflugszielen gehören das ausnehmend hübsche Bergdorf und frühere Bergarbeiternest Capolíveri und der Fischerort Porto Azzurro mit seinen Pfahlbauten-Restaurants. Und die verlassenen Bergwerke (teils zu Museen umfunktioniert) bieten nicht nur Mineraliensammlern einen geeigneten Tummelplatz.

Von Marina di Campo aus Richtung Osten fahrend, erreicht man die Ebene von Lacona; hier schiebt sich eine Landzunge fast 3 km weit nach Süden bis zur **Punta della Stella**. Im Westen der Landzunge ist der schöne, sehr beliebte **Golfo della Lacona** ausgebildet mit Elbas größter Sandbucht im Scheitelpunkt, der **Spiaggia Grande**. Sie ist ein Magnet für Wochenendausflügler. Im Osten der Landzunge öffnet sich der größere **Golfo Stella** mit zahlreichen *lidi* (Stränden) auf seiner Ostflanke.

### Übernachten

Gute Ferienanlage ▶ **Lacona:** 57031 Capolíveri (LI), Località Lacona Lido, Tel. 05 65 96 40 54, www.hotellacona.it, 20. April–Sept. Großer Hotelkomplex mit 169 Apartments 100 m vom langen schönen Sandstrand entfernt; Pool, Tennis. Restaurant; Parkplatz. DZ/ÜF ab 148 €.

### Capolíveri ▶ D 11

Keine Strände, sondern Bergwerke und ein zauberhafter Ort locken auf die südöstliche Halbinsel Elbas. Bis auf 413 m erhebt sich die Halbinsel von Calamita, deren Hauptort **Capolíveri** 10, das frühere Bergarbeiterdorf in 167 m Höhe (rund 3700 Einw.), eine grandiose Panoramalage besitzt. Es bereitet wahres Vergnügen, durch die verkehrsberuhigten Gassen des Dorfes in herrlicher Aussichtslage zu schlendern, sich auch mal von den Düften aus einem kulinarischen Tempel zu einer Pause verleiten zu lassen. Das tun freilich so viele, dass der Ort im Sommerhalbjahr fest in Touristenhand ist; dafür hat sich die Preissituation entspannt, es gibt immer mehr Pizzerien, in denen man auch günstigere Gerichte bekommt.

Unterhalb der Haupt-Piazza Matteotti mit vielen Lokalen ringsum befindet sich das Mineralienmuseum, **Museo Alfeo Ricci** (Tel. 05 65 93 51 35, April–Juni, Sept./Okt. 9.30–12.30, 16.30–19.30, Juli/Aug. 9.30–12.30, 19–24 Uhr, sonst anrufen, Erw. 2,50 €).

Das Bergwerk von Calamita südlich von Capolíveri wurde zwar stillgelegt, doch alle Einrichtungen für den Erzabbau werden ständig kontrolliert und stehen daher noch so, als wollte man am nächsten Morgen mit der Arbeit fortfahren. Von der **Punta Calamita** ganz im Süden der Halbinsel wird berichtet, dass Seefahrer noch immer einen höllischen Respekt vor diesem Gebiet hätten, weil man sich hier wegen der starken Kräfte der großen Magnetitvorkommen auf keine Kompassnadel verlassen könne.

### Übernachten

Maritimer Look ▶ **Antares:** 57031 Capolíveri (LI), Località Lido 7,5 km nordwestlich, Tel. 05 65 94 01 31, www.elbahotelantares.it, Ende April–Anfang Okt. Angenehmes weißes Hotel in schöner grüner Lage am Meer mit Dependance; Tennis. 49 Zimmer. Restaurant; Parkplatz. Nur HP buchbar, DZ/HP pro Person 75–140 €.

**Mit Meerblick ▶ Dino:** Località Pareti 4 km südlich, Tel. 05 65 93 91 03, www.hoteldino.com, Ostern–Okt. Familiäres Hotel in schöner Lage mit gutem Preis-Leistungs-Verhältnis. 30 komfortable Zimmer. Terrassenrestaurant; Parkplatz. DZ/HP pro Person 58–100 €.

## Essen & Trinken

**Super ▶ Il Chiasso:** Via Nazzario Sauro 13, Tel. 05 65 96 87 09, Ostern–Okt. geöffnet, Ruhetag Di (außer Juni–Sept.). Charakteristisches, daher überlaufenes (und inzwischen über die Gasse ausgebautes) kleines Abendlokal im Herzen des hübschen Dorfes. Fisch- und Fleischküche; gute Weinkarte. Menü ab 41 €.

**Neapolitanisch ▶ Il Vecchio Borgo:** Via Roma 2 / Ecke Piazza Matteotti, Tel. 05 65 96 70 73, Ruhetag Mi. Neapolitanische Pizzeria mit Holzofen, zwei gemütliche Räume und Terrasse; schön eingedeckt. Pizza 4–6 €, Fisch-Risotto 7 €, Fischgerichte 9–12 €.

## Aktiv

**Klettern ▶ Elba Free Climbing Club:** Località Badisugarello 19, Tel. 05 65 96 70 16.
**Radsport ▶ Gruppo Costa dei Gabbiani:** Stradone San Fermo 13, Tel. 05 65 96 84 02.
**Reiten ▶ Centro Ippico Costa dei Gabiani:** Località Le Ripalte, Tel. 056 59 42 11, www.costadeigabbiani.it.
**Tauchen ▶ Mandel Diving Center:** Località

**Eines der schönsten Hafenstädtchen Elbas: Porto Azzurro**

Morcone, Tel. 05 65 93 50 30, diving@mandelclub.com. Wassersportzentrum der Residence Mandel, auch mit Windsurfschule sowie Verleih von Tretbooten, Kanus, Motorboote für Ausflüge.

## Termine

**Festa dell'Uva:** Am letzten So im Sept. Bei dem großen Weinfest werden alte Traditionen des Weinbaus und der Landwirtschaft dargestellt; mit Prämierung.

## Verkehr

Rings um Capolíveri wurden große Parkplätze eingerichtet; wer dennoch ins Dorf hineinfährt, riskiert einen Strafzettel.

## Porto Azzurro ► D 11

Kein Wunder, dass der einstige Fischerort **Porto Azzurro** 11 (rund 3500 Einw.) bei Touristen, vor allem bei deutschen Urlaubern, so beliebt ist: Erstens besticht er durch seine Lage an einer vor dem rauen Nordwind geschützten Bucht. Zweitens gibt es in der Umgebung mehrere Strände, mit und ohne Sand, flach oder steil abfallend. Außerdem beginnt hier ein Unterwassersportparadies, das sich bis zur Punta dei Ripalti im Südosten der Halbinsel Calamita hinzieht.

Porto Azzurro selbst zeigt sich als Bilderbuchschönheit mit Pfahlbauten-Restaurants am Hafen, in dessen Wasser bunt bemalte Boote schaukeln. Dahinter die Bummelmeile, Fußgängerzone ebenso wie das Gebiet rings um den Hafen. Alles im Schatten der vom spanischen König Philipp III. 1603 errichteten **Fortezza di Portolongone**, auch wenn diese heute noch immer als Strafanstalt dient.

Ebenfalls als Reminiszenz aus spanischer Zeit gilt die Wallfahrtskirche **Madonna di Monserrato** (17. Jh.) am Monte Castello (390 m) nördlich von Porto Azzurro: Die hier verehrte Marienfigur ist eine Kopie der schwarzen Madonna im katalanischen Montserrat unweit von Barcelona und ist vor allem am 8. September, dem Geburtstag Mariä, ein gut besuchtes Wallfahrtsziel. Man kann von Porto Azzurro eine kurze Wanderung dorthin einlegen, auch wenn die Kapelle sonst geschlossen bleibt. Aber ihre Lage ist ausnehmend hübsch und der gut eine halbe Stunde lange Weg dahin ebenfalls!

Im Vorort Pianetto befindet sich **La Piccola Miniera:** ein privates, künstlich geschaffenes Bergwerk, durch das eine Kleinbahn führt (www.lapiccolaminiera.it). Ein kleines etruskisches Mineralienmuseum ergänzt ebenso den Besuch wie die Demonstration der Bearbeitung von Natursteinen (tgl. 9–13, 15–18/20, Juli–Mitte Sept. auch 21–23 Uhr, Erw. 9 €, im Eintrittspreis inbegriffen ist die Verkostung typischer Elbaner Produkte, die man hier ebenso wie Mineralien kaufen kann; nur Museum: Erw. 2 €).

## Übernachten

**An der Hafenpromenade ▶ Belmare:** 57036 Porto Azzurro/Elba (LI), Viale/Banchina IV Novembre 21, Tel. 056 59 50 12, www.elbahotelbelmare.it. 2006 komplett umgebautes Hotel. 27 Zimmer, zum Hafen mit Balkon. Parkplatz. DZ/ÜF 90–160 €.

**Komfortabel ▶ Barbarossa:** Località Barbarossa 1,5 km östlich, Tel. 056 59 50 87, www.elbalink.it/hotel/barbarossa, April–Okt. Familiäres Hotel 350 m von der Spiaggia di Barbarossa im Grünen. 18 z. T. große, komfortable Zimmer. Restaurant; Parkplatz. DZ 58–80, DZ/HP 90–116 €.

**Agriturismo ▶ Azienda Agricola Sapere:** Località Mola, Tel. 056 59 50 33, www.sapereonline.it. Hübsches Anwesen mitten im landwirtschaftlichen Gut ca. 1 km vom Meer. 17 Apartments für 2–6 Personen in zwei restaurierten Bauernhäusern; Pool. Apartments für 2 Personen pro Woche 30–970 €.

## Essen & Trinken

**Im Wasser ▶ La Caravella:** im Hafen, Tel. 056 59 50 66, Dez.–März geschl., Ruhetag Di (außer Juni–Sept.). Freundliches Pfahlbau-Restaurant im Hafenbecken. Elbanische Fischspezialitäten. Fischmenü ab 30 €.

**Elba-Fische ▶ La Lanterna Magica:** Via Vitaliani 5, Tel. 05 65 95 83 94, Ruhetag Mo (außer Juni–Sept.), Dez./Jan. geschl. Einfaches Fischlokal auf verglaster Veranda am Hafen; elbanische Gerichte. Menü ab 23 €.

**Für zwischendurch ▶ All'Arco Antico:** Via d'Alacron 40. Enoteca mit Bar in der ›zweiten Reihe‹ in der Fußgängerzone; für kleine Mahlzeiten zwischendurch; Mittagspause möglich (weil eigentlich Verkaufsladen), sonst bis nach Mitternacht geöffnet.

## Einkaufen

**Mineralien** bei Gianni Minerali, Viale Marconi 15 und Energia delle Pietre, Via d'Alarcon 17.

## Aktiv

**Baden ▶ Spiaggia di Barbarossa** 1,5 km östlich.

**Bootsausflüge ▶ Agenzia Mantica:** Tel. 056 59 53 51, www.elbalink.it/dollaro. Normalerweise mit dem Motorboot »Dollaro II« Juni–Sept. 9.30–12.30 sowie 15.30–18.30 Uhr (mit Bademöglichkeit).

**Segeln und Windsurfen ▶ Ciclo Velico:** Banchina IV Novembre 25.

**Segelchule und Geräteverleih ▶ Circolo Velico Porto Azzurro:** Spiaggia La Rossa, Tel. 05 65 95 78 67.

**Tauchen ▶ Due Passi nel Blu:** Banchina IV Novembre 2, Tel. 05 65 92 00 61, info@duepassinelblu.it.

**Tennis ▶ Longone Tennis Club:** Viale Europa, Tel. 05 65 95 78 45.

## Termine

**Madonna di Monserrato:** 8. Sept. Am Tag der Geburt Mariä ist die kleine Kapelle am Rande des 390 m hohen Monte Castello Ziel einer eindrucksvollen Wallfahrt.

## Verkehr

**Boote:** Fährverbindungen mit der Insel Pianosa und mit Rio Marina.

# Rio nell'Elba und Rio Marina ▶ D 10

Das einstige Bergarbeiterdorf **Rio nell' Elba** 12 in 178 m luftiger Höhe inmitten des Gebirgszuges, der im Nordosten eine Halbinsel bildet, ist mit seinen steilen, engen und verwinkelten Gassen noch recht ursprünglich geblieben. Es soll einer der ersten bewohnten Flecken Elbas gewesen sein. Die Ruine der nahen **Fortezza Volterraio** (11. Jh.) steht auf einer etruskischen Akropolis, ringsum gab es bereits in der Antike mehrere Erzgruben. Bis zur Schließung der neuzeitlichen Gruben bildeten Rio nell'Elba und Rio Marina die Hauptindustriezentren der Insel.

In den letzten Jahren hat man Rio nell'Elba etwas aufgefrischt, den steil am Hang angelegten Stadtpark mit den überdimensionierten Treppen unterhalb der Piazza Matteotti mit Bänken und Kinderspielplatz ausgestattet. Oben auf der Piazza mit der **Chiesa Fortezza San Giacomo e Quirico Martiri**, die über einer pisanischen Festung (um 1300) errichtet wurde und daher noch so verteidigungswillig aussieht, trifft sich alles, was sich

aktiv unterwegs

## Trekking im Zentralmassiv

### Tour-Infos

**Start:** Porto Azzuro (**Karte:** S. 274)
**Länge:** 15,5 km
**Dauer:** ca. 8 Std.
**Wichtige Hinweise:** Der höchste Punkt der Wanderung beträgt 377 m. Organisiert ist diese Strecke Teil einer viertägigen Wanderung bei **Il Viotollo**, Via Fucini 279, Marina di Campo, Tel. Tel 05 65 97 80 05, www.ilviotollo.com.

Diese großartige Wanderstrecke, die auch organisiert angeboten wird (s. o.), führt von Porto Azzuro über das so genannte Zentralmassiv Elbas nach Marina di Campo. Sie ist etwas für Urlauber, die an Geschichte interessiert sind, aber vor allem schöne Landschaften genießen möchten.

In Porto Azzuro sind wir noch in Meereshöhe, doch bald geht es die Valle del Botro zum Capo Galletti, um mit der **Valle del Buraccio** rund 250 m Höhe zu erreichen. Hier werden Wein und Oliven kultiviert. Das ganze Tal abwärts kommt man zu den Weinbergen von **Casa Marchetti** in nur 10 m Höhe. Von hier geht es wieder hinauf, umgeben von duftenden Rosmarinbüschen und Ginster. Angepeilt ist der 377 m hohe **Monte Orello**, wo man ein atemberaubend schönes Panorama genießen kann: im Norden auf Portoferráio, im Süden die beiden Golfe von Lacona und Stella. Hier oben finden sich noch militärische Festungen aus dem Zweiten Weltkrieg.

Vom Monte Orello absteigend, kommt man durch einen alten Korkeichenwald und zur Quelle des bereits von den Etruskern benutzten **Fonte agli Schiumi**. Der Weg führt weiter zum Passo di Colel Reciso (200 m), beeindruckend durch einen großen Kalksteinbruch. Ab hier geht der Aufstieg auf das eigentliche Zentralmassiv los, zum **Poggio del Molino al Vento** in 288 m Höhe. Hier findet man mitten auf den Wiesen die Ruinen der alten und Namen gebenden Windmühle. Und hier spürt man es: Die Mühle hatte keine Mühe, ihre Räder vom Wind drehen zu lassen! Dann erst der Blick auf den Golf von Lacona!

Weiter geht's recht steil Richtung Monte Barbatoia (368 m), doch das Ziel ist der **Monte San Martino** (360 m), ziemlich genau die Mitte Elbas, der nach wenigen Minuten erreicht ist. Beim Abstieg, das Literno-Tal rechts lassend, führt der Weg über einen Maultierpfad zum **Passo del Monumento** (263 m) und weiter ansteigend unter hohen Erdbeerbäumen und Baumerika, hinter denen sich noch manche Bunker verbergen, wird der Gipfel des **Monte Tambone** (277 erreicht). Kein Wunder, dass er als einer der schönsten Aussichtspunkte der Insel gilt! Wieder begleiten uns duftende Macchia-Büsche auf dem Abstieg nach **Marina di Campo**, wo man sich den fast weißen feinen Sandstrand zum Ausruhen bestimmt verdient hat.

sehen lassen will oder etwas zu besprechen hat. Übrigens: Montags bleiben praktisch alle Lokale des Ortes geschlossen (Ausnahme höchstens im Hochsommer).

Überall im Dorf ist die Präsenz und damit die Bedeutung von Wasser spürbar: Brunnen auf den kleinen Plätzen und in den engen Gassen, aber auch der große öffentliche Waschplatz, die **Lavatoi Púbblici Comunali**, zu denen Hinweistafeln führen und die wunderbar restauriert wurden.

Den Museumsbesuch erleichtert einem die Gemeindeverwaltung, indem sie beide Sammlungen von Rio zusammengelegt hat, und zwar in die moderne Sala Barcocaio an der Via Mazzini unterhalb der Terrazza Barcocaio nahe dem Zentrum: das **Museo Minerali Elbani della Gente di Rio** mit etwa

700 Exponaten und das **Museo Civico Archeologico**, in dem die Geschichte Rios durch die Brille der Bergwerksarbeit lebendig dargestellt wird mit Funden von der Vorgeschichte über die Etrusker, die Römer und das Mittelalter (etwas schwierige Öffnungszeiten: Mo, Di 9–13, Do 11–19, Fr 9–13, Sa, So 11–19 Uhr, im Winterhalbjahr besser anrufen, Tel. 05 65 94 34 28, Erw. 2,50 €).

Beim kleinen **Eremo di Santa Caterina** nördlich von Rio ist seit 1997 der Botanische Garten, der **Orto Elbano dei Semplici,** der Öffentlichkeit zugänglich. Er widmet sich der Flora des gesamten Toscanischen Archipels. Die Liste der hier wachsenden Pflanzen führt 1568 verschiedene Arten auf; 1209 von ihnen wachsen allein auf Elba, also eine ungewöhnliche Vielfalt, die u. a. durch die ›spontane‹ genetische Veränderung der Pflanzen zu erklären ist (Mai–Sept. Di, Do So 15–20 Uhr; oder nach Vereinbarung, Tel. 056 59 53 16, www.ortoelbano.it, Erw. 2 €). Leider besteht die Gefahr, dass der wunderbare Garten nicht mehr der Öffentlichkeit zugänglich gemacht wird. Gefördert werden jedenfalls musikalische Abende beim Eremo di Santa Caterina.

Für Mineralienfreunde blieb zumindest im sehr einladenden Hafenstädtchen **Rio Marina** **13** 3 km östlich noch etwas von der Bergwerksgeschichte übrig, nämlich das **Museo dei Minerali Gennai Tonietti**, das mit dem Parco Minerario zusammengelegt wurde und nun im früheren Verwaltungsgebäude von Italsider (Palazzo Burò, Via Magenta 26) zu besichtigen ist. Es besitzt rund 1000 Beispiele der auf Elba gefundenen Mineralien und Erze in 24 Vitrinen, mit genauen Angaben ihrer Fundorte. Man kann sich dort auch für geführte Touren durch nahe Erzgruben anmelden (unsichere Öffnungszeiten, Do–So 9.30–12.30, 16.30–19.30/21–23 Uhr, Tel. 05 65 96 20 88).

Ganz Rio Marina mit seinem vom Uhrturm bewachten Fährhafen ist inzwischen auf Tourismus eingestellt, den es trotz seiner geringen Größe mit einer erstaunlichen Vielfalt an Restaurants und Lokalen bedient. Wenn montags vormittags Markt herrscht, ist kein Parkplatz zu finden, und nach 14 Uhr füllen sich auch die Lokale mit hungrigen Marktleuten. Also hier lieber an einem anderen Tag eine kulinarische Pause einlegen! Vom Hafen steigt hinter dem dekorativen Uhrturm die Altstadt auf, deren Häuser schlicht, aber in schönen Erdfarben bemalt sind: gelb, ocker und altrosa. Dem Hafen gegenüber, unterhalb vom Museum, liegen einige Kneipen, mehrere in der kurzen Fußgängerzone auf halber Höhe.

## Übernachten

Traditionshaus ▶ **Rio sul Mare:** Via Palestro 31, 57038 Rio Marina (LI), Tel. 05 65 92 42 25, www.hotelriomarina.com, Mai–Okt. Traditionsreiches, renoviertes Hotel (Palazzo aus dem 19. Jh., hier wohnten die Mitarbeiter der Minenbetreiber) nahe beim Hafen. 35 unterschiedliche, zweckmäßige z. T. klimatisierte Zimmer, im 3. Stock mit Terrassen; zwei Salons, Innenhof. DZ/ÜF 88–170 €. Menüvereinbarung im Oreste (s. u.).

Camping ▶ **Sole e Mare:** 57039 Rio nell'Elba (LI), Località Nisporto nordwestlich im Westen der Halbinsel, Tel. 05 65 93 49 07, www.soleemare.it, ganzjährig. 3-Sterne-Campingplatz bzw. Feriendorf mit Apartments und Bungalows. Restaurant, Pizzeria, SB-Supermarkt; großes Sportangebot, u. a. Tauchschule. Stellplatz 5–25 €, pro Person 6– 15 €, Bungalows für 4 Personen 250–820 € pro Woche.

## Essen & Trinken

Lokale Spezialitäten ▶ **Da Oreste – La Strega:** Rio Marina, Via Vittorio Emanuele 6, Tel. 05 65 96 22 11, Ruhetag Di (außer Juni–Sept.), Jan./Feb. geschl. Gemütlicher kleiner Raum, große Sommerterrasse. Regionales wie Sepie süß-sauer mit Gemüse, Thunfisch mit Tomaten, Olivenöl und Zwiebeln, Pasta mit Fisch und Meeresfrüchten; fangfrischer Elbafisch, auch Fleischgerichte; hausgemachte *dolci* und Brot. Lokale Weine. Menü ab 30 €.

Mit grünem Wintergarten ▶ **La Cipolla:** Rio nell'Elba, Piazza del Popolo 1, Tel. 05 65 94 30 68, Ruhetag Mo, sonst 7–24 Uhr geöffnet. Kleines familiäres Lokal, Bar/Café oberhalb der Piazza Matteotti. Lokale Gerichte wie *sburrita* aus (entsalzenem) Stockfisch, Fisch-*gnocchi*, schwarzer Risotto, Fisch-*frittura*, aber auch Rindersteak. Menü ab 20 €.

## Einkaufen

**Markt:** Jeden Montag Vormittag in Rio Marina.

## Termine

**I Fiori della Terra:** Juni. Mineralienausstellung »Blumen der Erde« in Rio Marina, wo man Mineralien bewundern, aber auch kaufen bzw. tauschen kann. Informationen bei der Gemeinde, Tel. 05 65 96 20 09.

**San Rocco:** 16. Aug. Patronatsfest in Rio Marina.

## Verkehr

**Schiff:** Ab Rio Marina Fährverbindungen mit Porto Azzurro und weiter nach Pianosa sowie nach Piómbino, dorthin auch mit Schnellbooten.

## Cavo ► D 10

Ganz im Nordosten der Insel, in **Cavo** 14, können nicht nur Erzgruben besichtigt werden. Hier steht auch die Kirche der Bergleute, die **Chiesa Santa Barbara**. Cavo umgeben dichte Pinienwälder einerseits sonnige, felsige wie sandige Buchten andererseits. Es ist ein netter, einfacher Ort, der nur im Sommerhalbjahr zum Leben zu erwachen scheint, wenn auch Wassersportler die nahen Buchten bevölkern, im Bootshafen die Schnellboote aus Portoferráio einfahren oder dorthin abfahren.

## Übernachten

**An der Promenade ► Pierolli:** Lungomare Kennedy 1, Tel. 05 65 93 11 88, www.hotelpierolli.it, April–Okt. Modernes, familiäres Hotel im Garten gegenüber der Meerespromenade. 22 Zimmer. Restaurant; Parkplatz. DZ/ÜF 80–160 €, Juni–Sept. nur VP, DZ pro Person 50–110 €.

**Familiär ► Maristella:** 57030 Cavo/Rio Marina (LI), Lungomare Kennedy 4, Tel. 05 65 94 98 59, www.hotelmaristella.com, April–Sept. Freundliches Familienhotel in zwei Villen unter hohen Pinien gegenüber der Meerespromenade. 24 Zimmer, zwei Suiten. Restaurant; Parkplatz. Nur HP im Hochsommer; DZ pro Person 104–144 €.

## Verkehr

**Schiff:** Schnellboote verbinden im Sommer Cavo mit Portoferráio.

# Die Eilande rund um Elba

Die vier kleinsten Inseln des Toscanischen Archipels gehören zusammen mit Elba zur Provinz Livorno und werden touristisch vom APT Arcipelago Toscano gemeinsam mit Elba betreut. Capráia liegt nordwestlich von Elba, Pianosa südwestlich davon; westlich von Livorno, also weit im Norden liegt Gorgona, ganz im Süden Montecristo. Alle Inseln gehören wie Elba und Gíglio zum hier besonders streng geschützten Naturpark Arcipelago Toscano.

Während man Capráia problemlos von Elba aus erreichen kann, muss man sich für Pianosa, das täglich höchstens 400 Personen besuchen dürfen, einer organisierten Tour anschließen. Gleiches gilt auch für die kleine Insel Montecristo. Gorgona schließlich wird noch immer fast vollständig von der bereits 1869 eingerichteten Strafanstalt bedeckt und ist nur sehr eingeschränkt zugänglich. Eine liebevoll aufgemachte Webseite kümmert sich um die Belange der Inselbewohner, (www.ilgorgona.eu; vorerst nur auf Italienisch).

## Capráia ► A 9

Die bewohnte Insel **Capráia** (19,5 km²; rund 300 Einw.) mit ihren steilen Felsenküsten und geradezu wilder Landschaftsszenerie ist vulkanischen Ursprungs und unter passionierten Unterwassersportlern sicherlich kein Geheimtipp mehr. Mit dem **Monte Arpagna** erhebt sich das Inselchen immerhin 410 m aus dem Meer und bietet sich auch im Inneren sportlichen Naturen an: für Wanderungen. Kaum zu glauben, dass es hier von 1873 an eine landwirtschaftliche Strafkolonie gegeben hatte, die erst 1986 schloss und damit die Bahn frei machte für die Aufnahme in den Nationalpark des Toscanischen Archipels 1989.

In **Porto**, wie der kleine Hafenort einfach heißt, verbindet eine nur 800 m lange

Asphaltstrecke den Hafen mit dem Dorf, mit **Paese**. Sonst gibt es nur Pfade, gemauerte Wege und Staubstraßen. Besonders sympathisch ist die Bestimmung, dass man im Sommer sein Fahrzeug nur bis zu einer Stunde nach Ankunft und ab einer Stunde vor Abreise benutzen darf – also lassen vernünftige Reisende ihr Fahrzeug lieber auf dem Festland stehen (was auch eine Kostenfrage ist, denn der Fährtransfer ist nicht gerade billig). Ein kleiner Bus des ATC verbindet die beiden Ortsteile von 7 bis 1 Uhr miteinander.

Außer Natur hat die Insel auch kleine historische Attraktionen zu bieten: Porto, die einzige Siedlung der Insel, wird vom **Forte San Giorgio** (12. Jh.) bewacht und hatte seine größte Bedeutung zur Zeit der Sarazenenüberfälle. Ähnlich trutzige Verteidigungstürme besitzt Capráia rings um die Insel noch dreimal, typisch für die einst waffenstarrende Insel, die am besten geschützte des Archipels. Die niedrigen Häuser aus lokalem Stein sind verputzt und in zarten Pastellfarben gestrichen. In der Mitte erhebt sich das größte Gebäude der Insel, der so genannte **Palazzone**, von den Savoyern 1838 errichtet. Hier versuchte man mit einer Zigarrenfarbrik der Inselwirtschaft einen Anschub zu geben.

Zu den ältesten Bauten auf der Insel zählen die **Kirche Santo Stéfano** aus dem Jahr 800, die im 11. Jh von den Pisanern nach einem Sarazenenüberfall wiederaufgebaut wurde (südlich von Paese), einige Häuser aus dem 15. Jh. und die **Himmelfahrtskirche** aus dem 11. und 12. Jh. in der kleinen Hafensiedlung sowie **San Giorgio** (15. Jh.) auf der Spitze von Bricco. Keine Frage, dass auf der naturgeschützten Insel die Macchia in schönsten Farben blüht und die Düfte ihrer Wildkräuter unbeschreiblich sind. Ein großer Teil der Flora ist sogar endemisch, kommt also nur auf Capráia, der Insel der Ziegen vor. Auch die Fauna kann sich sehen lassen, außer den Silbermöven leben hier Haubenkormorane, Sturmtaucher, die Korallenmöwe mit dunklem Schnabel, Fischadler und Bussard, Wander- und Turmfalke; unter den Säugetieren gibt es allerdings nur Kaninchen und Mufflons zu nennen.

## Tipp: Tauchparadies mit Hindernissen

Die Tauchgründe der Insel Capráia gehören zu den schönsten des Mittelmeeres, nicht nur wegen der Vielfalt an Fauna und Flora unter Wasser, sondern auch wegen der steilen und vielfältigen Felsformationen an der Küste; in der Nähe der Sandbänke, 200–500 m von der Küste entfernt, sind u. a. Barrakudas und Zackenbarsche zu entdecken. **Doch Vorsicht:** Streng geschützten maritimen Regionen darf man sich von Mai bis Juni weder zu Fuß noch mit dem Boot nähern, geschweige denn dort tauchen, und das gilt auch im Süden der Insel für das Gebiet rund um Piano dello Zenobito, wo u. a. eine seltene Möwenart nistet.

## Infos

**Pro Loco:** 57032 Isola di Capráia (LI), Via Assunzione, Tel. 05 86 90 51 38, www.prolococapraiaisola.it.

## Übernachten

**Mediterrane Apartments ▶ Solmar:** Porto Turistico, Via Assunzione 100, Tel. 05 86 90 51 98, www.solmar.it. Modernes Ferienhaus mit zehn unabhängigen, verschieden großen Apartments mit Kochnische für 2–6 Personen; direkter Zugang zum Meer. Apartment für zwei Personen 120–180 €/Tag, 600–1300 €/Woche.

**Mit Kastellblick ▶ Da Beppone:** Porto, Via Assunzione 78, Tel. 05 86 90 50 01, www.dabeppone.it. Zwölf-Zimmer-Haus. Restaurant. DZ 60–95 €.

**Camping ▶ Le Sughere:** Porto, Via delle Sughere 1, Tel. 05 86 90 50 66, www.campeggiolesughere.it, April–Sept. Hübscher Campingplatz mit Bungalows unweit vom Hafen. Restaurant. Stellplatz 6,50–12 €, pro Person 10,50–12,50 €.

## Essen & Trinken

Mehrere Lokale in Porto und Paese (Dorf), u. a. **La Lampara** (Tel. 05 86 90 51 56) und **Da Beppone** (s. o., Hotels).

## Aktiv

**Bootsfahrten ▶ Inselumrundung per Boot:** Ausflugsangebote am Hafen.

**Tauchen ▶ Capráia Diving Service:** Via Assunzione (Porto), Tel. 05 86 90 51 37, www.capraiadiving.it. Auch nächtliche Tauchexpeditionen (s. auch Mini-Tipp S. 288)!

**Wandern ▶** Neun Wege erschließen die gesamte Insel und dauern zwischen 30 Min. und 5 Std. (hin und zurück). Auf der Website www.isoladicapraia.it/camminando sind die Wege genau beschrieben.

## Verkehr

**Schiff:** 1 ¾ Std. braucht die Fähre von Portoferráio/Elba, 2 ½ Std. von Livorno direkt, 3 Std. über die Insel Gorgona. Infos Toremar Capráia, Via Assunzione, Tel. 05 86 90 50 69 oder innerhalb Italiens kostenlos unter 199 12 31 99; www.toremar.it.

# Pianosa ▶ B 12

Seitdem die 10,25 $km^2$ kleine und höchstens 29 m hohe Insel **Pianosa** aus Muschelkalk und anderen Ablagerungen des Quartärs seit 1998 nicht mehr als Strafkolonie benutzt wird, gehört sie im Rahmen des Naturparks nun zu den besonders streng geschützten Inseln des Toscanischen Archipels. Was hier besonders Sinn macht, denn die rund 150 Jahre Strafkolonie führten dazu, dass zumindest das Meer ringsum tatsächlich unberührt blieb und sich nun in besonderer Pracht als Unterwasserparadies zeigt, speziell durch die ringsum gedeihende *Posidonia*, eine besondere, empfindliche und im Mittelmeer gefährdete Algenart. So darf man sich nicht in Eigenregie der Insel nähern, folgerichtig auch nicht ankern, fischen oder tauchen; baden ist nur am ausgewiesenen Strand von **Cala Giovanna** gleich beim kleinen Hafen erlaubt. Wandern darf man, aber man sollte die Wege nicht verlassen, Blumen pflücken und Mineralien sammeln sind ebenso streng verboten wie Jagen, Feuermachen und wildes Campen. Hunde müssen an der Leine geführt werden. Übernachten ist nicht möglich, daher ist Pianosa ein reines Ausflugsziel.

Die nahezu flache Insel (daher ihr Name: *pianosa*, die Flache) steigt gleich zweimal 29 m hoch, einmal nordwestlich des Hauptortes mit dem **Belvedere** und einmal südwestlich mit dem **Poggio alla Quercia**. Wie auf Capráia gibt es nur eine kurze Asphaltstraße zwischen der Cala San Giovanni im Süden und den Bagni di Agrippa am Ende der Cala Giovanna, dem Strand im Norden des Hafens. Alles andere sind Staubstraßen, die einst für die Erschließung der Äcker der Strafkolonien geschaffen wurden.

Beim Hafenort befinden sich **Katakomben**, wahrscheinlich aus dem 4. Jh., die restauriert wurden und zugänglich sind. Einer der politischen Gefangenen 1932 auf Pianosa war der italienische Staatspräsident, Sandro Pertini.

## Infos

Gute Informationen zu Pianosa liefert die Website www.pianosa.net.

## Verkehr

**Schiffsausflüge:** Bootsverbindungen von Toremar im Sommer tgl. ab Marina di Campo, Portoferráio und Marciana Marina; von Piómbino und Rio Marina bzw. Porto Azzurro (unsicher) Fähre von Toremar, Hafen von Rio Marina, Tel. 05 65 96 20 73.

# Montecristo ▶ C 13

Ein interessantes Reiseziel ist **Montecristo**, die 10,39 $km^2$ kleine Insel mit einem Benediktinerkloster aus dem 16. Jh., das Alexandre Dumas zu seinem Roman »Der Graf von Montecristo« inspirierte. Die Insel reizt außerdem mit ihrer zerklüfteten Küste und dem höchsten Granitgipfel, der bis 645 m aus dem Meer emporsteigt. Montecristo ist nur mit einem der organisierten Bootsausflüge zu erreichen. Auf eigene Faust darf man die bereits seit 1977 wegen der damals noch ringsum lebenden Seelöwen unter strengem Naturschutz stehende und seit 1996 zum Parco Nazionale dell'Arcipelago Toscano gehörende Insel nur per Sondergenehmigung anfahren.

## Verkehr

**Schiff:** Die Insel kann nur per Ausflugsboot über ein Reisebüro von Elba, Gíglio und Porto Santo Stéfano aus angefahren werden.

# Grossetos Küste und die Maremma

**Die große Provinz Grosseto mit der gleichnamigen Hauptstadt und dem hübschen Massa Maríttima als urbane Zentren besitzt wichtige etruskische Fundorte und eine abwechslungsreiche Küste; dieser vorgelagert sind die Halbinsel Monte Argentario, die beliebte Badeinsel Gíglio und das gern besuchte Eiland Giannutri.**

Der Name Maremma wird gerne mit *amaro*, bitter, übersetzt aufgrund der harten Arbeit ihrer Bewohner und des Leidens in den sumpfigen, einst von Malaria verseuchten Gebieten. Er kommt aber von *maríttima*, meernah. Die Landschaft erstreckt sich von der Küste weg, in Höhe von Massa Maríttima, über Grosseto als Mittelpunkt bis in die Region Latium, nach Tuscania und Tarquinia, den beiden bedeutenden Etruskerstädten kurz vor Rom. Die Maremma entspricht damit im Großen und Ganzen der Provinz Grosseto – einer sehr ländlichen Provinz mit nur zwei bedeutenden Städten: der gleichnamigen Provinzhauptstadt fast im Zentrum und Massa Maríttima im Norden.

## Tipp: Zeugen der Etruskerzeit

Wer sich für Kunst und Kultur der Etrusker interessiert, sollte den folgenden zwei Ausgrabungsstätten unbedingt einen Besuch abstatten: Unterhalb des kleinen Ortes Vetulónia wurden überaus sehenswerte Nekropolen freigelegt (s. S. 296), und in Roselle, einst Teil des Zwölferbundes, kann man die Überreste dieser Etruskerstadt besichtigen (s. S. 301)! Gegenüber der Halbinsel Monte Argentario kann man außerdem ein Meisterwerk der etruskischen Ingenieurbaukunst bewundern: die Tagliata Etrusca (s. S. 309).

Die Maremma ist Etruskerland, mit einigen interessanten und mehreren leider geplünderten oder gar völlig verschütteten Nekropolen. Und mit typisch etruskischen Gründungen in der Alta Maremma auf hohen Tuffgraten wie Pitigliano und Sovana, deren heutiger Charakter innen freilich vom Mittelalter geprägt wurde.

Bis zur Regionalgrenze mit Latium prägen Flussmündungen, Bäche und Kanäle das Landschaftsbild ebenso wie die grüne Pineta del Tómbolo und der vielleicht schönste Naturpark der Toscana, der Parco Naturale della Maremma mit den Monti dell'Uccellina.

Die frühere Insel Monte Argentario, ein Berg mit einem schönen Hafenort und einem begehrten Ferienhafen, ist durch drei Dämme mit dem Festland verbunden. Dazwischen liegt in der Lagune das hübsche, aber von Stechmücken geplagte Orbetello und auf dem Festland gegenüber ein etruskisches Wunderwerk der Ingenieurbaukunst, die Tagliata Etrusca, die den damaligen Hafen vor Verlandung schützte.

Einst galt das Land zwischen Follónica und über die Grenze zum Latium hinweg bis vor Tarquinia als verflucht, weil durch Malaria verseucht. Doch heute lebt die Provinz Grosseto nicht schlecht vom Hinterland der inzwischen trocken gelegten Maremma. Das intensiv landwirtschaftlich genutzte Gebiet ist sehr fruchtbar, Haupteinnahmequellen sind Getreide- (wie zur Römerzeit, vor der Versumpfung) und Weinanbau, Pferde- und vor allem

Rinderzucht (weiß-graue, riesige *maremmane*). Die Cowboys der Maremma, die *bútteri*, sind anders als die Schäfer der Toscana bereits vor Generationen nicht aus Sardinien eingewandert, sondern aus dem Veneto. Die Hügel des Hinterlandes gelten als begehrtes Jagdgebiet, und in den Flüssen und zahlreichen Kanälen zur Entsumpfung des Gebietes wird kommerzielle Fischerei betrieben.

Auch von ihren Stränden lebt die Maremma nicht schlecht, die man in dieser Region Küsten-Maremma nennt: Punta Ala ist der Retortenort mit dem größten Yachthafen des Tyrrhenischen Meeres und ein Golfer-Dorado, das man freilich bezahlen können muss – Castiglione della Pescáia dagegen der gewachsene Fischerort, noch immer hauptsächlich von regionalem Tourismus geprägt.

## Massa Maríttima ▶F 9

Das städtebauliche Juwel am südlichen Rand der Colline Metallífere beeindruckt in 560 m Höhe durch seine geologische Schräglage, die sich besonders hübsch in seinem Zentrum, dem Domplatz , eigentlich Piazza Garibaldi, zeigt. Zweimal im Jahr steht **Massa Maríttima** (knapp 9000 Einw.) im Mittelpunkt des Interesses: Im Mai und August wird das historische Spiel Balestra del Girifalco, das Armbrustschießen auf einen hölzernen Falken in prächtigen Renaissancekostümen, gespielt, einmal zu Ehren des heiligen Bernhard von Siena (1380–1444), der in Massa Maríttima zur Welt kam, und einmal in Erinnerung an die Gründung der Freien Kommune.

Die kleine Stadt war im Mittelalter Zentrum des Bergbaus in den metallreichen Hügeln. 1310 entstand hier der »Codice Minerario Massatano«, der in der Stadtbibliothek aufbewahrt wird: das erste modifizierte Berggbaugesetz. Wie Grosseto litt die Stadt damals stark unter der Malaria, Ende des 18. Jh. wurden kaum noch 400 Einwohner gezählt. Erst das 19. Jh. brachte wieder Schwung in den Bergbau, der allgemeinen Industrialisierung folgend. Im 20. Jh. hingegen tauchten – trotz der Trockenlegung der Sümpfe ringsum (ab 1930) – neue Entvölkerungsgefahren auf: erst durch die starke Bombardierung im Zweiten Weltkrieg, dann durch die endgültige Schließung der Minen.

Heute setzen die Stadtväter auf eine touristische Zukunft. Dafür steht an erster Stelle das hübsche Stadtbild selbst: Die Altstadt *(città vecchia)* aus dem 13. und 14. Jh. rings um den Dom bietet durch die kompakte Struktur besondere städtebauliche Reize, ebenso die Neustadt *(città nuova)* bei der Burg. Sie brachten Massa Maríttima den Beinamen Perle des Mittelalters ein. An zweiter Stelle garantieren die unzähligen Ferienhäuser, vielfach in ausländischer Hand, einen zumindest im Sommerhalbjahr regen Zulauf und eine gesteigerte Nachfrage nach Lebensmitteln, Handwerkern, Restaurants etc.

### Città vecchia

Von mittelalterlichen Bauten umgeben ist die unregelmäßige **Piazza Garibaldi**, mit den Cafés und Bars ringsum der Treff der Einheimischen am Abend, vor allem der Jugend, die ihre *passeggiata* in die Via della Libertà und weiter zur kleinen Piazza Cavour ausdehnt – und wieder zurück. An der Südseite der Piazza Garibaldi steht leicht erhöht und platzbestimmend der **Duomo San Cerbone** mit seiner romanischen und pisanisch-gotischen Baudekoration. Zu ihm führt, fast theatralisch, eine breite und die Platzschräge ausgleichende Treppe hinauf, die auch den Campanile und den Bischofspalast einbezieht. Besonders hübsch wirkt der Campanile, dessen fünf obere Stockwerke durch immer mehr Klangöffnungen (2, 3, 4 und zweimal 5) eine gewisse Leichtigkeit erhalten; die große Vierungskuppel zeigt sich im Gegensatz zur äußeren Haut des Domes backsteinrot.

Die dreischiffige und siebenjochige Basilika ruht innen auf Marmorsäulen mit korinthischen Kapitellen. Gleich gegenüber dem (normalerweise seitlichen) Eingang bekommt man das augenfälligste Kunstwerk des Domes, das Taufbecken aus einem einzigen Travertinblock, zu sehen, das Giroldo da Como 1267 schuf. Ein quadratisches, nicht wie sonst üblich oktogonales Bildhauerwerk mit einem Tabernakel in der Mitte, das erst in der Renaissance hinzu kam (um 1447). In diesem großen Becken wurde am 8. September 1380 Bernardino Albizeschi getauft, der spätere hl. Bernhard von Siena. Am Ende des linken Seitenschiffes befindet sich eine typische »Maestà« auf Goldgrund von Duccio (1316).

Rechts vom Dom schaut auch der dreistöckige, mit Wappen reich geschmückte **Palazzo Pretorio** (ab 1255), Sitz des **Museo Archeologico** mit den größten Schätzen der Stadt, auf die Piazza: Funde aus der etruskischen Siedlung und der Nekropole vom nahen Lago dell'Accesa (7.–6. Jh. v. Chr.) sowie römische Ausgrabungsstücke, außerdem Malerei des 14.–15. Jh., darunter eine »Maestà« von Ambrogio Lorenzetti. Zu den Sammlungen gehört eine wundervoll schlichte Stele in Form eines Menschen mit schlanken Armen sowie angedeuteter Nase und Augen – der Mund fehlt wie bei den Stelen der Lunigiana (s. S. 232). Diese *Stele di Vado all'Arancio* stammt wie anderes prähistorisches Material aus der Umgebung der Stadt aus dem 3. Jt. v. Chr. (Di–So April–Okt. 10–12.30, 15.30–19, Nov.–März 10–12.30, 15.30–17 Uhr, Erw. 3 €).

Am Anfang der *passeggiata*-Meile, also rechts vom Museum, erhebt sich nach einer schmalen Treppengasse, die abwärts führt, eine Reihe mittelalterlicher Paläste und Turmhäuser wie der frühere **Palazzo Comunale** aus mehreren Turmhäusern (ab 1250) und die **Casatorre Biserno**. Gegenüber öffnet sich eine große Loggia mit dem einladenden Caffè Logge. Hier beginnt eine aufsteigende Gasse, die Via Moncini, die zum Arco Senese führt (s. u.). Bleibt man auf der geraden Via della Libertà, hat man die Wahl zwischen mehreren Cafés und netten Geschäften, also Kaffeepause oder Einkaufsbummel. Rechts führen die Gassen nach oben, links nach unten.

**Ein nahezu unbekanntes Juwel: Der Domplatz von Massa Maríttima**

## Città nuova

Ein Bummel nach rechts führt durch Altstadtgassen, deren Häuser teilweise in den Felsen hineingebaut wurden. Manche kleinen Läden in ihnen verkaufen Mineralien, fantasievollen Schmuck und anderes Kunsthandwerk der Region. Oben angekommen, am schönsten wie bereits erwähnt über die zur Treppengasse übergehende Via Moncini, muss man den Kopf tief in den Nacken zurücklegen, um den großartigen **Arco Senese** von 1337 mit seinem kühnen Bogen zu erfassen. Er verbindet die enge Festung außerhalb der Mauer der Altstadt (13. Jh.) mit dieser, scheint sich auf sie zu stützen. Die Festung von 1355 ist eigentlich nur ein Turm auf großem quadratischen Grund und wird **Torre del Candeliere** genannt. Der Aufstieg garantiert weite Aussichten in die sanfthügelige, grüne Maremma (Di–So April–Okt. 10–13, 15–18, Nov.–März 11–13, 14.30–16.30 Uhr, Erw. 2,50 €).

Im Gegensatz zur Altstadt mit ihren krummen Gassen ist die so genannte Neustadt in akkurate Rechtecke aufgeteilt. Die Straßen sind gerade, müssen aber auch keiner Hanglage mehr folgen – man ist bereits ganz oben auf einer Art Plateau. Gegenüber dem Arco Senese steht an der Piazza Matteotti das eher bescheidene **Museo di Arte e Storia delle Miniere** (April–Okt. Di–So 15–17.30 Uhr, Erw. 1,50 €). Dessen Besuch sollte ergänzt werden durch das größere **Museo della Miniera** am abschüssigen Südrand der Altstadt in einer stillgelegten Stollenanlage, unterhalb des Domplatzes, der in die historischen Bergwerksstollen führt (Führungen Di–So April–Sept. 10, 11, 12, 12.45, 15.30, 16.30, 17, 17.45; Okt.–März 10, 11, 12, 15, 16, 16.30 Uhr, Erw. 5 € inklusive Stollenbegehung).

An der Piazza Matteotti beginnt der schnurgerade Corso Diaz zwischen niedrigen Häusern zum aufgelassenen **Kloster Sant'Agostino** mit zauberhaftem Kreuzgang. Zusammengelegt mit der ebenfalls aufgelassenen **Chiesa di San Pietro all'Orto** wurde daraus ein Ausstellungszentrum für zeitgenössische Kunst (mit Wechselausstellungen) geschaffen, zu dem die fest installierte **Collezione Martini** mit rund 750 Werken gehört (Di–So 11.30–12.30, 15–17 Uhr, Erw. 2 €).

Im Kloster hat das **Museo di Arte Sacra** Platz gefunden, das in fünf Sälen kostbare Sakralwerke aus den Kirchen und Klöstern Massa Maríttimas, entstanden während der Blütezeit der Stadt im 13. und 14. Jh., aufbewahrt (Di–So April–Okt. 10–13, 15–18, Nov.–März 11–13, 15–17 Uhr, Erw. 5 €).

## Tipp: Die Weinstraße entlang

»Strada del Vino Montereggio di Massa Maríttima« heißt ein jährlich erscheinender Führer (kostenlos bei den Infostellen erhältlich), der zahlreiche Vorschläge für Rundfahrten entlang der Weinstraße enthält, die durch die Gemeinden von Castiglione della Pescáia, Follónica, Gavorrano, Massa Maríttima, Monterotondo Maríttimo, Roccastrada und Scarlino führt. Neben Angaben zu den Weingütern bietet er auch aktuelle Informationen zu ländlichen Unterkunftsmöglichkeiten, Restaurants und Enotheken sowie zum Verkauf von regionaltypischen Produkten und Kunsthandwerk.

## Infos

**Ufficio Informazioni Turistiche:** 58024 Massa Maríttima (GR), Via Parenti 22, Tel. 05 66 90 47 56, Fax 05 66 94 00 95; für die gesamte Maremma Via Tadini 3/5, www.lamaremmafabene.it.

## Übernachten

Die Hotellerie der kleinen Stadt ist eher bescheiden, die meisten Touristen zieht es aufs Land, wo man zahlreiche Agriturismo-Angebote bzw. Ferienhäuser bei diversen Anbietern finden kann.

Ruhige Traumlage ▶ **Villa Il Tesoro:** Fattoria Terrabianca, Località Valpiana ca. 6 km südwestlich, Tel. 056 69 29 71, www.villailtesoro.com. Zauberhaftes Landhotel in mehreren Natursteingebäuden von 1750 mit Blick auf Massa Maríttima; umgeben vom eigenen

Weingut und Olivenbäumen. 16 unterschiedliche, liebevoll eingerichtete, gemütliche Zimmer und Suiten (45–85 $m^2$). Kleiner Pool. Gourmetrestaurant; Parkplatz. DZ bzw. Suiten/ÜF 210–380 €.

Landgut mit schöner Villa ▶ **Tenuta del Fontino:** Località Accesa, ca. 11 km südlich., Tel. 056 69 19 32, www.tenutafontino.it, Ostern–Nov. 20 unterschiedliche Zimmer. Pool. In der Nähe Reiten, See zum Schwimmen, Trekking, Radfahren, Angeln. Restaurant; Parkplatz. DZ/ÜF 104–190 €.

Familiär ▶ **Duca del Mare:** Piazza Dante Alighieri 1/2, Tel. 05 66 90 22 84, www.ducadelmare.it. 20. Jan.–Feb. geschl. Hotel gleich außerhalb der Stadtmauer. 30 Zimmer. Pool. Restaurant für die Hausgäste; Parkplatz. DZ/ÜF 85–150 €.

Stadthotel ▶ **Il Sole:** Via della Libertà 43, Tel. 05 66 90 19 71, www.ilsolehotel.it. 10. Jan.–10. Feb. geschl. Nettes Hotel an der *passeggiata*-Meile. 50 Zimmer, eine Suite. Garage. DZ/ÜF 85–95 € (im Winter inklusive Garage).

Jugendherberge ▶ **Ostello per la Gioventù Sant'Anna:** Via Antonio Gramsci 7, Tel. 0 566 90 46 11, Fax 05 66 90 46 00. Kleine Jugendherberge, auch DZ. Bett /ÜF 23,25 €.

## Essen & Trinken

Nur abends ▶ **Osteria da Tronca:** Vicolo Porte 5, Tel. 05 66 90 19 91, Ruhetag Mi, 15. Dez.– März geschl., Abendlokal. Echte Osteria mit guter Weinauswahl und heimischen Spezialitäten der Maremma wie *tortelloni*, Kutteln, Kichererbsengerichte. Menü ab 27 €.

Im Weinkeller ▶ **Taverna del Vecchio Borgo:** Via Parenti 12, Tel. 05 66 90 39 50, Ruhetage Mo, Okt.–Mai auch So, Abendlokal. Lokal in der früheren Cantina eines historischen Palazzo (17. Jh.). Traditionelle Küche mit *crostini* und *bruschetta*, Hülsenfrüchten und Dinkel, *picci* mit Steinpilzen, Kaninchen und Spanferkel. Menü ab 25 €.

Pizzeria ▶ **Barbablu:** Piazza Matteotti 5, Tel. 05 66 90 13 62, Ruhetag Mi. Freundliche kleine Pizzeria-Spaghetteria unter der Loggia beim Minenmuseum der Neustadt. Pizza 4–7 €.

## Abends & Nachts

Auf der Piazza Garibaldi gibt es mehrere Cafés und Bars wie das **Caffè Logge** mit Enothek; auch nette Cafés in der Fußgängerzone der Via della Libertà wie die **Bar Centrale**.

## Aktiv

Ausflug ins Freilichtmuseum ▶ **Gavorrano:** 15–20 km, je nachdem, welche Route man wählt, sind es bis zum **Parco Minerario Naturalistico** von Gavorrano, dem Freilichtmuseum zum Thema Bergwerkbau im aufgelassenen Minensystem. Ein aufregender Besuch! Weitere Infos unter (in Italien kostenlos) Tel. 800 91 57 77, www.parcominerario.it.

## Termine

**Balestra del Girifalco:** So nach dem 20. Mai und 2. So im Aug. Historischer Wettstreit in Armbrustschießen (s. S. 291).

## Verkehr

**Busse:** Die Verkehrsanbindungen an Massa Maríttima sind relativ schlecht, man braucht also ein Fahrzeug. Im Sommer Pendelverkehr nach Follónica (dort Anschluss an die Bahnstrecke).

# Follónica und Punta Ala

## Follónica ▶ E 10

Das industriell geprägte Städtchen **Follónica** (22 000 Einw.) mit neuzeitlichen, allzu hohen Mietshäusern und dem schmalen Strand ist alles andere als eine Schönheit. Dennoch füllen sich Strand und Straßen während der Saison so sehr, dass Ruhesuchende besser einen Bogen um Follónica schlagen. Denn hier gibt es relativ preiswerte Unterkunftsmöglichkeiten in kleinen Hotels und Pensionen, und im dichten Pinienwald weiter südlich zwischen der Landstraße und dem Meer haben sich einige Campingplätze etabliert.

## Infos

**APT:** 58022 Follónica (GR), Viale Italia, Tel. 056 64 01 77, www.comune.follonica.gr.it. und Via Roma 51, Tel. 056 65 20 12, Fax 056 65 38 33.

### Übernachten

**Ferienhotel ▶ Parco dei Pini:** Via delle Collacchie 7, Tel. 056 65 32 80, www.hotelparcodeipini.it. Jan./Feb. geschl. 25 Zimmer. Restaurant; Parkplatz. DZ/ÜF 96–116 €.

**Camping ▶ Il Veliero:** Località Pratoranieri, Tel. 05 66 26 00 99, www.parcovacanzeilveliero.it. 4-Sterne-Feriendorf 800 m vom Strand: Camping, Bungalows, Wohnwagen; Animation, 2 Pools, viele Sportmöglichkeiten; Wellness Center. Restaurant. Stellplätze mit Privatbad und Küche 10–30 €, sonst 6–16 €, pro Person 4–10 €; Bungalows (4–6 Personen) 150–1000 € je Woche.

## Punta Ala ▶ E 10

Auf beiden Seiten des Flusses Alma führt je eine Straße zur Spitze der Halbinsel **Punta Ala** inmitten eines der dichtesten und größten zusammenhängenden Pinienwälder der Toscana. Punta Ala ist vor allem für Bootsferien (einer der größten Yachthäfen des Mittelmeeres) und Golfspieler (Golfplatz zwischen den Hotels) interessant. Außerdem findet man hier die teuersten, wenn auch edelsten Strandbäder der Toscana!

Punta Ala war früher nur eine geografische Bezeichnung, ein General Mussolinis baute sich an erhöhter Stelle ein Schlösschen – das war alles. Der Mailänder Ingenieur Pesenti hatte das Gebiet nach dem Zweiten Weltkrieg erworben und erschlossen. Es folgten Landverkauf, der Bau von Privatvillen und 1960 das erste Hotel. Inzwischen finden hier Golfmeisterschaften und Reitturniere statt, Segelregatten und Kongresse.

### Übernachten

**Camping ▶ Puntala Camping Resort:** Tel. 05 64 92 22 94, www.campingpuntala.it. Mitte April–Ende Okt. Naturbelassener, alter Pinienwald mit individuellen Stellplätzen im dichten Unterholz, langer, tiefer Sandstrand, nur durch eine bewachsene Düne vom Platz getrennt. Ein besonders schöner 4-Sterne-Campingplatz mit guter Infrastruktur; auch Bungalows. Kinderanimation, großer Spielplatz, großes Sportangebot, Hunde sind nicht erlaubt. Stellplatz 7,40–36,60 €, pro Person 6–20,30 €, Bungalow für 2 Personen 70–234 €/Tag.

### Aktiv

**Golf ▶ Punta Ala Golf Club:** Via Golf 1, 58043 Punta Ala (GR), Tel. 05 64 92 21 21, www.puntaala.net/golf. Einer der schönsten Golfplätze der Toscana (18-Loch).

## Castiglione della Pescáia ▶ F 11

Der Fischer- und Hafenort **Castiglione della Pescáia** (ca. 7500 Einw.) an der Mündung des Bruna liegt am Rande ausgedehnter Pinienwälder, die bis nahe an den Strand reichen. Oben auf dem Poggio Petriccio (342 m hoch) thront das hübsche **Castello** (ab dem 10. Jh.), von dem aus am besten zu erkennen ist, was die wahre Schönheit des bei italienischen Familien beliebten Badeortes ausmacht: Der Fluss, in den sich vorher zahlreiche Kanäle ergießen, bildet hier eine breite, lagunenartige Mündungslandschaft, teilt Castiglione in Alt- und Neustadt. Fischerkähne schaukeln in der Flussmündung und so manche Urlauberboote.

Weit und breit ist keine Industrie in Sicht, die Meer oder Luft verschmutzen könnte. Castiglione della Pescáia bietet eine schöne, heile Ferienwelt mit einer netten Meerespromenade zum Bummeln, vielen Restaurants und Bars, Pensionen und einem Campingplatz am Südufer. Ein durch und durch italienischer Ferienort, den ein paar fremde Genießer nicht aus der Ruhe bringen dürften.

Zum tief Durchatmen eignet sich die **Pineta del Tómbolo**, die sich am Meer entlang bis an die Ombrone-Mündung hinzieht. Der Name sagt's: Pinien über Pinien. Die Strände davor, die schon zu Grosseto gehören, gehen ineinander über: **Marina di Grosseto**, das aus einfacheren Hotels besteht, aber eine hübsche Promenade direkt am Strand bekommen hat und ein guter Einkaufsplatz ist; daran anschließend das schlichte **Principina a Mare** mit Campingplätzen. Der hier breite und zur Entwässerung der **Palude della**

**Trappóla** (Sumpfgebiet) von Kanälen begleitete Ombrone ergießt sich zwischen Principna Mare und Marina di Alberese ins Meer, nachdem er mit seinen großen Schleifen große Teile der Maremma geprägt hat.

## Infos

**Informazioni Turistiche:** 58043 Castiglione della Pescáia (GR), Piazza Garibaldi 6, Tel. 05 64 93 36 78, www.castiglionepescaia.it.

## Übernachten

**Am Kanalhafen ▶ L'Approdo:** Via Ponte Giorgini 29, Tel. 05 64 93 34 66, www.approdo.com, ganzjährig. Größtes Haus des Badeortes, renoviert, freundlich. 48 Zimmer. Restaurant; Parkplätze in der Nähe. DZ/ÜF 90–164 €.
**Familiär ▶ Perla:** Via dell'Arenile 3, Tel. 05 64 93 80 23, www.perlaresidence.com, Ostern–Okt. Klasische Familienpension jenseits des Kanals nahe dem Strand. 13 renovierte Zimmer. Restaurant für Hausgäste; Parkplatz. DZ/ÜF 60–80 €.

## Essen & Trinken

**Maremmanisch ▶ Osteria nel Buco:** Via del Recinto 11, Tel. 05 64 93 44 60, Ruhetag Mo (Außer Juli/Aug.), 15. Nov.–15. Dez. geschl., 18–24 Uhr. Traditionelle Osteria im Untergeschoss eines mittelalterlichen Hauses auf dem Castello. Maremma-Spezialitäten wie Lammragout, diverse Suppen, hausgemachte Pasta, fangfrischer Fisch. Menü 24–27 €.
**Fischspezialitäten ▶ Da Antonietta:** Via Colombo 24, Tel. 05 64 93 36 61, www.ristoranteantonietta.it, Ruhetag Di. Gute Trattoria mit Wintergarten zum Kanalhafen. Fisch und Meeresfrüchte gegrillt oder ausgebacken. Menü ab 20 €.

## Aktiv

**Segeln/Windsurfen ▶ Riva del Sole:** in der Ferienanlage, Tel. 05 64 92 81 11, und im **Club Velico Molo di Levante:** Tel. 05 64 93 70 98.

## Vetulónia ▶ F 10

Das Grabungsfeld, die **Zona Archeologica** von **Vetulónia**, gerne Scavi Città genannt, ist relativ klein, gleich am Ortseingang auf der linken Seite frei zugänglich – es wird noch immer gegraben – und sogar auf Deutsch beschriftet. Erst 1983 bis 1986 wurde an diesem Hügel namens **Poggiorello Renzetti** ein Wohnviertel mit breiter, gepflasterter Straße, dem *decumanus* ausgegraben. Man erkennt auch Grundmauern von Atriumhäusern und Läden aus dem 3. bis 1. Jh. v. Chr., aus der römischen Zeit Vetulónias also, aus der man verzierte Terrakotten gefunden hat. Da Brandspuren gefunden wurden, geht man davon aus, dass dieses Wohngebiet durch Feuer zerstört wurde (unsichere Öffnungszeiten, Feb./März, Nov. 9 Uhr bis Sonnenuntergang, April–Okt. 9–19.30, Juni–Aug. 9–20.30 Uhr, Eintritt frei).

Empfehlenswert ist der Aufstieg zum mittelalterlichen, befestigten Dorf ganz oben auf einem Hügel, der schon den Etruskern gefallen hatte. An der höchsten Stelle des engen Dorfes (den Wagen besser auf dem ausgewiesenen Parkplatz stehen lassen) ist ein Stück ihrer zyklopischen Mauer erhalten geblieben. Das etruskische *Vatluna* war wegen der reichen Bodenschätze (Gold, Silber und Erz) in seiner Umgebung im 7./6. Jh. v. Chr. ein bedeutendes Mitglied des etruskischen Zwölferbundes. Von oben genießt man einen herrlichen Blick in die Maremmalandschaft und auf den 369 m hohen Poggio Bruno im Süden. An der Piazza Vetluna befindet sich das 2000 errichtete kommunale **Museo Archeologico »Isidoro Falchi«** mit einigen Funden aus der Umgebung wie Münzsammlungen und Grabbeigaben; die wichtigsten bereichern freilich wie so oft die größeren, staatlichen Sammlungen (Di–So Okt.–Feb. 10–16, März–Mai 10–18, tgl. Juni–Sept. 10–14, 16–20 Uhr, Erw. 4,50 €).

Am interessantesten sind die nahen etruskischen Nekropolen. Man fährt wieder runter, vorbei am Ausgrabungsfeld und bald danach eine ins Tal führende Schotterstraße rechts ab. Man kann den Wagen benutzen und bis zu fast allen Gräbern vorfahren (am ersten Grab wurde ein Parkplatz angelegt). Schöner ist natürlich eine Wanderung – man muss freilich den Weg zurück zum Wagen wieder aufsteigen!

**Auch in Vetulónia führt jeweils ein langer Dromos in die Grabkammern**

Die erste sehenswerte Begräbnisstätte ist (nach der **Tomba Belvedere**) das komplexeste Hügelgrab von Vetulónia, der **Tumulo della Petraia** (7. Jh. v. Chr.): Weil vermutlich das erste Grab noch beim Bau eingestürzt war, wurde darüber ein zweites errichtet mit Dromos und viereckiger Kammer, insgesamt ein 14 m hoher künstlicher Erdhügel mit einem Durchmesser von rund 60 m.

Überrestauriert scheint die **Tomba Diavolino II** dekorativ auf einem mit Olivenbäumen bepflanzten Hügel. Tomba Diavolino I sucht man hier vergebens: Sie wurde bereits Ende des 19. Jh. abgetragen und im Garten des Archäologischen Museums von Florenz wieder aufgebaut. Die Grabkammer von Diavolino II ist rechteckig, darauf ruhen die auskragenden Steinplatten der Scheinkuppel, die original nur im unteren Bereich erhalten ist, weshalb man den oberen wieder aufgebaut hat. Der lange, teilweise überdachte Korridor (*Dromos*) führt zum Eingang (tgl. ca. 8 Uhr bis kurz vor Sonnenuntergang frei zugänglich, offiziell bis 20 Uhr; dann gehen die Tore zu einigen Gräbern ferngesteuert zu; Notknopf vorhanden!).

## Grosseto ▶ G 11

**Karte:** S. 298

Der Vergleich mag hinken angesichts der Größe, aber auch die wie Lucca flach in der Landschaft und fast in Meereshöhe liegende Provinzhauptstadt **Grosseto** (knapp 79 000 Einw.) besitzt eine bewundernswerte Stadtmauer und wird deshalb von manchen Liebhabern Klein-Lucca genannt. Doch ihre Bewohner verlassen die Stadt, sie fliehen das *centro storico*. Zwar werden immer mehr mittelalterliche Paläste renoviert und dabei in kleine Wohneinheiten eingeteilt, der modernen Kleinfamilie angepasst, doch das sind Luxussanierungen mit nicht bezahlbaren

Wohnungen für den normalen Grossetano. Dennoch gibt es in der Stadt auffallend schöne Geschäfte und gute Restaurants. Und es ist eine ruhige, bewohnbare Stadt, weshalb wiederum neuer Zuzug registriert wird – aus den größeren toscanischen Städten!

Im frühen Mittelalter war Grosseto im Schwemmland des Ombrone ein kleines Kastell an der Aurelia, einer der letzten Stützpunkte der Römerstraße vor ihrem Ziel Rom. 935 wurde die Stadt Bischofssitz. Den ersten zaghaften wirtschaftlichen Aufschwung erlebte sie nach einer wechselvollen Geschichte erst unter den Großherzögen der Toscana. Die Malaria blieb aber im Nacken: Je nach Zustand der Entwässerungskanäle bildete sie eine kleinere oder eine größere Gefahr. Erst die Trockenlegung des Sumpfgebietes der Maremma (ab 1930) brachte durch die fruchtbar gewordenen Ländereien Wohlstand, und die florierende Landwirtschaft zog einige Industrien nach sich; für die Alliierten im Zweiten Weltkrieg ein Grund mehr, die Stadt heftig zu bombardieren.

## Das Cassero Senese 1

Die sternförmige Stadtbefestigung mit ihren sechs Bastionen und den beiden Haupttoren, die von den Medici 1574 bis 1593 errichtet wurde, ist zusammen mit den bereits von den Senesern gebauten Teilen inzwischen fast komplett restauriert worden. Man hat eine große Tiefgarage mit Park obenauf (**Piazza Caduti di Nassiriya** zur Erinnerung an die im Irak gefallenen italienischen Soldaten am

## Grosseto

**Sehenswert**
1 Cassero Senese
2 Duomo San Lorenzo
3 Palazzo Comunale
4 Museo Archeologico
5 Chiesa San Francesco

**Übernachten**
1 Bastíani Grand Hotel
2 Fattoria La Principina
3 Airone

**Essen & Trinken**
1 Buca di San Lorenzo
2 L'Italiana / Mulinacci
3 Il Canto del Gallo
4 La Bottega del Vino
5 Brezzi
6 Enoteca Canapino

**Abends & Nachts**
1 Caffè Italiano
2 Caffè Latino

**Aktiv**
1 Radverleih Cardinali Franco

12.11.2003) angelegt. So kann man sich im historischen Zentrum in Ruhe zu Fuß bewegen, ohne allzu lange Wege zum fahrbaren Untersatz zurücklegen zu müssen.

Vom Parkplatz kommt man über eine modern geschwungene Brücke zur erwähnten Festung, zum **Cassero Senese** von 1345, einer großen Bastion in der Mauer. Sie ist von gotischer Architektur geprägt wie vieles andere in Grosseto. Der Grund: Die Medici besaßen zwar während der Renaissance die Stadt, aber sie waren hier nicht präsent durch Paläste o. Ä., weil ihnen das Gebiet durch die Malaria zu ›ungemütlich‹ war. Seit der Restaurierung der Bastion ist sie Sitz der recht jungen Universität von Grosseto und des kleinen **Museo Virtuale Oltre Confine,** das sich mit dem schwierigen, entbehrungsreichen Leben der Menschen in der Maremma beschäftigt. Geradezu furchterregend ist der Waffenhof, darunter die riesige Zisterne, die das Cassero bzw. die Soldaten darin autark machte. Auch die Fluchtwege sind imposant – doch diese Festung hat sich niemals verteidigen müssen! Das erinnert wieder sehr an Lucca ... Außerdem soll hier Salz gelagert worden sein, ehemals ein kostbares Gut (Di–So 9.30–12.30, 15.30–18.30, im Sommer 17–20 Uhr; Eintritt außer bei Veranstaltungen frei).

### Rund um den Domplatz

Den sakralen wie profanen Mittelpunkt der Stadt bildet die **Piazza Dante** mit dem Denkmal für Leopold II. (1846). Platzbestimmend ist der **Duomo San Lorenzo** 2, der von 1294 bis 1302 auf den Grundmauern einer Vorgängerkirche errichtet wurde. Seine Fassade erhielt er erst im ausgehenden 19. Jh., wenn auch dem Sieneser Stil angepasst. So weit das Äußere. Doch im Inneren wurde um 1500 die gotische Kirche wiederum gotisierend angepasst, was ein geübtes Auge an allzu akkurater Ausführung bemerken kann: an den Kreuzrippengewölben, an den Stützen, die mit Stuck verziert sind; da versuchte man einen sienesischen Stil in Weiß/Rot/Braun nachzuahmen, dabei liebte Siena nur Schwarz/ bzw. Grau/Weiß (Mo–So 7.30–12, 15.30–19 Uhr).

Im 19. Jh. bekam Grossetos Domplatz bzw. seine Fortsetzung, die Piazza Dante, um eine Einheitlichkeit zu erzielen, noch weitere Baulichkeiten im historisierenden Stil: den **Palazzo Comunale** 3, das Rathaus, einem Florentiner Palast nachempfunden, sowie den **Palazzo della Provincia**, die Provinzialverwaltung, im Stil des Rathauses von Siena. Dabei wurden sogar die gleichen Farben gewählt (unten weiß und oben backsteinrot) sowie Sienas architektonisches Lieblingsmotiv, der sogenannte Sieneser Bogen.

Im **Museo Archeologico e d'Arte della Maremma** 4, seit 1999 erheblich erweitert und im alten Palast des Tribunals aus dem 19. Jh. nahe dem Domplatz an der Piazza Baccarini untergebracht, befinden sich mehrere Sammlungen, angefangen in Saal 1 mit der Collezione Giovanni Chelli (1860–1869), ein rühriger Geistlicher Grossetos, der damit das erste Museum der Stadt gründete. Saal 2 bis 12 sind den Funden aus Roselle (s. S. 301) gewidmet, die Säle 13 bis 23 weiteren etruskischen Funden aus den Nekropolen der Maremma, aus Vetulónia, Vulci, Populónia und Pitigliano, aber auch bedeutenden Exemplaren aus der früheren Villanova-Kultur; ebenso aus der Zeit der Romanisierung, der römischen Kaiserzeit sowie der Spätantike; ein neu geordnetes, wunderbares Museum, das man für das Verständnis der Archäologie und der Kunst in der Maremma nicht missen sollte (Di–So Nov.–Febr. 9–13, Sa, So auch 16–18, März, Apr. 9–13, 16–18, Mai–Okt. 10–13, 17–20 Uhr, Erw. 5 €).

Nördlich des Museums befindet sich in der Via Andrea da Grosseto eine weitere sakrale Stätte von Bedeutung, die **Chiesa San Francesco** 5, eine schlichte, einschiffige gotische Halle mit offenem Dachstuhl, die 1289 geweiht wurde. Ursprünglich benediktinisch, wurde sie wegen der Malaria verlassen und später den Franziskanern überlassen, die sie mitsamt dem dazugehörigen Kloster für ihre Bedürfnisse umgestalteten. Im 17. Jh. kam die freskierte **Capella Sant'Antonio** hinzu. Die größte Kostbarkeit dürfte heute das schwarze Holzkruzifix auf Goldgrund von Duccio di Buoninsegna (um 1255–1319) sein, eine zarte Darstellung mit starker Betonung der S-Kurve, der Lendenschuz ist nur angedeutet (tgl. außer zur Mittagszeit geöffnet).

## Infos

**APT:** 58100 Grosseto (GR), Viale Monterosa 206, Tel. 05 64 46 26 11, www.lamaremma fabene.it; Infobüro in der Via Gramsci, Tel. 05 64 46 26 39.

## Übernachten

Herrschaftlich ▶ **Bastíani Grand Hotel** 1: Piazza Gioberti 64, Tel. 056 42 00 47, www.hotelbastíani.com. Geschmackvolles und luxuriöses Haus in herrschaftlichem Palazzo mitten in der Altstadt. 48 Zimmer, drei Suiten. DZ/ÜF 123–185 €.

Auf dem Land ▶ **Fattoria La Principina** 2: 58046 Principina Terra 6 km südwestlich, Via San Rocco 465, Tel. 056 44 41 41, www.fattorialaprincipina.it. Große Ferienanlage auf einem Landgut mit Hotel, Ferienwohnungen (wochenweise mietbar), großem Sportangebot, Wellness Center. 196 Zimmer. Restaurant; Parkplatz. DZ/ÜF 120–180 €.

Komfortabel ▶ **Airone** 3: Via Senese 35, Tel. 05 64 41 24 41, www.hotelairone.eu. Nettes moderneres Hotel außerhalb der Mauern in Wohngegend, das historische Zentrum noch gut zu Fuß erreichbar. 71 kleine, aber komfortable Zimmer. DZ/ÜF 100–140 €.

## Essen & Trinken

Supergut ▶ **Buca di San Lorenzo – da Claudio** 1: Via Manetti 1, Tel. 056 42 51 42, www.bucasanlorenzo.com, Ruhetage So/Mo, 6.–20. Jan., 7.–21. Juli geschl. Gilt als bestes Restaurant der Stadt (im Zentrum); Meeresspezialitäten, tgl. wechselnde Menüs. Menü ab 34 €.

Sehr nett und lecker ▶ **L'Italiana/Mulinacci** 2: Via Mazzini 78, Tel. 056 42 84 19, Ruhetag So. Hübsches und gemütliches Lokal im historischen Zentrum, im Sommer mit Tischen auf der Gasse. Fleisch- und Fischkarte; hausgemachte Pasta, *cacciucco*, Kichererbsensuppe mit *calamari* und geröstetem Brot, Wildschweingulasch mit Polenta. Auch 15 Zimmer, DZ/ÜF um 70 €. Menü 25–35 €.

Urgemütlich ▶ **Il Canto del Gallo** 3: Via Mazzini 29, Tel. 05 64 41 45 89, Ruhetage So, Mo sowie mittags. Typische Maremma-Küche in urgemütlicher Atmosphäre (ein langer Schlauch in ehemaligem Fischlager), immer gut besucht; speziell *acquacotta*, hausgemachte Pasta u. a. mit Wildschwein-, Pilz oder Wildsugo, *peposo* (pfeffriger Gulasch vom Rind). Lokale Weine, auch biologisch angebaute. Menü 25–30 €.

Nur abends ▶ **La Bottega del Vino** 4: Via Garibaldi 42, Tel. 056 42 00 10, Ruhetag Mo, Juli/Aug. nur Abendlokal. Restaurant in zweigeteiltem kleinen Raum im historischen Stadtpalazzo mit Cotto und Holzbalkendecke, abends viele Kerzen, Jazzmusik im Hintergrund; romantisch! Innovative toscanische Küche, alle 14 Tage neue Menükarte (nur Fleisch); sehr freundlicher Service. Große Weinauswahl (400 Etiketten), auch glasweise. Menü um 25 €.

Am Meer ▶ **Brezzi** 5: Marina di Grosseto, Via XXIV Maggio 38, Tel. 056 43 44 47, Ruhetag Mi. Schlichte, typische Trattoria an der

Meerespromenade; Fischspezialitäten, nicht aufregend, aber gut. Menü ab 22 €.

Mit Weinproben ▶ **Enoteca Canapino** 6: Piazza Dante 3/6, Tel. 056 42 45 46, Ruhetage Mi Abend, Do, nur bis 20 Uhr geöffnet. Wine Bar und Enothek. Mittags kleine Gerichte wie Pasta und Salate, Aperitif mit Knabberzeug, Menü ab 22 €.

### Abends & Nachts

Büffet ▶ **Caffè Italiano** 1: Piazza Dante 18. Zentral am Dom; gemütliches Café mit *pranzo* (Mittagessen) vom Büffet 10 €; Happy Hour ab 19 Uhr (Getränke 5 bzw. 6 €).

Südamerikanisch ▶ **Caffè Latino** 2: Via Garibaldi 17, 7 Uhr bis spät geöffnet. Bar, Café, lateinamerikanische Drinks, peppige Atmosphäre.

### Aktiv

Radverleih ▶ **Cardinali Franco** 1: Principina a Mare 31, Te. 056 43 15 01.

### Verkehr

**Bahn:** Grosseto liegt an der EC-Bahnlinie Genua – Pisa – Livorno – Rom und wird ca. im Zweistundentakt angefahren.

**Bus:** Linienbusse ca. stdl. von Piombino, Siena und Florenz. Von Grosseto Busverbindungen der RAMA (www.griforama.it) zu den wichtigsten Orten der Provinz.

## In der Umgebung von Grosseto

### Roselle ▶ G 10

Rund 10 km nordöstlich von Grosseto befindet sich das zurzeit größte Grabungsfeld der Provinz, die sehr viel in die Kulturarbeit investiert hat – immerhin 8 % kommen dafür bei der arbeitenden Bevölkerung auf die Einkommenssteuer drauf!

Während man noch vor wenigen Jahrzehnten behaupten konnte, **Roselle** lohne den Ausflug nicht, wurde nach 1980 viel gegraben, und heute ist der Ort eine Pflichtübung! Roselle war eine der Städte des mächtigen etruskischen Zwölferbundes. Ihre Blütezeit im 6. Jh. v. Chr. bezeugt die Stadt schon durch ihre in großen Zügen erhaltene, 3270 m lange **Stadtmauer**. Besonders imposant ist sie auf der unteren Hangseite, wo man innerhalb der Ausgrabungsfläche entlang laufen und die zyklopische Bauweise bewundern kann.

Anfänglich, so hat man hier rekonstruieren können, sollen in einer solchen etruskischen Stadt höchstens 50 bis 70 Menschen gelebt haben, Menschen, die vor allem mit dem Erzabbau in den Colline Metallífere zu tun hatten. Die Lage war günstig, um die Transportwege durch Kanäle und über den Lago Prile zu kontrollieren. Doch dann führten die Ablagerungen der vielen Flüsse – Ombrone, Albegna, Bruna u. a. – zur Verlandung des Sees, was zur Versumpfung (und Malaria-Verseuchung) führte. Roselle stand von Anfang an in ständiger Konkurrenz zu Vetulónia, das näher bei den Minen lag. 293 v. Chr. übernahm Rom den etruskischen Stadtstaat. Denn die Etrusker hatten sowohl im Städtebau als auch im Kult einen höheren Standard als die Römer, die sie gerne nachahmten, vereinnahmten. So kann man aus der Zeit der Römer gewisse Überschneidungen, aber auch die Fortsetzung des urbanen Lebens erkennen: z. B. mit den **Thermen**, die nun typisch römisch sind, oder den wunderbar mit **großen Steinplatten gepflasterten Straßen**. Oder die Mosaiken der Wohnhäuser: In der **Casa dei mosaici**, die später in eine kleinräumige Therme aufgeteilt wurde, sind große Tierfiguren (Delfine, Tiger, Löwe, Pferd, Ziege u. a.) aus schwarzen Mosaiksteinchen auf rosa-weißem Grund erhalten geblieben.

Für den Bau ihres **Amphitheaters** (1. Jh. v.–1. Jh. n. Chr.) hatten die Römer ein großes etruskisches freskiertes Haus teilweise zerstört, um Platz für die große ovale Anlage zu schaffen, an der noch schön das *opus reticulatum* zu erkennen ist, die beliebte Art der Römer, kleine Mauersteine rhombenartig zusammenzulegen. Heute bietet das Amphitheater einen besonders schönen Rahmen für die sommerlichen Freilichtaufführungen, die stimmungsvoll mit unzähligen Kerzen beleuchtet werden; Stühle gibt es eher selten, man hockt sich mit der mitgebrachten Decke einfach auf den Boden.

Sieben Zufahrten besaß schon damals Roselle, an einem ist eine doppelte Tränke zu sehen: der untere Trog für das Pferd, der obere für den Reiter, der so auf dem Pferderücken bleiben konnte (Nov.–Feb. 9–17.30, März/April, Sept./Okt. 9–19.30, Mai–Aug. 9–20.30 Uhr; Ticketschalter schließt 1 Std. vorher, Erw. 4 €).

## 7 Parco Naturale della Maremma ► F/G 11–F/G 12

Das letzte Stück relativ wilder Maremma zwischen Principina a Mare im Norden und Talamone im Süden wurde (nicht nur, weil hier im Winter viele Zugvögel Station machen) zum Naturpark erklärt: der **Parco Naturale della Maremma** oder **Parco Naturale Monti dell'Uccellina**. Fast undurchdringliche Steineichen-wälder und Macchia bedecken die Monti dell'Uccellina, in der Ebene erstrecken sich große Weideflächen, einst für wilde, jetzt für frei lebende, gezüchtete Pferde und Rinder. Sumpfig ist die Mündung des Ombrone, der dank Naturschutz seine zerfranste Tümpel- und Seenlandschaft bewahren konnte. Im Norden des Parks hat man von der **Torre di Castel Marino** einen wunderbaren Blick darauf. Unter dem Turm leben in einem schmalen Kanal golden schimmernde Schildkröten, über und über mit winzigen, leuchtenden Goldpunkten übersät und nicht scheu, wenn man sich ruhig verhält. Und überall duftet es nach den Wildkräutern der Macchia im dichten Pinienbestand. Nahe dem wunderschönen, wild belassenen Sandstrand mit vielen liegenden, von der Sonne gebleichten Baumstämmen befindet sich eine **Felsenhöhle**, in der man Zeugnisse der Neandertaler fand. Weit und breit kein Kiosk, keine Bar. Also muss man zu essen und vor allem zu trinken mitnehmen (den Abfall wieder einpacken!).

In **Alberese** befindet sich das Informationszentrum mit dem Ticketverkauf, denn den

Park kann man nur gegen Gebühr zu festgelegten Zeiten und nur zu Fuß betreten bzw. mit dem parkeigenen Bus bis zum letzten möglichen Punkt fahren und dann weiter auf eigene Faust oder geführt wandern.

Im 100 km$^2$ großen, streng geschützten Naturpark kann man sieben hervorragend ausgeschilderte **Wanderungen** von 4–12 km Länge (Dauer 3–6 Std., s. aktiv unterwegs, S. 305) unternehmen, die zu festgelegten Zeiten begangen werden dürfen, so z. B. nicht im Hochsommer während der Mittagshitze, weil Brandgefahr besteht. Man kann sich auch geführten Gruppen anschließen oder eine nächtliche Wanderung unternehmen. Ferner ist es möglich, nach Voranmeldung den *bút-*

**Typisch für die Maremma: Eine Allee prachtvoller Schirmpinien**

*teri*, den maremmanischen Cowboys, bei ihrer Arbeit zuzuschauen, denn im Park arbeitet das regionaleigene Agrargut, die **Azienda Agricola della Regione Toscana**. Im Mai werden die bereits drei Jahre alten, wild aufgewachsenen Pferde erstmals zugeritten, was einem großen Wildwestspektakel gleicht.

Wer nur Natur erleben und den ganzen Park erforschen bzw. erwandern möchte, sollte eine ganze Woche dafür einplanen und sich gleich in der Nähe einquartieren: entweder auf dem Land bei Alberese im Norden des Parks oder im kleinen, von der Rocca bewachten Festungsort **Talamone** ganz im Süden, der den Vorteil einer recht netten Hafenatmosphäre hat.

## Infos

**Parco Regionale della Maremma:** Anmeldung im Besucherzentrum (Centro Visite), 59010 Alberese (GR), Via del Bersagliere 7/9, Tel. 05 64 39 32 11, www.parco-maremma.it. Auch Infos über Agriturismo-Betriebe in der Umgebung und weitere Tipps.

**Öffnungszeiten:** Normalerweise ist der Naturpark ganztags bis 1 Std. vor Sonnenuntergang zugänglich. Die Besucherzentren dagegen bleiben üblicherweise nur vormittags geöffnet – aber auch das kann schwanken. Für den Besuch des Parks gilt im Prinzip: Ende März–Juni tgl. ab 9 Uhr, Buspendelverkehr stdl. ab Alberese, Rückkehr ab Parkstation Pratini; Mitte Juni–Mitte Sept. ab

8.30, Okt.–Ende März ab 8.30 Uhr; jeweils 1 Std. vor Sonnenuntergang wird der Park geschlossen. Eintritt je nach gebuchter Tour 3–8 €. Wanderungen s. aktiv unterwegs, rechts.

## Übernachten

**Alles Bio ▶ Il Duchesco:** 58010 Alberese (GR), Via Aurelia Vecchia 31/A, Tel. 05 64 40 73 23, www.ilduchesco.it, 10. Jan.–15. März geschl. Zehn schlichte Zimmer in Reihenhäuschen mit kleinem Vorgarten, gemeinsame Küche und Grillplatz auf biologisch arbeitendem Landgut (Solaranlage, Windpark, Recycling) am Rande des Naturparks, 12 km vom Meer (Radverleih). Restaurant Ostern–Sept., dann auch HP oder VP möglich. DZ/ÜF 66–90 €, Menü inklusive Biowein 20–30 €.

## Essen & Trinken

**Elegant-rustikal ▶ Locanda dei Mille:** Talamone, Via Peretti, Handy 38 03 08 82 29, kein Ruhetag. Hoher Raum unter Holzbalkendecke, Holztische schön eingedeckt mit Stoffläufern; im Sommer Tische auf der Gasse. Pizza auch mittags, selbst gebackenes Brot. Fisch- und Fleischküche, lokal gefärbt wie gefüllte Calamari, gegrillter Stockfisch, Wildschwein, Spanferkel mit Kartoffeln aus dem Ofen. Menü ab 25 €, Pizza 6–9 €.

**Gemütlich ▶ La Nuova Dispensa:** Alberese, Via Aurelia Vecchia 2, Tel. 05 64 40 73 21, Ruhetag Mi (im Winter). Kleine Osteria in schlichtem, langem Raum mit Cottoboden in einem Steinhaus gegenüber dem biologischen Landgut Il Duchesco (s. o.), Sommerterrasse. Reine Maremma-Küche: Gemüse-*crostini* der Saison, *picci* mit Tomaten- und Knoblauchsugo, *peposo* mit weißen Bohnen und Radicchio, Wildschwein. Menü ab 15 €.

**Schöne Platten ▶ Il Duchesco:** s. o., 12.30–19.30 Uhr, Ruhetag Di. Verkaufsladen mit Kleinigkeiten zu essen wie *crostoni* und *crostini*, gemischte Platten von Schinken- und Wurstwaren, Käse sowie gegrilltes Gemüse.

## Einkaufen

**Regionale Spezialitäten ▶** Biologische Kosmetikartikel, Wein, Marmeladen, Olivenöl, Grappa etc. im Laden des **Duchesco**, s. o.

## Aktiv

**Reiten ▶ Equinus:** Trekkingausflüge in die Maremma, auch mit den Cowboys der Region, den bútteri (www.cavallomaremmano.it), s. aktiv unterwegs, rechts.

**Wandern ▶** Die Wanderwege im Naturpark in der Umgebung von Talamone sind nur über das **Besucherzentrum von Caprarecce** (Gemeinde Talamone, Tel. wie in Alberese, s. S. 303) erreichbar.

# Monte Argentario ▶ G 13

Einen richtigen Inselcharakter hat der **Monte Argentario** nicht, weil er dreifach mit dem Land verbunden ist: mit zwei natürlichen Sandbänken – im Norden mit dem dicht mit Ferienhäusern besetzten **Tómbolo della Giannella**, im Süden mit dem **Tómbolo di Feniglia**, einem streng geschützten Naturpark mit uralten hohen Pinien – sowie in der Mitte über einen Damm (La Diga). Da der Argentario eigentlich ein massives Vorgebirge darstellt, zeigt er eine recht ausgezackte Küstenlinie, die fast überall steil ins Meer abfällt und an der sich kleine Buchten ausgebildet haben. Auf den Spitzen der Landzungen stehen Verteidigungstürme, Zeugen einer wechselvollen Geschichte.

Ganz dicht mit Macchia und Pinienwald bewachsen, ist der Monte Argentario landschaftlich eine Augenweide. Vom Charakter wirkt er recht dunkel, wären da nicht die zwei zauberhaft hellen, großzügigen Hafenbuchten von Porto Santo Stéfano, dem Hauptort im Nordwesten, und von Porto Ércole im Osten. Nur 26 km lang ist die Küstenstraße, die im Süden vom höchsten Gipfel, dem 635 m hohen **Monte Telégrafo**, eng an die Steilküste gedrängt wird. Man sollte jedoch nicht in Versuchung geraten, die Halbinsel zu umrunden, denn in ihrem Südwesten sind große Teile der Straße in Privatbesitz und in einem erbärmlichen Zustand, der wohl bewusst so gehalten wird, damit man bequem nur vom

aktiv unterwegs

## Wanderung im Naturpark der Maremma

### Tour-Infos

**Start:** Pratini
**Länge:** 7,2 km
**Dauer:** ca. 3,5 Std.
**Schwierigkeitsgrad:** ganz schön anstrengend, bis zu 400 m Höhenunterschied

Anstrengend, aber auf jeden Fall lohnend ist diese Wanderung durch den Naturpark der Maremma, der außer Natur auch wunderbare Aussichtspunkte zu bieten hat und den Besuch einer romantischen Klosterruine.

Von Pratini innerhalb des Parks geht es nach links auf einen Pfad, der ca. 300 m zwischen Waldrand und einem alten Olivenhain und dann in den Steineichenwald führt, wo er gleich heftig anzusteigen beginnt. Auf dem Weg erkennt man noch einen Kohlenmeiler, nach dem es noch steiler aufwärts geht und die Bäume immer mehr durch Büsche abgelöst werden. Erste Station ist angesagt, sowohl zum Luftholen als auch, um die herrliche Aussicht zu bewundern: über die dichte grüne **Pineta di Alberese** mitsamt zwei alten Wachttürmen am Strand weit unten. Im Norden sind wie auf einer Landkarte die **Palude della Trappola**, die Sümpfe, zu erkennen, die sich bis zur Ombrone-Mündung mit Grasinseln und Wäldchen abwechseln.

Der Weg scheint gemütlicher zu werden, doch bald steigt er wieder ein kleines Stück auf, jetzt durch Macchia und mit immer wieder weiten Ausblicken. Oben angekommen, durchquert man ein hohes Steineichenwäldchen, durchzogen von Erdbeerbäumen und Baumerika, bis zum Gipfel des 417 m hohen **Poggio Lecci**, eher ein kleines, baumloses Plateau mit großen alten Ginsterbüschen und duftendem Wildkräutergrund.

Im Blick von hier oben: der **Monte Argentario** mit der Lagune und den drei Dämmen von Orbetello; die Inseln **Gíglio** und **Montecristo**, nach Norden **Elba**. Jetzt geht es links wieder abwärts, nach spätestens 15 Min. erscheint bereits der helle Glockenturm der romanischen und romantischen **Abbazia di San Rabano**, die immer wieder von der Macchia verschlungen zu werden droht. An der Abteiruine vorbei geht man quasi auf einem Parallelweg zurück, wobei man von zwei Aussichtspunkten aus eine der wildesten und am stärksten naturbelassenen Landschaften der Toscana betrachten kann. Dann folgt ein Waldstück, in dem die Quellen für die Versorgung der Abtei gefasst waren, danach geht es immer weiter abwärts, an einigen Kohlenmeilern vorbei, durch einen kleinen Olivenhain und hinter einem Holzgatter kommt man zur einzigen Asphaltstraße im Park, der so genannten **Strada degli Olivi**, die nach Pratini zurück führt.

Meer her an die teuren Villen herankommen kann …

Schon im Altertum wurde dem Monte Argentario viel Aufmerksamkeit gewidmet: Die Etrusker vom nahen Cosa hüteten diesen Besitz, die Phönizier haben angeblich Porto Ércole gegründet, unter den Römern soll die Insel einem berühmten römischen Bankiersgeschlecht, den Domizi Enobardi, genannt Argentarii (weil sie viel Silber besaßen) gehört haben, daher der Inselname Monte Argentario (Silberberg). Das ganze Mittelalter hindurch bis 1557 gehörte das Gebiet der Republik Siena, danach bis 1800 Spanien, das die mächtigen Festungen errichten ließ. Danach wurde es dem Reich Etruria und später dem Großherzogtum Toscana zugeschlagen.

## Porto Santo Stéfano ► G 13

Den Fischer- und Hafenort Porto Santo Stéfano gründeten erst um 1600 Einwanderer aus Ligurien, der Toscana und Süditalien. Noch heute ist die Stadt Hauptort und wirtschaftliches Zentrum des Argentario, See- und Fischereihafen zugleich. Inzwischen leben viele der ca. 9500 Einwohner recht gut vom Tourismus. Die Häuser ziehen sich von den beiden Häfen die steilen Hänge hoch. Auch außerhalb der touristischen Saison herrscht hier Leben, die Bewohner sind recht zurückhaltend, aber gastfreundlich. Jeden Morgen findet ein gut besuchter Fischmarkt statt, zu dem auch Toscaner vom Landesinneren kommen, um die bekannt-frische Ware einzukaufen. Fast aus den Fugen gerät das Städtchen am Abend des *ferragosto*, beim großen Sommerfest mit riesigem Feuerwerk.

## Tipp: Zum Fischessen nach Porto Santo Stéfano

Viele Lokale des kleinen Hafenortes bieten hervorragende Fischspezialitäten, meist einfach zubereitet (gegrillt oder frittiert), aber stets fangfrisch. Besonders hübsch sitzt man gleich oberhalb des Hafens: im **Da Piro** (Fischlokal) oder im **La Bussola** (feines Fischrestaurant). Ebenfalls gut: die Pizzeria-Creperia **Da Gigetto** und die Trattoria **La Locandina.**

### Infos

**APT:** 58019 Porto Santo Stéfano (GR), Corso Umberto 55a, Tel. 05 64 81 42 08, www.monteargentario.it.

### Übernachten

**Mit Meerblick ► Vittoria:** Strada del Sole 65, Tel. 05 64 81 85 80, www.hvittoria.com, April–Okt. Freundliches Hotel in erhöhter Panoramalage über der Stadt. 28 Zimmer. Pool. Restaurant; schattiger Parkplatz. DZ/ÜF 95–133 €.

**Zentral ► La Lucciola:** Via Panoramica 241, Tel. 05 64 81 29 76, www.lalucciola.com, Jan. geschl. Nettes Hotel in Panoramalage über dem historischen Zentrum und dem Hafen. 59 Zimmer. Restaurant; Garage. DZ/ÜF 80–95 €.

**Familiär ► Week End:** Via Martiri d'Ungheria 3, Tel. 05 64 81 25 80, www.pensioneweekend.it. Renovierte Pension im historischen Zentrum direkt über dem Scheitelpunkt des Hafens. 15 Zimmer. Freier Parkplatz in der Nähe. DZ/ÜF 65–80 €.

### Aktiv

**Tauchen ► Diving Center Monteargentario:** Handy 33 55 97 20 25 oder **Centro Immersioni Costa d'Argento:** Handy 33 91 15 42 92.

Weitere Wassersportarten: Infos am Hafen oder beim Touristenamt.

**Bootsausflüge ► Vega Navigazione:** Beim Fähranleger, Tel. 05 64 81 80 22, www.veganavi.it. Bootstouren zu den vorgelagerten Inseln, nach Gíglio, Giannutri, Montecristo, Pianosa, Elba.

### Verkehr

Maregiglio: Via Umberto I 22, 58013 Isola del Gíglio Porto (GR), Tel. in Porto Santo Stéfano 05 64 80 93 09, www.maregiglio.it. Verbindungen mit Gíglio während der Saison mindestens 12 x tgl. hin und zurück.

**Weite einsame Sandstrände säumen die Küstenmaremma**

## Porto Ércole und die Tómboli ► G 13

Das kleine Städtchen **Porto Ércole** besitzt einen hübschen Yachthafen, der von zwei trutzigen Kastellen und einem Fort (Militärsperrgebiet) bewacht wird, die totalen Überblick über das großzügige, natürliche Hafenbecken bieten. In Porto Ércole, das wie die Lagune von Orbetello mehr schlecht als recht mit der Moskitoplage zurecht kommt, und auch am langen Strand des **Tómbole della Giannella** haben sich viele reiche Italiener und andere Europäer niedergelassen, Villen gebaut, die sie nur ein paar Wochen im Jahr bewohnen. – Eine grüne Lunge und eine Wohltat fürs Auge ist der **Tómbolo di Feniglia**, ein unter Naturschutz gestellter Pinienwald, der nur zu Fuß oder mit dem Fahrrad zu erkunden ist.

### Übernachten

Sehr fein und teuer ► **Il Pelicano:** 58018 Porto Èrcole (GR), Località Lo Sbarcatello, Tel. 05 64 85 81 11, www.pelicanohotel.com, Mitte Apr.–Mitte Okt. Sehr feines und sehr teures Hotel mit 40 Zimmern, 10 Suiten in mehreren Villen an eigener kleinen Bucht. Tennis, Pool, Fitnesscenter, Parkplatz; Restaurant (2* Michelin). DZ/ÜF 420–865 €.

Freundlich ► **Don Pedro:** Via Panoramica 7, Tel. 05 64 83 39 14, www.hoteldonpedro.it, Ostern–Okt. Hotel mit herrlichem Hafenblick. 60 Zimmer in leicht maurischem Stil. Restaurant; Parkplatz. DZ/ÜF 110–170 €.

### Essen & Trinken

Fischgerichte ► **Il Gambero Rosso:** Lungomare Andrea Doria, Tel. 05 64 83 26 50, Ruhetag Mi, 15. Nov.–15. Feb. geschl. Hafenrestaurant mit Sommerterrasse, Fischspezialitäten. Menü ab 40 €.

## Orbetello ► G 13

Mitten in der Lagune beziehungsweise im gleichnamigen Naturschutzgebiet gelegen, ist **Orbetello** (gut 15 000 Einw.) bei italienischen Feriengästen sehr beliebt. Auch Sehenswertes gibt es hier wie die spanischen Befestigungsanlagen (16.–18. Jh.) und den gotischen Turm (14. Jh.), ein gutes Beispiel Sieneser Baukunst, sowie die archäologische Sammlung im **Palazzo della Pretura** (auf Anfrage zu besichtigen), obwohl diese in Anse-

## Tipp: La Parrina

Località La Parrina (Ausfahrt an der Via Aurelia km 146/Parrina-Manciano), Tel./Fax 05 64 86 26 36, www.parrina.it. Traumhaft schönes historisches Anwesen auf einem der größten privaten Landgüter der Toscana mit drei Gebäuden um einen großen Hof; zwölf gemütlich-elegante Zimmer, vier Apartments; mehrere Salons; Pool; Restaurant; Parkplätze. DZ/ÜF 120–340 €, Apartments je Woche 630–1190 €. Das Tollste an La Parrina ist der Laden im Untergeschoss des Haupthauses, in dem morgens die frischen Produkte des Landgutes (Obst, Gemüse, Ziegen- und Schafskäse, Eingelegtes, Olivenöl, Wein) verkauft werden. Solche Frische sucht ihresgleichen!

dónia (s. S. 308) eine erhebliche Konkurrenz bekommen hat.

Es ist ein Vergnügen, die Promenade entlang der Lagunenseite zu schlendern, wenn nicht gerade eine Moskitoplage herrscht. Allerdings wird dagegen einiges unternommen, u. a. durch Insektizide …

Man kann in Orbetello, anders als auf dem Monte Argentario selbst, lecker und doch relativ günstig speisen. Vor allem die Lagunenfischerei bringt große Vielfalt auf den Speisezettel (berühmt: Aale, Meeräschen-Kaviar und geräucherte Meeräsche; auch als Mitbringsel geeignet).

### Infos

**APT:** 58015 Orbetello (GR), Piazza della Republica, Tel. 05 64 86 04 47, www.tuttoorbetello.com.

### Übernachten

**Schönes Sommer-Ambiente ▶ I Presidi:** Via Mura di Levante 34, Tel. 05 64 86 76 01, www.ipre sidi.com. Größtes Hotel am Platze auf der Lagunenseite, mit Rattanmöbeln wunderbar restauriert. 39 Zimmer, zwölf Suiten. Gemütliche American Bar. DZ/ÜF 130–180 €.

**Lagunenhotel ▶ Sole:** Via Colombo 2/Ecke Corso Italia, Tel. 05 64 86 04 10, www.hotelsoleorbetello.it. Kleines Haus inmitten der Lagune. 18 Zimmer. DZ/ÜF 110–140 €.

**Auf dem Landgut ▶ Azienda Agraria Grazia:** Orbetello Scalo, Località Provincaccia 110, Via Aurelia km 140,1, Tel. 05 64 88 11 82, www.agriturismograzia.com. Fünf unterschiedliche, großzügige Apartments (2–4 Personen) auf einem Landgut mit Pferdehaltung und Olivenölproduktion. Verkauf der Produkte des Gutes. Apartment für 2 Personen 71–100 €.

**Für die Durchreise ▶ Da Renato:** Via Aurelia Nord 179, Tel. 05 64 87 00 30, www.hoteldarenato.it. Günstiges kleines Hotel. 17 Zimmer. Restaurant; Parkplatz. DZ 45–60 €.

**Camping ▶ Hawaii:** Via Aurelia km 154,5. 2 km nördlich, Tel. 05 64 87 01 64, www.campinghawaii.it. Am Strand mit Hütten; Pinienwald, Kinderanimation, Spielplatz, großes Sportangebot, keine Hunde. Stellplatz max. 13 €, pro Person 10 €.

**Feriendorf ▶ Villaggio Il Veliero:** Tómbolo della Giannella, Tel. 05 64 82 02 01, www.campingilveliero.it. 70 m vom Strand, Pinienhain mit Hütten; Kinderanimation, Spielplatz, Sportangebot (auch Tauchen), Fahrradverleih, keine Hunde. Stellplatz 11–17 €, pro Person 7,50–12,50 €.

### Essen & Trinken

**Familiär ▶ Osteria del Lupacante:** Corso Italia 103, Tel. 05 64 86 76 18, Ruhetag Mi. Osteria mit Fischspezialitäten wie frittierter Fisch, gegrillter Schwertfisch. Auch Touristenmenü (um 20 €).

**Unkompliziert ▶ La Pergola:** Via Roma 14, Tel. 05 64 86 75 85, Ruhetag Mo oder Mi (unsicher). Kleine Trattoria im Zentrum. Fischspezialitäten wie *Spaghetti allo scoglio* (mit Meeresfrüchten), gemischte Fischplatte. Menü ab 20 €.

### Verkehr

**Bahn:** Gute Anbindung ab Orbetello Scalo (4 km entfernt) in ca. stdl. Folge auf der Hauptstrecke Genua – Viaréggio – Livorno – Rom.

**Bus:** Bustransfer vom Bahnhof über Orbetello auf die ›Insel‹ des Monte Argentario.

# Im Umland des Monte Argentario

## Ansedónia und Cosa ▶ G 13

Porto Santo Stéfano und Porto Ércole sind ebenso wie Orbetello geeignete Ausgangspunkte für Ausflüge zu den wichtigsten Etruskerstädten der Toscana (und auch Latiums) sowie in unberührte Naturlandschaften.

Sozusagen vor der Haustür befindet sich auf dem Festland am Ende des Tómbolo di Feniglia der Ort **Ansedónia.** Wenn man sich durch die kreisförmigen, verwirrenden Straßen zwischen mehr oder weniger imposanten, jedenfalls vielfach protzigen Villen durchgearbeitet hat, kommt man zum überhaupt nicht nennenswerten, weil steinigen und meist ungepflegten Strand. Aber deshalb ist man nicht hierher gefahren, sondern wegen einer einzigartigen Sehenswürdigkeit etruskischen Ursprungs: Die **Tagliata Etrusca** ist ein in den Felsen gehauener Kanal, der bis heute den Zu- und Abfluss des Wassers so reguliert, dass eine Versandung des einstigen Hafengebietes verhindert wird. Wie der Kanal genau funktioniert, ist noch immer nicht vollkommen erforscht, es bleibt ein – geheimnisvolles und wirkungsvolles – Meisterwerk der etruskischen Ingenieurbaukunst! Hätten die Pisaner ihren Hafen auf ähnliche Weise beschützt – vielleicht hätten sie niemals auf ihre Glorie als Seemacht verzichten müssen … Die Tagliata liegt am nördlichen Rand der Bucht, dem Wachtturm gegenüber. Man kann auf der Bergseite ein Stück hinauflaufen und so genauer das Meisterwerk früher Ingenieurleistung bewundern. Der mittelalterliche Wachtturm am Strand trägt den Namen Puccinis, weil der große Musiker hier Teile seiner Oper »Tosca« komponierte.

aktiv unterwegs

## Reiten im Etruskerland

### Tour-Infos

**Start:** Azienda Agrirturistica Il Bagnolo, 58040 Roselle (GR), Località Podere Bagnolo, 6 km von Grosseto

**Dauer:** ein halber Tag (davon ca. 3 Std. im Sattel)

**Wichtige Hinweise:** Infos und Reservierungen: Handy 33 39 57 97 33, www.cavallomaremmano.it. Preis pro Person 90 € inklusive Pferd, Reitführer und Imbiss. Gute Reitkenntnisse sind erforderlich!

Die Tagesritte des deutschsprachigen Spezialanbieters »Equinus« führen durch die Hügel um Roselle und durch das Tal des Flusses Ombrone. Durch unbewohnte Hügel, im Frühjahr übersät mit wilden Orchideen und im Sommer voller duftender Wildkräuter. Hier begegnet man noch Wildschweinen, Adlern und Rehen in freier Wildbahn beim Ritt durch unberührte Waldgebiete und mediterrane Macchia.

Ein schönes Beispiel für einen Halbtagesritt führt zum **Romitorio di S. Andrea**. Es geht am frühen Morgen vom Reitstall aus durch die Maremma, durch typische Olivenhaine in Richtung Batignano mit seinen etruskischen und romanischen Ruinen, wo eine kurze Rast eingelegt wird. Dann reitet man weiter durch das **Naturreservat von Caprarecce** bis zum **Kloster von Batignano**, um anschließend zur tausendjährigen **Ruine des Romitorio** in den Wäldern um Montepescali zu gelangen.

Nach einer kurzen Pause im historischen **Podere Prunicce** in dem Gebiet um Nomadelfia geht es durch den privaten Wald der **Fattoria di Vallerotana** zurück zum Reitstall.

Weitere Reitausflüge führen z. B. am Ombrone-Fluss entlang, ein Zwei-Tage-Ritt nach Roccastrada etc.

Ansedónia liegt auf dem Gebiet der ehemaligen Stadt **Cosa,** die die Römer 280 v. Chr. dem etruskischen Stadtstaat Vulci abgenommen hatten. Ab 273 v. Chr. römische Kolonie, wurde sie wahrscheinlich schon im 5. nachchristlichen Jahrhundert zerstört. Auf Cosas Grundmauern errichtet, erlebte Ansedónia eine wechselvolle Geschichte: von den Franken erobert, von Karl dem Großen den Benediktinern zum Lehen gegeben, Ende des 10. Jh. von den Sarazenen eingenommen, die 1100 ihrerseits vertrieben wurden, und 1330 völlig von Siena zerstört.

Auf einem 114 m hohen Hügel (den Hinweisschildern folgen, sonst verfährt man sich) befindet sich das interessante Ausgrabungsgebiet von Cosa, einer Stadt, in der rund 2500 Familien der römischen Kolonie gelebt haben sollen. Das kleine Museum zeigt Funde, die bei den Ausgrabungen 1947 bis 1971 gemacht wurden: Mosaiken und Inschriften, zahlreiche Glasscherben, Elfenbein- und Bronzefiguren, Amphoren, Münzen und mehrere Torsi sowie eine etwa 60 cm hohe Faunfigur aus Marmor.

Rings um das Museum breitet sich das Ausgrabungsfeld aus, von uralten Ölbäumen und hohen Affodills mit ihren zarten weißen Blüten überwuchert. Jeden Schritt begleitet der Duft winziger Kamillenblüten. Zu sehen sind Reste des Forums und des Kapitols, von Tempeln und Wohnhäusern sowie ein Stadttor und wunderbar angelegte, mit großen Steinen gepflasterte Straßen. Immer mehr Teile der zyklopischen Stadtmauer mit den akkurat eingepassten Steinen werden restauriert, was die Ausgrabungsstätte für Besucher auch immer attraktiver macht (tgl. 9–19, im Winter 9–14 Uhr, Erw. 2 €).

## Lago di Burano ► H 13

Im Südosten von Ansedónia schließt sich der **Burano-See** an, ein *stagno*, also ein Brackwassersee, der durch einen Kanal mit der raffinierten Tagliata Etrusca verbunden ist. 140 ha des Naturschutzgebietes nimmt dieser See ein, der im Durchschnit nur 1 m tief ist und dessen Salzgehalt je nach Jahreszeit zwischen 1,5 und 3,2 % schwankt. Hier hat der World Wide Fund (WWF) auf inzwischen 410 ha Land ein Tierreservat eingerichtet, hauptsächlich für Wasservögel, Stachel- und Wildschweine, Fischotter und Kormorane, das streng geschützt und deshalb normalerweise nur Experten zugänglich ist (diese können sogar im Gästehaus übernachten). Aber ein kleines Stück dürfen auch Normalneugierige, die sich für die Tierwelt interessieren, direkt hinter dem kleinen Verwaltungsgebäude betreten.

Die beste Vogelbeobachtungszeit ist freilich Dezember/Januar bis Anfang Februar. In der übrigen Zeit sind aber auch einzelne Wasservögel zu sehen, wie Spießenten und Pfeifenenten, Löffelenten und Krickenenten sowie Stockenten – diese alle im Schilfgürtel bzw. Flachwasser brütend. In der tieferen, zentralen Zone leben eher Wasservögel, die gerne tauchen wie die Reiherenten und Tafelenten, Schellenten und Mittelsäger, Samtenten u. a. Dann die Säugetiere, zu denen der seltene Fischotter ebenso gehört wie das Symboltier der Maremma, das Stachelschwein, in dessen Nachbarschaft gerne Dachse leben. Auf den sandigen Lichtungen bevölkern Wildkaninchen die Landschaft, außerdem leben hier Igel und Wiesel, Iltis und Steinmarder, Fuchs und Wildschwein. Große Tafeln erläutern Fauna und Flora so anschaulich, dass alles auch ohne Sprachkenntnisse für Groß und Klein verständlich ist (Sept.–April So 10–15 Uhr, sonst auf Anfrage, Tel. 05 64 89 88 29 oder mailen, oasiburano@inwind.it, Eintritt frei)

## Capálbio ► H 13

Nördlich des Lago di Burano liegt auf einem anmutigen Hügel nur 14 km vom Meer entfernt das einst verrufene Banditennest **Capálbio** inmitten großartig intakter mittelalterlicher Mauern. Nicht zuletzt wegen der romantisierenden Banditengeschichten, aber vor allem wegen der hervorragenden Trattorien herrscht an Wochenenden notorische Parkplatznot, weshalb man besser während der Woche kommt (und den Wagen auf dem erstbesten ausgewiesenen Parkplatz abstellt).

**Bunte Spiegelscherben schmücken die Skulpturen im Giardino dei Tarocchi**

Die wohl berühmteste Gestalt Capálbios war der schnauzbärtige Brigantist Domenico Tiburzi, der 1896 unter mysteriösen Umständen ums Leben kam. Alles im hübschen Dorf (höchstens 4200 Einw.) erinnert an den Banditen, wie so oft manchmal allzu viel.

Unterhalb von Capálbio befindet sich, leider schlecht ausgeschildert, dicht an der Grenze zum Latium, eine Sehenswürdigkeit besonderer Art, zumindest eine für die Toscana erstaunliche: der **Giardino dei Tarocchi** der 2002 verstorbenen französischen Künstlerin Niki de Saint-Phalle. Riesige, großbusige und begehbare Frauenskulpturen, mit Spiegelstücken und bunten Glasmosaiken geschmückt, auch ein ganzer Spiegelturm und Mobiles stehen verstreut in einem dichten Macchia-Wald – eine schön verspielte Skulpturenlandschaft, unübersehbar unter dem Einfluss der in der Toscana sehr beliebten Tarroque-Spielkarten (Nov.–März außer feiertags jeden 1. Sa des Monats 9–13 Uhr freier Eintritt laut Testament der Künstlerin; April–15. Okt. tgl. 14.30–19.30 Uhr; im Winter besser anfragen unter Tel. 05 64 89 51 22 oder nachschauen unter www.nikidesaintphalle.com, Erw. 10,50 €).

## Infos

**Informazioni Turistiche:** 58011 Capálbio (GR), Tel. 05 64 89 66 11, www.capalbio.it.

## Übernachten

Landferien ► **Casale degli Olivi:** Strada dei Tiburzi 4, Tel. 05 64 89 67 10, www.ilcasaledegliolivi.it. Zauberhaftes, modernes Agriturismo mit angenehmer Atmosphäre zu Füßen von Capálbio auf einem 30 ha großen Landgut mit Olivenbäumen und Weingärten gelegen. Pool, Sauna. Fitnesscenter. Sieben moderne, komfortable, nach Weinen benannte Zimmer, vier Apartments (2–4 Personen). Überdachter Parkplatz. Das Restaurant Il Cantinone im Dorf (s. u.) gehört ebenfalls zum

Familienbetrieb. DZ/ÜF 80–130 €, Apartment für 2 Personen 100–160 € pro Tag, je Woche günstiger.

## Essen & Trinken

**Super Ambiente ▶ Il Cantinone:** Piazza Porticina 4, Tel. 05 64 89 60 73, Ruhetag Mo, 7. Jan.–Mitte Feb. geschl. Wunderhübsches Ambiente unter zwei Backsteingewölben der früheren Cantine der Festung (13. Jh.) gleich am Stadttor mit Terrasse. Toscanische Küche mit *bruschette* und *crostini*, Dinkelsuppe und die maremmanische *acquacotta*, Pasta mit Wildschweinsugo, *gnocchi* mit Gemüse, Steinpilze; Wildschweingulasch, Perlhuhn mit Steinpilzen, Fasan, Wildschweinsteak und andere deftige Fleischgerichte; große Auswahl an Beilagen. Wein auch glasweise zu Käseplatte. Menü ab 27 €, halbe Portionen 75 %.

**Unkompliziert ▶ La Porta:** Via Vittorio Emanuele II, Tel. 05 64 89 63 11, Ruhetag Di (außer Juli/Aug.). Trattoria in ehemaliger Ölmühle nahe beim Stadttor. Einfache toscanische Küche. Menü ab 25 €.

**Tolle Platten ▶ Al Pozzo:** Via Vittorio Emanuele 17, Tel. 05 64 89 67 80, Ruhetag Mo (unsicher). Schlichte Bruschetteria und Osteria mit kleiner Karte. Es gibt lediglich *antipasti* (4–10 €) und *primi* (5–7 €) sowie *dolci* (4 €).

## 8 Gíglio ▶ F 13

Keiner weiß so recht, wie die Existenz **Giglios** geologisch zu erklären ist. Man könnte durchaus behaupten, die Insel sei ein Stück der Gallura, der nördlichen Granitlandschaft von Sardinien, denn die Felsen gleichen sich verblüffend. Man könnte auch die Mufflons, die auf dem kleinen Bergrücken hinter dem Strand von Campese leben, als weiteren Beweis nehmen. Denn sie stammen aus Sardinien und haben sich hier mühelos vermehrt.

Gíglio, ein rundherum zauberhafter Granitfels zum Anfassen, ist ein Paradies für Wasserratten, möglichst mit eigenem Boot. Auch ein Schlauchboot tut's, denn es geht nur darum, die Insel auf der Suche nach einer einsamen Bucht zu umrunden. Und sie ist ja nicht groß (21,21 $km^2$). Autos sind nicht gern gesehen, und im Sommer ist deren Transport auf die Insel eingeschränkt, weshalb man den Wagen besser in einer sicheren Garage in Porto Santo Stéfano lässt.

Nachdem der Abbau von Granit, einst vor allem bei Bildhauern begehrt, aus Transportgründen unrentabel geworden war, entdeckte die daraufhin verarmte Insel erst 1965 den Fremdenverkehr. Und man ging es behutsam an, zumindest sichtbare Fehler sind kaum gemacht worden. Heute leben die meisten der nicht einmal 1500 Insulaner hauptsächlich

vom Tourismus, der vor allem auf Badegäste eingestellt ist. Denn Gíglio liegt in einer Schönwetterzone, mehr als 15 Regentage im Jahr sind außerordentlich selten. Wassermangel wird daher wiederum zum Problem, das die Gígliesen mit Zisternen und einer Meerwasserentsalzungsanlage allerdings einigermaßen im Griff haben. So freut man sich natürlich unterwegs auf dem trockenen Gíglio, wenn man ein paar schmale Wasserstürze an den terrassierten Berghängen entdeckt.

1200 war die Insel noch in sienesischem Besitz, 1330 schon pisanisch, im 16. Jh. mediceisch, und zwar als wichtiger Stützpunkt gegen die Sarazenen. Fischer aus Sizilien und Neapel wurden in Marina, dem heutigen Gíglio Porto, angesiedelt. Die einheimische, bäuerliche Bevölkerung, die niemals zur See fuhr oder fischte, zog sich ins *castello* zurück und lebte sehr ärmlich. Den Wein (ein schwerer, robuster Ansonaco) allerdings, erzählt man sich auf der Insel, habe man niemals ausgehen lassen, auch damals nicht.

Den einzigen Sieg von Bedeutung errangen die Gígliesen gegen die Tunesier: Sieben tunesische Schiffe sollen die Insel angegrif-

**Geschützt gelegen: Der hübsche Hafen von Gíglio Porto**

## Charmante Schlitzohren

Die Gígliesi gelten als schlitzohrig, ihnen säße, heißt es, wahrlich der Schalk im Nacken, und so werden über sie hübsche Geschichten kolportiert. Etwa diese: Mit 498 m ist der Poggio della Pagana der höchste Punkt der Insel. Da aber die italienische Regierung nur Bergorte in einer Höhe ab mindestens 500 m finanziell unterstützt, kamen die Gígliesen tatsächlich auf die Idee, ihren höchsten Berg in einer Nacht- und Nebelaktion mit Steinen aufzustocken – was zu ihrem Bedauern aufflog.

fen haben, nach einer anderen Version waren es zwölf algerische Piratenschiffe, gesichert ist nur das Datum, der 18. November 1799. Die Feinde landeten in Campese, erklommen die Burg auf dem Bergrücken Il Franco – doch dank San Mamilliano konnten sie von den Bewohnern ins Meer zurückgedrängt werden. Der Arm des Heiligen, der zu Lebzeiten Bischof von Palermo war, wird als Reliquie hoch verehrt und alljährlich am 18. November beim Festzug gezeigt. Wer nicht an den hilfreichen Heiligen glaubt, behauptet, ein günstiger Wind habe die feindlichen Schiffe vom Ufer abgetrieben.

Eigentlich braucht man auf der Insel kein eigenes Fahrzeug. Erstens sind – trotz des Auf und Ab der Landschaft – die Entfernungen gering, zweitens verbindet ein Bus regelmäßig alle drei Ortschaften miteinander. Von Gíglio Porto nach Gíglio Castello sind es gerade mal 6 km, weiter nach Gíglio Campese nochmals 6,5 km, von Porto direkt nach Campese nur 8,4 km. Fährt man alle übrigen Inselstraßen ab, so kommen insgesamt keine 15 km zusammen.

## Gíglio Porto ► F 13

Die kleinen Fährschiffe von Porto Santo Stéfano kommen in **Gíglio Porto** an, einer gelungenen Mischung aus Fischer-, Hafen- und Ferienort mit bunt bemalten und weißen Häusern, kleinen Pensionen, inzwischen auch Ferienwohnungen, und eher einfachen Restaurants. Zwar versteckt (wohl wegen des Naturparks) aber doch sichtbar am Nordhang über dem Hafen, mit Blick ins Inselinnere stehen neue Reihenhäuser, die zeigen, dass es nicht jedermanns Geschmack ist, in der Enge historischer Bausubstanz zu leben. Bei der Ankunft steht schon der Linienbus bereit und nimmt die Neuankömmlinge auf, die vielfach voll bepackt weiterziehen wollen.

## Gíglio Castello ► F 13

Der Inselbus fährt meist zuerst in das 450 m hoch gelegene **Burgdorf** (rund 800 Einw.), das einen ganz eigenen Zauber ausstrahlt. Ein echter Gígliese stammt übrigens immer nur aus Castello, sagt man hier, die Leute von Castello sind Gígliesen, die von Porto Portolani. Den Eingang zum befestigten Dorf bilden Granitfelsen, die so in die Mauer integriert wurden, als schwebten sie zwischen Gasse und Himmel.

Die intakte Mauer des trutzigen Burgdorfes lässt nur durch ein paar Gucklöcher Blicke ins Tal zu. Enge, verwinkelte Treppengassen mit zahlreichen Stützbögen verstärken das Gefühl, in einem Irrgarten zu sein. Immer wieder muss man hochschauen, um etwa eine kühne Bogenspannung zu bewundern oder Grün, das aus kleinen Fenstern quillt. Dicht beisammen stehen die Steinhäuser, einige mit schmiedeeisernen Balkonen. Dicke Kastanienbalken tragen die Decken der Innenräume, quer zu ihnen verlaufen schlanke Pinienbalken, mit denen sich überraschend große Räume schaffen ließen. Jedes Haus in Castello hat seine eigene *cantina*, den Vorratskeller, der gleichzeitig der Weinkeller ist, meist direkt aus dem Granitfelsen geschlagen und nur selten mit Bausteinen überwölbt. Eine Weinpresse steht in einer Ecke, daneben kleine Fässer: der Wein für den Eigenbedarf. Kein Tropfen verlässt die Insel!

Oben in Castello weht die frische Meeresbrise am intensivsten, manchmal aber besonders kräftig. »Tu sei come il ponente« – du bist wie der *ponente*, sagen die Gígliesen über einen leicht aufbrausenden Menschen. Gemeint ist der Westwind, der unerwartet über die Insel fällt, sie aber genauso plötzlich wieder verlässt, nach höchstens 24 Stunden. Im Sommer bietet er auf jeden Fall eine angenehme Abkühlung.

Die **Pfarrkirche San Pietro Apostolo** besitzt ein kostbares Elfenbeinkruzifix, das Giambologna (1529–1608) zugeschrieben wird, und als größte Kostbarkeit in der Schatzkammer (rechts hinter Glas) die in Silber gefasste Armreliquie von San Mamilliano von 1724 mit dem rechten Unterarmknochen (normalerweise tgl. 9–19 Uhr).

Am Brunnen vor der Kirche sieht man ganz genau, wie hier das kostbare Wasser gesammelt wird: Es dürfte kein Tropfen, der das Dach berührt, sinnlos versickern, denn das Regenwasser wird in Leitungen direkt von der Dachrinne in den Brunnen geführt.

## Poggio della Pagana ► F 13

Von Castello aus kann man herrlich wandern, natürlich auch zum höchsten Gipfel, dem **Poggio della Pagana** (498 m). Vom Frühjahr bis zum Hochsommer ist die intensivste Blütezeit auf Gíglio: Weiß, gelb, lila, blau leuchten die Wildblumen, rot, fast schreiend der Klatschmohn. Maulbeerbäume und duftende Feigen, die im September zusammen mit dem Wein reif werden, vereinzelt Feigenkakteen, wilde Kirschen, immergrüne Steineichen und hohe Korkeichen setzen Akzente als charaktervolle Landschaftsgestalter. In den kleinen Weinbergen stehen winzige Bauten mit Kuppeldächern: die Weinpressen, immer aus Granit, innen eine aus dem Stein geformte Vertiefung, in der den Trauben der köstliche Saft entzogen wird. Er fließt in einer Öffnung am Boden heraus und wird zum Gären in einer anderen Granitkuhle oder einem transportablen Gefäß gesammelt.

## Gíglio Campese ► F 13

Der einzige richtige Badeort der Insel ist ein besonders hübscher, zwar mit grobsandigem Strand, aber in einer ausladenden, von einer kleinen Festung geschützten Bucht. In **Gíglio Campese** findet man ein relativ großes Hotel und zahlreiche Ferienwohnungen, die im Sommer fest in italienischer Hand sind. Wer unkomplizierte Strandferien sucht, hier findet er sie bestimmt, darf sich aber im August nicht über schlaflose Nächte beschweren …

## Giannutri ► G 14

**Giannutri**, die kleine Nachbarinsel Gíglios (2,62 $km^2$) erhebt sich bis zu 88 m aus dem Meer und gilt als wahres Unterwasserparadies. Doch sie kann mit einer sehr dekorativen antiken Attraktion prahlen, den Ruinen einer römischen Villa aus dem 1. Jh. Im Sommer erreicht man die Insel per Boot von Porto Santo Stéfano über Gíglio.

## Infos

**Pro Loco:** 58012 Gíglio (GR), Via Provinciuale 9, Tel. 05 64 80 94 00, www.isoladelgiglioufficioturistico.com.

**Saison:** Ostern sowie Mitte Juni–Mitte Sept.; Hochsaison Aug.

## Übernachten

**Nett ► Castello Monticello:** An der Kreuzung nach Arenella Nord, 1 km von Porto, Tel. 05 64 80 92 52, www.hotelcastellomonticello.com, März–Okt. Nettes Hotel mit leicht maurischen Elementen im schönen Garten; Aussichtsterrasse. Tennis. 26 Zimmer. Restaurant für die Hausgäste; Parkplatz. DZ/ÜF 100–160 €.

**Angenehm ► Arenella:** 2,5 km nordwestlich von Gíglio Porto, Tel. 05 64 80 93 40, www.hotelarenella.com, März–Dez. Völlig umgebautes Hotel mit wunderschönem Blick auf die Steilküste und das Meer. 26 Zimmer. Restaurant; Parkplatz. DZ/ÜF 88–195 €.

**Strandhotel ► Campese:** Gíglio Campese, Via della Costa 1, Tel. 05 64 80 40 03, www.hotelcampese.com, Ostern–Sept. Relativ einfaches Hotel am einzigen langen Sandstrand der Insel mit Blick auf das kleine Castello. 39 Zimmer. Restaurant; Parkplatz. HP pro Person 75–105 €.

**Schöne Lage ► Bahamas:** Gíglio Porto, Via Oreglia 22, Tel.05 64 80 92 54, www.bahamashotel. net, ganzjährig. Zauberhafte Lage mitten im Ort und 100 m über dem Hafen; familiäres Haus. 29 schlichte Zimmer mit z. T. großen Terrassen. Parkplatz. DZ/ÜF 70–120 €.

## Essen & Trinken

Ostern–Sept. sind alle Lokale tgl. geöffnet, im Winter kann es außer in Porto Probleme geben, ein offenes Lokal zu finden.

**... in Gíglio Porto:**

**Sommerlokal ▶ La Vecchia Pergola:** Via Thaon de Revel 31, Tel. 05 64 80 90 80, April–Mitte Nov., Ruhetag Mi. Mit Pergola über dem Meer. Fischküche. Menü ab 30 €.

**Am Hafen ▶ Il Cavalluccio Marino:** Via Umberto I 35, Tel. 05 64 80 93 43, Ruhetag Do. Nettes einfaches Lokal. Die Spezialität sind Fisch und Krustentiere. Menü ab 23 €, Pizza (7–10 €).

**... in Gíglio Castello:**

**Das In-Lokal ▶ Da Maria:** Via Casamatta 12, Tel. 05 64 80 60 62, Ruhetag Mi, Jan./Feb. geschl. Schönes Ambiente, lokale Küche, speziell Fisch und Meeresfrüchte. Menü ab 35 €.

**Lokale Spezialitäten ▶ Arcobalena:** Via Vittorio Emanuele 52, Tel. 05 64 80 61 06. Familiäres Lokal. Gemüse von der Insel und frischer Fisch. Menü ab 30 €.

## Aktiv

**Inselumrundung im Kayak ▶ Il Viottolo:** Tel. 05 65 97 80 05, www.ilviottolo.com. Drei-

**Flanieren auf der Hafenpromenade von Gíglio Porto: Genuss pur**

tägige Umrundung der Insel, 2 Übernachten an Bord (inkl. Überfahrt ab Elba, falls nötig).
Segelausflüge ▶ **Carpe Diem:** www.carpediemvela.com. U.a. nach Giannutri. Sonst fährt von Gíglio Porto fährt im Sommer 1 x wöchentlich ein Ausflugsboot nach Montecristo (s. S. 289) und Giannutri (s. S. 315). Infos beim Pro Loco.
Tauchen ▶ **Deep Blue:** Stationen in Porto und Campese, Tel. 05 64 80 41 90, www.divingcollege.it und **International Diving:** in Porto, Tel. 05 64 80 94 60, www.internationaldiving.it. Tauchschulen und Nachfüllstationen für Sauerstoffflaschen.

Wandern ▶ **Pro Loco:** Die Insel ist ein Paradies für Wanderer, Tipps und Wanderkarten beim Pro Loco erhältlich.

## Termine

**Festa di San Lorenzo:** 10. Aug. In Porto kämpfen die drei Orte um den *Palio Marinaro*; Bootswettbewerb. Am Abend wird der Hafenort mit Fackeln beleuchtet.
**Festa di San Rocco:** 14.–16. Aug. Patronatsfest in Campese, das mit einer Meeresprozession und Feuerwerk endet.
**Festa di San Mamilliano:** Mitte Sept. Der Schutzheilige der Insel wird in Castello mit liturgischen Riten, traditionellen Tänzen und kulinarischen Ständen geehrt (s. S. 314).

## Verkehr

**Schiff:** Bootsverbindungen mit Porto Santo Stéfano/Monte Argentario (Fahrzeit: 55 Min.); im Sommer dichter Fahrplan, Fahrzeuge mit ausländischem Kennzeichen dürfen nur mitgebracht werden, wenn eine mindestens einwöchige Hotel- oder andere Buchung vorliegt, und es ist dafür eine Art Kommunalsteuer zu zahlen. Infos beim Pro Loco bzw. Maregíglio, Gíglio Porto, Via Umberto I 22, Tel. 05 64 80 93 09, www.maregiglio.it sowie Toremar, Tel. 05 64 80 93 49, www.toremar.it.
**Bus:** Auf Gíglio verkehrt ein Bus mehrmals tgl. zwischen den drei Orten, abgestimmt auf die Ankunft und die Abfahrt der Boote.
**Auto:** Es lohnt sich nicht, den Wagen auf die Insel mitzunehmen (s. o.), man parkt ihn besser in Porto Santo Stéfano. Dort gibt es zwei kostenlose Parkplätze: Giardino Jacovacci und Sant'Andrea. Gegen Gebühr sind fünf Parkplätze vorhanden, man sollte aber besser vorher anrufen, ob genügend Plätze vorhanden sind: Banchina Toscana, Tel. 05 64 81 86 99; La Cria loc. Il campone, Tel. 05 64 81 03 10; Il Promontorio, Tel 33 97 16 16 79; Piazzale Candi-Fanciulli, Tel 336 71 32 99, und Monaci, Tel.05 64 81 04 38.
Alle Infos gibt es aktuell auf der **Webseite der Gemeinde Porto Santo Stéfano:** www.comunemonteargentario.it/informazioniturisitiche.htm.

In den Weinhängen von Monteriggioni

Kapitel 4

# Siena und das Umland

Das vom Mittelalter geprägte Siena gilt als die gotische Metropole der Toscana, die sonst so sehr mit der Renaissance prahlt. Auf der muschelförmigen Piazza del Campo mit ihren harmonischen Palastfassaden wird zweimal jährlich der Palio ausgetragen. Im sakralen Mittelpunkt der Stadt erhebt sich der Dom, ein Juwel gotischer Architektur. Aus der Renaissance stammt die reich freskierte Cappella Piccolomini, einmalig sind die Fußbodenbilder der Kathedrale. Und gegenüber im früheren Ospedale della Scala entstand eines der schönsten Museen der Region.

Südwestlich von Siena bietet sich ein Ausflug in die wenig bekannte Region der Montagnola mit tiefgrünen Wäldern und kleinen Weilern oder befestigten Dörfern an. In der Nähe liegen zwei besondere Sakralbauten: die winzige Abtei von Torri mit ihrem dreistöckigem Kreuzgang sowie die dachlose Ruine von San Galgano.

Nordwestlich von Siena reihen sich berühmte Sehenswürdigkeiten aneinander: das intakte Burgdorf Monteriggioni mit seiner von wuchtigen Wachttürmen geprägten Stadtmauer, das auf drei Hügelrücken liegende Colle Val d'Elsa und natürlich San Gimignano, wegen seiner hoch aufragenden Geschlechtertürme oft das Manhattan der Toscana genannt.

Von hier ist es nicht weit zur Etruskerstadt Volterra. Mit ihren hohen mittelalterlichen Palästen und engen Gassen besitzt sie einen fast düsteren Charakter. Volterra liegt hoch auf einem Hügel, die gefährlichen *balze* zu Füßen, die beständig daran nagen.

Nördlich von Siena breitet sich das weltberühmte Weinanbaugebiet des Chianti aus, das bis nach Florenz reicht. Hier, inmitten sanfter Hügellandschaft, kann man in unzähligen Weingütern die edlen Tropfen vor Ort probieren.

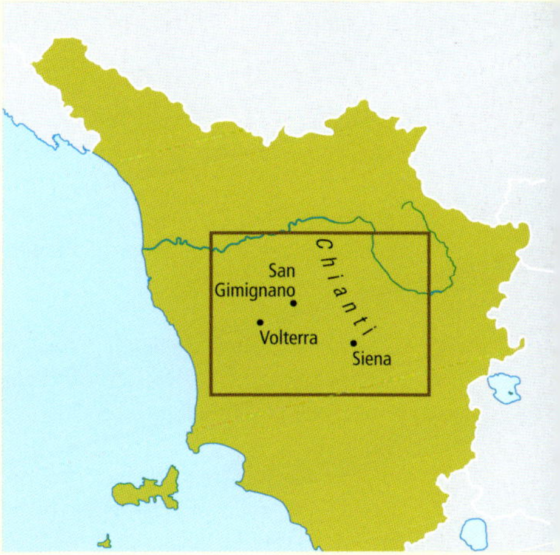

Auf einen Blick

# Siena und das Umland

## Sehenswert

9 **Siena:** Die Provinzhauptstadt mit dem vielleicht schönsten Platz der Welt gehört unbestritten zu den Höhepunkten einer Toscana-Reise (s. S. 322).

**Monteriggioni:** Total ummauertes Kleinod nördlich von Siena (s. S. 341).

**Colle Val d'Elsa:** Lang gezogen über drei Hügelrücken, vom Mittelalter geprägt (s. S. 345).

10 **San Gimignano:** Die Stadt mit ihren berühmten Geschlechtertürmen steht unter UNESCO-Schutz (s. S. 350).

11 **Volterra:** Der hochgelegene, einstige etruskische Stadtstaat beeindruckt durch seinen mittelalterlichen Aufbau (s. S. 355).

12 **Chianti:** Keine Weinregion dürfte berühmter sein, kaum ein Landstrich bietet so viele Burgen und Schlösser (s. S. 362).

## Schöne Routen

**Von Siena nach Volterra:** Entlang der historischen Via Cassia von Siena über Monteriggioni nach Colle Val d'Elsa, San Gimignano und Volterra – allesamt malerisch auf Hügeln thronend – führt diese Tour zu gleich zwei Highlights der Toscana (s. S. 341).

**Durch das Chianti-Gebiet:** Von Siena geht es quer durch das Chianti mit seinen Städtchen, Burgen und Weingütern – Verführung zum Verkosten und Einkaufen des Gallo Nero inklusive (s. S. 362).

# Meine Tipps

**Orto Medievale de' Pecci:** Ein kurzer Spaziergang führt von Sienas Mercato Vecchio zu diesem mittelalterlichen Garten, der eine Augenweide ist (s. S. 331).

**Mit dem Trenonatura aufs Land:** Zu wichtigen Veranstaltungen wie Märkten im Umland, aber auch sonst für Fahrten ins Grüne bietet sich der so genannte grüne Zug ab/bis Siena an (s. S. 339).

**Kochkurs in der Badia a Coltibuono:** Mitten im Chianti Geografico in einer der ältesten Abteien der Toscana kann man in großartiger klösterlicher Atmosphäre wohnen und toscanisch kochen lernen (s. S. 370).

# aktiv unterwegs

**Die Frankenstraße von Monteriggioni nach Piramide:** Entlang der europäischen Pilgerstraße trifft man nicht nur auf Pilger (s. S. 342).

**Spaziergang durch das Elsa-Tal:** Natur pur plus mittelalterliche Ingenieurleistung (s. S. 349).

**Wandern um die Badia a Coltibuono:** Vor oder nach einer kulinarischen Pause durch die Wälder der Abtei streifen (s. S. 371).

# Siena und Umgebung

**Die Provinzhauptstadt breitet sich auf drei Hügelrücken aus, den sogenannten *Terzi di Città*, die sich auf dem berühmten Campo im Zentrum Sienas treffen. Eine hohe Mauer umschließt die Stadt, in die man nur durch eines ihrer Tore hineinkommt. Aus dem Häusergewirr ragen Türme heraus, am höchsten die Torre del Mangia des Rathauses und der schwarz-weiß gestreifte Campanile des Domes.**

## 9 Siena ►H 7/8

**Cityplan:** S. 324

Für die Sienesen keine Frage: Ihre Stadt ist die schönste der Toscana, wenn nicht gar ganz Italiens und überhaupt. Jedenfalls gilt sie zu Recht als die gotische Metropole der Toscana – im Gegensatz zur ewigen Gegenspielerin Florenz, der Renaissancestadt. Und es ist eine Stadt, die man als Fußgänger genießen kann, denn bereits 1956 haben die Sienesen zugunsten des historischen Kerns darauf verzichtet, diesen für den Straßenverkehr zu erschließen: Das Zentrum bildet eine – fast reine – Fußgängerzone.

**Siena**, obwohl fast eine Großstadt mit gut 54 000 Einwohnern, ist innerhalb ihrer Stadtmauern so gut wie unverändert gotisch geblieben – als habe man in puncto Architektur die Renaissance ganz oder zumindest weitgehend übersehen. Nicht zum Nachteil der Stadt! Charakteristisch sind hohe Backsteinpaläste, so hoch im Verhältnis zu den engen Gassen, dass kaum ein Sonnenstrahl auf das Pflaster fällt. Die Fassaden sind großzügig mit Fenstern gegliedert, damit wenigstens durch sie genügend Licht in die Häuser gelangt. Architektonischer Trumpf ist der so genannte Sieneser Bogen, eine eigenständige Fensterform: Ein oder sogar zwei Spitzbögen sitzen auf einem flachen Rundbogen; in den Zwischenräumen bleibt Platz, normalerweise für ein Wappen.

Zahlreiche Paläste schmücken die schöne Stadt. Denn wer vom Landadel hier Bürgerrecht erwerben oder behalten wollte, musste einen Palazzo in Siena errichten. An die 50 Adelsfamilien kauften sich auf diese Weise ein und bestimmten somit den zauberhaft urbanen Charakter der Stadt, weil jede noch schöner als die andere bauen wollte.

Auch Siena hat begonnen, ihren Bewohnern und Gästen das Leben zu erleichtern, indem günstige Parkplätze mit dem historischen Zentrum über Rolltreppen verbunden werden. Und kaum eine andere toscanische Stadt hat so viele Hinweisschilder angebracht: An jeder wichtigen Straßenkreuzung findet man kurze und prägnante Wegweiser. In Sienas Altstadt kann man sich also nicht verlaufen – es sei denn, man ist der Meinung, von einem zum nächsten Stadtteil gelangen zu können, ohne über den Campo zu gehen. Mitnichten! Die Bergrücken der terzi sind durch tiefe Einschnitte voneinander getrennt, die es in sich haben …

### Stadtgeschichte

Drei Hügel, steil abfallend und Y-förmig zueinander stehend, hatten die Sienesen für ihre Stadt zur Verfügung. Das ergab natürliche Stadtdrittel, die *terzi*: Terzo di Città im Westen, Terzo di San Martino im Südosten und Terzo di Camollia im Nordosten. Im Kreuzpunkt, in einer Vertiefung: Il Campo, das Feld, *der* Platz der toscanischen Plätze.

Zur Etrusker- und Römerzeit dürfte Siena nicht sehr bedeutend gewesen sein. Doch da sie schon 313 Bischofssitz wurde, darf man auf eine urbane Besiedlung zur späteren Kaiserzeit schließen. Das Wappen Sienas jedenfalls beruht wie in Rom auf einer Gründungsgeschichte, die erst im Mittelalter nachgewiesen werden konnte: Senius und Aschinus, die beiden Söhne des Remus, gründeten auf der Flucht vor ihrem Onkel Romulus an dieser Stelle das Castello Senio. Die römische Wölfin hatten sie bei sich, das Wahrzeichen nicht nur Roms, sondern auch Sienas.

Spätestens ab 1114 befehdeten sich Florenz und Siena. Es ging um die Sicherung der Handelswege und um Wegzölle. Florenz war guelfisch, also papsttreu, Siena hingegen nicht ohne Grund ghibellinisch, kaisertreu: Die Stadt verdankte Friedrich Barbarossa die Rechte der Münzprägung, der Gerichtsbarkeit und der Wahl der Konsuln. Insgesamt fuhren die Bürger nicht schlecht damit: Die Regierung, die das freie Siena 1236 bildete, der Rat der Vierundzwanzig, bestand nur noch zur Hälfte aus adeligen Ghibellinen, vier aus jedem Stadtdrittel; die übrigen zwölf waren *popolani* aus dem Großbürgertum.

1260 siegte Siena bei Montaperti über Florenz. Dieser Sieg blieb im Bewusstsein der Sienesen Jahrhunderte lang tief verwurzelt. Auch wenn es 1269 Florenz gelang, wiederum Siena zu besiegen, und es dann noch häufig Kriege gegen einander gab, bis Siena 1555 endgültig kapitulierte.

Den Reichtum an Schätzen der Malerei, Bildhauerei und der Baukunst verdankt Siena einer, historisch gesehen, kurzen Friedenszeit, zu der sie keine Auseinandersetzungen mit ihrer Erzrivalin Florenz hatte: Von 1287 bis 1355 regierte der Rat der Neun *(consiglio dei noveschi)* die Stadt, aus neun reichen Kaufleuten bestehend; der Adel war ausgeschlossen. Die Neun hatten erkannt, dass Frieden die Voraussetzung für gute Geschäfte ist. Und gute Geschäfte machten die Stadt reich, mit ihrem Vermögen konnte sie sich ihrer Verschönerung widmen.

Siena engagierte dafür u. a. Duccio di Buoninsegna und Simone Martini, beide jeweils Schöpfer einer »Maestà«. Was danach Pietro und Ambrogio Lorenzetti im Siena des 14. Jh., in der Nachfolge Duccios in der Malerei einführten, sollte bis ins 15. Jh. als Sieneser Schule fortgeführt werden: u. a. die wirklichkeitsnahe Darstellung von Stadtarchitektur und Landschaft, z. B. die Darstellung der »Guten Regierung« in den Fresken des Palazzo Pubblico. Man sieht darin wohlhabende Kaufleute in der Stadt, gotische Paläste, von hohen Türmen überragt – und in der sanft gewellten Hügellandschaft befestigte Dörfer und Landgüter, Bauern bei der Arbeit, die geometrischen Muster der bestellten Äcker an den Hängen und – wie hingetupft – ausladende Pinien. Die berühmtesten Bildhauer und Baumeister jener Zeit, Nicola und Giovanni Pisano, rief man ebenfalls nach Siena. Die Pisano-Kanzel im Dom zählt zu den besonders wertvollen Schätzen der Stadt, deren Paläste zum größten Teil ebenfalls aus dieser Friedenszeit stammen.

Dem Größenwahn freilich waren die Sienesen verfallen, als sie beschlossen, ihren Dom so zu verändern, dass er mit dem von Pisa konkurrieren könne: Der alte Bau sollte nur noch das Querschiff des Neuen Domes bilden! Das wird noch heute deutlich an der Südseite, dort, wo sich der Eingang zum Dombaumuseum befindet: Der Raum zwischen der Südwand des Domes und dem hohen Bogen hinter dem Museum sollte das Langhaus des neuen Domes bilden. Zu mehr als diesen Bauteilen kam es freilich nicht: 1348 dezimierte die Pest die Bevölkerung

## Tipp: Der Campo – ein teures Pflaster

Siena ist eine sehr touristische Stadt mit meist teuren Lokalen. Daher sollte die Restaurants auf dem Campo nur aufsuchen, wer auch für viel Geld keine besondere Leistung erwartet. Wer freilich dennoch nicht auf das wundervolle Ambiente des Platzes verzichten möchte, sollte dort wenigstens einen Drink nehmen (s. S. 330).

**Sehenswert**

1 San Domenico
2 Santa Catarina
3 Fontebranda
4 Battistero
5 Duomo Santa Maria
6 Dombaumuseum
7 Santa Maria della Scala

Sienas auf ein Drittel. Ebenso schnell versiegte die Finanzkraft der Stadt, und damit waren Macht und Herrlichkeit – und auch die Bauwut – dahin.

In der Neuzeit erging es Siena fast wie im Mittelalter: Als die Frankenstraße an Bedeutung verlor, weil es bequemere Wege durch die trockengelegten Sumpfgebiete gab, fiel die schöne Stadt wirtschaftlich zusammen. Heute führt die Autobahn Florenz – Rom in hohem Bogen an Siena vorbei, die hervorragende (kostenlose) *superstrada* Florenz – Siena wirkt fast schon wie eine Entschuldigung dafür.

## Siena

11 Il Campo
12 Palazzo Piccolomini
13 Logge del Papa
14 Piazza Tolomei
15 Piazza Salimbeni

**Übernachten**
1 Palazzo Ravizza
2 Santa Caterina
3 Chiusarelli
4 Villa Liberty
5 Tre Donzelle
6 Camping Siena Colleverde

**Essen & Trinken**
1 Medio Evo
2 Antica Trattoria Papei
3 Nello La Taverna
4 Da Trombicche
5 Il Grattacielo

**Einkaufen**
1 Mercato Vecchio
2 Mercato settimanale La Lizza
3 Enoteca Italiana
4 Dolci Senesi
5 La Nuova Pasticceria
6 Toscana Lovers

**Abends & Nachts**
1 Fiamma

**Aktiv**
1 Hallenbad Amendola
2 Villa Gori Siena Golf Club

8 Pinacoteca Nazionale
9 Palazzo Chigi Saracini
10 Palazzo Piccolomini delle Papesse / Centro Arte Contemporanea

### Von San Domenico 1 zu den Banchi di Sopra

An der Piazza San Domenico steht die mächtig ausladende, 1225 bis 1254 erbaute Hallenkirche **San Domenico**. Darin rechts, auf der Westseite, findet sich das einzige authentische Bild der heiligen Katherina von Siena (Fresko um 1380, im Barock eingerahmt). Die Kapelle der Heiligen ist in der Mitte der Südseite eingelassen (1488) und wurde 1526 von Sodoma mit Fresken zur Lebensgeschichte Katherinas ausgestattet, an der Schauwand die Kopfreliquie der Heiligen. Die Unterkirche, im 14. Jh. zur Errichtung des Querschiffes als

Fundament notwendig geworden, ist sowohl rechts gleich hinter der Katherinen-Kapelle über eine steile Treppe als auch direkt von außen zu erreichen; letzteres allerdings nur dann, wenn sie als Kultur- und Konzertzentrum benutzt wird. Wundervoll ist dort unten die Raumwirkung der hohen Backsteingewölbe, die auf mächtigen Bündelpfeilern ruhen (tgl. 9.30–12.30, 15–18.30, oft auch durchgehend 7–18 Uhr, Eintritt frei).

Mit dem Terzo di Città im Blick geht man links von San Domenico erst in die Via Camporeggio mit der schön restaurierten Häuserzeile zur Linken, um dann in spitzem Winkel nach rechts die steile Treppe anzupeilen. An der Ecke stößt man auf die Chorseite der kleinen **Kirche Santa Catarina** 2. Der Wallfahrtsort im Haus der Katherina von Siena ist immer gut besucht und entsprechend voll, aber sehenswert. Das Haus musste wegen der Hanglage etwas kompliziert gestaltet werden und ist durch eine weitere kurze Treppe mit der Via Santa Catarina verbunden. Man kann beide Wege wählen, um auf die andere Seite der ›Schlucht‹ zu gelangen (tgl. 9.30–12.30, 14.30/15–18.30 Uhr, Eintritt frei).

Ob von oben oder von unten, von beiden Seiten kommt man zur **Fontebranda** 3, zum wohl schönsten Brunnenhaus Sienas. Solche Brunnen (s. Thema S. 335) machten die Stadt bei Belagerungen autark. Denn wer genügend Wasser hatte, konnte lange ausharren. Besonders schön sieht der einer Festung ähnelnde Brunnenbau, der in der jetzigen Form mit Spitzbögen und Zinnenkranz bereits 1246 stand, von unten aus, vor dem Hintergrund des mächtig aufsteigenden Querschiffes von San Domenico.

Die Via Fontebranda verläuft am Brunnen vorbei – einmal hinab und hinaus zum gleichnamigen Stadttor, einmal hinauf Richtung Campo. Wählt man den Weg hinauf Richtung Zentrum, durchquert man einen eher wohlhabenden Stadtteil: das Gebiet der Contrada dell'Oca, der mächtigsten Sienas. Dort, wo man durch einen Hausbogen (Arco di Porta Salaria) treten muss, verengt sich die Straße sehr. Sie stößt anschließend auf die **Via di Città**, die sich zusammen mit den **Banchi di Sopra** als Hauptgasse durch das historische Zentrum zieht, der Rundung des Campo parallel folgend.

## Battistero 4

Bevor man sich dem Campo widmet, sollte man einen Schlenker zum sakralen Zentrum der Stadt unternehmen – es sei denn, man spart es sich für einen Extrabesuch auf. Man beginnt auf der weit unterhalb des Domplatzes liegenden **Piazza San Giovanni**. Ein paar breite Stufen führen zum **Baptisterium** hoch, eine städtebaulich sehr gute, für Siena typische Lösung: quasi das Stapeln von Gebäuden übereinander. Denn die Taufkirche bildet die untersten Bauteile des Komplexes Baptisterium, Krypta, Dom. Überraschend ist angesichts der breiten Fassade die geringe Tiefe des Baptisteriums – sein Bau war 1316 bei der geplanten Erweiterung des Domes (ähnlich der Unterkirche von San Domenico) notwendig geworden. Dass die Pfeiler so voluminös sind, ist klar: Schließlich müssen sie ein immenses Gewicht tragen.

Die leider übermalten Fresken aus dem 15. Jh. sind zu vernachlässigen; wichtigstes Kunstwerk des Baptisteriums ist das 1417 begonnene Taufbecken, an dem gleich mehrere hervorragende Künstler gearbeitet hatten: Jacopo della Quercia, Donatello, Ghiberti und Giovanni Turino, ein jeder von ihnen ein Renaissancemeister eigenen Stils. Und dennoch wirken die Szenen aus dem Leben Johannes des Täufers als homogene Einheit (tgl. Mai, Sept.–Okt. 9.30-19, Nov.–Febr. 10–17, Juni–Aug. 9.30–20 Uhr, Erw. 3 €).

Eine steile Treppe führt links vom Baptisterium nach oben. Zuerst gelangt man zur sogenannten **Cripta del Duomo** (früher delle Statue), eigentlich die Krypta des Doms, die lange Zeit die vom Dom außen entfernten Statuen barg, heute im Dombaumuseum untergebracht (tgl. März–Mai, Sept., Okt. 9.30– 19, Juni–Aug. bis 20, Nov.–Febr. 10–17 Uhr, Erw. 6 €). Am oberen Ende der Treppe gelangt man auf die **Piazza Jacopo della Quercia** mit den überdimensionalen Maßen des geplanten und nie vollendeten Neuen Domes (s. S. 323). Im einzigen fertigen Teil befindet sich das wunderschöne Dombaumuseum (s. S. 328).

## Duomo Santa Maria 5

Über Baptisterium und Krypta erhebt sich der **Duomo Santa Maria**. Man sollte der Versuchung widerstehen, gleich durch die kleine Südpforte die Kathedrale Sienas zu betreten und lieber zu ihrer Westfassade vorgehen. Diese Schauseite im besten Sinne mag zwar an Zuckerbäckerstil erinnern, wirkt aber insgesamt doch imposant. Der Bau des Domes, der an der höchsten Stelle der Stadt steht (346 m), wurde um 1210 begonnen und bis ins 14. Jh. fortgeführt. Seine Fassade (1284–1297), eine völlige Neukonzeption von Giovanni Pisano mit späteren Änderungen bis ins 14. Jh., präsentiert sich fast schon im Sinne der französischen Gotik stark figural geschmückt.

Bereits auf der Terrasse zum Westportal fallen die sgrafittiähnlichen **Fußbodenbilder** auf. Außen sind es zwar Kopien, innen aber die Originale aus dem 15. Jh. Die ältesten Bilder waren jahrelang zum Schutz vor kratzenden Schuhsohlen mit dicken Kartonagen abgedeckt, inzwischen aber werden sie wie früher an hohen Feiertagen (und auch ca. 21. Aug–29. Okt.) mit Kordeln abgesichert, komplett gezeigt. Die ältesten Bilder wurden in den Marmor (Punkt für Punkt) eingeritzt, die Rillen dann mit Teer ausgefüllt. Die jüngeren

**Die reiche Formensprache der Gotik zeigt die Westfassade des Doms**

Bilder sind eine Art Einlegearbeit aus verschiedenfarbigem Marmor.

Überhaupt gehört der Sieneser Dom zu den am prächtigsten ausgestatteten Kirchen der Toscana. Wunderbar hat ab 1503 Fra Giovanni da Verona das **Chorgestühl** von 1363 bis 1397 intarsiert. Wird es mit Hilfe des Münzautomaten beleuchtet, kann man besonders gut die perspektivischen Spielereien erkennen: schräg geöffnete Fenster, eine weite Landschaft dahinter, Straßenzüge, viel Architektur und Stillleben. Die zweite Rückenlehne von rechts zeigt Dürers »Hasen« – die Technik der Vervielfältigung durch Druck war inzwischen verbreitet, sodass die Künstler beliebte Vorlagen für ihre Arbeit nutzen konnten. Ursprünglich bestand das Chorgestühl aus 90 Sitzen, von denen rechts und links jedoch nur noch 36 erhalten geblieben sind. Das mittlere, nicht intarsierte, sondern nur geschnitzte Chorgestühl entstand später (1567–1570).

Prachtvoll leuchtet das runde **Glasfenster** über dem Chor, das nach einem Entwurf von Duccio 1287/1288 geschaffen wurde und die Themen Tod, Himmelfahrt und Krönung Mariä behandelt. Die **Kanzel** (1266–1268), an der Nicola Pisano mit Gehilfen, darunter Sohn Giovanni, gearbeitet hatte, ist die zweite der berühmten Pisano-Kanzeln nach Pisa (Baptisterium, 1259) und vor Pistoia (Sant'Andrea, 1298–1301) und wieder Pisa (Dom, 1302–1311). Sienas Kanzel zeigt eine noch genauere Ausarbeitung charaktervoller Köpfe, Menschen von der Straße, die Gefühle, vor allem Ängste zeigen, daher schon sehr französisch-gotisch bewegt, aber nicht verniedlicht, sondern real wirken. – Im August fallen für kurze Zeit Sonnenstrahlen so auf die Kanzel, dass sie in ihrer ganzen Zartheit und Feinheit wie durchsichtig wirkt. Auch wenn es besonders schön wäre – das war nicht die Absicht Pisanos, denn die Kanzel stand ursprünglich in der Mitte der Vierung, nicht wie jetzt links vor dem Chorraum.

Links in der Kirche hat Francesco Todeschini Piccolomini, der spätere Papst Pius III., zum Andenken an seinen Onkel Papst Pius II. 1495 die sogenannte **Libreria Piccolomini** einziehen und ausstatten lassen, um darin dessen wertvolle Handschriftensammlung aufzunehmen. Leben und Wirken des Papstonkels, der mit bürgerlichem Namen Enea Silvio de' Piccolomini (1405–1464) hieß und u. a. den Bau der Stadt Pienza veranlasste, zeigen wunderbar erhaltene Fresken von Pinturicchio (1502/1503). Der Zyklus beginnt rechts neben dem Fenster. Auch hier ist das Spiel mit der Perspektive zu erkennen. Und die Mondsichel als Schmuckornament: das Wappen der Piccolomini, das in Siena häufig zu sehen ist (Nov.–Feb. Mo–Sa 10.30–18, März–Mai, Sept., Okt. bis 19.30, So, Fei 13.30–17.30, Juni–Aug. Mo–Sa 10.30–20, So, Fei 13.30–16.30 Uhr; unbedingt für die Fresken der Libreria Piccolomini den Audioguide nehmen, Erw. 3 €, bei abgedeckten Fußboden 6 €, Audioguide 3,50 €).

## Tipp: Sammeltickets für den Museumsbesuch

Für die Besichtigung Sienas werden immer neue Sammeltickets angeboten, das hängt auch davon ab, welche Zusatzausstellungen in den einzelnen Gebäuden gerade laufen. Auf jeden Fall zuerst beim Informationsbüro danach fragen, man kann damit eine Menge sparen. Etwa mit dem Ticket für die kommunalen Museen, das zwei Tage gültig ist und 11 € kostet.

## Dombaumuseum

Die Sammlung des **Museo dell'Opera Metropolitana** 6 birgt unter seinen zahlreichen Kostbarkeiten der Sieneser Malerei auch zwei der größten Schätze Sienas: den Duccio-Saal mit der »Maestà« aus dem Dom und die schönsten Holzschnitzereien von Jacopo della Quercia.

Im zweiten Stockwerk kommt man durch die Sala dei Parati mit reich geschmückten Messgewändern zu einer kleinen Flügeltür mit der Aufschrift »Scala del Facciatone«: 60 Stufen Wendeltreppe, die sich lohnen! Im ersten Abschnitt gelangt man unter den großen Bogen des Neuen Domes und steht genau gegenüber der Südwand der Kathedrale. Der Campo ist, von hier rückwärts schauend, nur zum Teil zu erkennen. Links führt nochmals eine beängstigend enge Wendeltreppe zum schönsten Aussichtsplatz über dem Bogen, dem **Facciatone,** der die Fassade des Neuen Domes überwölben sollte. Von hier liegt einem ganz Siena zu Füßen: das Halbrund des Campo und der schlanke Turm des Rathauses, der wie der Zeiger einer Sonnenuhr seinen Schatten, langsam wandernd, über den Platz wirft. An erhöhten Punkten thronen die Kirchen: San Domenico, backstein-wuchtig, mit von Zinnen bekröntem Turm, hinter dem Dom im Nordwesten; auf der anderen Seite des Domes im Südosten die Basilica dei Servi oder Santa Maria dei Servi; im Nordosten das Kloster San Francesco, dessen schlichte Fassade mächtig aufsteigt.

Lässt man den Blick über die drei Stadthügel schweifen, ist leicht zu erkennen, wie sehr Siena nur im Zentrum urban ist und das Land sich durch die Schluchten in die Stadt hinein zu fressen scheint. Weit reicht der Blick über die Hügellandschaft, bis hin zum markanten Schattenriss des Monte Amiata. Am eindrucksvollsten aber sind die Dächer von Siena. Dicht aneinander ziehen sich die Häuserzeilen aus Siena-Backstein mit sienaroten Tonziegeln an den Hügelkämmen entlang, machen hier und da einen Bogen mit, um sich wieder gerade zu stellen oder über Treppengassen Kontakt zur nächsten Gasse am Hang zu bekommen. Der Blick fällt in viele gepflasterte Innenhöfe, in deren Mitte ein Ziehbrunnen oder ein einziger ausladender Baum steht, bevorzugt Zedern. Die schönste Zeder ragt aus dem früheren Klosterhof von San Francesco, wo heute Teile der Universität untergebracht sind (tgl. Nov.–Feb. 10–17, März–Mai, Sept./Okt. 9.30–19, Juni–Aug. 9.30–20 Uhr, Erw. 6 €).

## Santa Maria della Scala 7

Dem Dom gegenüber steht der mächtige Komplex des früheren **Ospedale di Santa Maria della Scala** aus dem 13. und 14. Jh. Der Name ist einfach zu erklären: Dieses frühere Krankenhaus wurde gegenüber der – damals noch höheren – Domtreppe errichtet (Treppe = ital. *scala*). 1988 begann man mit dem Umbau des großen Komplexes für das reiche **Museo Archeologico,** gleichzeitig wurden Räume und Säle für Ausstellungen und Tagungen vorwiegend zum Thema Zeitgenössische Kunst umfunktioniert. Schon immer zu besichtigen war die **Sala del Pellegrino** des Krankenhauses, die im Freskenzyklus von Domenico di Bartolo und anderer Maler nach ihm Szenen aus den Aufgabenbereichen des *ospedale* zeigen: natürlich Krankenpflege, aber auch die Betreuung von Waisen und die Verteilung von Almosen. Aus dem Ganzen ist nun eines der schönsten Museen der Toscana geworden. Nicht versäumen sollte man die labyrinthartigen Gänge des Untergeschosses mit der großen Sammlung etruskischer Urnen und der Originale sowie Gipsabdrücke der restaurierten Reliefplatten der Fonte Gaia vom Campo, die dort ja nur in Kopie das wohl beliebteste Fotomotiv auf dem Platz darstellt (www.santamaria dellascala.com, tgl. 10.30 –18.30 Uhr, im Winter zeitweise kürzer, Erw. 6 € ohne Vorbestellung, mit Vorbestellung 5,50 €).

## Von der Pinakothek 8 zum Campo

Die Via del Capitano geht an der Kreuzung mit der Via di Città in die Via San Pietro über und führt zur **Pinacoteca Nazionale**, seit 1932 im früheren Palazzo Buonsignori untergebracht. Sie zeigt eine Sammlung mit Malereien Sieneser Künstler und ist zudem normalerweise ein herrlich ruhiger, weil wenig besuchter Ort – mit einem schönen Renaissancebrunnen im Innenhof (Mo 9–13, Di–Sa 10–18, So Fei 9–13 Uhr, Erw. 4 €).

Zurück zur Via di Città und dieser nun nach rechts folgend, schlendert man zwischen den vielleicht schönsten Stadtpalästen Sienas hindurch. Es ist auch die Bummelmeile der Stadt mit einladenden Geschäften und Restaurants. Menschenmassen schieben sich meist durch die Fußgängerzone, nicht nur Einheimische und Touristen, sondern auch viele italienische und ausländische Studenten. Denn in Siena haben sich mehrere Institute etabliert, die italienische Kultur, Sprache und Musik vermitteln. Vor allem Musik: Die **Accademia Chigiana** im wunderschönen **Palazzo Chigi-Saracini** 9 existiert bereits seit 1932 und ist eine Stiftung, deren kostbare Ausstattung, vor allem die Gemäldegalerie, inzwischen besichtigt werden kann. Die Musikstudenten haben es noch einfacher: Sie üben unter manch streng blickender Dame aus der Renaissance und dürfen sich in den Pausen die Kostbarkeiten des Palastes in Ruhe ansehen (hängt von Veranstaltungen ab, nur mit Führung, Erw. 7 €). Immer offen ist der rückwärtige Hof mit dem schönen Renaissancebrunnen. Der Palast, im 12. Jh. begonnen, wurde im 14. Jh. in seine heutige Form gebracht, wobei er damals u. a. die schönen Sieneser Fenster erhielt. Im 18. Jh. folgte die grundlegende Restaurierung.

Schräg gegenüber befindet sich der **Palazzo Piccolomini delle Papesse**, für Catarina Piccolomini, die Schwester von Papst Pius II., 1460 bis 1465 im Stile der Frührenaissance gebaut. Hier wurde vor einigen Jahren das **Centro Arte Contemporanea** 10 (Zentrum für Zeitgenössische Kunst) eingerichtet, ein Kulturzentrum mit Ausstellungsräumen, die normalerweise nur zu bestimmten Anlässen geöffnet werden; die Sammlungen befinden sich inzwischen in Santa Maria della Scala.

## Il Campo 11

Bald öffnet sich rechter Hand der schmale **Chiasso del Bargello**. Wer nicht zu schnell vorbei eilt, erblickt die Torre del Mangia, den herrlichen Rathausturm Sienas mit seinem so leicht wirkenden Glockenaufsatz. Die Treppengasse abwärts führt zum **Campo**, dem wohl schönsten Platz der Toscana. Wie eine Muschel liegt der mit Backsteinen in Fischgrätmuster angelegte Platz dem Betrachter zu Füßen, fällt sichtbar ab zum Rathaus, was die weißen Travertinstreifen des Pflasters, die sich unten treffen, optisch noch verstärken. Ringsum – die Rathausseite ausgenommen – haben sich im Erdgeschoss der großteils mittelalterlichen Paläste Restaurants und Cafés ein-

**Vom Rathausturm aus hat man den direktesten Blick auf den berühmten Campo**

genistet, die allein wegen ihrer imposanten Lage zu den teuersten Sienas zählen.

Die Schönheit und vor allem die Harmonie des Platzes sind kein Zufall. Bereits 1309, manche Historiker meinen schon früher, wurden Vorschriften erlassen, wie die Hausfassaden auszusehen hätten. 1359 wurde gar eine ›Verschönerungsbehörde‹ eingerichtet. Galerien, Vorsprünge und Vordächer waren verboten, und nur zwei- und dreibogige Fenster nach dem Muster des Palazzo Púbblico erlaubt. Hohe Ämter wurden verliehen, Schulden erlassen – all' dies, damit den betroffenen Bürgern genügend Geld blieb, um die vorgeschriebenen Verschönerungsmaßnahmen durchzuführen. Mitten auf dem Platz steht die von Tauben umschwirrte Kopie der **Fonte Gaia** (Original im Archäologischen Museum, s. S. 329), ein beliebter Treffpunkt von Jung und Alt, von Einheimischen wie Touristen.

Der **Palazzo Púbblico** (auch *Palazzo Comunale* genannt) wurde 1297 begonnen. Aus der ersten Bauzeit des Rathauses stammt nur der mittlere Block mit drei Geschossen. Das Obergeschoss kam 1305 hinzu, die Seitenflügel 1307. Die **Torre del Mangia**, der 87 m hohe, alles überragende Turm – obwohl er 1325 bis 1344 an der niedrigsten Stelle der Stadt errichtet wurde – erhielt 1680 eine Travertinbekrönung, die ihm optisch eine unglaubliche Leichtigkeit verleiht (leider ist die Besteigung des Turmes wegen Überfüllung nicht immer möglich). Gleichzeitig mit dem Turmaufsatz erhielt der Unterbau des Palazzo eine Travertinfassade, darüber die Backsteingeschosse mit Fenstern und Portalen, wie sie uns in ganz Siena begegnen. Vielsagend für Siena: Über dem riesigen Medici-Wappen beherrscht der Strahlenkranz des heiligen Bernardino mit dem Christusmonogramm IHS die Fassade – das ungeliebte mediceische Zeichen der Eitelkeit einer Dynastie überstrahlt vom Symbol des Stadtheiligen, der gegen die Eitelkeit predigte!

Das **Museo Civico** im Rathaus ist aus mehreren Gründen einen Besuch wert, u. a. wegen der Sala del Mappamondo mit den Fresken von Simone Martini (besonders sehenswert die »Maestà«, 1315) und der Sala della Pace mit den Fresken von Ambrogio Lorenzetti: »Die gute Regierung« (s. S. 305f.) und »Die schlechte Regierung«, letztere leider nur in Teilen erhalten (1337–1339). Von der offenen Loggia im Obergeschoss auf der Rückseite des Rathauses bietet sich ein wunderschöner Blick über den alten Marktplatz und das Terzo di San Martino mit der Basilica dei Servi di Maria hinweg auf die umgebenden Weidehügel – eine ähnliche Ansicht wie auf dem Fresko der »Guten Regierung« (tgl. im Winter 10–18, im Sommer 10–19, Juli, Aug. z. T. bis 23 Uhr, Eintritt Torre 6 €, Museo Civico 7 €, zusammen 10 €).

Schräg gegenüber dem Palazzo Púbblico, vom Rathaus aus gesehen rechts der Fonte Gaia, befindet sich der herrliche **Palazzo**

## Tipp: Orto Medievale de' Pecci

Vom Platz hinter dem Mercato Vecchio schaut man weit ins Sieneser Land, gleich unterhalb beginnt (Hinweisschilder beachten!) hinter einem Gatter, das seitlich immer offen bleibt, ein zwischen dicht bepflanzten Gärten abwärts führender Weg, die Via di Porta Giustizia, die einen sofort ins ländliche Siena bringt. Ein Kletterturm, ein Fußballplatz, Ruhebänke, ein kleiner Zoo und ein Kinderspielplatz sowie die vielen Kinderwagen schiebenden Mütter und eine nette Kneipe mit Tischen davor beweisen, dass der große Freiraum unterhalb der Stadtmauer gerne angenommen wird.

Ganz am unteren Ende, nach einem verlockenden Kirschgarten, versteckt sich fast der klösterlich wirkende Garten, der seit dem Mittelalter existiert und jüngst wieder gepflegt wird. Allein schon die kunstvolle Umzäunung aus Ginsterreisig ist es wert, die halbe Stunde hierher zu schlendern. Rund 40 mal 40 Schritte groß (oder klein) ist dieser Mustergarten, in der Mitte ein Feigenbaum, ringsum ordentlich und beschriftet die Nutz- und Heilpflanzen. Ein Dokument vom 20. August 1547 hält fest, dass hier ein gewisser Girolamo di Piero als Gärtner ein »abitante del Orto de' Pecci als Mercato Vecchio« war, also hier fest wohnte.

# Der Palio in Siena – mehr als nur ein Spiel

**Wenn zweimal im Jahr in Siena der Palio seine Schatten auf das Leben in der schönen gotischen Stadt wirft, geht das Leben einen völlig anderen Rhythmus. Am Tag der beiden Palio-Termine selbst gerät Siena dann vollends aus den Fugen, ist alles den Palio-Gesetzen unterworfen.**

Die Mitte des zur Rennbahn umfunktionierten Campo füllt sich allmählich, ebenso die Balkone und Tribünen. Ringsum ist jede Lücke zwischen den Balkonen mit Brettern geschlossen, auf denen die Zuschauer dicht bei dicht sitzen. Man muss lange vor dem Rennen die Plätze einnehmen, sonst ist kein Durchkommen mehr. An allen Fenstern stehen Sienesen und schwenken Fahnen ihrer *contrade* (Stadtteile); aus Dachluken und von den Turmdächern beugen sie sich beängstigend weit vor.

Für den Palio des 2. Juli werden bereits am 25. Mai drei der heute konkurrierenden *contrade* aus denen des letzten Palio ausgelost. Zusammen mit den sieben, die ohnehin an der Reihe sind (weil sie beim letzten Mal nicht dabei waren), werden sie am kommenden Palio-Tag das Rennen bestreiten. Am Morgen des 29. Juni findet die Auswahl der Pferde statt, die anschließend durch das Los den zehn teilnehmenden Stadtteilen zugeteilt werden. Um 19 Uhr desselben Tages veranstaltet man das erste Proberennen. Der Campo ist dabei bereits mit festgestampftem Sand und Lehm bedeckt. Am nächsten Tag gehen die Proberennen weiter.

Die Generalprobe beginnt am 1. Juli Punkt 19.45 Uhr, am späten Abend folgt dann das festliche Essen, das Glück und Segen bringen soll. Alle Bewohner der *contrada* nehmen daran teil – und der Reiter, der normalerweise ein Fremder, meist ein angeheuerter Sarde aus der Maremma ist. Während der ganzen Zeit wird das Pferd in der *casa del cavallo*, die jeder Stadtteil besitzt, strengstens bewacht.

Am Morgen des 2. Juli findet – nachdem die Pferde an der Kapelle vor dem Rathaus gesegnet wurden – die *provaccia* statt, die große Probe auf der Piazza del Campo – schon dies ein farbenprächtiges Schauspiel.

Am Abend des 2. Juli (was sich natürlich am 16. August wiederholt) beginnt die Riesenglocke auf der Torre del Mangia zu schlagen, und die ersten Abordnungen der Stadtteile betreten den Platz: jeweils ein Trommler, zwei Fahnenschwinger, der *duce* (Führer), zwei bewaffnete Männer, ein Bannerträger mit der Fahne der *contrada* und zwei Knappen, die die Feldzeichen der einstigen Militärkompanien tragen; es folgt ein Reitknecht mit dem Paradepferd, darauf der *fantino*, der Reiter. Ganz zuletzt kommt das Rennpferd, von seinem *barbaresco*, dem Stallmeister und Bewacher, geführt.

Es ist kurz vor acht Uhr abends, die Sonne erleuchtet nur noch das Rathaus. Auf dem Campo unten, der im Schatten liegt, innerhalb und um die Rennbahn herum, fände keine Stecknadel mehr Platz! Der Zugang wird gesperrt. Die Glocken auf dem Rathausturm schlagen. Es wird still. Pferde und Reiter treten aus dem Innenhof des Rathauses auf die Rennbahn, nachdem sie vom Wachtposten die Ochsenziemer zum Antreiben der Pferde erhalten haben.

Zwischen zwei quer gespannten Hanfseilen zittern Pferde und Reiter dem Start ent-

Thema

gegen, ihrer schwersten Aufgabe. Das Seil fällt: Bahn frei! Ein rasender Lauf beginnt, ein gefährliches Rennen ohne Sattel – die Notärzte stehen bereit. Am gefährlichsten ist die Kurve von San Martino links am Rathaus, weshalb die kleine vorspringende Kapelle in dicke Matratzen eingehüllt ist. Doch Opfer hat sie immer gefordert. Dreimal geht es um den Platz, also auch dreimal in diese Kurve.

Sehr oft gewinnt die *oca* (Gans), für viele andere *contrade* ist die ganze Hoffnung oft mit einem Peitschenhieb des feindlichen Reiters dahin! Dabei geht vieles nicht so korrekt zu, wie man sich das als unbeteiligter Betrachter vorstellen mag.

Können Sienesen jemanden nicht leiden, sagen sie, er sei wie ein *fantino*. Tatsächlich sollen die für das Rennen gekauften Reiter untereinander die übelsten Tricks anwenden, um aus dem Palio für sich ein gutes Geschäft zu machen. Absprachen sind an der Tagesordnung. Da kann tatsächlich nur das Pferd an der Entscheidung etwas ändern. Denn auch reiterlos, *scosso*, kann es den Wettkampf gewinnen, wenn es als erstes durch das Ziel geht. Folgerichtig bekommt das Siegerpferd beim großen Festessen den Ehrenplatz an der Tafel, wird aus silbernem Geschirr gefüttert und beim Siegeszug durch die Stadt richtiggehend verehrt.

Dass die Sienesen ein so freundliches Wesen haben, so unbeschwert wirken, und ihre Stadt die vielleicht niedrigste Kriminalitätsrate der Welt aufweist, soll auch daher kommen, dass sie zweimal jährlich im Palio ein Ventil öffnen – sagen andere Toscaner.

**Zum Palio verwandelt sich der Campo in eine spektakuläre Rennbahn**

**Sansedoni**. Er entstand 1339 durch die Zusammenfassung verschiedener Privathäuser, ganz im Sinne der ›Verschönerungsbehörde‹, denn er folgt der Rundung des Platzes in vollendeter Form. Heute befindet er sich im Besitz des Bankhauses Monte dei Paschi di Siena, der großen Mäzenin Sienas.

An die Nordostecke des Platzes stößt ein mächtiger Bau mit einer Fassade aus Buckelquadern zu den Banchi di Sotto: der **Palazzo Piccolomini** 12. Es waren die Piccolomini, die die Renaissance in die gotische Stadt brachten, zwar mit auffälligen Bauten, aber ohne damit den gotischen Charakter nachhaltig verändert zu haben (vgl. auch Palazzo Piccolomini delle Papesse, s. S. 330, und Logge del Papa, s. u.). Bernardo Rossellino baute den Palazzo Piccolomini in Anlehnung an den Palazzo Rucellai in Florenz. Aber er wirkt düsterer und schwerer und birgt in seinen repräsentativen Räumen das **Staatsarchiv** (normalerweise Mo–Sa Führungen um 9.30, 10.30, 11.30 Uhr, sonst auf Anfrage).

## Piazza Tolomei und Piazza Salimbeni

Gleich um die Ecke in Richtung Via del Porrione stehen die großbogigen **Logge del Papa** 13, 1462 im Auftrag von Papst Pius II. zu seiner eigenen und der Verherrlichung seiner Verwandten, der Piccolomini, errichtet.

Die Banchi di Sotto zurück, biegt man rechts in die Banchi di Sopra ein und folgt ihrem Bogenverlauf, bis sie sich zu der kleinen, engen **Piazza Tolomei** 14 hin öffnet – mit der Sieneser Wölfin auf einer hohen Säule in der Mitte dieses Platzes (sowie sie es öfters in Siena gibt), der **Chiesa San Christoforo** rechts und dem **Palazzo Tolomei** auf der linken Seite. Der Palast gilt als der älteste erhaltene Profanbau Sienas und entstand bereits 1205. Nur sein Erdgeschoss wurde 1267 einer Festung ähnlich umgestaltet. Jetzt wirkt er, zweifach aufgestockt, schmal und dennoch sehr robust. Nur die Rückseite zeigt noch, wie uneinnehmbar diese kleine Stadtfestung ursprünglich war. Nach gründlicher Restaurierung zog hier die Sparkasse von Florenz mit ihrem Hauptsitz für Siena ein – wohl als Gegengewicht zur mächtigsten Bank Sienas auf der benachbarten **Piazza Salimbeni** 15, der Monte dei Paschi di Siena.

## Infos

**APT:** 53100 Siena (SI), Piazza del Campo 56, Tel. 05 77 28 05 51, www.terresiena.it, *Numero Verde* 800 54 02 67 (kostenlose Infonummer innerhalb Italiens).

## Übernachten

Unter den Suchmaschinen für **Hotels**, **B&B** und **Ferienwohnungen** in und um Siena, von luxuriös bis günstig, ist www.de. hotel-siena-italien.venere.com besonders interessant (tel. Buchung unter 069 51 70 97 23). Man bucht online, gibt die Kreditkartennummer an und zahlt bei Abreise; keine Anzahlung. **Zimmer** *(affitacemere)* mit und ohne Frühstück, schlichte oder auch in Adelspalästen *(residenza d' epoca)*, findet man u. a. im aktuellen Hotelverzeichnis der Provinz Siena, s. auch www.terresiena.it.

Stadtpalast ► **Palazzo Ravizza** 1: Pian dei Mantellini 34, Tel. 05 77 28 04 62, www.palazzoravizza.it. Hotel, das in einem Palast aus dem 17. Jh. mit Garten eingerichtet wurde. 33 schlichte Zimmer, vier Suiten mit Stilmöbeln. Restaurant; Parkplatz. DZ/ÜF 150–200 €.

In Panoramalage ► **Santa Caterina** 2: Via E.S. Piccolomini 7, Tel. 05 77 22 11 05, www.hscsiena.it. Kleineres Hotel in einer Patriziervilla (18. Jh.) außerhalb der Stadtmauer vor der Porta Romana, ca. 30 Gehminuten vom Campo entfernt. 22 nette Zimmer, diejenigen zur Straße besser meiden. Wunderbarer Garten in Panoramalage, in dem im Sommer gefrühstückt werden kann und der sich gut für eine Ruhepause eignet. Bar, kleiner Parkplatz. DZ/ÜF 98–185 €.

Zentral ► **Chiusarelli** 3: Viale Curtatone 15, Tel. 05 77 28 05 62, www.chiusarelli.com. Ältliches Hotel in schön renovierten Räumen. 49 Zimmer. Restaurant. DZ/ÜF 92–138 €.

Jugendstil ► **Villa Liberty** 4: Viale Vittorio Veneto 11, Tel. 057 74 49 66, www.villaliberty.it. Gepflegte Jugendstilvilla nahe San Domenico. Schöner Salon mit Veranda und

# Die Brunnen von Siena

Thema

**Die Brunnen, die die Stadt in Zeiten der Belagerung autark machen sollten, sind eine städtebauliche sowie architektonische Meisterleistung und durch kilometerlange Kanäle miteinander verbunden.**

Während die **Fonte Gaia** auf dem Campo, ursprünglich ein Werk della Quercias (s. S. 331), keine wirkliche Funktion hatte, sondern lediglich ein Zierbrunnen war und geblieben ist, bildet die prächtige und trutzige **Fontebranda** zu Füßen von San Domenico das Musterbeispiel eines Sieneser Brunnenhauses (s. S. 326). Drei Bögen, gotisch gespitzt, jeweils ein höherer über einem niedrigeren, tragen es, darüber liegt fein gegliedert ein Rundbogenfries, von einem geometrisch verzierten Zinnenkranz bekrönt. Stark befestigt, das war wichtig, vor allem bei diesem nachweislich ältesten und so wehrhaften Brunnenhaus Sienas (erste Dokumente von 1081, 1193 vergrößert).

Denn Siena ist schon immer arm an Wasser gewesen (heute wird die Stadt mit Überlandleitungen vom Monte Amiata versorgt). Zu allem Überfluss hatten sich die Sienesen ab dem 13. Jh. auch noch auf die Verarbeitung von Wolle, Seide und Leder spezialisiert, Handwerke, die viel Wasser verbrauchten. Die drei Hügel der Stadt aber bestehen aus Kalk- und Tonböden, weshalb man sehr tief bohren musste, um auf Wasser zu stoßen. Der gesamte Untergrund der Stadt wurde ausgehöhlt, um das Quellwasser weiterzuleiten. 25 km lang sollen die so genannten *bottini* sein, die tonnengewölbten Wassergalerien. Die Ingenieure hatten viel zu tun: das nötige Gefälle berechnen, Lüftungsschächte einplanen, schließlich die Brunnen dorthin setzen, wo sie vor Feinden sicher sein konnten.

Die eigentlichen Quellbrunnen mussten verteidigungsbereiten Festungen gleichen, weil sie meistens in den Tälern zwischen den Hügeln lagen, oft sogar außerhalb der Mauern. Nicht nur als Spender für Trinkwasser für Mensch und Tier waren die Quellen wichtig, sondern auch zum Löschen von Bränden, die besonders in Kriegszeiten die Stadt bedrohten. Es entstanden daher neben den öffentlichen auch viele private Brunnen, und natürlich hatte jede *contrada* möglichst einen eigenen. – Neugeborene werden mit dem Quellwasser der eigenen *contrada* getauft, symbolhaft für die lebenslange Zugehörigkeit.

Weitere sehenswerte Wasserspender:

**Fonte Nuova:** Im Norden der Stadt, 1298–1303 errichtet und bis ins 16. Jh. hinein umgestaltet.

**Fonte Ovile:** 1262 an der Porta Ovile im Nordosten weit unterhalb von San Francesco gebaut, auf einem schönen Weg durch kleine Gärten erreichbar.

**Fonte della Contrada del Bruco:** Als Brunnen von San Francesco unterhalb der Via dei Rossi mit weitem Bogen gebaut; seit 1513 Brunnen von San Bernardino, wurde er 1878 von der *contrada* der Raupe restauriert und wieder in Funktion gesetzt.

**Fonte del Casato:** Unterhalb der Treppengasse, die vom Casato di Sotto hinter dem Campo abwärts, am Palazzo Ugurieri mit seiner beigebraun stuckierten Fassade vorbei, zum Vicolo del Fonte führt.

**Fonte di San Maurizio** (16. Jh.): im Südosten Richtung Basilica dei Servi di Maria an der Kreuzung Via San Martino mit der Via San Girolamo.

**Fonte di Cerbaia:** im Nordwesten der Stadt unterhalb der Via di Montluc, ab dem 13. Jh., mit Renaissanceaufbauten versehen.

Bar. 18 komfortable Zimmer, Parkettböden. DZ/ÜF 80–149 €.

Aufgemöbelt ▶ **Tre Donzelle 5:** Via delle Donzelle 5, Tel./Fax 05 77 28 03 58. Aufpolierte Pension im Obergeschoss nahe dem Campo. 28 Zimmer. DZ/ÜF 75 €.

Camping ▶ **Siena Colleverde 6** : Via Scacciapensieri 47, Tel. 05 77 33 25 45, 05 77 33 40 80, www.sienacamping.com. Auf Hügel mitten im Wohngebiet mit Blick auf die Altstadt von Siena; Busanbindung (Nr. 8 zur Piazza del Sole und Nr. 3 zur Piazza Gramsci). Stellplatz 5,50–13,80 €, pro Person 9,50–10,50 €.

## Essen & Trinken

Mittelalterlich ▶ **Medio Evo 1:** Via dei Rossi 40, Tel. 05 77 45 37 65, Ruhetag Do. Kleineres Restaurant in einem Backsteinpalast des 13. Jh.; gute toscanische Fleischküche. Menü um 30 €.

Familiär ▶ **Antica Trattoria Papei 2:** Piazza del Mercato 6, Tel. 05 77 28 08 94, Ruhetag Mo, 10 Tage im Juli geschl. Trattoria in drei kleinen Räumen sowie draußen auf dem früheren Marktplatz; einfache, perfekte toscanisch-sienesische Küche; leckere Pasta, Gegrilltes (Küche einsehbar). Menü ab 26 €.

Rustikal ▶ **Nello La Taverna 3:** Via del Porrione 28, Tel. 05 77 28 90 43, Ruhetag So, Jan. geschl. Schöne Trattoria-Atmosphäre; Wild- und Pilzspezialitäten; auch Vegetarisches. Menü ab 23 €.

Originell ▶ **Da Trombicche 4:** Via delle Terme 66, Tel. 05 77 28 80 89, Ruhetag So. Etwas schicke, aber originelle, enge Osteria (sieben winzige Marmortische); kleine toscanische Gerichte von der Theke, im Sommer vor allem kalte Platten und Salate, im Winter Suppen und Eintöpfe. Wein glasweise. Menü 12–15 €.

Urig ▶ **Il Grattacielo 5:** Via de' Pontani 8, Tel. 05 77 28 93 26, durchgehend 8–18/20 Uhr, Ruhetag So. Winzige Osteria mit kleinen Imbissen von der Theke; Hauswein. Menü um 10 €.

**Abseits der Touristenpfade: In der Altstadt Sienas**

## Einkaufen

Biomarkt ▶ **Mercato Vecchio 1:** Unter dem ausladenden Dach des historischen Marktes wird jetzt an Fr 8–15 Uhr (außer in den ersten 3 Aug.-Wochen) ein interessanter Markt von Bio-Produzenten abgehalten.

Wochenmarkt ▶ **Mercato settimanale La Lizza 2:** Mi 8–13 Uhr auf der ausladenden Piazza und ihrer Umgebung.

Italienische DOC-Weine ▶ **Enoteca Italiana 3:** Fortezza Medicea, Ausstellung italienischer DOC-Weine, die man auch glasweise zum Probieren bestellen und kaufen kann. Di–Sa 12–1, Mo nur 12–20, im Winter Mo–Mi 12–20, Do–Sa 12–1 Uhr.

Verführerisch ▶ **Dolci Senesi 4:** Piazza del Campo 3/4. Mit Blick auf das Rathaus auf der rechten Seite des Campo befindet sich dieser kleine Laden voller Süßigkeiten.

Ricciarelli satt ▶ **La Nuova Pasticceria 5:** Via Duprè 37. Gleich hinter dem Rathaus wurden jahrzehntelang die duftig leichten und doch mandelschweren *ricciarelli* sowie andere Sieneser Konditorspezialitäten gebacken; jetzt ist hier nur noch der Verkauf der am Stadtrand produzierten Leckereien.

Tisch- und Bettwäsche ▶ **Toscana Lovers 6:** Via delle Terme 33, www.toscanalovers.it. Exclusive Tisch- und Bettwäsche von Busatti aus der umbrischen Nachbarregion.

## Abends & Nachts

Kino ▶ **Fiamma 1:** Via di Pantaneto 141, Tel. 05 77 28 45 03. Internationale Filme, auch besondere Veranstaltungen.

Italiens beste Weine ▶ **Enoteca Italiana 3:** Fortezza, s. Einkaufen, Tel. 05 77 24 71 21.

## Tipp: Gebäck

Siena ist ein Schlemmerparadies mit einigen sehr verlockenden Läden – auch am Campo, wo man auf jeden Fall den *panforte* bekommt, einen Pfefferkuchen in vielen Variationen, der ursprünglich zur Weihnachtszeit gegessen wurde und dessen Zutaten die Sieneser aus dem Orient bezogen.

## Aktiv

Schwimmen ▶ **Hallenbad 1:** Piazza Amendola, Tel 057 74 46 05.

Golf ▶ **Villa Gori Siena Golf Club 2:** c/o Park Hotel Siena, via Marciano 18, Tel. 057 74 48 03. 6-Loch Golfplatz. Di-So.

## Termine

**Palio delle Contrade:** Das wichtigste Fest der Stadt ist seit 1147 belegt. Am 2. Juli findet das erste Rennen des Jahres zu Ehren der Madonna di Provenanzo statt, am 16. Aug. ein Palio zu Ehren der Madonna dell'Assunta (kann sich bei Wahlen u. a. Ereignissen verschieben, s. Thema S. 332).

## Verkehr

**Bahn:** Verbindung etwa im Stundentakt nach Norden über Empoli mit Florenz bzw. Pisa sowie nach Süden mit Grosseto. Der Bahnhof liegt an der umgebenden Hauptstraße, von wo ein Transfer nach oben besteht und eine Rolltreppe in Bau ist.

**Bus:** Busreisende steigen an der Buszentralstation La Lizza aus; mit Überlandverbindungen erreicht man von hier praktisch die gesamte Toscana. TRA-IN fährt um das Centro Storico herum und verbindet es mit dem Bahnhof bzw. mit vielen Orten der Provinz. Siena ist außerdem in dichtem Takt mit Florenz verbunden, und zwar sowohl auf der *superstrada* fast ohne Halt als auch auf der *Chiantigiana* mit Stopps in einigen Chianti-Orten entlang der Strecke.

**Auto:** Unbedingt beachten: Wer mit dem Wagen anreist, sollte ihn am besten in einer abgeschlossenen Hotelgarage oder auf einem der übersichtlich gekennzeichneten Parkplätze unterhalb der Altstadt abstellen.

## Tipp: *Salumeria Gastronomia*

So nennen sich Läden – angefüllt mit allen erdenklichen Leckereien der Toscana –, in denen sich nicht wenige Hausfrauen mit fertigen oder vorgefertigten Gerichten eindecken, weil sie als Berufstätige zum aufwendigen Kochen keine Zeit mehr finden. Neben Wurst und Schinken, köstlichem Pecorino und Wein kann man auch in Olivenöl Konserviertes kaufen. Solche Lebensmittelläden inklusive Möglichkeit zum Schnellimbiss findet man auch in Sienas Altstadt wie z. B.:

**Antica Pizzicheria de' Miccoli:** Via di Città 93/95. Hier kann man sich auch seine *panini* frisch zubereiten lassen.

**Morbidi:** Via Banchi di Sopra 73–75 und Via Banchi di Sotto 27.

# Ausflug in die Montagnola

## Sovicille ▶ G 8

Genauso hübsch wie das berühmte Chianti-Gebiet nördlich von Siena (s. S. 342ff.), aber noch lange nicht so überlaufen (und zum Teil ›verdorben‹) präsentiert sich die Landschaft der Montagnola südwestlich von Siena, in deren Mitte das kleine, mittelalterliche **Sovicille** liegt. Schöne Landsitze ringsum bieten Touristen angenehme Aufenthaltsmöglichkeiten.

Vor allem bei Wanderfreunden, Reitern und Ausflüglern mit Mountainbikes dürfte sich das bald herumgesprochen haben, denn viele Wege durch dichten, auch im Sommer angenehm kühlen Wald sind markiert, einige Weingüter produzieren immer besseren Wein und die Dörfer (Sovicille selbst) und Weiler (z. B. **Toiano** und **Torri**; s. u.) der Region sind schön anzuschauen. Die kleinen romanischen Kirchen (Pernina und Ponte allo Spino) oder Klöster (Eremo di Lecceto oder Torri mit zauberhaftem dreistöckigen Kreuzgang), die Burgen (Celsa oder Capraia) und bescheidene, nicht minder schöne Landvillen wie Cetinale bieten schöne Ausflugsziele.

## Übernachten

Mitten im Wald ▶ **Borgo Pretale:** 53018 Sovicille (SI), Località Borgo Pretale 13 km südwestlich, Tel. 05 77 34 54 01, www.borgopretale.it, Ostern–Okt. Zauberhaftes Landhotel in einem komplett wieder aufgebauten mittelalterlichen Dorf im Wald der Montagnola, dennoch mit Panoramablick. Ferienwohnungen, 34 z. T. mit Antiquitäten eingerichtete

Zimmer, sechs Suiten. Sportangebot: Tennis, Golfübungsplatz, Bogenschießen, Fitness-Zentrum; markierte Joggingstrecken; Mountainbikes, Wandern, Reiten lernen im benachbarten Pferdestall, Ausritte. Restaurant (verfeinerte toscanische Küche); Parkplatz. DZ/ÜF 90–170 €, Wochenendtarif 130 €.

Angenehm ländlich ▶ **Relais Borgo di Toiano**: Località Toiano, Tel. 05 77 31 46 39, www.hotelmodernosiena.it, 25. März–Anfang Nov. Angenehmes kleines Landhotel mit Pool, große Panoramaterrasse am Rande des mittelalterlichen Dorfes. Sieben großzügige Zimmer, drei Suiten mit kleiner Terrasse davor. Üppiges Frühstück, mittags Kleinigkeiten zu Essen. Viele Ausflugsmöglichkeiten, Radverleih wird organisiert, auch Reiten in zwei benachbarten Stallungen und Weinproben auf dem Gut Trecciano. DZ/ÜF 80–150 €.

### Aktiv

Reiten ▶ **Centro Ippico Il Cannuccio – La Locaia:** Tel. 05 77 31 70 69, Handy 33 32 52 24 49. In günstiger Lage für Landurlauber in der Montagnola zwischen Siena und Sovicille, stundenweise oder Ganztagesausritte, auch Reitunterricht.

Schlagwort ▶ **Wandern:** Die Montagnola ist ein wunderbares Wandergebiet; Tipps und Wanderkarten sind in den beiden Landhotels erhältlich.

## Torri und Orgia ▶ G 8

Südlich von Rosia, zu dem der winzige Ort **Torri** gehört, steht man am Ende der Dorfstraße vor einem meist verschlossenen Tor. Daher sollte man sich vorher genau erkundigen, ob die Besitzerin nun den Montag und Freitag oder den Samstag zum Besuchstag erklärt hat (das wechselt leider, in beiden Fällen normalerweise nur 9–12 Uhr). Es lohnt sich! Hinter dem Tor verbirgt sich einer der zauberhaftesten Kreuzgänge der Toscana überhaupt, dreistöckig und in bester Renaissancearchitektur.

Ebenfalls zu Rosia gehört ca. 4 km südöstlich die Ortschaft **Orgia**, deren Museo del Bosco leider auch etwas launische Öffnungszeiten hat, aber die Vorplanung belohnt Naturfreunde mit geführten Waldwanderungen von 5,5 bis 7,5 km bzw. 2,5 und 3 Stunden, bei denen man Interessantes über das Leben der Waldarbeiter und über die Köhlerei lernen kann (Anmeldung: Tel. 05 77 34 20 97; Mai–Sept. Do–So 15–19, Fr/Sa auch 9–13, Okt.–Dez. Do, So 14–17, Fr/Sa auch 9–12 Uhr, Erw. 2 €).

### Tipp: Mit dem Trenonatura aufs Land

Die historischen Dampfbahnen erschließen das Orcia-Tal zwischen Siena und Monte Antico mit Stopps in Arbia und Castelnuovo Berardegna, Monte Oliveto Maggiore und Asciano, Trequanda und San Giovanni d'Asso, Torrenieri-Montalcino und Monte Amiata (die Bahnstation, nicht der Berg!) etc., eine Menge Stationen, an denen man jederzeit aussteigen und Besichtigungen einplanen kann. Doch allein die Bahnfahrt – je nach Strecke 1 ½ bis 3 Std. und normalerweise im Sommerhalbjahr dreimal täglich möglich – über diverse historische Brückenkonstruktionen und durch die abwechslungsreiche Landschaft lohnt sich. Es werden auch Tagestouren mit zwei Übernachtungen in Siena angeboten, Tickets und Eintrittskarten inbegriffen: für Wanderer wie für Radfahrer (um 120 € pro Person, 2 ÜF im DZ). Weitere Infos unter www.ferrovierturiscti che.it, Link zum Trenonatura.

## San Galgano ▶ G 8

Über die Staatsstraße 73 Siena – Grosseto, Abzweigung auf die SP 441 Richtung Massa Maríttima ins zauberhafte, noch wild belassene Mersetal, erreicht man nach insgesamt 20 km entlang der Ostausläufer der Colline Metallífere das historisch-kunsthistorisch bedeutende San Galgano. Die Abteiruine liegt einsam auf einer flachen Ebene zu Füßen des Montesiepi-Hügels. Ihr Dach ist der Himmel und ihr Boden eine kräuterduftende Wiese – eine wahrlich eindrucksvolle, romantische Ruine.

Entstanden ist das ehemalige Zisterzienserkloster unterhalb der Einsiedelei für den hl. Galgano (1148–1181). Als dieser im Jahre 1185 von Papst Lucio III. heilig gesprochen wurde, stand zu seinen Ehren bereits eine runde Kapelle auf dem nahen Hügel (**Eremo di Montesiepi**; fast durchgehend geöffnet). Ambrogio Lorenzetti hatte sie mit Fresken ausgemalt, die man teilweise in der kleinen Seitenkapelle von 1340 mitsamt den Sinopien wieder freigelegt hat; sie zeigen die Geschichte der hl. Jungfrau. In der Mitte der runden Wallfahrtskirche mit imposanter Kuppelkonstruktion wird ein kurzes Schwert bewundert, das der Soldat Galgano in den Felsen geschlagen haben soll zum Beweis dafür, das er dem Kampf abschwören und sich nur noch Gott widmen wollte.

Wenige Jahre nach der Heiligsprechung Galganos kamen die ersten Mönche nach San Galgano, in ihrer Begleitung französische Ordensbrüder aus Clairvaux und Adelige aus Siena. Die einen brachten das künstlerische Können, die anderen das nötige Geld, um eine hervorragend geplante Klosteranlage unterhalb des Wallfahrtsortes zu finanzieren. Um 1224 wurde mit dem Bau begonnen, der etwa 80 Jahre gedauert haben soll.

Die Zisterziensermönche von San Galgano wurden zu Impulsgebern im kulturellen, wirtschaftlichen und natürlich religiösen Sinne im gesamten Gebiet der Sieneser Maremma. Warum dann das Kloster im 15. Jh. plötzlich jegliche Bedeutung verlor und im darauf folgenden Jahrhundert verlassen wurde, ist noch immer ungeklärt. 1776 fiel der Campanile in sich zusammen, 1789 wurde das Kloster säkularisiert, im Folgenden dienten seine Steine als Baumaterial. Vom Kloster geblieben sind die Sakristei, der Kapitelsaal und die Schreibstube.

Das rote Backsteingewölbe der Kirche ruhte auf mächtigen Pfeilern aus weißem Travertin. Sie sind stehen geblieben, ebenso wie die Wände der dreischiffigen Basilika und die Gewölbeansätze, das Dach aber ist eingestürzt. Besonders beeindruckend ist der Blick vom Hauptschiff zum Chor, der mit seinen Fensteröffnungen wie ein Scherenschnitt wirkt – besonders am Morgen im Gegenlicht.

1961 bekam ein Zisterziensermönch aus Rom, Pater Romualdo Gilli, die Erlaubnis, nach San Galgano überzusiedeln und die Abteiruine wieder zum Leben zu erwecken. Er baute ein paar Zellen aus und begann damit die Wiederbelebung des Klosters, nun aber für den Olivetanerorden. Dieser erklärte San Galgano zu einem Ort klösterlicher Abgeschiedenheit. Eine kleine Werkstatt (u. a. Ikonenmalerei und Stickerei) wurde eingerichtet; ab und zu erklingt Musik, denn konzertante Veranstaltungen stehen ebenso auf dem Programm wie Ausstellungen (tgl. ab 9 Uhr bis Sonnenuntergang; Juni–Aug. ist die Abteikirche innen nicht sehr fotogen: wegen Bühne und Bestuhlung für die Konzerte).

## Infos

**Pro Loco:** 53012 Chiusdino (SI), Via Paolo Masscagni 12, Tel. 05 77 75 67 38, www.prolocochiusdino.it (Infos zu Ausstellungen etc., Infostand im Kloster).

## Übernachten

**Nettes Landgut ▶ Cooperativa Agricola San Galgano:** San Galgano gegenüber der Abtei, Tel. 05 77 75 10 41, www.sangalgano.it. Einfache Pension auf landwirtschaftlichem Gut mit Verkauf der eigenen Produkte. Zwölf freundliche Zimmer, Garten. Trattoria; Parkplatz. Achtung: Wenn Gruppen sich zum Essen angesagt haben, kann es laut werden. DZ 50 €.

## Essen & Trinken

**Echt toscanisch ▶ Cooperativa Agricola San Galgano:** s. o. Einfache, typische Trattoria in großem Saal mit Gartentischen. Toscanische Küche, wechselnde Menüs; volles Menü inklusive Getränke um 20 €.

**Ein hübsches Plätzchen ▶ Salendo:** zwischen Abtei von San Galgano und dem Hügel von Montesiepi, Tel. 05 77 75 62 70, März–Mitte Nov. Kleine *Wine Bar* in Steinhütte mit einem großem Garten unter schattigen Bäumen. Eigenprodukte des nahen Weingutes, frisch zubereitete Kleinigkeiten wie *bruschette* und *panini* oder gemischte Platten, Weinverkostung.

# Von Siena nach San Gimignano und Volterra

**Monteriggioni, Colle Val d'Elsa, San Gimignano und Volterra – vier Ortschaften, die in ihren intakten Mauern eine exponierte Hügellage besitzen. Zwei von ihnen zählen zu den Pflichtbesuchen auf einer Toscana-Reise: San Gimignano wegen seiner Geschlechtertürme, Volterra wegen seiner etruskischen Vergangenheit und dem mittelalterlichen Stadtbild.**

## Monteriggioni ▶ G 7

Als Leitfaden für geruhsames Autobummeln oder gar Radfahren kann die alte römische Straße Via Cassia dienen, die westlich der *superstrada* in leichten Kurven nach Nordwesten führt und hübsche Aussichten in die Montagnola (s. S. 338) gewährt. Der kleine Ort **Monteriggioni**, der überaus pittoresk auf einem kleinen Hügel thront, ist schon von weitem zu sehen, seine Wachttürme sind einfach unverwechselbar!

Der einstige Vorposten Sienas gegen Florenz, im Jahr 1203 in 274 m Höhe gegründet, steckt noch immer in einem mächtigen Mauerring, den früher 16 Tor- und Wachttürme krönten. Dante nannte sie »Giganten, die in der Hölle tanzen« – heute sind es nur noch elf. Ansonsten ist fast alles intakt geblieben: die 570 m lange Mauer ebenso wie der Charakter des mittelalterlichen *castello* mit der kleinen Kirche im Übergang von der Romanik in die Gotik. Ein Teilstück des Camminamento della Cinta Muraria (Wehrgang) ist inzwischen begehbar und ermöglicht weite Ausblicke in die Landschaft (Apr.–Mitte Sept. 9.30–13.30, 14–19.30 Uhr, Erw. 3 €).

Zwei Plätze, versetzt hintereinander, bestimmen das Bild des winzigen Dörfchens, auf dessen Parkplatz unterhalb der Mauer man seinen Wagen abstellen sollte. Ein kleines, fast feines Hotel (Monteriggioni), ein berühmt-gutes Restaurant (Il Pozzo), zwei Enotheken mit Weinen der Umgebung und eine Trattoria, ein gut sortiertes Antiquitätengeschäft, eine einfache Bar. Das ist alles, und doch für einen so kleinen Ort eine ganze Menge, die für die Beliebtheit Monteriggionis sowohl bei den Einheimischen als auch bei Durchreisenden sorgt.

Erstaunlich viel Platz bleibt für Obst- und Gemüsegärten innerhalb der Mauer, herrliche Ausblicke sind sicher, und ringsum stehen Olivenbäume und Weinstöcke. Monteriggioni ist wirklich ein Ort, den man auf einer Toscana-Reise einplanen sollte, aber nicht im August und nicht an einem Wochenende oder einem Brückentag zwischen Sonn- und Feiertagen. Dann geht hier nichts mehr …

### Infos

**Pro Loco:** 53035 Monteriggioni (SI), Piazza Roma, Tel. 05 77 30 48 10, www.prolocomonteriggioni.com.

### Übernachten

Freundlich ▶ **Monteriggioni:** Via 1° Maggio 4, Tel. 05 77 30 50 09, www.hotelmonteriggioni.net, Mitte Jan.–Mitte Feb. geschl. Zauberhaftes Hotel in wieder aufgebautem Dorfhaus im Zentrum. Garten, kleiner Pool. Zwölf freundliche Zimmer, im Obergeschoss mit Dachbalken. Parkplatz. DZ/ÜF 180–230 €.

Sehr hübsch ▶ **Monteriggioni Castello:** Via 1° Maggio 10, Tel. 05 77 30 42 17, www.monteriggionicastello.it. 60 $m^2$ kleines Apartment, zwei Zimmer, Wohnzimmer/Kochecke,

aktiv unterwegs

## Die Frankenstraße von Monteriggioni nach Piramide

### Tour-Infos

**Start:** Castello di Monteriggioni
**Länge:** 12 km
**Dauer:** einfache Strecke ca. 3 Std. zu Fuß, ca. 1 ¼ Std. mit dem Rad, 4 Std. auf dem Pferderücken (weil die Strecke etwas anders verläuft und ca. 20 km lang ist)
**Schwierigkeitsgrad:** mittelschwer; Wanderer gehen entweder auf derselben Strecke zurück oder ein Stück auf der S. P. 101 weiter zur Via Cassia zur Bushaltestelle Il Ceppo

Seit dem Mittelalter verbindet die 1600 km lange Pilgerroute Canterbury mit Rom. In den letzten Jahren wurden wunderbare Publikationen über die wiederbelebte Frankenstraße, in Italien **Via Francigena**, herausgegeben. Nicht nur für Pilger eine gute Grundlage, auch für Radfahrer und Reiter sind die meisten Wege geeignet.

Monteriggioni ist ein guter Ausgangspunkt für eine solche Wanderung, auch weil es hier eine preiswerte Pilgerunterkunft mitten im Dorf gibt, die jedermann benutzen kann (Santa Maria Assunta, Tel. 05 77 30 40 66, www.monteriggioniviafrancigena.it. DZ 60–75, mit Pilgerpass 15 € plus Wäschekit 7 €).

Der ausgewählte Weg führt durch Oliven- und Weingärten, schattige Waldstücke und über offene Felder mit herrlichen Ausblicken. Von der Piazza Roma in Castello di Monteriggioni geht es durch das Festungstor Richtung Siena, hier links halten für ca. 400 m bis zur SR 2, die der Via Cassia entspricht und auf die man links abbiegt bis zur Strada del Gallinaro (Schotterstraße); die folgende Abzweigung nach links ignorieren, ein Blick zurück zeigt ein schönes Panorama von **Monteriggioni**.

Dem Hauptweg, ansteigend, mit Rechtskurve durch Olivenhaine und Weingärten folgen. Der Weg führt in den Wald, danach nicht der rechten Abzweigung folgen, sondern links halten bis zu einer Gabelung mit drei Wegen, wo man nach links geht. Es ist ein ebener Weg, der an den Rand von Caminata (mit einer Zypressenallee) führt. Immer weiter, an einem Weingarten (links) vorbei, bis zum **Ponte a Rosso**, einer kleinen Brücke, den Weg ansteigend unter schattigen Bäumen. Nach einem Kanal geht es recht steil hinauf durch offene Landschaft, dann wieder in den Wald und nach La Casella mit wenigen Häusern und nach rund 500 m folgen die Häuser von Uccelatoio, an ein paar Pferdepferchen vorbei und wieder in ein großes Waldstück hinein. Nach etwa 600 m zweigt der Hauptweg in Höhe eines verlassenen kleinen Steinbruchs gegenüber einem hohen Baum über die Felder nach rechts ab und steigt an zu den verlassenen Gebäuden von Cerbaia. Jetzt einem Linksknick folgen, der leicht kurvige Weg wird rechts vom Wald begleitet – links mit wunderbarem Talblick und der quadratischen Konstruktion der **Villa di Castagnoli**, geradeaus ragen die Türme des **Castello della Chiocciola** auf. 1 km später, fast am Ende des Waldes, wenn der Weg abzusteigen beginnt, kommt man auf den Platz vor der Casavecchia. Diese lässt man rechts liegen und folgt 150 m dem Weg nach links

Bad, schmaler Vorgarten, für 2–4 Personen, mit Antiquitäten eingerichtet. 80–120 € (für 2 bzw. 4 Personen).

### Essen & Trinken

Sehr bekannt und ganz lecker ► **Il Pozzo:** Piazza Roma 2, Tel. 05 77 30 41 27, Ruhetage So Abend, Mo, Jan. und Anfang. Aug. geschl. Berühmtes, dennoch typisches und gut gebliebenes kleines Restaurant am großen Brunnenplatz; mit einem schmalem Garten jenseits der Gasse. Hausgemachte Pasta,

bis zu einer ausgeprägten Kurve, die nach Villa di Castagnoli führt, vorbei an den mittelalterlichen Häusern von Casa Bucci, eine Asphaltstraße überquerend.

Jetzt kommt man dem mittelalterlichen **Castello della Chiocciola** (rechts) mit einem zylindrischen und einem höheren Turm ganz nahe oder geht weiter geradeaus bis zur Kreuzung. Hier muss man links abbiegen, vorbei an einem großen Sammelbecken für Wasser, an der Asphaltstraße geht es nach links. Wenige Meter weiter geht es rechts Richtung **Villa** mit einem zinnenbekrönten Turm, von einer Mauer umgeben. Bei einem hohen zylindrischen Turm geht der Hauptweg nach rechts weiter, bald schaut man auf die weiten Felder von **Pian del Lago** links und steigt Richtung Caggio auf. Nach ca. einem halben Kilometer geht es vor einer kleinen Brücke rechts und dann zum **Canale Maestro del Pian del Lago**, den man ein Stück entlang geht bis zur querenden S.P. 1010 Montemaggio, der man nach rechts folgt. Sie umgibt die kanalreiche Landschaft im Westen und führt über **Ponte del Prete** zur Kreuzung **Le Tre Madonn**e, wo unser Weg nach links abzweigt nach L'Osteraccia, wie hier ein Gebäude heißt. Er fällt etwa 300 m schmal ab, an Feldern vorbei, bis zu den Resten eine hölzernen Gatters, hier an der Gabelung links gehen – und bald steht man vor der so genannten **Piramide**, einem Obelisken, der zusammen mit dem Canala del Granduca die Urbarmachung des Gebietes aus dem 17. Jh. manifestiert. Ab hier führt der Frankenweg weiter nach **Siena**.

aufwendig zubereitete toscanische Spezialitäten wie etwa gefülltes Täubchen, Kaninchen in Olivensugo, Lamm, Jungschwein in Vinsanto und Fenchelsoße; insgesamt ein sehr gutes Preis-Leistungs-Verhältnis. Menü ab 32 €.

## Einkaufen

**Wein, Olivenöl und Eingelegtes ▶ Fattoria Castello di Monteriggioni:** Via Castello (hinter dem Restaurant Il Pozzo): Landwirtschaftliche Produkte aus der Umgebung im eigenen Laden des Landgutes.

**Weithin sichtbar: Der mächtige Mauerring des kleinen Dorfes Monteriggioni**

## Termine

**Festa Medievale:** Mitte Juli feiert das befestigte Dorf ein mittelalterliches Fest, wobei das gesamte Kastell mit Laternen und Fackeln beleuchtet wird; Händler und Handwerker in mittelalterlichen Kostümen bieten an ihren Ständen Kulinarisches oder Kunsthandwerk an, Gaukler und Spielmänner beleben die Szenerie.

## Verkehr

**Bahn:** Monteriggioni ist über die Strecke Empoli – Poggibonsi – Siena (Bahnstation Castellina Scalo, 2 km entfernt) zur Hauptverkehrszeit während der Woche in fast stdl. Takt erreichbar.

**Bus:** Mit TRA-IN entlang der Via Cassia etwa im Stundentakt mit Siena verbunden.

## Abbadia a Isola ► G 7

Nach dem Besuch Monteriggionis sollte man auf der direkten, weiterhin engen Verbindungsstraße nach Colle Val d'Elsa bleiben, einem Teilstück der Frankenstraße, italienisch Via Francigena (s. aktiv unterwegs, S. 342). Man könnte das kurze Stück auch den hölzernen Hinweisschildern folgend zu Fuß bewältigen, das zunächst durch einen Olivenhain führt. Gleich unterhalb von Monteriggioni kommt die Abzweigung nach **Abbadia a Isola.** Gegründet wurde diese Benediktinerabtei im Jahre 1001 durch eine langobardische Adelige namens Ava dei Lombardi, Hildebrands Witwe. Den Namen erhielt das kleine Kloster, das im 11. bis 12. Jh. erweitert wurde, wegen seiner damaligen Lage – einsam, wie eine Insel inmitten eines Sumpfgebietes. Kennt man die Vorgeschichte, so überrascht der lombardisch-romanische Stil der dreischiffigen Basilika mit drei runden Apsiden nicht weiter.

Sechs Joche bilden das Langhaus, abwechselnd von rechteckigen Pfeilern und halbrunden Pilastern sowie von Rundpfeilern getragen. Einige Freskenreste sind zu entdecken, im linken Seitenschiff eine sogar recht gut erhaltene »Mariä Himmelfahrt«. Die Kapitelle sind schlicht, nur rechts im Chor erkennt man zwei menschliche Gestalten. Unter dem Hochaltar breitet sich eine einfach restaurierte Krypta aus. – Im Haus rechts von der Fassade wird der Schlüssel zur einsamen Kirche verwahrt, dem interessierten Fremden wird meist mit erstauntem Blick geöffnet. Denn, so meinen die Kustoden, das Schönste an der Abbadia a Isola sei ohnehin der Blick auf Monteriggioni über die Weizen- und Maisfelder, manchmal auch über die Sonnenblumen hinweg.

## Colle Val d'Elsa und Umgebung ►G 7

Auch Colle, wie es gerne verkürzt genannt wird, ist schon von Weitem zu sehen. Zwar ist es gerade in der Toscana nicht ungewöhnlich, dass zu einer meist mittelalterlichen Oberstadt eine neuere Unterstadt gebaut wurde, aber **Colle Val d'Elsa** ist bereits auf dem lang gestreckten Hügel oben zweigeteilt: ganz oben das **Castello di Piticciano**, der älteste Teil von **Colle Alto** mit Häusern und Türmen aus dem Mittelalter, und westlich davon der **Borgo di Santa Catarina**, also die Vorstadt mit Renaissancepalästen. Unten breitet sich die Neustadt aus, **Colle Piano** (oder Colle Basso) genannt.

### Die Oberstadt

Vom Westen ist der Einstieg in die Altstadt eigentlich am eindrucksvollsten, weil man durch die wunderbar wuchtige **Porta Nuova** (auch Porta Salis oder Porta Mantovana genannt) mit zwei Rundbastionen geht, die mit zwei vorspringenden Bastionen befestigt ist. Unverkennbar zeigt sich die Handschrift des Festungsbaumeisters Giuliano da Sangallo, der nach 1497 zusammen mit zwei weiteren Florentiner Architekten den gesamten neuen Mauerring errichtete. Der **Borgo** beginnt mit der Via Gracco del Secco, die von mächtigen Palästen sowie historischen Hospitalen flankiert wird und zur Piazza Santa Catarina mit der gleichnamigen Kirche führt. Immer wieder gewähren schmale Seitengassen Durchblicke ins Tal. Am Rathaus vorbei, tritt man in den ältesten Teil der Oberstadt, ins **Castello**, dem der **Palazzo Campana** als Eingangstor dient. Der schöne Palast, durch den man hindurch muss, wurde 1539 bis 1550 genau an der Stelle errichtet, an der vorher die mittelalterliche Porta a Ripa stand. Erbaut wurde er für den Sekretär von Alessandro und Cosimo de' Medici nach einer Zeichnung des Florentiner Architekten Giuliano di Baccio d'Agnolo. Der einzige nennenswerte Platz ist hier die **Piazza del Duomo** mit der Kathedrale von 1603 (u. a. mit Werken von Giambologna und Giuliano da Maiano). Schräg gegenüber erhebt sich das alte Rathaus.

In der durchgehenden Hauptstraße des Castello, der Via Castello, soll im Jahr 1232 Arnolfo di Cambio, u. a. der Dombaumeister von Florenz, zur Welt gekommen sein. Sein vermeintliches Geburtshaus, eine finstere *casatorre* (Turmhaus, Hausnummer 63), steht in Nachbarschaft mit dem **Palazzo del Podestà**, der ebenfalls ab dem 13. Jh. errichtet wurde und heute das **Museo Archeologico** (Archäologisches Museum) birgt. Gezeigt werden dort etruskische Funde aus Nekropolen des oberen Elsatales. Prunkstück der Sammlung ist der Skelettrest eines jungen Mädchens aus dem 6. Jh. v. Chr., das einen goldenen Ohrring trägt. Das Gesicht des Mädchens hat man nach modernsten Erkenntnissen rekonstruiert und es daneben ausgestellt (Mai–Sept. Di–So 10.30–12.30, 16–19.30, Okt.–April Di–Fr 15.30–17.30, Sa/So, Fei 10.30–12.30, 15.30–19.30 Uhr, Erw. 3 €).

Für passionierte Stadtbummler interessanter sind hier einige Straßen wie etwa die **Via delle Volte,** die talwärts parallel zur durchgehenden Via del Castello zwischen Palazzo Campana und dem Domplatz verläuft. Sie misst 110 m und ist, wie ihr Name verrät, fast völlig überwölbt. Sie wirkt dadurch so niedrig, dass man beim Durchschlendern das Gefühl bekommen könnte, sich bücken zu müssen ... Parallel dazu weiter unten Richtung Unterstadt durchzieht die hübsche **Via delle Romite** von West nach Ost das gesamte Viertel Castello. Den Zugang zu beiden Gassen findet man gleich rechts hinter dem Eingang zum Castello.

**Morgennebel in der Val d'Elsa**

Die Via delle Romite könnte man also ganz durchlaufen, immer wieder mit herrlichem Blick auf die Unterstadt, und so im Osten zur in einen Palazzo eingebauten **Torre di Arnolfo di Cambio** gelangen; ein Schlenker nach rechts, und man steht auf der begrünten Bastionsterrasse. Auch hier sind Blicke auf die Unterstadt möglich; der neue Aufzug (s. Verkehr S. 347) verlockt hier zu einer schnellen Abfahrt nach Colle Piano – oder doch lieber die hier beginnende, schlangenförmige, dank eingebauter flacher Stufen bequeme Backsteinstraße, die bis zu 2,5 m breite Verlängerung der Via delle Romite, in die Unterstadt wählen?

## Die Unterstadt

Sie ist eigentlich gesichtslos, doch nicht unsympathisch, in ihrer Mitte liegt die fast quadratische **Piazza d'Arnolfo**. Das rührige Informationsbüro gibt gute Tipps auch für Kristall- bzw. Glaseinkauf, Wanderungen in der Umgebung, Lokale etc. Hinter Spitzengardinen verheißt hier die Antica Trattoria (s. u.) kulinarische Verwöhnung. Man lebt recht gut in Colle Val d'Elsa; die Kristallverarbeitung hat dem 21 000-Einwohner-Städtchen zu neuzeitlichem Wohlstand verholfen, dafür hat die Unterstadt allerdings rings um den Kern ihr historisches Gesicht weitgehend verloren: Glas und bunt gestrichene Stahlkonstruktionen haben hier Einzug gehalten.

Bereits im Mittelalter wurde der Fluss Elsa kanalisiert und durch Mühlen für die Papierproduktion genutzt, in der Neuzeit verdrängt durch die Eisen- und vor allem Glas- und Kristallindustrie, die Colle Val d'Elsa im 19. Jh. den Beinamen ›Böhmen Italiens‹ einbrachte. Heute ist sie zur Kristallstadt aufgestiegen – mit rund 15 % der Weltproduktion an Kristall. Daher wurde in der Unterstadt nahe dem Hauptplatz das moderne **Museo del Cristallo** eingerichtet, übriges auf den Grundmauern der aufgelösten historischen Kristall- und Glasfabrik Schmid (Ostern–Okt. Di–So 10–12, 16–19.30, im Winter Di–Fr nur 15–19, Sa, So, Fei auch 10–12 Uhr, Erw. 3 €).

## Infos

**Pro Loco:** 53034 Colle Val d'Elsa (SI), Piazza Arnolfo 10–11, Tel. 05 77 92 13 34, pro.loco@collevaldelsa.it.

**Infobüro Punto Città:** Piazza Arnolfo di Cambio 10–11, Tel. 05 77 92 13 34, www.comune.colle-val-d-elsa.it, www.terrediarnolfo.it (sehr gute Seiten, auch in Deutsch).

## Übernachten

In der Papierfabrik ▶ **La Vecchia Cartiera:** Via Oberdan 5–9, Tel. 05 77 92 11 07, www.chiantiturismo.it. Nettes Hotel in historischer Papierfabrik (13. Jh.). 38 ordentliche Zimmer, große Salons. Parkplatz. DZ/ÜF 68–110 €.

Traumblick ▶ **Arnolfo:** Via Campana 8, Tel. 05 77 92 20 20, www.hotelarnolfo.it, März–kurz vor Weihnachten. Renoviertes Traditionshotel im historischen Zentrum mit Traumblick. 32 komfortable Zimmer. DZ/ÜF 65–80 €.

## Essen & Trinken

Traditionslokal ▶ **L'Antica Trattoria:** Piazza Arnolfo 23, Tel. 05 77 92 38 47, Ruhetag Di, 10 Tage im Jan. geschl. Hervorragende, verfeinerte lokale Küche, ausgesuchte Weine in kleinen Räumen eines gepflegten Stadtpalazzo im Zentrum der Unterstadt; im Sommer Service unter schattiger Pergola auf der Piazza. Menü ab 40–55 €.

In der Oberstadt gibt es außer dem teuren Arnolfo nette **Pizzerien** wie **Il Torrione** und die **Focacceria Castello,** außerdem die **Birreria Pisopub,** in der sich gerne die Jugend trifft.

## Einkaufen

Glas und Kristall ▶ Infos bzw. Produzentenliste im **Museo del Cristallo** sowie im **Infobüro** an der Piazza Arnolfo di Cambio.

## Verkehr

**Bahn:** Anbindung an die Bahnstation von Poggibonsi (9 km) auf der Strecke Empoli – Siena.

**Bus:** Dichter Fahrplan im Berufsverkehr mit Siena und Florenz.

**Auto:** Parken kann man sowohl unten an der zentralen Piazza Arnolfo di Cambio als auch auf halber Höhe entlang der die Stadt umfahrende Staatsstraße 68, die auf der anderen Seite Colles, im Westen, zur Via della Rimembranza wird.

**Aufzug:** Für ihre Bewohner wie ihre Gäste hat Colle Val d'Elsa durch eine wunderbar simple und doch effiziente Einrichtung sehr gewonnen: einen (kostenlosen) Aufzug mit Tunnelanbindung zwischen Oberstadt (Castello) und Unterstadt (tgl. sicher 8–20 Uhr).

## Abstecher nach Cásole d'Elsa ▶ F 7

Von Colle Val d'Elsa lohnt sich eine landschaftlich schöne Fahrt auf schmalen Landstraßen nach **Cásole d'Elsa**. Von hier kann man weiter über die winzige Terme di Galleraie, entlang der Ostflanke der grünen Colline Metallífere, bis in den kleinen Ort Montieri fahren.

Cásole d'Elsa, das sich auf einem klaren Bergkegel in 417 m Höhe ausbreitet und den Fußgängern vorbehalten bleibt, ist inzwischen durch zwei Aufzüge vom unteren Parkplatz aus schnell erreichbar, einer von ihnen führt sogar noch weiter auf den höchsten Punkt des befestigten Dorfes, auf den aussichtsreichen Turm des historischen Rathauses in der **Rocca** aus dem 14./15. Jh. Im Innenhof sind ebenso wie manchmal in den Gängen des Rathauses zeitgenössische Kunstwerke ausgestellt, während der Dienststunden kann man problemlos hineinspazieren (Mo–Sa 8–14 Uhr).

Vor dem Rathaus breitet sich die Hauptpiazza aus, an der auch schon die schmale Hauptgasse beginnt, die Via Casolani. Flaniert man diese entlang, genießt man einen mittelalterlichen Festungsort (mit Umland rund 3000 Einw.) voller Leben; und das nicht nur im Hochsommer, wenn die Bewohner der Ferienhäuser rings um Cásole hier zum Einkaufen oder Bummeln kommen.

Auch Sehenswertes gibt es außer der Rocca, u. a. das großzügig eingerichtete und schön ausgeleuchtete **Museo Archeologico** mit **Museo d'Arte Sacra.** Es birgt kostbare Kunstwerke aus den Kirchen Cásoles und der Umgebung, die u. a. beweisen, wie bedeutend der Ort für die Bischöfe von Volterra war, sowie archäologische Funde, die auf die etruskische Vergangenheit des Ortes verweisen (April–Sept. 11–19 Uhr, sonst auf Anfrage, Tel. 05 77 94 87 05). Die **Kirche Santo Spirito**, unscheinbar von außen, besitzt innen Freskenreste aus der Duccio-Schule (»Jüngstes Gericht«) und eine Altarwand aus der Werkstatt der Della Robbia.

## Infos

**Ufficio Informazioni Turistiche:** 53031 Cásole d'Elsa (SI), Piazza Lucchetti, Tel. 05 77 94 97 37, www.casole.net.

## Übernachten

**Für Pferdenarren ▶ Rifugio Prategiano:** 58026 Montieri (GR), Località Prategiano 45, Tel. 05 66 99 77 00, www.prategiano.com, April–Okt. Landhotel für unkomplizierte Reiterferien (auch für Wanderer, Mountainbiker etc.) nahe dem mittelalterlichen Dorf Montieri. 20 renovierte Zimmer. Pool in Panoramalage, Restaurant (toscanische Hausmannskost; zwei Menüs am Abend). Keine Sprachprobleme, denn das Hotel inmitten der Maremma steht unter italienisch-österreichischer Leitung. Zahlreiche Wochenprogramme (Beginn jeweils Sa). Parkplatz. DZ/ÜF 84–124 €.

**Panoramaterrassen ▶ Gemini:** Via Provinciale 4, Tel. 05 77 94 86 22, www.geminilapergola.it. Freundliches Hotel am Stadtrand. 42 Zimmer z. T. mit Panoramaterrassen bzw. Zugang zum Garten. Pool, Restaurant, Parkplatz. DZ/ÜF 67–77 €.

Rings um Cásole befinden sich mehrere **Agriturismo-Betriebe,** eine Liste hält das Infobüro bereit; zwei Empfehlungen:

**Hügellage ▶ Il Canneto:** Località Il Piano, Tel. 05 77 94 83 43, www.ilcanneto.net. Landwirtschaftsgut mit 200 ha in schöner Hügellage. Sechs komfortable, fast luxuriöse Apartments. Je Woche für 2 Personen 300–500 €.

**Apartments ▶ Torre Doganiera:** 53030 Pievescola (SI), Podere La Croce 12 km südöstlich, 1,2 km von Pievescola, Tel. 05 77 96 00 71, www.torredoganiera.it. Drei Apartments in ehemaligem Zollturm (12./13. Jh.). Apartment für 3–5 Personen pro Woche 420– 550 €.

## Essen & Trinken

**Handfest ▶ Hotel Gemini** (s. o.): Ruhetag Di Mittag. Ordentliches Menü ab 27 €.

**Weinselig ▶ Osteria del Caffè Casolani:** Via Casolani 39–41, Tel. 05 77 94 87 33, 9–24 Uhr, Ruhetag Do außer Juni–Sept. Osteria, Café und Enothek in einem, unaufdringliche Jugendstileinrichtung. Juni–Sept. Do 22–23.30 Uhr Jazz live. Tgl. wechselndes festes Menü (steht auf der schwarzen Tafel), u. a. mit Kichererbsen-Dinkelsuppe, Schafskäsetaschen, *pappardelle* mit Entenragout, Chianti-Schmorbraten. 300 Weinetiketten. Menü um 20 €.

## Aktiv

**Kunstausstellungen ▶** Im Sommer alle 14 Tage **Wechselausstellungen** zeitgenössischer Maler und Bildhauer in diversen Gebäuden, auf Plätzen etc.

## Termine

**Venerdi Santo:** Karfreitag. Alle drei Jahre (2012, 2015 etc.) zieht gegen 21.30 Uhr etwa

aktiv unterwegs

## Spaziergang durch das Elsa-Tal

### Tour-Infos

**Start:** Località Gracciano, Ponte di San Marziale
**Länge:** 2,4 km einfache Strecke
**Dauer:** ca. 3 geruhsame Std. hin und zurück

Der Elsa-Naturpark südlich von Colle Val d'Elsa führt von der **San-Marziale-Brücke** am Ufer des Elsa entlang bis **San Giorgio**. Süßwassermiesmuscheln leben im Fluss, Flusskrebse und manchmal auch -krabben, die einen bis zu 10 cm langen Rückenpanzer tragen; Libellen schwirren herum, aber auch Mücken – also vorsichtshalber entsprechend schützen!

Zahlreiche Vogelarten bereichern das Flusstal wie Graue Flussreiher und Silberreiher, Stockente und Wasserhuhn, Bachstelze und Eisvogel – und die Biberratte. Nachdem die Zucht der etwa 1 m langen und 10 kg schweren Nager in der Nähe des Flussufers durch eine Überschwemmung zerstört wurde, leben die Tiere hier in freier Natur.

Von Colle kommend fängt man den Weg auf der linken Seite der Brücke an. Gleich zu Beginn gilt es zwei bedeutende Werke des Wasserbaus am Elsa zu bewundern: **La Steccaia** und **Il Callone Reale**. Mit ihnen wurde ab dem Mittelalter ein Teil des Flusswassers abgeleitet, um es als Antrieb u. a. für die Mühlen der Papierfabriken und für die Eisenverhüttung zu nutzen. Besonders interessant ist die Steccaia, durch die das Wasser mit abnehmbaren Brettern, die zwischen Steinblöcken eingespannt waren, gestaut und dann teilweise abgeleitet wurde, wie man es brauchte; daher *steccaia* (Gestänge). Der Callone Reale dagegen war ein Absperrriegel, welcher die Menge des abgeleiteten Wassers durch den Kanal (*gora*) regulierte.

Wahrscheinlich stammt dieses System aus dem 10. Jh., ganz sicher sind sich die Fachleute noch nicht. Auf jeden Fall ließ es bereits Ferdinando I dei Medici, Großherzog der Toscana, im Jahre 1606 restaurieren, worauf ein Gedenkstein unterhalb des *callone* hinweist.

Nach etwa 100 m Wegstrecke etwas abseits vom Fluss kommt man wieder zu ihm bzw. zum Mühlbach **Le Gore Rotte** (zerstörte Kanäle), wo sich ein weiterer Eingang zum Elsa-Park befindet, dessen Brückchen eher an den Tibet denn an die Toscana erinnern. 1 km weiter ist mit einem Flussübergang das kleine Örtchen San Giorgio und damit das Ziel des Spaziergangs erreicht.

40 Min. lang eine eindrucksvolle Prozession von rund 200 Teilnehmern durch das *centro storico*.

**JazzDiVino:** Juni–Sept. Do 22–23.30 Uhr Jazz-Abende z. T. mit wirklichen Musikgrößen im gesamten (kleinen) Altstadtkern, u. a. vor der Osteria (s. o.).

**Palio di Cásole:** Am 2. So im Juli. Das Fest zu Ehren des Schutzpatrons der Bauern, San Isidoro, ist seit dem 19. Jh. belegt und wurde nach den Weltkriegen 1976 wieder aufgenommen. Bereits vor dem eigentlichen Festtag steht der ganze Ort kopf, wenn die sechs *contrade* zum traditionellen Essen im jeweiligen Ortsteil laden. Am Sonntag wird auf der Piazza in mittelalterlichen Kostümen ein großes Festessen abgehalten, ab 18.30/19 Uhr reiten sechs Pferde der sechs Stadtteile in der *campgana* unterhalb des Städtchens eine schwierige, steile, wenn auch nur 1100 m lange Piste.

## 10 San Gimignano ▶F 7

Die weltberühmten Geschlechtertürme des ›Manhattan der Toscana‹ sind schon von Weitem zu sehen. Die schmalen Landstraßen bieten beim gemächlichen Autobummel eine sehr gute Gelegenheit, die feingliedrige Hügellandschaft in diesem Teil der Region auf sich einwirken zu lassen. San Gimignano (7700 Einw.) selbst ist, so man dort übernachtet und sich für die Besichtigung Zeit nimmt, übrigens viel besser als sein Ruf. Kaum haben die Tagestouristen bei anbrechender Dunkelheit den Ort verlassen, spürt man – fast – wieder die Atmosphäre eines mittelalterlichen, fest ummauerten Städtchens.

Dreifach ist der Mauergürtel, eng sind die Gassen, hoch die Wohnhäuser und Paläste, noch höher freilich die *casetorri* (Geschlechtertürme) – rechteckig, klobig, fast fensterlos. Eben kleine private Festungen der im Mittelalter reichen Woll-, Wein- und Gewürzhändler. Erbaut wurden sie zum Schutz gegen die Nachbarn, die der ›falschen‹ Partei angehörten, denn auch in San Gimignano bekämpften sich Guelfen und Ghibellinen. Zwar konnte sich die Stadt bereits im 12. Jh. als freie Kommune durchsetzen, doch untereinander waren sich die Familien spinnefeind. Und daran änderte auch die Machtübernahme durch Florenz 1353 nichts.

72 Türme ragten einst aus dem mittelalterlichen Gewirr der Gassen empor, übrig geblieben sind 15, von denen 14 sichtbar sind. Die privaten Türme durften freilich die beiden Stadttürme (des Palazzo del Podestà mit 51 m und des Palazzo Comunale mit 54 m)

**Auf der Piazza della Cisterna**

nicht überragen. So wurden des Öfteren aufmüpfige Bürger zum Abtragen heimlicher Aufstockungen verurteilt.

## Von der Porta San Giovanni zur Piazza della Cisterna

Eine wohl geordnete, aber nach wie vor mittelalterliche Kleinstadt (mit strenger Fußgängerzone) empfängt den Besucher. Normalerweise betritt man sie wegen der Parkplätze durch die **Porta San Giovanni** im Süden. Von da spaziert man die Via San Giovanni hoch. In der aufgelassenen kleinen romanischen Kirche San Francesco (Haus Nummer 69, rechts) ist heute eine Weinhandlung untergebracht, in der man vielleicht die erste Bekanntschaft mit dem typischen Wein des Städtchens, dem Vernaccia di San Gimignano, machen könnte, aber es gibt noch mehr davon im geschäftstüchtigen Städtchen. Der Durchgang zum Garten des Geschäftes hinten ist frei zugänglich und bietet einen hinreißend schönen Blick ins Elsatal bis nach Colle Val d'Elsa.

Kurz darauf folgt das gekonnt in den mittelalterlichen Mauern eingerichtete Hotel Bel Soggiorno mit gutem Restaurant und ähnlichem Panoramablick. Noch einige Schritte bergan, und man steht im Zentrum von San Gimignano, auf der dreieckigen **Piazza della Cisterna.** Ihren Mittelpunkt bildet der Renaissancebrunnen, dessen Travertinränder die tiefen Spuren der Seile zeigen, mit deren Hilfe jahrhundertelang die schweren Wassereimer hochgezogen wurden. Rechts steht das Hotel Cisterna und gegenüber, ähnlich anspruchsvoll wie dieses, das schlicht-elegante Hotel Leon Bianco. Die Cafés stellen ihre Tische und Stühle einladend auf die schöne Piazza, sobald ein Sonnenstrahl auf sie fällt.

## Die Piazza Duomo

Ganz anders ist der **Domplatz**, auch er wie die Piazza della Cisterna unregelmäßig, jedoch weder Quadrat noch Dreieck, und von Türmen und Treppenaufgängen geprägt. Man betritt ihn unter dem **Voltone**, dem hohen Bogen, der beide Plätze städtebaulich geradezu raffiniert miteinander verbindet bzw. von einander trennt. Gleich an der Ecke steht rechts die erste öffentliche Loggia der Toscana (Ende 13./Anfang 14. Jh.), sie bildet das Untergeschoss des **Palazzo del Podestà** (1239, vergrößert 1337) mit seinen guelfischen Zinnen und dem angebauten Turm der Useppi, später der Chigi (1280). Der mächtige Doppelturm des **Palazzo Salvucci** (13. Jh.) rundet zusammen mit dem imposanten Palazzo del Popolo (s. S. 332) das profane Bild des Domplatzes ab; alles in Koexistenz mit der kirchlichen Macht, die sich in der Colleggiata hinter hoher Treppe manifestiert.

## Collegiata Santa Maria

Die **Kirche Santa Maria**, auch Dom oder Kathedrale genannt, stammt aus dem späten 11./Anfang 12. Jh., ist also ursprünglich romanisch und gilt aufgrund der fast vollständig erhaltenen gotischen Ausstattung als eines der Schmuckstücke der Toscana (für Besucher nur durch den Eingang auf der Kreuzgangseite links zu betreten). Außen wirkt sie recht einfach, innen ist sie dreischiffig mit Kreuzrippengewölben und Fresken. Wohin man schaut, erblickt man Bildergeschichten: Motive des Alten Testaments zeigen die Bilder im linken Seitenschiff von Taddeo di Bartolo (ca. 1367); Bilder aus dem Neuen Testament, um 1350 in der Nachfolge Simone Martinis entstanden, sind im rechten Seitenschiff zu sehen. Zusammen gelten sie als einer der monumentalen Zyklen sienesischer Malerei. Man ›liest‹ die drei Reihen mit dem Alten Testament Reihe für Reihe von links nach rechts, das Neue Testament aber rechts oben beginnend nach links, dann die zweite Reihe von links nach rechts, die unterste wieder von rechts nach links. Die Figuren auf beiden Seiten zeigen bewegte, sprechende Gesichter. Gerne verweisen die Kirchenführer auf die typischen Gläser aus dem nahen Gambassi, die beim Abendmahl im Sockelbild festgehalten wurden. Aus den kurzen Stampern, die auch im Museo Civico nebenan zu sehen sind, trinkt man hier heute noch gerne seinen Landwein.

Besonders drastisch wirkt an der Mittelschiffswand nahe dem Eingang das »Jüngste Gericht« nach Dantes Göttlicher Komödie, das »Paradies« gegenüber bietet geradezu langweilige Szenen. Die Innenseite der Hauptfassade hat Benozzo Gozzoli etwa um das Jahr 1421 mit dem »Martyrium des heiligen Sebastían« freskiert (erst 1464 vollendet). In der Bildsprache sind hier sowohl die Gotik Sienas enthalten als auch die Renaissance von Florenz, dem sich San Gimignano im 15. Jh. freiwillig unterworfen hatte.

Vor dem Querschiff im Süden befindet sich die **Kapelle der heiligen Fina**, der Schutzpatronin von San Gimignano, die übrigens niemals heilig gesprochen wurde, was aber die San Gimignanesi nicht weiter stört. Die Fresken der Kapelle stammen zum Teil von Domenico Ghirlandaio und zeigen Geschichten aus dem Leben der Stadtheiligen: rechtes Bild Verkündigung des Todes der im Nacken gelähmten Fina durch Papst Gregor d. Großen, linkes Bild Begräbnis, mit den Türmen von San Gimignano im Hintergrund (1482). Im Reliquienschrein ist eine Lederbüste (!) mit den Gesichtszügen der hl. Fina aufbewahrt (März, Nov.–20. Jan. Mo–Sa 9.30–16.40, So, Fei 12.30–16.40, April–Okt. Mo–Fr 9.30–19.10, Sa bis 17.10, So, Fei 12.30–17.10 Uhr, 21. Jan. bis Ende Febr. sowie an hohen Feiertagen nur zum Gebet geöffnet, Erw. 3 €).

## Palazzo Comunale

Der steile Treppenaufgang zum auch **Palazzo del Popolo** genannten historischen Rathaus (ab 1289) mit dem durchgehenden Dante-Saal kann normalerweise nur noch über das Museo Civico (mit der Pinakothek im selben Gebäude) durch den Kreuzgang betreten werden, weil er in den Museumskomplex mitsamt der **Torre Grossa**, dem mächtigen Stadtturm, integriert ist. Dante war hier 1319 zu Besuch, weshalb der Ratsherrensaal im *piano nobile* nach ihm benannt wurde. Der Dichter soll damals einen erneuten Streit zwischen den verfeindeten Parteien geschlichtet und für die Vereinigung mit Florenz plädiert haben.

Im Palazzo sind die **Musei Civici** mit der Pinakothek untergebracht, der Palast imponiert also sowohl durch seine Bausubstanz als auch durch die gesammelten Schätze darin. So ist im Dante-Saal eine Kopie der Sieneser »Maestà« von Simone Martini zu sehen, von Lippo Memmi 1317 geschaffen, der freilich die Eleganz des Originals fehlt. An der Wand gegenüber der Fensterfront sind noch höfische Szenen von Azzo di Masetto original erhalten geblieben.

In der Camera del Podestà, dem Saal des Statthalters, sind an den Wänden köstliche Liebesszenen zu sehen, u. a. »Erste Erfahrungen bei einem käuflichen Mädchen«, wofür dem unerfahrenen jungen Mann sogar Geld von seinen Eltern eingesteckt wird, links wird ein Mann von einer Frau ausgepeitscht. Und über der Tür sieht man, wie es ist, wenn alles regulär abläuft: Die Ehe wird arrangiert; das Paar hockt im Badebottich; dann das Ehebett, sie liegt schon darin, er kommt hinein, die Dienerin zieht den Vorhang zu …

In einem Nebenraum der Pinakothek hängt das originale Hochaltarbild der Collegiata, ein Tafelbild von Taddeo di Bartolo aus dem Jahr 1401: Der hl. Geminianus, San Gimignano, hält das Modell der Stadt in Händen. Überhaupt besitzt das Städtische Museum einen Großteil der aus der Colleggiata und anderen Kirchen der Stadt entfernten Kunstwerke sowie Einiges aus dem Archäologischen Museum (s. u.). – Die **Torre Grossa** ist über 280 Stufen zu erobern – belohnt wird man mit einem sehr schönen Blick über die Dächer von San Gimignano! (tgl. März–Okt. 9.30–19, Nov.–Feb. 10–17.30 Uhr, Erw. 4 €).

## Polo Museale di Santa Chiara

Ein neuer Museumskomplex bereichert die Kunstszene von San Gimignano, und zwar ganz im Norden an der Via Folgore (oberhalb der Parkplätze 3 und 4): das **Museo Archeologico,** die **Spezzeria di Santa Fina** und die **Galleria d'Arte Moderna e Contemporanea.** Das einstige Mädchenpensionat von Santa Chiara wurde umgebaut und erhielt gleich drei unterschiedliche Räumlichkeiten: Das Archäologische Museum birgt Funde aus der Stadt und ihrer Umgebung, von Etruskischem bis ins 18. Jh., und stellt u. a. den Bau eines etruskischen Brotofens dar. Die Spezzeria di Santa Fina, die Gewürzhandlung des Hospitals, wurde bereits im 13. Jh. eingerichtet, bildete den Grundstock für die Heilmittel des Santa-Fina-Krankenhauses und war wohl die älteste der Toscana. Komplettiert wird der Museumskomplex durch die Sammlungen moderner bzw. zeitgenössischer Kunstwerke. Sie entstanden durch den nach Raffaele de Grada benannten Premio Grada, der elfmal zwischen 1964 und 1982 abgehalten wurde und bei dem die teilnehmenden Werke zum größten Teil in San Gimignano bleiben konnten (19. März–8. Jan. tgl. 11–17.30, 25. und 31. Dez. 10–13.30, 1. Jan. 12.30–17 Uhr, Erw. 2,50 €).

In diesem nördlichen Viertel des Städtchens findet man noch ruhige, vom Touristenstrom nicht belastete Gassen. Noch nicht. Denn schon hat man begonnen, hier ein paar der bescheidenen, kleinen Wohnhäuser zu restaurieren, in denen inzwischen bereits Zimmer und Apartments an Touristen vermietet werden.

## Die Rocca

Hinter der Collegiata weist der Weg Al Castello zur **Ruine der Rocca**, die jetzt von einem angenehmen Stadtpark umgeben ist. Im Sommer wird er auch als Freilichtbühne benutzt. Tagsüber bereitet es richtiges Vergnügen, die Rocca-Ruine zu erklettern. Zum Abschied gibt es von hier nämlich den schönsten Blick auf San Gimignano – und meistens auch noch Ruhe vor dem Rummel des Touristentreibens im Zentrum (freier Zutritt, außer bei Veranstaltungen).

## Infos

**Pro Loco:** 53037 San Gimignano (SI), Piazza Duomo 1, Tel. 05 77 94 00 08, www.sangimignano.com.

## Übernachten

**Ländlicher Komfort ▶ Relais Santa Chiara:** Via Matteotti 15, Tel. 05 77 94 07 01, www.rsc.it, 17. März–17. Nov. Modernes, komfortables Landhotel in Panoramalage, 0,5 km südlich Pool. 41 Zimmer und Suiten. Parkplatz. DZ/ÜF 110–240 €.

**Beim Brunnen ▶ L'Antico Pozzo:** Via San Matteo 87, Tel. 05 77 94 20 14, www.anticopozzo.com. Zauberhaftes Hotel, in einem restaurierten Palazzo (15. Jh.) untergebracht. 18 elegante Zimmer mit Fresken, Holzbalkendecken und Cottoböden, mit Antiquitäten eingerichtet. DZ/ÜF 110–180 €.

**Sehr hübsch ▶ Bel Soggiorno:** Via San Giovanni 91, Tel. 05 77 94 03 75, www.hotelbelsoggiorno.it, März–Dez. In einem restaurierten Palazzo (14. Jh.) im historischen Zentrum gelegen, nach hinten hinaus herrlicher Blick ins Tal. 20 komfortable Zimmer, zwei Suiten. Restaurant. DZ/ÜF 90–120 €.

**Zentral ▶ Leon Bianco:** Piazza della Cisterna 13, Tel. 05 77 94 12 94, www.leonbianco.com, 20. Nov.–25. Dez., 15. Jan.–Feb. geschl. Nettes Hotel gegenüber der Cisterna. 25 Zimmer. DZ/ÜF 85–115 €.

**Wundervoller Talblick ▶ La Cisterna:** Piazza della Cisterna 24, Tel. 05 77 94 03 28, www.hotelcisterna.it, März–Dez. Traditionelles Hotel in mehreren historischen Gebäuden am Brunnenplatz, schöner Saal (14. Jh.). 49 Zimmer. Restaurant. DZ/ÜF 80–150 €.

**Hängender Garten ▶ Locanda La Mandragola:** Via Diacceto 7, Tel. 05 77 94 04 54, www.locandalamandragola.it. Wunderschön saniertes kleines Wohnhaus im Norden, Turm-Dachterrasse mit super Stadtblick. Acht unterschiedliche, komfortable Zimmer mit SAT-TV. DZ/ÜF Nov.–März (außer in der Weihnachtszeit) 70 €, April–Okt. DZ/ÜF 85 €.

**Klösterlich ▶ Foresteria Monastero di San Girolamo:** Via Folgore 30, Tel. 05 77 94 05 73, www.monasterosangimignano@mail.com. Gästehaus des Klosters beim Santa-Chiara-Museumskomplex, nicht nur für Pilger, jeder kann hier hübsch wohnen. ÜF pro Person 30 €.

## Essen & Trinken

**Verfeinert toscanisch ▶ Dorandò:** Vicolo dell'Oro 2, Tel. 05 77 94 18 62, Ruhetag Mo (außer Ostern–Okt.), Jan./Feb. geschl. Kleines Gewölbelokal mit Bildern toscanischer Künstler; verfeinerte traditionelle toscanische Küche, jahreszeitlich bedingt. Menü 43–55 €.

**Bodenständig ▶ Il Pino:** Via Cellolese 6, Tel. 05 77 94 04 15, Ruhetag Do, Mitte Dez.–Mitte Jan. geschl. Familiäres traditionelles Lokal mit lokaler Küche in freundlicher Atmo-

## Tipp: Gebührenpflichtige Parkplätze

Mit dem Auto darf man nur als Bewohner des historischen Zentrums in die Stadt hineinfahren sowie zum Be- und Entladen von Reisegepäck (Vorlage der Hotelbuchung sowie schriftliche Genehmigung der Stadtpolizei oder der Hotelvereinigung nötig!). Ringsum gibt es Parkplätze, je näher, desto teurer. Parkplatz Nummer 1/Giubideo beim Busparkplatz im Süden liegt am weitesten von der Mauer entfernt und kostet je Stunde 1 €, max. 5 € am Tag, dazu kommt evtl. der Bustransfer (*navetta*) für 0,50 € pro Person. Auf Parkplatz Nummer 2/Montemaggio im Süden nimmt man pro Stunde 2 €, max. 15 € am Tag, Nummer 3 und 4 (beide Bagnaia) im Norden kosten je Stunde 2 €, max. 10 € pro Tag.

sphäre. Menü ab 30 €. Auch fünf Zimmer (DZ/ÜF 55 €).

Rustikal ▶ **Osteria del Carcere:** Via del Castello 13, Tel. 05 77 94 19 05, Ruhetag Mi, Do Mittag; Jan./Feb. geschl. Freundliche Osteria, Marmortische und Korbstühle. Toscanische Gerichte und *crostoni*, diverse Suppen; glasweise lokale Weine, beste Lagen in Flaschen. Toscanisches Menü ab 28 €.

Erstklassig ▶ **Osteria delle Catene:** Via Mainardi 18, Tel. 05 77 94 19 66, Ruhetag Mi, Mitte Dez.–Feb. geschl. Trattoria mit Vernaccia di San Gimignano und anderen lokalen Weinen, traditionelle, saisonbedingte toscanische Gerichte aus Fisch, Lamm, Schwein und Chiana-Rind, im Herbst Pilze; alles etwas leichter, aber nicht weniger köstlich zubereitet. Menü ab 26 €.

Edelpizzeria ▶ **Beppone:** Via delle Romite 13, Tel. 05 77 94 31 35, kein Ruhetag, Ende Dez.–Jan. geschl. Rustikale Pizzeria (auch andere Gerichte). Menü 15–27 €.

S. auch die Restaurants der **Hotels Bel Soggiorno** und **La Cisterna.**

## Abends & Nachts

Einladend ▶ **Caffè delle Erbe:** Via Diacceto 1, Tel. 05 77 90 70 83, Ruhetag Do, sonst 8–20, Juli/Aug. bis 24 Uhr geöffnet. Einladendes kleines Cafè mit Tischen auf der Piazza bei der Collegiata; feines Gebäck, Cocktails, große Weinkarte. Käseplatte, ein Glas Vernaccia und Kaffee 15/16 €.

Eigene Eisproduktion ▶ **Caffetteria dell' Olmo:** auf der Piazza della Cisterna. Große Eisbecher.

## Einkaufen

Wein ▶ Berühmt für San Gimignano ist der strohgelbe **Vernaccia**, der wie natürlich auch andere Weine der Toscana in vielen Enotheken zu kaufen ist. Man kann sich entlang der Hauptgasse zwischen den beiden Stadttoren durchprobieren …

Keramik ▶ Lokale und andere toscanische Keramik ist in vielen **Souvenirläden** zu finden.

Lebensmittel ▶ **Wochenmarkt:** jeden Do auf der Piazza del Duomo und der Piazza della Cisterna, 8–13 Uhr.

## Termine

**Diavolerie di Streghe:** Ende Feb./Anfang März. Bunter, lauter Karneval in mittelalterlichen Kostümen; Hauptthema sind die Hexenprozesse.

**Ferie delle Messi:** Mitte Juni. Mittelalterliche Festzüge, Ritterspiele und Schauspiele auf den Plätzen und Gassen.

## Verkehr

**Busse:** TRA-IN verbindet San Gimignano regelmäßig vor allem mit Poggibonsi und Siena (beide auch Bahnstationen); Haltestellen werktags vor den Stadttoren San Giovanni und San Matteo, So/Fei nur vor der Porta San Giovanni. Tickets beim Touristenamt an der Piazza del Duomo.

# 11 Volterra ▶ F 7

Die schöne Stadt **Volterra** (11 200 Einw.), die zu Unrecht im Schatten San Gimignanos steht, erhebt sich auf einem großen, teils recht steilen Tuffgrat und ist wegen dieser grandiosen Lage und den markanten Türmen sowie der mächtigen Fortezza Medicea von allen Richtungen aus schon von Weitem zu erkennen. Volterra besitzt ein großes Parkhaus unterhalb der Piazza dei Martiri della Libertà, die Sehenswürdigkeiten sind von dort aus hervorragend ausgeschildert – das historische Zentrum ist nämlich strikte Fußgängerzone.

Velathri, eine der wichtigsten Städte des Zwölferbundes Etruriens, wurde von den Etruskern auf den Resten einer älteren Villanova-Kultur errichtet. Ihre höchste Blütezeit erlebte die Stadt im 4. Jh. v. Chr., wie die zahlreichen Grabfunde beweisen. Der über 7 km lange etruskische Mauergürtel umschloss damals außer den Wohnhäusern und öffentlichen Gebäuden auch das Weide- und Ackerland, so war die Stadt auch in Belagerungszeiten autark (die späteren, mittelalterlichen Mauern sind entschieden enger um den Stadtkern gezogen worden). 298 v. Chr. unterwarf sich Velathri den Römern, blieb aber auch unter ihnen als Volaterra bedeutend, wie unschwer am imposanten römischen Theater abzulesen ist.

Das Mittelalter allerdings sah Volterra von internen Machtkämpfen zwischen kirchlichen und weltlichen Herrschern erschüttert, die Renaissance schließlich erlebte immer wieder rebellierende Volterraner gegen die Medici, was wenig fruchtete: Mit der Herrschaft des Großherzogtums der Toscana begann der unaufhaltsame Verfall der Stadt, der bis ins ausgehende 18. Jh. andauerte. Auch die Wiederaufnahme der Alabasterverarbeitung im 16. Jh. verhalf Volterra zu keinem besonderen Aufschwung mehr, sie diente lediglich künstlerischen Zwecken. Trotzdem wuchs die Zahl der Werkstätten von acht oder neun im Jahre 1780 auf mehr als 60 zu Beginn des 19. Jh.

Die ersten Handelsreisenden machten sich auf, Hersteller und gleichzeitig Verkäufer von Alabastergegenständen, die bis in die entferntesten Winkel Europas kamen, um dort ihre Waren anzubieten. Den Anstoß gab die Schulwerkstatt des sowohl künstlerisch genialen als auch wirtschaftlich denkenden Marcello Inghirami, die zwar nur 1791 bis 1799 bestand, aber mehr als 100 Schüler unter der Anleitung in- und ausländischer Meister ausbildete. 1870 erlahmte die Produktion, Europa hatte andere Sorgen, Frankreich und Preußen, damals zwei wichtige Kunden, bekriegten sich.

Das 20. Jh. brachte technische Neuerungen und damit die Wiederbelebung der traditionsreichen Alabasterindustrie von Volterra: Die elektrische Drehscheibe hielt Einzug in die Werkstätten. Nach den beiden Weltkriegen hat sich die Produktion wieder mehr auf künstlerische Arbeiten verlegt: Souvenirs, Schmuck, Kopien alter Kunstwerke, Alabasterblumen und -früchte, Vasen, Lampenfüße, Rahmen; für manche purer Kitsch, für andere Mitbringsel mit Tradition. Fast 250 Betriebe verarbeiten heute Alabaster in und um Volterra, 800 Beschäftigte finden hier Arbeit; 80 % der Werkstätten sind Kleinbetriebe mit bis zu drei Mitarbeitern. Schlendert man durch den Ort, hört man aus fast allen Gassen ein leises Klopfen und Schleifen. Die seit 1822 bestehende Alabasterschule kann sich über Nachwuchsmangel nicht beklagen (s. auch Thema rechts).

## Von der Tiefgarage zur Piazza dei Priori

Einen Stadtrundgang sollte man am Parkhaus unterhalb der mediceischen Festungsmauer beginnen, die anderen günstigen Parkplätze befinden sich auf der Nordseite hinter der Mauer, zur Stadt muss man von dort aus normalerweise lange Treppenaufgänge in Kauf nehmen (geradezu imposant vom Parcheggio Docciola aus).

Über der Tiefgarage breitet sich die **Fortezza Medicea** aus, die Lorenzo Il Magnifico 1472 bis 1475 bauen ließ. Der sogenannte Archäologische Park dort oben anstelle der Akropolis, etwas chaotisch angelegt, täuscht über das hinweg, was sich dahinter verbirgt: Seit 1880 ist die Festung eine der am strengsten bewachten Strafvollzugsanstalten Italiens.

Geht man von der Garage das kurze Stück zur Piazza Martiri della Libertà, direkt auf das traditonsreichste Hotel der Stadt (Nazionale) zu, wird man links gleich zur Via Porta all'Arco verwiesen, die abwärts folgerichtig zur **Porta all'Arco** führt. Sie ist, auch Porta Etrusca genannt, ein Überbleibsel des etruskischen Mauergürtels aus dem 4. Jh. v. Chr., außen noch original erhalten, während der römischen wie der mittelalterlichen Epoche umgestaltet. Durch die schweren Steinquader im unteren Bereich wirkt das Tor recht wuchtig. Die drei verwitterten Köpfe am äußeren Bogen könnten Zeus und die beiden Dioskuren zeigen – gesichert ist es nicht. Jedenfalls werden sie häufig als das Sinnbild Volterras abgelichtet. Im Zweiten Weltkrieg wurde das Tor, um die drohende Sprengung durch die deutschen Truppen wegen der nahenden Alliierten abzuwehren, von den Volterranern völlig zugemauert und später wieder frei gelegt.

Die steile Gasse wieder hinauf, folgt man oben links den Hinweisen zur **Piazza dei Priori.** Sie bildet die größte Freifläche des historischen Zentrums und, im Herzen der

# Der Alabaster von Volterra – Original und Imitat

Thema

**Die Bearbeitung von Alabaster ist eine uralte Kunst, die in Volterra ebenso liebevoll wie geschäftstüchtig gepflegt wird. Der mineralische Gips wird in weitem Umkreis in unterschiedlichen Qualitäten abgebaut und verarbeitet, daher sollte man sich das ausgewählte Stück vor dem Kauf besser genauer anschauen.**

Alabaster wird in unterirdischen Gruben gewonnen. Die beiden Gruben von Volterra (in Santa Luce und Castellina Maríttima), etwa 20 km Luftlinie entfernt Richtung Meer, besitzen ein Netz von Gängen, das mehr als 25 km messen soll. Hier wird der beste Alabaster abgebaut, der sogenannte weiße Statuenalabaster von Castellina, rein, opalbleich, fast durchsichtig, leicht gestreift wie Onyx, nur selten von dunklen Adern durchzogen. Zeigt er leichte, tiefschwarze Adern, wird er Opalalabaster genannt. Abstufungen in allen Farben und Effekten, sogenannte Blondachate und Gelalabaster, auch Marmor in allen Schattierungen bis zu Grün und Rötlich, werden gefunden, je näher die Vorkommen bei Volterra liegen.

Die Volterraner sind äußerst darum bemüht, ihr Handwerk nicht in Verruf zu bringen. Hier wird man also selten einen Fehlkauf tätigen. Aber in den typischen Souvenirzentren kann es schon passieren, dass man auf Imitate hereinfällt. Dabei lassen sie sich recht leicht vom echten Alabaster unterscheiden:

Imitationen aus Kunststoff kann man schnell erkennen, da sie sehr viel leichter sind als Alabaster. Oft werden sie auf einen kleinen Sockel aus Alabaster gestellt, der dann den Stempel »echt« trägt (was ja nicht ganz gelogen ist). Imitationen aus Alabasterpulver und Kunstharz sind schon schwerer von echten Alabastergegenständen zu unterscheiden. Dennoch: Nur die Oberfläche des richtigen Alabasters glitzert kristallin. Imitationen sind matt und klingen, beim leichten Anschlagen mit einem Bleistift oder dem Fingernagel, tönern wie Ton oder Gips.

**Alabasterwerkstatt in Volterra: Mitbringsel zwischen Kunst und Kitsch**

Altstadt gelegen, sicher ihre schönste: Mittelalter pur, Liebhabern dieser Architekturepoche dürfte das Herz schneller schlagen! Kompakt und doch großzügig ist dieser Platz der weltlichen Macht (auf der Rückseite, am Domplatz, konzentriert sich die geistliche Macht). Hier befindet sich auch das Touristeninformationsbüro, das mit Stadtplänen versorgt und einen hervorragenden, sogar humorvollen Audioguide (auch in deutscher Sprache) für die Stadt verleiht.

Der **Palazzo dei Priori** linker Hand war von Anfang an (1208) fast so geplant, wie er sich heute präsentiert, und ist damit das älteste noch erhaltene Rathaus der Toscana (mit einigen gotischen Umbauten, vor allem der Fenster 1254). Er gleicht einer Festung und besitzt nur wenige Fenster im Erdgeschoss. Etwas großzügiger, lichter wurden die oberen drei Stockwerke gestaltet. Es lohnt sich, hinein- und hinaufzugehen, um vor allem den schönen Saal des Großen Rates (Sala del Maggior Consiglio) zu bewundern: 1516 erhielt er die zwei Kreuzgewölbe und ist im 19. Jh. im historisierenden Stil freskiert worden. Auch der kleinere Nebenraum, die Saletta della Giunta, ist reich dekoriert, darunter ein »Hl. Hieronymus«, der Luca Signorelli zugeschrieben wird (Mitte März–Okt. tgl. 10.30–17.30, Nov.–Mitte März Sa/So, Fei 10–17 Uhr, Erw. 1 €).

Der **Palazzo del Pretorio** (auch Palazzo del Podestà bzw. del Popolo genannt) steht mit seiner dreigeteilten Loggia gegenüber. Er ist aus mehreren privaten Palästen und Wohntürmen aus dem 12. und 13. Jh. entstanden. Der eingebaute Turm trägt oben das *Porcellino*, eine Art Wahrzeichen Volterras – in den Wäldern ringsum leben noch heute viele Wildschweine. Etwas überrestauriert zeigt sich der **Palazzo Incontri** um die Ecke in anscheinend bester Spätgotik, doch wurde er wohl im 19. Jh. umgebaut. Darin hat heute die Sparkasse von Volterra ihren repräsentativen Sitz.

**In der Via Porta all'Arco, einer typischen Altstadtgasse Volterras**

## Piazza San Giovanni

Hinter dem Palazzo dei Priori, am Campanile des Domes vorbei, erreicht man die Piazza San Giovanni, den **Domplatz**, geschmückt mit dem hübschen zweigeschossigen Oktogonal des **Baptisteriums**, das inzwischen fast den ganzen Tag über zu besichtigen ist. Ursprünglich aus dem 13. Jh., wurde es später mehrfach umgestaltet. Weiße und grüne Marmorstreifen zieren seine dem Dom zugewandte Fassade, das darin eingelassene romanische Portal zeigt reichen Figurenschmuck. Die hohe Kuppel stammt ebenso wie das schöne, mit Reliefs verzierte Taufbecken von Sansovino aus den Anfängen des 16. Jh. (1502).

Volterra war lange Bischofssitz, was man dem **Duomo Santa Maria Assunta** gegenüber nach vollendeter Restaurierung wieder ansieht. Die dreischiffige Basilika stammt aus dem frühen 12. Jh. und wurde bereits 1254 im Pisaner Stil erweitert, danach mehrfach umgebaut, grundlegend im 16. Jh., weshalb sich die Kathedrale von Volterra als Renaissancebau präsentiert. Die schlichte, klar die basilikale Form widerspiegelnde Fassade aus hellem Travertin mit dem einzigen erhaltenen, schmalen Eingangsportal in der Mitte steht in großem Widerspruch zum Inneren.

Fast erdrückend wirkt die schwere, farbig gefasste Kassettendecke des Hauptschiffes, und wenig passend scheinen die stuckierten Kapitelle der Granit vortäuschenden Säulen. Sehr schön ausgearbeitet ist dagegen die rechteckige Kanzel, die von vier Fabelwesen getragen wird – zwei Löwen, einem Kalb und einem Kalb mit menschlichem Kopf. Eine Besonderheit ist die in kräftigen Farben gefasste hölzerne Großplastik, die Gruppe der »Kreuzabnahme« aus dem 13. Jh. Sie steht in einer flachen Nische rechts vom Hauptchor.

Weiterhin sind unter den Kunstwerken des Domes in der Cappella dell'Addolorata (zweite Kapelle im linken Seitenschiff) die beiden bemalten Terrakottatabernakel aus der Werkstatt der Della Robbia hervorzuheben: eine »Anbetung« und eine »Geburt«, beide aus dem 15. Jh., außerdem ein Fresko von Benozzo Gozzoli (1479), das sehr an sein berühmtes großes Fresko im Palazzo Medici-Riccardi in Florenz erinnert und ebenfalls »Den Zug der Hl. Drei Könige« zum Thema hat. Angeschlossen ist das **Museo Diocesano** mit reichem Kirchenschatz (tgl. 9–13, 15–18 Uhr, im Winter nur vormittags, Sammelticket mit Museo Civico und Museo Guarnacci 9 €).

## Pinakothek und Alabastermuseum

Großartig fügt sich wenige Schritte nördlich von der Piazza dei Priori der **Palazzo Minucci-Soldaini** um einen kleinen Innenhof, der Antonio da Sangallo (spätes 15. Jh.) zugeschrieben wird, in die mittealterlichen Turmhäuser. Seit 1982 ist er Sitz der bereits 1842 konzipierten **Pinacoteca**, nun zusammen mit dem **Mueso Civico**, dem Städtischen Museum. Ein Raum ist Luca Signorelli gewidmet, darin kann man eine »Madonna mit Kind und Heiligen« und eine »Verkündigung« in leuchtenden Farben bewundern. Auch für Taddeo di Bartolo ist ein Raum reserviert, darin ein großes Polyptychon und eine »Madonna mit Kind«. Rosso Fiorentino (1494–1540) ist mit einer eindrucksvollen »Kreuzabnahme« vertreten, die wirkt, als entstünden die Figuren nur aus der Farbe heraus, die Kleider scheinen wie aus kantig knitternder, schwerer Seide, eher sogar Papier (tgl. 16. März–1. Nov. 9–19, 2. Nov.–15. März 9–13.30 Uhr, Sammelticket 9 €).

Neu hinzugekommen ist im Turmhaus über Eck (auch von der Pinakothek zugänglich) das **Ecomuseo dell'Alabastro**. Hier wird Erfahrenswertes über den Abbau des Alabasters auf Tafeln dargestellt; im Museumsbesuch integriert sind auch Gruben in der Umgebung. Auch eine Alabasterwerkstatt wurde aufgebaut, in der Fachleute den Besuchern ihre Arbeit demonstrieren (2. Nov.–15. März Sa/So, Fei 9–13.30, 16. März–1. Nov. tgl. 11–17 Uhr, Erw. 3 €).

Richtung Porta Fiorentina kommt man vom Ecomuseo zur **Via Panoramica**, die nach rechts an der Stadtmauer entlangführt und hält, was ihr Name (Panoramaweg) verspricht: Tief unten steht das **Teatro di Vallebona**, das römische Theater, das den Besuch nicht unbedingt lohnt, da es von oben sehr genau betrachtet werden kann. Es stammt aus dem 1. Jh. v./1. Jh. n. Chr., wurde im 3. Jh. durch eine Therme überbaut und im Mittelalter (13. Jh.) durch die neue Stadtmauer in zwei Teile geteilt. Die markante Szenerie mit einigen zierlichen weißen Säulen konnte bei den Ausgrabungen in den 1950er-Jahren rekonstruiert werden, was der Ruinenstätte etwas Erhabenes verleiht (16. März–1. Nov. tgl. 10.30–17.30, sonst Sa/So, Fei 10–16 Uhr, bei Regen geschl., Erw. 3 €).

## Das Museo Etrusco Guarnacci

Nun aber zum wohl berühmtesten etruskischen Museum der Toscana, das nach dem Sammler und Geistlichen Mario Guarnacci (1701–1785) benannt ist, der den Grundstock dafür lieferte. Es steht im Osten der ummauerten Stadt an der Via Don Minzoni Richtung Porta a Selci und besitzt allein über 600 Deckel etruskischer und römischer Graburnen. Thematisch übersichtlich geordnet sind auch Schmuckgegenstände, Spiegel und Vasen.

Sehr schön anzuschauen ist Nummer 105 im Saal VII/Erdgeschoss: eine Alabasterurne, die ein Pferd und zwei geflügelte Gestalten in der Mitte zeigt, rechts und links davon Reiter und Begleiter (Reise in die Unterwelt). Glanzstück ist jedoch die **Urna degli Sposi,** ein Deckel mit einem älteren Ehepaar, dessen Gesichtszüge ein hartes Leben widerspiegeln (Saal XIV). Die berühmteste Bronzefigur dürfte in Saal XV die lang gestreckte, ja richtig dünne **Ombra della Sera** sein, der sogenannte Abendschatten, eine nackte männliche Gestalt, die, vielfach kopiert, man sogar im Museum als Souvenir erstehen kann (tgl. 16. März.–1. Nov. 9–19, 2. Nov.–15. März 8.30–13.45 Uhr, Sammelticket 9 €).

## Die Balze

Den Nordwesten Volterras bedrohen seit Jahrhunderten die **Balze**, tief eingeschnittene Grate und Abbrüche, die von Wind und Regen ausgewaschen wurden. Nach jedem Regenguss drohen sie erneut ein Stück des Bodens zu verschlingen, auf dem die Stadt erbaut wurde. So rissen sie bereits Zeugnisse aus der Villanova- und der Etrusker-Kultur in den Abgrund. Nichts kann inmitten dieses kargen, zerfurchten Hügelgebietes mehr Halt finden, nichts wachsen.

Im Nordosten von Volterra zeigt sich, dass häufig auch ganze Teile der Stadt mitgerissen wurden: Die Kirche **San Giusto** knapp an der etruskischen Mauer und der Porta Menseri ist bereits die dritte gleichen Namens, immer wieder weiter Richtung Zentrum neu aufgebaut, um sie vor erneutem Absturz zu schützen. Nachdem man glaubte, die Balze hätten sich an dieser Stelle etwas beruhigt, hat man die Kirche vor kurzem renoviert. Und schon wieder kommen Schreckensmeldungen, schon wieder ist ein Stück in die Tiefe gesackt. – Inzwischen ist die kaum aufzuhaltende Naturkatastrophe freilich zu einer Attraktion für Volterra-Besucher geworden (ganz im Nordwesten Richtung Pisa auf der linken Seite auf die entsprechende Beschilderung »Balze« achten. Und nicht zu nahe treten!).

## Infos

**Consorzio Turistico Volterra:** 56048 Volterra (PI), Piazza dei Priori 20, Tel. 0 58 88 72 57, www.volterratur.it.

Sehr informativ ist auch die Webseite der Gemeinde, mit genauen Beschreibungen der Sehenswürdigkeiten sowie Öffnungszeiten etc.: www.comune.volterra.pi.it (nur italienisch).

## Übernachten

**Wohlfühlen im Nonnenkloster ▶ La Locanda:** Via Guarnacci 24/28, Tel. 058 88 15 47, www.hotel-lalocanda.com. Sehr schönes Ambiente im Ortszentrum in den Mauern eines historischen Nonnenklosters aus dem 17. Jh., 17 großzügige, unterschiedliche Zimmer, eine Suite mit Sauna, schöne Bäder, schöne, aber kleine Aufenthaltsräume. DZ/ÜF 93-180 €.

**Im Nonnenkloster ▶ San Lino:** Via San Lino 26, Tel. 0 58 88 52 50, www.hotelsanlino.com, Mitte Nov.–Mitte Dez. geschl. Angenehmes Hotel in Teilen eines Nonnenklosters im historischen Zentrum nahe der Porta San Francesco. 39 Zimmer. Pool inmitten der Anlage. Restaurant; Garage. DZ/ÜF 90–105 €.

**Im Palazzo ▶ Etruria:** Via Matteotti 32, Tel. 058 88 73 77, www.albergoetruria.it. Nettes Hotel in einem Palazzo aus dem 18. Jh. im verkehrsberuhigten historischen Zentrum. 16 Zimmer, DZ/ÜF 80–90 €.

**Traditionell ▶ Nazionale:** Via dei Marchesi 11, Tel. 058 88 62 84, www.albergonazionalevolterra.com. Das Traditionshaus nahe der Tiefgarage befindet sich in bester Lauflage. Renoviert, 36 Zimmer, Restaurant. DZ/ÜF 78–88 €.

**Ländlich ▶ Villa Rioddi:** Località Rioddi, Tel. 058 88 80 53, www.hotelvillarioddi.it, Mitte März–Okt. geschl. Kleines Landhotel in schön sanierter Poststation aus dem 15. Jh. zu Füßen von und mit Blick auf Volterra (2 km vom Zentrum entfernt). Neun Zimmer, vier Apartments. Großer Pool in Panoramalage, herrlicher Garten. Frühstück in Backsteingewölben. Parkplatz. DZ/ÜF 75–97 €.

## Essen & Trinken

**Vegetarische Antipasti ▶ Vecchia Osteria dei Poeti:** Via Matteotti 55/57, Tel. 0 58 88 60 29, Ruhetag Do. Ordentliches, von Touristen gerne besuchtes Restaurant in der Altstadt. *Pappardelle al cinghiale* und anderes vom Wildschwein. Menü ab 21 €.

**Unter freskiertem Gewölbe ▶ Etruria:** Piazza dei Priori 6/8, Tel. 058 88 60 64, Ruhetag Mi. Traditionelles Restaurant. Lokale Küche, viel Wildschwein; auch sieben feste Menüs für 14,50–30 €, jeweils 1/2 l Wasser und 1/4 l Wein inklusive; Kindermenü inklusive Getränk 7,50 € (eine Seltenheit in der Toscana!).

**Gemütlich ▶ Don Beta:** Via Matteotti 39, Tel. 058 88 67 30, Ruhetag Mo. Vier verschiedene Räume in der Altstadt. Lokale Spezialitäten, große Pastakarte; auch vier feste Menüs für 12–24 €.

## Einkaufen

**Alabaster ▶ Cooperativa Artieri Alabastro:** Piazza dei Periori 4–5, tgl. 10.30–13, 15–18 Uhr.

Ein wunderbares Büchlein führt zu den Werkstätten der lokalen Künstler und Kunsthandwerker: **arteinbottega**. Von Alabaster über Schmuck und Stoff, Bronze (auch Nachbildungen) etc.; s. auch unter www.arteinbottegavolterra.it.

**Lebensmittel ▶ Wochenmarkt:** Sa Vormittag, im Winter auf der Piazza dei Priori, im Sommer außerhalb der Mauer vor der Porta Fiorentina im Norden.

## Verkehr

**Bus:** Ca. stdl. Verbindungen mit Siena, San Gimignano und Florenz.

## Abstecher nach Larderello in den Colline Metallífere ▶ F 8

Südlich von Volterra erstrecken sich die **Colline Metallífere,** die Metallreichen Hügel. Diese ziehen sich Richtung Küste bis zur Pisaner Maremma und sind von dichter Macchia, knorrigen alten Eichen und fast glattstämmigen Steineichen bedeckt, überall duftet es nach wilden Kräutern. Viele, meist versteckt liegende kleine Bauerngehöfte sind hier inzwischen in fremden Händen, und es wird überall immer mehr Agriturismo betrieben.

Mitten in den Colline befindet sich ein 200 km² großes geothermisches Feld mit dem Zentrum **Larderello**. Hier werden im Jahr etwa 650 Megawatt Strom erzeugt, u. a. für die Versorgung des Eisenbahnnetzes Mittelitaliens (s. Thema S. 18). Erklärt bekommen Neugierige alles im aufwendig vom italienischen Energieunternehmen der ENEL installierten **Museo della Geotermia**. Mit seiner Hilfe kann man die Geothermik und deren industrielle Nutzung verstehen und außerdem eine Menge über die Geologie der Maremma lernen – ein Ausflugsziel der anderen Art … (16. März–15. Sept. Mo–Fr 9–12.30, 13.30–17.30, Sa/So/Fei 10–12, 13.30–18.30 Uhr, 16. Sept.–15. März Mo–Fr 8–12, 13.30–16.30, So 9–12, 13.30–17.30 Uhr, Eintritt frei).

# 12 Im Chianti

**Chianti ist das Synonym für eine Bilderbuchlandschaft mit sanft gewellten, von Weingärten und Olivenbaumpflanzungen überzogenen Hügeln, mit Burgen und Schlössern, großen Gütern und kleinen Gehöften, weiten Sonnenblumenfeldern. Unzählige *cantine* laden zu Weinproben und zum Kauf ein, Ferienhäuser bieten einen genüsslichen Landurlaub.**

Das Klischee von unendlichen Weinbergen ist nicht auszurotten, dabei besteht das Chianti-Gebiet etwa zur Hälfte aus wilder Macchia mit undurchdringlichen Steineichenwäldern, Lorbeer und Erdbeerbäumen. Je näher man den Monti del Chianti im Osten dieser Region kommt, desto dichter und so gar nicht mehr ›typisch Chianti‹ erscheint das Landschaftsbild, was aber nicht weniger schön ist.

Ein hervorragender Ausgangspunkt für Reisen ins Chianti, das sich zwischen Florenz und Siena in Nord-Süd-Richtung und zwischen den Tälern von Arno und Pesa in Ost-West-Richtung ausdehnt, ist Siena. Viele Toscana-Urlauber bevorzugen Ferienhäuser auf dem Land und buchen gleich einen längeren Aufenthalt im Chianti, das auf eine lange Ferienhaustradition zurückblickt. Nirgendwo wurden so viele Landgüter unter die früheren Halbpächter (*mezzadri*) aufgeteilt, nirgendwo so viele dieser Bauernhäuser gerettet, restauriert. So wurde aus dem Chianti ein für den Fremdenverkehr hervorragend erschlossenes, wenn auch nicht gerade preiswertes Gebiet.

Unsere Rundtour führt durch das südliche Chianti: von Siena über die Chiantigiana nach Castellina in Chianti und nach Greve, vorbei an Weinorten wie Panzano, Passignano, Uzzano oder Vicchiomaggio, deren Namen für gute Chianti-Tropfen stehen. Dann geht es ein Stück zurück Richtung Castellina in Chianti, aber hinter Panzano auf der SP 2 bis nach Radda in Chianti. Von dort gelangt man auf der Burgenstraße weiter östlich und dann südwärts nach Gaiole in Chianti und, vorbei an Meleto, zum trutzigen Castello di Brólio.

## Von Siena nach Greve in Chianti

### Quercegrossa und San Leonino ► H 7

**Karte:** S. 365

Man verlässt **Siena** (s. S. 322) in nördlicher Richtung, um auf die SS/SR 222, die sogenannte Chiantigiana, zu gelangen. Sie ist die schönste Verbindungsstraße zwischen Siena und Florenz und verläuft östlich der römischen *Via Cassia*, der heute stark befahrenen SS/SR 2. Erste Station der Tour ist das unscheinbare **Quercegrossa** 1, der Geburtsort des feinsinnigen Künstlers Jacopo della Quercia (1371–1438), der wunderschön realistische Bildwerke schuf, vor allem in Marmor und Holz. Sein vielleicht schönstes Werk ist das Grabmal der Ilaria im Dom von Lucca, bei dem er den weißen Marmor zu einem scheinbar fließend-weichen Stoff formte.

Ein kurzer Abstecher führt ins verträumte Nest **San Leonino** (2 km) mit seiner kleinen romanischen **Pieve**, die einen Altartisch von Jacopo della Quercia besitzt und andere Werke der Sieneser Schule aus dem 15. Jh.

### Übernachten

Umgebauter Bauernhof ► **Belvedere San Leonino:** 53011 Castellina in Chianti (SI), Località San Leonino, Tel. 05 77 74 08 87, www.hotelsanleonino.com. In zauberhafter Hügellage beim Dörfchen San Leonino. Pool mit Rundumblick ins Chianti. 29 hübsche Zimmer, z. T. mit Holzbalkendecken. Restaurant für die Hausgäste (gemeinsames Abendessen, toscanische Küche); Parkplatz. DZ/ÜF 78–156 €.

## Castellina in Chianti ►H 7

In 578 m Höhe und das Chianti überschauend, ist **Castellina in Chianti** **2**, umgeben von Wein- und anderen landwirtschaftlichen Gütern, Schlössern und Burgen, eine Art touristisches Zentrum für das Chianti-Gebiet. Zahllose Ferienhäuser sind hier zu mieten, und es stehen gute Landhotels in jeder Kategorie rings um den Ort, wo man auch mehrere ländliche Restaurants und gute Lebensmittelläden findet.

Castellina (2800 Einw.), im Kern um die mächtige mittelalterliche **Rocca** herum gewachsen, ist ein hübsches Provinznest. Im Mittelalter war es eine der freien Kommunen im Chianti und Mitglied der Lega del Chianti (s. S. 366). Durch das sehr kleine *centro storico* windet sich die Hauptstraße, die jetzt Fußgängern vorbehalten ist, parallel dazu ein dunkler Bogengang. Nur mittags lässt sich die Sonne in der Fußgängerzone blicken, denn die zweistöckigen Häuser rücken recht eng zusammen. Bis tief in den Herbst hinein stehen farbenfroh bepflanzte Blumentröge vor den Türen, an den Fenstern hängen Geranien und prächtig blühende Kapuzinerkresse. Die beiden Türme, die aus dem Häusergewirr herausragen, sind Reste der Befestigungsanlage von 1400, die allerdings bereits 1478 zum größten Teil zerstört war.

Castellina bietet weite Ausblicke bis nach Monteriggioni und Siena, dessen Türme und Kuppeln gut zu erkennen sind. Am fantastischsten ist natürlich der Blick vom hohen Turm der Rocca. Die Belohnung für den anstrengenden Aufstieg: Das ganze Chianti liegt einem zu Füßen, denn man befindet sich ja an einem der höchsten Punkte des Gebietes. In der Rocca wurde übrigens vor kurzem ein **Museo Archeologico del Chianti** eingerichtet, das u. a. Funde aus den nahen Nekropo-

## Tipp: Zum Chianti-Skulpturen-Park

Auf der Fahrt nach Castellina in Chianti lohnt hinter Quercegrossa ein Abstecher nach Vagliagli. Der Triestiner Kaufmann, Jurist und Politikwissenschaftler Piero Giadrossi, der seit 1981 im Chianti lebt, hat hier auf 13 ha Waldfläche einen ausgedehnten Skulpturenpark errichtet. Für die Verwirklichung seines Parco Sculture del Chianti ließ er ausgewählte Künstler aus 20 Ländern in seinen dichten Steineichenwald kommen und den Platz für ihre dafür geplanten Arbeiten selbst auswählen. Für die Besichtigung der Kunstwerke sollte man mindestens eine Stunde einplanen. Schließlich gehört zum Konzept auch der Genuss der Natur und die längere Betrachtung der vorerst 27 Skulpturen.

8 m hoch ist die »Energie« des Griechen Costas Varotsos, ein Wirbel aus Glasplatten, die sich in die Höhe zu erheben scheinen. Eine blaue, sinnlose, weil nicht verbindende, 14 m lange Brücke aus Eisen und Glas der Dänin Ursula Reuter Christíansen dekoriert eine kleine Lichtung. Der Deutsche Johannes Pfeiffer hat einen Limes in den Chianti-Wald gestellt, 47 Steine aus Carrara-Marmor auf Stahlstangen, die auf einer Strecke von 61 m hintereinander aufgestellt eine imaginäre Verbindung zueinander haben. Wunderbar leuchten die Farben der bunten weidenden Schafe, die deren Erschaffer, Vincent Leow aus Singapur, »Milchfabrik« nennt (www.chiantisculpturepark.it, April–Okt. tgl. 10 Uhr bis Sonnenuntergang, sonst telefonisch anmelden unter Tel. 05 77 35 71 51, Erw. 7,50 €). Wer von moderner Kunst nicht genug bekommen kann: Gegenüber dem Park befindet sich im selben Besitz in der historischen Ziegelbrennerei die **Kunstgalerie La Fornace**, in der wechselnde Ausstellungen zeitgenössischer Künstler stattfinden.

## Tipp: Weinverkauf

Die Verkostungs- und Verkaufsläden mit Chianti-Wein sind natürlich auch und gerade im Chianti-Gebiet unzählig. Eine unkomplizierte Adresse, bei der man auch *vino sfuso*, vom Fass, bekommen kann, ist die **Cantina Agricoltori del Chianti Geografico** bei Gaiole in Chianti (Via Mulinaccio 10, 300 m von der Kreuzung mit der SP 2 nach Radda rechts, Näheres unter www.chiantigeografico.it, s. S. 374).

Weinliebhaber, die hoffen, den begehrten Chianti-Wein im Ursprungsland günstiger als zu Hause erstehen zu können, seien übrigens vorgewarnt: Die angebotenen Flaschenweine sind vielfach genauso teuer wie im heimischen Weinladen oder gar teurer – wahre Schnäppchen sind selten zu machen!

len zeigt (April–Okt. Do–Di 10–18.30, sonst So 11–18 Uhr, Erw. 5 €).

Der nahe **Monte Calvario** im Nordwesten Castellinas birgt einen etruskischen Grabhügel innerhalb einer später römischen Siedlung, die bereits im 6. oder 7. Jh. zerstört worden sein soll. In Aufzeichnungen von 1924 steht zu lesen, dass noch 1904 in den fast vollständig ausgeraubten Gräbern unter dem *tumulus* Bronzebeschläge mit Ornamenten (Opfer- und Schlachtszenen) sowie ein Löwenkopf gefunden worden seien. Doch interessant ist auch der *tumulus* selbst: Je ein Korridor führt aus den vier Himmelsrichtungen fast bis zur Mitte des Hügels, wo sich die eigentlichen Grabkammern befinden. Während die südliche Kammer nur in Spuren erhalten ist, besteht die nördliche aus zwei hintereinander liegenden Räumen. Die östliche Grabkammer hat vom Hauptraum aus je einen weiteren Seitenraum, und die westliche stößt noch weiter vor, indem sich nach dem verzweigten Raum ein weiterer geradeaus anschließt. – Vorsicht bei Regenwetter: Falls man überhaupt hineinkommt, wird es glatt und man kann leicht ausrutschen! (Besuch über das Museum)

### Übernachten

**Zentral und zauberhaft ▶ Palazzo Squarcialupi:** Via Ferruccio 22, Tel. 05 77 74 11 86, www.palazzosquarcialupi.com, April–Okt. Das wunderbare Hotel in einem Renaissancepalast befindet sich mitten in Castellina. 17 großzügige Zimmer und Suiten, Panoramaterrasse. Kleiner Pool; Parkplatz. DZ/ÜF 110–160 €. Dazugehöriges Agriturismo **La Ferrozzola** mit neun Apartments; pro Woche 400–980 €.

**Geschmackvoll ▶ Salivolpi:** Via Fiorentina 89, Tel. 05 77 74 04 84, www.hotelsalivolpi.com. Kleiner Gutshof 1 km nordöstlich in leichter Hügellage. Pool. 19 komfortable Zimmer. Parkplatz. DZ/ÜF 78–108 €.

**Winzig ▶ Villa Cristina:** Via Fiorentina 34, Tel. 05 77 74 11 66, www.villachristina.it, 9. Jan–12. März, Nov./Dez. geschl. Kleine Villa mit Turm, kleiner Garten. Fünf nette Zimmer. Parkplatz. DZ/ÜF 70–78 €.

**Camping ▶ Luxor:** Castellina Scalo, Tel. 05 77 74 30 47, www.luxorcamping.com, 22. Mai–7. Sept. Campingplatz auf Hügel mit Steineichen; terrassenartig angelegt; mit Hütten. Öffentliches Freibad. Stellplatz 3,70–5,20 €, pro Person 8,80 €.

### Essen & Trinken

**Michelin-besternt ▶ Albergaccio di Castellina:** Via Fiorentina 63, Tel. 05 77 74 10 42, Ruhetage So, im Winter auch Di–Do Mittag. Feines kleines Restaurant (*Michelin) in rustikalem Steinhaus am Ortsrand, geschmackvoll eingedeckt. Aufwendig verarbeitete toscanische Küche (wie Täubchen, Gemüse, kleine Aufläufe). Menü ab 53 €.

**Zentral ▶ Antica Trattoria La Torre:** Piazza del Comune 15, Tel. 05 77 74 02 36, Ruhetag Fr. Trattoria mit Terrasse auf der Hauptpiazza. Einfache toscanische Küche mit den üblichen Gerichten wie *antipasto misto*, *ribollita*, *arrosto misto* (gemischter Braten). Menü ab 20 €.

### Einkaufen

**Wein ▶ Fattoria La Castellina:** Via Ferruccio 26. Enothek mit diversen Chianti-Weinen zum Verkauf – leider nur selten zum Probieren.

**Grundversorgung ▶** In den **Lebensmittelgeschäften** und **Metzgereien** entlang der Hauptstraße des historischen Ortskerns bekommen Ferienwohnungsmieter alles, was sie benötigen.

## Verkehr

**Bus:** Mehrmals tgl. Verbindungen mit Siena und den Orten entlang der *Chiantigiana*. Anbindung auch an Castellina Scalo (Bahnstation).

## Greve in Chianti ▶ H 6

Hinter Castellina schlängelt sich die Chiantigiana durch die sanften Weinhügel mit ihren dicht bewaldeten Kuppen abwärts Richtung Florenz nach **Greve in Chianti** 3 mit seinem berühmten Marktplatz. Er bildet ein großes Dreieck, das sich zur Kirche hin verjüngt. Die Häuserreihen besitzen vorgebaute Bogengänge, darüber breiten sich große Terrassen aus, sozusagen für die Fortsetzung des Fami-

# Chianti – berühmte Tropfen

**Ohne einen Weinführer sollte man als Weinliebhaber, der vor Ort seine heimischen Vorräte auffüllen möchte, nicht in das Land des berühmten Chianti reisen! Es würde einem wahrscheinlich zu viel entgehen, und man würde sich hinterher wegen der möglicherweise vergeudeten Zeit auf der Suche nach den ›richtigen Tropfen‹ nur ärgern.**

Zu den ältesten Weinmarken der Welt zählt der Chianti, dessen Anfänge bis in das Jahr 1270 zurückreichen, als die freien Gemeinden Castellina, Radda und Gaiole unter der Schirmherrschaft von Florenz einen Schutzbund gegen Siena und Pisa gründeten. Das Oberhaupt war der Bürgermeister von Radda, dessen Wappen einen schwarzen Hahn – den heute berühmten Gallo Nero – auf gelbem Feld zeigte. Cosimo III, Großherzog der Toscana, verlieh schon 1716 der Lega del Chianti den weltweit ersten Herkunftsschutz als Weinanbaugebiet und knüpfte dies an strenge Bestimmungen. Seit 1924 ist der Gallo Nero auch Schutz- und Qualitätszeichen des berühmten **Consorzio del Vino Chianti Classico.**

Weil Winzer inzwischen auch außerhalb des Chianti-Classico-Gebietes Chianti-Weine produzierten, wurde 1932 eine detaillierte Einteilung vorgenommen. Acht Chianti-Zonen gibt es inzwischen, für den weniger ambitionierten Weintrinker sicherlich verwirrend: Das Herzstück des Chianti bildet das Gebiet **Chianti Classico** zwischen Siena bzw. Castelnuovo Berardegna im Süden und Strada in Chianti bzw. San Casciano im Norden kurz vor Florenz; das **Chianti Rufina** liegt nordwestlich von Florenz, bekrönt vom kleinen Anbaugebiet des Pomino Rosso der Merchesi de' Frescobaldi; hier wird der Wein überwiegend aus *Pinot nero* gekeltert. An den Chianti Classico angrenzend, ist der **Chianti Colli Fiorentini** im Halbkreis südlich von Florenz angesiedelt; **Chianti Colli Senesi** dagegen markiert sowohl die Westgrenze des Chianti-Gebietes westlich von Siena von Montaione im Norden bis Montalcino im Süden als auch die Ostgrenze zwischen Castelnuovo Berardegna im Norden und Chiusi im Süden. Die Zone des **Chianti Colli Aretini** liegt nordwestlich und südwestlich von Arezzo, hier ebenfalls ans Classico-Gebiet angrenzend; der **Chianti Colli Pisani** südlich von Pisa teilt sich sein Gebiet mit dem größeren Anbaugebiet des Bianco Pisano di San Torpè. Der Kreis schließt sich im Norden Richtung Florenz mit dem **Chianti Montalbano,** dessen Anbaugebiet bis in die Valdiniévole um Montecatini Terme reicht. Ein Stück südlich gedeihen die Weine des **Chianti Montespertoli,** sozusagen das jüngste Gebiet, um den gleichnamigen Ort.

1967 wurde der Chianti Classico zu einem DOC-Wein erhoben, also mit kontrollierter Herkunftsbezeichnung; seit er 1984 in die edle Reihe der DOCG-Weine aufgenommen wurde, herrschen noch strengere Bestimmungen für Anbau und Erzeugung. So dürfen DOCG-Weine im Gegensatz zu den DOC-Weinen nicht offen verkauft werden.

Über die Zusammensetzung des Chianti kann man nicht streiten, jeder Winzer hat so seine Idee davon, aus welchen Trauben sein Wein als echter Chianti Classico gilt. Jahrzehntelang schwor man auf die Rebmi-

Thema

schung, die Conte Bettino Ricasoli, der ›Erfinder‹ des Chianti-Weines, im Jahr 1841 auf seinem Castello di Brólio ersonnen hatte: 75–90 % Sangiovese-Trauben, 5–10 % *Canaiolo nero* und später, bereits modifiziert, auch Cabernet und/oder Merlot und vor allem noch etwas weiße Trebbiano-Trauben, die man traditionell im Weinberg gemeinsam angepflanzt hatte. Die weißen Trauben waren zwar ergiebiger und machten den Wein außerdem süffiger und frischer, aber genau diese Geschmacksnote verlangen moderne Weinkenner vom Chianti nicht; er soll reifungsfähig sein, seinen typischen Geschmack reifer Brombeeren entwickeln.

Heute produzieren die Winzer immer mehr *sangiovese in purezza* – Chianti nur aus den Sangiovese-Trauben. Das dürfen sie seit der Weinlese 1995, als neue Bestimmungen in Kraft traten, auch tun. Nun dürfen Chianti-Weine auch offiziell, unter der Hand wurde dies schon länger praktiziert, hundertprozentig aus Sangiovese-Trauben gekeltert sein.

Eine weitere Neuerung folgt den Wünschen des Marktes: Mittlerweile dürfen die Riserva-Weine nicht erst nach 36 Monaten, sondern bereits nach 24 Monaten in Flaschen abgefüllt werden. Schließlich reifen sie heutzutage meist in kleineren französischen Fässern (*barrique*, 225 l Inhalt) aus jungem Eichenholz, die einen intensiveren Kontakt zwischen Wein und Holz als früher ermöglichen.

Und schlussendlich dürfen heute die Produzenten ihre Weinlagen genau angeben. Ein Wunder, dass man das erst so spät durchgesetzt hat: Schließlich weiß jeder Weinkenner, wie wichtig die Beschaffenheit des Bodens, die Lage der Weinberge zur Sonne und das Mikroklima für den Wein sind.

**In den Weinkellern des Chianti finden sich so manche edlen Tropfen**

lienlebens ins Freie – natürlich zum Markt hin, zum Hauptgeschehen im Ort, der in diesem landwirtschaftlich bedeutenden Zentrum noch immer wöchentlich abgehalten wird. Auch die Weinmesse des Chianti Classico findet hier im September statt, mit Volksfeststimmung und vielen Probierständen. Und selbstverständlich findet man unter den Bogengängen Lebensmittelläden mit den Spezialitäten des Chianti, zwei kleine Trattorien, einen Bäcker und Cafés – kurzum alles, was man in Greve (14 000 Einw.) für den täglichen Einkauf benötigt, ob als Bewohner des hübschen Städtchens oder als Urlauber in einem Ferienhaus.

## Infos

**Ufficio Informazioni Turistiche:** 50022 Greve in Chianti (FI), Piazza Matteotti 10, Tel. 05 58 54 62 87, www.chiantiechianti.it.

## Übernachten

Zentral ► **Giovanni da Verrazzano:** Piazza Matteotti 28, Tel. 0 55 85 31 89, www.albergoverrazzano.it. Hübsches Hotel mit Front an der großen Piazza. zehn Zimmer. Restaurant. DZ/ÜF 105 €.

Familiär ► **Albergo del Chianti:** Piazza Matteotti 86, Tel. 055 85 37 63, www.albergodelchianti.it, praktisch ganzjährig geöffnet. Kleines, renoviertes Hotel an der berühmten Piazza. 16 z. T. hübsche Zimmer, klimatisiert. Kleiner Garten mit Pool. Restaurant für die Hausgäste (Wein und Olivenöl von der Besitzerfamilie). DZ/ÜF 85–95 €.

## Essen & Trinken

Die besten Trattorien und Restaurants befinden sich nicht in Greve selbst, sondern in den Chianti-Hügeln ringsum: z. B. die **Taverna del Guerrino** in Montefiorale und die **Locanda Antico Borgo** in Lucolena. Am besten sucht man sich in Greve die Cafés/Bars (z. B. das Caffè Le Logge) mit Blick auf die Piazza aus, um dort eine Kleinigkeit zu essen.

Für Leckermäuler ► **mangiando mangiando:** Piazza Matteotti 80, Tel. 05 58 54 63 72, www.mangiandomangiando.it, Ruhetag Mo. Sehr gemütliche kleine Osteria mit Marmortischen auf der Piazza; die Küche ist einsehbar; wenige Gerichte, recht kleine Portionen, aber beste Fleischqualität mit Zertifikat *(chianina und cinta senese)* wie *peposo* (pfeffriges Rindsgulasch aus verschiedenen Teilen) in Chianti Classico; Wein glasweise. Menü ab 22 €.

Einladend ► **Nerbone di Greve:** Piazza Matteotti 22, Tel. 055 85 33 08, Ruhetag Di. Zwei Natursteinräume und Terrasse unter den Arkaden. Wechselnde Tagesgerichte um 10 €; Wein glasweise.

## Einkaufen

### Culinaria

Bestes Fleisch ► **Antica Macelleria Falorni:** Piazza Matteotti 69–71. Traditionelle Metzgerei (nur zertifiziertes Fleisch von *chianina* und *cinta senese)* mit Verkaufsladen auch anderer Spezialitäten des Chianti wie Wein, Olivenöl, Käse u. v. m. Man kann Kleinigkeiten aus der Eigenproduktion probieren.

### Weingüter

Mit Verkostung ► **Le Cantine di Greve in Chianti:** Piazza delle Cantine. Chianti-Weine u. a. Erzeugnisse der Toscana. Degustation von mehr als 140 Weinen.

Adelig ► **Castello di Verrazzano:** Località Castello di Verrazzano. Schon die Auffahrt über die sich hinauf schlängelnde Zypressenallee lohnt den Besuch auf dem Castello der Adelsfamilie von Verrazzano (mit Ferienwohnungen) und zu ihrer Probierstube.

Privat ► **Fattoria di Rignana:** Via di Rignana 15, Località Rignana. Chianti Classico vom kleinen Weingut in herrlicher Lage, von Cosimo Gericke in der zweiten Generation mit viel Engagement produziert.

## Verkehr

**Bus:** Relativ dichte Verbindungen je nach Tageszeit mit Haltepunkten entlang der *Chiantigiana* zwischen Florenz und Siena.

# Im Schatten der Monti del Chianti

**Karte:** S. 365

Östlich der Chiantigiana liegen die Burgdörfer, Burgen und Schlösser, die für die wohl bekanntesten Chianti-Weine stehen; im Schatten der sogenannten geografischen Chianti-Berge, den Monti del Chianti. Die Ausblicke sind hier, an der Wasserscheide zwischen den Flüsschen Pesa und Arbia, weit und hinreißend schön, die Hügel ringsum dicht bewaldet mit Eichen und Steineichen, Edelkastanien und undurchdringlicher Macchia. Ab und zu hängen im Frühjahr duftende Akazienzweige über den Straßen und leuchten im Spätsommer die roten Beeren der Erdbeerbäume am Waldrand.

## Radda in Chianti ► H 7

In 603 m Höhe ist das Städtchen **Radda in Chianti** 4 das höchst gelegene des Chianti-Gebietes. Als Kastell der reichen und mächtigen Grafen Guidi stach es den Florentinern ins Auge, bis sie es 1203 einnehmen konnten. Eine lang gezogene Ellipse bildet den Grundriss der mittelalterlichen Ortsstruktur, Mauerreste sind in Häuser integriert. Ein finsterer Gang, der **Camminamento Medievale** aus dem 14. Jh., lockt in eine in die Häuserzeile integrierte Parallelgasse. Der wappengeschmückte **Palazzo del Podestà** hat schon fünf Jahrhunderte erlebt. Eine Sehenswürdigkeit besonderer Art steht am Rand, die **Ghiacciaia**, ein gemauerter Eiskeller (Hinweise im Ortszentrum), in den man von oben durch ein rundes Guckloch hineinschauen kann. Lange Zeit war darin ein einladender Schmuckladen untergebracht und man konnte sich zu den Geschäftszeiten gerne umschauen. Leider ist es zur Zeit nicht möglich, die perfekte Konstruktion von innen zu bewundern.

Im regen Radda (1700 Einw.) kann man gut einkaufen: Wein, Olivenöl, Schinken und Wurst, Pecorino und anderen Käse, alles echt toscanisch, garantiert von den umgebenden Chianti-Hügeln. Ein paar kleine Lokale locken mit ihren Spezialitäten. Nicht zuletzt kann man hier wunderbar in einigen historischen Mauern logieren und sich verwöhnen lassen.

### Infos

**Pro Radda:** 53017 Radda in Chianti (SI), Piazza Castello, Tel. 05 77 83 80 03, www.toscanachiantinews.com.

### Übernachten

Luxus ► **Relais Vignale:** Tel. 05 77 73 83 00, www.vignale.it, April–Okt. Luxuriöse, doch kein bisschen steife, wunderschöne Herberge im Palazzo eines alten Landgutes an der Hauptstraße. Garten und Pool in traumhafter Panoramalage. 37 Zimmer, fünf Juniorsuiten. Restaurant/Taverne in hohen Kellergewölben (verfeinerte lokale Küche, perfekte Weinauswahl); Parkplatz. DZ/ÜF 230–280 €.

Mittelalterlicher Palazzo ► **Palazzo Leopoldo:** Via Roma 33, Tel. 05 77 73 56 05, www.palazzoleopoldo.it, März–Dez. Stilvoll restauriert, im Zentrum. 13 elegante Zimmer, sechs Suiten. DZ/ÜF 160–230 €.

Freskierte Salons ► **Palazzo San Niccolò:** Via Roma 16, Tel. 05 77 73 56 66, www.hotelsanniccolo.com, April–Okt. Renovierter Renaissancepalast im Zentrum. 18 elegante Zimmer und Suiten unter z. T. bemalten Balkendecken. DZ/ÜF 143–210 €.

### Essen & Trinken

Ländlich toscanisch ► **Le Vigne:** Località Le Vigne 1 km östlich, Tel. 05 77 73 86 40, Di Ruhetag, Dez.–Feb. geschl. Rustikale, gepflegte Trattoria in umgebautem Landhaus. Traditionelle toscanische Küche mit Wildschwein, *bistecca fiorentina* und hausgemachtem Käse; große Weinauswahl, auch offene Chianti-Weine. Menü ab 27 €.

### Einkaufen

Kulinarische Spezialitäten ► Gute **Lebensmittelgeschäfte** findet man entlang der Hauptgasse des historischen Zentrums von Radda.

**Chianti- und andere Toscana-Spezialitäten** befinden sich u. a. in der Casa Porciati, Camminamento Medievale.

Wein ► Im Zentrum und auf dem Land mehrere Cantine bzw. Enotheken u. a. Verkaufsläden von Chianti Classico etc. wie die **Cantina Fattoria Vignale** (im Hotel Relais Vignale).

Lebensmittel ► **Wochenmarkt:** jeden 4. Mo des Monats auf der Piazza IV Novembre, 15–20 Uhr.

## Aktiv

**Reiten ▶ Associazione Equestrei Poggio a Vescine:** Tel. 05 77 74 04 19. Reitstall mit Imbissstube mitten im Chianti in 630 m Höhe. Stundenweise Ausritte und/oder Reitunterricht; auch Verleih von Mountainbikes.

## Badia a Coltibuono ▶ H 7

Nach Osten, weiter zu den Monti del Chianti hin, steht vor der Abzweigung nach Gaiole etwa 1 km von den Hauptstraße entfernt (Hinweis) die **Badia a Coltibuono** **5**. Alte Hasen in Sachen Chianti dürften noch die urgemütliche Trattoria auf dem historischen Weingut kennen und davon schwärmen. Inzwischen wurde daraus in Eigenregie der Besitzerfamilie eine feine Adresse (s. u.). Die Lage bleibt wunderschön, im Sommer werden in der Villa und im Park immer wieder kulturelle Veranstaltungen organisiert, und die Abteikirche ist wenigstens eine kurze Betrachtung wert, schließlich handelt es sich hier in 628 m Höhe um eines der ältesten Klöster der Toscana überhaupt, das aus dem Jahre 770 datiert. Hier soll von den Vallombroser Mönchen der erste Chianti-Wein kultiviert worden sein. Was bis in unsere Zeit gerettet wurde, stammt jedoch zum größten Teil aus dem 15. Jh. Die wunderschönen Fresken im früheren Refektorium – heute Bibliothek – sind ein Jahrhundert später entstanden, können allerdings normalerweise nicht besichtigt werden, weil das Weingut privat bewohnt wird.

Napoleon säkularisierte das Kloster, 1842 kam es in den Besitz der Stucchi Prinetti. Der 2002 verstorbene Piero Stucchi empfing alljährlich bekannte Weinkenner und organisierte zur kulturellen Belebung des Chianti im August und zeitweise auch im Herbst Konzerte im früheren Kreuzgang. Seine Nachfahren ergänzen diese Tradition mit Koch- und Weinkursen (Infos unter www.coltibuono.com).

Die Produkte des Landgutes können in der Trattoria im Nebengebäude gekostet und unten vor dem Eingang auch gekauft werden.

## Essen & Trinken

**Mit schönem Panoramablick ▶ Badia a Coltibuono:** 53013 Gaiole in Chianti (SI), Località Coltibuono, Tel. 05 77 74 90 31, www.coltibuono.com, Ruhetag Mo (außer Mai–Okt.), 10. Jan.–10. März geschl. Kreative toscanische Küche am früheren Kloster, auf dessen Landgut Wein produziert wird. Besitzerin und Mutter des Restaurantbetreibers ist die berühmte italienische Kochbuchautorin Lorenza de' Medici (aus dem neapolitanischen Zweig der Florentiner Medici). Große Terrasse mit weitem Talblick. Degustationsmenü inklusive passender Weine (49 €). Nachmittags gibt es *spuntino* (Brotzeit). Menü ab 34 €.

# Entlang der Burgenstraße

## Gaiole in Chianti ▶ H 7

**Karte:** S. 365

Zur historischen Lega del Chianti (s. S. 366) gehört auch der Weinort **Gaiole** **6** (rund 2600 Einw., alle Ortsteile bzw. Minidörfer ringsum inbegriffen), der im Gegensatz zu Castellina und Radda nur in 356 m Höhe liegt. Es ist ein nettes Städtchen mit ebenso guten Einkaufsmöglichkeiten wie in den beiden anderen Orten. Die lang gestreckte Hauptstraße wurde in eine einladende, den Fußgängern vorbehaltene Piazza umgestaltet. Sie täuscht darüber hinweg, dass Gaiole eigentlich auf mehreren kleinen Hügeln gebaut wurde, die durch Brücken miteinander verbunden sind. Die zahlreichen Burgen und Schlösser der nächsten Umgebung beweisen, dass Gaiole bereits im Mittelalter nicht nur ein bedeutendes landwirtschaftliches Zentrum, sondern auch eine Handelsmetropole war.

Im Übrigen befindet man sich hier an der **Strada dei Castelli del Chianti,** der eigens für Touristen ausgeschilderten Burgenstraße, die allerdings so viele Abzweigungen aufweist, dass man sich schwer damit tut, einer klaren Linie zu folgen. Muss ja auch nicht unbedingt sein, denn es ist praktisch überall schön. Da sich viele der charakteristischen Landsitze der Toscaner – vom 12. Jh. an – im Privatbesitz befinden, können eigentlich nur Meleto (s. S. 374) und Brólio besichtigt wer-

aktiv unterwegs

## Wandern rund um die Badia a Coltibuono

### Tour-Infos

**Start:** Große Zeder zwischen Kirche und Restaurant von Badia a Coltibuono 5
**Länge:** ca. 5 km
**Dauer:** ca. 2 Std.
**Wichtige Hinweise:** Eine gute Einkehrmöglichkeit gibt es im Ristorante Badia a Coltibuono (s. S. 370)

Diese Wanderung (Nummer 1 orange) durch dichten Wald, der nur ab und zu Ausblicke ins Arno-Tal ermöglicht, eignet sich auch als Radtour mit dem Mountainbike (gut 1 Std.). Startpunkt ist eine wunderbar ausladende, Jahrhunderte alte Zeder. Rechts vom Restaurant beginnt die Schotterstraße mit der Markierung CAI Nummer 33, die schnell abwärts führt bis zum sogenannten **Bivio del Lavatoio**, den man leicht übersieht, weil es an einer kleinen Ausbuchtung in einer scharfen Kehre nach links geht.

In leichten Kehren geht es nach etwa 700 m östlich vom kleinen **Lago del Rubbiaio** – den man wegen des dichten Waldes aber kaum bemerkt – auf und ab, vorbei an der Abzweigung der Route Nummer 2 (grau). Die nächsten zwei Kilometer wandert man gemütlich durch dichte Kastanienwälder und offensichtlich gut bewirtschaftete Felder.

An der Abzweigung nach **Grimoli**, wo man den großen Steinbruch sieht und einen weiten Blick ins **Arno-Tal** hat, nimmt man den rechten Weg und erklimmt nach ca. 100 m einen relativ steilen Hang durch eine Olivenpflanzung, an deren Ende es wieder in den Wald hinein geht.

Jetzt führt der Weg eben weiter, doch nach der Abzweigung zum Weg Nummer 4 und 4bis – den man ebenfalls gehen könnte – und einer scharfen Rechtskurve ist wieder die Abzweigung **Lavatoio** erreicht, der Rundweg somit geschlossen. Nun geht es auf der ersten Strecke ansteigend zurück zur Badia a Coltibuono.

den und auch dies nur in eingeschränktem Maß. Dafür bieten einige entweder ein Restaurant, eine Enoteca mit Weinverkauf an oder gar die Möglichkeit zur Übernachtung (wie Meleto und Spaltenna).

## Infos

**Pro Loco:** 53013 Gaiole in Chianti (SI), Via Galileio Galilei 11, Tel. 05 77 74 94 11, prolocogaiole@libero.it.

## Übernachten

Im Edelkloster ▶ **Castello di Spaltenna:** Località Spaltenna 13 (1 km), Tel. 05 77 74 94 83, www.spaltenna.it, 7. Jan.–16. März geschl. Feines Hotel in einstiger mittelalterlicher Abtei (13. Jh.); auch Apartments in früheren Bauernhäusern. Pool in herrlicher Lage zu Füßen der festungsartigen Anlage, Hallenbad, Fitness Center. 30 luxuriöse, in der Abtei z. T. kleinere Zimmer, acht Suiten. Restaurant; Parkplatz. DZ/ÜF 195–330 €.

Historische Mühle ▶ **Le Pozze di Lecchi:** Località Molinaccio, Tel. 05 77 74 62 12, www.le pozzedilecchi.it. Zauberhaftes Anwesen mit dekorativ hochgewölbter Steinbrücke

über dem Mühlenbach. In ihm fließt das Wasser in kleinen Kaskaden abwärts, sammelt sich zu kleinen tiefen Becken, *le pozze* genannt. Salon, Garten mit Sommerrestaurant unter Pergola, kleines gemütliches Winterrestaurant; Parkplatz. Pool. Angenehme Aufenthaltsräume, 14 unterschiedliche Zimmer und Juniorsuiten. Elisa und Daniele haben sich hier einen Wunschtraum erfüllt. DZ/ÜF 150–235 €.

Klein und hübsch ▶ **La Fonte del Cieco:** Via Ricasoli 18, Tel. 05 77 74 40 28, www.lafontedelcieco.com. Süßes Hotel mitten in Gaiole bei der Piazza, vier Zimmer, drei Suiten mit Holzbalkendecken. Hübscher Garten in erhöhter Lage, kleine Frühstücksterrasse. DZ/ÜF 80–110 €.

## Essen & Trinken

Typisch Chianti ▶ **La Cantinetta del Chianti:** Via Ricasoli 33. Degustation typischer Produkte des Chianti.

An der **Piazza Ricasoli** befinden sich nette Cafés, in denen man Kleinigkeiten essen kann. S. auch die Hotels Castello di Spaltenna und Le Pozze di Lecchi.

**Castello di Brólio – hier soll die ›Rezeptur‹ des Chianti ersonnen worden sein**

## Einkaufen

**Wein ▶ Cantina Agricoltori del Chianti Geografico:** Via Mulinaccio 10, 300 m von der Kreuzung mit der SP 2 nach Radda rechts, s. Mini-Tipp S. 364.

## Verkehr

**Bus:** Im Berufsverkehr ca. stdl. Verbindungen der TRA-IN mit Siena, der SITA nach Florenz und in die Valdarno.

## Burgen und Burgdörfer südlich von Gaiole ▶ H 7

Südlich von Gaiole folgt eine Burg der anderen, manche aus kleinen Klöstern oder Festungen entstanden oder von vornherein als Landvilla konzipiert. Gleich südwestlich von Gaiole beherrscht das **Castello di Vertine** 7 die Hügellandschaft, und östlich der SP 408 liegt das mittelalterliche Anwesen von **Barbíschio** 8, beide privat.

Eine Augenweide ist im Süden das ab dem 13. Jh. erbaute **Castello di Meleto** 9 mit seiner trutzigen Mauer mitsamt dicken Rundbastionen und einem wunderhübschen Renaissance-Innenhof. Im Innern der Festung befindet sich sogar ein kleines Theater, das ebenso wie die Dekoration der Villa im Barock eingebaut wurde. Davor liegt die Cantina, in deren Verkaufsladen man nicht nur die Weine des mehr als 1000 ha großen Gutes, sondern auch andere Spezialitäten erwerben kann. Im Schloss selbst wurden einige bereits im 18. Jh. freskierte bzw. dekorierte Zimmer zur Vermietung ausgebaut, unterhalb des Rosengartens stehen außerdem einige Apartments zur Verfügung. Eine kleine Cantina bietet tagsüber kleine Gerichte an sowie Wein zum Verkauf (Führungen Mo 15, 16.30, Di–Sa 11.30, 15, 16.30, So 11.30, 16, 17 Uhr, www.castellomeleto.it).

Fast versteckt hockt auf einem Hügel weiter südlich an der SP 484 das **Castello di Brólio** 10 in 533 m Höhe, das man über eine lange, sich durch dichten Wald schlängelnde Zypressenallee erreicht. Auf einer Lichtung darunter breitet sich der Weingarten des Landschlosses aus. Seit 1147 befindet sich das durch Anbauten aus der Zeit um 1900 in historisierenden Formen noch imposantere Gebäude in Familienbesitz der Ricasoli. Böse Zungen behaupten, Graf Bettino Ricasoli habe diese Verschönerungen des Jahrhunderte alten Familienbesitzes durchführen müssen, um seiner lebenslustigen Frau, die zuvor in den Festräumen des Florentiner Adels zu Hause war, einen gebührenden Rahmen zu verschaffen.

Weiterhin erzählt man sich von dem Grafen, er habe den Chianti als Weinsorte ›erfunden‹: Er ersann eine geschickte Vermischung von roten und weißen Trauben, damals aus 70 bis 80 % Sangiovese und Canaiolo, einer uralten toscanischen Rebe, mit zwei weißen Trauben, dem toscanischen Trebbiano und dem Malvasia (s. auch Thema S. 366).

Der Blick von der Burg, die teilweise für sehr viel Geld als Ferienbleibe vermietet wird, ist überwältigend: nach Siena, Volterra und zum Monte Amiata. Die Aussicht genießen und die berühmten Weinkeller besichtigen darf man auf Anfrage, der Garten oberhalb der Mauer und die Kapelle sind außer in der Mittagszeit zur allgemeinen Besichtigung freigegeben (an der Glocke links vom mächtigen Tor ziehen, s. u.). Die weißgrauen Travertinmauern steigen so trutzig am Ende der Zypressenallee auf, dass man befürchten könnte, davon erdrückt zu werden. Geht man um die Mauer links vom Eingang herum, Richtung Tal, erkennt man erst die eigentliche Burganlage aus rotem Sandstein, mit neugotischer, fensterreicher Fassade, die von Zinnen bewehrt ist (Öffnungszeiten können wechseln: werktags März–Nov. 10–17.30, Dez. nur Sa, So, Mo 10–16 Uhr, Erw. 5 €).

## Übernachten

**Panoramalage ▶ Castello di Meleto:** Località Meleto, Tel. 05 77 74 92 17, Fax 05 77 74 97 62, www.castellomeleto.it. Fünf unterschiedliche Zimmer im Castello, vier Zimmer in der *casa canonica*, elf Ferienwohnungen (im Sommer nur wochenweise) unterhalb in herrlicher Panoramalage. Pool. DZ/ÜF 95–148, Apartment für 2 Personen je Woche ab 658 €.

## Tipp: Hier kochen toscanische Dorffrauen

Die panoramareiche Lage wenige Kilometer nordöstlich von San Gusmè kann kaum schöner sein, die Restaurierung des Weilers Le Case del Borgo (18. Jh.) nahe dem Dorf Dúddova kaum perfekter. Doch das i-Tüpfelchen für die Gäste des abgeschlossenen luxuriösen Anwesens mit 14 unabhängigen Häusern bzw. Apartments, Restaurant, riesigem Pool und Wellness-Bereich ist, dass man auf Wunsch das Frühstück im eigenen Apartment zubereitet bekommt. Und wer möchte, kann sich jeden Tag von einer anderen toscanischen ›Mamma‹, meist aus dem nahen Ambra, bekochen lassen. Das Menü stellt die (nicht professionelle) Köchin selbst zusammen, kauft ein – besetzt dafür allerdings für einige Stunden die perfekt ausgestattete Küche. Auch die frische Pasta, so sie auf dem Programm steht, wird hier zubereitet. Wer will, kann ihr dabei zuschauen – und den einen oder anderen Kochtrick abgucken (Case del Borgo, 52020 Dúddova (AR), Tel. 05 59 96 33 40, www.lecasedelborgo.com. 10. Feb.–8. Jan. geschl., Apartment/ÜF für 4–6 Personen 410–770; Apartment/ÜF für 2 Personen 320–670 €).

### Essen & Trinken

Urig ▶ **Osteria del Castello:** Unterhalb des Castello di Brolio im Wald, Tel. 05 77 74 72 77, Ruhetag Do. Lokal mit Freisitz, raffinierte toscanische Küche mit hausgemachter Pasta und Lamm; am besten das Degustationsmenü probieren, mit Wein 50 €.

### San Gusmè ▶ H 7

Südlich von Meleto und daher im Windschutz des 590 m hohen Monte Macchioni bleibt dem kleinen Festungsdorf **San Gusmè** 11 noch genügend Platz, um von Südwest nach Südost über Obstgärten hinweg (besonders schön im frühen Frühjahr, wenn sie blühen!) weit in die Hügellandschaft des südlichen Chianti zu schauen. Vor allem der Blick zum hier allgegenwärtigen Monte Amiata (s. S. 390) ist hinreißend schön. So schön saniert und aufgeräumt, möchte man ausrufen! Die engen Gassen und kleinen Plätze, wie Innenhöfe zwischen den kleinen Häusern, sind steingepflastert. Von großer Beliebtheit zeugen u. a. einige Restaurants, eine Enothek, ein Lebensmittelladen mit Trattoria. Ein schönes Plätzchen, das an Sommerabenden normalerweise total ausgebucht ist ... Nicht zu Unrecht nennt sich nämlich San Gusmè La Porta del Chianti, das Tor zum Chianti – von der Südostecke des Weinlandes gesehen stimmt das ja!

### Castelnuovo Berardenga ▶ H 7

Eigentlich kennt man den mittelalterlichen, jüngst restaurierten Ort **Castelnuovo Berardenga** 12 eher durch die ihn umgebenden Weingüter wie die Fattoria di Felsina oder das Luxushotel namens Relais Borgo San Felice im gleichnamigen Weiler. Aber interessant anzuschauen ist zumindest von außen der barocke **Palazzo Chigi** (1649), vor Siena Sitz der Musikakademie Chigiana, dessen Park sonn- und feiertags besichtigt werden darf.

### Übernachten

Vornehm und doch leger ▶ **Castel Monastreo:** Località Monastero d'Ombrone 19, 53019 Castelnuovo Berardenga (SI), Tel. 05 77 57 00 01, www.castelmonastero.com. Erst jüngst völlig umgebautes, burgähnlich befestigtes Klosteranwesen, das nun zu einer Luxusbleibe rund um einen großzügigen Innenhof mutiert ist. Mit 75 Zimmern und Suiten sowie einer einzeln stehenden Villa, Restaurant. Die Pools sind auf Terrassen untereinander angeordnet, die innen architektonisch sehr gelungene Wellnessabteilung in einem eigenen Gebäude dahinter untergebracht. Ausgedehnte Wanderungen und Radtouren in der z. T. dicht bewaldeten Umgebung sind möglich. Parkplatz unterhalb. DZ/ÜF ab 530 €.

Sanft gewellte Hügel sind typisch für den Südosten der Toscana

Kapitel 5

# Die Crete und der Südosten

Trotz ihrer Berühmtheit bildet die herbe Landschaft der Crete ein recht bescheidenes Areal zwischen Siena und Sinalunga, mit ihrem Kern rund um Asciano. Vielleicht kann man die Abbazia di Monte Oliveto Maggiore dazuzählen, aber Buonconvento liegt bereits am südwestlichen Rande ebenso wie Sinalunga im Südosten. Südlich der lehmig-kargen Hügellandschaft bedecken trutzig befestigte Dörfer und Städtchen die Hügelkuppen, immer wieder in Sichtweite zueinander, ihre Namen besitzen vor allem bei Weinkennern einen hervorragenden Klang: allen voran Montalcino und Montepulciano; eher an Pecorino denken Käseliebhaber bei der Nennung des Städtchens Pienza.

Mehrere Thermalorte umzingeln den höchsten toscanischen Gipfel, den 1738 m hohen Monte Amiata, und bieten herrliche Abwechslung auf einer oft vielleicht anstrengenden Toscana-Reise, sei es an den Cascate del Mulino bei Satúrnia oder in den kleinen offenen Becken, bei den Einheimischen *bagnacci* genannt. Während der Renaissance wurden die wichtigsten Thermalquellen geradezu festungsartig gefasst, der Piccolomini-Papst Pius II. ließ sich sogar seinen privaten Kur-Palazzo direkt vor dem Thermalbecken von Bagno Vignoni errichten.

Natur pur bietet der geradezu stolz aufragende Monte Amiata, die Wälder zu Füßen des einstigen Vulkans sind wild und pilzreich, Wildbäche bieten überall Erfrischung. In seinem Süden, der von steilen Tufffelsen geprägt ist, haben sich die Etrusker mit ihren Städten (und Nekropolen) verewigt, die teilweise geradezu grandios obenauf hocken wie der Winzling Sovana oder die großzügigeren Städte Sorano und Pitigliano, in dessen kühlen Tuffgrotten heute der gute trockene Weißwein des Städtchens lagert.

Auf einen Blick

# Die Crete und der Südosten

## Sehenswert

13 **Die Crete:** Zwar wächst darauf nur mit Mühe etwas, doch spätestens wenn zartes Grün die ausgewaschenen Felder bedeckt und weiße Schafe grasen, sind sie die meistfotografierten Hügel der Toscana (s. S. 381).

**Abbazia di Monte Oliveto Maggiore:** Mitten im Wald und in herrlicher Panoramalage liegt diese bedeutende Abtei mit wunderbar freskiertem Kreuzgang (s. S. 382).

**Bagno Vignoni:** Ein Miniaturkurort rund um ein Thermalbecken (s. S. 395).

14 **Montepulciano:** Unter den vielen befestigten Städtchen in der südöstlichen Toscana ist Montepulciano – nicht allein wegen seiner Größe – das beeindruckendste (s. S. 401).

**Sovana:** Ein mittelalterlicher Winzling auf hohem Tuffkegel (s. S. 420).

## Schöne Routen

**Zu den mittelalterlichen Festungsstädten des Südostens:** Wie an einer Perlenschur aufgereiht thronen die Orte Montalcino, San Quirico d'Orcia, Pienza, Monticchiello und Montepulciano malerisch und weithin sichtbar auf ihren Hügeln (s. S. 389).

**Rund um den Monte Amiata:** Dichte Kastanienwälder bedecken den Süden, Mischwälder den Norden, zu besichtigen lohnt sich besonders die schöne Abtei von San Salvatore (s. S. 412).

**Im Etruskerland zwischen Sorano und Satúrnia:** Eine Etruskerstadt an der anderen, eine Nekropole an der anderen, ein Naturerlebnis am anderen (s. S. 414).

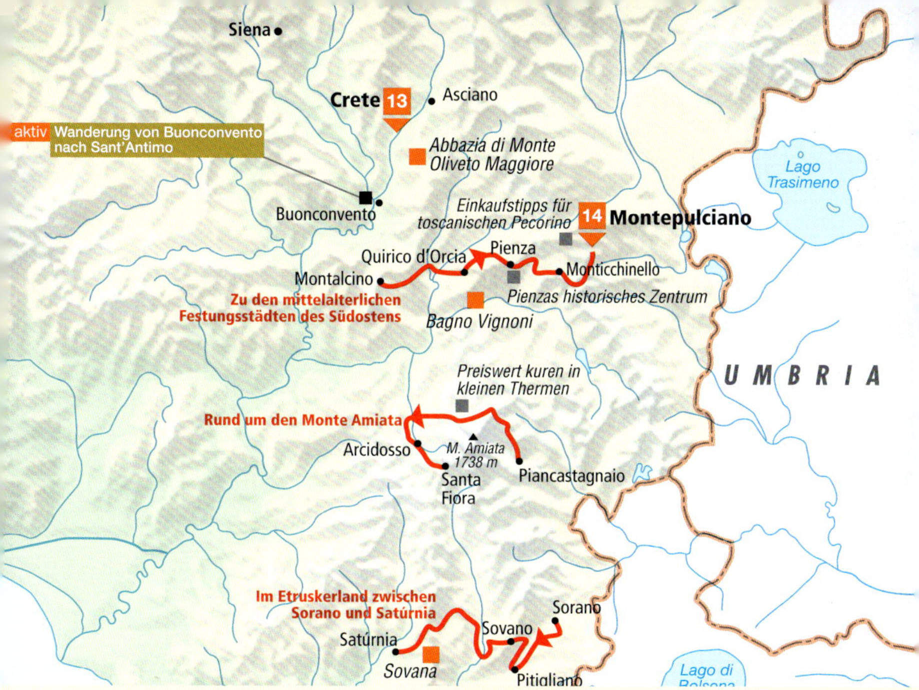


# Meine Tipps

**Pienzas historisches Zentrum:** Der Ort ist ein wahres Schlaraffenland für Feinschmecker. Es gibt Pecorino in allen Variationen, Wurstwaren, Schinken, Wein, Olivenöl, Grappe und vieles mehr (s. S. 400).

**Einkaufstipps für toscanischen Pecorino:** Angesichts der Beliebtheit des toscanischen Schafskäses werden sogar die Sarden neidisch, deren Mitbewohner ihn hier eingeführt haben und weiterhin in kleinen Betrieben produzieren. So ist das **Caseificio Cugusi** der Sardin Silvana Cugusi eine hervorragende Adresse (s. S. 406).

**Preiswert kuren in kleinen Thermen:** Rund um den Monte Amiata hat man die kleinen Thermalorte aufgemöbelt – hier kann man preisgünstig oder gar kostenlos das wohltuende Thermalwasser genießen (s. S. 425).

## aktiv unterwegs

**Wanderung von Buonconvento nach Sant' Antimo:** Man kann sie auch in zwei Etappen einplanen, ansonsten früh losziehen und sich auf landschaftliche wie architektonische Highlights freuen (s. S. 390).

# Von den Crete nach Chiusi

**Großartige Landschaftsbilder prägen die kargen, fast nackten Crete, wie eine Spinne im Netz hockt darin das kleine Asciano. Städtebauliche Kleinode sind Monte Sansavino und Lucignano, wundervolle Festungsstädte Montalcino, San Quirico d'Orcia, Pienza und Montepulciano. Ein berühmter Kurort ist Chianciano, eine etruskische Hochburg Chiusi.**

Die überaus karge Hügellandschaft Crete gehört in jeden Toscana-Bildkalender, bietet sie doch zu jeder Jahreszeit ein geradezu magisches Bild. Eben weil auf den lehmigen Hügeln kaum etwas wächst außer Gras und Wildkräutern, eignen sie sich perfekt für die Schafzucht, die den Reichtum des Gebietes ausmacht – zusammen mit der Viehzucht im

**Eine Landschaft wie aus dem Bilderbuch: Die Crete**

Chianatal, berühmt durch die weißen Chianina-Rinder, die das beste Fleisch für die berühmte *bistecca fiorentina* liefern.

Weiter südlich sind es befestigte Dörfer, teilweise urbane Kleinodien des Mittelalters oder der Renaissance, die meist markante Hügelkuppen einnehmen. Dicht bewaldete Hügel, hier etwas höher als im Chianti, sind teilweise mit Wein bewachsen und vermehrt mit Olivenbäumen bepflanzt.

Wie Perlen an einer Schnur aufgereiht liegen in dieser lieblichen Landschaft das weinselige Montalcino, die Festungsstadt San Quirico d'Orcia, die kleine Renaissanceperle Pienza, das winzige Monticchiello, das im Gegensatz dazu fast großstädtische Montepulciano, gefolgt von Chianciano mit seinem Thermalort und dem Etruskerstädtchen Chiusi.

## 13 Die Crete ►H/J 8

Sie sehen aber auch wirklich besonders sanft aus, die fast gleichförmig gewellten Hügel der **Crete**. Im Winter sind sie von graubräunlicher bis rötlicher Farbe, im Frühjahr nach dem ersten Regen mit zartem Grün überzogen, das je nach Feuchtigkeitsgrad des Bodens von ganz hell bis ganz dunkel alle Farbschattierungen aufweisen kann. Ab und zu ragt eine einzelne Zypresse wie ein schlanker Bleistift auf einem der runden Hügel auf, meist in der Nähe eines Bauernhauses, zu dem aber auch, allerdings eher selten, eine Zypressenallee führen kann; die meistfotografierte weist einen Knick auf. Alles wirkt so, als habe man dem Betrachter bewusst ein fertiges Bild präsentieren wollen. Es ist eine Kunstlandschaft im sprichwörtlichen Sinne. Kein Wunder, dass man hier allenthalben Malschülern begegnet.

Der lehmige Boden wird vorwiegend als Weideland für Schafe genutzt, weshalb in dieser Gegend der Pecorino produziert wird, Schafskäse in allen erdenklichen Varianten, frisch, jung, gelagert, in Erdlöchern gereift *(pecorino di fossa),* mit Kräutern oder Kastanienblättern umhüllt, in Paprika gewälzt oder in grob geschroteten Pfefferkörnern …

### Asciano ►J 8

Der bescheidene Hauptort der Crete sowie Zentrum der Schafzucht und der Pecorino-Herstellung, **Asciano**, hat sich in den letzten Jahren ordentlich herausgeputzt. Mehr als eine Hauptstraße ist hier kaum zu finden, das schönste architektonische Element des Örtchens ist wahrscheinlich der große helle Renaissancebrunnen am unteren Ortseinstieg an der Piazza del Grano.

Doch Ascianos neues Museumszentrum mit dem Namen **Museo Palazzo Corboli** kann sich wahrlich sehen lassen, allein schon die schönen Räume des **Palazzo Corboli** am zentralen Corso Matteotti sind den Abstecher nach Asciano (rund 7200 Einw.) wert: ein großartiges Beispiel mittelalterlicher Palastbaukunst, einst Wohnpalast wie auch Handelshaus der wohlhabenden Sieneser Familie Bandinelli. Der Palast wurde kurz nach 1212/1214 errichtet und immer wieder ausgebaut und erweitert. Die herrlichen Fresken der Innenräume im ersten Stock stammen aus dem 14. Jh. und sind sogar von der bekannten ›Handschrift‹ des Cristofano di Bindoccio, einem Nachfolger von Ambrogio Lorenzetti. Besonders hübsch sind die »Tyrannenmorde« und die »Tugenden« im Turmzimmer. Sie zeigen, dass man nur als Gutmensch weiterkommt und es einem zu Ehren gereicht, Tyrannen aus dem Weg zu räumen …

Darüber hinaus gibt es mehrere didaktisch interessant aufgebaute Sammlungen anzuschauen: im Erdgeschoss und im ersten Obergeschoss Sieneser Malerei aus Ascianos Kirchen, sakrale Kunst also, im zweiten und dritten Obergeschoss Etruskisches (Bronzetti, Urnen, Vasen, Schmuck, Bronzegefäße etc.). Die archäologischen Schätze stammen aus den Ausgrabungsstätten der Umgebung, vor allem von der nahen Nekropole am Poggio Pinci aus dem 5. bis 1. Jh. v. Chr., sowie aus den diversen Gräbern des Tumulo del Molinello bei Serre di Rapolano (zwischen Rapolano Terme und Asciano).

Ergänzt wird die Sammlung durch Modelle einzelner Tumuli. Einiges ist hier leider nur in Kopie zu bestaunen, weil die Originale das Archäologische Museum von Florenz bereichern, aber im Gesamtzusammenhang sind die Nachbildungen hier genau richtig (März–Okt. Di–So 10.30–13, 15–18.30, Nov.–Feb. Fr–So 10.30–13, 15–17.30 Uhr, Erw. 4,50 €). Übrigens kann man einige der attraktivsten Tumuli wie beispielsweise den **Tumulo del Molinello** mit Führung besichtigen (Anmeldung über das Museum bzw. Biancane Servizi al Turismo, Tel. 05 77 71 95 10).

## Infos

**Ufficio Turistico Comunale**: 53041 Asciano (SI), Corso Matteotti 18, Tel. 05 77 71 88 11, info.asciano@crete.siena.it, April–Okt.

## Übernachten

Richtig nett ► **Locanda d'Aceto:** Corso Matteotti 126–128, Tel. 05 77 71 92 20, www.locandadiaceto.com. Fünf nette Zimmer neben dem Museums-Palazzo; Innenhof. DZ/ÜF 75–90 €.

Ferienwohnungen ► **Il Casolare:** Corso Matteotti 51, Tel. 05 77 71 71 04, www.ilcasolare.net. Vermittlung von Ferienwohnungen in und um Asciano.

## Essen & Trinken

Verfeinert ► **La Locanda d'Aceto:** s. o., kein Ruhetag. Zwei einladende Natursteinräume unter Holzbalkendecken; schön eingedeckte Tische, einige auf der Gasse. Unter neuen Wirtsleuten nun verfeinerte und doch authentische toscanische Küche, dazu ein gut bestückter Weinkeller. Menü ab 25 €.

Regionales ► **La Mencia:** Corso Matteotti 77, Tel. 05 77 71 82 27, Ruhetag Mo. Fein eingedeckter langer Raum, Garten und Cantina. Crete-Spezialitäten wie Wildschwein und Lamm. Menü ab 15 €; auch Pizza ab 5 €.

## Einkaufen

Lebensmittel ► **Wochenmarkt:** an der Via Amendola, Sa 8–14 Uhr.

## Verkehr

**Bahn:** Asciano liegt an der nur wenig befahrenen Bahnlinie Siena – Grosseto.

**Bus:** Die TRAI-IN verbindet Asciano ca. stdl. zur Hauptverkehrszeit mit Siena.

## Monte Oliveto Maggiore ► J 8

Eine schöne Provinzstraße führt von Asciano nach Süden an steilen, ausgewaschenen Graten vorbei zur backsteinroten, festungsgleichen **Abbazia di Monte Oliveto Maggiore** in 273 m Höhe. Durch ein trutziges Tor gelangt man in die Parklandschaft des 1313 gegründeten Benediktinerklosters des Olivetanerordens, der strengere Regeln als der Hauptorden beachtete. Man kann die Klosteranlage trotz Klausur zum größten Teil besichtigen. Sehenswert ist vor allem der Kreuzgang mit Signorellis (1497/1498) und Sodomas (1505–1508) 36 Fresken, die Szenen aus dem Leben des Ordensgründers Benedikt zeigen. Die Szenen sind leicht zu verstehen, da sie sogar beschriftet sind. Besonders hübsch ist die

Darstellung, wie Benedikt sein Elternhaus verlässt und von seiner jüngeren Schwester Scholastika mit Hündchen ein Stück des Weges begleitet wird.

Da ohnehin alle kostbaren Folianten inzwischen verschwunden sind, wie die Mönche betonen, kann die wertvolle Bibliothek im Obergeschoss, zu deren Rettung und Auswertung 1954 ein spezielles Institut gegründet wurde, inzwischen sogar mit polyglotter Führung besichtigt werden; sehenswert sind auch die historische Klosterapotheke und das Refektorium (tgl. 9.15–12, 15.15–17, im Sommer bis 18 Uhr, Eintritt kostenlos).

## Infos

**Ufficio Turistico delle Crete Senesi:** Im Klosterkomplex.

## Übernachten

Klosterambiente ▶ **Foresteria:** 53020 Chiusure (SI), Monte Oliveto Maggiore, Tel.05 77 70 76 52, foresteria@monteolivetomaggiore.it. Im Kloster kann man sich für einige Tage einmieten. Ca. 65 Betten stehen in Einzel-, Doppel- und Dreibettzimmern zur Verfügung. Übernachtung pro Person 25 €, ob mit oder ohne eigenem Bad (dieser Betrag wird als Spende, *offerte*, erwartet).

## Essen & Trinken

Im Torturm der Abtei ▶ **La Torre:** Monte Oliveto Maggiore, Tel. 05 77 70 70 22, Ruhetag Di; Bar durchgehend 8–23 Uhr geöffnet. Gemütliche Trattoria in zwei Backsteingewölben, mit schöner Terrasse. Pasta mit feinen, hausgemachten Soßen und vor allem Fleisch vom Grill. Menü ab 20 €.

## Einkaufen

Klosterandenken ▶ Der **Verkaufsladen** des Klosters bietet das Übliche wie Klosterlikör, Bücher und Postkarten.

# Im oberen Chianatal

Die östlichen Ausläufer der Crete erstrecken sich in das obere Chianatal, im Westen liegen nette, z. T. durch Landwirtschaft reich gewordene Ortschaften, die mit historischer Bausubstanz geradezu protzen.

**In Asciano weiß man noch, wann der Nachbar Waschtag hat …**

## Tipp: Exklusiv übernachten

Auf einem kleinen Hügel gegenüber dem Ort Sinalunga befindet sich in zauberhafter Panoramalage ein ehemaliges Landgut, das zu einer wundervollen, wenn auch nicht gerade preiswerten Unterkunft umgebaut wurde: Locanda Dell'Amorosa.

Das Gut ist ein beliebtes Ziel für Wochenendausflügler und Familienfeiern, Ruhesuchende sollten daher die Wochenenden besser meiden (Località L'Amorosa, 2 km südlich, Tel. 05 77 67 72 11, www.amorosa.it, 9. Jan.–9. März geschl., 17 Zimmer, acht Suiten, Pool, Restaurant; Parkplatz, DZ/ÜF 208–405 €).

## Sinalunga ►J 8

In diesem Ort wurde Garibaldi 1867 während der Vorbereitung für seinen Marsch nach Rom verhaftet – keiner ist hier wirklich stolz darauf … **Sinalunga** (12 600 Einw.) ist ein hübscher Ort auf einem Hügel in 364 m Höhe mit, wie es heißt, richtig tüchtigen Einwohnern. Überhaupt: Sinalunga, Lucignano, Monte San Savino, das sind Ortsnamen, die für Reichtum durch Viehzucht stehen. Denn von den Gütern der Umgebung kommen die besten weißen Rinder der Toscana, die berühmten *chianine* aus der Valdichiana, unentbehrlich für eine echte *bistecca fiorentina*. Auf den Farmen werden hier nicht nur Rinder, sondern auch Federvieh gezüchtet, mit modernsten Mitteln Forst- und Landwirtschaft auf relativ kleinen Ländereien betrieben, die sich häufig im Besitz des Stadtadels befinden, wie eh und je. Man versteht hier aber nicht nur viel von der Landwirtschaft, sondern auch von der Veredelung der Rohwaren, so etwa der Herstellung von Wurst und Schinken.

### Infos

**Ufficio Turistico:** 53048 Sinalunga (SI), Piazza della Repubblica 8, Tel. 05 77 63 60 45, www.prolocosinalunga.it.

### Aktiv

**Golf ► Golfclub Valdichiana:** Località Esse Secco, 53048 Sinalunga, Tel. 057 76 24 44 39, www.golfclubvaldichiana.it. 6-Loch-Platz.

## Lucignano ►J 8

Die Lage von **Lucignano** ist typisch für diese Gegend: ein bis zu 400 m hoher Hügel über dem Chianatal, und darauf ein kleiner Ort, der ein besonders gutes Beispiel für die Entstehung vieler Dörfer in der südöstlichen Toscana aus einer mittelalterlichen Burganlage (13. Jh.) darstellt; in diesem Fall elliptisch verlaufende Ringe, dazwischen enge Gassen und noch schmalere Treppengassen. Allein wegen seiner strategisch günstigen Lage war Lucignano vom 13. bis zum 16. Jh. Spielball zwischen Siena und Arezzo sowie Florenz und Perugia und hatte sich stets gegen die Machtgier der anderen zu verteidigen.

Das Zentrum an der höchsten Stelle bilden die beiden Kirchen **San Francesco** (13. Jh.; an der rechten Wand das eindrucksvolle Fresko »Triumph des Todes«) und die **Collegiata** (1594) sowie das Rathaus. Dieser **Palazzo Comunale** (ab dem 13.Jh.) wurde im Erdgeschoss zu einem Juwel der Museumslandschaft im Chianatal ausgebaut, auch ein wunderbarer Ort für Wechselausstellungen. Die Städtische Sammlung besitzt u. a. zwei Altartafeln von Luca Signorelli (»San Francesco« und »Muttergottes mit Kind«), um 1482 entstanden. Zur selben Zeit arbeitete Signorelli am Schrein für die wohl kostbarste Juwelierarbeit im Städtchen, dem sogenannten Goldenen Baum, Baum des Lebens oder einfach »Baum von Lucignano«: ein Reliquienschrein in Form eines Baumes aus vergoldetem Kupfer, Silber und Emaille mit zwölf Zweigen, kleinen Blättern und Korallenästen, die das Blut Christi symbolisieren sollen. An der Spitze befindet sich ein Kreuz mit einem Pelikan obenauf, Symbol des Opfertodes Christi (Apr.–Sept. Mo, Mi–Fr 10–13, 14–18, Sa, So bis 19, Okt.–März Mo 10–13, Mi–Fr auch 14–17, Sa, So auch 14–18, Erw. 3 €).

Wie Sinalunga verarbeitet auch Lucignano vor allem Gemüse, Wein und Öl. Doch inzwischen wurde das Festungsdorf so hübsch restauriert, dass es sich zu einem wahren Touristenmagnet entwickelt hat. Was natürlich der Agrarproduktion weiter dienlich ist, denn auch italienische Wochenendausflügler kaufen gerne in den netten, wenn auch etwas überteuerten Läden ein.

### Infos

**Ufficio Informazioni Turistiche:** 52046 Lucignano (AR), Piazza del Tribunale 22, Tel. 05 75 83 80 01, www.comune.lucignano.ar.it.

### Übernachten

Familiär ▶ **Da Toto:** Piazza del Tribunale 6, Tel. 05 75 83 67 63, www.trattoriatoto.it, 7. Jan.–12. Feb. geschl. Pension mit schönem Garten und verglaster Veranda. 14 z. T. mit Antiquitäten eingerichtete Zimmer, eine Suite; Pool. Restaurant (Touristenmenü 20 €). DZ/ÜF 78 €.

### Termine

**La Maggiolata:** An den letzten beiden So im Mai. Festumzüge der Wagen mit allegorischen Darstellungen, Musik, kulinarischen Ständen.

## Monte San Savino ▶ J 7

Der Geburtsort des berühmten Renaissancebaumeisters Sansovino in 331 m Höhe ist aus einem Kastell der Ubertini hervorgegangen. Die starken Mauern von **Monte San Savino** machen einen fast abweisenden Eindruck. Doch tritt man durch eines der Stadttore – am besten durch die **Porta Sangallo** mit dem Medici-Wappen gegenüber dem netten, gleichnamigen Hotel, hinter dem man auch einen öffentlichen Parkplatz findet –, so gelangt man in eine freundliche Stadt (ca. 8500 Einw.). Rechts öffnet sich gleich der lang gestreckte Marktplatz und beweist nicht nur beim Mittwochmarkt, dass Monte San Savino ein Einkaufsparadies für Wurst und Schinken ist, die hiesigen Metzger sind stolz auf ihre Produkte. Auch das übrige Handwerk wird hier groß geschrieben, z. B. die Schmiedekunst.

Die Palazzi entlang der Hauptstraße, des Corso Sangallo, sind relativ schlicht, die Gassen schmal und schattig, einige Antiquitätenläden bieten Möbel aus aufgelösten Landgütern an. Den einzigen bedeutenden Palast hat Andrea Sansovino um 1518 bis 1520 für den reichen Kardinal Del Monte gebaut, den **Palazzo del Monte** (mit Rathaus und hängendem Garten dahinter), auch die **Loggia dei Mercanti** gegenüber – als Stiftung für die Händler des Städtchens. Wenn der Kardinal hier seine Feste feierte, wurden diese zu einem öffentlichen Ereignis.

### Übernachten

Zauberhaft ▶ **Logge dei Mercanti:** 52048 Monte San Savino (AR), Corso Sangallo 40/42, Tel. 05 75 81 07 10, www.loggedeimercanti.it. Hotel in einem Renaissance-Palazzo im Zentrum, in der historischen Farmacia Coradeschi. 13 Zimmer, eine Suite, elegant, z. T. unter Holzbalkendecken, freskiert. Angenehme Sitzecken. DZ/ÜF 95 €.

Freundlich ▶ **San Gallo:** Piazza Vittorio Veneto 16, Tel. 05 75 81 00 49, www.sangallohotel.it. Renoviertes Hotel direkt vor dem Stadttor. 18 Zimmer, davon eines mit hohem Backsteingewölbe. Parkplatz. DZ 70 €.

Edles B&B ▶ **Baldovino di Monte:** Corso Sangallo 13/15, Tel. 05 75 81 02 92, www.baldovinodimonte.it. Im historischen Zentrum. Sechs gemütliche Zimmer. DZ/ÜF 65 € (Frühstück im Hotel Logge dei Mercanti, s. o.).

## Tipp: Wohnen in einer Villa

Inmitten von Weingärten und Olivenhainen liegt diese Villa von 1670 mit insgesamt sechs Zimmern und einer riesigen Wohnhalle. Auf dem weitläufigen Gelände gibt es gleich zwei Pools, zu der nahe gelegenen Therme Querciolaia erhalten Gäste verbilligten Eintritt. Im Nebengebäude sind noch fünf Apartments untergebracht (Azienda Agricola Villa Buoninsegna, 53040 Rapolano Terme (SI), Tel. 05 77 72 43 80, www.buoninsegna.it, DZ/ÜF 110–120 €, Apartment mit 2–6 Betten je Woche 598–1400 €).

## Essen & Trinken

Wildspezialitäten ► **Osteria del Cacciatore:** Località Dreini 39, Tel. 05 75 84 70 55, Ruhetag Mi. Gemütliches kleines Lokal zwischen Monte San Savino und Gargonza mit Sommerveranda, schön eingedeckt; offene Küche. Wild, Pilze, Fleisch vom Grill wie *fiorentina* und diverse *tagliate*. Menü ab 15 €; auch Pizza ab 4 €.

## Verkehr

**Bahn:** Monte San Savino liegt an der alten Bahnstrecke Arezzo – Sinalunga – Chiusi.
**Bus:** Busse verkehren vor allem zu den Schulzeiten zwischen Arezzo und Monte San Sovino.

## Gargonza ► J 7

Eine schmale Serpentinenstraße führt durch einen dichten Wald hinauf zum **Castello di Gargonza**. Das Kastell, seit dem Ende des 16. Jh. im Besitz der Familie des Grafen Roberto Guicciardini, stand bereits im 13. Jh. Damals gehörte es zu Florenz. Dante wohnte hier in seinen ersten Exiltagen beim Grafen Ubertini. Bis zum Ende des Zweiten Weltkrieges wurden in Gargonza Forst- und Landwirtschaft in großem Stil mit 60 bis 70 Arbeitskräften betrieben. Dann begann die Landflucht, 1960 musste die Schule aus Mangel an Schülern geschlossen werden, 1974 zeichnete Conte Guicciardini selbst die ersten Pläne zur Rettung des *castello*.

1984 waren die Restaurierungsarbeiten und die Einrichtung von 84 Gästebetten in den 19 Häusern abgeschlossen, doch Erhaltung und Management dieser wunderschön gelungenen Ferienwohnungen und des Kongresszentrums lasten schwer auf dem Budget der Wiederbeleber. Nicht immer ist das Anwesen so ausgelastet, wie es verdient.

## Übernachten

Rustikal-elegant ► **Castello di Gargonza:** Gargonza, 7 km westlich von Monte San Savino, Tel. 05 75 84 70 21, www.gargonza.it. 8. Jan.–14. Feb., Nov. geschl. 16 Zimmer im *castello* (s. o.). Pool. Restaurant; Parkplatz. DZ/ÜF 120–165 €, Apartments ab 735 €/Woche.

Kurhotel ► **San Giovanni Terme:** Rapolano Terme, Via Terme San Giovanni 52, Tel. 05 77 72 40 30, www.termesangiovanni.it, um Feb. herum einige Wochen geschl. Ein traditionsreiches Kurhotel auf dem sprichwörtlichen flachen Land mit Blick auf Rapolano Terme; große Räume, freundliches Ambiente; Schönheitsfarm/Wellness-Abteilung, Tennis, gedeckter Thermalpool; Tunnel zur Therme nebenan. 60 großzügige, klimatisierte Zimmer. Restaurant für die Hausgäste; Parkplatz. DZ/ÜF Mo–Do 130–150 €, Fr–So 140–160 €.

# Zwischen Ombrone, Orcia und Merse

Eigentlich schlägt hier der Ombrone einen so großen Bogen, dass er im Westen fast bis zum Fluss Merse reicht, im Süden vereint er sich mit dem Orcia. Alle drei Flüsse haben gemeinsam eine wunderbar hügelige Landschaft gestaltet, sie selbst fließen zwischen hohen, Schatten spendenden Bäumen hindurch, ein Labsal für das Auge und für müde Wanderer. Zur landschaftlichen Schönheit des Gebietes kommen sehenswerte Kleinodien wie Buonconvento und Murlo.

## Buonconvento ► H 9

Das Festungsstädtchen **Buonconvento** (ca. 3000 Einw.) in 147 m Höhe an der Via Cassia wurde von Siena als Bollwerk errichtet, und erlebte seine Blütezeit bereits im 13. Jh. Noch immer ist das flach in der Landschaft liegende Buonconvento komplett ummauert – ganz so wie zu der Zeit, als der deutsche Kaiser Heinrich VII. hier am 24. August 1313 an Fieber starb, kurz nachdem er im Lateran in Rom zum Kaiser gekrönt worden war. Auf seinem Rückweg nach Pisa, wo er gegen das kaiserfeindliche Florenz ziehen wollte, machte er in Buonconvento Station.

Es ist hübsch, im nur Fußgängern vorbehaltenen historischen Zentrum zu flanieren; es gibt keine aufregenden Geschäfte, dafür ein paar nette, bescheidene Bars, in denen man die Einheimischen zur *aperitivo*-Zeit trifft oder im Sommer ein paar genießerische Touristen, die sich hier abseits der hektischen Routen vielleicht ein paar ruhige Tage gönnen.

Die größte Sehenswürdigkeit des Städtchens war lange Zeit das **Museo d'Arte Sacra** im eleganten Jugendstil-**Palazzo Ricci Soccini**. Außen fallen die Keramiktafeln mit Blumenranken auf und 1909 geschaffene, schön geformte Eisengitter vor den Fenstern, innen das schmiedeeiserne Geländer des Treppenhauses. Der Palast ist teilweise noch bewohnt, weshalb man seine drei Stockwerke etwas umständlich zu sehen bekommt, aber innen ist man begeistert von der hübschen Wanddekoration der Räume und den ausgestellten Kunstwerken (April–Okt. Di–So 10–13, 15–18, Nov.–März Sa/So 10–13, 15–17 Uhr, Erw. 3,50 €).

Doch inzwischen hat das hübsche Städtchen eine weitere Attraktion: das **Museo della Mezzadria Senese** (der Halbpacht), ein interessantes Thema in der Toscana und speziell in den Crete. Es wurde in den früheren Getreidelagern des Städtchens unter hohen backsteinernen Kreuzgewölben eingerichtet bzw. in den später als Weinlagern genutzten Räumen in einer Bastion der Stadtmauer. Wandhohe Fotografien zeugen vom Leben der Halbpächter auf den großen Landgütern, zeigen auch die Herren, denen sie dienten und an die sie 50 % ihres Ertrags abgeben mussten (www.museomezzadria.it, April–Okt. Di–So 10–13, 14–18, Nov.–März Di–Fr 10–13.30, Sa, So auch 14–18 Uhr, Erw. 4 €).

## Infos

**Ufficio Informazioni Turistiche:** 53026 Buonconvento (SI), c/o Museo della Mezzadria Senese, Piazzale Garibaldi 2, Tel./Fax 05 77 80 71 81.

## Übernachten

Familiär ► **Roma:** Via Soccini 14, Tel. 05 77 80 60 21, Fax 05 77 80 72 84. Kleineres Hotel im historischen Zentrum. 14 teils große renovierte Zimmer mit Balkendecken. Restaurant (s. Essen & Trinken); Garage. DZ/ÜF 66 €.
Ländlich ► **Podere Corticella:** Località Bibbiano, Tel. 05 77 80 83 19, ferrebattuto@tiscali.it. Kleines Landhaus nahe dem Ombrone mit traumhaftem Blick auf Montalcino. Zwei gut ausgestattete Ferienwohnungen für 2–4 Personen, Pool. Wohnung/Woche für 2 Personen bis 4 Personen 528–998 €.

## Essen & Trinken

Klein und fein ► **Osteria da Duccio:** Via Soccini 76, Tel. 05 77 80 70 42, Ruhetag Mi. Kleines Lokal, ein Raum unter Holzbalkendecke, auch Tische auf der Gasse. Leicht verfeinerte lokale Küche wie Entenbrust mit Zimtsoße, *stracotto al Chianti* (Rindsgulasch nach Art des Chianti). Menü ab 18 €.
Unter Cottodecken ► **Roma:** s. S. 365, Ruhetag Mo. Freundliches familiäres Restaurant mit gutem Preis-Leistungs-Verhältnis in einem langen Raum. Frische Pasta und lokale Spezialitäten wie diverse Wurst- und Schinkenwaren, *bruschette*, *tagliatelle alle noci* (mit Walnüssen). Menü ab 15 €.

## Murlo ► H 8

Das rundum befestigte Dorf in Miniaturformat in 317 m Höhe besitzt eine ausgesprochen strategische Lage mit besonderem landschaftlichen Reiz, weiten Ausblicken ringsum, vor allem ins grüne Mersetal. Schon die Etrusker schätzten den Platz wegen des eisenhaltigen Bodens, wo sie ihre Minen besaßen. So nennt sich Murlo gerne *Terra di gente etrusca*. In **Murlo** leben unter den wenigen festen Ein-

## Tipp: Mit dem Rad durch das Tal des Merse

Elf Radtouren durch das Mersetal bieten die vier Gemeinden des Tales (Sovicille für die Montagnola, Chiusdino auch für San Galgano, Monticiano und Murlo) mit genauen Wegkarten und Beschreibungen der Orte und Sehenswürdigkeiten unterwegs. Besonders zu empfehlen: Nummer 9 rund um Murlo (s. o.) und Nummer 10 entlang der aufgelassenen Minenbahn von Murlo. Die Karten sind kostenlos bei den Infostellen im Tal auch in deutscher Sprache erhältlich.

wohnern (im Winter sind es gerade mal 20) auch Archäologen, die sich hier niedergelassen haben, weil sie des Grabens nicht müde werden. Auch Lokalhistoriker haben zum wenigstens zeitweise erneuten Aufblühen dieses dörflichen Winzlings beigetragen.

Da ringsum tatsächlich Etruskerland war, überall Nekropolen und Siedlungen freigelegt wurden, gedieh Murlo zum Sitz internationaler Treffen, die sich mit dem Thema Techniken der antiken Bronze- und Goldschmiedekunst befassten. Technologietransfer, in diesem Fall wohl aus Syrien bzw. dem früheren Palästina, nennen es die Archäologen und Ingenieure, Physiker und Goldschmiede, die sich alljährlich treffen und experimentelle Rekonstruktionen wagen. Eine davon sieht man direkt unterhalb des trutzigen Stadttores: das Modell eines vertikalen griechischen Brennofens aus dem 5. Jh. v. Chr. (Wer mehr darüber erfahren möchte, wendet sich an ANTEA Murlo von *Antiche Techniche Artigianali* unter www.anteamurlo.it.) Immerhin wurde dabei das Geheimnis der etruskischen Goldgranulate gelüftet. Gerne verweisen die wenigen Bewohner Murlos darauf, echte Nachfahren der Etrusker zu sein, und tatsächlich hat man inzwischen durch DNA-Analysen festgestellt, dass sie Recht haben könnten …

Alles, was die amerikanischen Archäologen bisher am nahen Poggio Civitale im dortigen Palast aus dem 7./6. Jh. v. Chr. gefunden haben, ist im **Antiquarium di Poggio Civitale**, dem Archäologischen Museum, in Murlo zu sehen (auf Anfrage im Infobüro). Das Museum ist im **Palazzo del Vescovo**, im Palast des Bischofs, untergebracht (März, Okt. Di–So 10–13, 15–17, Apr.–Juni, Sept. Bis 19, Juli, Aug, durchgehend 10–19, Nov.–Febr. Di–Fr 10–13, Sa, So auch 15–17 Uhr, Erw. 3,20 €). Und tatsächlich: Das kleine Dorf war während des Mittelalters und der Renaissance die Hauptresidenz der Bischöfe von Siena und Hauptort des Bistums!

## Infos

**Ufficio Turistico di Murlo:** 53016 Murlo (SI), Piazza della Cattedrale, Tel. 05 77 81 40 50, www.prolocomurlo.com.

## Übernachten

**Nett und zentral gelegen ▶ La Locanda del Castello:** Piazza delle Carceri 14, Tel. 05 77 81 41 88, www.affitacamereilcastello.it. Hübsches kleines Dorfhaus im Zentrum. Drei Zimmer. Pizzeria. DZ/ÜF 70, Vier-Bett-Zimmer 90 €.

**Einfach, aber wohnlich ▶ L'Etrusco:** Via delle Carceri 15, Tel. 05 77 81 11 02, www.etruscomurlo.it. Ein winziges historisches Haus im Zentrum. Nur drei Zimmer mit Holzbalkendecken, sparsam, aber gemütlich eingerichtet, klimatisiert, SAT-TV. DZ/ÜF 65–80 €.

## Essen & Trinken

Pizzeria ▶ **La Locanda del Castello:** s. o., Ruhetag Mi. Kleine Pizzeria mit Terrasse (Traumblick ins Tal). Menü inklusive Getränke ab 20 €.

## Termine

**Festa Medievale:** 1. Juniwochenende. Farbenprächtiger Umzug in historischen Kostümen, mittelalterlicher Jahrmarkt.

**Corsa etrusca:** Anfang Sept. Eine Art Palio, Pferderennen, zwischen den umliegenden Ortsteilen; zum Bankett muss man sich vorher anmelden.

# Montalcino und Umgebung

## Montalcino ▶ H 9

Das Städtchen mit dem weich klingenden Namen **Montalcino** zu kennen, war bis 1980 ausschließlich eine Verpflichtung für Weinkenner, denn nach ihm wurde der teuerste Wein der Toscana benannt: der Brunello di Montalcino. Danach aber besaß Montalcino eine weitere Attraktion, geeignet, den intakten mittelalterlichen, ummauerten Ort zumindest auch bei Theaterfreunden in aller Welt be-

Morgenstimmung in der Val d'Orcia

aktiv unterwegs

# Wanderung von Buonconvento nach Sant'Antimo

## Tour-Infos

**Start:** Bahnhof Buonconvento
**Länge:** ca. 25–27 km
**Dauer:** ca. 1 Tag
**Wichtige Hinweise:** Die Wanderung sollte man wegen der Streckenlänge bereits früh am Morgen beginnen oder für eine Übernachtung unterbrechen.

Die sehr abwechslungsreiche und dennoch wenig anstrengende Wanderung verläuft über längere Strecken flach, dann wieder rauf und runter. Vom Bahnhof in Buonconvento (s. S. 386) nimmt man die schmale Landstraße Richtung Murlo; nach knapp 1 km stehen links zwei große Zypressen, bei denen ein Staubweg zum **Landgut Castelrosi** (ca. 700 m) führt. An der Mauer des Anwesens führt der jetzt schattige Weg nach rechts bis zu einer Gabelung. Hier nimmt man nicht den abwärts führenden Weg, sondern geht nach links über einen sanften Hügel auf einen einsam stehenden Baum zu. Jetzt ist schon die **Villa La Torre** mit ihren zwei Türmen auszumachen; dort geht ein breiter Fahrweg nach rechts zum Ort **Bibbiano**.

Eine schmale Landstraße führt südwärts leicht absteigend in den Wald, wird zur Staubstraße und kommt schließlich zur **Ombrone-Brücke** (normalerweise nur Fußgängern vorbehalten). Nach der Flussüberquerung folgt man auf rund 4 km dem Weg Nr. 2 – Schilder Richtung Montalcino weisen die Strecke zum ersten Etappenziel. An einer Gabelung lohnt jedoch zunächst ein Abstecher (500 m) geradeaus zur **Badia Ardenga**. Dort trifft man in idyllischer Lage auf ein kleines Landgut in der früheren Abtei, deren Kirche

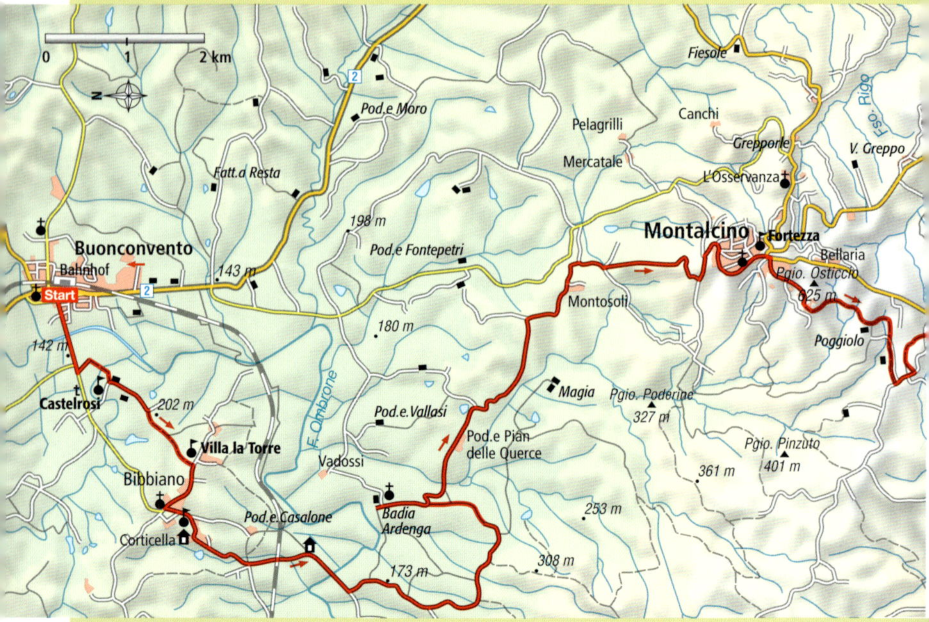

tagsüber normalerweise offen ist. Die kleine **Vallombroser Abtei** stammt aus dem 11. Jh., historische Notizen zu ihr gibt es allerdings erst seit 1213, als Kaiser Arrigo VII hier an der Frankenstraße Station machte. 1462 hat sie Papst Pius II. übernommen und ausgebaut. Von der einst dreischiffigen Basilika mit siebenschiffiger Krypta ist nur noch ein einschiffiger Raum erhalten geblieben, und alles wirkt irgendwie ein wenig schief.

Wieder zurück auf den Weg Nr. 2 Richtung Montalcino führt die Wanderung durch ein leicht gewelltes, im Wechsel von Wäldern und Auen geprägtes Land, das teilweise für den Weinanbau genutzt wird. Auf einer bald erreichten Anhöhe bietet sich ein großartiger Blick auf **Montalcino**.

Bisher ist es kein anstrengender Weg. Doch nun geht es bei Montosoli, kurz vor einer Landstraße, rechts ab, zwischen mehreren Weingütern hindurch, immer steil hinauf nach **Montalcino**. Nach knapp 3 km stolpert man durch die Porta Burelli, nach Montalcino hinein (s. S. 389) – dem idealen Ort für eine kleine Stärkung.

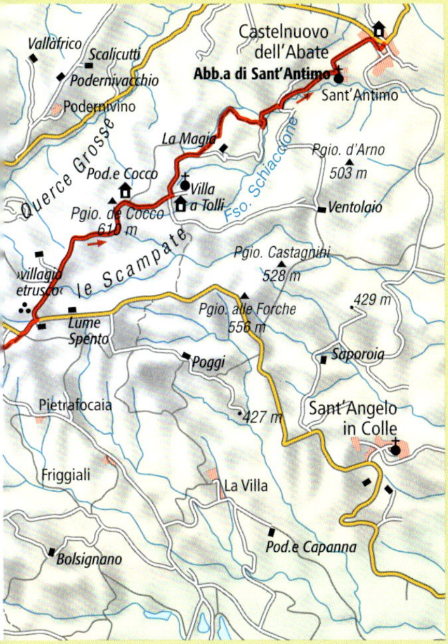


Die Fortsetzung der Wanderung verläuft gleich unterhalb der hübschen Fortezza: Beim großen Parkplatz geht es in die Via del Poggiolo, vorbei am **Weingut Poggiolo**. Unten angekommen, führt unser Weg nach links ein Stück Asphaltstraße hinauf, dann weisen die weiß-roten Markierungen nach rechts in den Wald. Unter dem **Colle Civitella** überquert man die Straße Richtung Grosseto und betritt auf der anderen Seite einen dichten Steineichenwald (Hinweis: Villa a Tolli). Gleich am Anfang locken links Hinweisschilder zum *villaggio etrusco*, einer etruskischen Siedlung mit Festung, Hausfundamenten und Zisterne aus dem 6.–3. Jh. v. Chr., an der noch gegraben wird.

Weiter geht es den rot-weißen, auf kleinen Meilensteinen angebrachten Markierungen folgend. Mäusebussarde kreisen über dem Wald, Eidechsen und harmlose Schlangen kreuzen den Weg, Schafe und Ziegen grasen auf den Weiden – und immer wieder genießt man weite Ausblicke auf den hier schon nahen **Monte Amiata** (18 km Luftlinie). Schließlich geht es vorbei am **Podere il Cocco**, an **Villa a Tolli** mit Kirchlein zur Fattoria La Magia, hinter der man einen wunderschönen Blick auf die einsam stehende **Abteikirche von Sant'Antimo** (s. S. 392) weit unten im Tal genießt. Man steigt nun mitten durch einen Weinberg bzw. an seinem Rand abwärts, es ist die einzig unbequeme Wegstrecke, weil man teilweise über große Steine durch den Hohlweg stolpern muss.

1 km oberhalb von Sant'Antimo findet man in **Castelnuovo dell'Abate** (s. S. 393) eine köstliche Schlemmerstation und gegenüber die Bushaltestelle. Von hier hat man Busverbindung nach Montalcino und von dort weiter nach Buonconvento zum Bahnhof.

kannt zu machen: das *Festival Internazionale dell'Attore*, das Festival der Schauspieler, eigentlich aller Mitwirkenden. Im August verwandelte sich Montalcino für sechs Wochen in eine einzigartige Bühne. In Vorbereitung der Aufnahme in die UNESCO-Liste als Kulturgut der Menschheit (2004) wurde bereits 1996 das gesamte Orciatal in die kulturellen Initiativen von Montalcino einbezogen. Nun heißt das Theaterereignis *Festival della Val d'Orcia – Festival Internazionale di Montalcino*. Gespielt wird etwa vom letzten Juliwochenende bis zum dritten Augustwochenende in Montalcino, Pienza, Radicofani, Castiglione d'Orcia und San Quirico d'Orcia.

Die dicht aneinander gedrängten Häuser lassen nur schmalen Gassen Platz, schlanke Türme ragen aus dem scheinbaren Gewirr, kleine Plätze schaffen wenige Freiräume. Gespielt wird im Hof der herrlichen Fortezza, in einer aufgelassenen Kirche, auf dem Marktplatz – und im Kino. Und zwar hauptsächlich traditionelles Theater, dafür bietet sich die mittelalterliche Kulisse des Ortes gewissermaßen an. Zu den Akteuren gehören nicht nur Profis, auch der Nachwuchs darf zeigen, was er kann, und ebenso können Laien an den vielen Kursen teilnehmen. So werden die Zuschauer, wenn sie wollen, selbst zu Schauspielern. Dabei kann der vielleicht berühmteste Wein der Toscana, eben der *Brunello di Montalcino*, ein schwerer, vollmundiger Rotwein der Spitzenklasse, oder seine leichtere Variante, der *Rosso di Montalcino*, durchaus helfen, die ersten Hemmungen abzulegen. In den letzten Jahren wurde in dem Städtchen (5200 Einw., 564 m hoch) viel restauriert und die mittelalterlichen Strukturen wiederhergestellt. Erste Besucherpflicht ist wohl die trutzige **Fortezza** aus dem 14. Jh., die man über die Cantina erklettern darf, wo man die lokalen Weine ausgeschenkt bekommt und ein paar kulinarische Spezialitäten probieren und kaufen kann. Die prachtvolle Festung vor dem mittelalterlichen Zentrum, mit begehbaren Türmen und Wehrgängen, ist ein Erlebnis für die ganze Familie (April–Okt. 9–20, Nov.–März 9–18 Uhr, Erw. 4 €, Sammelticket mit Museo 6 €).

Sonst bietet sich natürlich ein Bummel durch das hübsche Städtchen an mit dem Auf und Ab seiner Gassen. Geradezu übertrieben hoch wirkt der schlanke Turm des Rathauses, des **Palazzo Comunale,** und hat so manche Fotografen zur Verzweiflung gebracht, weil sie ihn kaum zu ›fassen‹ bekommen. Aus den gotischen Kirchen Montalcinos und der Umgebung sind die bedeutendsten Bilder der Sieneser Schule (speziell aus dem 14./15. Jh.) im wunderschön in den früheren Klosterräumen von **Sant'Agostino** eingerichteten **Museo Civico e Diocesano** (Via Ricasoli oberhalb des Rathauses) zu bewundern. Von Andrea della Robbia (1435–1525) besitzt das Museum beispielsweise einen »San Sebastíano«, den er für San Francesco schuf, sowie eine »Madonna mit Kind« von 1507, außerdem wundervolle lasierte Terrakotten (Di–So 10–13, 14–17.40 Uhr, Erw. 4,50 €).

## Abtei Sant'Antimo ▶ H 9

Größter Anziehungspunkt der südöstlichen Toscana bleibt jedoch die 10 km südlich von Montalcino liegende **Abtei Sant'Antimo**. Karl der Große persönlich soll die Benediktinerabtei gegründet haben. Im 12. Jh. wurde die Kirche im französisch beeinflussten Zisterzienserstil neu aufgebaut und präsentiert sich heute als eines der am besten erhaltenen Exemplare romanischer Klosterbaukunst Italiens. Und dies auch noch in so wundervoller Lage: einsam in einem kleinen Tal zwischen Feldern, Wald und Olivenbäumen. Die hellen Steine aus Muschelkalk und Travertin passen vollkommen in diese verträumte Landschaft, ein Pilgerziel für Toscana-Reisende. Löwen und Fabeltiere zierten das allein übrig gebliebene romanische Hauptportal (die beiden Seitenportale wurden zugemauert), nach ihrer sorgfältigen Restaurierung stehen sie nun aus Schutzgründen innen gleich beim Eingang. Der offene Dachstuhl des Mittelschiffs und die Kreuzgewölbe der schmaleren Seitenschiffe stützen sich auf Säulen mit Alabasterkapitellen. Besondere Aufmerksamkeit verdienen die Kapitelle der zweiten Säulen rechts und links mit formschön skulpierten Menschen und Tieren. Über den Seitenschiffen befinden sich von gotischen Arkaden überwölbte Galerien – das Matronäum, einst Platz für die Frauen, wenn sie am Gottesdienst teilnahmen. An der rechten Wand: die »Madonna di Sant'Antimo«, eine farbig gefasste Holzskulptur umbrischer Schule aus dem 13. Jh., schlichtbäuerlich, mit einem älteren Jesusknaben (Mo–Sa 10.30–12.30, 15–18.30, So, Fei 9.15–10.45, 15–18 Uhr; zum Gebet normalerweise 5.45–21 Uhr geöffnet, Eintritt frei).

**Castelnuovo dell'Abate** oberhalb von Sant'Antimo auf einem Hügel besitzt in seinen engen Gassen einige recht sehenswerte Renaissancepaläste. Vor allem aber kann man hier in einer wahrhaften Institution in puncto Culinaria fast den ganzen Tag über hervorragend speisen (s. Antica Osteria del Bassomondo, S. 394).

## Infos

**Ufficio Turistico Comunale:** 53024 Montalcino (SI), Costa del Municipio 8, Tel. 05 77 84 9331, www.comunemontalcino.it, www.montalcinonet.com.

## Übernachten

Zentral ▶ **Il Gíglio:** Via Soccorso Saloni 5, Tel. 05 77 84 81 67, www.gigliohotel.com, 7.–28. Jan. geschl. Kleines traditionsreiches Hotel. Zwölf Zimmer mit Holzbalkendecken. Restaurant. DZ/ÜF 120–135 €.

Mit Pool ▶ **Dei Capitani:** Via Lapini 6, Tel. 05 77 84 72 27, www.deicapitani.it, Jan./Feb. geschl. 27-Zimmer-Hotel (mit Dependance), Terrasse mit Talblick. DZ/ÜF 120–130 €.

Zimmervermietung ▶ **Il Barlanzone:** Via Ricasoli 33, Tel. 05 77 84 61 20, www.barlanzone.com. Süßes kleines *affittacamere* mit Fortezza-Blick über der gleichnamigen Enoteca (s. u.). Vier einfache, geschmackvolle Zimmer, ein Apartment mit Kochecke. DZ 60–70 €, Apartment 75–90 €.

## Essen & Trinken

Weingut ▶ **Taverna dei Barbi:** Località Podernovi 5 km südöstlich auf der Fattoria dei Barbi, Tel. 05 77 84 11 11, www.fattoriadeibarbi.it, Ruhetage Di Abend, Mi. Verfeinerte Taverne auf dem berühmten Weingut der Fa-

**Das Rathaus von Montalcino, davor das Jugendstilcafé Fiaschetteria Italiana**

milie Barbi mit ihrem eigenen Montalcino-Wein; auch Weinkauf möglich; auf Voranmeldung Kellereibesichtigung. Menü ab 30 €.
**Einladend ▶ Osteria di Porta al Cassero:** Via della Libertà 9, Tel. 05 77 84 71 96, Ruhetag Mi. Schmales Lokal mitten im Ort mit Tischen auf der Gasse. Typische Montalcino-Küche ohne Schnörkel wie handgerollte *pinci* mit diversen Soßen, Wildschweingulasch mit weißen Bohnen, geröstetes Kaninchen, hausgemachte *dolci*. Menü ab 22 €.
**Eine Institution ▶ Antica Osteria del Bassomondo:** Località Castelnuovo dell'Abate 10 km südlich, Tel. 05 77 83 56 19, Ruhetag Mo. Urgemütliche familiäre Trattoria mit ein paar Tischen vor dem Verkaufsladen, in dem es wie in der Trattoria fast nur Selbstgemachtes gibt – von Käse und Wurst bis Wein und Olivenöl. Man kann sich tagsüber auch nur eine Kleinigkeit frisch zubereiten lassen. Menü ab 18 €.

## Einkaufen

**Weinverkostung ▶ Enoteca la Fortezza di Montalcino:** Piazza della Fortezza, Ruhetag Mo (meist nicht im Sommer): Wein, Grappe, Olivenöl und viele kulinarische Spezialitäten aus Montalcino.
**Kleines Weinlokal ▶ Il Barlazone:** Via Ricasoli 33. Nette kleine Enothek gegenüber der Fortezza (mit Zimmern, s. o.).
**Wochenmarkt ▶** Fr 7–13 Uhr
**Weingüter**
Beim Infobüro gibt es eine Karte und eine Liste mit den Adressen der Weingüter von Montalcino; im Folgenden drei Tipps.
**Edel ▶ Biondi Santi:** Via Panfilo dell'Oca 3.
**Lokale Weine ▶ La Campana:** Strada Provinciale del Brunello 82, unterhalb von Montalcino, von Pienza kommend rechts der Straße. Kleines Weingut mit wundervollen lokalen Weinen für Leute, die nicht so tief in die Tasche greifen möchten.
**Mit Kellereibesichtigung ▶ Fattoria dei Barbi:** s. o., Taverna dei Barbi.

## Abends & Nachts

**Jugendstil-Ambiente ▶ Caffè Fiaschetteria Italiana 1888:** Piazza del Popolo 5, Ruhetag Do (nicht im Sommer), sonst 7.30–24 Uhr geöffnet. Jugendstilcafé, eine Kreation des Brunello-Erfinders Ferruccio Biondi Santi, sozusagen das Florian von Montalcino. Schönes Ambiente mit Spiegeln, Marmortischen; Degustation von Montalcino-Weinen. Ein In-Treff mit Tischen auf der Piazza unter dem Rathausturm.
**Wein- und Ölproben ▶ Enoteca la Fortezza di Montalcino:** s. o. Wunderschönes Festungsambiente mit dunklen Holztischen innen und Tischen im Garten davor. Große gemischte Platten lokaler Spezialitäten und große Auswahl an Montalcino-Weinen. Weinproben in diversen Zusammenstellungen (1–5 Weine) sowie Kostproben von Olivenöl (!).

## Termine

**Festival della Val d'Orcia – Festival Internazionale di Montalcino:** Die ersten beiden Augustwochen. Das Theaterfestival verwandelt das ganze Orciatal jeden Sommer in eine einzigartige Bühne (s. S. 392) , s. auch www.parcodellavaldorcia.com.

## Aktiv

**Fahrrad- und Motorrrollerverleih ▶ Minocchi Lorenzo:** Viale Piero Strozzi, Tel. 05 77 84 82 82.

## Verkehr

**Bus:** Die TRA-IN verbindet ca. stdl. Montalcino mit San Quirico d'Orcia und Montepulciano.

## San Quirico d'Orcia ▶ J 9

Der hübsche, noch völlig ummauerte Ort auf einer Anhöhe in 424 m Höhe ist etruskischen Ursprungs. Arezzos und Sienas Bischöfe stritten sich bereits um 550 um den Platz in strategisch günstiger Lage über der Via Francigena (Frankenstraße) bzw. in diesem Streckenabschnitt der Via Cassia. **San Quirico d'Orcia** wechselte seine Zugehörigkeit mehrfach, bis es 1772 an Montalcino ging, zu dessen Diözese es immer noch gehört. Hier wurde 1154 im Beisein Friedrichs I. Barbarossa von einem Abgesandten Papst Adrians IV. seine Krönung zum Kaiser beschlossen, was heute im Juni mit einem pompösen Fest begangen wird. Als Durchgangsort der Heere, Kaiser (auch Friedrich II. hielt hier Hof), Päpste und anderer berühmter Männer herrschte San Quirico d'Orcia einst über ein großes Gebiet mit mehreren Städtchen. Geblieben ist eine relativ bescheidene Gemeinde, die vor allem von ihren kleinen und mittleren Industriebetrieben lebt.

Ein Bummel lohnt sich allein schon wegen der angenehmen Atmosphäre des gepflegten und in den letzten Jahren großartig sanierten Ortes und seiner vor allem sakralen Sehenswürdigkeiten. Einzigartig sind die Portale der Stiftskirche, der **Collegiata di Osenna** (12./13. Jh.) mit ihren drei figural skulptierten romanisch-gotischen Portalen (13. Jh.); das Hauptportal aus dem 12. Jh. mit je vier Halbsäulen im tiefen Gewände grenzen dunkle verknotete Doppelrundpfeiler, die auf Löwen ruhen, nach außen ab.

Sehenswert ist auch der monumentale barocke, rosafarbene **Palazzo Chigi** mit zwei Eingangsportalen neben der Kirche, der nach langer Zeit der Restaurierung endlich seiner Bestimmung als Kulturzentrum, Rathaus und Informationsbüro übergeben wurde. Man hatte ihn 1679 für Kardinal Chigi erbaut, in dessen Familienbesitz sich praktisch der ganze Ort bis heute befindet.

Die **Kirche San Francesco** am Hauptplatz soll der hl. Franziskus selbst begonnen haben. Heute zeigt sie sich so, wie sie nach mehrfachen Umbauten im 18./19. Jh. verändert wurde, einschiffig, schlicht und nicht sonderlich aufregend. Aber gegenüber liegen die einladenden **Orti Leonini**, ein im 16. Jh. angelegter, zweigeteilter Park in italienischem (unten) und englischem (oben) Stil, in dem im Herbst eine Skulpturenausstellung junger Künstler veranstaltet wird, und den man tagsüber kostenlos betreten darf. So, wie es vielfach mit Vorliebe italienische Familien mit Kindern tun, speziell an wärmeren Wochenenden (tgl. 8–20 Uhr, im Winter kürzer, Eintritt frei).

## Infos

**Ufficio Informazioni Turistiche:** 53027 San Quirico d'Orcia (SI), im Rathaus/ Palazzo Chigi links, Tel. 05 77 89 72 11.

## Übernachten

**Zauberhaft ▶ Palazzo del Capitano:** Via Poliziano 18, Tel. 05 77 89 90 28, www.palazzodelcapitano.com. *Residenza d'Epoca* innerhalb der Stadtmauer, über drei schmale Geschosse verteilte, geschmackvolle und großzügige 8 Zimmer, 14 Suiten. Kleiner Frühstücksraum. DZ/ÜF 120–170 €, Suite 170–280 €.

**Zimmervermietung ▶ L'Orcia:** Via Dante Alghieri 49, Tel. 05 77 89 76 77. Elf nette Zimmer im ältesten Hotel des Städtchens gegenüber San Francesco, jetzt nur noch Zimmervermietung ohne Hotelservice; Salon, Dachterrasse. DZ 45–50 €.

## Abends & Nachts

**Wein und Snacks ▶ Il Pozzo:** Via Dante Alighieri 24, Ruhetag Di/Mi im Winter, sonst 11–23 Uhr geöffnet. Einladendes Ambiente in Renaissance-Palazzo mit Brunnen im Innenhof (daher der Name), American Bar, Enoteca und *Sala da Tè* in verschiedenen Räumen; Weindegustation mit Kleinigkeiten zu essen.

## Termine

**Festival della Val o'Orcia:** Großes Festival des Orcia-Tales (s. S. 392/Montalcino) in den ersten zwei Wochen im August.

**Festa del Barbarossa:** Pompöses Fest in grandiosen Kostümen zu Ehren Friedrichs I. Barbarossa (s. o.), an einem Wochenende Mitte–Ende Juni.

## Bagno Vignoni ▶ J 9

Ein Kleinod ganz anderer Art ist ein Ortsteil von San Quirico d'Orcia, der Thermalort **Bagno Vignoni**. Es verwundert nicht, dass diese Oase der Ruhe den Regisseur Tarkowski zu seinem Film »Nostalgia« inspirierte. Seitdem die vier historischen Mühlen mit Hilfe eines EU-Projektes wieder hergerichtet wurden und das Thermalwasser auch zu ihnen und abwärts in Kaskaden ins Tal abfließt, ist Bagno Vignoni ein noch beliebteres Ausflugsziel. Vor allem an den Wochenenden hat man manchmal seine liebe Not mit einem Parkplatz, obwohl ein riesiges Areal dafür nahe den Mühlen und dem Infobüro geschaffen wurde.

Das Thermalwasser kommt mit konstant 51 °C Wärme aus der Erde und wird seit der Renaissance in einem großen Becken direkt darüber mitten im Ort gespeichert, in dem früher auch gebadet wurde. Zur Zeit der Republik von Siena waren es verwundete Soldaten, die sich hier auskurierten, aber auch die hl. Katherina von Siena und Lorenzo Il Magnifico sollen ebenso wie Papst Pius II. gerne in Bagno Vignoni geweilt haben. Seit 1900 ist das Baden in dem Thermalbecken aus hygienischen Gründen verboten, man muss dafür die Kurabteilungen der beiden Hotels oder die öffentliche Kuranstalt aufsuchen.

Im Wasser des Thermalbeckens spiegelt sich auf einer Schmalseite eine Art offene Wandelhalle, das **Loggiato di Santa Catarina**; gegenüber das steinerne Kurhaus, aus dessen Fenstern mittags die Wäsche zum Trocknen hängt. Rechts mag ein breiter Palast mit schönen Steinquadern erstaunen: die sommerliche Kurresidenz der Piccolomini, deren Mondsichelwappen über dem eher bescheidenen Eingang auszumachen ist. Denn es war der Piccolomini-Papst Pius II., der sich hier seinen ganz privaten Kurpalast leistete. Und daher hat er auch keinen Geringeren als Rossellino, der für ihn auch Pienza plante, mit dieser speziellen Kurarchitektur beauftragt. Heute beherbergt der Renaissancepalast mit schöner Repräsentativhalle im ersten Stockwerk das freundliche Hotel Le Terme, das vor allem italienische Kurgäste anspricht. Rings um das Thermalbecken haben sich Cafés und Osterien eingenistet, es ist ein besonders angenehmer Platz zum Verweilen.

Auch Tagesgäste können gegen Eintritt das Thermalbecken der Posta Marcucci (s. S. 397) in wunderschöner Lage vor dem breiten Hügelpanorama der Südost-Toscana benutzen. Sonst kann man sich an den Rand eines der schmalen Kanäle setzen, die Hosenbeine hochkrempeln oder den Rock leicht liften und seine nackten Füße ins wohlig warme Thermalwasser halten, das zu den Mühlen fließt.

In Sichtweite erhebt sich in markanter Höhe (540 m) über dem Orciatal das kleine, von einer Rocca überragte **Castiglione d'Orcia**. Hier wurde 1412 der Maler Lorenzo di Pietro, genannt Il Vecchietto geboren. Ein

**Seit Jahrhunderten dampft das Thermalwasser aus dem offenen Becken**

hübscher, backsteinerner Ort mit einem schlicht-schönen Travertinbrunnen (1618) auf der nach dem berühmtesten Sohn der Stadt benannten Piazza. In der **Pieve SS. Stefano e Degna** befinden sich drei bedeutende Madonnendarstellungen: von besagtem Il Vecchietto, Pietro Lorenzetti und Simone Martini. In der steil aufragenden **Rocca d'Orcia** mit imposantem polygonalem Turm oberhalb des Ortes machte Friedrich I. mehrmals Station.

## Infos

**Ufficio Informazioni Turistiche:** 53027 Località Bagno Vignoni, San Quirico d'Orcia (SI), Parco dei Mulini, Tel. 05 77 88 89 75.

## Übernachten

Mit Thermalwasserpool ▶ **Posta Marcucci:** Via Ara Urcea 43, Tel. 05 77 88 71 12, www.hotelpostamarcucci.it. Modernisiertes, etwas nostalgisches Hotel mit Garten in herrlicher Panoramalage am Ortsrand. 36 Zimmer, zehn Suiten, große Salons. Thermalpool, Wellness- und Fitness-Abteilung mit kleinem Becken. Restaurant (s. u.); Parkplatz. DZ/ÜF 160–200 €.

Im Renaissancepalast ▶ **Le Terme:** Località Bagno Vignoni, Piazza delle Sorgenti 13, Tel. 05 77 88 71 50, www.albergoleterme.it. Wunderhübsch restauriertes Traditionshotel im früheren päpstlichen Renaissancepalast am historischen Thermalbecken. Schöner Salon im 1. Stock, 36 gepflegte Zimmer mit Antiquitäten. Thermalabteilung, Garten. Restaurant; Parkplatz. DZ/ÜF 140–190 €.

## Essen & Trinken

Einladend ▶ **Osteria del Leone:** Via dei Mulini 3, Tel. 05 77 88 73 00, www.illeone.com, Ruhetag Mo, 10.–30. Jan., 15. Nov.–5. Dez. geschl. Ländliche Osteria in drei Miniräumen unter Holzbalkendecken mit kleinem Freisitz im Zentrum; Spezialitäten und Weine aus mehreren Gebieten der Toscana – etwas touristisch, aber einladend. Menü ab 31 €.

Mit Thermalpool ▶ **Posta Marcucci:** s. o. Mittagsbüffet 15 €, Abendessenab 31 €, Menü ab 24 €; s. auch Le Terme.

## Abends & Nachts

Cocktails ▶ **Il Barrino:** Moderne Bar mit Cocktails in der früheren Dorfschule und dem kleinen Postamt vor dem Hotel Posta Marcucci nahe dem Parco dei Mulini; Degustationsabende; ein In-Treff im Orciatal.

# Pienza und Umgebung ▶ J 9

Eine *città ideale*, eine Idealstadt, wollte der 1405 im damals unterhalb liegenden Corsignano geborene Enea Silvio Piccolomini, der spätere Papst Pius II., bauen lassen. Der Ort, der sich in 491 m Höhe aus der leicht gewellten Ebene erhebt, erhielt denn auch den Namen des Papstes – **Pienza**, Stadt des Pius. Als der gelehrte Humanist Piccolomini 1458 zum Papst gewählt wurde, erinnerte er sich seines inzwischen recht verfallenen Familienbesitzes Corsignano und kam auf den Gedanken, dass sich an dessen Stelle ein vollkommenes städtebauliches Kunstwerk wohl hübsch ausnehmen könnte. Einer der besten Florentiner Baumeister seiner Zeit, Bernardo Rossellino, schien dem Papst geeignet, seinen Traum in die Wirklichkeit umzusetzen – nach den Plänen des ganz Großen unter den Renaissancearchitekten, Leon Battista Alberti. Papst Pius gelang es, nicht zuletzt durch List und sogar durch gesellschaftliche Erpressung, seinen Freunden – Kardinälen, Bischöfen, bedeutenden Adeligen – die Idee einer ›idealen Stadt‹ so schmackhaft zu machen, dass sie gar nicht anders konnten, als sich am Projekt Pienza zu beteiligen.

Am Rande sei erwähnt, dass weder der Papst noch sein Architekt die Vollendung ihres gemeinsamen Werkes erlebten, weshalb nur das Zentrum um den Hauptplatz so gebaut wurde, wie sie es sich vorgestellt hatten. Dennoch: Den Charakter einer wahren Renaissancestadt erhielt Pienza und konnte ihn dank der Bemühungen ihrer Einwohner auch behalten, nur eben im Puppenstubenformat.

Trotz der Miniausmaße besitzt Pienza (2400 Einw.) eine urbane Atmosphäre, so wie sie Alberti auf dem Reißbrett geplant hatte, einer der wenigen Architekten, die das Glück hatten, ihre Gebäude nicht in ein fertiges städtebauliches Konzept einfügen zu müssen, sondern selbst eines planen zu dürfen. Alberti zeichnete Straßen und Plätze, Palazzi, Kirchen und Brunnen, im Zentrum die Piazza Pio II: ein Meisterwerk der Perspektive, der Harmonie, fast wie eine Theaterkulisse. Und ein wenig Theater ist sicher dabei gewesen, Pracht- und Machtentfaltung, die gesehen, erlebt werden sollte. Aber ganz im Sinne des Humanismus, in dem der Mensch Mitte und Maß aller Dinge war: die Stadt als Haus für ihre Bewohner, die Piazza sozusagen als Audienzsaal.

Alberti und Rossellino hatten für solche Großzügigkeit zwar viel Sinn, aber wenig Platz auf dem Hügel über dem alten Corsignano. Daher befreiten sie sich von der mittelalterlichen Technik, Baukörper isoliert, ohne kompositionelle Beziehung zueinander aufzustellen (s. Pisa, Piazza dei Miracoli, S. 207), von der damals noch üblichen Konstruktion rechteckiger, geschlossener und daher mächtig wirkender Plätze (s. Volterra, S. 355) und von der Form des planmäßig geschwungenen Arenarundes (s. Siena, Il Campo, S. 330).

In Pienza hat man zum ersten Mal, vielleicht nicht nur aus Raumnot, die Monumente in ihrer Individualität als Komposition gesehen, eine kompakte Baugruppe geschaffen. Die besondere Raumwirkung wurde aber auch durch einen perspektivischen Trick erzielt: Der Platz war abschüssig und für die geplanten Baukörper zu klein. Also gehen, vom Rathaus gesehen, die Fronten der Seitenpaläste auseinander, es entstand ein nach hinten breiteres Trapez. Damit nicht genug: Der Dom wurde ein Stück in das Trapez vorgerückt, sodass die Seitenpaläste den Eindruck machen, als führten sie ins Unendliche weiter. Damit gelang es, den relativ kleinen Platz optisch zu vergrößern. Die weißen Marmorstreifen in der Pflasterung aus Fischgrätmuster (aus roten Backsteinen) laufen auf den Dom zu und ziehen den Blick des Betrachters zusätzlich an.

## Stadtrundgang

Der **Duomo Santa Maria Assunta** zeigt eine klar gegliederte Renaissancefassade, hinter der sich eine dreischiffige Hallenkirche verbirgt, wie sie Pius in Deutschland kennen gelernt hatte; sie entstand 1460 bis 1464 in einer Mischung der Spätgotik im nördlichen Alpenraum und der Renaissance Italiens. Sie folgt zwar in ihrer Form der Renaissancearchitektur, doch die Fenster der Chor- und Querschiffsarme zeigen großzügiges, noch gotisches Maßwerk. Darin versteckt sich das Wappen der Piccolomini, die Halbmonde (tgl. 8–13, 14.30–19 Uhr, Eintritt frei).

Rechts vom Dom steht der **Palazzo Piccolomini**, der dem Florentiner Palazzo Rucellai nachempfunden wurde. Allerdings so komponiert, dass die Arkaden der drei offenen Loggien übereinander, auf der Seite der herrlichen Hängenden Gärten, als Rahmen für die anmutige Landschaft des Orciatales dienen sollten. In den großzügigen Räumen sind wenige Kunstwerke ausgestellt, dominierender ist die architektonische Schönheit des typischen Renaissancepalastes und der berühmte Blick ins Orciatal von den Loggien aus (nur mit Führung, Di–So 10–18.30, im Winter 10–16.30, Erw. 7 €).

Vor dem Palast steht der Renaissancebrunnen von Rossellino, dem Dom gegenüber der **Palazzo Púbblico**. Er ist zweistöckig-klein, aus hellem Travertin, dafür mit geradezu überdimensional hohem Turm. Noch heute dient er als Rathaus, sein Turm darf manchmal bestiegen werden.

Schaut man vom Rathaus auf den Dom, erhebt sich auf der linken Seite der gelbliche Bischofspalast und Sitz der Domherren. Um die Ecke befindet sich, dem Rathaus schräg gegenüber, der Eingang ins **Museo Diocesano**, wo in den wunderbar hergerichteten Räumen mit geradezu vornehmem Empfangsraum auch das Informationsbüro Platz gefunden hat (15. März–Okt. Mi–Mo 10–13, 15–18 Uhr, im Winter kürzer, Erw. 4,10 €).

Der **Corso Rossellino** durchzieht das historische Zentrum zwischen den beiden Stadttoren, aber in einem kurvigen Verlauf, sodass man nicht von einem Tor zum anderen schauen kann und damit nochmals eine nicht vorhandene Größe des Städtchens vorgetäuscht wird. An dieser Hauptstraße können Feinschmecker ganz schön viel Geld lassen: Pienza hat sich nämlich in den letzten Jahren zu einem wahren Paradies für Gourmets entwickelt. Nicht wegen der Restaurants, sondern vor allem wegen der guten Einkaufsmöglichkeit typischer Erzeugnisse.

Eine echte Pienza-Spezialität ist der *cacio*, ein würziger *pecorino,* also ein Schafskäse, aber von besonderer Güte, nach einer jahrhundertealten Tradition hergestellt. Am ersten Septembersonntag findet alljährlich die *Fiera del Cacio* statt, die traditionelle Käsemesse von Pienza – wie vor Jahrhunderten, als die Schafzüchter der ganzen Umgebung, die auf den Ländereien der Piccolomini und der anderen Großgrundbesitzer als Halbpächter lebten und arbeiteten, nach Pienza kamen, um den Käse zu verkaufen, den sie nicht für den Eigenbedarf benötigten (s. auch Tipp S. 406).

Nur 500 m, außen entlang der Stadtmauer (Hinweisschild), geht man bis zur alten Pfarrkirche des Ursprungsortes von Pienza, zur **Pieve di Corsignano** (11./12. Jh.). In ihrem Taufbecken wurde auch der spätere Papst Pius II. getauft. Das Portal ist ein schlichter Rundbogen mit figuralem Türsturz, das Biforienfenster darüber wird von einer menschlichen Figur gestützt, die den Eindruck erweckt, eine sehr schwere Last zu tragen (tagsüber meist geöffnet). Vor dem Kirchlein plätschert ein Brunnen und liefert klares Wasser aus der gemauerten Felswand. Schön ist es hier unter den alten, ausladenden Kastanien, ringsum Ölbäume und Eichen – der geeignete Platz für eine Ruhepause nach der Besichtigung von Pienza, vielleicht mit frisch eingekauftem toscanischem Brot, Pecorino und dem schweren Rotwein der Gegend.

## Infos

**Ufficio Turistico Comunale:** 53026 Pienza (SI), Corso Rosellino 30, Tel. 05 78 74 99 05, www.pienza.info.

## Übernachten

**Im Kloster-Relais ▶ Il Chiostro di Pienza:** Corso Rossellino 26, Tel. 05 78 74 84 00, www.relaisilchiostrodipienza.com, 7.–31. Jan. geschl., Febr./März nur am Wochenende offen. Zentrales Hotel in einem ehemaligen

**Nach strengem Baukonzept entstanden: Der Domplatz von Pienza**

Kloster mit traumhaft schöner Terrasse. 37 meist kleine Zimmer (eben die früheren Zellen!). Pool. Restaurant. DZ/ÜF 120–220 €.

In schöner Panoramalage ▶ **Piccolo Hotel La Valle:** Via Circonvalazione 7, Tel. 05 78 74 94 02, www.piccolohotellavalle.it. Neues komfortables Hotel nahe dem historischen Zentrum. 15 Zimmer mit schmiedeeisernen Betten und Parkett. DZ/ÜF 90–130 €.

Elegant ▶ **Rutiliano:** Via della Madonnina 18, Tel. 05 78 74 94 08, www.albergorutiliano.it, Jan. geschl. Neues Hotel am Ortsrand Richtung Corsignano. Garten, Pool. Zehn großzügige Zimmer, eine Juniorsuite, ein Apartment. Parkplatz. DZ/ÜF 100 €.

Stilvoll ▶ **San Gregorio Residence:** Tel. 05 78 74 81 75, www.pienza.net. Drei Zimmer, 16 Suiten mit Stilmöbeln im Theater von 1935. Restaurant; Parkplatz. DZ/ÜF 80–96, Suiten 86–120 €.

## Essen & Trinken

Gut toscanisch ▶ **La Buca delle Fate:** Corso Rossellino 38a, Tel. 05 78 74 82 72, Ruhetag Mo. Anspruchsvolles, aber preiswertes Lokal im Renaissancepalast des Kardinals Gonzaga; fünf z. T. überwölbte größere Räumen. *Crostini* und gemischte toscanische Platte, *gnocchi*, Kalbsbraten aus dem Backofen, *fegatelli* (Leberstücke vom Schwein aus dem Backofen), Kaninchen, Wildschwein. Menü ab 20 €.

## Einkaufen

Culinaria ▶ Pienzas **historisches Zentrum** ist ein Schlaraffenland für Feinschmecker (Pecorino in allen Variationen, Wurstwaren, Schinken, Wein, Olivenöl, Grappe u. a. Schnäpse): Überall haben kleine und größere Läden in hübschem und sehr verlockendem Ambiente aufgemacht; Adressen braucht man nicht, denn entlang dem Haupt-Corso stolpert man regelrecht über sie … Das Angebot ist in allen Läden fast gleich, nur unterschiedlich präsentiert. Hier dennoch ein paar Tipps (s. auch Tipp S. 406).

**Emporio delle Fattorie:** Via del Mandorlo 2.

**Marusco e Maria:** Via Rossellino 15–21.

**Wochenmarkt:** Fr 8–13 Uhr am Rande des historischen Zentrums am Viale Mencattelli.

## Aktiv

Fahrradverleih ▶ **Autofficina Valenti Alfiero:** Via della Madonnina 28, Tel. 05 78 74 84 65.

## Termine

Fiera del Cacio: Messe 1. Sept.-So.

## Verkehr

**Bus:** TRA-IN und der LFI sorgen für gute Anbindungen an die Orte der Umgebung.

## Monticchiello ▶ J 9

Ein anderes, allerdings nicht geplantes, sondern allmählich gewachsenes Kleinod ist **Monticchiello** in 546 m Höhe in seinen intakten mittelalterlichen Mauern und mit Blick auf Pienza. Der kleine Ort hoch über dem fruchtbaren Tresatal hat sich um die antike *villa rustica* der Cleli herum entwickelt. Schon der Name weist darauf hin, denn er ist aus Mons Cleli oder Mons Clelus entstanden. Steht man auf dem leicht abfallenden Platz vor der kleinen Pfarrkirche, kann man es sich kaum vorstellen, welche bewegte Geschichte dieser heute so ruhige Ort im Laufe der Jahrhunderte erleben musste.

Die erste Erwähnung bezieht sich auf die Pieve Santa Maria allo Spino (753), etwa 2 km entfernt. Unter den Langobarden wurde sie der Badia San Salvatore am Monte Amiata angegliedert, 973 kam sie zum Hause der Aldobrandeschi. Schon zu einem kleinen Ort entwickelt, riss die römische Kirche Monticchiello an sich und gab es dem Deutschen Ritterorden zum Lehen. 1240 wurde es mit Hilfe Sienas freie Kommune, das zu ihrem Schutz die 900 m lange Mauer mit 17 Türmen bauen ließ. Monticchiello blieb Siena treu und verteidigte wiederum 1553 als Grenzfeste die Republik – immerhin gegen die Truppen Karls V. Am Eingangstor kann man noch heute die Wunden sehen, die die Kanonenkugeln des Feindes damals hinterlassen haben. In neuerer Zeit zeigten die Leute von Monticchiello erneut Mut: Am 6. April 1944 war der Ort Schauplatz eines dramatischen Widerstandskampfes.

Monticchiello heute, das ist ein kleiner, sehr hübscher und meist ruhiger Ort der südöstlichen Toscana, der sich durch eine kulturelle Veranstaltung einmal im Jahr ins Scheinwerferlicht rückt. Für sein *Teatro Povero* – armes Theater, weil es mit einfachsten Mitteln arbeitet – bildet auch dieser Ort eine einzigartige Kulisse. Fast die Hälfte der 300 Einwohner des Bauernstädtchens ist ab Mitte drei Wochen lang auf den Beinen, um Stücke in Szene zu setzen, die von der bewegten Geschichte erzählen oder von aktuellen Sorgen (wie z. B. vom Bauskandal um eine Feriensiedlung). Leidenschaftlich wird gespielt, in stimmungsvollen Gassen, auf Treppen und kleinen mittelalterlichen Plätzen, die sich um eine kleine Kirche gruppieren, die man hier stolz Kathedrale nennt. Diese **Kirche SS. Leonardo e Cristoforo** besitzt sogar mehrere Schätze: ein Gemälde von Pietro Lorenzetti (1320), ein hölzernes Kruzifix (15. Jh.) und Fresken verschiedener Schulen des 14. und 15. Jh.

## Essen & Trinken

Winzig, aber toll ▸ **Taverna di Moranda:** 53020 Monticchiello (SI), Via di Mezzo 17, Tel. 05 78 75 50 50, Ruhetag Fr, 10. Jan.–10. Feb. geschl. Zauberhafte Trattoria in zwei Gewölberäumen mitten im historischen Zentrum. Verfeinerte lokale Spezialitäten, Eilige sind hier fehl am Platz, denn alles wird frisch zubereitet. Sehr guter Weinkeller. Menü ab 30 €.

Schicke Imbissstube ▸ **La Porta:** Via del Piano 1, Tel. 05 78 75 51 63, Ruhetag Do. Etwas auf schick gemachte Enoteca mit Osteria und Imbissstube am Eingangstor, bei schönem Wetter mit Tischen auf einer kleinen Panorama-Mauerterrasse. Man kann hier auch – durchgehend – Wein und andere Spezialitäten der Gegend einkaufen. Lokale Spezialitäten wie gefülltes Perlhuhn, Schweineleber, Lamm und anderes mehr. Menü um 30 €, *bruschette* um 3 €.

## Einkaufen

Eigene Kreationen ▸ **Modalisa:** Via di Mezzo 8. Winzige Boutique mit luftiger Damenkleidung, die speziell nach den Entwürfen des sympathischen Daniele Mangiavacchi und seiner Frau Nicolette genäht wird.

Wein und Culinaria ▸ **La Porta:** s. o.

## Termine

**Teatro Povero:** Juli/Aug. Das Theaterereignis des Dorfes, das fast die Häfte der 300 Einwohner beschäftigt (s. o.).

# 14 Montepulciano ▸K 9

Die Perle der Renaissance, wie **Montepulciano** gerne tituliert wird, liegt auf einer Tuffsteinkuppe in 605 m Höhe in einer weithin offenen, nur leicht gewellten Landschaft. Trutzige Mauern umgeben das Städtchen, das bereits im 6. Jh. v. Chr. von den etruskischen Einwohnern Chiusis errichtet wurde, die sich vor den Barbareneinfällen hierher in Sicherheit gebracht hatten. Die Römer gaben dem Ort später den Namen Mons Politianus, und noch heute werden die Bewohner der Stadt *Poliziani* genannt.

Daher war es für den hier geborenen Humanisten und Dichter Agnolo Ambrogini (1454–1494) eine Selbstverständlichkeit, als Pseudonym den Namen Poliziano zu wählen. Der geschätzte Rhetoriker lehrte an der Florentiner Universität griechische und lateinische Literatur, später wurde er am Hofe des Lorenzo de' Medici Kanzler und – ein Zeichen besonderen Vertrauens – Lehrer der Fürstensöhne Piero und Giovanni. Historisch herausragende Bedeutung jedoch erlangte Poliziano als Philologe: Er führte die textkritische Methode ein und schrieb das italienische Drama »La Favola d'Orfeo« – das Drama, mit dem sich in der italienischen Literatur der Übergang vom mittelalterlichen Mysterienspiel zum weltlichen Schauspiel vollzog.

In seiner architektonischen Geschlossenheit und Harmonie ist Montepulciano eine der schönsten Städte der Toscana. Und seine Einwohner sorgen dafür, dass dies auch so bleibt: Der Domplatz zeigt seinen ursprünglichen Cottobelag im Fischgrätmuster, die Renaissancefassaden der schönen Palazzi haben ihren warmen, bräunlichen Ton – alles wirkt hier gepflegt und sauber, wenn auch durch die enge Bebauung entlang der schmalen Gassen teilweise recht drückend. Trotzdem ist Montepulciano ein lebhaftes Handels- und Dienstleistungszentrum mit mehr als 14 000 Einwohnern, die in einem gewissen Wohlstand leben (s. auch Thema S. 405: Musikfestspiele Cantiere Internazionale d'Arte).

## Altstadt

Eine lange und steile Hauptstraße durchzieht die Altstadt, stets mit dem Beinamen del Corso. Man betritt sie z. B. im Südwesten durch die wehrhafte **Porta delle Farine**. Der lange, von Palazzi gesäumte Corso durchzieht das historische Zentrum bis zur **Porta al Prato** im Nordosten mit dem toscanischen Wappen und dem Marzocco, dem Löwen von Florenz. Zur Piazza Grande hin, im unteren Drittel angesiedelt, stapeln sich die Parallelgassen auf, die ebenso lange Straßenzüge bilden wie der Corso und die Piazza Grande mit dem Rathaus gleichsam umrahmen.

An der **Piazza Grande** steht alles, was wirklich von Bedeutung ist in Montepulciano. Sie wirkt sehr harmonisch, obwohl sie von unregelmäßig gesetzten Häusern aus verschiedenen Epochen umstanden wird: dem **Palazzo Nobili Tarugi** im Renaissancestil Sangallos (1520), dem **Palazzo Contucci** (1519 von Sangallo für den späteren Papst Julius III. errichtet) sowie dem **Palazzo Comunale** (1440–1465) nach Entwürfen von Michelozzo. Mit seinen Zinnen und Pechnasen und einem viereckigen Turm ähnelt er dem Palazzo Vecchio von Florenz, auch wenn er wesentlich kleiner ist. Und wie jener ist er noch immer das

**Perfekte Renaissancearchitektur: San Biago unterhalb von Montepulciano**

Rathaus der Stadt. Der Aufstieg zur Terrasse lohnt sich (im Rathaus darum bitten): Man hat einen hinreißend schönen Blick über Stadt und Umgebung bis hin zum Trasimenischen See im Osten, nach Pienza im Westen, Siena im Norden und zum Monte Amiata im Südwesten (April–Nov. tgl. 10–18 Uhr, Erw. 1 €).

Der **Duomo di Santa Maria Assunta** (1594–1680) mit seiner unvollendeten Fassade, der die Südflanke des Platzes einnimmt, ist eher bescheiden, birgt aber ein besonderes Schmuckstück: ein geradezu farbenfrohes Triptychon mit Mariä Himmelfahrt von Taddeo di Bartolo aus dem beginnenden 15. Jh. (tgl. 8–13, 15–19 Uhr, Eintritt frei).

In der Via Ricci steht der **Palazzo Neri-Orselli**, ein Backsteinbau aus dem 14. Jh. mit dem **Museo Civico**, das neben einigen Funden aus der Umgebung Montepulcianos auch eine Pinakothek (Crociani) mit Bildern aus dem 13. bis 17. Jh., Della Robbia-Majoliken und Sakralgegenständen besitzt (April–Okt. Di–So 10–13, 15–18, Aug. 10–19 Uhr, im Winter teils nur Sa/So, Erw. 4,20 €).

Montepulciano ist fraglos das lebhafteste und liebenswerteste Städtchen der südöstlichen Toscana, mit guten Einkaufsmöglichkeiten und empfehlenswerten, nicht ganz billigen Restaurants und Trattorien. Drei Tage um den 15. August herum sowie am letzten Sonntag dieses Monats gerät Montepulciano jedoch aus den Fugen: erstens beim historischen Minnefest, bei dem mittelalterliche Verse und Lieder unter einem Bäumchen *(arboscello)*, daher *bruscello* genannt, vorgetragen werden, zweitens beim Weinfässerrennen, dem *Bravio delle Botti*: Die Vertreter der acht ›feindlichen‹ Stadtteile (nach der Gemeindeverfassung von 1374) rollen ihre fünf Doppelzentner schweren Weinfässer durch die steilen, engen Gassen, ein gar nicht so ungefährliches Unterfangen, bei dem die Favoriten mit großem Geschrei angespornt werden. Anschließend gedenkt man bei einem historischen Umzug des Stadtpatrons. 16 Vertreter der Stadtgebiete ziehen in Renaissancekostümen, begleitet von Fahnenschwingen und Trommelwirbel durch die Straßen. Höhepunkt des Festes aber ist das abendliche Festmahl in den malerischen Gassen rings um die Piazza Grande. Gefeiert wird – von allen gemeinsam – natürlich der Stadtteil, dessen Vertreter Sieger beim Fässerrollen geworden ist.

## Tipp: Vino Nobile di Montepulciano

Schon so manche italienische Dichter haben den schweren Rotwein des Städtchens gelobt. Den vielen *cantine*, den tiefen Weinkellern unter den alten Palazzi, entgeht man in Montepulciano nur schwer. Die kleinen Gläser, in denen der Wein hier ausgeschenkt wird, gestatten es, sich durchzuprobieren. In der Cantina Contucci (s. S. 407) kann man außer dem schmackhaften Wein einen grandiosen Blick auf die Ebene des Flusses Chiana und auf die ziegelroten Dächer der Unterstadt genießen. Wenn einem der Wein in der Cantina zusagt, kann man ihn sich übrigens auch ins Ausland schicken lassen!

## San Biagio ►K 9

Unterhalb der Stadt, durch eine etwa 150 m lange Zypressenallee (ein Kriegerdenkmal für die Gefallenen des Ersten Weltkrieges) zu erreichen, steht die **Chiesa Madonna di San Biagio:** ein architektonisches Juwel, das unverkennbar die Handschrift von Antonio da Sangallo trägt. Der 1518 aus Travertin begonnene Zentralbau in schönstem Renaissancestil mit zwei klar gegliederten Türmen, von denen nur einer vollendet wurde, erhielt im Barock lediglich ein Presbyterium mit goldverziertem Stuck und Fresken. San Biagio, von der Bevölkerung *Tempio della Madonna del buon viaggio* genannt, die Kirche der Reisenden sozusagen, konnte durch die Spendierfreudigkeit vieler namhafter Reisender restauriert werden. Sie steht inmitten einer fast immergrünen Wiese, die oftmals von Schafen bevölkert wird und von der sich eine einmalige Aussicht hinein in die südtoscanische Landschaft und hinauf nach Montepulciano bietet (tgl. 8.30–18.30 Uhr, Eintritt frei).

Gegenüber der Kirche, zu Füßen des Hanges, über den die schmale Via San Biagio steil nach Montepulciano hinauf führt, steht die hübsche **Canonica**, das frühere Haus der Domherren, ihre zierliche Loggia ist auf San Biagio gerichtet. Daneben, in einem schönen Garten unter hohen Bäumen mit ausladenden Kronen, hat sich das nette Restaurant La Grotta etabliert, wo typische Gerichte der Südost-Toscana zubereitet und natürlich ein guter Nobile ausgeschenkt wird (s. unten), eine wunderbare Adresse für den Abschied von Montepulciano.

## Infos

**Pro Loco:** 53045 Montepulciano (SI), Piazza Don Minzoni 1 (nahe der Porta al Prato), Tel. 05 78 75 73 41, www.prolocomontepulciano.si.it.

## Übernachten

**Wundervoll ▶ Relais San Bruno:** Via di Pescaia 5/7, Tel. 05 78 71 62 22, www.sanbrunorelais.com, März–15. Nov. Zauberhaftes, elegantes und mit viel Liebe geführtes kleines Landhotel auf großem Grund zu Füßen von San Biagio bzw. Montepulciano (und großartigem Blick hinauf). Sieben großzügige Zimmer, eine Suite. Pool. Parkplatz. DZ/ÜF (super Frühstück!) 220–300 €.

**Historisch ▶ Il Marzocco:** Piazza Savonarola 18, Tel. 05 78 75 72 62, www.albergoilmarzocco.it, 15. Jan.–15. Feb. geschl. Einfaches, liebevoll eingerichtetes Statdhotel im historischen Zentrum, je vier Zimmer um einen Salon gruppiert, Nummer 24, 25, 27 mit großer Terrasse. 16 nette Zimmer mit Terrazzoböden. Kein Aufzug. Parkplatz. DZ/ÜF (großes Frühstücksbüffet!) um 90 €.

**Schlicht ▶ Il Cittino:** Via Voltaia nel Corso/Ecke Via Nuova 2, Tel. 05 78 75 73 35. Drei einfache Zimmer über der Trattoria (s. u.) mitten im Städtchen, Gemeinschaftsbad. DZ/ÜF um 50 €.

## Essen & Trinken

**Schönes Ambiente, gutes Essen ▶ La Grotta:** Località San Biagio, Tel. 05 78 75 74 79, Ruhetag Mi, Jan./Feb. geschl. Angenehmes Renaissanceambiente einer alten Osteria mit schattigem Garten zu Füßen der Stadt und mit Blick auf San Biagio; verfeinerte Küche der Südtoscana wie Wildschweinbraten mit Pflaumen und Spinat oder Junglamm in Kräuterkruste mit Gemüse aus dem Backofen (alle *secondi* inklusive Beilagen) zu guten Montepulciano-Weinen. Degustationsmenü 44 €.

**Aufwendige Küche ▶ Le Logge del Vignola:** Via delle Erbe 6, Tel. 05 78 71 72 90, Ruhetag Di, 10. Jan.–13. Feb. geschl. Zauberhaftes kleines Restaurant eines Sommelier mit kleiner Enoteca. Zwei Räume unter Holzbalkendecken, sehr gepflegt. Verfeinerte südtoscanische Küche aus ausgewählten Zutaten (eine Liste der Lieferanten findet man auf der Menükarte!). Zeit mitbringen! Hausgemachte Pasta, Auswahl von bestem Pecorino aus Pienza. Menü ab 33 €, festes Mittagsmenü für 20 € (2 Gänge zur Wahl, Glas Rotwein).

**Traumblick ins Chianatal ▶ Il Grifo d'Oro:** Via di Voltaia nel Corso 27, Tel. 05 78 75 86 15. Abendlokal des Caffè Poliziano (s. S. 407). Südtoscanische Gerichte wie *pici all'agliona* (mit viel Knoblauch); *Menu toscano* ab 20 €.

**Urig ▶ Osteria Acquacheta:** Via del Teatro 22, Tel. 05 78 71 70 86, Ruhetag Di. Aus einem langen Raum bestehendes Lokal; dunkle Holztische, Papiersets; Küche einsehbar. Hausgemachte Pasta und *dolci*, deftige toscanische Fleischspezialitäten, berühmt sind die würzigen Bratwürste und die bis zu 3 kg schweren *bistecca fiorentina* für mehrere Gäste; offener Tischwein. Alle *secondi* inklusive Beilagen wie Kalbsgulasch mit Kartoffeln und Karotten, Lamm mit Artischocken. Menü ab 18 €.

**Echte Trattoria ▶ Il Cittino:** s. o. Super gemütlich, hausgemachte *pici* und andere Pasta, schlicht-gute südtoscanische Gerichte wie Dinkelsuppe, Fleisch vom Grill, Lamm und Kaninchen, gefüllte Kalbsbrust; hausgemachte *dolci*. Die Weinflasche kommt voll auf den Tisch, man zahlt nur das, was man getrunken hat. Festes Menü ab 18 €.

## Einkaufen

### Wein und Olivenöl

Mehrere größere und kleinere Cantine bieten

# Die Internationale Musikwerkstatt in Montepulciano Thema

**Der Cantiere Internazionale d'Arte, eine Initiative des deutschen Komponisten Hans Werner Henze, hat das Renaissancestädtchen Montepulciano völlig verändert. Seit 1976 bietet es jeden Sommer die einzigartige Kulisse für die Internationale Kunstwerkstatt. Und das ganze Jahr über wird darauf zugearbeitet.**

Einmal jährlich (meist letztes Juli-Wochenende bis Mitte August) verwandelt sich die Piazza Grande von Montepulciano in eine Theaterkulisse – für die Veranstaltungen, die beim *Cantiere Internazionale d'Arte* keinen Platz im Teatro Poliziano finden. Initiator dieser Musikfestspiele war der deutsche Komponist Hans Werner Henze, generell sehr engagiert in seinen Bemühungen, der Musik eine neue gesellschaftliche Funktion zuzuweisen. Seit 1976 wird Montepulciano so einmal jährlich kulturelles Zentrum für bekannte und kaum bekannte Künstler, für Neulinge und einfach für Interessierte aus aller Welt.

»Kulturarbeit in einem ländlichen Zusammenhang« nannte Henze die Idee des Musikfestivals. Denn dahinter steckt mehr als Kulturarbeit im üblichen Sinne: Der ganze Ort hat durch Henzes *Cantiere* neue Impulse bekommen, wurde ermutigt, zu einer neuen Identität zu finden. Montepulciano vor Henze – obwohl dem damaligen Bürgermeister Coloianni und den Förderern des Festivals vielleicht sogar noch mehr Ehre gebührt –, das war eine vor sich hin schlummernde, leicht verfallene Kleinstadt von nur 6000 Einwohnern mit profilloser Kulturszene. Fast hatte Montepulciano den Zauber seiner Renaissanceherrlichkeit verspielt. Doch im Montepulciano von heute wird die umfassende Idee spürbar, auch andere kulturelle Bedürfnisse und Fähigkeiten der Bürger zu fördern und zu verwirklichen.

Die Stadt bietet keine theoretische, museale Theaterkulisse, sondern eine lebendige, in den täglichen Ablauf integrierte Kulturarbeit, die Wirkung zeigt. Ein Beispiel: Seit 1980 bildet die Musikhochschule den aktiven Kern des neuen Musiklebens von Montepulciano. Und was noch wichtiger erscheint: Die Schüler tragen über die Musik ein neues, aufgeschlossenes Verhältnis zur Kunst in die Jahrhunderte alten Steinhäuser der Stadt.

Viele junge Leute, die längst in die Großstädte gezogen wären, versuchen nun, neue soziale und kulturelle Strukturen zu entwickeln. Und siehe da, das Städtchen kann seit Jahren auch einen beachtlichen wirtschaftlichen Aufschwung verzeichnen. Allein durch die vielen Weinkellereien, die an die zahlreichen neugierigen Touristen ihren Vino Nobile di Montepulciano verkaufen können und die ebenfalls zahlreichen netten Lokale, in denen man zur guten Küche des Chianatales den schweren Rotwein genießen kann.

Dennoch: Die finanzielle Unterstützung überregionaler Geldgeber bleibt notwendig, ja lebenswichtig für Montepulcianos *Cantiere*, obwohl der Ort mit etwa 2 % seines Gesamthaushaltes den höchsten Anteil einer toscanischen Stadt für ihre Kulturarbeit leistet. Ein Drittel dessen, was die Musikwerkstatt kostet, trägt die Gemeinde selbst. Bürgermeister und viele Bürger sehen in der kulturpolitischen Arbeit nämlich eine persönliche Verpflichtung.

## Tipp: Einkaufstipps für toscanischen Pecorino

Kaum vorstellbar, während einer Toscana-Reise ohne Pecorino auszukommen! Den leckeren Käse aus frischer Schafsmilch, den sardische Hirten aus purer Not hier eingeführt haben, produzieren ihre inzwischen meist recht wohlhabend gewordenen Nachfahren in immer mehr Variationen, um den Gaumenkitzel – und die Treue ihrer Kunden – zu erhöhen bzw. zu fördern. Hauptproduktionsgebiete sind die Crete um Asciano sowie die Hügel rings um Pienza, Montalcino und Montepulciano. Doch auch die Maremma produziert wunderbaren Pecorino, schließlich waren die ersten Sarden zunächst dort geblieben, bevor sich einige von ihnen weiter ins Landesinnere wagten.

Den Pecorino gibt es, meist zu kleinen Laibern geformt, offiziell in drei verschiedenen Reifegraden, in Wirklichkeit natürlich in unendlich vielen: *giovane* (jung), *semi stagionato* (kurz gelagert) und *stagionato* (abgelagert, gereift, was ab acht Monaten gilt); das Highlight ist freilich, und nur bei wenigen Produzenten zu finden, ein *Pecorino Gran Riserva:* so darf er erst ab 18 Monaten Lagerung und perfekter Behandlung genannt werden.

Der frische Pecorino hat eine zarte cremige Masse, ist also weich und besitzt einen angenehmen Duft nach frischer Schafsmilch. Der halbreife Pecorino hat bereits nach drei Monaten eine kompaktere Masse, Duft und Geschmack haben schon eine größere Intensität angenommen. Der bereits in der Cantina gelagerte und beaufsichtigte Pecorino schmeckt noch intensiver und hat alles an Duft oder Geschmack angenommen, was man ihm Gutes angetan oder womit man ihn umhüllt hat. Der mit Asche verkleidete Käse bleibt innen besonders lange zart, das hat mit dem dadurch möglichen Austausch der Luftfeuchtigkeit zu tun.

Inzwischen wird Pecorino auch ›innen‹ angereichert: z. B. mit Peperoncino oder Pfefferkörnern scharf gemacht oder mit schwarzem Trüffel in eine kostbare Delikatesse verwandelt.

Je reifer der Pecorino ist, desto würziger schmeckt er und lässt sich wunderbar ähnlich wie Parmesan reiben. Kein Toscaner nimmt nebenbei bemerkt Parmesan ... Außerdem ist der Pecorino auch nach dem Anschneiden noch gut haltbar – also kein Problem, einen Laib nach Hause mitzunehmen!

Doch Achtung: Pecorino ist nicht gleich Pecorino! Der beste ist der Marzolino, weil die Milch mit vielen Frühjahrskräutern angereichert war und dementsprechend die Geschmacksvarianten des Pecorino unbeschreiblich sein können. Der Marzolino kommt meist erst im Spätherbst auf den Markt, wenn er also schon mindestens halbreif ist.

Die hübschen und sehr verlockenden Delikatessenläden in den berühmtesten Produktionsorten, vor allem in Pienza, Montepulciano und Montalcino, sind natürlich voller Pecorino-Spezialitäten. Denn nicht nur um den Zeitpunkt der Produktion geht es, sondern auch um die weitere Verarbeitung: Pecorino mit Tomatenpaste eingerieben, mit geschrotetem Pfeffer, in Asche gelagert, in Walnussblätter gehüllt oder in einer Grotte gelagert *(formaggio di fossa)*, was zu einer besonders teuren, wenn auch meist unförmigen Sorte wird, die inzwischen fast schon Kultcharakter besitzt (die Methode kommt eigentlich vom Lagern von Ziegenkäse).

Es bleibt jedoch dabei: Kenner kaufen direkt beim Hersteller, folgen den Hinweisschildern auf die meist kleinen Landgüter, können vor Ort den Käse probieren und ein klein wenig günstiger als in den Delikatessläden kaufen. Meine Lieblingsadresse: das **Caseificio Cugusi** der Sardin Silvana Cugusi, Via della Boccia 8 (an der Straße von Montepulciano nach Pienza, rechts auf das Schild mit dem stilisierten Schaf achten), Tel./Fax 05 78 75 75 58. In Montepulciano führt Silvanas Bruder einen tollen Käseladen: **La Pecorella,** Via di Gracciano nel Corso 31 (da gibt es auch andere Delikatessen aus seiner eigenen Produktion).

Weinverkostung und -verkauf vor Ort an, meist in wunderschönen Kellergewölben vor allem entlang dem mehrteiligen Corso und nahe der Piazza Grande; z. B.

Kleines Weingut ► **Arnaldo Crociani:** Via del Poliziano 15. Einer der kleinsten Weinproduzenten von Nobile di Montepulciano bietet gute Tropfen zum Verkauf und zur Weinprobe (auch Grappa) in einer sympathisch-kleinen Kellerei an.

Alteingesessen ► **Avignonesi:** Via di Gracciano nel Corso 91. Dem Nobile di Montepulciano gilt natürlich das Hauptanliegen der alteingesessenen Kellerei im Ortszentrum, in der man Wein probieren und kaufen kann. Verkauf auch von Grappa und Olivenöl.

Beeindruckend ► **Cantina dei Redi:** Via di Collazzi 5. Vielleicht schon aus dem 14. Jh. stammen die Backsteingewölbe der Weinkellerei, die später in der Renaissance von Sangallo d. Ä. umgebaut worden sein sollen. Jedenfalls sind sie wirklich überaus beeindruckend und der hier gelagerte Wein ist köstlich, allen voran der Nobile di Montepulciano.

Imposanter Weinkeller ► **Contucci:** Via San Donato 15. Im schönen Renaissance-Palazzo Contucci am Rande der Piazza Grande ist allein schon der große Weinkeller mit seinen riesigen Holzfässern eine Sehenswürdigkeit, der einer der ältesten Familien von Montepulciano gehört; Weinprobe und Verkauf von Nobile di Montepulciano.

**Andere Souvenirs**

Handgeschöpftes Papier ► **Koiné:** Via Gracciano nel Corso 22. Wunderschöne Mitbringsel für Schreib- und Speisetisch, auch Buchbinderarbeiten.

Pecorino ► **Silvana Cugusi:** s. Tipp links.

Antiquitäten ► **Antiquitätenmarkt:** jeden 2. So des Monats auf der Piazza Grande und Umgebung.

## Abends & Nachts

Historisch ► **Caffè Poliziano:** Via di Voltaia nel Corso 25, tgl. 7–24/1 Uhr. Das schöne Café des Städtchens gibt es bereits seit 1868; mehrere gemütliche Räume, Stilmöbel; Panoramaterrasse.

## Termine

**Cantiere Internazionale d'Arte:** Ende Juli–Mitte Aug. Internationales Musikfestival (s. Thema S. 405).

**Bruscello:** Um den 15. Aug. Kostümfest der Handwerker und Bauern (s. S. 403).

**Breve dei Botti:** Am letzten So im Aug. Fässerrollen im traditionellen Weinort mit großem Gelage (s. S. 403).

## Verkehr

**Bahn:** Montepulciano Stazione an der Bahnstrecke Arezzo – Sinalunga – Chiusi liegt rund 10 km entfernt, von dort Bustransfer ins historische Zentrum.

# Chianciano Terme ► K 9

Der zweitwichtigste Thermalort der Toscana (nach Montecatini Terme) hat sich inzwischen so gut entwickelt, dass er als geeigneter Standort für die Erkundung der Region gelten darf. Wer nicht in einem der vielen Ferienhäuser wohnen möchte, findet in **Chianciano Termes** ausgewogener Hotellerie bestimmt in jeder Preislage ein passendes Quartier.

Die schwefel- und jodhaltigen Quellen des Ortes waren bereits den Etruskern bekannt. Der Blick nach Südwesten auf den Monte Amiata und die umliegenden Hügel mit ihren im Mittelalter und zur Zeit der Renaissance entstandenen Städtchen oder ihren ausgedehnten Weinbergen zeigt: Hier lebt man abseits von Industrie, abseits von jeder Umweltverschmutzung, in einer Lage, die allein schon aus Chianciano selbst einen heilklimatischen Kurort gemacht hätte. Hinzu kommen aber auch die unterschiedlichen Thermen, deren Wasser sich speziell zur Heilung von Lebererkrankungen eignet.

Chianciano Terme ist zudem ein freundlicher, angenehmer Aufenthaltsort. Vielleicht gerade deshalb, weil er inmitten des Reichtums an kunsthistorischen und historischen Sehenswürdigkeiten so unglaublich bescheiden wirkt. Hier geht das Leben trotz Thermaltourismus seinen ganz normalen Gang, die Einheimischen (etwas mehr als 7300 Einw.) halten sich an ihre althergebrachte Lebensform, an ihre Traditionen, ohne sich allzu sehr um die Fremden zu kümmern. Diese treffen sich tagsüber im ausladenden Kurpark oder bei den Kuranwendungen in den Therapiezentren, abends bei der obligatorischen *passeggiata* auf der geräumigen Piazza und suchen dort, wie die Leute von Chianciano auch, die Cafés auf. Spät abends gibt es *aste*, die ebenfalls obligatorischen Versteigerungen.

Fast greifbar nah breitet sich auf einem Hügel **Chianciano Alto** aus, das häufig übersehen wird. An kunsthistorischen Sehenswürdigkeiten hat der Ort zwar wenig zu bieten, präsentiert sich aber als ein schönes Beispiel mittelalterlichen Städtebaus mit ein paar Renaissance-Ergänzungen. Den Wagen sollte man auf dem Parkplatz vor dem Tor stehen lassen, weil man sonst Gefahr läuft, auf einer mit dem Wagen unüberwindbaren Treppengasse zu landen. Überhaupt sind die Gässchen so eng und verwinkelt, dass auch die besten Autofahrer bald an ihre Grenzen kommen dürften und nicht wissen, ob die nächste Hausecke heil bleibt. Wenige, aber hübsche Souvenirläden und Boutiquen laden zum Bummel ein, die Lokale sind allemal origineller und preiswerter als im benachbarten Kurort.

Man darf Chianciano nicht verlassen, ohne eines der neuesten Museen der Toscana und den ganzen Stolz der einheimischen Hobbyarchäologen besichtigt zu haben: das **Museo Etrusco Archeologico.** Es verdankt seine Entstehung der Privatinitiative der örtlichen Hobbyarchäologen, die jahrzehntelang gegraben, freigelegt und gesäubert haben, was vor allem die Etrusker im Umfeld Chiancianos hinterlassen hatten. Archäologen des Denkmalamtes halfen ihren ›Kollegen‹ nur bei der Sichtung und Zuschreibung, die gefundenen Objekte durften alle im Ort bleiben. Der größte Schatz: ein zusammengebrochenes Fürstengrab, das unter seinen Trümmern alles erhalten hat, was dem wohl bedeutenden Toten beigelegt wurde. Es musste ›nur‹ wieder zusammengesetzt werden (Ostern–Okt. Di–So 10–13, 16–19, Nov.–März Sa/So 10–19 Uhr, Erw. 5 €).

## Tipp: Interessante Infos für Radwanderer

Das APT von Chianciano Terme bzw. der Valdichiana hat eine hervorragende Broschüre für Urlauber, die die Gegend per Rad erkunden wollen, herausgebracht: Zwölf Radtouren zwischen der Valdichiana und der Val d'Orcia werden detailliert – mit Schwierigkeitsgrad, Weglänge, Sehenswürdigkeiten, Natur und Umwelt etc. – vorgestellt; außerdem listet sie Adressen von Radverleihern auf. Die Broschüre, auch in deutscher Sprache, erhält man kostenlos in den Verkehrsbüros oder auch im Internet unter www.terresienainbici.it.

## Infos

**APT:** 53042 Chianciano Terme (SI), Piazza Italia 67, Tel. 05 78 67 11 22, www.chiancianotermeinfo.it.

## Übernachten

Die Kursaison und damit die Öffnung der meisten Hotels läuft von Ostern/Mitte April bis Ende Okt. Die Hotellerie von Chianciano Terme ist preiswerter als in der übrigen Toscana und bietet dennoch einen guten Standard.

Komfortabel ▶ **Ambasciatori:** Viale della Libertà 512, Tel. 057 86 43 71, www.barbettihotels.it. Modernes Hotel, 111 Zimmer, vier Suiten; beheizbarer Pool auf der Panoramaterrasse. Restaurant; Parkplatz. DZ/ÜF 95–120 €.

Familiär ▶ **Irma:** Via della Libertà 302, Tel./Fax 057 86 39 41. Teilweise renoviertes Hotel in schattigem Garten. 70 Zimmer. Restaurant für die Hausgäste; Parkplatz. DZ/ÜF 70 €.

Funktionell ▶ **Cristina:** Via Adige 31/Ecke Viale Vittorio Emanuele, Tel. 057 86 05 52, www.hotelcristinachiancianoterme.it. Nettes familiäres, renoviertes Hotel, praktisch. 43 Zimmer, Mit Sonnenterrasse auf dem Dach. Restaurant für die Hausgäste; Parkplatz. DZ/ÜF 62–72 €.

## Essen & Trinken

Auch die kleinen Hotels besitzen so gute Restaurants, dass die meisten Gäste Halbpension bevorzugen. Daher hat sich in Chianciano keine besondere Restaurantkultur entwickelt.

Abends Pizza ▶ **Hostaria il Buco:** Via della Pace 39, Tel. 057 83 02 30, Ruhetag Mi. Abendliche Pizzeria mit Restaurant in der Oberstadt, auch typische lokale Gerichte wie im Herbst mit Steinpilzen und Trüffel. Menü ab 24 €.

## Einkaufen

Antiquitäten ▶ Abendliche **Versteigerungen**, *aste*, auf denen Antiquitäten und nette Mitbringsel ergattern kann.

Lebensmittel ▶ **Wochenmarkt:** Mi

## Aktiv

Wandern ▶ **Wandern:** Das Fremdenverkehrsbüro hält eine gut gemachte Broschüre mit neun Touren bereit: »Itinerari in Val d'Orcia«.

Golf ▶ **Valdichiana:** Località Esse, Tel. 05 77 62 41 97.

Tennis ▶ **Tennis Club Chianciano:** Via Veneto 14, Tel. 057 86 26 75.

Radfahren ▶ Räder und Mountainbikes werden über die Hotels organisiert (s. Mini-Tipp S. 386).

## Verkehr

**Bahn:** Gute Anbindung von Chiusi Scalo an Arezzo und Florenz nach Norden bzw. nach Süden Richtung Rom.

**Bus:** Gute Verbindungen mit Montepulciano (Haltestelle vor Alt-Chianciano) sowie Chiusi Scalo, dem Bahnhof von Chiusi. Busse fahren auch über Bettole nach Florenz und Arezzo sowie über Sinalunga nach Siena.

# Chiusi ▶ K 9

Wegen seiner Lage an der Grenze zu Umbrien wird das bescheidene Städtchen in rund 400 m Höhe (knapp 8900 Einw.) oft übersehen. Kenner in Sachen Etrusker jedoch dürfen es nicht verpassen: Das heute relativ kleine **Chiusi** war als Chamars einer der mächtigen etruskischen Stadtstaaten und bietet inzwischen neben einem archäologischen Museum und Nekropolen auch die Möglichkeit, sogar unter der Stadt auf etruskische Spurensuche zu gehen.

Man hat den Eindruck, in einem von der Welt vergessenen Nest gelandet zu sein. Kaum jemand kommt hierher, um sich das Städtchen oberhalb des neueren Chiusi Scalo, der Bahnstation, anzuschauen, dabei ist es sogar recht hübsch.

## Archäologisches Museum

Hauptanziehungspunkt in Chiusi ist das **Museo Archeologico Nazionale**, das hinter der klassizistischen Fassade mit den vier kannelierten Säulen die kostbaren etruskischen Funde aus der Umgebung zeigt. Nach dem jüngsten Umbau, bei dem auch die Magazine im Untergeschoss zu Ausstellungsräumen umfunktioniert wurden, kann nun noch mehr ausgestellt werden. Und viele der einst 350 etruskischen Urnen, die hier jahrzehntelang aus Platzgründen vor der Öffentlichkeit verborgen bleiben mussten, kann man nun im eigens dafür eingerichteten, geradezu aufregenden Museo Civico Città Sotteranea bestaunen (s. S. 410).

Man beginnt den Rundgang mit der Bronzezeit um ca. 1000 v. Chr., die beweist, dass der Platz kontinuierlich besiedelt war: mit Viehhaltung und Handwerk bis zur Eisenzeit, als sich die etruskische Kultur entfaltete. Zeugen sind hier u. a. zahlreiche Wasserkrüge, denen ein Henkel fehlt: Wenn sie als Ascheurne des Verstorbenen benutzt wurden, hat man ihnen dem Ritus entsprechend einen Henkel abgeschlagen.

Zu den Prunkstücken der Sammlungen gehören der »Deckel der Umarmung« (Nummer 1 in Vitrine 4). Dass sich bald rege Handelsbeziehungen mit anderen Völkern entwickelt hatten, sieht man an Importwaren aus Südetrurien (Vitrinen 10 und 11) oder aus Korinth (Griechenland) in Vitrine 12. Interessant sind die Vasen, die von den Etruskern nach griechischem Vorbild nachgeahmt wurden. Man erkennt sie daran, dass sie etwas einfacher ausgefallen sind, aber die Motive, die Geschichten, die sie erzählen, sind die gleichen wie bei den Griechen.

Das Untergeschoss zeigt auch römische Funde aus Chiusi und Umgebung, wieder ein Beweis für die fortgesetzte Bedeutung der Stadt, darunter eines der besten bekannten Porträts von Kaiser Augustus als junger Mann (Marmor, ca. 10 v. Chr.) aus dem bischöflichen Garten (tgl. 9–20 Uhr, Erw. 4 €).

## Chiusis Unterwelt

Die Stadt wurde von den Etruskern völlig unterhöhlt – und die heutigen Bewohner, munkelt man recht ungeniert, graben fleißig weiter, um neue etruskische Funde ans Tageslicht zu bringen, auch wenn es nicht erlaubt ist!

Lange Zeit wurde über das Grab eines Etruskerfürsten namens Porsenna aus dem 6. Jh. v. Chr. gerätselt, das von Plinius d. Ä. im 1. Jh. n. Chr. als Riesenmonument mit Labyrinth beschrieben wurde. Man meinte schon, Plinius habe es erfunden, nun aber glaubt man wenigstens das Labyrinth gefunden zu haben, gleich unterhalb des Domes. Jedenfalls hat man dort, wo der Glockenturm des Domes steht, aus dem weichen Sandstein geschlagene etruskische Wasserbehälter ausgegraben, ja ein ganzes System mit durch Gänge verbundenen Zisternen als Drainage, um den Ort trocken zu halten und doch die Wasserversorgung zu sichern. Bei einem Erdbeben im 3. Jh. sollen die Gänge zusammengebrochen sein, weshalb nur einzelne Brunnen/Zisternen erhalten geblieben sind. Diese interessante etruskische Unterwelt kann man als **Labirinto di Porsenna** vom Dommuseum aus (s. u.) mit Führung besichtigen (Di, Do, Sa 10.10, 10.50, 11.30, 12.10, So auch zwischen 16 und 18.30 Uhr, Erw. 4 €, mit Museo 6 €).

Noch aufregender fast ist die zweite Abteilung im nahen Palazzo Bonci-Casuccini als **Museo Civico Città Sotteranea**. Sie führt zu einem unterirdischen Lago (See) genannten Brunnen, zu Gängen voller etruskischer Urnen und – man staunt nicht schlecht – einem rekonstruierten Verkaufsladen im mittelalterlichen Weinkeller unter dem Palast, in dem etruskische Funde gehandelt wurden! Interessant ist die große Anzahl von Inschriften, die man auf 200 Dachziegeln gefunden hat, die auch als Deckel für Ascheurnen benutzt wurden. Eine so große Anzahl kennt man nur aus Chiusi und dies sei der Beweis dafür, dass die Bevölkerung insgesamt gebildet war, des Lesens kundig (Nov.–Apr. Do/Fr jeweils 10 Min. nach 10, 11, 12, Sa/So, Fei auch nach 15, 16, 17 Uhr, sonst Mai–Okt. Di–So 10.15, 11.30, 12.45, 15.15, 16.30, 17.45, Nov.–April Do/Fr 10–13, Sa/So auch 15.10–17.10 Uhr – was sich jedoch ändern kann, Erw. 3 €).

Beim Dom und unter ihm hat man noch das **Museo della Cattedrale** eingerichtet, das eine bedeutende Sammlung von Chorälen und Codices aus dem 15. Jh. mit wunderschönen Miniaturen besitzt, außerdem sakrale Möbel und Schmuck sowie Gemälde (15.–17. Jh.) und auch ein paar vorgeschichtliche Funde in den unterirdischen Gängen. (Juni–15. Okt. tgl. 10–12.45, 16–18.30, 16. Okt.–Mai Di, Do, Sa 10–12.30, So auch 16–18.30 Uhr, Erw. 2, inklusive Labirinto, s. o., Erw. 6 €).

## Die Nekropolen

Chiusi ist umgeben von angeblich 18 Nekropolen, von denen etwa ein Drittel unbekannt geblieben ist; einige, nicht so interessante, sind normalerweise jederzeit und frei zugänglich wie z. B. der **Poggio Gaiella.** Mit entsprechender Organisation kann man in Begleitung eines Museumskustoden aber auch diejenigen Nekropolen besichtigen, die als einzige im Gebiet der heutigen Toscana freskiert sind, vor allem aber die Gräber am **Poggio Renzo:** Tomba della Scimmia, Tomba della Pellegrina sowie die Tomba del Leone.

Die **Tomba della Scimmia** (490/480 v. Chr.) erhielt ihren Namen von jenem Fresko, das einen kleinen Affen zeigt, der Liebling aller Besucher: Er ist an einen Baum gebunden und wartet beim Totenfest, wie es üblich war, auf seinen Auftritt. Man sieht den Verstorbenen unter einem Baum sitzen und zuschauen, auch wenn nur noch in schwachen Farben. Es ist ein Kammergrab, einem Haus nachempfunden, zu dem früher ein Dromos führte; nach der Entdeckung 1846 legte man den Zugang unterhalb der Straße an.

Sonst wiederholen sich die Motive auch hier wie in anderen etruskischen Gräbern: Spiele und Wettkämpfe olympischer Disziplinen. Das Äffchen könnte hier ein Dämon sein als Symbol für die Unterwelt bzw. für den Übergang dorthin. Der Boxkampf könnte mit Kartonvorlagen auf die Wand gemalt worden sein, beide Kämpfer sind spiegelverkehrt geradezu identisch. Die Dachkonstruktion ist wie immer dem Holzbau der Häuser nachempfunden und rot bemalt, die drei Kammern weisen darauf hin, dass es sich um ein Familiengrab für mehrere Generationen handelte, mit zwei Totenbetten im Vorraum, was für Chiusi sonst eher ungewöhnlich ist.

Die **Tomba del Leone** links am selben Poggio Renzo hat zwar den Leone ›verloren‹, den Löwen also. Schön sind hier aber die Decken der beiden nachgebildeten Zimmer, schwarz und rot bemalt. Man erkennt, dass das Grab sehr lange benutzt wurde, weil immer neue Kammern gegraben und neue Sarkophage aufgestellt wurden.

Etwa 300 m rechts vom Äffchengrab wurde 1928 die **Tomba della Pellegrina** wieder entdeckt, die bereits im Altertum ausgeplündert worden war. Sie stammt aus dem 4./3. Jh. v. Chr. und wurde bis zum 2. Jh. v. Chr. benutzt. Ein langer Dromos führt zu mehreren Grabkammern verschiedener Größe. Die Urnen hat man bis auf zwei, die ins Museum gebracht wurden, stehen lassen. So bekommt man einen sehr guten Eindruck davon, wie es hier ursprünglich ausgesehen haben muss. Am Ende der Anlage, also im Kern, befinden sich die ältesten Sarkophage, an deren unterem Rand der Deckel die Namen der Verstorbenen eingeritzt sind. Die liegenden Toten auf den Deckeln sind geschmückt dargestellt, die Frauen mit Spiegel und Parfumfläschchen, die Männer mit Bankettschalen (Tomba della Scimmia: Führung Di, Do, Sa 11 und 16 Uhr; Tomba del Leone und Tomba della Pellegrina nur, wenn sich genügend Interessenten finden; im Eintrittspreis des Archäologischen Museums enthalten, dort anmelden!).

## Infos

**Ufficio Turismo:** 53043 Chiusi (SI), Piazza Duomo 1, Tel. 05 78 22 76 67, www.comune.chiusi.si.it.

## Übernachten

Jugendstilvilla ▶ **Villa Il Patriarca:** Località Querce al Pino (3 km westlich), Tel. 05 78 27 44 07, www.ilpatriarca.it. Die Villa über etruskischer Siedlung liegt in einem großem Park. Pool. 24 geschmackvolle Zimmer. Restaurant (Michelin*); Parkplatz. DZ/ÜF 79–149 €.

Bescheiden und freundlich ▶ **La Sfinghe:** Via Marconi 2, Tel. Tel. 057 82 01 57, www.albergolasfinge.com. 15 nette Zimmer, z. T. mit Holzbalkendecke, Klimaanlage und Talblick. DZ/ÜF 70 €.

## Essen & Trinken

Etruskischer Weinkeller ▶ **Zaira:** Via Arunte 12, Tel. 057 82 02 60, Ruhetag Mo (außer Juni–Sept.). Schöne Trattoria-Atmosphäre im historischen Zentrum mit lokalen Spezialitäten. Außerdem ist der Weinkeller des Hauses sehenswert, der sich in den unterirdischen etruskischen Gängen und Grotten befindet. Menü ab 24 €.

## Einkaufen

Lebensmittel ▶ **Wochenmärkte:** Chiusi Di, Chiusi Scalo Mo.

## Verkehr

**Bahn:** Von Chiusi Scalo (3 km entfernt) führt die alte Bahnverbindung nach Castiglione del Lago/Lago Trasimeno und weiter nach Norden über Cortona und Castiglión Fiorentino nach Arezzo (und weiter bis Florenz). Auf der neuen Bahnlinie ist Chiusi Scalo unter Umgehung aller Zwischenstopps direkt mit Florenz (bzw. Rom) verbunden. Die Züge fahren zur Hauptverkehrszeit im Stundentakt.

**Bus:** Die Überlandbusse verkehren parallel zur alten Bahnlinie, zur Hauptverkehrszeit ca. im Stundentakt.

# Monte Amiata und der Südosten der Toscana

**Der höchste Berg der Region, der 1734 m hohe Monte Amiata, gestaltet den gesamten Südosten der Toscana mit seinem markanten Aussehen eines typischen (erloschenen) Vulkanes. Aus seinem Tuff bildeten sich im Süden hohe Felsen, auf denen die vielleicht interessantesten und hübschesten Etruskerstädte der Toscana thronen.**

## Rund um den Monte Amiata ►J 10

Im Monte-Amiata-Gebiet kann es Leuten mit Zeit ein besonderes Vergnügen bereiten, einfach drauf loszufahren, einem unauffälligen Schild zu folgen, einem von Zinnen bekrönten Turm entgegen, der auf einem bewaldeten Gipfel hockt. Und natürlich auch, um zum höchsten Berg der Südtoscana, dem 1738 m hohen **Monte Amiata** aufzusteigen. Er ist ein erloschener Vulkan, was man seiner klaren pyramidalen Form noch gut ansehen kann. Für die südliche Toscana ist er ständiger Orientierungspunkt in der Landschaft. Im Winter fällt hier häufig Schnee, so dass sogar Aufstiegshilfen für Skifahrer zu finden sind. Sonst ist der Monte Amiata eher eine beliebte Sommerfrische, umgeben von dichten, schönen alten Mischwäldern.

## Piancastagnaio ►J 10

Herumfahren ist hier also angesagt, um zum Beispiel **Piancastagnaio** im Südosten des erloschenen Vulkans zu entdecken. Eine imposante mittelalterliche Festung rechts vom

**Blick auf die eindrucksvoll-schlichte Silhouette des Monte Amiata**

Stadttor weckt Erwartungen: Die 2001 grundlegend restaurierte **Rocca Aldobrandesca** aus dem 15. Jh. besitzt einen quadratischen Wohnturm und einen kleinen Wachturm – mit dem Gipfel des Monte Amiata vor den Augen (Juni–Aug. 10.30–12.30, 16–19 Uhr, Sept.–Mai nur nach telefonischer Absprache, Tel. 05 77 78 41 34, Erw. 2 €).

## Abbadia di San Salvatore ▶J 10

Ein wenig nördlich sollte man sich von der verwirrenden Straßenführung im in luftiger Höhe (822 m) liegenden Abbadia di San Salvatore nicht irritieren lassen und gleich die am nördlichen Ortsrand liegende, namengebende **Abtei San Salvatore** aufsuchen. Die ungewöhnliche Saalkirche des Klosters lohnt ebenso die Fahrt wie ihre Krypta, die aus dem 8. Jh. stammen könnte und von einem wahren Säulenwald getragen wird. Fast jede der insgesamt 36 Stützen trägt ein anders gestaltetes Kapitell. Gegründet wurde die Abtei 743 vom Langobarden Ratchis. Ursprünglich benediktinisch, ging das Kloster später an die Camaldolenser und dann an die Zisterzienser über. Doch vom Gebäude ist wenig erhalten geblieben (ein kleiner Teil links), die Kirche stammt erst aus dem 11. Jh., die Krypta als ihre Vorgängerkirche ist natürlich älter. Und so handelt es sich hier um eines der ältesten Klöster der Toscana, das lange Zeit als eines der reichsten Italiens überhaupt galt (tgl. 9–19 Uhr, Eintritt frei). Das kleine **Museum** mit den größten Kostbarkeiten aus der Abtei (links im Innenhof, dem Rest des Kreuzgangs) ist Juli, Aug. 10–12, 16–19 Uhr zugänglich, sonst auf Anfrage.

## Arcidosso ▶J 10

Im Westen des Monte Amiata liegt der kleine Ort **Arcidosso** (679 m). Über dem Eingangstor zur Festung drohen die fünf voluminösen Kugeln des Medici-Wappens (später waren es sechs) fast heraus zu kullern, so mächtig wirken sie. Es ist nicht einfach, sich in diesem Festungsort zurechtzufinden, denn er besteht praktisch nur aus verwinkelten Treppengassen zwischen hohen Häusern, die kaum einen Durchblick ermöglichen. Aber es bereitet Vergnügen, hier einen Versuch der Orientierung zu wagen. Ohne besondere Höhepunkte, einfach so.

## Santa Fiora ▶J 10

Ein richtig schöner, vom Mittelalter geprägter Ort zum beschaulichen Flanieren ist **Santa Fiora** (knapp 2900 Einw.) in 687 m Höhe, wegen seiner Lage auch ein anerkannter Luftkurort. Er besitzt übrigens eine besonders interessante Geschichte: In der Nähe entspringen die Quellen des Flusses Fiora. Bevor sie zur Bewässerung der Südtoscana in Kanälen gesammelt wurden, hatten die Herren von Santa Fiora – die Sforza Cesarini – das Wasser in einem großen Becken gesammelt, in dem sie auch große Forellen züchteten, daher *peschiera* genannt. Dante besingt den Ort im vierten Höllengesang seiner »Göttlichen Komödie«: »und Du wirst sehen, wie sicher Santafior ist!« Später wird der Piccolomini-Papst Pius II. über die Peschiera schreiben, dass darin riesige Forellen gezüchtet würden, und dass man ihm zu Ehren einen kleinen Fischfang organisiert habe. Es ist die erste Nennung dieser schönen Anlage zu Füßen des **Castello** und des ebenso befestigten **Borgo**, die man jüngst saniert und in einen wunderschönen Park integriert hat, den **Parco della Peschiera** (offen zugänglich).

## Essen & Trinken

Schmackhafte Maremma-Küche ▶ **Il Barilotto:** Via Carolina 24, Tel. 05 64 97 70 89, Ruhetag Mi (außer Juli– Sept.). Urige Trattoria in zwei holzgetäfelten Räumen. Einfache Küche mit *acquacotta*, hausgemachter Pasta, Wildschwein, Lamm, zur Saison Steinpilze in vielen Variationen; *dolci*. Tagesmenü inklusive Wein ab 18 €.

## Parco Faunistico del Monte Amiata ▶H 10

Etwas für Naturliebhaber ist der Naturpark zu Füßen des 1152 m hohen Monte Buceto, der **Parco Faunistico del Monte Amiata** mit großen Tiergehegen. Hier leben in unberührter Natur nur einheimische Tierarten, außer

Mufflons und Hirschen, Rehen und Damwild sowie Gemsen auch die wieder angesiedelten Appenin-Wölfe. Es lohnt sich, für den Besuch des 180 ha großen Park, der im Monte-Amiata-Gebiet überall gut ausgeschildert ist, mindestens einen halben Tag einzuplanen. Denn außer den Tieren hat man hier hügelige Weideflächen und dichte Wälder, sogar einen wundervoll wilden Bachlauf unter Naturschutz gestellt. Dies alles für sich oder in sachkundiger Begleitung zu entdecken, kann ein besonderes Erlebnis werden (Di–So 7.15 Uhr bis Sonnenuntergang; Erw. 3,50 €; für fachkundige Führungen anmelden unter Tel. 05 64 97 77 78 oder 05 64 96 68 67).

### Essen & Trinken

Leckeres Trekkingmenü ▶ **Podere dei Nobili:** unterhalb der strengen Parkverwaltung bzw. des kleinen Besucherzentrums, Tel. 0564 96 68 67. Kleinigkeiten zu essen, stärkendes Wandermenü.

## Radicófani ▶ K 10

Zwischen Chiana und Orciatal durchquert man eine merkwürdig zerfressene Landschaft, als habe ein Riesenbagger das Mittelgebirge mit großen Klauen angenagt und das Innere bloßgelegt: fast eine Mondlandschaft, entstanden durch Erosion. Es folgen baumlose Hügel, Ackerland und Weideflächen, Weizen wiegt sich im Sommer hell im Wind, dazwischen weinrote Luzernenfelder, diese für die Toscana so typischen, satt-dicken Pflanzen, die kniehoch werden. Nur vereinzelt blüht im Frühjahr Ginster, aber dann von prallgelber Farbe.

Zwischen Monte Amiata und dem Orciatal erhebt sich **Radicófani**. Es thront in 718 m Höhe auf kleinem Plateau, und der Turm ist mit Zinnen bekrönt. An der Festung haben viele Besitzer gebaut, u. a. Päpste, Kaiser und die Medici. Bereits von Weitem ist sie zu erkennen, ragt wie ein Zylinderhut über dem hohen Felsen aus der Landschaft heraus. Richtung Monte Amiata wiederum bestimmen dichte Laubwälder das Landschaftsbild.

### Übernachten

Großartiges Landgut ▶ **Il Poggio:** 53040 Località Celle sul Rigo (SI), Tel. 057 85 37 48, www.ilpoggio.net. Wunderbar gelegenes, nach biologischen Prinzipien arbeitendes Landgut (Olivenöl, Wein, Aufzucht von Pferden und *cinta senese*) mit Blick auf den Monte Amiata und Radicófani; familiär, in den letzten Jahren geradezu luxuriös ausgebaut. Fünf Suiten, 20 Apartments im Borgo. Zwei Pools. Restaurant; Parkplatz. Suite/ÜF für 2 Personen 170–220 €, Apartment/ÜF 150–180 €; Reitwochenende 280– 360 € pro Person.

Villa aus dem 18. Jh. ▶ **La Palazzina:** 53040 Località Le Vigne, Radicófani (SI), Tel. 057 85 57 71, www.fattorialapalazzina.net, Mitte März–Okt. In herrlicher Panoramalage. Zehn hübsche kleine, unterschiedliche Zimmer, kleiner Pool; Terrasse, Restaurant. DZ/ÜF 110–190 €.

### Essen & Trinken

Super toscanisch ▶ **Il Poggio:** s. o., Ruhetag Di (außer im Sommer). Hervorragende, verfeinerte lokale Küche, vielfach aus eigenen Produkten, hausgemachte Pasta; *secondi* inklusive Beilage. Menü ab 25 €.

### Aktiv

Reiten ▶ **Il Poggio**: s. o.

Wandern ▶ Markierte Wege rund um dem **Monte Amiata**.

## Im Etruskerland zwischen Sorano und Satúrnia

**Karte:** rechts

Es ist eines der schönsten Gebiete der Alta Maremma bzw. der Südtoscana, bestechend vor allem durch die Lage der hoch auf Tufffelsen aufragenden Städtchen etruskischen Ursprungs, damals und im Mittelalter bedeutend und heute eine Augenweide. Die Nekropolen des Gebietes, oft schwer zu erreichen, lohnen bei Interesse ganze Tagesausflüge und das Studium einer ausführlichen Literatur über die Etrusker. Es geht kreuz und quer durch die Alta Maremma mit ihren dicht be-

# Im Etruskerland zwischen Sorano und Satúrnia

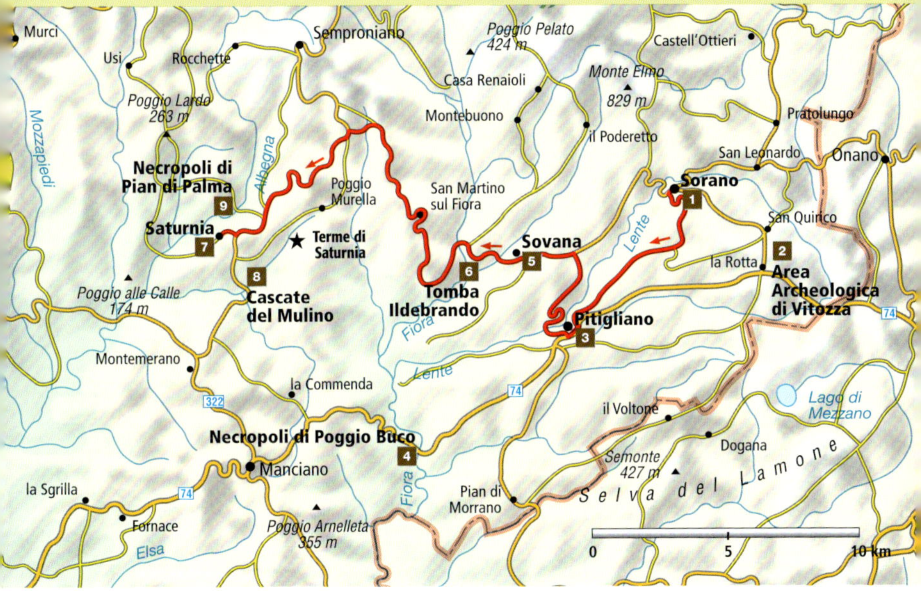


waldeten Hügeln, die eindrucksvoll-schlichte Silhouette des Monte Amiata fast immer im Visier. Er hat durch seine unterirdischen, heißen Magmakammern dafür gesorgt, dass es auch ein interessantes Thermalgebiet ist, Paradestück ist Satúrnia Terme mit den wildromantischen Sinterterrassen der Cascate del Mulino.

## Sorano ►J 11

Der schöne, etwa 3700 Einwohner große Ort **Sorano** 1 thront auf einer langen Tuffbergnase in 379 m Höhe über dem Fluss Lente und besitzt einen wunderbar intakten mittelalterlichen Stadtkern, der in den letzten Jahren fast vollständig restauriert wurde.

Im Mittelalter residierten hier zuerst die Aldobrandeschi und dann die Orsini, 1608 wurde es Teil des Großherzogtums Toscana. Die **Fortezza Orsini**, 1552 erbaut, bildet den Südabschluss des historischen Kerns – eine trutzige Militärarchitektur der Renaissance mit einem bereits aus dem 10. Jh. stammenden zentralen *maschio* (Turm). Nach ewig langen Restaurierungsarbeiten hat man nun ein sehr hübsches Hotel darin eingerichtet, den Rest für Ausstellungsräume aufbewahrt. Schon jetzt ist es ein sehr hübsches Plätzchen mit herrlichen Ausblicken in die bewaldete Umgebung mit den Schluchten des Flusses, in deren Wänden dunkle Löcher zu erkennen sind: lauter etruskische Nekropolen!

Im eigentlichen Ortskern, sozusagen auf der anderen Seite der Festung, der zu einem angenehmen Bummel einlädt, befindet sich gleich am Anfang die kleine **Collegiata di San Nicola di Bari** aus dem 12. Jh. Sehenswert sind in der Kirche ein Travertintaufbecken von 1563 und ein eindrucksvolles Kruzifix aus dem 17. Jh.

In Sorano gab es ebenso wie im benachbarten Pitigliano (s. u.) im ausgehenden Mittelalter ein Viertel für die damals große jüdische Gemeinde. Die Via del Ghetto gehört zu den am behutsamsten restaurierten Ecken des Ortes, eine Tafel erinnert an zwei jüdische Mitbürger, die ihr Leben in Auschwitz ließen.

**Città del Tufo** heißt das gesamte Areal zwischen Sorano und Sovana. Ca. 6 km südöstlich von Sorano, beim Ortsteil **San Quirico,** hat man die interessante **Area Archeologica di Vitozza** 2 zugänglich gemacht (gut

# Die verschiedenen Grabtypen der Etrusker

Thema

**Plattenkammern, Erdhügelgräber, Tempelgräber – die Etrusker waren recht erfinderisch, wenn es um die Gestaltung ihrer Gräber ging, in denen sich ihre Toten ›wohl fühlen‹ sollten, weshalb vielfach ein sogenanntes Wohnambiente angestrebt wurde.**

Normalerweise bauten die Etrusker ihre Totenstädte in den Fels, meistens in den weichen Tuff hinein. Ein Grab neben das andere, z. T. mit mehreren Grabkammern, die wiederum weiter im Felsen ausgehoben wurden. Einige der Gräber bauten sie fast wie kleine Paläste aus, wie die Tomba Ildebranda südlich von Sovana (s. u. und S. 420). Dort, wo die Etrusker keinen Tuff vorfanden, sondern beispielsweise Travertin wie in Piàn di Palma, verlegten sie im 6. und 5. Jh. v. Chr. ihre Gräber in den Boden. Große Travertinplatten wurden für die Kammerwände und die Decke verwendet, ob tief im Boden eingelassen oder einfach darauf gestellt. Dann umgab man dieses Gebilde zusätzlich mit einer Mauer, die sich nach oben verjüngte und schließlich eine Art Kuppel ergab (Scheinkuppel). Darauf wurde wiederum Erde gehäuft, bis das Grab völlig bedeckt war. So entstanden die Tumuli, Grabhügel. Um große Grabanlagen mit mehreren Nebenkammern zu schaffen, wurden die Tumuli tiefer in den Boden eingelassen. Zugänglich waren sie über einen langen, kunstvoll gemauerten Gang *(dromos)*.

**Die Tomba Ildebranda in Sovana**

ausgeschildert). Funde beweisen, dass hier bereits in der Jungsteinzeit gesiedelt wurde, dann entdeckten die Etrusker das fruchtbare enge Tal, später kamen die Römer. Die auffälligsten Spuren hinterließen christliche Einsiedler, die sich die fast ›fertige‹ Felsenstadt aneigneten. An die 200 Grotten waren bewohnt oder wurden als Grabstätten benutzt, sie sind heute ordentlich beschildert, weshalb man genau erfährt, wer wann wo gewohnt hat.

Nach rund einer Besichtigungsstunde erreicht man die besonders sehenswerten etruskischen *colombari* (Taubenschläge). Manche Experten meinen allerdings, sie stammen erst von den Römern und seien von ihnen für Ascheurnen benutzt worden, also für die weniger aufwendige Art der Bestattung. Picknick und Wasser sollten bei der Tour dabei sein, auch wenn man in San Quirico in einer Bar einkehren kann (das Areal ist offen zugänglich, offizielle Tickets gibt es im Zentrum von San Quirico oder bei den Kustoden, die manchmal unterwegs sind).

## Infos

**Informazioni Turistiche:** 58010 Sorano (GR), Piazza Busatti 8, Tel. 05 64 63 30 23 (auch für die Gräber von Sovana und Vitozza). Nach der kleinen Broschüre »La Città del Tufo« fragen, die Sorano, Sovana und Vitozza erfasst (s. auch www.lecittadel tufo.it und lamarem mafabene.it, sehr informative Seiten über die ganze Maremma).

## Übernachten

In der Festung ► **Hotel della Fortezza:** Piazza Cairoli, Tel. 05 64 63 20 10, www.for tezzahotel.it. Zauberhaftes kleines Hotel im Kern der Orsini-Festung. 16 Zimmer, z. T. mit herrlichem Blick. DZ/ÜF 90–160 €.

B&B ► **Locanda Aldobrandeschi:** Via del Ghetto 20, Tel. 05 64 63 34 41, Handy 34 83 41 21 16, www.finesettimana.it/aldobrande schi, 15. März–7. Nov., 27. Dez.–6. Jan. Acht Zimmer in mehreren ineinander gehenden Häuschen im früheren Ghetto und drei panoramareiche Dependance-Zimmer in der Via del Borgo. DZ/ÜF 70–100 €.

## Essen & Trinken

Einfach ► **Locanda dell'Arco:** Via Roma s/n, Tel. 05 64 63 36 08, Ruhetag Mo. Mit historischen Fotos und neuen Aquarellen dekorierte schlichte Trattoria, helle Holztische, Papierdecken. Rustikale Küche, tgl. wechselnde *primi* (je 6 €), Spezialität *crostoni* mit diversem Belag, je 4 €.

## Abends & Nachts

Weinlokal ► **La Cantina del Viandante:** Via della Madonnina 2. Enoteca und Wine Bar am Ortseingang, auch mit typischen kleinen Gerichten.

## Einkaufen

Antikmarkt ► **Mercato dell'Antiquariato:** An jedem 2. So des Monats, Tel. 05 64 63 30 99.

Keramik ► **Atelier Ceramiche Artistiche Bandarin:** Via Roma 7. Schöne eigene Keramikkreationen.

## Aktiv

Reiten und Reitausflüge ► **Maneggio Belvedere:** Località Filetta, Tel. 05 64 61 54 65, www.maneggiobelvedere.it.

## Pitigliano ► J 12

Die mittelalterliche Stadt (4500 Einw.) **Pitigliano** 3 liegt in 313 m Höhe über dem Lente auf einem Tuffplateau, das vollkommen ausgehöhlt zu sein scheint. Der hohe, von tiefen Schluchten umgebene Felsrücken war für die Etrusker geradezu wie geschaffen, um darauf eine vor Feinden gesicherte Stadt zu errichten.

Vor dem netten Albergo Guastini an der Piazza Petruccioli stehend, fühlt man sich ins Mittelalter oder in die Renaissance versetzt. Hier gruppieren sich Palazzi und Tore, Festungsmauern und Brunnen zu einem harmonischen Bild. Eine breite Loggia öffnet sich zum Tal, bietet schönstes Panorama und ist eine hübsche Front vor der mächtig aufsteigenden Festung. Pitigliano hat sich etwas Urtümliches erhalten können, eine Tuffsteinstadt, die erkundet werden will. In den Tuffsteinhöhlen unter ihren Häusern bewahren die Bewohner des Städtchens heute u. a. ihren schmackhaften und berühmten Wein auf, den trockenen *Bianco di Pitigliano*, wohl nicht viel anders als ihre etruskischen, römischen und mittelalterlichen Vorfahren.

Im Mittelalter herrschte hier wie in Sorano die mächtige Familie Orsini. Deshalb ziert die Säule mit dem sogenannten Orsini-Bären (1490) die dem aus dem Orsini-Geschlecht stammenden Papst Gregor VII. gewidmete Piazza im Zentrum Pitiglianos. Ringsum bzw. auf mehreren Ebenen breiten sich die engen Gassen Pitiglianos aus, durch die zu spazieren ein echtes Vergnügen bereiten kann.

Doch gleich am Ortseingang, nachdem man die wundervolle Brücke mit dem **Acquedotto Mediceo** (dem Aquädukt also) über die tiefe Schlucht hinweg überwunden hat, steht man vor der **Fortezza Orsini**, die Sangallo ausbaute, darin der Palazzo Orsini mit dem wenig besuchten **Museo Civico Archeologico.** Seine unterirdischen, für Pitigliano so typischen Gänge sind allerdings fast interessanter als die Sammlungen des Museums selbst, obwohl sie Funde (schöne Keramiksammlung) aus der etruskischen Nekropole vom nahen Poggio Buco und aus der Umgebung von Vulci besitzen. In der Festung ist auch das **Museo Diocesano di Arte Sacra** untergebracht, mit liturgischem Schmuck sowie Bildern, Fresken und Skulpturen vor allem aus dem 16. Jh. (Di–So zwei Wochen vor Ostern–2. Nov., 26. Dez.–2. Jan. 10–13, 15–19 Uhr, Erw. 3 €).

Über den Vicolo Manin gelangt man in das ehemalige jüdische **Ghetto** mit Synagoge und Mazze-Öfen, Kosher-Metzgerei und aus dem Felsen geschlagenem Kultbad. Auf die Zeugen einer blühenden jüdischen Gemeinde im 15. Jh. ist man wieder stolz, zahlreiche jüdische Reisegruppen aus aller Welt zieht es inzwischen in den Ort. Geführt wird man auf Wunsch durch junge Leute aus Pitigliano, Christen, die sich offensichtlich gerne mit der jüdischen Tradition ihres Städtchens befassen, um sie ihren Gästen zu erklären. Eine jüdische Gemeinde gibt es hier allerdings schon lange nicht mehr (So–Fr im Winter 10–12.30, 15–17.30, im Sommer 10–12.30, 16–18 Uhr; an Samstagen und an hohen jüdischen Feiertagen bleibt die Synagoge für Besucher geschlossen, Erw. 2,50 €).

Den schönsten Blick auf die Stadt genießt man vor Sonnenuntergang von der im Südwesten stehenden kleinen Kirche **Madonna delle Grazie** – Pitigliano von der untergehenden Sonne beschienen, wobei der Tuff einen rötlich-goldenen Farbton annehmen kann.

8 km von Pitigliano entfernt, auf dem Weg nach Manciano, befinden sich die **Necrópoli di Póggio Buco** **4** mit einer Unmenge etruskischer Felsengräber oberhalb des

**Pitigliano: Die Übergänge zwischen Tuffgestein und Architektur scheinen fließend**

Flusses Fiore. Die weitläufige Nekropole ist frei zugänglich, gutes Schuhwerk ist allerdings angeraten und der Besuch nach kräftigem Regen eher zu meiden. Das große Grab am Poggio Buco ähnelt einem aus dem Tuff geschlagenen Labyrinth auf unförmig dicken Stützen.

## Infos

**Pro Loco:** 58017 Pitigliano (GR), Piazza Garibaldi 51, Tel. 05 64 61 71 11, www.tuttopitigliano.com (auch für Sorano und Sovana). Auch Zimmervermittlung. Außerdem: www.lamaremmafabene.it.

## Übernachten

Traditionsreiches Haus ▶ **Guastini:** Piazza Petruccioli 16, Tel. 05 64 61 60 65, www.albergoguastini.it, 10. Jan.–20. Feb. geschl. Traditionelles Hotel (seit 1905) gleich am Ortseingang mit Traumblick ins Tal. 27 z. T. renovierte kleinere Zimmer, drei aufwendigere. DZ/ÜF ab 70 €, Superior-Zimmer DZ/ÜF bis 115 €.

Unter der Festung ▶ **Il Tufo Rosa:** Piazza Petruccioli 97, Tel. 05 64 61 70 19, www.iltuforosa.com. Fünf hübsche, komfortable Zimmer innerhalb der Orsini-Festung. DZ 55–65 €.

## Essen & Trinken

**Ghetto-Küche im Tuff ▶ Il Tufo Allegro:** Vicolo della Costituzione 2, Tel. 05 64 61 61 92, Ruhetage Di (außer Aug.), Mitte Jan.–Mitte Feb. geschl. Winzig kleine Trattoria im früheren Ghetto (Seitengasse der Via Zuccarelli) auf zwei Ebenen vom Parterre abwärts in den Tuff hinein; schmackhafte lokale Küche, große Portionen; gute Weine vor allem aus Pitigliano und Umgebung. Menü ab 29 €.

**Hausmannskost ▶ Guastini:** s. o. Gutes Restaurant in Panoramalage und mit Tischen auf der Piazza. Hausgemachte Pasta, große Käseauswahl aus der Umgebung, lokale, z. T. auf der jüdischen Tradition basierende Gerichte wie Lammgulasch *buglione d'agnello*. Menü ab 22 €.

**Gut toscanisch ▶ Hostaria del Ceccottino:** Piazza San Gregorio VII 64, Tel. 05 64 61 42 73, www.ceccottino.com, Ruhetag Do, Jan./Feb.geschl. Angenehme Osteria alter Tradition, kleiner, hübsch eingedeckter Raum, Tische auf der netten Piazza. Saisonbedingte toscanische Gerichte, zu empfehlen die *Fantasia di crostini* oder die vegetarischen Crostini, die knoblauchduftenden *pici all'agliata*, die *zuppa di ricotta e spinacci* (Ricotta- und Spinatsuppe, typisch für Pitigliano), das Lammgulasch oder das kräuterduftende Kaninchen in Weißweinsoße. Menü ab 17 €.

## Einkaufen

**Duftig ▶ Erboristeria Giunti:** Via Zuccarelli 31, nahe der Synagoge. Kräuter, Pflegemittel, Honig etc.

**Für Leckermäuler ▶ Ghiottornia:** Via Roma 111 und 130. Wein und Culinaria.

## Termine

**La Torciata di San Giuseppe:** Am 19. März. Langer Umzug durch das historische Zentrum in Kostümen des 15. Jh., symbolisches Verbrennen des Winters, große Strohpuppen auf der Piazza del Comune, gefolgt von einem fröhlichen Volksfest.

## Verkehr

**Bus:** R.A.M.A. verbindet Pitigliano mehrmals tgl. zu den Hauptverkehrszeiten mit Grosseto.

# Sovana ▶ J 11

Der wunderhübsche kleine Ort **Sovana** 5 mit vielleicht 300 Einwohnern erhebt sich in 291 m Höhe hoch über dem Tal des Fiora. Die Miniaturstadt sitzt, wie vergessen von ihrer Umwelt, einsam auf einem kleinen Tuffplateau, das man in immer engeren Serpentinen erklimmen muss. Fast möchte man glauben, ein Bildhauer habe diesen städtebaulichen Winzling aus dem Felsplateau gehauen, so organisch fügt sich Sovana in die Landschaft ein, ist nicht nur scheinbar mit dem Tuff vollkommen verwachsen.

Sovana war schon zur Jungsteinzeit besiedelt, später im etruskischen Magistrat von Vulci vertreten und nach der Eroberung durch die Römer ein *municipium*. Erst im 6. Jh. wurde es christianisiert und bald Diözese, ab dem 7. Jh. sogar Bischofssitz. Nach der Zerstörung von Roselle (s. S. 301) wurde Sovana Hauptsitz der Grafen Aldobrandeschi. Zwischen 1020 und 1030 wurde hier Hildebrand, der spätere Papst Gregor VII., geboren (s. auch Pitigliano, S. 417). Unter Hildebrand I. besaß die Grafschaft Sovana um die erste Jahrtausendwende »so viele Burgen wie das Jahr Tage hat«, heißt es in einem Ortsprospekt. Den Höhepunkt seiner Geschichte erlebte Sovana aber im 13. Jh. unter den beiden Grafen Guglielmo und Umberto, die in Dantes »Göttlicher Komödie« verewigt sind.

1558 ging Sovana an das Großherzogtum der Medici, die aufgrund der hier häufig auftretenden Malaria kein großes Interesse an dieser Region hatten. 1777 verlor Sovana den Bischofssitz an Pitigliano, 1783 wurde es Sorano eingemeindet. Heute ist das Städtchen wunderhübsch restauriert und saniert, eine Augenweide und durch zwei kleine feine Hotels sogar eine empfehlenswerte Station für Leute, die von hier aus zu Fuß, mit dem Fahrrad oder dem Wagen die Gegend erkunden wollen.

Im Osten ist Sovana von der Rocca Aldobrandesca begrenzt, die nur noch als dekorative Ruine erhalten geblieben ist, im Westen von der Kathedrale, der früheren Bischofskirche. Die für ihren Namen doch recht winzige Piazza Maggiore (eigentlich Piazza del Pretorio) ziert der **Palazzo Pretorio** (12./13. Jh.) mit den Wappen seiner Richter und Kommissare aus der Zeit der Sienesen und der Medici (1482–1686) mit der Loggia del Cosimo von 1570. Die eingemauerte Säule rechts vom Eingang diente dazu, öffentliche Bekanntmachungen anzubringen. Gegenüber steht die drei Jahrhunderte ältere **Kirche Santa Maria** aus dem 12. Jh., die eines der wenigen frühromanischen Kunstwerke der Toscana birgt, einen Altarbaldachin aus Travertin (10./11. Jh.). Das schmale Turmhäuschen mit der Uhr an der Schmalseite des Platzes, in dem heute das Postamt untergebracht ist, entpuppt sich bei näherem Hinsehen als das **Palazzetto dell'Archivio** aus dem 12./13. Jh.

Die Piazza Maggiore und die beiden Straßen zum anderen Ende des Städtchens, Via di Siviero (mit Steinpflaster belegt) und Via del Duomo (im Fischgrätmuster), laden seit der groß angelegten Restaurierung von Sovana geradezu ein, über sie einen Rundkurs zu gehen: Die Via del Duomo führt zum Dom aus dem 8. Jh., links steht das Geburtshaus Papst Gregors VII. (Inschrift). Die **Cattedrale Santi Pietro e Paolo** erhebt sich an der höchsten Stelle von Sovana und besticht durch ihre architektonische Schlichtheit, die allerdings von den Comacini, den meisterhaft arbeitenden Steinmetzen aus Como, im lombardischen Stil gestaltet wurde. Das Portal, das bei den Umbauarbeiten vom 12. bis ins 14. Jh. auf die Seite verlegt werden musste, weil der Bischofspalast vorgesetzt wurde, wirkt wie ein fein ziseliertes Mosaik. Heute betritt man die Kirche durch den früheren Bischofspalast, am Eingang findet man eine reiche Auswahl an Literatur über die interessante Gegend, z. T. herausgegeben von der Gruppe lokaler Archäologen und Heimatkundler, die sich auch um den Erhalt der bedeutenden Monumente kümmert. Der dreischiffige, vierjochige Innenraum stützt sich auf Bündelpfeiler mit schönen Kapitellen. Sie zeigen Blattornamente und menschliche Gestalten. Alles ist unverputzt und lässt den angenehmen, dunklen und helleren Ton von Tuff und Travertin frei (tgl. im Winter 10–13, 14.30–17.30, im Sommer bis 19 Uhr).

## Die Nekropolen

Hinter dem Dom führt ein Fußweg steil abwärts zur **Nekropole von Sovana,** die sich unterhalb des Städtchens über 2,5 km auf einem Tuffsteinrücken erstreckt. Man kann den Weg natürlich auch mit einem Fahrzeug zurücklegen, allerdings nicht von der Kathedrale, sondern von der Festungsruine aus.

Die Gräber entstanden zwischen dem 7. und dem 1. Jh. v. Chr. und weisen daher die verschiedensten Typen auf: Tempelchen und Häuser, Gräber und Kammern, Nischen und Tympana etc. Um sie alle zu besichtigen, müsste man sich für mehrere Tage in Sovana niederlassen, was freilich keine schlechte Wahl wäre. Die sicherlich schönsten Gräber stammen aus der sogenannten hellenistischen Spätzeit der etruskischen Kultur im 3. Jh. Die meisten kann man nur zu Fuß erreichen, dies aber problemlos (Den Wagen am besten unten an der Straße stehen lassen oder beim Tempio Ildebranda parken).

Da der Tuff leicht verwittert und die Macchia alles schnell überwuchert, haben die Gräber zum Teil zwar schwer gelitten, dadurch aber nichts von ihrer Faszination verloren. Am eindrucksvollsten ist sicherlich die **Tomba a Tempio Ildebranda** 6 (3.–2. Jh. v. Chr.), wie der Name andeutet in Tempelform. Sie wurde nach dem Taufnamen Papst Gregors VII., Hildebrand, benannt, jenem Papst, der Kaiser Heinrich IV. zum Gang nach Canossa zwang. Zwölf Säulen mit prächtigen Kapitellen aus Menschen- und Pflanzenmotiven trugen früher die schwere Kassettendecke, inzwischen steht nur noch eine einzige Säule, von den anderen sind lediglich

### Tipp: Etruscan Card

Die Sammelkarte für 10 € ermöglicht den Eintritt in die wichtigsten etruskischen Stätten und Museen der Città del Tufo, also von Sorano, Sovana und Vitozza, sowie in die Museen von Pitigliano und Satúrnia; manche Läden gewähren bei Vorzeigen der Karte außerdem 10 % Preisnachlass (bei den Infostellen erhältlich).

Stümpfe übrig geblieben. Vieles, das lose herum lag, wurde nach Florenz ins Archäologische Museum verfrachtet. Die kreuzförmige Grabkammer hinter dem langen Dromos ist überraschend klein und soll nur einen einzigen Toten aufgenommen haben. – Vom Dach der *tomba* (am Poggio Felceto) genießt man einen herrlichen Blick auf das ganze Tal.

Auch von den acht kannelierten Säulen der **Grotta Pola** links vom Hildebrandt-Grab ist nur noch eine übrig, sie stützten eine aus dem Felsen gehauene Kassettendecke, die jetzt überhängt. Hinter dem Dromos stößt man auf eine ca. 20 m lange, unterirdische Grabkammer, in der reiche Funde gemacht wurden.

Rechts vom Hildebrandt-Grab geht es tief in den Wald u. a. zur **Via Cave** am Poggio Prisca, mit mehreren in den Felsen gehauenen Gräbern. Besonders sehenswert ist der sogenannte **Cavone:** ein von den Etruskern in den Tuff geschlagener Weg mit Inschriften an den Wänden – im Sommer eine kühle Wohltat! (zwei Wochen vor Ostern–2. Nov. 10–19, 26. Dez.–6. Jan. 10–17 Uhr, sonst auf Anfrage, Erw. 5 €).

## Infos

**Cooperativa La Fortezza:** 58010 Sovana (GR), in der Eingangshalle der Kathedrale, Informationen unter www.sovana guide.it und www.parcodeglietruschi.it sowie www.sovana.eu (Hotelseiten mit guten Infos).

**Heilsames Badevergnügen auf den Sinterterrassen der Cascate del Mulino**

## Übernachten

**Geschmackvoll ▶ Sovana Hotel & Resort:** Via del Duomo 66, Tel. 05 64 61 70 30, www.sovanahotel.it. Kleines Landhotel in restauriertem Bauernhaus (nackte Steinwände, viel Holz) mit gekonnt angesetzten modernen Anbauten am Ortsrand, mit großem Garten, Pool. Marmorskulpturen des Besitzersohnes Federico Caruso. 18 Zimmer, schöne Salons. Parkplatz. DZ/ÜF 120–250 €.

**Luxuriöse Pension ▶ Scilla:** Via del Duomo 5, Tel. 05 64 61 65 31, Fax 05 77 61 43 29, www.scilla-sovana.it. Wunderbar restaurierte kleine Pension im Zentrum, jetzt fast luxurös. Acht helle, hübsch, aber sparsam eingerichtete Zimmer. Restaurant Dei Merli (s. u.). DZ/ÜF 75–120 €.

Zum selben Besitz gehört die **Locanda Taverna Etrusca** mit sieben kleinen Zimmern über dem altbekannten, gleichnamigen Restaurant, s.u.

## Essen & Trinken

**Schön angerichtete Teller ▶ Taverna Etrusca:** s. o., Ruhetag Mi (kann wechseln). Feine Dekoration in mittelalterlichen Strukturen (nackte Steinwände). Verfeinerte toscanische Küche wie Kaninchensalat mit Ziegenkäse und Nusssoße, *pici* mit Wildentenragout, Spanferkel mit Balsamicozwiebeln. Menü ab 29 €.

**Gartenlokal ▶ Dei Merli:** Via Siviero 1–3, Tel. 05 64 61 65 31, Ruhetag Di (nicht im Sommer). Angenehmes Gartenrestaurant an der rückwärtigen Gasse im Zentrum. Verfeinerte lokale Gerichte wie die berühmten, nach Knoblauch duftenden *pici all'agliana* und andere hausgemachte Pasta, Wildschweingulasch mit schwarzen Oliven, Käse aus dem Backofen mit Gemüse; Fleisch vom Holzkohlengrill. Menü inklusive Wasser ab 23 €.

**Pizzeria ▶ Il Sileno:** Via Duomo 7, Tel. 05 64 61 63 07, Ruhetag Mi (außer Aug.). Einfach, im Winter mit loderndem Kaminfeuer, im Sommer mit Terrasse. Pizza ab 6 €, 1 l Hauswein 7 €.

## Satúrnia ▶ H 11

In 294 m Höhe auf einem nicht besonders auffallenden Travertinplateau gelegen, wird das heute bescheidene Städtchen **Satúrnia** **7** (ca. 300 Einw.) vor allem wegen der nahe gelegenen berühmten Therme (s. u.) aufgesucht. Bis 280 v. Chr. gehörte es zum Gebiet des etruskischen Stadtstaates Vulci. Leider sind die meisten Funde ›verloren gegangen‹, zumindest der Wissenschaft und der Allgemeinheit. Nur ein geringer Teil fand einen gebührenden Platz im Archäologischen Museum von Florenz. Wer die Atmosphäre eines freundlichen, recht verschlafenen Ortes genießen möchte, ist hier genau richtig; dem neuerdings fein herausgeputzten Hauptplatz als Salon spenden riesige Kastanienbäume Schatten, eine Wohltat bei sommerlicher Hitze.

Von der Piazza führt ein Weg zum Torbogen der **Porta Romana**, hinter dem die römische **Via Clodia** beginnt. Zumindest zu Beginn ist sie noch mit den originalen, großen Steinplatten gepflastert und führt abwärts Richtung Therme. Es ist schön, diesen Weg hinab zu schlendern. Man kann von hier aus auch bis zu den Kaskaden laufen, zu den **Cascate del Mulino** 8, weißen Sinterterrassen unterhalb der alten Mühle: Sprudelnd und warm und gar nicht so übel riechend wie erwartet, fallen die Wasser der Schwefeltherme in kleinen Stufen herab, sammeln sich in Becken, in denen man sich wie in einer Naturbadewanne räkeln und gleichzeitig etwas für die Gesundheit tun kann. Einheimische und Durchreisende nehmen hier in der freien Natur gern ein kostenloses Thermalbad.

Das Wasser sprudelt aus der nahen Schwefeltherme mit einer konstanten Temperatur von 37,5 °C aus der Erde direkt in einen kleinen Vulkankrater, den man zu einem großen Hotelpool umfunktioniert hat. In dem anspruchsvollen Hotel mit Schönheits- und Gesundheitspark (www.termedisaturnia.it) sind auch Tagesgäste willkommen, was nicht unbedingt für Ruhe sorgt. Ein zweites Becken wird hier mit weniger Schwefelwasser versorgt, man kann darin schwimmen, ohne, wie bei Thermalwasser üblich, schnell zu ermüden.

## Necrópoli di Piàn di Palma ►H 11

Um die etruskischen Gräber am Piàn die Palma zu besichtigen, muss man schon größere Anstrengungen auf sich nehmen. Am besten macht man sich zu Fuß – mit gutem Schuhwerk und mindestens einer Flasche Trinkwasser ausgerüstet auf den Weg. Der etwa zweistündige Ausflug ist etwas für Naturfreunde, denn man wird hier keine großartigen Baudenkmäler finden, sondern eher bescheidene, aber im herrlichen tiefen Macchia-Wald gelegene Einzelgräber aus der Zeit vom 7. bis zum 5. Jh. v. Chr.

Man verlässt Satúrnia durch die Porta Fiorentina, am Friedhof vorbei und findet nach ca. 500 m im Vorort Piàn di Calaverna Hinweisschilder zu den **Necrópoli di Piàn di Palma** 9. Ist der Albegna-Fluss überquert, geht nach ca. 1 km rechts ein Staubsträßchen ab, das zur **Necropole del Puntone** führt. Der steile Weg zum Albegna-Graben nördlich von Satúrnia ist recht steinig, auf der anderen Seite muss man wieder hinauf auf ein Plateau, das wie jenes von Satúrnia eine aufragende Travertininsel im Tuffsteingebiet bildet. Steinharte Inseln, in denen man nicht, wie in dem weichen Tuff, Gräber aushöhlen konnte. Hier findet man daher auch andere Grabformen: etwa einige Tumuli, manche zweigeteilt und durch einen Pfeiler gestützt. Viele von ihnen wurden im Laufe der Jahrhunderte zerstört. Nach und nach sind im Gestrüpp auch Plattengräber zu entdecken. Immer wieder muss man Gatter öffnen und über Disteln steigen – aber die Mühe lohnt sich.

## Infos

**Pro Loco:** 58050 Satúrnia (GR), Piazza Benvenuto di Giovanni, Tel. 05 64 60 12 37, www.saturniaonline.it (Online-Buchung).

## Übernachten

Geschmackvoll ► **Villa Clodia:** Via Italia 43, Tel. 05 64 60 12 12, www.hotelvillaclodia.com, 10.–31. Jan. geschl. Luxuriös, mit viel Geschmack renoviertes, kleines Hotel in Panoramalage und doch zentral. Pool. Zehn Zimmer. DZ/ÜF 100–110 €.

Hübsch ländlich ► **Dimora dei Castagneti:** Località i Castagneti, Handy 34 71 86 36 45, Buchung über www.saturniaonline.it. In einem alten Olivenhain bei Monemerano 5 km von Saturnia. Kleines Landhaus mit drei zauberhaften unabhängigen Zimmern, gemeinsame Wohnküche, Pool, großer Grillplatz. DZ/ÜF 50 €.

## Essen & Trinken

Anspruchsvoll ► **I Due Cippi – da Michele:** Piazza Vittorio Veneto 26 a, Tel. 05 64 60 10 74, www.iduecippi.com, Ruhetag Di (außer Juli–Sept.), 10.–24. Jan. geschl. Familiäres Restaurant in einem historischem Palazzo mit Verkaufsladen. Lokale Gerichte werden hier nach alten Rezepten zubereitet – beispielsweise aus Steinpilzen, Spargel und Artischocken sowie vom Schwein. Gute Weinkarte. Menü um 40 €.

## Tipp: Preiswert kuren in kleinen Thermen

Man muss kein Zipperlein haben, um in der Toscana eine Reise zu den Thermen zu unternehmen. Es kann auch einfach Vergnügen bereiten, sich in den warmen Strahl eines Wasserfalls zu stellen, sich in eine wohlig warme Thermalwasserwanne mitten in der freien Natur zu legen oder seine Füße in einen schmalen Thermalwasserkanal zu stellen und dabei in Ruhe die Landschaft zu betrachten, mit den italienischen Nachbarn zu plaudern, und ihnen vielleicht das Geheimnis der nächsten Mini-Therme zu entlocken ...

**Montecatini Terme** (s. S. 173) ist die Nummer eins unter den Kurorten der Toscana, dicht gefolgt von **Chianciano Terme** (s. S. 407), der ersten Wahl bei Leberleiden. Doch außer diesen beiden – nicht gerade preisgünstigen – Paradepferden besitzt die Region eine Menge kleinerer bis kleinster Thermen, speziell im weiten Umkreis um den Monte Amiata, der vulkanischen Ursprungs ist und daher die Gegend mit Thermalwasser verwöhnt. Neben den ausgebauten Thermen bietet das Gebiet viele versteckte, von den Einheimischen als ihr Geheimnis gehütete *bagnacci*: meist nur einfache Kuhlen im Boden, mit schwefligem Thermalwasser gefüllte Naturbadewannen.

Die historischen Thermalorte der Etrusker und später der Römer erhielten in der Renaissance neuen Aufschwung. Papst Pius II., der Erbauer von Pienza und ein großer Badefreund, ließ beispielsweise **Bagni di Petriolo** (südlich von Siena) zu einer kleinen Festung ausbauen. Man muss nicht unbedingt ins moderne, architektonisch reizvolle, sonst aber wenig einladende Kurhotel oben an der Schnellstraße gehen, um diese Therme zu genießen. Es geht auch unten in der kleinen Therme oder ganz ohne Gebühr: unter der Kaskade stehend, die dem Fels mit 43 °C entspringt, oder liegend in den kleinen warmen Tümpeln mitten im Fluss. Das Thermalwasser soll das schwefelhaltigste der gesamten Region sein und sich daher besonders für die Heilung von Knochen-, Muskel- und Gelenkkrankheiten eignen.

Fast totale Ruhe herrscht in **Rapolano Terme** mit der modernst ausgebauten historischen **Terme Antica Querciolaia** und dem netten Hotel mit Therapiezentrum und Schwimmbad der **Terme San Giovanni Battista** (s. S. 386).

**Bagno Vignoni,** Cineasten bekannt als ein Drehort des Filmes »Nostalgia«, ist ebenfalls eine Oase der Ruhe. Das 51 °C warme Thermalwasser können nicht nur Gäste des Kurhotels genießen – in den schmalen Kanälen des Thermalparks kann jeder seine Füße in das warme Wasser halten, und das ganz ohne Eintrittsgebühren (s. S. 395).

**Satúrnia** hat außer Etruskischem zu seinen Füßen auch die weiß strahlenden Sinterterrassen der **Cascate del Mulino** zu bieten, in die man sich, so man (vor allem an den Wochenenden) Platz findet, ganz kostenlos dem warmen Thermalwasser hingeben kann (s. S. 423).

Zum Hinknien ▶ **Il Mulino di Moreno:** 58055 Semproniano (GR), 10 km nördlich von Satúrnia, Via Roma 112, Tel. 05 64 98 70 75, ganztags geöffnet. Ein einziger Raum in einer früheren Getreidemühle, Cottoboden, weiße Wände, Spitzendecken auf den Tischen, im Winter lodert ein großes Kaminfeuer. Inzwischen hat das Lokal einen neuen Wirt, einen Toscaner, der das Leben in Rom leid war und zurück gekehrt ist. Er macht so ziemlich alles selber, ob die frische Pasta oder die dolci, kocht das, wofür er marktfrische Zutaten bekommt, ohne Schnörkel und Soßen, pflegt einen eigenen Genüse- und Kräutergarten für seine Küche. Volles Menü um 30 €.

**Weitere Lokale** sind an der großen Piazza von Satúrnia zu finden, z. T. mit verglasten Veranden, Tischen im Freien, u. a. **Pizza in Piazza:** Ruhetag Do. Dorftreff ist die nette **Bar Centrale**.

Große Netze fangen während der Olivenernte die reifen Früchte auf

Kapitel 6

# Arezzo, Casentino und Oberes Tibertal

Die ›Mutter berühmter Söhne‹ schmiegt sich inmitten ihrer mediceischen Mauern an die Ausläufer des Höhenrückens Casentino. Einer ihrer bedeutendsten Söhne war der Etrusker Gaius Maecenas, der u. a. Vergil und Horaz finanziell förderte, eben als Mäzen. Weitere große Söhne Arezzos sind der Benediktinermönch Guido d'Arezzo (ca. 990–1050), der Erfinder der Intervallnotenschrift, und Francesco Petrarca (1304–1374), der Repräsentant des Humanismus. Aus Arezzo stammt auch Giorgio Vasari (1511–1574), der dank seiner von ihm verfassten Künstlerbiographien als ›Vater der Kunstgeschichte‹ gilt, aber ebenso Maler und einer der größten Architekten und Baumeister seiner Zeit war. Auch in der Neuzeit hat Arezzo einen berühmten Sohn hervorgebracht: Der Regisseur Roberto Benigni wurde 1952 in der Nähe geboren; seinen oscarprämierten Film »Das Leben ist schön« hat er teils in der mittelalterlichen Stadt gedreht.

In der bewaldeten Hügellandschaft des Casentino erheben sich trutzige Wehrstädtchen wie Bibbiena und Póppi in schöner Panoramalage. Aus Camáldoli zu Füßen des Monte Falterona stammt der Orden der Camaldolenser. Und in La Verna am Monte Penna empfing Franz von Assisi seine Stigmata. Schließlich gehört Michelangelos Geburtsort Caprese Michelangelo weiter südlich dazu. Einer der größten Maler der Toscana und Italiens überhaupt, Piero della Francesca, der Spuren im Nordosten der Toscana hinterlassen hat, erhielt seinen Namen wegen seiner Ausmalung der Hauptchorkapelle von San Francesco in Arezzo. Auf dem Weg zum Trasimeno-See in Umbrien lohnen Castiglion Fiorentino und Cortona, beide stark befestigt und schön mittelalterlich geblieben, einen Besuch.

Auf einen Blick

# Arezzo, Casentino und Oberes Tibertal

## Sehenswert

15 **Arezzo:** Der Besuch dieser freundlichen Kleinstadt lohnt nicht nur wegen der wundervollen Fresken Piero della Francescas – auch der monatliche Antiquitätenmarkt ist ein Erlebnis (s. S. 430).

**Póppi:** Trutzig und uneinnehmbar wirkt das beeindruckende mittelalterliche Castello dei Conti Guidi im auch sonst hübschen Póppi (s. S. 446).

**Camáldoli:** Einsiedelei und Kloster gehören zu den beeindruckendsten Sakralkomplexen im Aretinischen (s. S. 451).

**Cortona:** Auf drei Etagen in großartiger Panoramalage errichtet, Mittelalter pur mit ein paar Renaissance-Zusätzen (s. S. 459).

## Schöne Routen

**Durch das Casentino:** Über Bibbiena und Póppi geht es zum idyllisch gelegenen Camaldolenserkloster, weiter zum mystischen La Verna, wo Franz von Assisi die Stigmata empfing; südlich davon, in Caprese, kam Michelangelo, der geniale Bildhauer, Maler und Architekt, zur Welt (s. S. 444).

**Auf Piero della Francescas Spuren:** In Monterchi kann man Pieros »Schwangere Madonna« bewundern, in Sansepolcro hat er das Licht der Welt erblickt und bedeutende Werke hinterlassen (s. S. 454).

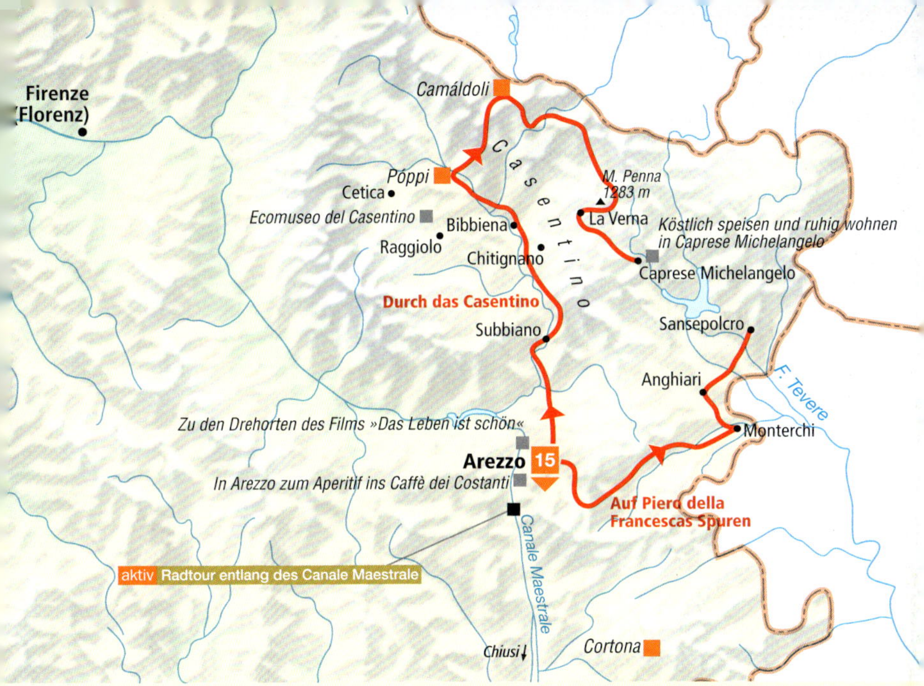


# Meine Tipps

**In Arezzo zum Aperitif ins Caffè dei Costanti:** Zwar wurde das historische Cafè inzwischen etwas modernisiert, aber eine Institution ist es in Arezzo geblieben. Beste Treff-Zeit: zum vorabendlichen Aperitif, wenn eine verlockende Theke mit kleinen Köstlichkeiten aufgebaut wird (s. S. 441).

**Ecomuseo del Casentino:** Mehrere Museen und Freilichtanlagen wurden zu einem gemeinsamen Ökomuseum zusammengeschlossen, das seinen Besuchern einen facettenreichen Einblick in die Region verschafft. Besonders schön im Spätherbst zur Kastanienzeit (s. S. 448).

**Köstlich speisen und ruhig wohnen in Caprese Michelangelo:** In der Buca di Michelangelo wird man noch ohne Schnörkel kulinarisch verwöhnt und findet in den netten Zimmern bestimmt einen ruhigen Schlaf (s. S. 453).

## aktiv unterwegs

**Radtour entlang des Canale Maestrale:** Eine wunderbar erschlossene Strecke entlang des Hauptkanals zur Entwässerung der Sümpfe zwischen Arezzo und Chiusi. Der Weg – auch für Wanderer geeignet – ist hervorragend ausgeschildert, und alle interessanten Punkte am Kanal (Schleusen, Erdwälle, Wärterhäuschen, Türme, Landvillen, Eisenbrücken u. a.) werden auf Tafeln auch mit Zeichnungen und Bildern erläutert (s. S. 442).

# 15 Arezzo ►K 7

**Die Provinzhauptstadt ist inmitten ihrer fast vollständig erhaltenen Mauern eine liebenswürdige, in der Größe übersichtliche Kommune. Hauptattraktion sind die Fresken Piero della Francescas und die Piazza Grande, auf der die *Giostra del Saracino,* Arezzos größtes mittelalterliches Ritterturnier, ebenso stattfindet wie der Antiquitätenmarkt.**

Schon zur Zeit der Etrusker stellte Arezzo einen bedeutenden Stadtstaat dar, der zum etruskischen Zwölferbund gehörte. Im 4. Jh. bereits Bischofssitz, war die Stadt berühmt für ihre Keramikproduktion, vor allem für die sogenannten Korallenvasen. Auch langobardisch war Arezzo und dann kurz freie Kommune. In dieser Zeit, um 1200, wurde eine neue Stadtmauer errichtet, die Ende des 13. Jh. abwechselnd gegen die Florentiner und die Sienesen Schutz bieten sollte. 1298 unterlag Arezzo in der blutigen Schlacht bei Campaldino der Rivalin Florenz. Eine dritte Stadtbefestigung wurde nötig, doch nach mehrmaligem Hin und Her wurde Arezzo schließlich 1384 von einem Söldnerführer an Florenz verkauft – eine Schmach, die bei den geschichtsbewussten Aretinern noch immer tief sitzt.

Die Medici schließlich ließen 1538 bis 1560 die vierte Stadtmauer bauen, die bis heute das historische Zentrum umschließt. Mit dem Bau der ersten Eisenbahnstrecke Florenz – Rom (1826–1866) und später der parallel dazu verlaufenden Autobahn wuchs die wirtschaftliche Stellung von Arezzo, das bis dahin eher am Rand des toscanischen Geschehens lag.

Heute ist Arezzo (knapp 98 000 Einw.), Hauptstadt der gleichnamigen Provinz im Nordosten der Toscana, ein bedeutendes Zentrum der Möbelherstellung und der Region wichtigster Antiquitätenort mit großem monatlichen Markt.

## Stadtrundgang

### Vom Dom zur Casa Petrarca

**Karte:** S. 432

Mit der Rolltreppe kommt man vom Parkplatz im Nordosten der Stadt durch den Bischofspalast hindurch direkt zur hohen Treppe, die auf die Fassade der Kathedrale Arezzos führt. Der **Duomo San Donato** 1 wurde zwar 1510 vollendet, hat jedoch noch mehrere Umbauten erlebt: Erst 1857 bis 1869 wurde der Campanile angefügt, 1900 bis 1914 erneuerte man die Fassade, weshalb sie auch nicht besonders ansehnlich ist. Dafür besticht der Dom innen sofort durch seine herrlich strahlenden Glasfenster. Geschaffen hat sie (wie auch die Deckenfresken der ersten drei Mittelschiffgewölbe) 1518 bis 1524 der Franzose Guillaume de Pierre de Marcillat, der in Arezzo so bewundert wird, dass man ihn gar zum Ehren-Aretiner erklärte. Er hat aus der dreischiffigen gotischen Basilika mit ihren freskierten Kreuzrippengewölben eine lichtdurchflutete sakrale Stätte gemacht. Im Chor bewahrt sie die Reliquie des Stadtpatrons San Donato, des zweiten Bischofs von Arezzo, dem die Kathedrale geweiht ist.

Piero della Francesca hat im Dom ein besonderes Kleinod hinterlassen, das Fresko »Maria Maddalena« auf der linken Seite kurz vor dem Chor. Sie trägt das lange Haar offen, zieht den für Piero so typischen Schmollmund und hält den Blick zum Boden gesenkt. Auch ihr rot-weißer Überwurf, darunter ein unter der

Brust gerafftes grünes Kleid, zeigt die klare Linienführung des Malers, die man in der Kirche San Francesco (s. S. 434) noch ausführlicher findet. Nicht zu vergessen: die Arbeiten von Andrea della Robbia vom Ende des 15. Jh. in der neoklassizistschen, also 1796 hinzugefügten Cappella della Madonna del Conforto. Gleich rechts findet sich über einem neueren Grabmal eine »Himmelfahrt«, der rechte Altar stellt eine Dreifaltigkeit zwischen den Heiligen Donato und Bernardi dar, der linke Altar zeigt eine mehrfarbige Terracotta »Madonna mit Kind und Heiligen«, darüber Gottvater und in der Predella die Kommunion der Madonna, die Anbetung des Kindes sowie das Martyrium von Sant'Apollonia (tgl. 7–12.30, 15–17.30/18 Uhr, Eintritt frei).

Der von Kindern und Jugendlichen gern besuchte Stadtpark, auch **Il Prato** genannt, dehnt sich in schöner Panoramalage (mit weitem Blick ins Casentino hinein) bis zur **Fortezza Medicea** 2 aus. Cosimo I de' Medici ließ sie an der Stelle des alten Stadtteils auf dem Colle di San Donato, wie der Domhügel genannt wird, errichten, als der gesamte Mauergürtel durch Francesco da Sangallo erneuert wurde (1538–1569). Heute ist er dekorativer Bestandteil des großen städtischen Parks.

Zu Füßen des Domes entstand ab 1330 der **Palazzo Comunale** 3, der mehrfach umgebaut und fast bis zur Unkenntnis verändert wurde. Darin befindet sich bis heute das Rathaus der Stadt, in diversen Räumen des Gebäudes und in seinem Innenhof werden sporadisch Ausstellungen veranstaltet. Einen schönen Anblick gibt der zinnenbekrönte Turm ab, der aus dem engen Gewirr der mittelalterlichen Häuser herausragt; besonders hübsch anzusehen von der erhöhten Terrasse des Domes aus.

Die schmale Via dell'Orto gegenüber dem Palazzo del Comune führt direkt zur **Casa Petrarca** 4. Das Gebäude aus dem 16. Jh. mit der **Accademia Petrarca** ist nicht identisch mit dem Geburtshaus Petrarcas. Man weiß nur, dass es in dieser Straße stand, aber nicht genau wo. Petrarca, der in Florenz und Avignon aufwuchs, hat seine Vaterstadt später nur noch einmal auf der Durchreise besucht. Das stört die Aretiner freilich nicht weiter, wenn sie ihre Stadt stolz *Città di Petrarca* nennen. Seit 1974, dem 600. Todesjahr des Humanisten, wird hier übrigens ein begehrter Petrarca-Preis für Literatur vergeben (tgl. 10–12, 15–17 Uhr, jedoch nur auf Anfrage, Tel. 057 52 47 00, Eintritt frei).

## Tipp: Stadtrundgang planen

Seit es den großen Parkplatz im **Norden** der Stadt und seine Anbindung an sie per Rolltreppen gibt, hat sich die Besichtigung Arezzos enorm vereinfacht; früher hatte man wirklich Mühe, einen Parkplatz zu finden. Daher beginnt man heute den Stadtbummel am besten im Norden – es sei denn, man ist mit dem Zug angereist: Der **Bahnhof** befindet sich genau entgegengesetzt im Süden. Für diesen Fall ist es besser, den hier vorgeschlagenen Rundgang von hinten, also mit dem Archäologischen Museum, zu beginnen.

## Am Corso Italia

Vom Prato östlich der Kathedrale im Nordosten bis zu den Bastioni di Santo Spirito im Südwesten zieht sich der Corso Italia und bildet die Hauptstraße des historischen Zentrums. Er ist lebhaft, überall befinden sich Geschäfte aller Couleurs und in den Seitengassen kleine Trattorien und Bars.

Der **Palazzo Pretorio** 5 gleich zu Beginn des Corso, unterhalb des Prato, besteht aus drei Gebäuden (ab 1290). Bis 1926 diente der Komplex als Gefängnis und wurde nach jahrzehntelangen Restaurierungsarbeiten Sitz der Stadtbibliothek mit einer bedeutenden Handschriftensammlung.

Schon von hier erkennt man schräg gegenüber einen hohen Turm mit vielen Klangöffnungen. Er gehört zu Arezzos ältester Kirche, der bei den Aretinern besonders geliebten **Santa Maria della Pieve** 6. Der Vorgängerbau der Pfarrkirche ist bereits 1008 aktenkundig. Ihr ›Turm der hundert Löcher‹ mit in Wahrheit nur 80 Klangöffnungen erhielt

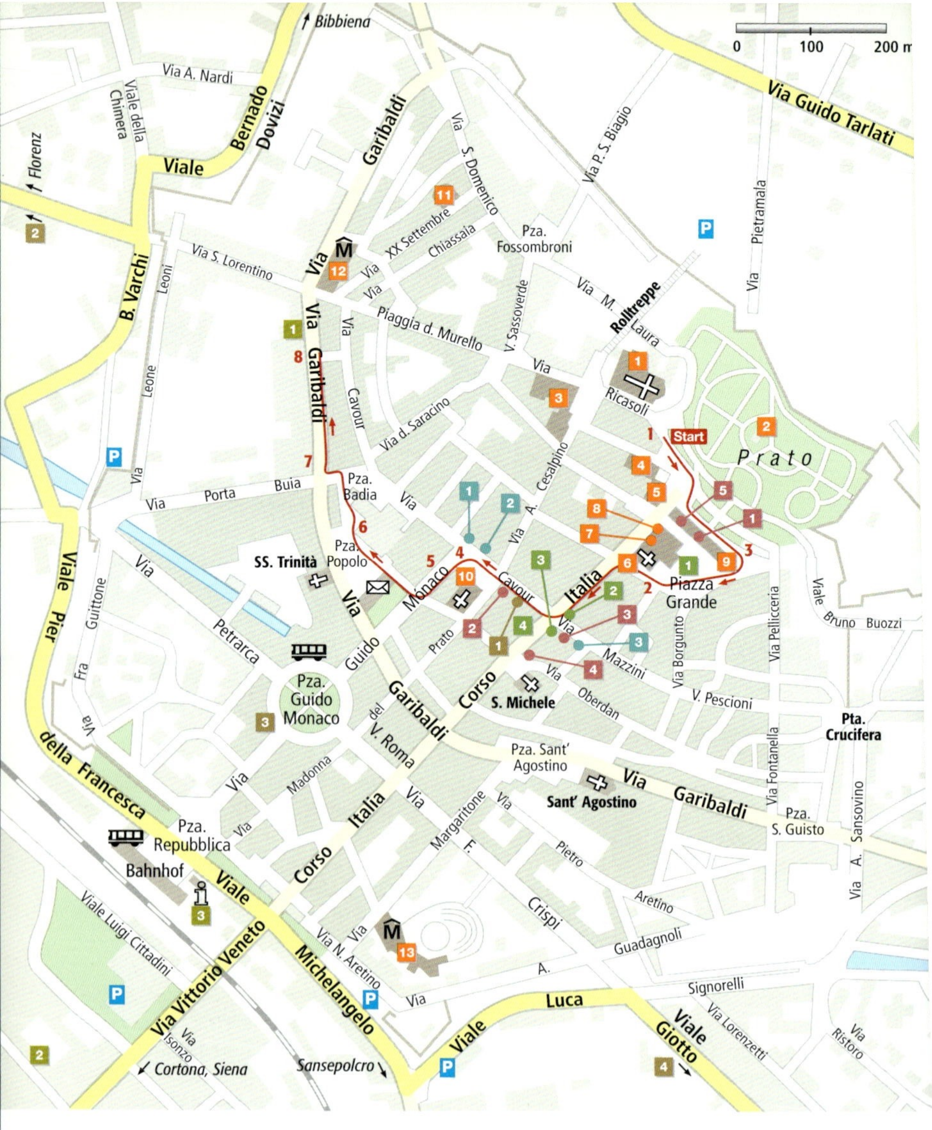


seine heutige Form bereits 1330. Besonders eindrucksvoll ist die Fassade (12. Jh.) zum schmalen Corso Italia hin, daher schwer als Ganzes zu erfassen. Wegen Zersetzung des Sandsteins wirkt die vorgesetzte zweite Schicht (13. Jh.) aus drei Reihen immer enger werdender Zwerggalerien bzw. Blendarkaden recht mitgenommen.

Immerhin: Das Hauptportal wurde endlich restauriert und zeigt zwölf Monatsbilder, eine wohl emilianische Steinmetzarbeit von ca. 1220: vollplastische, farbig gefasste Figuren, der Januar sinnfällig mit Doppelkopf dargestellt, weil er sowohl ins alte als auch ins neue Jahr schaut. Man fängt im inneren Bogen über dem Eingang rechts in der unteren Reihe mit Januar bis März an ›zu lesen‹, geht links weiter zu April bis Juni; Juli bis September sieht

## Arezzo

**Sehenswert**
1 Duomo San Donato
2 Fortezza Medicea
3 Palazzo Comunale
4 Casa Petrarca
5 Palazzo Pretorio
6 Santa Maria della Pieve
7 Palazzo del Tribunale
8 Palazzo della Fraternità dei Laici
9 Loggia del Vasari
10 San Francesco
11 Casa Vasari
12 Museo Statale d'Arte Medioevale e Moderna
13 Museo Archeologico

**Übernachten**
1 Patio
2 Minerva
3 Continentale
4 Casa Volpi

**Essen & Trinken**
1 Lancia d'Oro
2 Buca di San Francesco
3 Antica Osteria L'Agania
4 Il Grottino
5 Compagni di Merende

**Einkaufen**
1 Antiquitätenmarkt Piazza Grande
2 Pasticceria Gli Svizzeri
3 Canto de' Bacci
4 Busatti

**Abends & Nachts**
1 Caffè dei Costanti
2 Vita Bella
3 Antica Vineria

**Aktiv**
1 Club Arcieri (Bogenschießen)
2 Club Alpino Italiano (Trekking)
3 Colori Toscani (Radverleih, Ausflüge)
1–8 Drehorte für Film ›Das Leben ist schön‹, s. S. 439

man über April bis Juni (besonders schön: im August die Vorbereitung des Weinfasses für die Weinlese im September), Oktober bis Dezember sind über Januar bis März dargestellt; im Dezember, dem letzten Bild, ist das Schlachten einer *cinta senese*, eines Sieneser Schweins mit der charakteristischen schwarzen ›Bauchbinde‹, dargestellt. Die schönen Erdfarben sind original erhalten, sie mussten lediglich gereinigt werden. Einige Inschriften wurden verdreht, es soll – sagen gerne die kundigen Aretiner – den des Lesens unkundigen Maestri passiert sein …

Innen in der dreischiffigen Basilika zieht einen der erhöhte Chor über der Krypta geradezu magisch an. Man mag wegen der leicht zugespitzten Bögen zwischen den Schiffen verwirrt sein, die angesichts der Entstehungsgeschichte der Taufkirche Arezzos kein Wunder sind: Schließlich wurde sie ab 1008 in dem damals üblichen romanischen Stil errichtet, mehrfach verändert, im 19. Jh. schließlich in einem nachempfundenen mittelalterlichen Stil, nachdem man die barocke Ausstattung praktisch herausgerissen hatte. Übrigens wurde Giorgio Vasari hier bestattet, doch nur eine schlichte Tafel an der rechten Wand der Kirche erinnert an die Stelle, unter der sein Grab liegt (Okt.–April 10–13, 15–18, Mai–Sept. 9–13, 15–19 Uhr, Eintritt frei).

### Piazza Grande

Auf der rückwärtigen Chorseite der Pieve, ähnlich wie die Westfassade mit markanter Zwerggalerie, die dem Rund der Außenhaut folgt, öffnet sich die wirklich großartige Piazza Grande; zwar ohne besondere Akzente und großen Schwung wie etwa der Campo von Siena. Aber auch dieser Platz ist der leichten Hanglage exzellent angepasst: ein unregelmäßiges Rechteck, kein rechter Winkel drängt ihm Symmetrie auf.

Man kann sich keinen schöneren Rahmen für Arezzos größtes historisches Fest im September vorstellen, die *Giostra del Saracino*. Dann ziehen im spätsommerlichen Licht die acht Reiter als Vertreter der vier alten Stadtteile mit ihren schweren Lanzen gegen die Sarazenen – hölzerne Puppen – an. Die Piazza Grande von Arezzo ist überhaupt ein echter Salon, wie ihn das Mittelalter im Zentrum des städtischen Geschehens brauchte und sich schuf; obwohl dieser Platz eher am Rande liegt, nämlich im Nordosten der Stadt und zu Füßen ihres nicht sehr hohen Festungshügels mitsamt Kathedrale.

Im Wesentlichen ist der fast trapezförmige Platz so geblieben, wie er im Mittelalter (13. und 14. Jh.) gebaut wurde, mit schmalbrüstigen Häusern und hohen *casetorri*, nur die Nordseite wurde später von Vasari verändert.

Die Chorpartie der Pfarrkirche bildet den Südwesten des Platzes. Sie konnte nur hier angrenzen, weil sie als die Tauf- und Volkskirche im Gegensatz zum höher gelegenen Dom im Zentrum stehen musste, nahe beim Volk. Neben ihr erhebt sich der **Palazzo del Tribunale** 7 aus dem 17. Jh., der Justizpalast; rechts von ihm liegt der zierliche **Palazzo della Fraternità dei Laici** 8 (einer religiösen Laienbruderschaft), in dessen Fassade Gotik (ab 1262) und Renaissance (1433) nach einem Entwurf von Bernardo Rossellino eine zauberhafte Ehe eingegangen sind, vollendet durch das Glocken- und Uhrtürmchen von Vasari.

An der Nordostflanke des Platzes steht der **Palazzo delle Logge** (1573–1595) mit der sogenannten **Loggia del Vasari** 9, unter der man wunderschön flanieren oder in einem Restaurant oder Café sitzen kann. Die Südostseite der Piazza Grande prägt der schmale **Palazzo Lappoli** mit seinem hohen Turm, die kürzere Südseite der **Palazzo Cofani** mit einem ebenfalls von Zinnen bekrönten, aber niedrigeren Turm.

Das weiße Streifenmuster des Steinpflasters sollte wohl eine Waagerechte des Platzes vortäuschen. Die breite, im Nordwesten besonders ausgeprägte vorspringende Treppenfront jedenfalls gibt ihm ein wahrlich monumentales, großzügiges Gesicht. Wenn die Fassaden der ungleichmäßig vorspringenden, schmalen und unterschiedlich hohen mittelalterlichen Häuser gegen Abend von den warmen Sonnenstrahlen beschienen werden, bekommt ihr Kolorit – zwischen Grau, Ockergelb und Rotbraun sind so ziemlich alle Erdfarben vertreten – einen wohltuend warmen Ton. In der Basilika San Francesco (s. u.) zeigt das Fresko von Piero della Francesca in der »Kreuzeslegende« die gleiche Atmosphäre, das gleiche Farbenspiel: Arezzo, wie es war und wie es ist.

## Die Kirche San Francesco 10

Die außen schlichte, unvollendete Backsteinkirche **San Francesco** an der gleichnamigen Piazza ist aus kunstgeschichtlicher Sicht Arezzos bedeutendstes Gotteshaus, schon allein durch die Chorfresken Piero della Francescas: Man gab dem Malergenie Piero den Namen der Kirche, in der er sein Hauptwerk vollbrachte. Die Kirche steht nach Arezzos Erweiterung, die Viali (der Alleenring) inbegriffen, genau im Zentrum der Stadt.

Was man hier nach den Jahrzehnte dauernden Restaurierungen im Chorraum sieht, ist ein Meisterwerk der Perspektive. Von 1452 bis spätestens 1465 soll Francesco diese

Fresken gemalt haben, bevor er nach Urbino ging, wo der zweite Schwerpunkt seines Schaffens lag. Die Aretiner mogeln den aus Borgo Sansepolcro stammenden Künstler gerne zu den berühmten Einheimischen; wie sie es auch mit Michelangelo, der aus Caprese stammt, mit Paolo Uccello, der eigentlich di Dono hieß und aus Pratovecchio kam, und auch mit Masaccio aus San Giovanni Valdarno tun. Nichtsdestotrotz wurde im Falle Pieros die 500. Wiederkehr seines dagegen gesicherten Todesjahres im Jahr 1992 sowohl in Sansepolcro als auch in Arezzo ganz groß gefeiert.

Im Freskenzyklus des Chores von San Francesco, auch **Cappella Bacci** nach den Stiftern genannt, der »Legende vom wahren Kreuz«, zeigt sich, dass Piero die Perspektive vollkommen beherrschte. Die Fresken wurden erst zu Beginn des 20. Jh. wieder entdeckt und freigelegt und seitdem mehrmals restauriert und immer wieder mit allen nur er-

**Pilgerstätte für Kunstliebhaber: Die Fresken Pieros in der Kirche San Francesco**

# Piero della Francesca

Thema

**Seine Welt blieb zeitlebens das Gebiet in und um seine Geburtsstadt Sansepolcro, heute Borgo Sansepolcro genannt. Mit wenigen Ausnahmen arbeitete Piero della Francesca, oftmals als genialster Maler der Frührenaissance bezeichnet, nur hier. In zwei Manuskripten hat er seine Gedanken zur Kunst niedergelegt: »Über die Perspektive in der Malerei« und »Über fünf regelmäßige Körper«.**

Aus den Titeln dieser Schriften geht bereits hervor, welche große Bedeutung die perspektivische Raumdarstellung und die klare, strenge Form der Gestalten für Pieros Kunst hatten. So zeigen etwa die Umrisslinien seiner Frauenfiguren häufig die Form eines Dreiecks. Der Linearperspektive widmete er eingehende Studien, zeichnete auch Schnitte und Aufrisse von Köpfen, die er als geometrische Körper behandelte. Diese stilisierte Regelmäßigkeit erklärt die kraftvolle und gelassene Ruhe seiner Idealgestalten.

Vier Wesenszüge kennzeichnen Piero della Francescas Kunst: eine dichte Maloberfläche mit an Nuancen reicher Farbigkeit, der Aufbau des Bildes nach den Gesetzen von Proportion und Perspektive, der eben für jene Ruhe der Gestalten und Szenen sorgte, der enge Zusammenhang seiner Werke mit den politischen Ereignissen seiner Zeit sowie die Darstellung von ›Männern und Frauen aus dem Volk‹.

Piero gilt als ein perfekter Ausführender dessen, was seine Auftraggeber wollten, allerdings mit einer eigenen Vertiefung der Themen. »Er schuf«, so der Kunsthistoriker Wolfgang Braunfels, »Menschen eigener Prägung, deren Kennzeichen ihre Stille und ihr Ernst gewesen ist«. Seine Bilder, seine Gesichter, die Farben, die Haltung seiner Gestalten sind so ganz anders als bei anderen Künstlern, dass sie sich wunderbar einprägen und sofort erkennen lassen. Eine Reise auf den Spuren Piero della Francescas ist zudem wegen seiner geringen Reiseaktivität das reinste Vergnügen, bleibt man doch im engen Umkreis des Geburtsortes Sansepolcro östlich von Arezzo – es sei denn, man will auch seine in den anderen Museen wie etwa den Uffizien in Florenz hängenden Werke bestaunen.

Zu wichtigen Stationen für das Studium von Piero della Francescas schönsten Werken in und um Sansepolcro gehören:

**Arezzo:** In der Hauptchorkapelle von San Francesco ist das Hauptwerk Pieros, das ihm in der Kunstgeschichte den Beinamen *della Francesca* einbrachte, zu bewundern (s. S. 434); im Dom ist das schöne Bild der »Maria Magdalena« zu sehen (s. S. 430).

**Borgo Sansepolcro:** Die »Auferstehung« – vom englischen Romancier Aldous Huxley als das schönste Meisterwerk der italienischen Renaissance bezeichnet –, die »Muttergottes der Barmherzigkeit« sowie die Einzelfresken der Heiligen Ludwig und Julianus sind im Museo Civico zu sehen; das vermeintliche Geburtshaus Pieros, das allerdings nur bei besonderen Veranstaltungen zugänglich ist, dient als Kulturzentrum (s. S. 456).

**Monterchi:** Hier hängt die »Madonna del Parto«, die schwangere Madonna; zahlreichen Dokumente erläutern die aufwendigen Restaurierungsarbeiten an dem berühmten Fresko (s. S. 454).

denklichen Maßnahmen vor Feuchtigkeit und weiterem Verfall geschützt.

Erst seit Frühjahr 2006 gelten die Restaurierungsarbeiten als beendet; nun können jeweils kleinere Gruppen (höchstens 25 Personen) in den Chorraum eingelassen werden, damit man sich den großartigen Fresken in Ruhe widmen kann. Die berühmte Stadtansicht von Arezzo als Sinnbild für das himmlische Jerusalem bildet übrigens den Hintergrund des Freskos »Ausgrabung der drei Kreuze« (etwa in der Mitte der linken Seitenwand, alle 30 Min. Zutritt, April–Okt. Mo–Sa 9–19, So, Fei 10–19, Nov.–März Mo–Sa 9–18, So, Fei 10–18 Uhr, Erw. 6 €, Voranmeldung für den Besuch unter https://ticketing.ribesinformatica.it oder Tel. 05 75 35 27 27). Die sehr informativen Audioguides, die alles Bild für Bild erläutern, sind leider immer wieder außer Gebrauch.

## Casa Vasari 11

An der Via XX Settembre im Nordwesten des Altstadtkerns steht die **Casa Vasari.** 1540 erwarb Giorgio Vasari, der in der Nähe geboren wurde, das nicht sehr pompöse Gebäude im Rohbau und baute es nach seinem Geschmack aus. Er bewohnte den piano nobile, den er reich und liebevoll mit Fresken und Ölgemälden ausstattete. Besonders hübsch ist das Schlafzimmer mit den Musen ausgefallen. Die Muse der Liebeslyrik Erato zeigt darin das Porträt der jungen Frau Vasaris, Nicolosa aus der reichen Familie Bacci, die u. a. die Fresken von San Francesco (s. o.) finanzierte. Gegenüber der Erato hängt ein kleines Bild der Jagdgöttin Diana, das wohl von Vasari gemalt wurde. Man kann es an einem fast unsichtbaren Griff verschieben, und ein Spiegel wird frei, in dem sich das Antlitz der Muse spiegelt (Mi–Mo 8.30–19, So, Fei bis 13 Uhr, Erw. 2 € außer EU-Bürgern unter 18 und über 65 Jahren, s. Mini-Tipp S. 438).

## Museo Statale d'Arte Medioevale e Moderna 12

Das großartige, leider nur selten besuchte Museum mit dem zugegebenermaßen verschwommenen Namen »Staatliches Museum für Mittelalterliche und Moderne Kunst« wurde im bereits 1445 begonnenen, wunderschönen Palazzo Bruni-Giocchi untergebracht. Es besitzt eine bedeutende Sammlung mittelalterlicher Bilder und Skulpturen, eine reiche Majolikasammlung sowie eine ›moderne‹ Abteilung mit Werken von der Renaissance bis zu den Macchiaioli.

Ein paar Kostbarkeiten der Sammlungen seien hervorgehoben: Im Innenhof lehnen die Originale der schlanken Säulen der Zwerggalerien um den Chor der Pfarrkirche, die bereits im 19. Jh. zu ihrem Schutz entfernt wurden. Von Margheritone d'Arezzo befindet sich hier eines der ersten Bilder vom hl. Franziskus (1260), ein Tafelbild, das noch ganz im Flachen verhaftet ist, ohne Perspektive. Von einem weiteren bedeutenden Aretiner Maler und seiner Werkstatt, von Spinello Aretino (eigentlich Parri di Spinello, 1387–1453), stammen mehrere abgenommene Fresken; zu bewundern sind außerdem viele andere Fresken aus Kirchen der Stadt und ihres Umlandes, die gar nicht mehr existieren.

Für das Refektorium des Frauenklosters La Badia delle SS. Flora e Lucilla bestimmt war das vielleicht kostbarste Gemälde des Museums, ein riesiges Tafelbild von Vasari (1548), das statt eines Abendmahls ein »Bankett« darstellt, bei genauer Betrachtung Esther und Ahasverosh, den Perserkönig.

Auch sollen in der Szene einige Bewohnerinnen des Klosters porträtiert worden sein. In der Gestalt der Esther ist die Muse Erate wiederzuerkennen, das Ebenbild der Frau Vasaris aus seinem Wohnhaus (Di–So 8.30–19.30 Uhr, Erw. 4 €, Sammelticket s. S. 438).

## Römisches Amphitheater und Archäologisches Museum 13

Das **Anfiteatro Romano** entstand wohl zwischen dem zweiten und ersten vorchristlichen Jahrhundert und bot bis zu 10 000 Zuschauern Platz. Mit seinen 122 m Länge dürfte es das größte Etruriens gewesen sein. 1362 kam es in den Besitz von Bernardo Tolomei, dem Begründer des Olivetanerordens

## Tipp: Mit dem Sammelticket durch Arezzo

Für Kunstliebhaber lohnt sich der Erwerb eines Sammeltickets; es kostet nur 10 € (zzgl. 2 € bei Vorbestellung der Besuchstermine) und gilt für folgende Museen bzw. Sehenswürdigkeiten: Museo Archeologico, Museo Statale d'Arte Medievale e Moderna, Casa del Vasari und die Fresken von Piero della Francesca in San Francesco. EU-Bürger unter 18 bzw. über 65 Jahren zahlen in einigen Museen Arezzos keinen Eintritt.

am Monte Oliveto Maggiore (s. S. 382), dessen Mitglieder gegen Ende des 15. Jh. auf einem Teil der früheren Tribünen das Kloster errichteten.

Im ehemaligen Benediktinerkloster wurde eines der schönsten Archäologischen Museen der Toscana untergebracht. Das **Museo Archeologico** zog bereits 1934 hier ein. Im Zweiten Weltkrieg zerbombt, wurde es großartig wieder aufgebaut und neu eingerichtet. Es enthält außer antiken Münzsammlungen etruskische, griechische und vor allem aretinische Vasen von besonderem Wert: die sogenannte Korallenkeramik. Ihren hübschen Namen erhielt sie wegen ihres rötlichen Tones, sie ist mit zartesten Reliefs bearbeitet und unglaublich dünnwandig. Das war jahrhundertelang sozusagen die Spezialität Arezzos und vom ersten vorchristlichen bis zum ersten nachchristlichen Jahrhundert eine der wichtigsten Handelswaren der Stadt. Den Grundstock für das Archäologische Museum bildete die Sammlung der Laienbruderschaft unter der Obhut dominikanischer Mönche, deren Sitz sich an der Piazza Grande befand (tgl. 8.30–19.30 Uhr, Erw. 4 €, Sammelticket s. oben).

## Infos

**APT:** 52100 Arezzo (AR), Piazza Stazione/della Repubblica 28, Tel. 0 57 52 08 39, www.apt.arezzo.it; sehr informativ ist auch www.cittadiarezzo.com.

## Übernachten

**Stadtpalazzo ▶ Patio 1:** Via Cavour 23, Tel. 05 75 40 19 62, www.hotelpatio.it, ca. 11.–26. Jan. geschl. Fünf Zimmer, zwei Suiten, jedes einem anderen Reiseroman von Bruce Chatwin gewidmet, mit Originalmöbeln aus dem beschriebenen Land. Etwas Besonderes! DZ/ÜF 155–190 €.

**Modern ▶ Minerva 2:** Via Fiorentina 6, Tel. 05 75 37 03 90, www.hotel-minerva. it, 1.–20. Aug. geschl. Hotel am Stadtrand beim Kongresszentrum.130 helle, komfortable Zimmer. Restaurant; Parkplatz. DZ/ÜF 90–195 €.

**Zentral ▶ Continentale 3:** Piazza Guido Monaco 7, Tel. 0 57 52 02 51, www.hotelcontinentale.com. Freundliches renoviertes Stadthotel am zentralen Platz. 73 Zimmer, drei Suiten, teilweise mit Stilmöbeln, sonst modern eingerichtet. DZ/ÜF 86–126 €.

**Parkvilla ▶ Casa Volpi 4:** Via Simone Martini 29, Tel. 05 75 35 43 64, www.casavolpi.it, 1. Aug.-Woche geschl. 14 elegant- rustikale Zimmer in einer Villa aus dem 19. Jh. Mit Restaurant; Parkplatz. DZ/ÜF 75–95 €.

## Essen & Trinken

**Feines Ambiente ▶ Lancia d'Oro 1:** Piazza Grande 18/19, Tel. 057 52 10 33, Ruhetage Juli/Aug. So, sonst Mo. Gepflegtes Restaurant unter den Arkaden der Vasari-Loggia; es ist wunderschön, im Sommer unter der offenen Loggia zu sitzen. Verfeinerte toscanische Küche, u. a. raffinierte Pasta wie Kaninchenravioli, Milchspanferkel aus dem Backofen oder Fasanenbrust mit Stopfleber. Degustationsmenü 46 €.

**Historisch ▶ Buca di San Francesco 2:** Piazza San Francesco 1, Tel. 0 57 52 32 71, Ruhetage Mo Abend, Di. Traditionelles Restaurant in historischen Gewölben, etwas überlaufen. Italienische und toscanische Spezialitäten. Menü ab 30 €.

**Traditionslokal ▶ Antica Osteria L'Agania 3:** Via Mazzini 10, Tel. 05 75 29 53 81, Ruhetag Mo (außer Juni–Sept.). Einstiges Milieulokal, seit drei Generationen in Familienbesitz; noch immer urige Kneipe mit hervorragender Aretiner Küche wie *ribollita* und *zuppa di farro*, *trippa* und *baccalà*, *fegatelli*

## Tipp: Zu Drehorten des Films »Das Leben ist schön«

Arezzo hat nicht nur das berühmteste Werk Piero della Francescas zu bieten, es ist auch die Stadt des Schauspielers und Regisseurs Roberto Begnini, der 1952 ganz in der Nähe in einem Dorf namens Misericordia geboren wurde. Seine Karriere beginnt in den 1970er Jahren in Rom mit alternativem Theater und einer von ihm geschaffenen grotesken Bühnenfigur in seiner Ein-Mann-Show. Nach Auftritten in einer TV-Serie erhält er seine erste Filmrolle.

Als Drehbuchautor und Regisseur tritt Benigni 1982 auf, den internationalen Durchbruch schafft der Schauspieler 1985 als Kleinkrimineller in der Komödie »Down By Law«. 1989 besetzt ihn Federico Fellini als schelmischen Tor in seinem letzten Film »Die Stimme des Mondes«. Parallel arbeitet Begnini als Regisseur – stets mit sich selbst in der Hauptrolle und Nicoletta Braschi als Partnerin. Doch mit seinem Film »La vita è bella« (»Das Leben ist schön«) hat Benigni den cineastischen Olymp erklommen: Er brachte ihm nicht nur neun Auszeichnungen des höchsten italienischen Filmpreises David di Donatello ein, sondern auch den Großen Preis der Jury in Cannes (1998) sowie gleich drei Oscars in Holywood (1999).

Der Film arbeitet die Thematik des Holocausts als Tragikomödie auf und bricht damit ein Tabu, das in Italien breite politische Diskussionen auslöste, dem Regisseur in Israel jedoch viel Anerkennung einbrachte. Gedreht hat Benigni sein bislang berühmtestes Werk in seiner Heimatstadt Arezzo.

So können Liebhaber des Films im historischen Zentrum den wichtigsten Drehorten nachspüren – aufgestellte Tafeln mit vor Ort gedrehten Filmszenen und Informationen sowie Filmdialoge weisen auf die Plätze hin. Ihre **Standorte** (Karte s. S. 432): **1** Piazza della Libertà, **2** und **3** Piazza Grande, **4** Piazza San Francesco, **5** Teatro Petrarca, **6** Piazza della Badia, **7** die Schule an der Via Porta Buia und die **8** Via Garibaldi. An letztem Standort kam die Tafel ›abhanden‹...

**Mit Filmpreisen überhäuft: »La vita è bella« mit Regisseur Benigni in der Hauptrolle**

*arrosti* (in Netzmagen gewickelte Schweinsleberstücke aus dem Backofen), Wildspargel und andere saisonbedingte Leckereien. Menü ab 18 €.

Einfach, aber gut ▶ **Il Grottino** 4:Via del Prato 1, Tel. 05 75 30 25 37, Ruhetag Mi Abend. Einfach eingedecktes kleines Lokal. Simple, aber schmackhafte Gerichte, kleines Menü inklusive Getränke ab 15 €.

Urig ▶ **Compagni di Merende** 5: Piazza Grande 16, Tel. 057 51 82 23 68, Dez.–März nur mittags geöffnet. Eine kleine urige Osteria unter den Vasari-Logge, Holztische mit Papiersets. Aretiner Küche, kleine Auswahl, kleine Portionen (!). Menü ab 10 €.

## Einkaufen

Antiquitäten ▶ **Piazza Grande** 1: Der berühmteste Antiquitätenmarkt der Toscana findet an jedem ersten Wochenende des Monats statt, mit rund 500 Ausstellern auf einer Fläche von mehr als 10 000 m². Der Septembermarkt freilich übertrifft alle anderen.

Alles Leckere ▶ **Pasticceria Gli Svizzeri** 2: Corso Italia 61/63. Caffè/Gastronomia seit 1857 in schön antiquiertem Verklaufsladen, wo es viele Leckereien zum Mitnehmen gibt. 12–15 Uhr leichtes Mittagessern vor Ort und 18–23 Uhr ›Spritz Point‹, also Aperitif-Bar.

Kulinarische Souvenirs ▶ **Canto de' Bacci** 3: Corso Italia 65/Ecke Via Mazzini. Kleiner Laden mit feinen kulinarischen Mitbringseln und Apettithappen wie Pecorino und Wein, Cantucci, Olivenöl etc.

Bett- und Tischwäsche ▶ **Busatti** 4: Corso Italia 48. Kleiner feiner Laden der berühmten Produzenten aus Anghiari, vor allem kostbare Leinenstoffe.

## Abends & Nachts

Man trifft sich zur *passeggiata* auf dem Corso Italia und schwenkt zur Piazza San Francesco. Familien mit Kindern treffen sich auch gerne im Stadtpark auf dem Domhügel.

**Stöbern nach Lust und Laune:**
**Auf dem Antiquitätenmarkt in Arezzo**

In-Treff ▶ **Caffè dei Costanti** 1: Piazza San Francesco. Das traditionsreichste Cafè der Stadt, einige Jahre zum Verdruss der Aretiner geschlossen, ist nun als Schickeria-Treff wiederauferstanden und serviert außer Mo, Di Frühstück 8.30–11.30, Mittagsbüffet 12– 14.30 sowie vor allem Aperitif 19–21.30 Uhr.

Kleiner Nachahmer ▶ **Vita Bella** 2: Piazza San Francesco 22, Ruhetag Mi. Caffetteria, Bruschetteria, Cocktailbar. Sympatisch, klein, ein neuer Treff auf der beliebten Piazza vor der Kirche San Francesco. 19–21 Uhr *aperitivi* mit Kleinigkeiten zu essen.

Uriges Weinlokal ▶ **Antica Vineria dell' Agania** 3: Via Mazzini 14. Im selben Besitz wie die Antica Osteria L'Agania (s. o.) nebenan. Im Winter nur Do–So, sonst Di–So durchgehend geöffnet. Außer Wein gibt es kalte Platten.

## Aktiv

Bogenschießen ▶ **Club Arcieri** 1: Via Garibaldi 170, Tel. 05 75 32 04 18.

Trekking ▶ **Club Alpino Italiano** 2: Via Fabio Filzi 29/a, Tel. 05 75 36 03 26.

Radverleih/Ausflüge ▶ **Colori Toscani** 3: c/o APT am Bahnhof, Piazza della Repúbblica 28, www.coloritoscani.com. Radverleih sowie Organisation und falls erwünscht Durchführung von Ausflügen für aktive Reisende.

## Termine

**Giostra del Saracino:** Dritter Sa im Juni abends, erster So im Sept. tagsüber, auf der Piazza Grande. Die historischen Stadtteile wetteifern im Lanzenstechen gegen hölzerne Puppen, die Sarazenen. Eines der farbenprächtigsten toscanischen Feste.

## Verkehr

**Bahn:** Sehr gute Verbindungen (im Berufsverkehr ca. halbstündlich) mit Florenz und den Orten der Strecke Cortona – Chiusi sowie ins Casentino.

**Bus:** Ca. halbstündliche Verbindungen mit Florenz und Cortona, Chiusi sowie ins Casentino.

# aktiv unterwegs

## Mit dem Fahrrad entlang des Canale Maestrale

### Tour-Infos

**Start:** Arezzo oder Chiusi
**Länge:** 62 km
**Dauer:** ein ganzer Tag oder in Etappen
**Radverleih und Karten:** Colori Toscani (Arezzo), www.coloritoscani.com, Percorsi Naturali (Chianciano Terme), www.eutoscana.it. Korrespondierende Bahnfahrten mit Radtransport sind genügend vorhanden. Man kann sich die Tour inkl. Übernachtung organisieren lassen oder es auf eigene Faust tun, s. unter www.sentierodellabonifica.it.

»Il Sentiero della Bonifica« heißt der perfekt ausgebaute Radweg zwischen Arezzo im Norden und Chiusi im Süden, der entlang des **Canale Maestro della Chiana** führt – durch eine vom Menschen geschaffene Natur und zu manchen bewundernswerten Ingenieurleistungen. Der Kanal, der das sumpfige Chianatal entwässern sollte, wurde ab dem 16. Jh. angelegt, wodurch das Tal zu einem der fruchtbarsten – und malariafreien – Gebiete der Toscana wurde. Noch heute lebt das Chianatal von der Land- und Viehwirtschaft.

Der Schotterweg ist plan, ganz einfach zu fahren und nur wenige Straßen sind zu überqueren, ideal für den Genuss der Langsamkeit. Auch für Wanderer geeignet, die unterwegs Übernachtungsmöglichkeiten, Picknickplätze, Restaurants etc. genannt bekommen. Speziell für Radfahrer sind Reparaturwerkstätten und Apotheken aufgeführt bzw. auf der Karte eingezeichnet. Der Weg ist hervorragend ausgeschildert, und alle interessanten Punkte am Kanal (Schleusen, Erdwälle, Wärterhäuschen, Türme, Landvillen, Eisenbrücken u. a.) werden auf Tafeln auch mit Zeichnungen und Bildern erläutert. Meist geht es am Kanal entlang durch offene Landwirtschaftsflächen, z. T. bieten ausladende Laubbäume wie Rubinien und Ahorn, Eschen und Haselsträucher am Wegrand Schatten. Nur wenige Kilometer rechts und links des Kanals wölben sich Hügel aus dem flachen Land, auf ihnen hocken verlockend die Villen einzelner Landgüter, Dörfer und Städtchen, die ebenfalls erläutert werden, falls man sich nicht mit ihrem Anblick begnügt.

Wer in Arezzo loszieht, wird gleich zu Be-

**Wo geht's lang? Mountainbiker bei Chiusi**

ginn eines der hydraulischen Wunderwerke am Kanal kennenlernen, die **Chiusa dei Monaci** (Schleuse der Mönche) in Ponte a Chiani. Man braucht schon eine ganze Weile, um das komplizierte Bauwerk aus Brücken und Durchlässen zu begreifen. Beim Wächterhaus (Casello idraulico di Frassineto) werden gleich vier verschiedene Typen dieser Einrichtung erläutert – für die Wasserstandskontrolle ebenso gedacht wie als Materiallager. Kurz darauf geht es nahe einer kleinen Picknickstation (mit Wasser) auf die östliche Seite des Kanals, eine kleine Brücke überwindet auch einen schmalen Zufluss. Im Osten schaut man auf **Castiglión Fiorentino**, im Westen nach **Monte Sansavino** und bald auf das sehr hübsch aufragende **Lucignano**, jeweils über weite, von Kanälen durchzogene Felder hinweg. Schön, dass der Kanal so natürlich wirkt: Seine Ufer sind dicht bewachsen und daher sicher nicht einfach zu pflegen, Schilf und Weiden sowie Brombeeren wachsen ja bekanntlich recht schnell nach. Vogelgezwitscher und Froschgequake als Begleitmusik, weiße Reiher ziehen in ruhigem Flug durch die frisch duftende Luft.

Wenn **Sinalunga** im Westen auftaucht, könnte man östlich einen Abstecher nach **Farneta** wagen, jetzt hat man etwa die Hälfte der Strecke geschafft – Wanderer könnten sich in dieser Gegend gleich in mehreren empfohlenen Landhäusern einquartieren oder gleich in Sinalunga. Nur noch rund 10 km sind es bis in Höhe von **Montepulciano** (Luftlinie nochmals 10 km nach Westen). Bald ist der **Lago di Montepulciano** erreicht, wo der Weg bis zum etwas größeren, bewirtschafteten **Lago di Chiusi** in einen Naturlehrpfad übergeht. An dessen Ende sind es noch 5 km bis zur Endstation, zum Bahnhof von Chiusi Scalo. Aber nicht, ohne vorher einen Besuch von Chiusi eingeplant zu haben!

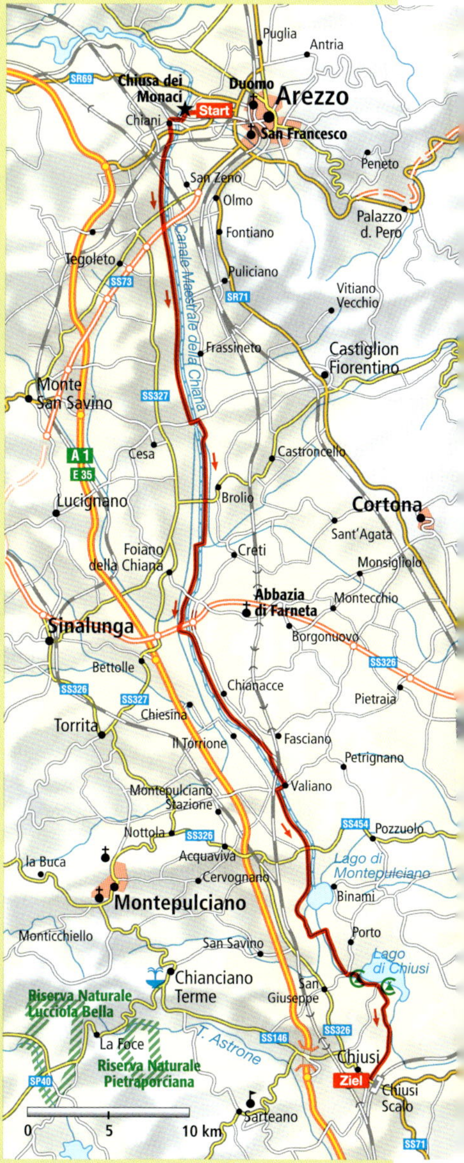

# Casentino und Oberes Tibertal

**Die *Toscana minore* besitzt trutzige Städtchen wie das schöne Póppi oder Stía, eine Idylle ganz im Norden, die noch entdeckt werden will. Geradezu mystisch sind die Klöster La Verna und Camáldoli, eine herrliche Sommerfrische Michelangelos Geburtsort Caprese Michelangelo. Im Oberen Tibertal reist man auf den Spuren Piero della Francescas.**

Das Casentino, ein waldreiches Gebiet nördlich von Arezzo, folgt dem Lauf des jungen Arno, der vom Monte Falterona kommend bis kurz vor Arezzo nach Süden fließt, um hier einen Bogen nach Westen und dann wieder nach Nordwesten Richtung Florenz zu schlagen. Neben intakter Natur, geschützt durch den Parco Nazionale delle Foreste Casentinesi-Monte Falterona Campigna, dem Ursprungsgebiet des Arno, gibt es hier historisch wie kunsthistorisch Interessantes zu entdecken. Die Bezeichnung *Toscana minore*, die kleine, unscheinbare Toscana, kann also nur für den geringen Bekanntheitsgrad der Region stehen, nicht aber für ihre Qualitäten.

Das Gebiet des Casentino, sagen die Aretiner, wurde stets als eine ›Fette Beute‹ angesehen, natürlich insbesondere von den machtgierigen Florentinern. Dante, der als junger guelfischer Ritter bei Campaldino kämpfte, dann hier als Verbannter lebte, lobte die Burgen der Herren Guidi aus Póppi, die zum Teil die schönsten Punkte auch noch heute krönen. Bibbiena und ähnlich wohlhabende Grundbesitze gehörten dagegen den Tarlati und Ubertini aus Arezzo. In der Nähe des Bergmassivs von Póppi wurde am 11. Juni 1289 jene Schlacht entschieden, die den jahrhundertelangen Kämpfen zwischen Guelfen und Ghibellinen ein Ende setzte: Florenz besiegte Arezzo, Dante war dabei, und Bischof Ubertino musste sein Leben lassen. Sein Helm, nach anderen Überlieferungen gar sein Kopf, wurde in einem Triumphzug als Trophäe nach Florenz getragen.

Ganz im Norden haben die Camaldolenser ihr erstes Kloster gegründet, das noch heute durch seine Lage mitten im hohen Mischwald und die einzigartigen Mönchszellen der Einsiedelei ein lohnendes Ausflugsziel darstellt. Die Abbazia La Verna dagegen, etwas weiter südlich, sollte eigentlich ein Ort der geistigen Besinnung ganz im Sinne des hl. Franziskus aus Assisi sein, der hier seine Stigmata empfing. Doch nur selten ist man hier allein.

Im Oberen Tibertal, das für das Casentino eine Art östliche Grenze bildet, hinterließ der Maler Piero della Francesca mehrere wundervolle Werke, die vor Ort besucht werden sollten (s. Thema, S. 436): seine »Schwangere Madonna« in Monterchi und viele Erinnerungen in seinem Geburtsort Sansepolcro.

## Bibbiena ►K 5

Die zahlreichen Paläste des knapp 13 000 Einwohner zählenden Städtchens **Bibbiena** in 425 m Höhe sind leicht zu erklären: Als Vipena etruskischen Ursprungs, wurde Bibbiena später Feudalsitz der Bischöfe von Arezzo, die eigene Paläste errichten ließen, aber auch manche Adelsfamilien im Schlepptau hatten, die standesgemäß zu wohnen pflegten. Das historische Zentrum ist recht klein, übersichtlich und in beherrschender Lage ein wichtiger strategischer Kreuzpunkt zwischen den Straßen nach Arezzo, Florenz, Bagno di Romagna (in der Emilia-Romagna) und über Chiusi della Verna nach Umbrien. Kein Wunder also, dass Bibbiena heute das vielleicht bedeutendste Industrie- und Handelszentrum des Casentino ist. Und sieht man von den gesichtslosen Neubauten am Ortsrand ab, hat es in seiner historischen Struktur kaum Schaden erlitten.

## Stadtrundgang

Das Städtchen selbst nennt sich gerne *Città del Teatro*. Tatsächlich besitzt es ein zauberhaftes, wenn auch kleines Theater und sogar ein Bühnenbildmuseum. Das wunderbar restaurierte **Teatro Dovizi** (1842) mit drei Rängen im Zentrum steht ganz in der Nachfolge der barocken Theater im 18. Jh. an den europäischen Höfen. Den Wiederaufbau des Theaters haben der Bühnenbildner der Mailänder Scala, Pierluigi Pizzi, und der Architekt Massimo Gasparon 1997 forciert. Gleichzeitig schufen sie hier ein Forschungszentrum für das barocke Theater sowie das Museum des Bühnenbildes und der Theaterkostüme, das **Museo della Scenografia** in der parallelen Via Berni 21 – ein bislang einmaliges Museum (Do–Sa 10–12, 15.30–18.30, So 10–12 Uhr, unsichere Öffnungszeiten, daher besser vorher anrufen Tel. 05 75 59 37 91; Eintritt vorerst frei)!

Eine andere Initiative des kulturell rührigen Ortes ist das **Museo della Fotografia** im Centro Italiano della Fotografia d'Autore im Gebäude des früheren Gefängnisses (zusammen mit dem Touristikbüro, Di–Sa 9.30–12.30, So, Fei nur 10–12.30, 15.30–18 Uhr, Eintritt frei).

Zentrum des historischen Bibbiena ist die etwas nach Norden versetzte **Piazza Tarlati** (auch Piazza Grande genannt), die wie eine Terrasse über dem Abhang schwebt und einen herrlichen Ausblick ins Casentino ermöglicht, besonders auf das Nachbarstädtchen Póppi. Die nördliche Breitseite des Platzes (als Parkplatz leider mit Autos verstellt) nimmt eine lange Loggia ein, an deren östlicher Ecke ein klobiger Glockenturm aufragt, der sogenannte Campanone, ein Rest der Festung der Tarlati aus dem 12. Jh. Dahinter öffnet sich ein kleiner Platz mit der Pieve SS. Ippolito e Donato, genannt **Propositura:** eine schlichte, einschiffige Pfarrkirche aus dem Anfang des 12. Jh. mit breitem Querschiff. Die eigentliche Hauptkirche des gesamten Casentino ist reich geschmückt mit Bildern aus dem 14. bis 17. Jh. und Skulpturen aus dem 12. Jh. wie die »Madonna di Giona«, der man 2001 das Kind geraubt hat, oder ein Holzkruzifix vom Maestro di San Polo in Rosso (tgl. 7.30–13, 15–19 Uhr, Eintritt frei).

Aus den Profanbauten bzw. Palästen Bibbienas ragt einer heraus, der leider trotz Restaurierung unbenutzt geblieben ist und nur von außen bewundert werden kann: der in der Renaissance errichtete **Palazzo Dovizi** (16. Jh.) in der gleichnamigen Straße. Kardinal Bernardo Dovizi, genannt Il Bibbiena, der Sekretär von Papst Leo X., hat ihn für sich als Wohnhaus bauen lassen. Schräg gegenüber erhebt sich die dreischiffige **Chiesa di San Lorenzo**, die zwei wundervolle Terrakotten von Andrea della Robbia besitzt: eine »Grablegung« und eine »Anbetung«; mit den Farblasuren, die für den Keramikkünstler typisch sind: weiß vor allem, aber auch blau, grün und gelb (nicht immer geöffnet).

## Infos

**Ufficio Informazioni Turistiche:** 52011 Bibbiena (AR), Via delle Monache 2, Tel. 05 75 53 69 43, www.comune.bibbiena.ar.it, www.cittadelteatro.it.

## Übernachten

**Romantisch ▶ Relais Il Fienile:** Località Gressa 6 km nördlich von Bibbiena, Tel. 05 75 59 33 96, www.relaisilfienile.it. Kleines Anwesen in einem Heustadel aus dem 18. Jh. mit Blick ins Tal und auf die Berge. Pool im Garten. Sechs Zimmer. Parkplatz. DZ/ÜF 95–136 €.

**Zentral ▶ Borgo Antico:** Via Dovizi 18, Tel. 05 75 53 64 45, www.brami.com. 14 Zimmer, kleines renoviertes Hotel mitten im historischen Zentrum. Parkplatz wird organisiert, Restaurant geplant. DZ/ÜF 70–80 €.

## Essen & Trinken

**Einfallsreich ▶ Il Tirabuscio:** Via Borghi 73, Tel. 05 75 59 54 74, Ruhetage Mo Mittag und

Di. Schickes Lokal in zwei kleinen Räumen, intime Atmosphäre. Kreative lokale Küche wie Täubchenravioli, Gulasch nach Casentiner Art aus Chianinafleisch auf dunkler Polenta. Menü ab 25 €.

Caffè ► **Le Logge del Tarlati:** Piazza Tarlati, Ruhetag Di, Fr–So bis 3 Uhr geöffnet. Nettes Café unter den Arkaden, der Treff im historischen Zentrum, mit Kleinigkeiten zu essen.

### Einkaufen

Bibbiena besitzt im historischen Zentrum erstaunlich viele kleine modische Boutiquen.

### Aktiv

Golf ► **Golf Club Casentino:** s. Póppi, S. 449.

Radfahren ► **MTB Club Casentino:** Via Carlo Marx, Tel. 05 75 59 42 31, www.mtbcasentino.it.

### Verkehr

**Bahn:** Bibbiena liegt an der Bahnlinie Arezzo – Stía, die im Berufsverkehr ca. stdl. bedient wird.

**Bus:** Im Berufsverkehr ca. halbstündliche Verbindungen mit Arezzo und Póppi.

**Auto:** Den Wagen parkt man am besten auf den ausgewiesenen Plätzen unterhalb des historischen Zentrums. Denn auch wenn die zentrale Piazza Tarlati einige Parkplätze hat, sind sie schnell besetzt, und man bekommt womöglich Probleme mit der strengen Ortspolizei, denn es herrscht hier Fahrverbot für Fahrzeuge von Nicht-Residenten.

## Póppi ► K 5

Bis zum 1654 m hohen Monte Falterona, dem ›Geburtsort‹ des Arno, breitet sich das Casentino aus. Der Teil der Ausläufer des Tosco-Emilianischen Apennin wirkt jetzt fast wie ein Amphitheater – eine schöne Kulisse für **Póppi**, das antike Pupium. Unten wie so oft mit hässlichen Betonbauten entlang der Hauptstraße verunstaltet, thront oben auf dem Hügel in knapp 450 m Höhe das historische Zentrum, aus dem der hohe und schlanke Turm des Castello dei Conti Guidi herausragt – fast so wie der hoch gestreckte Daumen aus einer geschlossenen Faust!

Von **Ponte a Póppi**, sozusagen die Unterstadt von Póppi (gut 6300 Einw.), wo es einen größeren Parkplatz gibt, schlängelt sich der breite mittelalterliche Weg, *La Costa* genannt, hinauf zum Burgberg. So kommt man an der **Porta San Fedele** durch die Mauer und ist gleich bei der mittelalterlichen, außen schlichten **Kirche San Fedele**, auch La Badia genannt. Sie ist die größte Kirche des Casentino, wurde im 10. Jh. errichtet und erhielt ihre heutige Ausstattung im 16. Jh.: u. a. sechs kostbare Renaissancealtäre. In ihrer Krypta werden in einer Silberbüste die Gebeine des Beato Torello, des Schutzpatrons von Póppi und des Casentino verehrt (tgl. 9/10–12/13, 15–18/19 Uhr, Eintritt frei).

Die **Via Cavour,** von unterschiedlich hohen Bogengängen und schmalen Palästen mit unregelmäßig vorspringenden Fassaden geschmückt, schlängelt sich von San Fedele hinauf. Die langen *portici*, die Bogengänge, die sich durch die ganze Stadt ziehen, gehören den verschiedensten Stilepochen an, meist sind sie gedrungen, als sollte möglichst wenig Sonnenlicht ins Erdgeschoss gelangen. Ihre Säulen und Pfeiler sind teils geradezu unförmig grob, teils sehr grazil. Die Paläste, die diese *portici* schmücken, zeugen vom Geschmack und Geld der Familien, die sie erbauten und bewohnten.

### Zum Castello

Am kleinen Marmorbrunnen aus der Renaissance vor dem Zentralbau des ebenfalls aus dem 16. Jh. stammenden **Oratorio Madonna del Morbo** im Zentrum Póppis angekommen, macht der Berggrat einen Knick nach links, und an seiner höchsten Stelle ragt das **Castello dei Conti Guidi** auf. An solch beherrschender Stelle haben die Herren des Gebietes, die Conti Guidi, ihre Burg errichtet, die auch Palazzo Pretorio genannt wird. Es ist nicht nur ein wahres Schmuckstück, es ist das wichtigste Kastell dieses Grafengeschlechts im Casentino und eines der am besten erhaltenen mittelalterlichen Baumonumente der Toscana: Das trutzige Gebäude ist ein wundervolles Stück Mittelalter mit fast glatten Wänden und für die Bauzeit relativ großen Fensteröffnungen.

Nur wenig änderte sich an der ursprünglichen Architektur des Castello Guidi (1261–1265), lediglich der Zinnenkranz wurde von den Florentinern auf den schlanken Turm gesetzt, nachdem sie um 1440 Póppi eingenommen hatten. Wie der Turm ist auch der Fassadenabschluss und die umgebende Mauer mit dem vorgezogenen Tor von Zinnen bewehrt.

Über den wieder in Stand gesetzten Burggraben gelangt man in das Kastell. Ein Blick in den Innenhof zeigt die großartig erhaltene Substanz: mit den Wappen der Florentiner Statthalter geschmückte Wände, eine kühn hohe Steintreppe und Holzgalerien. Von besonderer Schönheit sind die Fresken in der Burgkapelle – von ganz besonderem Wert aber erweist sich die Bibliothek, der ganze Stolz des Ortes: Den Grundstock bildete die Sammlung des Grafen Fabrizio Rilli Orsini, weshalb sie **Biblioteca Rilliana** genannt wird. Am 1. Dezember 1825 vermachte er 9000 Folianten und 200 Handschriften feierlich der Stadt Póppi. Hinzu kamen die Bibliothek von Camáldoli und die der Kapuziner von Póppi. Insgesamt besitzt die Bibliothek heute rund 600 Inkunabeln (Drucke aus der Zeit vor 1500), 800 Manuskripte und 70 000 Bücher aus dem 10. bis 15. Jh. (tgl. 9.30–12.30, 15–18 Uhr, zeitweise auch durchgehend, im Winter nur Do–So, falls doch geschlossen, s. www.castellodipoppi.it oder anrufen, Tel. 05 77 50 22 20, Erw. 3 €).

Der Platz vor dem Castello wurde zu einer großen luftigen Parkanlage umgestaltet, geziert von einer Dante-Büste sowie vom *Marzocco*, dem Florentiner Löwe auf einer Säule. Schön ist der Blick ins Tal des Arno und auf Bibbiena, von Glyzinien bedeckt die Pergola vor dem früheren Reitstall, jetzt ein Restaurant (gegenüber der Herberge Casentino). Hier bei einem schlichten Mahl oder auch nur einem *caffè* ein wenig zu verweilen ist bestimmt keine schlechte Idee; auch nicht, sich hier einzuquartieren (s. u.).

## Infos

**Pro Loco:** 52014 Póppi (AR), im Rathaus, Via Cavour 11 (kein Telefon); s. auch Stía, S. 450.

**Im Garten des Restaurants Casentino in Póppi**

## Tipp: Ecomuseo del Casentino

Unter dem Sammelbegriff Ecomuseo (Ökomuseum) bietet das Casentino immer mehr Museen und Freilichteinrichtungen, die einen tieferen Einblick in die Kulturgeschichte, die ökologischen Strukturen, aber auch in die Probleme der Region gewähren.

Das **Ecomuseo della Castagna**, das Kastanienmuseum also, befindet sich im kleinen Raggiolo mitten im Kastanienwald, wo im Herbst sehr anschaulich das Sammeln, Trocknen und Zubereiten der Kastanien und der vielen Kastanienmehlprodukte demonstriert wird.

Das **Museo della Casa Contadina** (Bauernhausmuseum) befindet sich in Subbiano, Località Castelnuovo, und ist ein privates, besonders liebevoll gepflegtes Museum (Auskunft beim Besitzer: Handy 34 98 54 22 45).

In Castèl San Niccolò, Località Cetica, befindet sich das **Ecomuseo del Carbonaio** (Köhlermuseum) zusammen mit der **Casa dei Sapori**, also mit dem Haus des Geschmacks, der Küche des Casentino, der Wildkräuter und Waldfrüchte etc. Natürlich wird hier das Köhlern demonstriert und in der Casa dei Sapori gibt es immer wieder Ausstellungen mit Verkostungsmöglichkeit. Besonders stolz ist man in Cetica über die Wiederentdeckung einer lokalen, roten unförmigen Kartoffel, die von ganz eigenem Geschmack ist – sozusagen ein kulinarischer Vorteil des neuen Selbstbewusstseins im Casentino (Auskunft über Tel. 05 75 5702 55).

Aber auch das gehört zur Gruppe des Ecomuseo del Casentino: das **Museo del Contrabbando e della Polvere da Sparo**, das Museum des Schmuggelns und der Feuerwaffen in Chitignano (Tel. 05 75 59 67 13).

Nähere Informationen zu den verschiedenen Museen erhält man beim Consorzio Sviluppo Casentino, c/o Comunità Montana del Casentino, 52013 Ponte a Póppi (AR), Via Roma 203 (Erdgeschoss), bzw. unter www.ecomuseo.casentino.toscana.it.

**Im Ecomuseo della Castagna dreht sich alles um die Kastanie**

## Übernachten

**Bequem ▶ Parc Hotel:** Località Ponte a Póppi, Via Roma 214, Tel. 05 75 52 99 94, www.parchotel.it. ›Stadthotel‹ im neueren – unteren – Teil der Gemeinde. Pool. 34 freundliche, relativ kleine Zimmer. Restaurant; Parkplatz. DZ/ÜF 70–107 €.

**Sympathisch ▶ Casentino:** Piazza della Repubblica 6, Tel. 05 75 52 90 90, www.albergocasentino.it, Dez.–Okt. Älteres kleines Hotel gegenüber dem Castello Guidi. 30 unterschiedliche Zimmer; Garten. Hervorragendes Restaurant gegenüber (s. u.). DZ/ÜF 70 €.

**Restauriertes Bauernhaus ▶ La Torricella:** Località Torricella 14, Ponte a Póppi, Tel. 05 75 52 70 45, www.latorricella.com. Auf kleinem Hügel mit Panoramablick auf Póppi. 13 Zimmer. Restaurant mit Holzbalkendecken und Veranda; Parkplatz. DZ/ÜF 64–95 € (Menü ab 17 €).

## Essen & Trinken

**Im Pferdestall ▶ Casentino:** s. Hotel, Ruhetag Mi (außer im Sommer). Ländliches Restaurant im ehemaligen Stall des Castello und im Garten; schmackhafte Casentino-Küche, viel vom offenen Holzfeuer wie *grigliata mista*, aber auch aus dem Backofen wie *arrosto misto*, beides wirklich mit vielfältigen Fleischsorten (Schwein, Rind, Kaninchen, Täubchen, Lamm etc.); freundlicher Service. Menü ab 15 €.

S. auch **Hotel La Torricella.** Im Sommer außerdem **Cafés** auf der Piazza, wo man Aperitifs und Kleinigkeiten zu essen bekommt – und schönstes Panorama!

## Aktiv

**Golf ▶ Golf Club Casentino:** Via Fiorenzola 6, Loc. Palazzo, Tel. 05 75 52 98 10, www.golfclubcasentino.it. 9-Loch-Platz.

# Pratovecchio ▶ J 5

Dem jungen Arno zu seinem Ursprung folgend, kommt man zum vermutlichen Geburtsort des Frührenaissancemalers Paolo Uccello beziehungsweise Paolo di Dono (um 1397–1475), der gerne mit der Perspektive spielte. Eine nette Sommerfrische ist dieses Pratovecchio, und ringsum gibt es außerdem einige Erinnerungsorte an Dantes Aufenthalt im Casentino. So beispielsweise das im beginnenden 11. Jh. errichtete **Castello di Romena**, ca. 1,5 km südwestlich in wunderbarer Panoramalage. Leider darf es nur von außen betrachtet werden, obwohl darin ein bedeutendes Museum eingerichtet wurde.

## Pieve di Romena ▶ J 5

Dafür kann man, aber auch dies möglichst nach Voranmeldung (oder auf gut Glück, s. u.), die **Pieve di Romena** an der Landstraße besichtigen, auch San Pietro in Romena genannt. Sie zählt zu den schönsten und bedeutendsten mittelalterlichen Taufkirchen der Toscana, im 12. Jh. über einer bereits vorhandenen Vorkirche aus dem 10. Jh. errichtet, diese wiederum über einem etruskischen und dann römischen Heiligtum. Man sollte vor dem Eintritt um sie herumgehen bis zur Chorpartie: Nur die mittlere Apsis ragt halbrund aus dem Chor, durch halbrunde schlanke Pilaster gestaltet, die den Rundbögen als Stützen dienen. Licht geben unten einfachere, oben in der Apsis als Triforien im Wechsel mit Biforien ausgearbeitete Fensteröffnungen. Auch wenn alle Kapitelle der Außenhaut zerstört sind, dem Zauber dieser Chorpartie können sich Liebhaber romanischer Baukunst sicher nicht entziehen!

Die Hauptfassade dagegen ist fast glatt und schlicht, aus verschiedenfarbigem Sandstein aufgemauert. Umso größer ist die Überraschung beim Betreten der dreischiffigen Basilika, vor allem die Kapitelle ziehen den Blick magisch auf sich. Die perfekte, ausdrucksstarke Bildhauerkunst an ihnen gilt als die bedeutendste Darstellung romanischer Kunst im Casentino. Gleich am ersten Kapitell rechts trifft man auf das Hauptwerk in der Pieve: Die vier Evangelisten sind ebenso dargestellt wie die Übergabe des Kirchenschlüssels durch Christus an Petrus. Die Datierung mit 1052 ist gesichert, denn man findet sie über den stilisierten Akantusblättern des ersten linken Kapitells.

Da die Besichtigung ohnehin nicht ohne Begleitung der freundlichen Kustodin Alba

Cipriani möglich ist, sollte man sich für ihre Erklärungen auch genügend Zeit nehmen und erfährt so auch einiges über die anderen neun *pievi* im Casentino sowie über den Dichter Dante; er soll hier in San Pietro in Romena seine Gebete abgehalten haben. An den Wochenenden finden ab und zu Seminare u. a. Veranstaltungen statt, sodass man dann die Kirche nicht besichtigen kann (Alba Cipriani wohnt auf dem Bauernhof jenseits der Straße; dennoch lieber telefonisch anmelden, Tel. 05 75 58 37 25).

## Stía ► J 5

Auch dieses Städtchen erhebt sich wie fast alle Orte des Casentino auf einem eigenen Hügel in 450 m Höhe. Doch **Stía** besetzt nicht eine Hügelkuppe, sondern klettert diesen förmlich hinauf. Und dies mit einer einzigen breiten Straße, deren Ende den lang gestreckten Hauptplatz bildet, die Piazza Tanucci. Der Platz ist von schlichten *portici* umgeben, unter denen noch kleine Handwerksläden sowie einladende Boutiquen zu finden sind – und eine ganz hervorragende traditionelle Kneipe, das Filetto (s. Mini-Tipp unten). Nicht von einem Portico verdeckt ist dagegen die schlichte Fassade der **Pieve Santa Maria Assunta** aus dem 11. Jh. Sie gleich nach der von Romena aufzusuchen, ist schon deshalb eine gute Idee, weil sich innen an den symbolträchtigen Kapitellen wohl dieselben romanischen Bildhauer verewigt haben wie dort (tgl. 7.30–19 Uhr, Eintritt frei).

Stía wird jedoch nicht allein wegen der Kirche besucht, die meisten Touristen kommen wegen des *Panno Casentino* hierher, eines besonderen Wollstoffes, der in dem Ort traditionell produziert wird – wenn auch nicht mehr in den riesigen historischen Hallen entlang des Wildbaches, in denen um das Jahr 1900 noch 500 Menschen arbeiteten. Die Fabrikhallen wurden restauriert und sollen künftig, so ein großes Projekt, ein Kulturzentrum oder ein Kongresszentrum beherbergen.

Auf der anderen Flusseite kann man sich im schönen Park ergehen und darin die zum Schutz mit einem markanten, segelförmigen Dach überwölbte, sogenannte Therme betrachten. Aus mehreren Hähnen lässt sie das Wasser der Fonte di Calcedonia aus dem Norden des Casentino sprudeln. Die Einheimischen füllen das stark mineralhaltige Wasser in Flaschen ab und benutzen es zu Hause gegen allerlei Zipperlein. Man kann in Stía aber auch wunderhübsch mitten im historischen Zentrum wohnen und die hervorragende Casentino-Küche genießen.

### Tipp: Echte Casentino-Küche genießen

Liebhabern toscanisch-rustikaler Küche sei in Stía ein Besuch der gemütlichen **Trattoria Da Filetto** ans Herz gelegt: In zwei kleinen, z. T. holzgetäfelten Räumen eines früheren Tabakladens – im Sommer auch auf der Terrasse auf der Piazza – kann man die authentische Küche des oberen Casentino genießen, darunter *zuppa ripiena* (gefüllte Suppe) mit Hühnerleber, Mangold und geröstetem Brot; *tortellini* mit Kartoffelfüllung, nach Wunsch mit Butter, Tomaten- oder Fleischsoße. Riesig sind die Portionen der *misti alla brace* (Grillteller), frisch die saisonbedingten Beilagen (Piazza Tanucci 28, Tel. 05 75 58 36 31, 10–16 Uhr geöffnet, Ruhetag Sa außer im Sommer, Juli und Nov. einige Tage geschl., Menü ab 18 €).

### Infos

**Parco Nazionale Foreste Casentinesi Monte Falterona-Campigna:** 52017 Stía (AR), Piazza Tanucci 62, Tel. 057 55 03 01, www.parcoforestecasentinesi.it sowie gezielt www.comune.stia.ar.it.

### Übernachten

Liebevoll ► **Falterona:** Piazza Tanucci 85, Tel. 05 75 50 45 69, www.albergofalterona.it. Altstadtpalazzo mit Fresken aus dem 20. Jh., Zwölf Zimmer, drei Suiten, meist klein, aber liebevoll dekoriert, komfortabel; nette Sitzecken und einladende Bar, Treff zur Aperitifzeit. DZ/ÜF 70–140 €.

## Einkaufen

**Lebensmittel ▶ Wochenmarkt:** Piazza Tanucci, Di Nachmittag.

**Wolle ▶ Panno Casentino – T.A.C.S:** Via Sanarelli 49, www.tacs.it. Showroom an der Piazza Tanucci 12, Verkaufsladen Via Sartori 4. Gewalkte Wolle mit Noppen, eine Spezialität des Casentino, die hier noch traditionell hergestellt wird. Auch in mehreren Geschäften im Casentino zu finden.

## Aktiv

**Wandern ▶ Wanderung zur Arno-Quelle:** Der Wanderweg Nr. 2 führt von Stía hinauf Richtung Monte Falterona, vereint sich ziemlich weit oben mit dem Weg CT4 und umrundet die Quellen des Arno in 1372 m Höhe, genannt Capo d'Arno.

## Termine

**Biennale Europea d'Arte Fabbrile e del Campionato del Mondo di Forgianatura:** Sept. Alle zwei Jahre findet hier die internationale Messe der Eisenschmiede statt (2011, 2013 etc.).

# Camáldoli ▶ K 5

Eine wunderschöne Sommerstraße (normalerweise nur Mai–Nov. geöffnet) führt durch einen dichten Wald von Pratovecchio direkt zum Eremo di Camáldoli in 1104 m Höhe (ca. 14 km). Alternativ kann man zurück nach Póppi fahren und von dort eine fast noch schönere, weil panoramareichere Straße hinauf (ca. 12 km) bis Camáldoli und dann weitere 3 km zur Einsiedelei nehmen.

Das riesige, zur Straße hin fast abwehrende **Convento di Camáldoli**, das Camaldolenserkloster in 825 m Höhe, besitzt einen kleinen Kreuzgang aus dem 15. Jh. und einen größeren von 1543. Besichtigt werden können in der Klosteranlage die reiche Bibliothek, die interessante Apotheke, in der natürlich Klosterliköre und andere Produkte der Mönche verkauft werden, sowie die im Barock veränderte Kirche mit fünf Altarbildern von Giorgio Vasari. In ihnen hat der Künstler die Schwelle von der Renaissance zum Manierismus deutlich überschritten, speziell in der »Kreuzabnahme« (Mo–Sa 9–12/13, 14.30–18/19.30 Uhr, www.camaldoli.it).

## Eremo di Camáldoli ▶ K 5

Fast 300 m höher und rund 3 km weiter befindet sich der Ort, an dem der hl. Romuladus (952–1027) den Grundstein für eine Einsiedelei legte und damit für das Stammhaus der Camaldolenser Benediktinermönche. Den Platz hat er besonders gut ausgesucht: inmitten eines wunderschönen alten Mischwaldes, wie es nicht mehr viele davon in Italien gibt. Das in Hanglage aufgebaute **Eremo di Camáldoli** mit den Zellen der Eremiten verfügt über eine Schauzelle; es ist diejenige, die der Klostergründer einst bewohnte und die nun auch Frauen zugänglich ist. Eigentlich sind es geradezu komfortable Häuschen, in die sich auch historische Größen zurückzuziehen pflegten, so auch Lorenzo Il Magnifico de' Medici, der Kloster und Einsiedelei als kulturelles und geistiges Zentrum zugleich, mit Sitz einer humanistischen beziehungsweise Neuplatonischen Akademie, besonders gefördert hatte. Überhaupt zeigt sich im Eremo di Camáldoli eine Verbindung von Einsiedler- und Gemeinschaftsleben, denn vom Vorhof der Klausur mit den Zellen kommt man sowohl in ein kleines Kloster als auch – gegenüber – in die jedermann zugängliche barockisierte **Kirche San Salvatore** (Mo–Sa 8–12, 15–17/18 Uhr; dennoch wegen eines Besuches besser vorher anrufen, Eintritt frei).

## Infos

**Kloster:** Tel. 05 75 55 60 12, **Einsiedelei:** Tel. 05 75 55 60 21.

## Übernachten

**Schlicht ▶ Camáldoli:** Gegenüber dem Konvent, Tel. 05 75 55 60 73, nur Mitte Juni–Aug. geöffnet. Einfache Pension mit zwölf Zimmern. Restaurant (Ruhetag Di, ganzjährig). DZ/ÜF um 60 €.

**Klösterlich ▶ Ospizio di Camáldoli:** Gegenüber dem Kloster, Tel. 05 75 55 60 13, foresteria@camaldoli.it. Hospiz im Klosterkomplex, in dem normalerweise Pilger- oder andere spirituelle Gruppen mit festem Programm aufgenommen werden; wenn Plätze frei bleiben, kann man hier als Individualreisender Mitte Juni–Mitte Sept. unterkommen, auch im DZ mit Bad. HP/Person um 45 €.

## La Verna ▸ K 5

Über Badia Prataglia auf Schleichwegen durch die Alpe di Serra kommt man sozusagen von hinten zum Monte Penna und damit nach **La Verna**, das sich von unten besehen fast beängstigend dicht am Rand der recht glatten Felsen zu Füßen des 1283 m hohen Monte Penna aufbaut. Auch diesen Platz hätte der hl. Franziskus nicht schöner aussuchen können. An diesem Ort franziskanischer Verehrung empfing Franziskus 1224 auf dem ›rauen Felsen‹ seine Wundmale. Einst war dies ein Ort der Stille, heute findet man hier eher einen Rummelplatz für Wallfahrer und andere Reisende vor. Das größte Gedränge herrscht am 4. Oktober, dem Franziskus-Tag. Wer einen Ort der Meditation finden möchte, sollte diesen Tag und das dazugehörige Wochenende ebenso meiden wie alle sommerlich warmen Wochenenden und die diversen Brückentage.

Die erste Kirche erbaute Franziskus selbst 1216 bis 1218 an diesem Ort: **Santa Maria degli Angeli** (links auf dem Weg in den Klosterkomplex), ausgeschmückt mit einigen Della-Robbia-Terrakotten, von denen es im Kloster insgesamt 15 gibt. Besonders schön ist die »Madonna mit dem Stieglitz« im kleinen Museum des Refektoriums. Die **Chiesa Maggiore** rechts am großen Platz stiftete 1348 Graf Tarlato di Pietramala zusammen mit seiner Frau, Besitzer des Kastells Chiusi; die Vollendung und Weihe der Kirche fand erst 1568 statt. Auch hier sind mehrere Arbeiten der Della Robbia zu bewundern, u. a. das Wappen der Wollweberzunft, am Lamm und der Florentiner Lilie zu erkennen. Diese reiche Zunft sorgte hauptsächlich für die Fertigstellung der Kirche. Links von ihr befindet

**Tiefgrüne Wälder, weite Ausblicke: So wunderschön liegt La Verna**

sich die **Cappella della Pietà** (ab 1532) mit einer herrlichen Terrakottapietà von Giovanni della Robbia auf dem Altar.

1578 wurde der **Corridoio delle Stimmate** vor dem Eingang der Grotte gebaut, in der sich Franziskus seine Kammer eingerichtet hatte, ein Ort des Gebetes für die Franziskanermönche selbst (tgl. um 14 und 1 Uhr), doch von keiner besonderen kunsthistorischen Qualität. Anders die **Cappella delle Stimmate** (1263), die an der Stelle errichtet wurde, an der Franziskus die Wundmale empfangen hatte: Sie zeigt schöne Arbeiten von Della Robbia und eine Reliefdarstellung der Stigmatisierung (Kloster im Sommer 6.30–21.30, im Winter bis 20.30 Uhr; **Cappella delle Stimmate** im Sommer 8–19, im Winter bis 17 Uhr). Männer wie Frauen können im wunderbaren Hospiz übernachten und speisen .

### Infos

**Santuario della Verna:** 52010 Chiusi della Verna (AR), Tel. 05 75 53 41, 20, www.santuariolaverna.org.

### Übernachten

Familiär ▶ **Da Giovanna:** Chiusi della Verna, Viale San Francesco 33, Tel. 05 75 59 92 75, Fax 05 75 59 93 78, April–Nov. Renovierte einfache Pension. 14 Zimmer, Restaurant (s. u.). DZ 60 €.

Im Kloster ▶ **Foresteria del Pellegrino:** Santuario della Verna, Tel. 05 75 53 42 10, www.santuariola verna.org. Wunderbar restauriertes Hospiz des Klosters direkt darunter, Mehrbett-, aber auch Doppelzimmer. Restaurant; Parkmöglichkeit. Vollpension pro Person 46–55 €.

### Essen & Trinken

Herrlich rustikal ▶ **Da Giovanna:** s. o., Ruhetag Mi. Lokal mit deftiger Küche wie Wildschwein mit Steinpilzen; hausgemachte Pasta. Volles Menü 20 €.

Nicht nur für Pilger ▶ **Foresteria del Pellegrino:** im Klosterkomplex, s. o. Sehr schmackhafte, echte Küche des Casentino, große Portionen, festes Menü für Tagesgäste inkl. Quellwasser 16,50, inkl. Mineralwasser oder Wein 18 € (unbedingt vorher, etwa vor dem Klosterbesuch, anmelden).

## Caprese Michelangelo ▶ K 6

Vor der Rückkehr nach Arezzo können Michelangelo-Fans noch einen Abstecher nach **Caprese Michelangelo** unternehmen. Am 6. März 1475 wurde hier Michelangelo Buonarroti geboren, weshalb sich die nette Sommerfrische in rund 650 m Höhe Caprese Michelangelo nennt. Nicht, dass der Ort (knapp 1650 Einw.) besonders attraktiv wäre, und im **Palazzo del Podestà** gibt es nur Gipsabdrücke der bekanntesten Werke Michelangelos. Doch die Lage ist hübsch, und ein paar Originalskulpturen zeitgenössischer lokaler Künstler bereichern das Museum (Di–So Apr.–Okt. 10–19, Nov.–März 11–17, Erw. 4 €).

Die Bewohner von Caprese Michelangelo sind freundlich, man kann hier eine angenehme Bleibe finden und gut speisen. Ein ideales Quartier also, das sich auch als Ausgangspunkt für Ausflüge ins nördliche Casentino, nach Arezzo und ins Tibertal anbietet.

### Infos

**Comune:** 52033 Caprese Michelangelo (AR), Via Capoluogo 87, Tel. 05 75 79 39 12, Fax 05 75 79 34 07.

### Übernachten

Mit Traumaussicht ▶ **Fonte della Galletta:** Località Alpe Faggeto 6 km westlich, Tel. 05 75 79 39 25, www.fontedellagalletta.it. Kleines Hotel in einem schönen Steinhaus in 1177 m Höhe; Traumblick ins Tibertal. Zwölf freundliche Zimmer. Restaurant (s. u.). DZ/ÜF 80 €.

Angenehm ▶ **Buca di Michelangelo:** 52033 Caprese Michelangelo (AR), Via Roma 51, Tel. 05 75 79 39 21, www.bucadimichel angelo.it. Freundliches Hotel mitten im Ort. 23 einfache, aber ordentliche Zimmer. Restaurant (s. u.). DZ 55–70 €.

## Essen & Trinken

**Lokalkolorit ▶ Fonte della Galletta:** s. o., Ruhetage Mo, Di (außer Mitte Juni–Mitte Sept.). Hervorragende Trattoria im Steinhaus des Hotels mit lokalen Spezialitäten, bekannt für gutes Chianina-Fleisch, Wild und Steinpilze sowie leckere Süßspeisen. Menü ab 26 €.

**Mit Panoramablick ▶ Buca di Michelangelo:** s. o., Ruhetag Do. Helles Terrassenrestaurant über die enge Gasse vom Hotel getrennt; lokale Küche wie Wild und Pilze; hausgemachte Pasta. Menü ab 21 €.

**Echt toscanisch ▶ Il Rifugio:** Località Lama 367, 2 km westlich, Tel. 05 75 79 39 68, Ruhetag Mi (außer im Aug.). Landtrattoria mit DOP- und IGP-Produkten, also garantiert toscanischen Ursprungs wie *cinta senese* und *chianina*. Trüffel und Steinpilze, auch Fisch; abends auch Pizza. Gute Weinauswahl. Menü 20–35 €.

**Deftig ▶ Il Cerro:** Via il Cerro 120, Tel. 05 77 79 39 23, Ruhetage im Sommer Di, im Winter Mo–Mi, Jan. geschl. Beste Hausmannskost wie Hasenragout, Steinpilze, Kastanienkuchen, alles typisch aus den aretinischen Bergen; am Wochenende überfüllt. Große Weinkarte. Menü 20–30 €.

# Im Oberen Tibertal

**Altavalletiberina** oder **Altavaltiberina** nennen lokale Fremdenverkehrsförderer die Region und geben sich große Mühe, zumindest mit dem Casentino mitzuhalten, und wenn es ›nur‹ als dessen Anhang ginge. Dabei hat das Obere Tibertal an der Grenze zu Umbrien landschaftlich wie kulturell einiges zu bieten, angefangen bei den Spuren Piero della Francescas, denen man hier folgen sollte.

## Monterchi ►L 7

Die Landschaft Richtung Umbrien, also von Arezzo nach Osten, wird immer kleinhügeliger. Das kleine **Monterchi** hockt in etwa 350 m Höhe auf befestigtem Hügel. Seinen Ruhm verdankt es einem Madonnenbild, das seit ca. 1956 in der kleinen Friedhofskapelle zu Füßen Monterchis an der Stirnwand hing. Gemalt wurde es ursprünglich für die später zusammengebrochene Chiesa della Momentana: die »Madonna del Parto« (Schwangere Madonna) von Piero della Francesca, die er etwa 1455 bis 1460 in Erinnerung an seine verstorbene Mutter und wohl mit ihren – noch jungen – Gesichtszügen gemalt hatte.

Die Friedhofskapelle dürfte bald in Vergessenheit geraten sein, denn Pieros (wieder abgenommenes und restauriertes) Madonnenfresko hat jetzt einen sicheren Platz in der früheren Dorfschule bekommen. Es zeigt eine anmutige Muttergottes, die stolz und unmissverständlich durch den Schlitz ihres Kleides auf ihren gewölbten Bauch deutet. Übrigens fand man bei der jüngsten Restaurierung heraus, dass der halbrunde Aufsatz über dem Fresko eine spätere Zutat war – so wurde er entfernt, was manche enttäuschen mag, denn irgendwie hatte man sich daran gewöhnt, schien es doch so gut zu diesem Bild zu passen … Eine genaue Dokumentation der Entstehungsgeschichte des Freskos sowie seiner Restaurierungen verlangen interessierten Besuchern einen längeren Aufenthalt ab (tgl. 9–13, 14–19, im Winter bis 17 Uhr, www.comunemonterchi.it, Erw. 3,50 €).

## Essen & Trinken

**Snackbar ▶ Fra Pacifico:** 52035 Monterchi (AR), Via dell'Ospedale 23, Ruhetag Mo, sonst 10–19 Uhr geöffnet. Einladende einfache Bar mit wenigen Tischen beim Stadttor nahe der alten Dorfschule. Hier gibt es Aufschnitt, Panini und etwas zu trinken. Ein nettes Plätzchen!

Mehrere Bars/Cafés an der Hauptstraße unterhalb des Dorfes.

## Anghiari ►L 6

Das kleine Provinzstädtchen (knapp 6000 Einw.) in steiler Hanglage in 429 m Höhe über dem im Osten breiten Tibertal besitzt ein interessantes Kulturleben: Seit 1978 wird hier an Handwerker des Ortes und an andere Bewohner der toscanischen Provinz der **Internationale Kulturpreis von Anghiari** verliehen. Antiquitätenfreunde finden hier sonntags einen preisgünstigen Markt, allgemein Neugierige eine recht interessante städtebauliche Komponente in dem nur scheinbaren Gewirr von Gassen, Kirchen und Palästen.

An der Piazza Mameli befindet sich das **Museo Statale di Palazzo Taglieschi**. Es besitzt abgenommene Fresken, Bilder und Skulpturen sowie liturgische und Haushaltsgegenstände aus der oberen Valtiberina, darunter eine bedeutende Sammlung von Holzskulpturen vom 13. bis 16. Jh. (werktags 9–18, So, Fei 10–19 Uhr, Eintritt frei).

In der Via Fenci dagegen, im **Museo della Confraternità della Misericordia**, sind vor allem sakrale Kunstwerke ausgestellt, die von der Bruderschaft der Barmherzigkeit gesammelt wurden, wie etwa Dokumente zur Wohltätigkeit der Bruderschaft; interessant ist eine Sammlung von Ex Voti und Volkskunst vom 18. bis zum Beginn des 20. Jh. (Sa 15–18, So, Fei 9.30–12.30, 15–18 Uhr, sonst auf Anfrage, Tel. 05 75 78 70 23, freier Eintritt).

Vom **Rathaus**, das 1384 begonnen wurde, ziehen sich – unterbrochen durch die beiden Stadtmauern – mehrere Plätze hinunter zur Piazza Grande und weiter bis zum schnurgeraden **Stradone:** das Werk des Aretiner Bischofs Guido Tarlati, der die Welt 1321 so – strategisch gesehen – in Ordnung bringen wollte. Aufgelockert wird die Gerade durch Plätze, Loggien und Loggiabrunnen – für die

**Piero della Francescas »Schwangere Madonna«, heute im Museum von Monterchi**

Leute von Anghiari heute ein herrlicher *passeggiata*-Bereich. Die Fortsetzung des Stradone führt ebenso schnurgerade ins Tal, über das Schlachtfeld von Anghiari, auf dem 1440 die Entscheidungsschlacht zwischen Florenz und Arezzo stattfand, deren Schrecken Leonardo da Vinci in Florenz im Palazzo Vecchio bildlich nachzuvollziehen versuchte (im Saal der Fünfhundert).

1503 erhielt Vasari den Auftrag, das Fresko Leonardos zu übermalen. Er hatte aber wohl, so neueste Forschungen des Experten Maurizio Seracini 2007, so viel Respekt vor dem Werk seines Vorgängers – das den Medici nicht ins Konzept passte, weil es sinnbildlich den Sieg der Republik über die Oligarchen zeigte –, dass er eine neue Wand vor dessen Fresko gezogen haben soll. Die Forschungsarbeiten, u. a. mit Hilfe von Stetoskopen, wurden übrigens bald gestoppt. Über die Gründe schweigt man sich aus …

## Infos

**Comune di Anghiari:** 52031 Anghiari (AR), Piazza del Popolo 9, Tel. 05 75 78 95 22, www.comune.anghiari.ar.it (eine sehr informative Webseite!).

## Übernachten

**Freundliches Stadthotel ▶ La Meridiana:** Piazza IV Novembre 8, Tel. 05 75 78 81 02, www.hotellameridiana.it. Zentral gelegen, einfach, aber familiär. 22 helle große Zimmer. Restaurant. DZ/ÜF 60 €.

## Essen & Trinken

**Typisch toscanische Küche ▶ Da Alighiero:** Via Garibaldi 8, Tel. 05 75 78 80 40, www.daalighiero.it, Ruhetag Di, 16. Feb.–10. März geschl. Angenehmes Ambiente in einer früheren Wachtstation in der Altstadt. Hausgemachte Pasta und Brot, garantiert toscanische DOP- und IGP-Produkte, hausgemachte *dolci*. Große Weinkarte. Menü 26–45 €.

**Urgemütlich ▶ Locanda del Castello di Sorci:** Località San Lorenzo 25, 2 km südlich, Tel. 05 75 78 90 66, www.castellodisorci.it, Ruhetag Mo. Landtrattoria mit hausgemachter Pasta und festem, tgl. wechselnden Menü (So, Fei total überlaufen, also reservieren). Reichhaltiges, tgl. wechselndes Mehrgängemenü inklusive Getränke 25 €.

## Verkehr

**Bus:** Im Berufsverkehr ca. stdl. Verbindungen mit Arezzo.

## Borgo Sansepolcro ▶ L 6

Auf der Fortsetzung der Geraden über den Tiber hinweg gelangt man zur Ostseite der Valtiberina, nach **Borgo Sansepolcro**. Anders als Anghiari wirkt Sansepolcro in 330 m Höhe sehr geordnet. Die einzige Straße, die nicht wirklich gerade verläuft, ist denn auch die älteste, die heutige Via XX Settembre von der Porta Fiorentina im Westen zur Porta Romana im Osten. Durch das Schachbrettmuster der Straßen sollte man sich nicht irritieren lassen: Es beruht nicht auf einer römischen Siedlung, sondern zeugt in diesem Fall von der ständigen Erweiterung der Stadt, insbesondere im Osten. Hier hatten sich viele Handwerker niedergelassen, das war und ist Tradition geblieben. Hauptsächlich werden hier Spitzen und raffinierte Goldschmiedearbeiten sowie Armbrüste hergestellt. Sogar eine Schule für die Spitzenproduktion findet man mitten im Städtchen. Und die Armbrüste werden wirklich benötigt: speziell beim traditionellen Armbrustschießen (s. Palio della Balestra, rechts).

Ganz im Nordosten liegt vor der Zwingburg das frühere Arme-Leute-Viertel. Darin steht in der Via Aggiunti die **Casa di Piero della Francesca**, das Geburtshaus des berühmten Malers (1415–1420) und engagierten Ratsherren von Sansepolcro. Das Gebäude wurde wie die ganze Stadt anlässlich Pieros 500. Todesjahres 1992 restauriert und zu einem Kulturzentrum, spezialisiert auf die Piero-della-Francesca-Forschung, ausgebaut. Es ist daher leider nur zu besonderen Anlässen der Öffentlichkeit zugänglich (s. Thema S. 436).

Sansepolcro, nach dem Heiligen Grab in Jerusalem benannt (*sepolcro* = Grab), war im Mittelalter eine der großen freien Kommunen, bis die Medici kamen. Das sehenswerteste Gebäude von Sansepolcro ist mit Sicherheit das herrlich ausgestattete Stadtmuseum, das

**Museo Civico e Pinacoteca Comunale** mit den Schätzen des Doms, Bildern und abgenommenen Fresken. Hauptwerk, falls angesichts der wundervollen Tafelbilder und Fresken eine Auswahl überhaupt möglich ist, dürfte die »Auferstehung« von Piero della Francesca sein. Auch bei geschlossenem Museum kann man dieses Bild bewundern: durch die durch Panzerglas geschützte offene Holztür zur Hauptstraße, die über eine kurze Treppe von zwei Seiten zugänglich ist. So stolz ist man in Sansepolcro auf das Bild, dass man es auch ohne Eintritt betrachten darf (15. Juni–15. Sept. 9–13.30, 14.30–19, 16. Sept.–14. Juni 9.30–13, 14.30–18 Uhr, Erw. 6 €).

Das gut 16 000 Einwohner große Städtchen ist ein wunderbarer Bummelort mit hübschen Geschäften (speziell für Web- und Spitzenarbeiten, aber auch für Culinaria des Tibertales) und netten Restaurants. Und alles steht Kopf beim *Palio della Balestra* (s. u.), bei dem Bewohner wie Gassen sich im Festtagsschmuck präsentieren.

## Infos

**Pro Loco:** 52037 Sansepolcro (AR), Via Matteotti 8, Tel. 05 75 74 05 36.

## Übernachten

Am Rand der Stadtmauer ▶ **La Balestra:** Via dei Montefeltro 29, Tel. 05 75 73 51 51, balestra@balestra.it. Modern, freundlich. 52 Zimmer. Restaurant (s. u.); Parkplatz. DZ/ÜF 98 €.

Familiär ▶ **Fiorentino:** Via Luca Pacioli 60, Tel. 05 75 74 20 33, www.ristorantefiorentino.it. Stadthotel (seit 1807) in schön restauriertem Palazzo. Garage. Vier liebevoll renovierte, klimatisierte Zimmer. DZ 85 €.

## Essen & Trinken

Lokale Spezialitäten ▶ **La Balestra:** s. Hotels, Ruhetag So Abend, ca. 24. Juli–8. Aug. geschl. Gutes Restaurant mit hausgemachter Pasta; sehr gute Fleischgerichte. Mit Sommerterrasse. Menü um 30 €.

Fleischlastig ▶ **Da Ventura:** Via Aggiunti 30, Tel. 05 75 74 25 60, Ruhetage So Abend, Mo. Rustikale Familientrattoria unter niedrigen Holzbalkendecken (in dritter Generation) mit lokalen Spezialitäten, die auf verlockenden Wagen an den Tisch gerollt werden; hausgemachte Würste, Wild, Braten, Pilz- und hervorragende Pastagerichte. Menü ab 24 €.

Traditionsreich ▶ **Fiorentino:** s. unter Hotels, Ruhetag Mi, je 1 Woche in Nov., Feb. sowie Ende Juli geschl. Restaurant unter dekorativen Balkendecken. Toscanische Küche, Wein aus eigener Produktion. Menü ab 24 €.

Fein dekoriert ▶ **Al Coccio:** Via Aggiunti 83, Tel. 05 75 74 14 68, Ruhetag Mi. Trattoria nahe der Porta Romana im ältesten und volkstümlichsten Viertel; schmale Terrasse auf der Gasse. DOP- und IGP-Produkte bevorzugt, also garantiert toscanisch. Feste Menüs ab 13 € ohne Getränke bzw. Degustationsmenüs 35 €.

## Einkaufen

Spitzen- und Stickereiarbeiten ▶ Eine Spezialschule (Scuola del Merletto) in Sansepolcro lehrt wieder die traditionelle Handarbeit. Zwei Adressen, in denen man die wunderschönen Arbeiten erstehen kann:

**Busatti:** Via Piero della Francesca 48 a. Eines der führenden Häuser in puncto Webstoffen für Bett, Tisch und Bad.

**Il Telaio:** Via Matteotti 18. Handgewebtes und traditionelle Spitzenarbeiten *(merletti)* aus Sansepolcro.

Antikes ▶ **Antiquitätenmesse** im historischen Zentrum gleichzeitig mit dem *Palio della Balestra* am 2. Sept.–So, aber auch Ostermontag sowie 3. Okt. So und 2. Dez. So (kann sich ändern).

## Termine

**Palio della Balestra:** Am 2. So im Sept. Historisches Armbrustschießen (seit 1594 belegt), an dem jede alteingesessene Familie teilnimmt, begleitet von einem Umzug in prachtvollen Renaissancekostümen. Geschossen wird um die Siegerfahne aus einer Entfernung von 36 m.

## Verkehr

**Bus:** Regelmäßige (mindestens stdl.) Verbindungen im Berufsverkehr mit Arezzo (Bahnstation).

# Von Arezzo zum Lago Trasimeno

**Im östlichen Chianatal an der Grenze zu Umbrien klettern Städte wie Castigliòn Fiorentino und Cortona in strategisch günstiger Lage ihre Hausberge hinauf und schauen ins weite, fruchtbare Tal. Das einstige Etruskerland wurde später von den Medici begehrt, die hier schöne Paläste und reich geschmückte Kirchen bauten. Lohnend ist auch ein Ausflug zum umbrischen Lago Trasimeno.**

Die Etrusker besiedelten das Gebiet südlich von Arezzo mit bedeutenden Stützpunkten ihres Zwölfstädtebundes und hinterließen vor allem imposante Grabanlagen. Die Medici trachteten eher nach sattem Ackerland, weshalb sie die Sümpfe trocken legen ließen, den Städten ihren Stempel mit schönen Palästen aufdrückten und den Kirchen darin kostbare Ausstattungen hinterließen.

Vom einstigen Fluss Chiana ist wegen der Trockenlegung der Sümpfe nur noch ein Rinnsal geblieben, doch sogar auf der Autobahn bereitet es Vergnügen, dieses Tal zu durchfahren und rechts und links kleine Städte auf ihren Hügelkuppen auftauchen zu sehen. Den Osten des Chianatales prägen die umbrischen Berge, an denen sich die Städte zu klammern scheinen, und ebenfalls zu Umbrien gehört der nahe Lago Trasimeno mit seinen zauberhaften Inselchen und Ortschaften.

## Castigliòn Fiorentino ►K 7

So, wie sich die Stadt in hübscher Hanglage (ca. 345 m hoch) präsentiert, ist sie wahrscheinlich römischen Ursprungs, hat sich inzwischen allerdings außerhalb ihrer mittelalterlichen Mauern weit ins Tal ausgedehnt. Die beiden imposanten Stadttore von **Castigliòn Fiorentino** (knapp 13 500 Einw.) könnten noch heute geschlossen werden.

Die lebhafte Provinzstadt mit ihren mittelalterlichen Gassen besitzt viele schöne, wenn auch zum Teil noch renovierungsbedürftige Renaissancepaläste. Oberhalb des Rathausplatzes (Piazza Comunale) erhebt sich ein hoher Befestigungsturm, Teil eines Komplexes aus Palazzo Pretorio, Chiesa di Sant'Angelo und Cassero (mit panoramareichem Park), in dem das Kulturzentrum des Städtchens mit Bibliothek, Archäologischer Zone und Pinakothek seinen Platz gefunden hat: In der **Pinacoteca Comunale** in der ehemaligen Kirche wird eine Sammlung toscanischer und umbrischer Kunst gezeigt. Glanzstück ist ein hölzernes Kruzifix, das einem gewissen Maestro di San Francesco zugeschrieben wird. Außerdem gibt es Möbel und Sakralkunst des 12. bis 15. Jh. zu sehen (Di–So Nov.–März 10–12.30, 15.30–18, April–Okt. 10–12.30, 16–18.30 Uhr, Erw. 3 €).

Auch den Turm, den sogenannten *casseretto* von ca. 1350, darf man innen über eine Holztreppe bis zum offenen Glockenstuhl besteigen, der 1804 seine große Glocke namens Calfurnia erhielt (Mai–Sept. Sa, So, Fei 10–12.30, 16–18.30 Uhr, Di–Fr nur auf Voranmeldung, Erw. 1,50 €).

Auf der **Piazza del Municipio** öffnet sich eine harmonische vasarianische Loggia (um 1560), die einen hinreißenden Blick in die Valdichiana bietet. Darunter kann man in einem Café oder der Pizzeria sitzen und das Treiben auf dem Platz betrachten.

### Castello di Montécchio Vesponi ► K 8

3 km südlich von Castigliόn Fiorentino, oberhalb der Landstraße und auch über einen schmalen Fußweg zu erreichen, thront dekorativ auf kleinem Hügel in 363 m Höhe das **Castello di Montécchio Vesponi** aus dem 11. bis 13. Jh. Weithin sichtbar sind sein hoher Turm und der von Zinnen bekränzte Mauergürtel. Im Mittelalter war die Burg Wohnsitz des berüchtigten Söldnerführers Sir John Hawkwood im Dienste von Florenz, dem die Sienesen Schreckliches nachsagen, während die Aretiner bewundernd seinen Namen nennen. Hier soll er nach seinen abenteuerlichen Kriegszügen gestorben sein. Heute, in privaten Händen und saniert, ist die trutzige Festung ein beliebtes, aber leider selten zugängliches Ausflugsziel. Trotz der archäologischen Grabungen lässt die freundliche Besitzerin Orietta Floridi Viterbini, übrigens die letzte Nachfahrin von Sir John Hawkwood, italienisch Giovanni Acuto, nach Anmeldung interessierte Besucher gerne ein und führt sie ausführlich durch die Festung (info@castellodimontecchiovesponi.it).

### Infos

**Pro Loco:** 52043 Castigliόn Fiorentino (AR), Piazza Risorgimento 19, Tel. 05 75 65 82 78, www.proloco.castigliόn.fiorentin.it.

### Übernachten

Gute Lage ► **Galileo Palace:** Località Rigutino Est 183, Tel. 05 75 97 92 91, www.galileopalace-hotel.it. 4 km nördlich von Castigliόn Fiorentino und 10 km südlich von Arezzo, eine ideale Bleibe für Durchreisende. Modernes Hotel, 45 großzügige Zimmer, Restaurant, Pool auf der Dachterrasse; Parkplatz. Bushaltestelle vor dem Haus, gute Anbindung an Arezzo. DZ/ÜF 70–100 €.

### Essen & Trinken

Mehrere meist kleine Lokale befinden sich im *centro storico,* zum Sitzen besonders schön ist das **Caffè Ignoranti**, Piazza del Comune.

Deftige Küche ► **Da Muzzicone:** Piazza San Francesco 7, Tel. 05 75 65 84 03, Ruhetag Di. Größeres, rustikales Restaurant mit Tischen auf der hübschen Piazza. Deftige Fleischgerichte, hausgemachte *dolci*, große Weinkarte. Menü ab 25 €.

### Einkaufen

Markt ► **Mette la Quarta:** An jedem vierten So außer Jan./Feb., Juli/Aug. Großer Markt mit kulinarischen Ständen, offenen Geschäften, Folkloredarbietungen, Flohmarkt etc.

### Termine

**Palio dei Rioni:** Ab Ende Mai ca. eine Woche u. a. Pferderennen auf dem Piazzale Garibaldi, Umzug in historischen Kostümen.

### Verkehr

**Bahn:** Castigliόn Fiorentino ist Station an der alten Strecke Chiusi – Arezzo, die die Städte im Berufsverkehr ca. stdl. miteinander verbindet und auch den Lago Trasimeno (Castigliόne del Lago). Über Arezzo Anbindung an die Schnellstrecke Florenz–Orvieto.

**Bus:** Im Berufsverkehr ca. halbstündliche Verbindung an Arezzo bzw. Cortona.

## Cortona ► K/L 8

Schon von weitem ist **Cortona** zu sehen, liegt es doch wunderbar auf vier Terrassen am Hang des Monte Sant'Egidio in 494 bis 650 m Höhe. Den Wagen muss man unten vor dem Stadttor stehen lassen, sonst kann man sich der Faszination der städtebaulich so interessanten, ursprünglich etruskischen Siedlung nicht hingeben. Am Beispiel Cortona lässt sich gut vorstellen, wie sicher sich hier die Etrusker gefühlt haben mochten, wie ihre Stadt ausgesehen haben mag und was die Römer daraus machten; oder das Mittelalter, nachdem die Stadt 1411 in den Machtbereich von Florenz kam. Spätere Jahrhunderte haben hingegen kaum mehr vermocht, im Altstadtbereich gravierende Änderungen durchzusetzen. So ist Cortona im Charakter weitgehend eine spätmittelalterliche Stadt geblieben.

An der 2800 m langen Stadtmauer lassen sich noch zahlreiche Reste aus der Etruskerzeit finden. In der Nähe entdeckte man mehrere etruskische Nekropolen, eine wahre Sensation war die Nekropole Melone del Sodo I, 2 km Richtung Arezzo, deren Grabbeigaben nun oben im Museum zu sehen sind.

Die steilen Gassen der Altstadt wirken fast düster, denn obwohl zumindest die Hauptgassen so breit sind, dass zwei Fahrzeuge nebeneinander Platz hätten, sind die Stadtpaläste doch so hoch, dass kaum ein Sonnenstrahl auf das auch noch dunkle Pflaster fällt. Auf einen sensiblen Menschen mag Cortona daher kalt und verschlossen wirken.

Aber die Bewohner der Stadt (22 900 Einw.) machen den Eindruck, sich in dieser Atmosphäre besonders wohl zu fühlen. Es herrscht buntes Treiben in den dunklen Gassen, vor allem dort, wo sie sich zu Plätzen treffen oder ausweiten. An diesen Orten scharen sich morgens Frauen um kleine Marktstände, sparen sich den Weg in die auch hier typisch gesichtslose Unterstadt mit ihren großen Supermärkten. Aus den vielen Werkstätten in den Altstadtgassen erklingt emsiges Sägen, Hämmern und Schleifen.

Generell ist die Lage der Stadt faszinierend, bietet sie doch große Panoramen in die Valdichiana. Besonders schön ist die Aussicht von der oberen Piazza del Duomo. Doch es gibt in Cortona – so verschwenderisch können Städtebauer sein – noch zwei weitere, noch höhere, noch großartigere Ausblicke über das Tal: von der ehemaligen Medici-Festung (16. Jh.) in 651 m Höhe und von der Terrasse des Santuario di Santa Margherita.

Das historische Zentrum von Cortona ist kompakt und übersichtlich, und außerdem nicht sehr groß. Zunächst sollte man zum

**Die Piazza della Repúbblica mit dem Rathaus liegt im Herzen Cortonas**

Hauptplatz hochsteigen, zur **Piazza della Repúbblica** und damit zum **Palazzo Comunale** (1236 erstmals erwähnt) mit seiner monumentalen Freitreppe. Durch die steile Hanglage wirkt sie für den Ankommenden von unten noch gewaltiger als sie in Wahrheit ist.

## MAEC

Einen schönen Komplex bilden Rathaus und der dahinter liegende ehemalige **Palazzo Casali** (später Palazzo Pretorio) der Adelsfamilie, die Cortona im 14. Jh. aufblühen ließ. In seinen schönen Sälen befindet sich das Museo dell'Accademia Etrusca, das in den letzten Jahren zu einem wahren Juwel der toscanischen Museenlandschaft ausgebaut wurde und nun den langen Namen **Museo dell'Accademia Etrusca e della Città di Cortona** trägt, kurz **MAEC** genannt. Das kostbarste und historisch bedeutendste Stück der recht umfangreichen etruskischen Sammlung ist eine bronzene Grablampe mit 16 Schnäbeln. Kaum zu glauben, dass hier 57 kg bestes Kunsthandwerk aus dem 5. vorchristlichen Jahrhundert von der Decke hängen! Die Gemäldegalerie beherbergt Bilder aus dem Mittelalter bis in die Neuzeit, vor allem eine »Geburt Christi« von Luca Signorelli (ca. 1445/1450–1523), der in Cortona zur Welt kam und als der Vorläufer Michelangelos gilt. Auch der Maler Pietro da Cortona, eigentlich Pietro Berettini (1596–1669), stammt von hier (tgl. April–Okt. 10–19, Nov.–März Di–So 10–17 Uhr, www.cortonamaec.it, Erw. 8 €, Sammelticket 10 €).

## Rund um die Piazza del Duomo

Vom Museum ist es nicht weit zur **Piazza del Duomo** mit der herrlichen Aussicht über das Chianatal. Der **Dom Santa Maria,** dem man es trotz starker Veränderungen ansieht, dass seine Anfänge bis ins 11. Jh. zurückreichen, ist nach ewigen Restaurierungsarbeiten wieder zugänglich, besitzt jedoch keine besonderen Sehenswürdigkeiten. Da bietet gegenüber das **Museo Diocesano** mehr, nämlich eine schöne Gemäldesammlung, einer relativ kleinen Stadt wie Cortona kaum zuzutrauen, dazu in wunderbar restaurierten Räumen. Natürlich ist Signorelli mehrfach vertreten wie mit einer »Beweinung« (1502) und aus seiner Schule einer »Anbetung der Hirten«. Schön sind auch die Werke sakraler Goldschmiedekunst ab dem 16. Jh. (April–Sept. tgl. 10–19, Okt. Di–So 10–19, Nov.–März Di–So 10–17 Uhr, Erw. 5 €).

Eine typische Gasse aus dem Mittelalter ist die **Via del Gesù** (zwischen Domplatz und der Porta Santa Maria) mit ihrem Steinplattenpflaster und den auf Holzkonstruktionen vorkragenden oberen Stockwerken an den altehrwürdigen Häusern.

Fra Elia, auf dessen Spuren man in Cortona öfters trifft, war einer der letzten Weggefährten von Franz von Assisi und derjenige, der die sterblichen Überreste des Heiligen vor Reliquiensammlern rettete: So gründlich verbarg er den Sarkophag in der Grabkirche von Assisi in Umbrien, dass man ihn erst im 19. Jh. nach anstrengender Grabungsarbeit wieder fand. Elia Coppi, wie der Pater mit bürgerlichem Namen hieß, fand selbst jedoch kaum Freunde in der Runde der fanatischen Franziskaner im Cortona des 13. Jh. Als er in der Kirche **San Francesco** starb, wurde sein Leichnam vor die Stadt geworfen, wo sich keifende Hunde um ihn gestritten haben sollen, bis man ihn wieder aufnahm und schließlich in der Krypta der Kirche, die Fra Elia zu bauen begonnen hatte, zur letzten Ruhe brachte. Die Leute von Cortona, sagt man, lassen sich auch sieben Jahrhunderte später nicht gerne an diese Geschichte erinnern …

## Santa Maria delle Grazie

Unterhalb von Cortona, im Süden der Stadt, steht ein schöner klarer Renaissancekuppel- bzw. Zentralbau (1485–1513), die Schusterkirche **Santa Maria delle Grazie al Calcinaio**. Man nennt sie so nach dem Becken, den die Schuster der Stadt damals benötigten, um das Leder in Kalkmilch für die Gerbung vorzubereiten. Der Sienese Francesco di Giorgio Martini soll im Auftrag von Signorelli die Kirche für die Zunft der Schuhmacher geplant haben. Für die schönen Glasfenster konnte er Guglielmo de Marcillat (s. S. 430) gewinnen, der auch die Domfenster in Arezzo geschaffen hatte. Einige Bilder steuerten Signorellis Schüler bei (tgl. 15–19 Uhr, Eintritt frei, unsicher, aber die Kirche ist von außen ohnehin schöner als innen).

## Fortezza del Girifalco

Oberhalb des Städtchens schließt die inzwischen mit Ausstellungsräumen fast vollständig restaurierte **Fortezza del Girifalco** den Ort ab und bietet eine großartige Aussicht auf die Altstadt und das Chianatal. Allein deshalb lohnt sich schon der Aufstieg, den man rechtsherum über einen steil aufsteigenden Fußweg (ca. 30 Min.) bewältigen kann oder mit dem Fahrzeug links herum über die Landstraße (3 km). Die Wehrgänge sind gut in der trutzigen, von Cosimo I errichteten Festung erhalten (Apr.–Juni, Sept. 10–18, Juli, Aug. 10–19 Uhr, Erw. 3 €).

## Le Celle

Franz von Assisi selbst hat in der Nähe 1211 das später von den Kapuzinern übernommene Kloster **Le Celle** (weiter nördlich der Stadt, Richtung Santa Margherita den Hinweisen folgen) gegründet. Im Laufe der Jahrhunderte wurde das Kloster im Wald an der Flanke des Monte Sant'Egidio ständig erweitert, es hängt geradezu wild-romantisch über dem reißenden Bach. Man kann Francescos Zelle aufsuchen (außer mittags meist zugänglich), in der er noch kurz vor seinem Tod gewohnt haben soll. Der gesamte Klosterkomplex ist in seiner wunderschönen Umgebung ein angenehmer Ort der Ruhe (www.lecelle.it).

## Tipp: Spezialitäten aus der Valdichiana

Leckermäuler finden in dem kleinen, sympathisch geführten Laden Margherita eine delikate Auswahl an Wein, Käse, Wurstwaren und Eingelegtem der Region. Am langen Holztisch mitten im Raum kann man außerdem wechselnde Kleinigkeiten wie gemischte Platte (10 €) essen (Via Guelfa 73, Ruhetag Di, sonst durchgehend geöffnet – bis die letzten Kunden gehen).

## Melone II del Sodo

In der Ebene von Cortona, am rechten Ufer des Loreto-Baches, wurde ein kolossaler Tumulus entdeckt, der auf einem hohen Tambour aus großen Steinen ruht. Innen besteht der Tumulus aus zwei Gräbern: Grab 1 mit einer Pseudokuppel wurde 1928–29 entdeckt, Grab 2 mit reichem Schmuckfund erst 1991. Ein Jahr vorher kam östlich von Grab 1 eine monumentale Plattform zum Vorschein, eine Art Altar, zu dem eine hohe breite Treppe führt, beidseitig dekoriert und von Skulpturen begrenzt (für die Besichtigung im MAEC anmelden oder per Tel. 05 75 63 04 15 oder 05 75 63 72 35).

## Infos

**APT:** 52044 Cortona (AR), Via Nazionale 42, Tel. 05 75 63 03 52, www.comunedicortona.it/turismo, infocortona@apt.arezzo.it.

## Übernachten

Zentral ► **Italia:** Via Ghibellina 5, Tel. 05 75 63 02 54, www.planhotel.com, Nov.–Weihnachten geschl. Gepflegtes Stadthotel im historischen Zentrum. 26 hohe Zimmer im Palazzo (17. Jh.). Frühstück im 4. Stock mit Panoramaterrasse. DZ/ÜF 105–142 €.

Schöne Salons ► **San Michele:** Via Guelfa 15, Tel. 05 75 60 43 48, www.hotelsanmichele.net. Weihnachtswoche und 8. Jan.–15. März geschl. Wunderschönes Hotel mit mehreren Salons in Renaissancepalast im Altstadtkern. Elegante 39 Zimmer, drei Suiten mit Cottoböden. Kleine Garage. DZ/ÜF 99–300 €.

Nettes B&B ► **Le Gelosie:** Via Dardano 6, Tel. 05 75 63 00 05, www.legelosie.com. In schmalem historischen Stadthaus (Frühstück in einer Bar auf der Piazza Signorelli). Weiß gestrichene Holzbalken, Cottoböden. Vier Zimmer, drei Apartments. DZ/ÜF 95–120 €, Appartment je Woche 700–1400 €.

## Essen & Trinken

Rustikal ► **Osteria del Teatro:** Via Maffei 2, Tel. 05 75 63 05 56, Ruhetag Mi, im Nov. 3 Wochen geschl. Mehrere angenehme Renaissanceräume mit Kamin, Trattoria-Ambiente. Nach Kräutern und Knoblauch duftende Küche, Lamm, Täubchen, hausgemachte Pasta; schöne Auswahl toscanischer Weine. Menü ab 25 €.

In der alten Ölmühle ▶ **La Locanda del Molino:** Località Montanara, 8 km östlich von Cortona, Tel. 05 75 61 40 16, Ruhetag Di (außer Sommer), werktags nur abends, im Winter z. T. geschl. Toscanisch gebliebene Trattoria in rustikalem Ambiente (auch acht hübsche Zimmer, DZ/ÜF 120–160 €) an einem Bach, der früher die Ölmühle antrieb. Fleischgerichte, hausgemachte Pasta. Menü ab 24 €.

### Einkaufen

Cortona ist eine gute Einkaufsstadt für Antiquitäten (www.cortonaantiquaria.it) sowie für Fleisch- und Wurstwaren aus dem Chianatal (s. auch Mini-Tipp S. 438).

Wein und Schnaps ▶ **Antica Drogheria:** Via Nazionale 3. Gute Auswahl an Weinen, Grappe und Likören sowie anderen lokalen Spezialitäten in der früheren, sehr hübsch restaurierten Drogerie.

### Aktiv

Die nahen etruskischen Grabanlagen können jeweils ca. 9–14 Uhr auf Verabredung im MAEC mit Führung besichtigt werden (s. S. 461).

### Termine

**Sagra della Bistecca:** 14./15. Aug. Ein ›großes Fressen‹, bei dem Chianina-Fleisch von Riesengrills serviert werden.

### Verkehr

**Bahn:** Cortona liegt an der alten, häufig befahrenen Bahnstrecke Florenz – Arezzo – Chiusi und weiter nach Rom.

**Bus:** Sie verkehren parallel zur Bahnstrecke auf der SS 71 in dichter Folge.

## Abbazia di Farneta ▶ K 8

Auf halber Strecke zwischen Cortona und Sinalunga steht nahe dem Chiana-Rinnsal die Abteikirche **Abbazia di Farneta**. Die kleine Kirche hat eine bewegte Baugeschichte. Funde aus dem Tertiär und Quartär beweisen, dass die Hügel des Chiuccio über dem Chianatal bereits in der Steinzeit besiedelt waren. Dann kamen die Etrusker und nach ihnen die Römer. Aus einem anscheinend dem Bacchus geweihten römischen Tempel holten sich die sogenannten Schwarzen Benediktiner (die Cassineser) das Material für den Bau ihrer Kirche, T-förmig, wie bei ihnen üblich.

Als der Pater Don Sante Felice 1937 nach Farneta kam, fand er eine schlichte, fast schon namenlose und unbekannte Kirche vor. Das 18. Jh. hatte ihr übel mitgespielt: Umbauten, Verkürzung um 14 m und Abriss des Glockenturms. Der emsige Geistliche fand u. a. an der Außenwand eines Bauernhauses einen Inschriftenstein mit folgendem Text: »Dieser Glockenturm wurde von Abt Ado im Jahr 1100 begonnen.«

In dem Architekten Guido Morozzi, dem späteren Leiter des Denkmalschutzamtes von Florenz, fand Don Sante einen Komplizen und Helfer. Sie mauerten die überflüssigen Fenster der Kirche zu, klopften den Putz ab, rissen den dreifarbigen Zementboden heraus und ersetzten ihn durch bodenständige Terrakotta, bauten neue Altarstufen und Altäre, präparierten den hölzernen »Auferstandenen Christus« aus dem 16. und 17. Jh. und stellten dabei fest, dass er von Niccolò di Smeraldo Salvi aus Lucignano geschnitzt wurde, der fast eine Zwillingsfigur für Castiglión Fiorentino geschaffen hatte.

Die Krönung ihrer Arbeit dürfte die Wiederentdeckung der Krypta aus dem 9. und 10. Jh. unter dem Dreiconchenchor sein. Sie war voller Wasser, Abfälle, Kadaver – und Schlangen. Das Volk nannte den Ort nur »die Gräber« *(le tombe)*. Da es damals keinen Zugang aus dem Innenraum gab, mussten die Erdarbeiten und die Beseitigung des Unrats vom dahinter liegenden Acker aus erfolgen. 1940 konnte man erstmals die Krypta wieder betreten, und man begann mit der aufregenden Wiederentdeckung nach viereinhalb Jahrhunderten des völligen Vergessens.

Heute, nach der vorbildlichen Restaurierung, betritt man die Krypta wieder vom Chorraum aus und wird unvermittelt von einer katakombenähnlichen Atmosphäre eingefangen: Tonnengewölbe und ein mittleres Kreuzgewölbe werden von römischen Säulen getragen, der Grundriss zeigt zehn Apsiden. Besonders erwähnenswert ist eine der römischen Säulen. Sie hat eine Basis aus rotem Assuangranit und ein romanisches Kapitell, das unter anderen Figuren einen menschlichen Kopf mit Hörnern zeigt, so, wie man ihn von etruskischen Gottheiten auf den Toren von Volterra und Perugia sowie vom etruskischen Leuchter in Cortona kennt. Zwischen dem Zentral- und dem Nordraum ist unten in der Mauer eine römische Grabstele zu sehen, waagerecht eingemauert; ihren Text muss man von unten nach oben lesen.

Nach den Benediktinern gehörte Farneta 1500 bis 1783 den Olivetanern. Großherzog Peter Leopold von Lothringen, der die Chiana-Ebene endgültig trockenlegen ließ, löste das Kloster schließlich auf. Don Sante Felice konnte durchsetzen, dass Farneta wieder zur Abtei erhoben wurde. Am 9. Juni 1974 überreichte der Abt des Klosters Monte Oliveto Maggiore dem unermüdlichen Pater das Wappen der Olivetanermönche in Terrakotta, das nun über der Seitentür des Querschiffs angebracht ist (jetzt Museum, Schlüssel im Pfarrhaus, Tel. 05 75 61 00 10).

## Ausflug nach Umbrien zum Lago Trasimeno

### Castiglione del Lago ►L 9

Der südlich von Cortona bereits in Umbrien gelegene **Lago Trasimeno** stellt für toscanische Verhältnisse geradezu ein Meer dar. An seinem westlichen Ufer liegt auf einer kleinen Landzunge **Castiglione del Lago**. Der Ort thront recht hübsch in 305 m Höhe auf einem Felsen über dem größten See Umbriens, umgeben von einer von Zinnen bekrönten Mauer.

**Von Cortona schnell zu erreichen: Der bereits in Umbrien gelegene Lago Trasimeno**

Imposant ist die **Rocca del Leone** (Löwenburg), in deren Innenhof im Sommer kulturelle Veranstaltungen stattfinden. Sie ist sichtbar vom Rest des Städtchens getrennt, hinter der Piazza Gramsci, wo den **Palazzo della Corgna** (16. Jh.) manieristische Fresken von Pomarancio (nach 1550) mit mythischen Szenen wie dem »Urteil des Paris« zieren. Nahe der **Piazza Mazzini**, der guten Stube von Castiglione del Lago, birgt die klassizistische **Kirche Santa Maria Maddalena** eine »Thronende Madonna« des Perugino-Schülers Eusebio da San Giorgio (um 1500), die früher wegen ihrer Qualität sogar Raffael zugeschrieben wurde, sowie ein Fresko eines unbekannten Meisters der Sieneser Schule (14. Jh.).

## Borghetto ►L 8

Am Nordwestzipfel des Sees, bei **Borghetto** (9 km), schlug Hannibal in der berühmten Schlacht am Trasimenischen See 217 v. Chr. das römische Heer, indem er die Römer im dichten Nebel in einen Hinterhalt lockte und umzingelte. Die Historiker des Ortes haben für Interessierte eine Rundtour ausgearbeitet, die zu den wichtigsten Punkten der Schlacht führt. Sie wird anhand von Schautafeln und einer kleinen Broschüre (im örtlichen Informationsbüro erhältlich) erklärt, sodass man alles auf eigene Faust nachvollziehen kann.

## Isola Maggiore ►L 8

Schönste ›Ausrede‹ jedoch für einen Ausflug zum Lago Trasimeno ist sicherlich der Besuch der **Isola Maggiore**, und wenn es auch ›nur‹ wäre, um hier im Restaurant **Da Sauro** (s. u.) göttlich zu speisen und danach ganz bescheiden im gleichnamigen Hotel zu nächtigen. Aber vielleicht doch auch, um gerade dann sich daran zu erinnern, dass der Legende nach der hl. Franziskus von Assisi hier 1211 ganze 42 Tage verbracht habe mit nur einem halben Laib Brot ...

## Infos

**APT del Trasimeno:** 06061 Castiglione del Lago (PG), Piazza Mazzini 10, Tel. 07 59 65 24 84, www. lagotrasimeno.net, urat@lago trasimeno.net

## Übernachten

**Seeblick ► Miralago:** Piazza Mazzini 6, Tel. 075 95 11 57, www.hotelmiralago.com, 7. Jan.–15. März geschl. Einfaches traditionelles Hotel zwischen Hauptplatz und Talblick. 19 Zimmer. Restaurant. DZ/ÜF 93–98 €.

**Mit bekanntem Restaurant ► Da Sauro:** Isola Maggiore, Via Guglielmi 1, Tel. 075 82 61 68. 12 Zimmer, kleine Pension mit berühmtem Seefischrestaurant (s. u.). DZ/ÜF 60–80, HP 90–100 €.

## Essen & Trinken

**Mitten im See Fische speisen ► Da Sauro:** s. o., kein Ruhetag, Nov. geschl. Fischspezialitäten aus dem Trasimeno-See in rustikalem Ambiente mitten im kleinen Hauptdorf der Isola Maggiore. Volles Fischmenü ab 25 €.

# Register





Der Haupteintrag ist **fett** hervorgehoben.

# Register





Der Haupteintrag ist **fett** hervorgehoben.

Der Haupteintrag ist **fett** hervorgehoben.

## Abbildungsnachweis/Impressum

Gottfried Aigner, München: S. 130, 244/245, 416
Bilderberg/Avenue Images, Hamburg: S. 200 (Fuchs); 94, 101 (Giraudou); 174, 418/419 (Madej)
DuMont Bildarchiv, Ostfildern: S. 358 (Gaasterland); Umschlagklappe vorn, 2 u., 3 u. 5 Mi., 6 u., 28/29, 35, 44, 66, 105, 124/125, 136, 138 re., 144/145, 181, 195, 210/211, 217, 224, 250, 271, 307, 311, 316/317, 320 (2 x), 327, 333, 367, 378 re., 393, 396, 399, 402, 422/423, 434/435, 452 (Widmann)
Getty Images, München: S. 7 o., 84 li., 110, 330 (Huber); 346/347 (Noton)
Rainer Hackenberg, Köln: S. 268/269, 277, 279
Bildagentur Huber, Garmisch-Partenkirchen: S. 447 (Bernhart); 318 (Fantuz); 6., 372/373 (Giovanni); 4 o., 40, 157, 184, 257, 282/283, 297 (Huber); 60/61 (Pignatelli); 5 u. 7 Mi., 376, 412, 448, 464/465 (Ripani); 3 o., 6 o., 84 re., 88/89, 114/115, 426 (Simeone); 8/9, 344 (Spila)
Markus Kirchgessner, Frankfurt: S. 231
laif, Köln: S. 71 (Caputo); 3 Mi., 73, 164, 190/191, 236/237, 383 (Celentano); 240 (contrasto); 2 o., 16/17, 77, 220, 428 li., 455 (Eid); 1 li., 5 o., 215, 226/227, 292, 350/351, 428 re., 460, Umschlagrückseite o. (Galli); 1 re., 82 (Harscher); 80/81 (Heuer); 357 (Kirchgessner); 232 (Zahn); 336 (Giraudou/hemis.fr); 1 Mi., 49, 380/381, Umschlagrückseite u. (Suetone/hemis fr.)
Look, München: Titelbild, S. 52/53, 118 (Martini); 442 (Seer); 4 u., 21, 226 li., 302/303, 312/ 313, 440 (Richter); 170/171 (van Velzen)
Mauritius Images, Mittenwald: S. 138 li., 204 (AGE); 11, 378 li., 388/389 (Muzzi)
Picture-Alliance, Frankfurt: S. 439 (ANSA/Cecchi Gori)
Drik Renckhoff, Hamburg: S. 149
Martin Thomas, Aachen: S. 31, 260, 266
Thomas Peter Widmann, Regensburg: S. 37, 161, 223, 311 (VG Bild-Kunst, Bonn 2010)

**Kartografie**
DuMont Reisekartografie, Fürstenfeldbruck


**Umschlagfotos:** Titelbild: Landschaft bei San Quirico d'Orcia, Siena,
Umschlagklappe vorne: Der Campo von Siena

**Über die Autorin:** Nana Claudia Nenzel ist Reisebuchautorin und lebt in München und Gargnano am Gardasee. Im DuMont Reiseverlag veröffentlichte sie auch das Reisehandbuch Oberitalien sowie die Reisetaschenbücher Gardasee und Toscana. 1998 wurde sie vom italienischen Staatspräsidenten für ihre Verdienste um die Verbreitung der italienischen Kultur im Ausland geehrt.
**Die Autorin dankt** Gottfried Aigner für seine hilfreiche Begleitung und die manchmal notwendige Anspornung auf der Reise zu Bekanntem und Bewährtem sowie auf der Suche nach Neuem in der sich ständig verändernden Region.

**Lektorat:** Susanne Pütz, Sabine Zitzmann-Starz

**Hinweis:** Autorin und Verlag haben alle Informationen mit größtmöglicher Sorgfalt geprüft. Gleichwohl sind Fehler nicht vollständig auszuschließen. Alle Angaben erfolgen ohne Gewähr. Bitte schreiben Sie uns! Über Ihre Rückmeldung zum Buch und über Verbesserungsvorschläge freuen sich Autorin und Verlag:
**DuMont Reiseverlag,** Postfach 3151, 73751 Ostfildern, E-Mail: info@dumontreise.de

1. Auflage 2011

Grafisches Konzept: Groschwitz, Hamburg
Printed in Germany